FRANK PREIß

Von der KATJUSCHA zur KURSK
DER RUSSISCHE RÜSTUNG

Frank Preiß

VON DER
KATJUSCHA
ZUR KURSK
Die russische Rüstung

KAI HOMILIUS VERLAG 2004
EDITION ZEITGESCHICHTE - BAND 12

IMPRESSUM

© Kai Homilius Verlag 2004
Alle Rechte vorbehalten. Ohne ausdrückliche Genehmigung des Verlages ist es nicht gestattet, dieses Werk oder Teile daraus auf fotomechanischem Wege (Fotokopie, Mikrokopie) zu vervielfältigen oder in Datenbanken aufzunehmen.

Titelgestaltung:
Satz & Layout: KM Design, Berlin
Lektorat: Uwe Kühnert
Fotografen: Max Bryansky, Frank Preiß
Druck: Ueberreuter, Tschechien
ISBN: 3-89706-883-4
Preis: € 24,80
www.edition-zeitgeschichte.de
Email: home@Kai-Berlin.de
Christburger Strasse 4, 10405 Berlin
Tel.: 030 - 283 88 510 / Fax: 030 - 443 425 97

Die Deutsche Bibliothek-CIP-Einheitsaufnahme
Frank Preiß
Von der Katjuscha zur Kursk / Preiß, Frank -
Berlin:
Kai Homilius Verlag, 2004

ISBN 3-89706-883-4

Ne: GT

INHALTSVERZEICHNIS

Vorwort 11

1. **Von der „ökonomischen Sicherstellung der Landesverteidigung" der Sowjetunion zum Militär-Industrie-Komplex der Russischen Föderation** 19
Der Militär-Industrie-Komplex – Fiktion oder Realität 23
Stalins janusköpfiges Erbe - der Militär-Industrie-Komplex der Sowjetunion 27
Ein Schritt vorwärts, zwei Schritte zurück. Das Russland Boris Jelzins und der Militär-Industrie-Komplex (1991-2000) 40
Chronik einer Metamorphose
    Das Ende ist der Anfang (1991-1992) 53
    Das Personalkarussell (1993-1994) 57
    Der Überlebenskampf (1995-1996) 59
    Endloses Gerangel (1997-1998) 62
    Licht am Ende des Tunnels (1999-2000) 64

2. **Wie Phönix aus der Asche?**
Der Russische Militär-Industrie-Komplex 2000-2003 68
Basis und Überbau – rechtlich-politische Grundlagen und Struktur des Militär-Industrie-Komplexes der Russischen Föderation
    Die Basis 70
    Der Überbau 85
Der Militär-Industrie-Komplexes Russlands heute 93
    Eine Bestandsaufnahme 97
    Die Finanzierung 113
    Der menschliche Faktor 73
Der Militär-Industrie-Komplex Russlands und die Russischen Armee 120
    Die Landstreitkräfte 126
    Die Luftstreitkräfte und die Luftverteidigung 131
    Die Seekriegsflotte 137
    Strategische Raketentruppen und Kosmosstreitkräfte 140
Der russische Militär-Industrie-Komplex auf den internationalen Waffenmärkten 144
    Vom Discounter zum Systemanbieter 145
    Hauptpartner Indien 155
    Allianz oder Zweckehe? Russland und China 162

3. Wie Weiter? Die Perspektiven des russischen Militär-Industrie-Komplexes 169
Der Krieg gegen den Terror 174
Russland auf dem sicherheitspolitischen Schachbrett 182
Der Krieg der Zukunft 199
Zu neuen Ufern? 213
Immer wieder das Geld 214
Der Militär-Industrie-Komplex und die Oligarchen 220
Von der Agentur zur Holding 228
Die Ausrüstung der russischen Armee und Flotte 233

DANK 253

Anlagen 255
Konzeption der nationalen Sicherheit der
Russischen Föderation 255
Grundlagen der Politik der RF auf dem Gebiet der militärisch-maritimen Tätigkeit bis 2010 271
Militärdoktrin der Russischen Föderation 279
Konzeption der Außenpolitik der Russischen Föderation 299
Doktrin über die Informationssicherheit der Russischen
Föderation 312
Marinedoktrin der Russischen Föderation für den Zeitraum
bis 2020 342
Biografien 359
Auswahl von Internetadressen zum Thema 371
Struktur des MIK (2002) 372
Angaben zu ausgewählten Unternehmen des
MIK Russlands (2002) 373
Ranking einiger russischer Unternehmen im internationalen
Waffenhandel (2002) 373
Die zehn führenden Einzelunternehmen des MIK
der Russischen Föderation (2002) 374
Angaben zu ausgewählten aktuellen militärischen
Schiffsbauprojekten der RF 374
Bildmaterial von modernsten Waffen Russlands 375

Register 387

Vorwort

Das vorliegende Buch beschäftigt sich mit einem Teil der russischen und sowjetischen Vergangenheit, der auch heute, über 10 Jahre nach dem Ende der Sowjetunion, noch kaum bekannt ist. Gemeint ist die Verbindung von Rüstungsindustrie und Militärpolitik.

Die ersten Zeilen dazu habe ich am 18. April 2003 geschrieben, einen Tag nachdem in Moskau der Dumaabgeordnete und stellvertretende Vorsitzende der Parlamentskommission für Verteidigung, Sergej Nikolajewitsch Juschenkow, von einem Auftragskiller vor seinem Wohnhaus erschossen wurde. Mittlerweile ist bekannt, dass er offensichtlich einem parteiinternen Machtkampf zu Opfer fiel und nicht, wie in einem Teil der Medien damals sofort vermutet, als regierungskritischer Politiker im Auftrag der „Machtstrukturen", beseitigt wurde.

Während die Meldungen und Kommentare zum Tod des in Russland bekannten Politikers schnell wieder aus den Nachrichten und Kolumnen verschwanden, waren die Schüsse auf den Oberst a.D. für mich der unmittelbare Anlass, die seit längerem geplante Arbeit zum Militär-Industrie-Komplex Russlands endlich zu beginnen. Hatte ich den eigentlichen Anstoß dafür doch bereits im Juni 2001 erhalten, als ich auf Einladung Sergej Nikolajewitschs in der Staatsduma in Moskau weilte. Als wäre es gestern gewesen, erinnere ich mich daran, wie er mich in seiner bedächtigen Art lange musterte und meinte, dass er erstaunt darüber sei, dass außerhalb Russlands kaum etwas über die Zusammenhänge der russischen Ökonomie und der Militär– und Sicherheitspolitik der Russischen Föderation bekannt sei.

Bei meinen zahlreichen Treffen mit ehemaligen und aktiven russischen Militärs, bei den Aufenthalten in der Russischen Föderation seit 1991 wurde ich Zeuge eines Teiles der großen Veränderungen, die im Lande vor sich gehen. Seit meinem Studium an der Leninakademie der Streitkräfte der UdSSR in Moskau Ende der achtziger Jahre hat mich das Land nicht mehr losgelassen. Die Kontakte zu vielen Freunden und Bekannten, zu denen auch ein Teil meiner ehemaligen Lehrer und Mitstudenten zählt, ist seither nicht mehr abgerissen.

Dass wir auch dann noch zusammen kamen, als die Staaten, deren Bürger wir zum Zeitpunkt unseres ersten Zusammentreffens gewesen waren, schon längst nicht mehr existierten und die Armeen, deren Uniformen wir damals trugen, schon verschwunden waren, sagt wohl mehr als alle Worte.

Auch wenn ich die heutigen politischen Anschauungen meiner einstigen Kollegen und Weggefährten, wie in Sergej Juschenkows Fall, nicht immer teile, so steht dies einer Freundschaft jedoch nicht im Wege. Für einige seiner ehemaligen Kameraden, nicht nur in Russland, war sein Weg vom Politoffizier und Oberst der Sowjetarmee zu einem Führer der Partei „Union der rechten Kräfte" genau so schwer nachvollziehbar wie seine oft kühnen und teilweise sogar provokanten Ideen und Ansichten. Oft wurde er angefeindet, weil er der gegenwärtigen russischen Gesellschaft nur zu gerne den Spiegel vor das Gesicht hielt.

Andererseits mussten selbst seine Feinde anerkennen, dass er integer und unabhängig war, eine Eigenschaft, die die Wähler in Russland damit honorierten, dass sie ihn seit 1990 immer wieder ins Parlament wählten.

Es gibt aber noch mehr, was mich bewogen hat, die Rolle des Beobachters mit der des Berichtenden zu vertauschen.

Da sind zum Beispiel die bewegenden und bisweilen zwiespältigen Erfahrungen, Erlebnisse und Erkenntnisse, die ich während meiner langjährigen Beschäftigung mit der russischen und sowjetischen Geschichte erfahren habe. Als Augen- und Ohrenzeuge der atemberaubenden historischen Diskussionen in der Zeit der Perestroika, verfolge ich seitdem die widersprüchlichen Versuche einer Neubewertung der Geschichte Russlands, sowohl im Lande selbst als auch im Ausland, vor allem im vereinigten Deutschland.

Als ich das erste Mal vor einigen Jahren in der damals gerade eröffneten „Zentralen Gedenkstätte des Großen Vaterländischen Krieges 1941-1945", „Poklonnaja Gora", in Moskau weilte und in die Gesichter vieler junger Menschen schaute und mit einigen auch sprach, wurde mir erst richtig klar, dass die Zeit zwar viele Wunden heilt, dass sich aber auch die nächsten Generationen der Vergangenheit ihres Landes stellen müssen.

Im weiträumigen Außengelände sah ich damals unter anderem das reaktive Artilleriesystem BM-13, die legendäre „Katjuscha". Die Waffe wurde neben dem Panzer T-34 zu einem der wohl bekanntesten Symbole des Sieges der UdSSR über Hitlerdeutschland und dessen Verbündete. Die „Katjuscha", eine aus einfachen Eisenbahnschienen bestehende Abschussvorrichtung, vereinigt in sich sowohl konstruktive Einfachheit als auch technische Meisterschaft. Unter unvorstellbar schweren Bedingungen haben es die Völker der Sowjetunion vermocht, die materiellen Bedingungen dafür zu schaffen, den Krieg gegen die damals gewaltigste und bestgerüstete Militärmacht der Welt zu gewinnen und ihrer geplanten Vernichtung zu entgehen. Nichts scheint mir symbolhafter für diese Seite der sowjetischen und russischen Militärgeschichte, für die Waffentechnik und Rüstungsindustrie als gerade die „Katjuscha".

Es gibt aber auch noch eine andere Seite. Das ist das enorme Vernichtungspotenzial, das die jahrzehntelange Rüstung geschaffen hat. Das sind die gewaltigen wirtschaftlichen, politischen, sozialen und ökologischen Verwerfungen, die, auch als Folge des jahrzehntelangen Wettrüstens, existieren. Russland sucht nun nach Wegen, wie es mit diesem janusköpfigen sowjetischen Erbe umgehen kann. Aber auch für die scheinbaren Sieger des Kalten Krieges im so genannten „Westen" erweisen sich die Rüstungspotenziale letztendlich mehr als Fluch denn als Segen, schaffen sie doch nicht die erhoffte Sicherheit und Unangreifbarkeit, sondern verstärken vielmehr die Ängste und Unsicherheiten.

Ein symbolhaftes Ereignis war in diesem Zusammenhang unzweifelhaft die Katastrophe der „Kursk", des riesigen russischen Atom-U-Boot-Kreuzers am 12. August 2000.

Dieses Schiff und sein Schicksal bündelten geradezu, fast wie ein Brennglas, viele der Erscheinungen des neuen Russland.

Als im März 1990 mit dem Bau begonnen wurde, zeichnete sich schon das Ende der UdSSR ab. Mit der Verleihung des Namens „Kursk" Anfang April 1993 benannte man das Schiff nicht nach irgendeiner russischen Stadt. Die Schlacht im Gebiet Kursk, in der im Sommer 1943 die Sowjetunion endgültig die strategische Initiative im Kampf gegen Hitlerdeutschland errang, ist seitdem eines der wichtigsten Symbole der militärischen Stärke des Landes, der Unbeugsamkeit seiner Menschen. Für die Russische Föderation und ihre Streitkräfte ist dies eine der wichtigsten und bewahrenswertesten Traditionen.

Das kurze Leben der „Kursk" zeugt andererseits aber auch von den vielen Problemen und Nöten, die das Russland des ausgehenden 20. Jahrhunderts und nicht nur die Streitkräfte, erschütterten. Da bat der Kommandant 1996 die Patenstadt Kursk um Lebensmittelhilfe für die Besatzung, deren Sold schon monatelang nicht gezahlt wurde. Da lag das Schiff monatelang im Hafen, da das Geld für Einsatzfahrten fehlte. Da wurden wichtige Wartungsarbeiten mit der gleichen Begründung immer wieder aufgeschoben. Da gingen viele fähige und gut ausgebildete Spezialisten von Bord und suchten sich besser bezahlte Tätigkeiten außerhalb der Streitkräfte.

Russland wäre aber nicht Russland, wenn es daneben nicht auch eine, für ausländische Beobachter oft unverständliche, Einsatz- und Opferbereitschaft der Menschen gäbe. So gelang es der Besatzung trotz aller Schwierigkeiten, erstaunliche professionelle Eigenschaften und Fähigkeiten zu bewahren.

Als das Schiff, auch im Kontext des Jugoslawienkrieges, 1999 ins Mittelmeer lief, waren Militärexperten doch überrascht, dass es den Russen gelang, nicht nur unbemerkt die Meerenge von Gibraltar zu durchfahren, sondern auch die Aufklärungskräfte der NATO lange Zeit an der Nase herum zu führen. Nach mehrjähriger Abwesenheit russischer Atom-U-Boote in diesem Gebiet meldete sich das Land eben durch die „Kursk", wieder auf der Bühne zurück.

Das gerade dieses Schiff, dass als eines der Besten galt, in einer so gewaltigen Katastrophe unterging, hat in Russland jedoch nicht dazu geführt, dass man sich von der Rüstung verabschiedete. Im Gegenteil, gerade das Unglück diente seither immer wieder als Begründung dafür, dass die Zeit reif sei, sich endlich stärker den Streitkräften und ihrer Bewaffnung zuzuwenden.

Keiner soll aber glauben, dass derartige oder noch schrecklichere Ereignisse nicht auch in Streitkräften anderen Staaten geschehen könnten. Dafür gibt es zu viele historische und auch aktuelle Beispiele. Freilich haben die Katastrophe in der Barentssee, ihre Vorgeschichte und die Ereignisse seither ein bezeichnendes Licht auf die gegenwärtige Militär- und Sicherheitspolitik Russlands geworfen.

Sie mahnen aber auch, sich mit Russland wieder intensiver zu beschäftigen, es aufmerksamer und objektiver, als es in der Vergangenheit vielleicht der Fall war, zu betrachten. Dies sollte keineswegs in erster Linie aus Gründen der Sicherheit oder gar Gefahrenabwehr geschehen.

Mit der Erweiterung der Europäischen Union wird Russland nicht nur zum unmittelbaren Nachbarn des Vereinigten Europas, sondern auch unweigerlich stärker in den Blickpunkt der gesamten europäischen Öffentlichkeit rücken; und Deutschland wird davon besonders berührt werden.

Da mutet es schon seltsam an, dass die Möglichkeiten der deutsch-russischen Beziehungen von beiden Seiten bisher so wenig genutzt werden, dass das gegenseitige Verständnis zu gering entwickelt ist. Um sich zu verstehen, muss man sich aber erst einmal kennen lernen. Was wissen wir hierzulande eigentlich von Russland, von einem Land, dessen atemberaubende Größe für uns noch so viele Geheimnisse birgt, dessen wirklicher Reichtum nicht sofort erfassbar ist, von einem Land, das nicht nur für Deutschland, sondern für das gesamte Europa und die Welt so wichtig ist?

Warum sind wir nicht neugieriger auf die Umbruchprozesse der Gegenwart mit all ihren guten und schlechten Facetten, auf die reichhaltige Geschichte und Kultur, auf die so unterschiedlichen Völkerschaften, auf die teilweise atemberaubende Natur des Riesenlandes?

Sollten wir aus der Geschichte nichts oder zu wenig gelernt haben?

Gerade die Deutschen und die Völker Russlands standen sich in der Vergangenheit nicht nur einmal kriegerisch gegenüber. Die Schrecken des Ersten und besonders des Zweiten Weltkrieges, der für Russland der Große Vaterländische Krieg war und ist, haben sich nicht nur tief in das Gedächtnis beider Völker eingegraben. Sie bestimmen bis heute in fast übermächtiger Weise, oftmals unbewusst, ihr Verhältnis zueinander.

Die unheilvolle Synthese von alten Bedrohungsideen, die teilweise noch aus dem Kalten Krieg stammen und neuen ideologischen Verzerrungen und Irrungen, konservierte auf beiden Seiten Feindbilder, die einer ernsthaften und sachlichen Betrachtung nicht standhalten. Immer mehr Menschen, und nicht nur die junge Generation, befinden sich aber in einem Prozess der Befreiung von alten Dogmen.

Man sollte jedoch die Augen nicht davor verschließen, dass dieser Prozess, aus welchen Gründen auch immer, erstaunlich langwierig und reich an Hindernissen ist. Die Ursachen für die schwierige Annäherung sind aus meiner Sicht nicht nur in der Vergangenheit zu suchen, sondern erfahren seltsamerweise eine gewisse Reproduktion in der Gegenwart.

Sicher bringt die politische und ökonomische Entwicklung der Welt zu Beginn des dritten Jahrtausends neue globale Herausforderungen mit sich, auf die es keine leichten Antworten gibt. Keinesfalls werden die künftigen, unausbleiblichen Krisen aber dadurch gemeistert, dass man neue Feinde sucht, neue Ängste schürt und sich in der „Ersten Welt" verschanzt.

Sind es diese Ängste, die die Massenmedien mitunter dazu verführen, den mit dem Lande kaum Vertrauten ein so einseitiges Bild Russlands zu vermitteln?

Oder braucht die Politik in ihrer Hilflosigkeit bei der Lösung vieler brennender Probleme konfrontative Ideen und Konzepte zur Ablenkung und zur Durchsetzung partikulärer Ziele?

So bleibt Russland hierzulande immer noch „Terra Incognita" und das Bild dieses Landes nach wie vor verschwommen und äußerst plakativ.

Natürlich gibt es in Russland eine endlose Reihe riesiger politischer, sozialer, wirtschaftlicher und ökologischer Probleme.

Natürlich gibt es in Russland wie auch in anderen Ländern die Mafia und Kriminalität.

Natürlich sind viele Russen arm und wenige reich.

Natürlich gibt es eine große Korruption.

Natürlich wendet Russland riesige Summen für die Rüstung auf, die in den Schulen, Krankenhäusern und anderswo fehlen.

Aber sind diese Sorgen, Nöte und Probleme ein rein russisches Phänomen?

Worin besteht der Unterschied zu anderen Ländern? Ist in Russland alles nur größer, stärker und radikaler?

Russland, das sind doch nicht nur verfallende Plattenbauten. Russland ist doch auch der beginnende Bauboom in Moskau und anderen Städten.

Russland, das sind doch nicht nur die staubigen, abgasverpesteten, lärmerfüllten Straßen der Großstädte. Russland sind auch die stillen, endlosen Wälder, die majestätischen Flüsse und die unüberwindlich scheinenden Gebirge.

Russland, das sind doch nicht nur die Bettler und Betrunkenen am Straßenrand, die muskelbepackten, glattrasierten und tätowierten Burschen mit den stupiden Gesichtern und den großen Geländewagen und ihre grell geschminkten Begleiterinnen. Russland sind auch Millionen Frauen und Männer, die ihren Alltag mit Mühe,

Einfallsreichtum und Fleiß meistern, und deren Tür für den Gast immer offen steht.

Für mich persönlich hat Russland Namen.

Da ist der Nachfahre stolzer Kubankosaken Walentin, der so gerne Puschkin und Goethe zitiert und der, wenn er einen Wunsch frei hätte, wohl am liebsten einmal mit seinem geliebten Hegel sprechen würde.

Da ist der in einem kleinen weißrussischen Dorf aufgewachsenen Wladimir, der viele Jahre als hoher Offizier seinem Land äußerst pflichtbewusst diente und nun als Führungskraft in der Wirtschaft arbeitet und der immer so überpünktlich und penibel genau ist und mit so wenigen Worten so viel sagen kann.

Und da war schließlich der Dumaabgeordnete Sergej, der nie das einfache, schwere Leben in seinem zentralrussischen Heimatdorf vergessen hat und der mir so viel Schönes und Bitteres über sein Land erzählt hat.

Allen ist gemeinsam, dass diese Menschen, wie Millionen ihrer Landleute, ihre Heimat in einer Art und Weise lieben, die uns bisweilen fremd oder gar skurril erscheint.

Russland hat sich auf den Weg gemacht. Wohin es gehen wird und wie schnell es dabei geht wird die Zukunft zeigen.

Ihre Vergangenheit können sich die Bürger der Russischen Föderation, wie auch wir, nicht aussuchen. Dazu gehören die Jahrhunderte der Zarenherrschaft ebenso wie die siebzig Jahre Sowjetmacht. Dazu gehören die Jahre des Krieges und des Leides wie auch die Perioden der Hoffnung und Zuversicht.

Dazu gehört auch der Militär-Industrie-Komplex. Dazu gehören „Katjuscha" und „Kursk".

I.
Von der „ökonomischen Sicherstellung der Landesverteidigung" der Sowjetunion zum Militär-Industrie-Komplex der Russischen Föderation

Die Russische Föderation (RF)[1], die sich in der Nachfolge sowohl der Union der Sozialistischen Sowjetrepubliken (UdSSR) als auch des zaristischen Russlands begreift, befindet sich nunmehr seit über 10 Jahren in einem Prozess, der einerseits durch einen tief greifenden Wandel und andererseits durch eine erstaunliche Beständigkeit gekennzeichnet ist.

Die Entwicklung sowohl Russlands als auch anderer so genannter postsozialistischer Staaten wird als Transformation bezeichnet, wobei darunter oftmals lediglich der lineare Übergang von einem staatlichen „administrativen Kommandosystem"[2] zu einer privatwirtschaftlich geprägten Kapitalverwertungswirtschaft, von einer Einparteienherrschaft zu einer Mehrparteiendemokratie „westlicher" Prägung verstanden wird.

Die Diskussionen und Analysen der letzten Jahre, die vorherrschenden Darstellungen und Konzepte, sowohl in Russland als auch im Ausland, ließen dabei am Ausgang der Entwicklung wenig Zweifel aufkommen.

Der Tenor lautet meistens: Wenn Russland den nunmehr eingeschlagenen Weg der Privatisierung und „Demokratisierung" noch konsequenter weitergeht, dann wird am Ende und in naher Zukunft ein starkes, unabhängiges und gleichberechtigtes Russland stehen, ein Russland, das dann durchaus als „westliches, europäisches Land" anzusehen ist.

---

1 In der gebräuchlichen Übersetzung geht der m.E. wesentliche Unterschied zwischen „русский" (russkij) und «российский» (rossiskij) verloren (beide in der Übersetzung „russisch"). Während der erste Begriff die Nationalität der Russen bezeichnet, drückt der zweite die Staatlichkeit aller Völker Russlands aus. Daher wäre m.E. die korrekte Übersetzung des zweiten Begriffes „russländisch", und es hieße somit „Russländische Föderation" statt „Russische Föderation", und „Russländische Armee" statt „Russische Armee". Im Folgenden verwende ich aber die gebräuchlichen Begriffe.
2 Dieser Begriff wurde von G. Popow, in „Nauka i Shisn", Moswa April 1987, S. 54-65, zur Kennzeichnung des Systems des Realsozialismus begründet und wurde damals schnell zur allgemein verwendeten Kategorie der Beschreibung des sowjetischen Systems.

Das Bild Russlands, das im übrigen Europa und der Welt existierte und existiert, widerspiegelt jedoch die Realität oftmals nicht oder nur teilweise und bleibt damit zu oberflächlich, zu unscharf. Wie anders sonst ist zu erklären, dass das Land immer wieder für Meldungen, sowohl positiver als auch negativer Art, sorgt, die offensichtlich selbst so genannte Experten völlig überraschen.

Wie muss da erst das Russlandbild in den Köpfen der Menschen aussehen, die in ihrer Meinungsbildung auf die Medienreflexion angewiesen sind?

Auch den Russen selbst fällt es teilweise schwer, ihre Vergangenheit und Gegenwart realistisch zu erfassen. Die politischen, ökonomischen und gesellschaftlichen Akteure des Riesenlandes ließen sich vor allem nach der „Wende" im Lande nicht selten von Wunschvorstellungen und Ideen blenden, die den Wirklichkeiten nicht gerecht wurden.

Auf der einen Seite erweist sich natürlich das Zerrbild, das die Sowjetunion im eigenen Lande und in der Welt von sich gezeichnet hat, als sehr langlebig. Andererseits bildet die weltanschauliche und moralische Leere, die der Untergang des „Realen Sozialismus" bei vielen Russen hinterlassen hat, einen idealen Nährboden für neue Mythen und Illusionen.

Um zu verstehen, was Russland gegenwärtig ist, und welchen Weg es einschlägt, tut eine sachliche Betrachtung Not. Alte Stereotype und Ressentiments verstellen auch hier den notwendigen klaren Blick.

Ohne die Untersuchung der Besonderheiten russischer Geschichte und Gegenwart bleiben universelle Zusammenhänge jedoch letztendlich verschlossen.

Als Schlüssel zum Verständnis bietet es sich an, Kernbereiche der Gesellschaft zu betrachten, weil in ihnen eine Vielzahl von prägenden Aspekten geradezu gebündelt ist.

Für Russland, wie vielleicht für kein anderes Land der Welt, haben dabei die Militärpolitik und das Militärische an sich eine herausgehobene Bedeutung.

Seit dem Petrinischen Russland des 17. Jahrhunderts ist das Land immer mehr oder weniger Militärstaat und die russische Gesellschaft immer auch eine — zumindest in großen Teilen — militarisierte Gesellschaft gewesen.

Den politischen Akteuren gelang es aus verschiedenen Gründen in Sowjetrussland und der UdSSR nie, dieses Erbe zu überwinden.

In den dreißiger Jahren des vergangenen Jahrhunderts bildete sich dann ein spezifischer Sowjetmilitarismus voll heraus, der bis zu Beginn der achtziger Jahre unangefochten bestand.

Die staatssozialistische Modernisierungsdiktatur in der UdSSR war eng mit der Militarisierung des Landes verwoben; war deren Schöpfer und Lenker, so wie das Militär lange Zeit eine der wichtigsten Säulen dieser Diktatur war.

Aus dieser Konstellation heraus entstand die Notwendigkeit, die Militärmacht mit allen als notwendig erachteten Ressourcen zu versorgen. Es ging dabei nicht nur um Waffen und andere Militärtechnik, sondern um das gesamte Spektrum der materiellen und personellen Versorgung der Streitkräfte, und der Vorbereitung des Landes auf einen möglichen Krieg.

Es entstand der sowjetische Militär-Industrie-Komplex (MIK) — ein Konglomerat wirtschaftlicher, politischer, militärischer und sozialer Elemente und Komponenten, geprägt auch durch historische, geografische, ethnische, religiöse, soziale und kulturelle Besonderheiten Russlands und der Sowjetunion.

Die Russische Föderation muss sich diesem Erbe beim Versuch der restaurativen Erneuerung des Landes nun stellen. Die Art und Weise, wie sie versucht diese Aufgabe zu bewältigen, kann uns Wichtiges und Neues über den Charakter und das Wesen des modernen russischen Staates sagen; kann uns aber auch helfen, eigene Probleme besser zu verstehen und Lösungen für die Bewältigung künftiger dringender Aufgaben zu finden.

Außerhalb der RF und der Staaten der Gemeinschaft Unabhängiger Staaten (GUS) wird der russische MIK in Anbetracht seiner Bedeutung zu wenig erforscht und diskutiert. Er erscheint eher als Randnote, wird in Studien und Aufsätzen eher beiläufig erwähnt.
Dies ist jedoch nicht nur das Ergebnis einer Geringschätzung seiner Wirkungen auf die russische Gesellschaft sondern resultiert auch aus den enormen Schwierigkeiten, die beim Versuch der Analyse und Erforschung dieses Phänomens entstehen, unter anderem durch:

- die Frage, was unter MIK zu verstehen ist, und ob sich dieser Gegenstand überhaupt zu einer eigenständigen, analytischen Untersuchung eignet;
- die Größe und Komplexität des russischen MIK und dessen wechselseitiger Durchdringung mit Staat, Wirtschaft und Gesellschaft;

- seine Besonderheiten, die zum Beispiel historisch, national, kulturell und geografisch bedingt sind;
- die jahrelange, fast totale Abschottung aller Fragen, die den MIK betrafen und dem damit verbundenen Mangel an empirischem Material;
- die große, gegenwärtig wieder wachsende strategische Bedeutung des MIK für die Russische Föderation und die damit verbundenen Probleme des Zugangs für externe Untersuchungen;
- die Schwierigkeiten der Analyse der Originalquellen durch mangelnde Möglichkeiten der Verifizierung und Falsifizierung und durch sprachliche Barrieren.

So können an dieser Stelle auch lange nach der Öffnung des Landes z. B. Fragen der atomaren Komponenten der russischen Militär- und Rüstungswirtschaft, im Vergleich zu den konventionellen Bereichen, weniger detailliert behandelt werden.

Die dafür notwendigen Informationen sind schwer zugänglich und bruchstückhaft und lassen sich für externe Untersuchungen, wenn überhaupt, nur indirekt und damit sehr vage erschließen. Dies ist angesichts der damit verbundenen wirtschaftlichen und militärischen Interessen des russischen Staates nicht ungewöhnlich. Nirgendwo in der Welt liegen Informationen, die die sensibelsten Sicherheitsinteressen des Staates berühren, „auf der Straße".

Die Entstehung und Entwicklung des MIK Russlands ist natürlich nur im Kontext der jeweiligen inneren und äußeren Entwicklungsbedingungen zu begreifen, deren Wirken sehr komplex war und ist. Hier sollen vor allem die inneren Abläufe und Bedingungen betrachtet werden.

Der MIK entstand und wuchs natürlich stets in einem konkreten internationalen Umfeld und wurde auch von diesem mit geprägt. Auf entsprechende Strukturen und Erscheinungen in anderen Staaten, die man ebenfalls MIK nennen könnte, soll hier nicht eingegangen werden. Es wäre sicher interessant und aufschlussreich, eine vergleichende Untersuchung zum Beispiel mit den USA anzustellen.

Der Militär-Industrie-Komplex – Fiktion oder Realität

Bevor man sich mit dem Militär-Industrie-Komplex der Russischen Föderation beschäftigt, sollte der Begriff selbst bestimmt werden, da es in der Zeit der Blockkonfrontation des vergangenen Jahrhunderts in den beiden Lagern unterschiedliche Verständnisse dazu gab.

Im „Westen" wurde dieser Begriff als eine... „*auf C.W. Mills und D.D. Eisenhower zurückgehende Bezeichnung für eine industrielle, militärische, wissenschaftliche und politische Interessenverbindung, die aufgrund ihrer engen Verflechtung nicht mehr parlamentarisch zu kontrollieren ist und so zu einem nicht legitimierten Machtzentrum im Staat wird*" [3], definiert.

Er spielte dort in der außermarxistischen Politikwissenschaft keine wesentliche Rolle und wurde vor allem in Verbindung mit der Theorie des staatsmonopolistischen Kapitalismus und in der Friedensbewegung der sechziger und siebziger Jahre verwandt. Gegenwärtig ist er in der Literatur kaum noch anzutreffen.

In der „marxistisch-leninistischen Gesellschaftswissenschaft" der Länder des Realsozialismus und in ihrem Einflussbereich war der Begriff eine Grundkategorie bei der Charakterisierung der kapitalistischen Gesellschaft. Darunter verstand man „*...das gesetzmäßige Resultat der Entwicklung des modernen Kapitalismus, welches in der Phase der Militarisierung der Ökonomien der entwickelten kapitalistischen Staaten entsteht. Der MIK ist das Resultat der Verflechtung von waffenproduzierenden Monopolen mit der militarisierten Wissenschaft, mit der Staatsbürokratie, der Generalität und dem ideologischen Apparat der kapitalistischen Staaten. Diese komplizierte und vielschichtige Erscheinung erfasst sowohl die Produktionskräfte als auch die Produktionsbeziehungen der kapitalistischen Gesellschaft sowie deren politischen und ideologischen Überbau.*

Als Teil der Produktivkräfte ... gehören zum MIK verschiedene Wirtschaftszweige und Dienstleistungsbereiche, denen die Teilnahme an der Schaffung militärischer Produkte gemeinsam ist... Der Staat als einziger Kunde und Käufer militärischer Güter lenkt dabei Nationaleinkommen zu Gunsten des MIK um. Er tritt als Vertreter der materiellen Interessen des militärisch-industriellen Komplexes auf

---

3 Brockhaus in Text und Bild Edition 2002, Bibliographisches Institut & F.A. Brockhaus AG 2002.

und bezahlt militärische Güter zu überhöhten Preisen mit den Mitteln, die er aus den Steuerzahlungen der werktätigen Massen erhält..." [4]

Die Produktion und Bereitstellung militärischer Güter und Leistungen und die Vorbereitung der Volkswirtschaften auf einen möglichen Krieg versuchte man in den Ländern des Warschauer Vertrages natürlich anders, zum Beispiel in der DDR mit dem Begriff der „Ökonomischen Sicherstellung der Landesverteidigung" (ÖSLV), zu erfassen:

„Im allgemeinsten Sinne ist die ökonomische Sicherstellung der Landesverteidigung der in der sozialistischen Gesellschaft unter bestimmten historischen Bedingungen ablaufende Prozess der Umwandlung ökonomischer Potenziale und Ressourcen (verfügbare Produktivkräfte und Naturreichtümer) in materielle Voraussetzungen der militärischen Stärke (Waffen, Kampftechnik, Ausrüstung, Versorgungsgüter, Existenzmittel, Leistungen)." [5]

Dabei berief man sich auf Wladimir I. Lenin, der nach der Oktoberrevolution in Russland wiederholt zu militärökonomischen Fragen Stellung nahm und darauf verwies, dass *„unglaubliche Anstrengungen notwendig sind..., um den Krieg auf einer neuen sozialistischen und ökonomischen Basis zu organisieren."* [6]

In der Argumentation wurde als der wesentlichste Unterschied zwischen MIK und ÖSLV das im Sozialismus fehlende Profitinteresse hervorgehoben.

Man vertrat die Auffassung, dass der antagonistischen Klassengesellschaft des Kapitalismus, im Gegensatz zum Sozialismus, die Aggression nach außen und eine Militarisierung der Gesellschaft insgesamt eigen seien.

Daraus leitete man ab, dass es keinen Kapitalismus ohne MIK gäbe, während der Sozialismus für seine Entwicklung die ÖSLV nicht zwingend bräuchte, und diese lediglich so lange notwendig sei, wie dieser durch die antagonistische kapitalistische Gesellschaft in seiner Existenz militärisch bedroht würde.

---

4 Kratki polititscheski slowar, Moskwa, Politisdat 1987, S. 67.
5 Beiträge zur Militärökonomie, Autorenkollektiv der Militärakademie „Friedrich Engels", Militärverlag der DDR, Berlin 1976, S.89.
6 W.I. Lenin, „V. gesamtrussischer Kongress der Sowjets der Arbeiter-, Bauern-, Soldaten- und Rotarmistendeputierten 4.-10. Juli 1918", In Werke, Bd. 27, Berlin 1972, S. 509.

Die Rolle des Systems der Militärökonomie bei der Sicherung der Macht der Führung der Monopolpartei und der „bürokratischen Ideokratie" [7] insgesamt und deren Verflechtung und Konvergenz mit der Bürokratie in Militär und Wirtschaft waren in der Diskussion tabu.

Die Militarisierung der Wirtschaft wurde lediglich als „Bestandteil der Militarisierung des gesamten gesellschaftlichen Lebens im Imperialismus" [8] verstanden. Tendenzen und Formen der Militarisierung der eigenen Gesellschaft aber wurden ausgeblendet.

Erst in den achtziger Jahren begann in den Ländern des Warschauer Vertrages allmählich und zögerlich eine realistische Diskussion.

Mit der Auflösung der UdSSR, der Gründung der Russischen Föderation und dem Ende der Alleinherrschaft der Kommunistischen Partei änderte sich auch rasch das Vokabular in Medien und Wissenschaft. Sprach man Anfang der neunziger Jahre meist umschreibend von der Verteidigungsindustrie („Oboronka"),[9] so verwendete man bald immer häufiger den Begriff MIK für die russische Militärwirtschaft.

Dieser Begriff wurde ab 1991/1992 von russischen Wissenschaftlern, Publizisten und Analytikern unterschiedlich gebraucht. In der Regel verstand man darunter lediglich die Gesamtheit der Industrieunternehmen und wissenschaftlichen Einrichtungen, die im Rüstungssektor tätig sind.

Die gängigen russischen Definitionen enthielten üblicherweise mindestens eines der vier folgenden, sehr allgemeinen, Elemente:

1. **Teilhabe an der Erfüllung der laufenden staatlichen Militäraufträge und/oder der „militärtechnischen Zusammenarbeit"[10] mit anderen Staaten;**
2. **Teilnahme an der Mobilmachung; d.h. potenzielle Reserven vorzuhalten, um bei Notwendigkeit Waffen oder Militärtechnik zu produzieren oder zu entwickeln oder militärische Dienstleistungen zu erbringen;**

---

7 M. Malia „Experiment ohne Zukunft? Voraussetzungen und Folgen der russischen Revolution", Junius, Hamburg 1998, S. 173 ff.
8 Beiträge zur Militärökonomie, S. 263.
9 Umgangssprachlich (von oborona — Verteidigung).
10 Die offizielle Bezeichnung für Export, Import und internationale technische Kooperation der RF auf militärischem Gebiet (Wojenno-Technitscheskoje Sotrudnitschestwo -WTS).

3. Besitz von staatlichen Konzessionen und Lizenzen zur Entwicklung oder Produktion von Waffen und Militärtechnik;
4. Unterordnung unter bestimmte föderale Staatsorgane (für Staatsbetriebe) oder besondere politische, administrative, rechtliche und ökonomische Beziehungen mit diesen Organen (für Privatbetriebe);

Ausgehend von diesen verschiedenen Verständnissen trifft man in russischen Quellen auf unterschiedliche Angaben hinsichtlich Qualität und Quantität des MIK in der RF. So unterscheiden sich Anzahl und Struktur der Betriebe, die militärische Güter an den Staat liefern, wesentlich von denen, die lediglich Mobilmachungsaufgaben haben.

Deshalb tendierte man bereits vor einigen Jahren dazu, den Begriff enger zu fassen:

„Unter MIK verstehen wir die Gesamtheit der Betriebe und Organisationen, die den russischen Verteidigungsagenturen und den entsprechenden Bereichen der Verteidigungsindustrie des Ministeriums für Industrie, Wissenschaft und Technologie der RF (MINPROMNAUKI) angehören." [11]

Diese Begriffserklärung ist aus meiner Sicht jedoch zu einfach. Dieses eher technokratische Verständnis umreißt nur einen Teil der Struktur des MIK[12] und erweckt den Eindruck, als seien die Beziehungen zwischen Staat und den definierten Elementen des MIK lediglich Einbahnstraßen. Die Definition erfasst weder die Wirkung des MIK auf den Staat, noch auf nichtstaatliche Elemente der Gesellschaft.

Ich schlage deshalb folgende Begriffsbestimmung als Arbeitsbegriff für meine Ausführungen vor:

Militär-Industrie-Komplex ist die Gesamtheit der in Gang gesetzten oder potenziell vorhandenen materiellen und immateriellen Fähigkeiten im Bereich der Entwicklung, Produktion und Vermarktung militärischer Güter (Sachen, Dienstleistungen, Rechte) eines Staates oder einer Staatengruppe, sowie deren wechselseitige Beziehungen mit Staat, Politik und Gesellschaft. Er existiert einerseits in Form von Unternehmen, Einrichtungen, Organen und Organisationen, andererseits als Beziehung und Verhältnis von

---

11 Informationsagentur TS MIK, http://i.vpk.ru sbornik 2000/vpk.
12 So wird die Kernwaffenproduktion nicht erfasst, da diese dem Ministerium für Atomindustrie (MINATOM) zugeordnet ist.

politischen, wirtschaftlichen, juristischen und gesellschaftlichen Subjekten im oben genannten Bereich.

Diese Definition wirft natürlich weitere Fragen auf. Sie sagt nichts zur konkreten quantitativen Seite des MIK. Welchen Umfang muss diese Produktion, Forschung etc. haben, um zum MIK zu werden? Wie verhält es sich mit so genannten „Dual-Use"-Produkten? Selbstredend können in dieser Arbeit auch nicht alle oben genannten differenzierten Beziehungen und Elemente des MIK untersucht werden.

Die Verwendung der einfacheren russischen Definition würde aber solche wesentlichen Elemente wie die wechselseitigen politischen und wirtschaftlichen Interessen der Akteure, die hier zumindest partiell betrachtet werden sollen, völlig ausblenden.

Die Schwierigkeiten bei der Definition des Begriffes in der russischen Diskussion und dessen Inkompatibilität mit traditionellem „westlichen" Verständnis hat sicher auch dazu geführt, dass seit dem Jahr 2000 der Bereich der Entwicklung, Produktion und Vermarktung von Waffen und anderen militärischen Gütern mehr und mehr als Verteidigungs-Industrie-Komplex (VIK) bezeichnet wurde. Dabei wurde dieser Begriff anfangs synonym und parallel zum Begriff MIK gebraucht. Damit wollte man sich offenbar einerseits vom eingangs genannten negativen Kontext abgrenzen und andererseits den Besonderheiten der russischen „Oboronka" Rechnung tragen.

In neueren offiziellen und halboffiziellen russischen Publikationen begegnet man dem Begriff MIK nur noch selten.

In der gesellschaftlichen Praxis der Russischen Föderation trifft man aber auf Schritt und Tritt auf das, was er so treffend bezeichnet: Eine von der UdSSR übernommene Mitgift mit vielerlei Gesichtern.

Stalins janusköpfiges Erbe —
der Militär-Industrie-Komplex der Sowjetunion

Bis weit in die achtziger Jahre hinein gehörten alle, auch die scheinbar belanglosesten und banalsten Informationen zur Rüstungsindustrie und Waffenentwicklung, zu den am besten gehüteten Geheimnissen der Sowjetunion und ihrer Verbündeten.

„Neuigkeiten" erfuhr die breite Öffentlichkeit gewöhnlich nur dann, wenn dies auch vom Staat gewünscht wurde. Mit der

Vorstellung neuer Waffen und Ausrüstungen, zum Beispiel anlässlich von Militärparaden und Manövern, war in der Regel eine politische Botschaft an den vermeintlichen Gegner oder auch an die Verbündeten verbunden.

Mit der Politik der Entspannung und den internationalen Kontroll- und Abrüstungsmechanismen seit den siebziger Jahren des vorigen Jahrhunderts war der „Eiserne Vorhang" allerdings längst nicht mehr so undurchdringlich wie oft dargestellt und heute noch geglaubt wird.

Die Tatsache, dass sowjetische Waffen, wenn auch in der Regel nicht die modernsten Systeme, in einer Reihe von lokalen Konflikten eingesetzt wurden, brachte es unvermeidlich mit sich, dass auch der Westen diese kannte und beurteilen konnte. Daraus ließen sich, natürlich mit gewissen Einschränkungen, Erkenntnisse hinsichtlich der technischen, technologischen und militärischen Potenziale und Möglichkeiten der UdSSR gewinnen. Dies war sowohl im Koreakrieg, in Vietnam, während der Nahostkriege, als auch in Angola, Äthiopien und anderswo der Fall.

Trotzdem hatte — abgesehen von einem engen Kreis sowjetischer Spitzenkader- kaum jemand zusammenhängende Kenntnisse von Umfang, Zustand und Struktur der Rüstungswirtschaft der UdSSR. Einerseits waren ihre Produktionsstandorte natürlich schwer zugänglich, verbargen sich die Orte ihrer Entwicklung, Erprobung und Herstellung hinter so nichts sagenden Bezeichnungen wie „Werk Nr. 1234", „SELMASCH"[13] oder „Konstruktionsbüro XYZ"; andererseits begünstigten die geographische Lage und die Größe des Landes die Chancen der Geheimhaltung. Das politische System einer geschlossenen Gesellschaft tat ein Übriges.

Diese Möglichkeiten der Geheimhaltung wurden von sowjetischer Seite, vor allem hinsichtlich technischer Aufklärungsmittel (Weltraumtechnik, funkelektronische Aufklärung), jedoch immer überschätzt. Auch durch ihre Geheimdienste erhielt der Westen einige, wenn auch fragmentarische, Einblicke in diesen gewaltigen Bereich.

Faktisch alle wichtigen Betriebe, nicht nur die des Maschinenbaus, waren in unterschiedlichem Grad Teil der riesigen Rüstungswirtschaft. Ganze Städte und Regionen waren nicht nur für Ausländer, sondern auch für sowjetische Bürger unzugänglich.

---

13 Abkürzung für Landwirtschaftsmaschinen. Das unter diesem Namen tatsächlich existierende Werk stellte neben der eigentlichen Produktion auch Panzertechnik und Fliegerbomben her.

Selbst allgemeine, belanglose Gespräche über die „Oboronka" waren auch dann noch nicht üblich, als die Zeit der Perestroika und Glasnost längst angebrochen war, und die Medien begannen, freimütiger über dieses Thema zu berichteten.

Der Militär-Industrie-Komplex der UdSSR beschäftigte am Ende der Sowjetunion nach eigenen Angaben etwa ein Drittel der Arbeitskräfte und kontrollierte die Hälfte der Gesamtwirtschaft.[14] Es ist jedoch so, dass diese Bewertung wohl auch militärisch nutzbare zivile Bereiche und vorgehaltene Reserven umfasste. Der reale Anteil der direkten Rüstung an der sowjetischen Wirtschaft betrug daher eher „nur" 20 bis 25 %.

Trotzdem hatte die Militär- und Rüstungswirtschaft einen Riesenanteil an der Ökonomie des Staates und stellte eine enorme Dauerbelastung für die Zivilgesellschaft dar.

Eine der Hauptsäulen des sowjetischen Regimes wurde damit mehr und mehr zu einer wesentlichen Ursache seines Untergangs. So kann man die Sowjetunion durchaus als einen Staat bezeichnen, der vom MIK entscheidend geprägt und zumindest partiell auch beherrscht wurde.

Ohne detailliert auf die bis heute, je nach politischem Standpunkt, konträr geführte Diskussion einzugehen, ob diese Entwicklung unumgänglich, also im „Genom" der Sowjetgesellschaft enthalten war, oder ob es auch andere Möglichkeiten der Genesis gegeben hätte, soll im Folgenden die Entstehung und Entwicklung des MIK in der UdSSR knapp umrissen werden.

Dieser kurze historische Exkurs soll der Erleichterung des Verständnisses des Phänomens „Militär-Industrie-Komplex" im heutigen Russland dienen.

Als die Februarrevolution 1917 die autokratische und extrem zentralistische Herrschaft der Romanow-Dynastie beendete, zerbrach ein Regime, das über ein riesiges bäuerlich vorkapitalistisches Reich geherrscht hatte. Der Verlauf des Ersten Weltkrieges war eine entscheidende Voraussetzung für den völligen Zusammenbruch des Zarismus. Trotz einiger bedeutender Modernisierungsversuche, so unter Ministerpräsident Pjotr Stolypin (geb. 1862 – erm. 1911), war es dem Land von der „Bauernbefreiung" 1863 bis 1914 nicht gelungen, den gesellschaftlich-sozialen und technischen Rückstand gegen-

---

14 M. Malia „Vollstreckter Wahn. Russland 1917-1991", 1994, S 544.

über Westeuropa und den USA auch nur annähernd aufzuholen.[15]
So zog die russische Armee in einen modernen Materialkrieg, ohne dass das Land materiell und organisatorisch in der Lage war, die Streitkräfte hinreichend zu versorgen. Die Produktion militärischer Güter und Dienstleistungen hatte sich bereits im Krieg gegen Japan 1904-1905 als quantitativ und qualitativ unzureichend erwiesen.[16] Darin lag wohl auch der Hauptgrund dieser für Russland so schmählichen Niederlage im Fernen Osten und nicht nur, wie oft dargestellt, in der Unfähigkeit der Militärführung und der pazifistischen Grundeinstellung der Bevölkerung des Zarenreiches.

Der Erste Weltkrieg zeigte augenscheinlich die totale Rückständigkeit und Unterlegenheit des Romanowreiches. Trotz einiger durchaus bemerkenswerter Operationen, wie die anfänglich äußerst erfolgreiche so genannte Brussilowoffensive in Galizien und Wolhynien [17] 1916, erlitten die russischen Truppen ungeheure, bis dahin nicht gekannte Verluste (insgesamt etwa 2,5 Millionen Tote) und schieden daher folgerichtig als erste aus der Reihe der Hauptakteure aus dem Krieg aus. Die Revolutionen vom Februar und Herbst 1917 waren sowohl Folge, als auch Ausdruck der allseitigen permanenten Krise des Riesenreiches Nikolais II.

Nach der Revolution der Bolschewiki und linken Sozialrevolutionäre im Oktober 1917 bestand das größte Problem der Räteregierung in der Beendigung des Krieges gegen die Mittelmächte und der Konsolidierung der politischen Macht der Sowjets im Land. Die alte Armee hatte sich faktisch aufgelöst.

Mit dem Frieden von Brest-Litowsk zwischen Sowjetrussland und dem deutschen Kaiserreich vom 3. März 1918 war die äußere Bedrohung erst einmal gebannt, wenn auch unter für Russland äußerst ungünstigen Bedingungen.

Im Frühjahr 1918 aber begann der verheerende und blutige Bürgerkrieg, der erst Ende 1920 im Wesentlichen beendet wurde. Die materiell-technische Grundlage für die am 23. Februar 1918 gegründete Rote Armee bildeten einerseits Bestände der zaristi-

---

15 Torke „Einführung in die Geschichte Russlands", C.H. Beck 1997, S. 186, sieht dagegen 1914 in Russland eine auch wirtschaftlich aufblühende konstitutionelle Monarchie, die später lediglich durch den Krieg und Rasputin zerstört wurde.
16 Montgomery „Kriegsgeschichte", London 1968, Bernard & Graefe Verlag Frechen, S. 456 ff.
17 Aleksej Aleksejewitsch Brussilow, russischer General (1853 -1926), 1916 Oberbefehlshaber der Südwestfront, Juni/August 1917 Oberster Befehlshaber des Heeres. 1920 trat er in die Rote Armee ein und war 1923?24 Generalinspekteur der Kavallerie.

schen Streitkräfte und Beutewaffen, andererseits wurden große Anstrengungen unternommen, das noch vorhandene Wirtschaftspotenzial für den Krieg zu nutzen.

Der Sowjetmacht kam dabei zugute, dass sich die materiellen und produktiven Ressourcen vor allem in den von ihr behaupteten Gebieten (Moskau, Sankt Petersburg, Wolga) befanden. Die „Roten" waren somit in der Lage, etwa 1.900 Produktionsstätten für sich zu nutzen, während die „Weißen"[18] vor allem Lieferungen aus dem Ausland erhielten. An die Truppen des Admirals Alexander Koltschak beispielsweise wurden allein von Oktober 1918 bis Ende 1919 etwa 800.000 Gewehre, 13.000 Maschinengewehre und mehr als 1.300 Geschütze geliefert. Auch die übrigen Verbände der Gegenrevolution wurden entsprechend gut versorgt.

Der Sieg der „Roten" über die „Weißen" lässt sich aber keineswegs mit deren materieller Überlegenheit, wie dies oftmals behauptet wird, erklären. Es ist davon auszugehen, dass das ökonomische Potenzial, das den sowjetischen Streitkräften zur Verfügung stand, relativ gering war. Dies bezeugt beispielsweise die Tatsache, dass die Rote Armee im Mai 1918 über etwa 1.300 Geschütze, ein Jahr später erst über 2.050 Geschütze und Ende 1920 über nicht mehr als 2.791 Geschütze verfügte.

Wenn man in Betracht zieht, dass die bürgerliche russische Armee im Oktober 1917 noch etwa 18.000 Geschütze im Bestand hatte, und die Artillerie der Roten Armee Ende 1920 lediglich 2,8 % ihrer gesamten Streitkräfte ausmachte,[19] so kann man kaum von einer entwickelten Rüstungsindustrie sprechen.

Insgesamt wurden von Mitte 1918 bis 1920 im sowjetischen Teil Russlands nur 2,97 Millionen Gewehre, 20.729 Maschinengewehre und 2.770 Feldartilleriegeschütze gefertigt oder repariert und 1.373,3 Millionen Patronen und 10 Millionen Artilleriegeschosse hergestellt.[20]

Dieser Krieg, der 8 Millionen Menschen das Leben kostete, ruinierte das Land völlig. Weder die Schaffung einer realen Militärmacht, noch die einer leistungsfähigen Rüstungsindustrie konnten daher auf der Tagesordnung stehen.

Und so kann von der Geburt eines militärisch-industriellen Komplexes in der Periode der Neuen Ökonomischen Politik (NÖP)

---

18 E. Madsley „The Russian Civil War", Boston 1987, S. 144,167.
19 „Istorija wojennoj strategij Rossij", Moskwa, Kutschkoje Polje 2000, S. 135.
20 Ebenda S.130.

in den zwanziger Jahren noch nicht die Rede sein. Die Streitkräfte der UdSSR waren damals zahlenmäßig schwach und organisatorisch dezentralisiert (Miliz-Territorialprinzip). Ihre technische Ausrüstung war veraltet. Sie besaßen kaum Fliegerkräfte, hatten keine mechanisierten Truppen und verfügten nicht über einsatzfähige Hochseekriegsschiffe.

Obwohl es auch in dieser Zeit bereits Stimmen gab, die die Schaffung starker und modern ausgerüsteter Streitkräfte mit einem hohen Ausbildungsstand forderten,[21] besaß die Sowjetunion neben anderen Bedingungen weder die ökonomischen, noch die geistigwissenschaftlichen Möglichkeiten, diesen Appellen nachzukommen. Darüber hinaus bestand für Sowjetrussland keine reale äußere militärische Bedrohung. Die Staaten Europas waren vom Ersten Weltkrieg erschöpft und die USA hatten sich aus der Weltpolitik verabschiedet. Die Bevölkerungen der Staaten lehnten in ihrer Mehrheit neue Kriege ab. Und mit dem einstigen Hauptfeind Deutschland und dessen Reichswehr wurde unter strenger Geheimhaltung und unter Bruch der Bedingungen des Versailler Vertrages eine rege militärische und militärtechnische Zusammenarbeit gepflegt. Erst durch die Machtergreifung Adolf Hitlers 1933 und die folgende Verschärfung der internationalen Lage kam die sowjetische Führung zum Schluss, dass eine Aufrüstung und Kriegsvorbereitung unabwendbar seien.

Die materiellen Voraussetzungen einer Reform der Streitkräfte entstanden erst mit der von Stalin gewählten Modernisierungsstrategie Ende der zwanziger und Anfang der dreißiger Jahre in Form der forcierten Entwicklung der Industrie auf Kosten der Landwirtschaft und mit Hilfe repressiver Maßnahmen, geprägt von fast grenzenlosem Voluntarismus.[22]

So verwundert es nicht, dass parallel zum ersten und zweiten Fünfjahrplan 1929 bis 1933 bzw. 1933 bis 1937 entsprechende „Fünfjahrpläne der Entwicklung der Roten Arbeiter- und Bauernarmee" 1929 bis 1933 und 1933 bis 1937 vom „Revolutionären Militärsowjet" der UdSSR beschlossen wurden.[23]

---

21 So z.B. der Volkskommissar für Militär und Flotte Michael W. Frunse in seinem Vortrag vor dem III. Sowjetkongress 1925 „Krasnaja Armija i saschita Sowjetskowo Sojusa" W.M. Frunse, Isbrannije sotschinenija" Moskwa 1984, S. 409.
22 Dieser Abschnitt der sowjetischen Geschichte wurde in den letzten Jahren in der historischen Forschung Russlands sehr umfangreich untersucht.
23 Die Überschneidung ergibt sich daraus, dass der erste Fünfjahrplan um ein Jahr verkürzt wurde.

Diese Pläne waren Bestandteil der allgemeinen Wirtschaftsplanung. Diese Methodik wurde von diesem Zeitpunkt an zur gängigen Praxis in der UdSSR und zur Geburtsstunde des sowjetischen MIK.

Während im ersten Fünfjahrplan die allgemeinen Richtungen festgelegt wurden, so die Schaffung und Entwicklung neuer Waffengattungen und Dienste wie Luftstreitkräfte, Panzertruppen, chemischer- und Pionierdienst, und man eine allgemeine Modernisierung der Streitkräfte anvisierte, war der zweite Fünfjahrplan 1932 bis 1937 schon konkreter. Es entwickelte sich die für die UdSSR so typische zentrale Planung bis ins letzte Detail. Das war die Geburtsstunde des Militär-Industrie-Komplexes des Sowjetstaates.

Im Gefolge der Industrialisierung entstand dann nicht nur eine leistungsfähige Rüstungswirtschaft, sondern auch ein bedeutendes wissenschaftliches Potenzial:

- Viele der heute noch existierenden militärischen wissenschaftlichen Forschungs- und Entwicklungsbüros haben ihre Wurzeln gerade in dieser Zeit („MIG", „JAK", „Rubin").
- Die Zahl der schweren und leichten Maschinengewehre in den Truppen erhöhte sich von Oktober 1928 bis Anfang 1937 von 24.230 bzw. 8.811 auf jeweils ca. 60.000 bzw. 95.000.[24]
- In den dreißiger Jahren gelang es, die Artillerie umfassend zu modernisieren. Von 1931 bis 1937 erhielt die Armee neue, selbst entwickelte Systeme von Panzerabwehrkanonen Kaliber 37 mm und 45 mm, neue 122 und 152 mm-Geschütze und 203 mm-Haubitzen großer Reichweite sowie 76 mm-Fliegerabwehrkanonen und 82 mm-Granatwerfer. Die Zahl der Artilleriesysteme der Roten Armee wuchs in neun Jahren von 8.600 auf etwa 30.000.[25] In dieser Zeit begann auch die Entwicklung der reaktiven Artillerie, wie des Geschoßwerfersystems BM-13, der berühmten „Katjuscha".
- Es wurden neue Panzer entwickelt, erprobt, gebaut und in die Truppe eingeführt; so die leichten Panzer T-18, T-26, BT-2 und BT-5, die mittleren und schweren Panzer der Typen T-28, T-35, die Tankette T-27 und die leichten Amphibienpanzer T-37 und T-38. Die UdSSR stellte von 1930 bis 1939 etwa 15.000 Panzer her. Darunter ca. 12.000 Schützenpanzer und andere gepanzerte

---

24 „Sowjetskije wooruschonye sily- istorija ich sosdanija", Moskwa 1978, S. 187.
25 „Istorija otetscheskoj artillerij"; Moskwa-Leningrad 1964, Band 3, Buch 8, S. 216.

Fahrzeuge,[26] die beachtliche taktische und technische Parameter aufwiesen. Während der Armee als Zug- und Transportmittel 1928 etwa 1.200 Lkw zur Verfügung standen, erhöhte sich diese Zahl bis Ende 1935 auf über 35.000 Lastkraftwagen und etwa 6.000 Traktoren.

• Besonders schnell entwickelten sich die Luftstreitkräfte. Bereits Anfang der dreißiger Jahre erhielten sie einheimische Jäger I-5, schwere Bomber TB-2, leichte Bomber R-5 und Schlachtflugzeuge TSCH-2.

Während des zweiten Militärfünfjahrplanes wurden in großer Stückzahl Jäger der Typen I-14, I-15, I-16, Pe-1, Pe-4, schwere Bomber TB-4 und DB-3 in die Truppe eingeführt. Die zahlenmäßige Stärke der sowjetischen Fliegerkräfte stieg von 1.394 Flugzeugen im Jahre 1928 auf 3.285 im Jahre 1932 und 6.672 im Jahre 1935.[27]

• Ein analoges Bild ergab sich auch bei den Seestreitkräften. Während Anfang der dreißiger Jahre leichte Unterwasser- und Überwasserkräfte entstanden, richtete sich ab 1934 das Schiffsbauprogramm vorrangig auf den Bau schwerer Überwasserschiffe, d.h. auf Schlachtschiffe und schwere Kreuzer, von denen gefordert wurde, dass sie in ihren Kampfeigenschaften die analogen ausländischen Typen übertrafen.

Trotz dieser eindrucksvollen Zahlen ist aus Originalquellen ersichtlich, dass die sowjetische Führung weder mit der Qualität noch mit der Quantität der Rüstung zufrieden war und ständig den Druck auf die verantwortlichen Stellen und Mitarbeiter erhöhte.

Die Repressalien und Verfolgungen, die 1937 ihren Höhepunkt erreichten, wirkten natürlich auch auf die Rüstungsindustrie. Die neu entstandene sowjetische Managerschicht des MIK wurde teilweise schon wieder vernichtet. Die Überlebenden verinnerlichten solche Eigenschaften wie absoluten Kadavergehorsam gegenüber Partei, Regierung und Vorgesetzten. Diese Haltung zeigte sich bei ihnen oftmals auch dann, wenn von „oben" irrationale, jeder menschlichen Logik und Vernunft widersprechende Anweisungen und Direktiven gegeben wurden.

Eigenschaften wie Initiative, Bereitschaft Verantwortung zu übernehmen und seine Position gegenüber den Vorgesetzten zu vertreten, die anfangs durchaus vorhanden waren, wurden zunehmend unterdrückt.

---

26 „Wojenno-istoritscheskij Schurnal"; Moskwa, 1971, Nr. 2, S. 6.
27 Groehler „Geschichte des Luftkrieges", Militärverlag der DDR, Berlin 1981 S. 136.

Es entstand ein Typus des gebildeten, fachlich versierten Spezialisten. Dieser wurde in erster Linie daran gemessen, wie es ihm gelang, die Befehle und Direktiven von oben nach unten kompromisslos durchzusetzen. Dies erwies sich später im Krieg als durchaus notwendig, effizient und erfolgreich.

Allerdings waren diese Spitzenkräfte keineswegs alle blind funktionierende Individuen, sondern zeigten teilweise durchaus Initiative und Schöpfertum. Ein Beispiel dafür ist die Person des Dimitri Ustinow, der mit 32 Jahren, kurz vor dem Krieg mit Hitlerdeutschland, zum Volkskommissar für Bewaffnung ernannt wurde und in dieser Funktion für die Versorgung der Armee im Krieg gegen Deutschland und dessen Verbündete eine beachtliche Leistungsfähigkeit an den Tag legte und später, in der Breschnew-Ära 1976, sogar zum Verteidigungsminister avancierte und so aus dem MIK bis in den inneren Zirkel der politischen Macht gelangte.

Als Beispiel für die vielen Spezialisten, die dem Terror unschuldig zum Opfer fielen, sei hier an Ustinows Ministerkollegen, den Volkskommissar für Munition, Iwan P. Sergejew, erinnert. Unmittelbar vor dem Angriff der deutschen Wehrmacht auf die UdSSR wegen angeblicher Sabotage der Rüstungsanstrengungen inhaftiert, wurde er gemeinsam mit seinem Stellvertreter und einer Reihe führender Mitarbeiter des Volkskommissariates in der letzten großen Vernichtungsaktion Stalins gegen führende Militärs und Vertreter des MIK am 23.02.1942 erschossen.

Die trotz alledem gewachsene Leistungsfähigkeit der Militärindustrie und Wissenschaft und die Erfolge bei der Steigerung der Kampfkraft der Streitkräfte konnten jedoch nicht darüber hinwegtäuschen, dass die Rote Armee oftmals nicht in der Lage war, die vorhandenen Mittel effektiv zu nutzen.

Der verlustreiche und anfänglich auch erfolglose Winterangriffskrieg gegen Finnland 1940 zeigte dies schonungslos. Ein augenscheinlicher Ausdruck der Mängel, Missstände und geringen technischen Kultur der Streitkräfte war z.B. auch die Tatsache, dass die Luftstreitkräfte in der Vorkriegsperiode zwischen 600 bis 900 Flugzeuge jährlich durch Unfälle und Havarien verloren.[28]

---

28 A. Petschenkin „Tschernyi den dlja krasnyj armij" in „Nesawisimoje Wojennoje Obosrenije" (im Folgenden NWO) v. 21.02.2003; http://nvo.ng.ru.

Die nach wie vor geringe allgemeine Kultur und Bildung der Masse der Bürger der UdSSR — auch ein Erbe des Zarenreiches — wirkten sich natürlich ebenfalls auf das Militär und die Militärindustrie aus und sollten die Sowjetunion teilweise bis an ihr Ende begleiten.

Die riesigen Anstrengungen, die die UdSSR auf dem Gebiet der Bildung zweifelsohne unternommen hatte, wurden durch die gewaltigen personellen Verluste durch Krieg, Repressalien, Hunger und Krankheiten zu einem großen Teil wieder zunichte gemacht.

Trotz alledem erwiesen sich sowohl die Armee als auch der MIK und dessen Produkte und Dienstleistungen in den Jahren des Zweiten Weltkrieges als durchaus modern und robust. Die nicht unerheblichen Lieferungen der USA an die Sowjetunion (11 Mrd. US-Dollar) im Rahmen des Lend-Lease-Vertrages von 1942 hatten keine so kriegsentscheidende Bedeutung, wie dies in einigen westlichen Veröffentlichungen dargestellt wird.

Was die Qualität und Kampfeigenschaften der sowjetischen Waffen und Ausrüstung betrifft, so haben die Forschungen der letzten Jahre gezeigt, dass diese bis etwa 1943 denen der deutschen Wehrmacht in ihren technisch-taktischen Parametern häufig unterlegen waren. Umso größer ist der Respekt, den man den Menschen der Sowjetunion zollen muss, dass es ihnen gelang, im Verlauf des opferreichen Krieges diesen Rückstand mehr als nur wettzumachen.

Es gelang der Sowjetunion in den Jahren 1941 und 1942, eine große Anzahl von Rüstungseinrichtungen vor dem Zugriff der deutschen Angreifer zu evakuieren und in den östlichen und mittelasiatischen Landesteilen in kürzester Zeit wieder in Betrieb zu nehmen. Der starke Zentralismus und die Militarisierung der Wirtschaft erwiesen sich hierbei eindeutig als Vorteil.

Darüber hinaus war die Bevölkerung in ihrer Mehrzahl sowohl vor als auch während des Krieges bereit und willens, die von ihr geforderten, teilweise fast unerträglichen Arbeitsleistungen und Entbehrungen für die militärische Stärkung des Landes auf sich zu nehmen. Obwohl die politischen Repressalien zeitweise Massencharakter trugen, und die bürgerlichen Rechte und Freiheiten stark eingeschränkt waren, akzeptierte und unterstützte die Mehrzahl der Bürger nicht nur im Krieg sondern auch viele Jahre später noch den Sowjetstaat.

Die Völker der Sowjetunion verhinderten mit ihren unvorstellbaren Opfern nicht nur ihre eigene geplante Ausrottung. Sie beendeten gemeinsam mit ihren Alliierten den Genozid an den europäischen Juden und die Vernichtung anderer ethnischer, sozialer und politischer Gruppen durch die deutschen Faschisten und ihre in- und ausländischen willfährigen Vollstrecker.

Trotz aller Tragik und Widersprüchlichkeit der weiteren geschichtlichen Entwicklung Europas schuf der Sieg der UdSSR über das faschistische Deutschland und deren Verbündete auch mit die Voraussetzung dafür, dass die beiden deutschen Staaten, die 1949 entstanden, schließlich nach und nach wieder in die Weltgemeinschaft aufgenommen wurden.

Bis heute wird die Schaffung eines starken Militär-Industrie-Komplexes daher von der Mehrzahl der Bürger der Russischen Föderation als historische Errungenschaft und positive Leistung der UdSSR wahrgenommen. Diese Grundhaltung bestimmt auch die Position eines Großteils der politischen und wirtschaftlichen Eliten der Russischen Föderation.

Trotz des großen historischen Abstandes rufen die Zahlen der in der UdSSR unter den Bedingungen des Krieges gegen Deutschland produzierten und an die Truppen ausgelieferten Waffen und Ausrüstung Erstaunen hervor:

Tabelle 1:
Bewaffnung und Ausrüstung der Roten Armee in den Jahren des Krieges [29]

Zeitpunkt	Lokalisierung	Panzer und Selbstfahrlafetten	Geschütze und Granatwerfer (ohne GW bis Kal. 50 mm)	Kampfflugzeuge
am 22.06.1941	Gesamt	22.600	76.500	20.000
	davon in den handelnden Armeen	14.200	32.900	9.200
am 01.01.1942	Gesamt	7.700	48.600	12.00
	davon in den handelnden Armeen	2.200	30.000	5.400
am 01.01.1943	Gesamt	20.600	161.600	21.900
	davon in den handelnden Armeen	8.100	91.400	12.300
am 01.01.1944	Gesamt	24.400	244.400	32.500
	davon in den handelnden Armeen	5.800	101.400	13.400
am 01.01.1945	Gesamt	35.400	244.400	43.300
	davon in den handelnden Armeen	8.300	114.600	21.500
am 09.05.1945	Gesamt	35.200	239.600	47.300
	davon in den handelnden Armeen	8.100	94.400	22.300

29 „Istorija wojennoj strategij Rossij", Moskwa, Kutschkoje Polje 2000, S. 271.

Nach dem Krieg erfolgte auch in der Sowjetunion die Umstellung der Wirtschaft auf Friedensproduktion. In den besetzten Gebieten wurden Rüstungsbetriebe und Einrichtungen des ehemaligen Gegners zerstört, und die sowjetischen Menschen verbanden mit alledem endlich die Hoffnung auf die Verbesserung des Lebens in ihrem Land.

Diese Erwartungen machte allerdings der bald einsetzende Kalte Krieg zunichte. Die UdSSR, von fürchterlichen Verwüstungen gezeichnet, begann einen verhängnisvollen, fast ein halbes Jahrhundert währenden Rüstungswettlauf mit den USA und deren Verbündeten.

Im Rückblick erscheint es aus heutiger Sicht irrational, dass sich das Land nach den verheerenden Zerstörungen des Krieges auf eine derartige Auseinandersetzung einließ, ohne Zugang zum Weltmarkt zu haben, und ohne den Zugriff auf wesentliche wissenschaftlich-technische Errungenschaften ermöglichen zu können.

Dies umso mehr, als der Rüstungswettstreit mit der atomaren und Weltraumrüstung alsbald eine neue, ungeahnte Quantität und Qualität annehmen würde.

Neben den enormen materiellen Verlusten des eben erst zu Ende gegangenen Kampfes trug die UdSSR vor allem an den ungeheuer hohen personellen Verlusten, die bis heute nicht annähernd genau bestimmt sind.[30] Die UdSSR verlor im Krieg einen bedeutenden Teil der in den Jahren vor dem Krieg unter großen Anstrengungen ausgebildeten technischen und wissenschaftlichen Intelligenz und Facharbeiterschaft.

Während es in der Zeit der Herrschaft Jossif Stalins bis 1953 und Nikita Chruschtschows bis 1964 noch einigermaßen gelang, den Wiederaufbau und die Entwicklung des Landes trotz der oben genannten Lasten zu bewältigen und für die Menschen Fortschritte und Erfolge, zumindest teilweise, sichtbar zu machen, verloren die Sowjetunion und ihre Verbündeten ab Mitte der sechziger Jahre kontinuierlich an Entwicklungstempo und befanden sich schließlich in einer permanenten Stagnationsphase. Immer deutlicher wurde die Diskrepanz zwischen verkündeten Zielen und der Realität.[31]

---

30 Nach dem Krieg wurde in der UdSSR die Zahl der getöteten Sowjetbürger offiziell mit 25 Millionen angegeben. Einige russische Historiker beziffern diese wesentlich höher.

31 Eine detaillierte Beschreibung der Wirkung des MIK auf die sowjetische Gesellschaft dieser Periode zum Beispiel bei Besborodow, A.B. „Wlast i WPK w SSSR seredinny 40-ch — seredinny 70-ch godow", Moskwa, Arsamas 2001.

Ungeachtet dessen waren die Produkte des MIK der Staaten des Warschauer Vertrages und die Fähigkeiten ihrer Armeen im Vergleich mit dem Westen nicht wesentlich unterlegen. Dies zeigte sich auch in den lokalen Konflikten der 2. Hälfte des 20. Jahrhunderts.[32] Welchen Preis die Sowjetunion und ihre Verbündeten dafür zahlten, war freilich lange Zeit unbekannt. Erst mit der Politik der Perestroika und Glasnost vor fast 20 Jahren wurde allmählich bekannt, welche Bürde die Rüstung für die UdSSR war. Allmählich wurde das eingangs gezeichnete Bild eines monströsen, ressourcenverschlingenden MIK klar sichtbar.

Dies ist von den verschiedenen Akteuren der Politik, entsprechend ihrer politischen und ideologischen Ausrichtung, auf unterschiedliche Weise zur Kenntnis genommen und interpretiert worden.

Ohne den MIK grundsätzlich in Frage zu stellen, wurde dieser von einem Teil der herrschenden Eliten in den „realsozialistischen" Staaten zunehmend kritischer betrachtet, und man suchte Wege aus dem Dilemma. Währenddessen verschloss die „Gerontokratie" an der Spitze von Partei und Staat fast uniform die Augen vor den herangereiften Problemen und notwendigen Veränderungen.

Einige der Konkurrenten im Westen dagegen erkannten schnell die Chance, die UdSSR „totzurüsten", ohne scheinbar selbst Schaden zu nehmen. Andere sahen die Möglichkeit einer generellen Demilitarisierung der Politik, einer Verbesserung der Beziehungen, einer Annäherung und eines Wandels.

Als 1988 in der UdSSR das erste Konversionsprogramm beschlossen und öffentlich diskutiert wurde, erhielt die breite Öffentlichkeit erstmalig tieferen Einblick in diesen so lange geheimnisumwitterten Bereich.

So wurde beispielsweise bekannt, dass die UdSSR von 1978 bis 1987 viermal so viele Panzer und Geschütze und doppelt so viele Schützenpanzer, wie die NATO-Staaten und Japan gemeinsam produziert hatten. Dabei erreichte ihr Bruttoinlandsprodukt etwa nur den siebenten Teil des BIP dieser Staaten.

Sofort erhoben sich im Lande Stimmen, denen zufolge eine rasche Umstellung der Produktion des MIK auf zivile Güter die anstehen-

---

32 Ein Beispiel dafür ist die Luftoffensive der USA im Dezember 1972 gegen die DR Vietnam, die mit einer Niederlage der angreifenden USA-Luftreitkräfte endete. Den dabei eingesetzten Luftabwehrmitteln sowjetischer Bauart stand die US-Air Force erstaunlich hilflos gegenüber.

den Versorgungsprobleme buchstäblich über Nacht und ohne große Anstrengungen lösen würde. Eine sachliche und wissenschaftlich fundierte Diskussion erlebte die UdSSR schon nicht mehr. Ihre letzten Monate waren vom beginnenden Kampf um das postsowjetische Erbe gekennzeichnet.

So gehörte das im Dezember 1990 beschlossene „Staatsprogramm der Konversion der Verteidigungsindustrie" ein Jahr später bei der Geburt der Russischen Föderation zum ungelösten Erbe, das die RF antrat. Sie übernahm auch den Löwenanteil am MIK der UdSSR.

Ein Schritt vorwärts, zwei Schritte zurück. Das Russland Boris Jelzins und der Militär-Industrie-Komplex (1991-2000)

Der Zugang zum Verständnis des gegenwärtigen MIK Russlands ist nicht möglich, ohne die Zeit des Überganges von der UdSSR zur Russischen Föderation zu betrachten.

Das unmittelbar bevorstehende Ende der Sowjetunion zeichnete sich bereits zum Jahreswechsel 1989/1990 deutlich ab, als die Unabhängigkeitsbestrebungen der meisten Sowjetrepubliken unübersehbar wurden, und die regionalen Eliten von Partei und Wirtschaft sich mehr und mehr an die Spitze dieser Bewegungen setzten.

Die Zentralmacht mit Michail Sergejewitsch Gorbatschow an der Spitze konnte diesen Prozessen nichts entgegensetzen und große Teile der Führung der Russischen Sozialistischen Föderalen Sowjetrepublik (RSFSR) wollten dies offensichtlich auch nicht, da es ihnen um die eigene Emanzipation von der Vormacht der Union ging. Hauptrepräsentant dieser Strömung war Boris Jelzin.

Als beim so genannten „Strickjackentreffen" im Sommer 1990 im Kaukasus Michail Gorbatschow, selbst für seine Umgebung überraschend, gegenüber Bundeskanzler Helmut Kohl den völligen Verzicht der Sowjetunion auf den Anspruch einer Supermacht und die bedingungslose Aufgabe des osteuropäischen Einflussbereiches bekannt gab, war der Zerfall der UdSSR nicht mehr aufzuhalten. Von da an gab es im Lande selbst kaum noch einflussreiche Kräfte, die willens und in der Lage gewesen wären, diesen Prozess zu stoppen.

Freilich resultierte der Kollaps letztendlich aus der tiefen Krise des gesamten Sowjetsystems und nicht aus einem Akt, einem Fehler oder dem „Versagen" einzelner Führer.

Der Versuch einiger Vertreter der „bolschewistischen" Reaktion, vom 18. bis 20. August 1991, diesen Prozess gewaltsam aufzuhalten, seither als „Augustputsch" bezeichnet, war in seiner Kläglichkeit und Banalität jedoch wohl eher eine Farce, die von Jelzin aber geschickt genutzt wurde, um Gorbatschow endgültig von der Macht zu verdrängen.

Dieser hatte sich mit seiner für die meisten Bürger undurchsichtigen Politik freilich selbst schon stark diskreditiert. Er fiel im Lande immer stärker in die politische Bedeutungslosigkeit, die bis heute unverändert andauert.

Von da an war das Voranschreiten des Erosionsprozesses der ehemaligen Weltmacht nicht mehr zu stoppen. Am 24. Dezember 1991 wurde die Sowjetflagge auf dem Kreml eingeholt, und die Sowjetunion gehörte der Geschichte an.

Auf das sang- und klanglose Verschwinden eines so großen Staates reagiert die ausländische Öffentlichkeit bis heute mit Erstaunen und Verwunderung. Die Reaktionen zeigen, wie wenig man die dort vor sich gehenden Prozesse verstand und versteht. Die Stereotype des „Schwarz-Weiß-Denkens", die auf beiden Seiten der Fronten des Kalten Krieges die Vorstellungen voreinander prägten, wirken auch bis heute nach.

Das Ende des „Realsozialismus" nicht nur in der UdSSR war zum großen Teil auch den sozialistischen Funktionseliten zu verdanken. Nicht nur, dass diese den Veränderungen nicht entgegenwirkten, sondern sie gingen oftmals sogar von diesen aus. Die Führungsschicht des späten Staatssozialismus prägte mit ihrem pragmatisch-opportunistischen Weltbild auch das politische, wirtschaftliche und gesellschaftliche Profil des neuen Russland.

Im Transformationsprozess wurde auch in Russland ein für alle „Reformländer" typisches, großes Adaptionspotenzial der postsozialistischen Bürokratien und Funktionseliten sichtbar.[33]

Mit der Beseitigung der Einparteienherrschaft der Kommunistischen Partei der Sowjetunion (KPdSU) und der allmählichen und widersprüchlichen Entstehung einer Mehrparteiendemokratie kam es einerseits zu einer Verunsicherung und Schwächung von Armee und Rüstungsindustrie in der Endphase der UdSSR, denen das gewohnte Reglement verloren ging.

---

[33] Siehe hierzu R. Reißig; „Die gespaltetene Vereinigungsgesellschaft", Dietz Verlag, Berlin 2000.

Andererseits waren Teile der militärischen und wirtschaftlichen Führungsschicht zumindest seit Mitte der achtziger Jahre selbst auch zu der Erkenntnis gelangt, dass grundlegende Wandlungen notwendig und unumgänglich seien.

Seit etwa 1985/1986 wurde dies auch außerhalb eng begrenzter Gruppen zunehmend offener diskutiert. Während im Land der Anstoß zu politischen Veränderungen vor allem von der künstlerischen Intelligenz artikuliert wurde, war beispielsweise in der Sowjetarmee zu verzeichnen, dass diese vor allem von den höheren Lehr- und Forschungseinrichtungen ausgingen.

Aber auch ein Teil der Führungselite in Generalstab und Verteidigungsministerium kam zunehmend zur Erkenntnis, dass ein grundlegender Wandel notwendig sei. Begründet wurde dies von diesen Kräften vorrangig damit, dass es notwendig sei, den erodierenden Staat vor dem Untergang zu bewahren. Die Kräfte, die die UdSSR als einheitlichen demokratisch und markwirtschaftlich orientierten Staat erhalten wollten, gerieten aber immer stärker in die Defensive. Vor allem die regionalen Eliten strebten nach Emanzipation vom Zentrum. Schnell sprangen auch alte, gewiefte Apparatschiks, wie der letzte Außenminister der UdSSR Eduard Schewardnadse, auf diesen Zug auf und entdeckten ihre nationalen Wurzeln und Interessen.

Für die Elemente des Militär-Industrie-Komplexes verschärfte sich die Existenzkrise mit dem Ende der UdSSR sowohl aus **außenpolitischen** wie auch **innenpolitischen** Gründen besonders drastisch. Die neue russische Führung machte sich nach außen die Diktion Gorbatschows zu Eigen, nach der der Kalte Krieg endgültig beendet sei, und Russland endlich einen angemessenen Platz im Kreise der „zivilisierten Staaten" im „gemeinsamen Haus" erhalte. Für den MIK schien es da keine Perspektive zu geben.

Jelzin übersah dabei, wie schon sein großer Widersacher Gorbatschow vor ihm, dass eine solche Position zwar von wesentlichen politischen Kräften Westeuropas geteilt wurde, dass jedoch die USA und auch einige konservative Europäer diese Einstellung offensichtlich nicht teilten und weit von einer „Friedens- und Verbrüderungseuphorie" entfernt waren.

Dies resultierte nicht nur aus dem immer noch wirkenden aber nunmehr überholten Antikommunismus, sondern wohl auch aus dem Eigenverständnis der USA, nicht nur als transatlantische, sondern auch als pazifische Macht. Mit dem Verschwinden der Sowjetunion verschwanden nämlich nicht die anderen „Problemfälle" der USA wie Nordkorea, Kuba, Iran, Somalia, Irak...

Vor allem die Volksrepublik China entwickelte sich in einem Tempo, das die USA zunehmend beunruhigte. Die wachsenden Stärke Chinas und die zunehmende Schwäche Russlands waren und sind kein Anlass zur Zufriedenheit am Potomac.[34]

Eine Schwächung des Russischen MIK und die Verhinderung der Kooperation mit Rivalen und Gegnern, aber auch mit Verbündeten der USA, hat für die US-Administration strategische Bedeutung.

Schließlich bleibt für die USA als „*...langfristige Aufgabe jedoch ... das Problem zu lösen, wie man Russlands Demokratisierung und wirtschaftliche Erholung unterstützen und dabei das erneute Entstehen eines eurasischen Imperiums vermeiden kann, das Amerika in der Verwirklichung seines geostrategischen Ziels hindern könnte, ein größeres euroatlantisches System zu entwerfen, in welches sich dann Russland dauerhaft und sicher einbeziehen lässt.*"[35]

Es versteht sich, dass dieses System von den USA dominiert werden und in erster Linie deren Interessen dienen soll.

Russland war und ist auch auf Grund seiner pragmatischen Politik der militär-technischen Zusammenarbeit mit einer Vielzahl von Ländern ein gewisser Risikofaktor für die Interessen der USA.

Das trifft natürlich auch auf die noch existierenden bedeutenden nuklearen und raketen-kosmischen Potenziale Russlands zu, die es selbst den USA, zumindest bis zum jetzigen Zeitpunkt, unmöglich machen würden, auf Russland realen militärischen Druck auszuüben. Darauf kommen wir später noch einmal zurück.

Somit konnte Russlands MIK nach dem Ende des Kalten Krieges nicht nur nicht auf Kooperation von Seiten der USA und der von ihr dominierten NATO-Staaten hoffen, sondern hat von ihnen bisher mehr als einen Stein in den Weg gelegt bekommen.

1991/1992 glaubte man an der Moskwa in dieser Hinsicht noch an eine rosige Zukunft und sah sich teilweise schon in der Rolle des künftigen gleichberechtigten Juniorpartners der USA. Diese Hoffnung war es wohl, die den MIK damals überleben ließ. Da übersah man sicher gerne die vielen Anzeichen dafür, dass die USA

---

34 Diese Problematik spielt eine große Rolle in den geostrategischen Überlegungen der USA, z.B. bei Zbigniew Brzezinski „Die einzige Weltmacht", Fischer Verlag 2000.
35 ebenda, S. 130.

schon damals nicht recht gewillt waren, dem ehemaligen Hauptfeind auf gleicher Augenhöhe zu begegnen. Die Russen waren damals davon überzeugt, dass es für sie nach der Aufgabe ihres politischen Systems einen sehr schnellen Zugang als gleichberechtigtes Mitglied zur „westlichen Wertegemeinschaft" gebe, und dass Kriege und militärische Gewalt nunmehr bald der Vergangenheit angehören.

Aus heutiger Sicht fallen einem da unweigerlich die Worte Puschkins aus dem „Eugen Onegin" ein: „Träume, Träume! Wo ist Eure Süße geblieben?"

Auch **innenpolitisch** erschien die Sache aussichtslos.
Buchstäblich über Nacht kollabierte fast das gesamte historisch gewachsene System und Regelwerk des MIK. Dieser war seit den siebziger Jahren fast vollständig den einzelnen zentralen Ministerien der Union zugeordnet, und als sich diese buchstäblich über Nacht auflösten oder aus Unions- in föderale Verantwortung übergingen, war die Verteidigungs- und Rüstungswirtschaft führerlos. Betriebsteile, Lieferanten und Kooperationspartner befanden sich plötzlich im Ausland. Gesetze und Verordnungen waren nicht mehr in Kraft. Bestellungen wurden storniert. Die Verteilung der Sowjetarmee auf die neuen nationalen Streitkräfte machten die Betriebe des MIK automatisch zu Exporteuren mit neuen, ihnen nicht geläufigen Spielregeln.

Die beginnende ungeordnete und wilde Abrüstung und Verkleinerung der Streitkräfte brachte es mit sich, dass die Hauptarten von Bewaffnung und Ausrüstung im Überfluss vorhanden waren, und die Produktion faktisch zum Erliegen kam. Die veränderte internationale Lage hatte darüber hinaus zur Folge, dass russische Waffen, Militärausrüstungen und -dienstleistungen keine Abnehmer mehr fanden. Russland war aber zum damaligen Zeitpunkt von sich aus auch politisch durchaus gewillt, auf die Rüstungsexporte zu verzichten.

Viele der Verantwortlichen in Regierung, Verteidigungsministerium und Generalstab waren außerdem mehr damit beschäftigt, ihre Posten und Privilegien in die neue Zeit hinüberzuretten, als mit der Führung der ihnen unterstellten Strukturen und Einrichtungen. Dass es trotzdem und ohne größere, die internationale Sicherheit gefährdende Zwischenfälle gelang, die riesige Militärmaschinerie der UdSSR auf ein wesentlich geringeres Niveau zurückzufahren, grenzt da schon fast an ein Wunder.

In kürzester Zeit wurden die gewaltigen Truppenmassen aus den Staaten des 1990 kollabierten Warschauer Vertrages zurückgeführt. Obwohl viele der Soldaten einer ungewissen Zukunft entgegen gingen, wurde diese gewaltige Leistung ohne größere Zwischenfälle vollbracht.

Allein in der Bundesrepublik Deutschland waren Mitte Oktober 1990 17 Divisionen mit etwa 364.000 Soldaten, fast 6.000 Kampfpanzer, weit über 4.500 Artilleriesysteme und fast 1.400 Kampfflugzeuge und Hubschrauber stationiert.

Wenn man noch bedenkt, dass bis 1993 auch innerhalb der ehemaligen UdSSR enorme Truppenverlegungen bei der Bildung der nationalen Armeen der Nachfolgestaaten vor sich gingen, so kann man sich vielleicht ein Bild von der Kompliziertheit dieser Prozesse machen.

Dahinter stehen aber auch die Schicksale Hunderttausender Menschen, die oft einer sehr ungewissen Zukunft entgegen gingen. Das war auch der Anfang einer gewaltigen Migrationsbewegung im postsowjetischen Raum, die Russland zu einem der Länder mit den meisten Binnenflüchtlingen werden ließ.

Es ist allerdings auch nicht genau bekannt, in welchem Maße Waffen und Ausrüstungen „verloren gingen" oder in die Hände politischer Gruppen gelangten, die wenig später Russland und anderen Nachfolgestaaten der UdSSR noch große Probleme bereiten sollten.

Hier sei nur kurz auf Tschetschenien verwiesen. Dort gelang es regionalen Gruppen, wie auch in anderen Teilen des postsowjetischen Raumes, einen Teil der Militärausrüstung zu „privatisieren". Die tschetschenische „Regierung" verfügte nach dem Hinausdrängen der Sowjetarmee im Juni 1992 dann über ein recht ansehnliches Arsenal, unter anderem: [36]

- Über zwei taktische Raketensysteme vom Typ „Luna-8" (PU 9PPS), allerdings ohne Raketen. Die Startrampen havarierten bald und wurden unbrauchbar.
- Über 42 Kampfpanzer (T-62 und T-72), 36 Schützenpanzer (BMP-1 und BMP-2), 30 Schützenpanzerwagen (BTR-70 und BRDM-2).
- Über eine große Anzahl Panzerabwehrmittel (9PM148 „Konkurs", 9P185M „Fagott", 9P151 „Metis" und RPG-7), insgesamt 590 Stück.
- Über 153 Artilleriesysteme, darunter 18 reaktive Geschosswerfer

---

36 Muchin, W.G. „Wojennije uroki tschetschenskoj kampanij" NWO Nr. 18 (22) v. 26.09.1996.

BM-21 „Grad" und 30 Haubitzen D-30 Kaliber 122-mm.
- Über große Mengen Schützenwaffen (41.538 Stück), darunter 18.832 Sturmgewehre AK-74 „Kalaschnikow", 533 Scharfschützengewehre „Dragunow", 138 automatische Granatwerfer „Plamja", 9.307 Sturmgewehre AKM, 10.581 Pistolen PM „Makarow" und TT, 678 leichte und 319 schwere Maschinengewehre.
- Über einige Flugzeuge und Hubschrauber (etwa 250 Maschinen, vor allem Schultrainer L-39 und L-29 und einige Transportflugzeuge AN-2 und 2 Hubschrauber MI-8). Diese Technik war aber veraltet und kaum mehr verwendungsfähig.
- Über moderne Luftabwehrmittel (10 „Strela-10", sieben „IGLA" und 23 andere Systeme verschiedener Bauart).

Glücklicherweise konzentrierten die russischen Verantwortlichen, mit internationaler Hilfe und Unterstützung, ihre noch vorhandenen Kapazitäten voll auf den Umgang mit den strategischen Waffen, hier vor allem mit den Massenvernichtungswaffen, das heißt mit den riesigen Vorräten an chemischen Kampfstoffen und den strategischen und operativen Kernwaffen.

Die Chemiewaffen erreichten die unglaubliche Menge von 40.000 Tonnen und lagen somit fast ein Viertel über dem Arsenal der USA, die bis Ende der sechziger Jahre etwa 30.000 Tonnen produzierten und diese teilweise noch gelagert haben. Die heute noch vorhandenen russischen Chemiewaffen würden ausreichen, jeden Erdbewohner über 1.000-mal zu töten[37] und stellen immer noch eine nicht zu unterschätzende Gefahr dar.

Die russischen Streitkräfte übernahmen den größten Teil der nuklearen und konventionellen Bewaffnung und Ausrüstung der Sowjetarmee:

Tabelle 2
Verteilung der atomaren Bewaffnung nach Auflösung der UdSSR 1991 [38]

Staat	landgestützte Raketen		U-Boot-Raketen		luftgestützte Kernwaffen		Insgesamt	
	Träger	Gefechtsköpfe	Träger	Gefechtsköpfe	Träger	Gefechtsköpfe	Träger	Gefechtsköpfe
Russland	912	3.970	188	2.652	79	271	1.773	6.893
Ukraine	176	1.240	0	0	39	420	215	1.660
Kasachstan	98	980	0	0	40	240	138	1.220
Weißrussland	81	81	0	0	0	0	81	81
GESAMT	1.267	6.271	188	2.652	158	931	2.207	9.854

Tabelle 3
Verteilung der herkömmlichen Bewaffnung zwischen den Nachfolgestaaten der UdSSR gemäß Vertrag v. 15. Mai 1992[39]

Staat	Panzer	Schützen-panzer	Artilleriesysteme	Kampfflugzeuge	Kampfhubschrauber
Russland (europäischer Teil)	6.400 / 1.425*	11.480 / 955	6.415 / 1.310	3.450	890
Ukraine	4.080 / 950	5.050 / 700	4.040 / 800	1.900	330
Weißrussland	1.800 / 275	2.600 / 425	1.615 / 240	260	80
Aserbaidschan	220	135	285	100	50
Armenien	220	135	285	100	50
Grusinien	200	135	285	100	50
Moldowa	210	130	210	50	50
mittelasiatische	2.260	3.780	?	1.085	185

*im Zähler-Gesamt/im Nenner- in Einlagerung/Konservierung

Gegenwärtig ist von den Nachfolgestaaten der UdSSR nur noch Russland im Besitz atomarer Bewaffnung.

Die mit dem Zerfall, nicht nur der militärischen Komponenten, der UdSSR einhergehenden Probleme und Aufgaben hätte man vielleicht mit außerordentlichen administrativen Maßnahmen und einem einigermaßen funktionierenden Gemeinwesen in den Griff bekommen können. Diese standen freilich im zusammenbrechenden Riesenland zunächst nicht zur Verfügung. Zu verschieden waren die Interessen der handelnden Gruppen. 70 Jahre Einparteienherrschaft hatten darüber hinaus dazu geführt, dass es kein funktionierendes System des politischen Interessenausgleiches gab. Der Parlamentarismus entstand erst mühselig. Eine echte Gewaltenteilung gab es genauso wenig, wie Institutionen, die in der Lage gewesen wären, die unterschiedlichen Interessen auf „zivilisierte" Weise auszutarieren.

Die politische Führung Russlands entschloss sich trotz alledem zum sofortigen und radikalen Übergang vom „Sozialismus" zur „Marktwirtschaft",[40] und zwar nicht zu irgendeiner Übergangs- oder Pseudoform, sondern zur reinen Marktwirtschaft aus dem Lehrbuch des Neoliberalismus.

---

37 O. Odnokolenko „Sa Wolgoi natschali ‚chimnitch'", Problemy globalnoi besopasnosti, Nr. 9, Februar 2003; http://www.cwpj.org.
38 „Istorija wojennoj strategij Rossij", Moskwa, Kutschkoje Polje 2000, S. 508.
39 Ebenda S. 525.
40 Beide Begriffe sind unklar und in ihrer Beliebigkeit nicht eindeutig verwendbar. Meistens soll der Erstere eine zentral verwaltete Staatswirtschaft kennzeichnen, während der Zweite eine dezentrale, freie Kapitalverwertungsgesellschaft beschreibt, die aber beide, zumindest partiell, auch Eigenschaften der jeweils anderen besitzen und m.E. nicht so wesentlich verschieden sind, wie es ihre, i.d.r. agitatorische Verwendung, suggeriert, da sie mehr oder weniger stark konvergieren.

Freilich wäre auch ein wohlfahrtsstaatlicher Reformismus sozialdemokratischer Prägung kaum aussichtsreicher gewesen, da dieser einen regulierenden, einflussreichen Staat voraussetzt, und von diesem wollten viele Bürger des neuen russischen Staates aus verschiedenen Gründen erst einmal nichts wissen. Der Ruf nach dem Staat als Retter aus der Not wird erst einige Jahre später laut.

Nicht zu vergessen, dass der junge Staat schlechte Voraussetzungen dafür hatte, um schnell eine einigermaßen handlungsfähige Bürgergesellschaft zu schaffen. Die Regierenden, allen voran Boris Jelzin, nutzen dieses Vakuum zur Durchsetzung persönlicher Interessen. In dieser Zeit entstanden auch die „Familien", von denen später noch die Rede sein wird.

Ein staatlich gesteuerter Übergang zur Marktwirtschaft nach chinesischem Muster wäre zwar grundsätzlich auch möglich gewesen, wurde aber vor allem von den erstarkten regionalen Eliten abgelehnt, da auch dieser Weg einen gewissen Zentralismus vorausgesetzt und deren Einfluss geschmälert hätte. Große Teile der Armeeführung, der übrigen Sicherheitsorgane und des MIK hätten diese Entwicklung zweifelsohne bevorzugt.

Die Protagonisten des Neoliberalismus in Russland von Grigori Jawlinski über Anatoli Tschubais bis Jegor Gaidar hatten aber durchaus starke Mehrheiten hinter sich, als sie den sofortigen Umbau des Landes zur Markwirtschaft in Angriff nahmen, dem Land als Erstes die hastige Privatisierung verordneten und der Bevölkerung eine schnelle Besserung der Lage versprachen.

Das solche Voraussetzungen wie ein modernes Kredit- und Finanzwesen, ein freier Verkehr von Gütern und Personen, Eigentum an Grund und Boden, rechtliche Grundlage privater Eigentumsformen und anderes ganz fehlten oder kaum entwickelt waren, schien keinen der Akteure zu stören. Kritik im eigenen Lande und von außerhalb wurde von den „Privatisierern" kaum erhört. Zu alledem wurden die sozialistischen Monopolstrukturen nun unter dem Vorzeichen der Privatwirtschaft übernommen.

Über Nacht und unter völlig undurchsichtigen Bedingungen gingen Tausende Betriebe und Einrichtungen in private Hände über.

Die Mitarbeiter der Betriebe und Unternehmen wussten mit ihren Anteilskupons oftmals nichts anzufangen und verschleuderten diese nicht nur aus Unwissenheit, sondern auch aus nackter wirtschaftlicher Not, meist froh darüber, wenigstens ein paar Rubel dafür zu bekommen.

Über Strohmänner oder auch ganz offen wurden die Unternehmensanteile von Wenigen aufgekauft. Woher die dafür notwendigen, für damalige russische Verhältnisse doch enormen Mittel kamen, interessierte damals kaum. Es ist kein Geheimnis, dass auch Gelder aus der Schattenwirtschaft und der organisierten Kriminalität auf diesem Wege legalisiert wurden. Auch von hier, und nicht aus irgendwelchen imaginären, finsteren Winkeln heraus, entwickelte sich die viel traktierte „Russenmafia".
Auch ausländisches Kapital begann, vorerst jedoch noch zögerlich, nach Russland zu fließen. In dieser Zeit beginnt auch der steile Aufstieg des Michail Chodorkowski und anderer so genannter Oligarchen. Zu ihnen später noch mehr.

Die Betriebe und Einrichtungen des Militär-Industrie-Komplexes waren bei der Privatisierung freilich nicht sofort und in erster Linie Ziel der Begehrlichkeiten. Dafür gab es mehrere Gründe, so zum Beispiel:

- **Die allgemeine Annahme, dass größere militärische Konfrontationen der Vergangenheit angehörten, und es zukünftig keine wesentlichen Chancen der Entwicklung des MIK geben werde;**
- **die erschwerte Zugänglichkeit zu den Betrieben und Einrichtungen des MIK auf Grund der jahrzehntelangen Abschottung und Geheimhaltung;**
- **der starke Einfluss der Regierungs- und Staatsbürokratie auf die Betriebe des MIK, der den Zugang für externe Kräfte erschwerte oder unmöglich machte;**
- **der schwer abzuschätzenden Zustand des MIK und die Kompliziertheit von Prognosen der Entwicklung;**
- **die hohen Investitionskosten und die Größe und Unübersichtlichkeit der Betriebe und Einrichtungen;**

Vor allem aber versprachen Bereiche wie Rohstoffgewinnung und -verkauf, Finanzwirtschaft, Dienstleistungen und Medien schnelleren und größeren Profit.
So wurden die bedeutendsten Vermögen im neuen Russland vor allem im Erdöl- und Finanzsektor, in der Energiewirtschaft und im Medienbereich gemacht. Dafür stehen neben dem bereits erwähnten Michail Chodorkowski solche Namen wie Anatoli Tschubais, Wladimir Gusinski und Boris Beresowski aber auch der ehemalige Premier Wiktor Tschernomyrdin.[41]

---

41 Ausgewählte biographische Informationen im Anhang.

Im MIK dagegen war es häufig vor allem das Management der Betriebe selbst, das die Unternehmen teilweise nach und nach unter seine Kontrolle brachte. Dies geschah im engen, wenn auch teilweise konträren Zusammenwirken mit der Staatsbürokratie. Vor allem die Bürokraten und Spitzenkräfte der Sicherheitsorgane, Streitkräfte und der rüstungsnahen Ministerien kamen dabei zum Zuge. Das große Geld war hier freilich selten zu machen, und so ging es den neuen Herren meistens ums reine Überleben ihrer Unternehmen. Im Gegensatz zu den schillernden Figuren der Medien- Finanz- und Rohstoffssektoren machten diese kaum von sich reden und waren auch in Russland nur wenigen Insidern bekannt. Das Ausland nahm davon noch weniger Kenntnis und erst vor einigen Jahren rückte der MIK wieder mehr ins Licht der Aufmerksamkeit.

Bereits Mitte der neunziger Jahre und verstärkt gegen Ende des Jahrzehnts mehrten sich in Russland die Stimmen, die, nach eingehender politischer und militärischer Analyse der Politik der USA und ihrer Verbündeten, ein Ende des Prozesses des Verfalls des Staates und somit ein Ende der Jelzin-Ära forderten.

Der Krieg auf dem Balkan 1999 wirkte für Russland wie eine kalte Dusche. Dort begann aus russischer Sicht nicht nur die Erosion des internationalen Rechts, sondern er wurde auch als Zeichen des „Westens" interpretiert, sich unter dessen Diktat unterzuordnen.

Sowohl die militär-technische als auch die militär-politische Analyse der Aggression der NATO gegen die Bundesrepublik Jugoslawien fielen für die Russische Föderation ernüchternd aus. Darauf soll aber an anderer Stelle noch detaillierter eingegangen werden.

Für den MIK bedeutete dies, dass die Frage nach der Fähigkeit Russlands zur Versorgung der eigenen Streitkräfte mit modernen Waffen und Ausrüstung seit 1991 im Prinzip zum ersten Mal ernsthaft gestellt wurde, und man schließlich zum Schluss kam, dass die russischen Streitkräfte nicht in der Lage seien, einen Angriff vom „Balkantyp" ohne Einsatz von Kernwaffen abzuwehren.[42]

Im Regierungslager und zunehmend auch von Seiten führender Parlamentarier wurde wachsendes Interesse am Zustand des Militärisch-Industriellen-Komplexes deutlich und dessen Zustand und Perspektiven diskutiert.

---

42 Z.B. Generalmajor W. Sliptschenko „Analyse der Militärkampagne der NATO gegen Jugoslawien im Frühjahr 1999" in http://www.cast.ru/russian/publish/2000/july-aug/slipèenko.html.

Der Führer der Fraktion „Jedinstwo", Mitglied des Sicherheitsrates der RF und Minister für Katastrophenschutz, Sergej Schoigu, schrieb beispielsweise dazu, dass *„nach dem Abenteuer in Jugoslawien deutlich wurde, dass sich die Politik und Ökonomie führender westlicher Staaten — USA, Großbritannien und Frankreich — unter dem Einfluss der Ideologie und Praxis des Militarismus befinden".*[43] Er forderte für den russischen MIK zur weiteren Entideologisierung und „Merkantilisierung" auf und entfachte damit eine kontroverse, bis heute anhaltende Diskussion über die Rolle des Komplexes.[44]

Bis zur Jahrtausendwende hatte der MIK Russlands dann im Wesentlichen bereits die in der Anlage dargestellte Struktur angenommen. Darin sind, wie eingangs erwähnt, vor allem die konventionellen Elemente enthalten, die unter der Führung des MINPROMNAUKI[45] zusammengefasst waren. Die atomaren Bestandteile des MIK sind nicht in der Betrachtung enthalten, da deren Analyse auf Grund der wenigen öffentlich zugänglichen Informationen und Publikationen schwierig ist, und deren Wahrheitsgehalt sich als schwer verifizierbar darstellt.

Die erste Phase der Transformation der Sowjetgesellschaft zum neuen Russland dauerte fast zehn Jahre bis etwa 2000/2001. Die Realität entsprach nur in einem geringen Umfang den anfangs erwünschten und prognostizierten Ergebnissen.

Die folgende Darstellung der Entwicklung des MIK in der Zeit von 1991 bis 2000[46] soll einige wesentliche Merkmale und Etappen der Ausbildung eines spezifischen russischen MIK aufzeigen.

Wir treffen dort bereits einige der heute wichtigsten Akteure nicht nur des MIK, sondern auch der Spitzenpolitik der Russischen Föderation.

Die in der Chronik aufgeführten Ereignisse können natürlich die Vielfalt und Kompliziertheit der Entwicklung fast eines Jahrzehntes nicht vollständig wiedergeben.

---

43 S. Schoigu „Nowaja ideologija dlja oboronnowo kompleksa", NWO 49 (172) v. 17.12.1999.
44 So z.B. A. Schulunow „Krisis WPK: podmena ponjatij", NWO 9 (182) 17.03.2000.
45 Ministerstwo Promyschlennosti i Nauki — Ministerium für Industrie und Wissenschaft.
46 Siehe dazu auch I.Bulawinow „Komu prinadleschit Rossija?", Kommersant Wlast v. 04.12.2001.

Es lassen sich aber folgende typische Merkmale und Charakteristika erkennen:

- Der russische MIK, Nachfolger des Militär-Industrie-Komplexes der UdSSR, hat nunmehr einen spezifisch neuen Charakter angenommen, der vor allem durch das Entstehen von Privateigentum gekennzeichnet ist.
- Er wird von der Mehrheit der Bevölkerung nicht nur akzeptiert, sondern als erhaltens- und entwicklungswürdig angesehen.
- Die wesentlichsten Impulse für den MIK kamen lange Zeit vom Staat und vom eigenen Management. Erst in den letzten Jahren wirken die neu entstandenen Finanzgruppen stärker auf ihn ein.
- Es gab lange Zeit kaum einen spürbaren parlamentarischen Einfluss auf den MIK. Alle Entscheidungen lagen in der Hand der Staatsbürokratie.
- Der MIK wurde bis etwa 1998/99 in erster Linie als Finanzierungsquelle durch Waffenexport betrachtet. Erst der Jugoslawienkrieg und die Präsidentschaft Putins brachten eine gewisse Neuorientierung.
- Die besonderen Bedingungen der russischen Wirtschaft und des Rechtssystems brachten es einerseits mit sich, dass der Einfluss ausländischen Kapitals gering gehalten werden konnte. Der russische MIK blieb damit nicht nur weitgehend unabhängig, sondern auch isoliert.
- Andererseits begann trotzdem eine gewisse internationale Zusammenarbeit, die sich im Wesentlichen jedoch auf Indien und China konzentrierte.
- Der MIK bildete sich in erster Linie nicht nach Konzeptionen und Plänen, sondern über weite Strecken archaisch und chaotisch aus.
- Es kam einerseits zu Verfall und Erosion wesentlicher Elemente des MIK. Andererseits rettete er aber nennenswerte Potenzen und Fähigkeiten, vor allem in der Luftfahrtindustrie und bei den wissenschaftlichen Erprobungs-, Forschungs- und Entwicklungsarbeiten.[47] Eine durchgehende Modernisierung gelang jedoch nicht.
- Der Kampf des russischen MIK um die Rückgewinnung und Neuerschließung von Märkten im internationalen Waffenhandel war nur teilweise erfolgreich. Er spielte trotzdem eine große Rolle als wesentliche Quelle der Finanzierung und Stabilisierung des russischen Staates in den neunziger Jahren.

---

[47] NIOKR — **N**autschno-**I**ssledowatelskije i **O**pytno-**k**onstruktorskije **R**aboty — (wissenschaftliche Forschungs- Erprobungs- und Entwicklungsarbeiten).

- Vor allem die USA und die NATO-Staaten bemühten sich oftmals erfolgreich um die Ausschaltung der russischen Konkurrenz auf den internationalen Waffenmärkten.
- Der MIK Russlands überlebte vor allem dank der Exportgeschäfte. Die eigenen Streitkräfte erhielten so gut wie keine neuen Waffen und Ausrüstungen. So konnten in erster Linie die Waffenexporteure oder die Betriebe, die gleichzeitig konkurrenzfähige zivile Güter herstellten, überleben.
- Die Regierung Jelzin verschuldete sich gegenüber dem MIK und brachte so viele Unternehmen in eine wirtschaftliche Schieflage. Diese Politik erhöhte die Abhängigkeit des MIK von der Staatsbürokratie und verhinderte nicht nur eine nachhaltige Konversion, sondern auch eine organische Entwicklung der Verteidigungsfähigkeit der RF.

Chronik einer Metamorphose

Das Ende ist der Anfang (1991-1992)

Als im März 1991 der Chef der Russischen Waren- und Rohstoffbörse, Konstantin Porowoi und der Leiter des zentralen Forschungsinstitutes Maschinenbau, Wladimir Utkin eine Erklärung über die Zusammenarbeit bei der Schaffung einer Militär-Industrie-Börse[48] vereinbarten, war dies wohl die Geburtsstunde des MIK des noch formal unter Unionsführung stehenden Russland.

Dies war für viele Manager das Signal für die beginnende Liberalisierung auch der Militär- und Rüstungswirtschaft.

Kurz darauf im April erklärte der damalige Premier Iwan Silajew die Absicht der Regierung, den Betrieben des MIK generell die wirtschaftliche Selbstständigkeit einzuräumen.

Einige der Großen des MIK gründeten im Juni dann die Warenbörse „Konversion". Damit reagierten sie offensichtlich auf die zunehmend gestörten Austauschbeziehungen im Lande und versuchten so, die Distribution unabhängiger vom zerfallenden Unionsstaat zu machen.

Der russische Präsident Jelzin, der natürlich wusste, dass der Zugriff auf den hoch entwickelten, potenten MIK und dessen enorme wirtschaftliche Kraft auch entsprechendes politisches Gewicht verlieh,

---

48 Im Juni 1991 wurde dann von einigen großen Rüstungsbetrieben die Warenbörse „Konversion" geschaffen.

unterzeichnete am 20. August 1991 den Erlass „Über die Sicherstellung der ökonomischen Grundlagen der Unabhängigkeit der Russischen Sozialistischen Föderativen Sowjetrepublik (RSFSR)". Damit war die juristische Grundlage für die Übernahme aller auf dem Territorium Russlands befindlichen Unionseinrichtungen, einschließlich aller Betriebe des MIK, geschaffen. Das Tischtuch zwischen ihm und Gorbatschow, zwischen Russland und der UdSSR war damit endgültig zerschnitten.

Im Oktober präsentierte sich schon eine so genannte „Militär-Industrielle Investitionsgesellschaft"[49] in der Rechtsform einer Aktiengesellschaft der Öffentlichkeit und erklärte Investitionen in den MIK zum Gegenstand ihrer Tätigkeit. Das Tempo überrascht nicht nur die einheimische Bevölkerung. Auch ausländische Beobachter sind völlig überrumpelt.

Am 03. November 1991 unterzeichnete Präsident Jelzin die Erlasse „Über Maßnahmen zur Stabilisierung der Arbeit des Industriekomplexes der RSFSR unter den Bedingungen der wirtschaftlichen Reformen" und „Über vorrangige Maßnahmen zur Organisation der Tätigkeit der Industrie". Darin ging es faktisch darum, die Rüstungsindustrie unter die Kontrolle des entstehenden neuen russischen Staates zu bringen. Wir werden noch weiter unten genauer sehen, was Jelzin darunter verstand. Ihm ging es in erster Linie um die Nutzung des MIK in seinem eigenen Interesse und im Interesse der ihm nahe stehenden politischen und wirtschaftlichen Gruppen. Diese diffusen Gruppen wurden bald als „Familie" bezeichnet. Tatsächlich gehören dieser mitunter auch Verwandte, bei Jelzin zum Beispiel dessen Tochter Swetlana, an. In der Regel umfassen die „Familien" aber Gruppen von Politikern, Managern, Beamten etc. und deren engste persönliche Mitarbeiter und teilweise wiederum deren Gefolge. Hier spielen auch weit zurückreichende historische, nationale, soziale und kulturelle Eigenheiten Russlands eine gewisse Rolle. Es wäre jedoch zu einseitig, diese Erscheinung nur aus einem negativen Blickwinkel zu betrachten. In einer Zeit, in der der Staat de facto handlungsunfähig war, haben diese Strukturen durchaus auch partiell sozial und politisch stabilisierend gewirkt.

---

[49] „Wojenno-Promyschlennaja Investizionnaja Kompanija" — die Geburtsstunde des modernen russischen privaten Rüstungssektors (im Januar 1992 bereits wieder zerfallen, als 3 Hauptaktionäre, darunter die „Russische Nationale Handelsbank", die AG verließen).

Früher oder später, mit dem Versuch, das Primat der Politik wiederherzustellen, kollidieren diese aber folgerichtig mit Staat und Gesellschaft, wie wir noch sehen werden.

Aber zurück zur Sternstunde des Boris Nikolajewitsch Jelzin. Diese war für ihn selbst, im Gegensatz zu Millionen seiner Landsleute, der Untergang der UdSSR. Jelzin war 1992 damit im Zenit seiner Macht und seines nationalen und internationalen Ansehens.

Ende des Jahres 1991 kam es in einigen Betrieben des MIK, die ohne Staatsaufträge der zerfallenden Union für 1992 geblieben waren, zu Massenprotesten von Arbeitern und Angestellten, die um ihre Arbeitsplätze fürchteten. Das war aber nur anfangs, da noch ungewohnt, einige Pressemeldungen wert. Keiner hat die vielen derartigen Aktionen der darauf folgenden Jahre gezählt. Bis heute gibt es in der Bevölkerung der RF keine nennenswerten Vorbehalte gegen Rüstungsproduktion- und Export. Darin unterscheiden sich die russischen Waffenschmiede nicht von ihren westlichen Kollegen. Die Sicherung des Arbeitsplatzes und des Standortes hat auch in Russland mittlerweile eine so eine hohe Priorität, dass der MIK von Seiten der Beschäftigten und der Gewerkschaften (fast) immer mit Unterstützung rechnen kann.

Am 12. Februar 1992 beschloss der Oberste Sowjet Russlands das Gesetz „Über die Konversion der Verteidigungsindustrie". Darin wurden den Unternehmen des Rüstungsbereiches günstige Bedingungen für die Umstellung auf zivile Produktion zugesagt.

Allerdings erklärte der Berater des Präsidenten, Michail Malej, dass die für die Konversion der Rüstungsindustrie und des Militärs veranschlagten 150 Mrd. US-Dollar nicht zur Verfügung stünden und empfahl den Unternehmen daher die Umstellung auf den Export „hochtechnologischer" Erzeugnisse. Woher die Unternehmen die dafür notwendigen Investitionen nehmen sollten, ließ Malej jedoch offen.

Am 07. Mai wurde der Zivilist Andrej Kokoschin, bis dahin stellvertretender Direktor des „Institutes für die USA und Kanada bei der Akademie der Wissenschaften", zum Stellvertreter des Verteidigungsministers ernannt und übernahm u.a. die Verantwortung für den Bereich Ausrüstung der Streitkräfte. Die Vertreter des MIK verbanden mit seiner Person die Hoffnung auf wachsende Rüstungsbestellungen durch die Regierung. Kokoschin erwies sich bald als analytischer Denker und realistischer Organisator. Seine

Kompetenz und Leistungsfähigkeit hat er sich bis in die Gegenwart erhalten. Viele seiner damaligen Vorschläge und Ideen erfahren in jüngster Zeit eine Renaissance.

Kokoschin erarbeitete zunächst ein Programm der Industriepolitik. Darin war die Schaffung mächtiger Holdings als Zugpferde der wirtschaftlichen Entwicklung vorgesehen. Diese Pläne wurden nicht umgesetzt, da der russische Staat finanziell außerstande war, die geplanten Hilfen und Vergünstigungen für den MIK zu gewährleisten. Gleichzeitig mit der Ernennung Kokoschins gelang der Lobby des MIK ein weiterer Erfolg im Kampf um Einfluss, als der Vizebürgermeister von Sankt Petersburg, Georgi Chischa, zum Vize-Premier und Verantwortlichen für Industrieproduktion ernannt wurde.

Spätestens als Boris Jelzin am 08. Juli 1992 die Privatisierung des OKB Suchoj[50] per Erlass verfügte, war allen im Lande klar, dass die Privatisierungswelle um den MIK keinen Bogen machen würde. Wie in vielen anderen Betrieben und Einrichtungen der „Oboronka" ging auch bei Suchoj die Initiative von internen Kräften aus. Der Chefkonstrukteur und wichtige Anteilseigner Michail Simonow erklärte die Absicht, das Unternehmen zu einem der Führer im internationalen Flugzeugbau machen zu wollen. Suchoj ist bis heute einer der Großen des MIK geblieben.

Die Privatisierung des MIK setzte sich in der zweiten Jahreshälfte des Jahres 1992 mit der Unterzeichnung einer Reihe entsprechender Beschlüsse durch den Präsidenten fort. Mit der Ernennung Wiktor Tschernomyrdins zum Premierminister kam die Massenprivatisierung des Rüstungssektors dann allerdings zeitweilig zum Stillstand. Tschernomyrdin wurde oft nachgesagt, er habe versucht, die Privatisierung zu stoppen. In Wirklichkeit wollte er wohl eher verhindern, dass die Prozesse sich völlig verselbstständigen, außer Kontrolle geraten und zu unabsehbaren Verwerfungen der Gesellschaft führen. Darüber hinaus beschäftigte er sich wohl auch lieber mit dem Energie- und Rohstoffsektor, vor allem mit der Erdöl- und Gasindustrie.

---

50 OKB- **O**tdelnoje **K**onstruktorskoje **B**juro „Suchoj"- Selbstständiges Konstruktionsbüro „Suchoj".

Das Personalkarussell (1993-1994)

Das Jahr 1993 war gekennzeichnet durch einen permanenten Wechsel der für den MIK zuständigen Regierungsmitglieder.

Sowohl 1993 als auch noch 1994 zeigten weder Regierung noch Präsident besonderes Interesse am MIK.

Boris Jelzin selbst war mit der gewaltsamen Ausschaltung des gewählten Parlamentes und der Sicherung seiner Wiederwahl beschäftigt.

Gleichzeitig tat Jelzin alles, um zu verhindern, dass starke, ihm eventuell gefährlich werdende Machtgruppierungen entstanden.

In diesem Lichte ist der beständige Austausch der Personen verständlich. Jelzin kümmerte es nicht weiter, dass das Land dabei immer stärker in eine allgemeine Krise taumelte. Die „Familie" hatte meist Vorrang vor der Staatsräson.

Am 15. April 1993 wurde Georgi Chischa als Vizepremier und Verantwortlicher für den MIK entlassen und in Rente geschickt. Die Kontrolle über den MIK übernahm der Wirtschaftsminister Oleg Lobow.

Bereits im August des Jahres verfügte Jelzin die Übergabe des MIK in die Verantwortung des Ersten Stellvertreters des Vorsitzenden der Regierung Russlands Oleg Soskowez, der eine steile und ungewöhnliche Karriere vom Generaldirektor eines Metallbetriebes in Kasachstan (1991) zum ersten Stellvertreter des Premierministers der Republik Kasachstan (1992) bis in die Regierungsspitze der RF hinter sich hatte und die Politik in Russland im ersten postsowjetischen Jahrzehnt entscheidend mitbestimmte.

Typisch für diese Zeit ist auch, dass die Machtkämpfe der rivalisierenden Interessengruppen, mangels fehlender Erfahrungen und Institutionen des politischen und wirtschaftlichen Lobbyismus ungewöhnlich öffentlich ausgetragen wurden. Es herrschten Stillstand und Verfall.

Ein herausragendes Ereignis stellte zweifelsohne die Schaffung des staatlichen Unternehmens für den Export und Import von Bewaffnung und Militärtechnik ROSWOORUSCHENIJE dar. Als Präsident Jelzin am 25. November 1993 den entsprechenden Erlass unterzeichnete, entstand nicht nur der staatliche Monopolist auf diesem Gebiet. Es wurde eine Einrichtung geschaffen, die bis heute, wenn auch in mehrfach modifiziertem Gewand, das Bild des russischen MIK wesentlich prägt.

Bis zu diesem Zeitpunkt hatten 12 große Rüstungsvereinigungen vom Außenhandelsministerium die Genehmigung zum selbständigen Rüstungsexport erhalten. Diese gingen teilweise in ROSWOO-RUSCHENIJE auf.[51] Der erste Chef von ROSWOORUSCHENIJE wurde der General Wiktor Samoilow.

Im Dezember 1993 wurde im Rahmen einer Auktion ein wesentlicher Anteil der Aktien des Irkutsker Flugzeugbauers IAPO[52] vom Staat verkauft. Bei der Russischen Föderation verblieben lediglich 14,7% der Anteile. Damals ahnte keiner, dass aus dem Irkutsker Unternehmen einmal ein profitabler Rüstungsriese werden sollte. Später werden wir uns noch näher mit IAPO beschäftigen.

Im Januar ernannte Jelzin den ehemaligen Verteidigungsminister der UdSSR und Ex-Sekretär des Sicherheitsrates der RF Jewgeni Schaposchnikow zu seinem Vertreter bei ROSWOORUSCHENIJE. Nicht zuletzt auf dessen Betreiben hin wurde am 25. 11. 1994 Wiktor Samoilow schließlich entlassen. Samoilow übernahm 1995 dann den Chefsessel beim Außenhandelsunternehmen „Awtopromimport".

Neben Schaposchnikow spielten der ehemalige Geheimdienstoberst Alexander Kotelkin und der Chef des Sicherheitsdienstes des Präsidenten, Alexander Korschakow, eine wichtige Rolle beim Wechsel in der Führung des staatlichen Waffenhandelsmonopolisten. Während Kotelkin Samoilows Platz einnahm, zog Korschakow weiterhin die Fäden im Hintergrund. Daher wurde er von einigen eingeweihten Beobachtern als der „Graue Kardinal" des MIK bezeichnet.

Das einige Zeit später entstehende „Komitee für Militär-Technische Zusammenarbeit", welches die Staatskontrolle über den Waffenhandel verwirklichen sollte, wurde von einem engen Vertrauten Alexander Kotelkins, Sergej Swetschnikow, geleitet. Über Swetschnikow ist relativ wenig bekannt. Jahrgang 1954, Generalmajor und Absolvent der Dipolomatischen Akademie sowie der Akademie für Staatsdienst, ist er 1999 schließlich Erster Stellevertreter des Generaldirektors des Unternehmens „MAPO".[53]

Diese Gruppierung kontrollierte wesentliche Teile des MIK bis Anfang 1998.

---

51 Z.B. OBORONOEXPORT und SPEZVNECHTECHNIKA.
52 IAPO — Irkutskoje Awiazionno-Proiswodstwennoje Obedinenije- Irkutsker Flugzeugbauvereinigung.
53 MAPO — Moskowskoje Awiazionnoje Proiswodstwennoje Obedinenije — Moskauer Flugzeugbauvereinigung.

Im Mai und Juni 1994 wurden auf mehreren Auktionen Anteile des Nishne Nowgoroder Schiffsbaubetriebes „Krasnoje Sormowo" verkauft. Hauptaktionär wurde die Firma „Almas-Marketing" des Geschäftsmannes Kachi Bendukidse, die bald über 10% der Aktien hielt.

Im Juni dann erfolgte der Aktienverkauf des Moskauer Hubschrauberwerkes „MWS MIL"[54], des Herstellers der Helikopter der MI — Serie. 29% der Aktien erwarb die Aktiengesellschaft „MMM-Invest".[55] In Russland wurde damals die Vermutung laut, dass diese Firma als Strohmann für die US-amerikanischen Luftfahrtunternehmen Boeing und Sikorski diente, die auf diese Weise versuchten, Einfluss auf die russische Konkurrenz zu nehmen oder zumindest den Fuß in die Tür zu bekommen.

Am 01.12.1994 wurde per Erlass der Regierung die FGUP[56] „Konzern Antej" geschaffen. In diesem Unternehmen wurden unter der Führung des Generaldirektors Juri Swirin und des Chefkonstrukteurs Wenjamin Jewremow Luftabwehrsysteme und Komponenten entwickelt und produziert, wie z.b. „TOR" und „IGLA".

Ende der neunziger Jahre war „Antej" schließlich als Holding „Almas-Antej" zum bedeutendsten selbstständigen Waffenexporteur Russlands herangewachsen.

Der Überlebenskampf (1995-1996)

Im Januar 1995 änderte die Regierung unerwartet die Bedingungen der Privatisierung von „MIL" und sicherte sich per Erlass 25% der Anteile für die nächsten drei Jahre. Die bereits getätigten Aktienverkäufe wurden storniert und die Wertpapiere zu neuen, höheren Preisen verkauft. Danach befanden sich etwa 12% noch im Besitz der amerikanischen Finanzgruppe Oppenheimer Corp. Ob dies schon ein erstes Zeichen einer stärkeren Hinwendung des Kremls zum MIK war, scheint fraglich. Der staatliche Protektionismus in dieser Zeit war eher zufällig oder stand in Zusam-

---

54 MWS — Moskowskij Wertolëtnyj Sawod imeni „M.L. Milja"- Moskauer Hubschrauberwerk „M.L. Mil.
55 Ein undurchsichtiges Finanzgebilde, das vor einigen Jahren in Konkurs gegangen ist.
56 FGUP — Federalnoje Gosudarstwennoje Unitarnoje Predprijatije — Universeller Föderal-Staatlicher Betrieb

menhang mit kurzfristigen Erwartungen und Plänen. Ein logisches und planmäßiges Vorgehen ist schwerlich erkennbar.

Im Frühjahr 1995 begann die Oneksimbank in großem Umfang Anteilsscheine von den Mitarbeitern des „OKB Suchoj" aufzukaufen. Dagegen ging der Generaldirektor des Unternehmens, Michail Simonow, entschieden vor, indem er mit Hilfe der Inkombank versuchte, die Übernahme der Mehrheit durch das erstgenannte Bankunternehmen zu blockieren. Nicht zufällig fielen diese Aktivitäten in den Zeitraum, in dem ROSWOORUSCHENIJE bereits Verhandlungen mit China über die Lieferung und die Lizenzfertigung einer großen Anzahl von Kampfflugzeugen des Typs SU-27 führte.

Im gleichen Zeitraum spitzte sich der Kampf um die Kontrolle über das Schiffsbauunternehmen „Sewernaja Werf" zu. Dieses hatte noch einen Auftrag in Höhe von 1 Mrd. US-Dollar aus Sowjetzeiten abzuarbeiten und war damit verhältnismäßig gut ausgelastet.[57]

Nach einer Reihe von Aktienversteigerungen übernahmen die Finanzgruppen „IST" und die „PROMSTROIBANK" die Mehrheit am Unternehmen „Baltijskij Sawod".

Am 18. Januar 1996 löste Sinowi Pak nicht unerwartet Wiktor Gluchin als Chef von „GOSKOMOBORONOPROM"[58] ab und erreichte die Aufwertung der Behörde zum Ministerium, welches allerdings schon nach einem Jahr wieder aufgelöst und als Department in das von Jakob Urinson geleitete Wirtschaftsministerium eingegliedert wurde.

Gluchin, seit Oktober 1992 Erster Stellvertreter des Ministers für Industrie der RSFSR, war mehr als drei Jahre Vorsitzender des Komitees gewesen. Er hatte sich als entschiedener Gegner der Privatisierung des MIK erwiesen. Offenbar stand er nunmehr den erwachenden Interessen am MIK im Wege und verschwand schnell von der Szene.

Ende Januar unterschrieb Boris Jelzin den Geheimbeschluss zur Schaffung des Rüstungskomplexes „MAPO", dem 11 Unternehmen zugeordnet wurden. Darunter befanden sich neben dem Hersteller

---

57 Es handelte sich um die Lieferung von zwei Zerstörern der „Sowremennyj"-Klasse.
58 **GOS**udarstwennyj **KOM**itet **OBORO**nnoj **PROM**yschlennosti (Staatliches Komitee für Verteidigungsindustrie).

der „MIG" auch der Helikopterproduzent „Kamow", was den heftigen Protest der Unternehmensführung von „Kamow" hervorrief.

Ungefähr 10 Unternehmen begannen die Spezialisierung auf die Entwicklung und Produktion von Luftabwehrmitteln und gründeten die OAO[59] „Oboronitelnije Sistemy"[60] und stellten das komplexe Luftabwehrsystem S-300PMU her, welches an die VR China und Ägypten verkauft wurde.
1996 zeigten sich die ersten, zaghaften Anzeichen einer gewissen Stabilisierung. Dies war vor allem auf die sich entwickelnden Exporte nach China und Indien zurückzuführen. Erste Erfolge zeigten sich auch bei der Zivilproduktion für den Binnenmarkt. Allmählich lernten einige Unternehmen, am russischen Markt zu bestehen.

Am 26. August unterzeichnete Präsident Jelzin die Beschlüsse zur Schaffung der Firmen und Komplexe „AWPK Suchoj",[61] „KnAAPO",[62] „IAPO", „NAPO"[63] und „TANTK".[64] Die Initiative dazu ging wahrscheinlich vom damaligen Ersten Vizepremier Wladimir Potanin aus. Begleitet wurde dies von heftigen Kämpfen um den Einfluss auf die oben genannten Strukturen. Nach langem Suchen und Probieren hatte sich Moskau nun entschlossen, dem MIK einen fassbaren organisatorischen Rahmen aufzuzwingen. Dies betraf erst einmal die Luftfahrtindustrie und die Unternehmen, die im valutabringenden Exportgeschäft waren. Die Erlöse verschwanden denn auch im undurchsichtigen Dickicht der Ämter, Behörden und Verwaltungen. Für die Basis, die Betriebe des MIK selbst, blieb da kaum etwa übrig.

Allmählich wurde das „System Jelzin" sowohl von den Bürgern als auch von den Eliten Russland immer stärker kritisiert und für den Niedergang des Landes verantwortlich gemacht. Dass das Militär immer lauter in den Chor der Kritiker einstimmte, war vor allem auch dem Verlauf des ersten Tschetschenienkrieges 1994-1996 zu

---

59 **OAO-O**trytoje **A**kzionernoje **O**btschestwo — Offene Aktiengesellschaft.
60 Dtsch. Verteidigungssysteme.
61 **AWPK-A**wiazionny **W**ojenno-**P**romyschlennyj **K**ompleks „Suchoj"- Militär-Flugzeugbau-Komplex „Suchoj".
62 **KnAAPO** — **K**omsomolsk **n**a **A**mure **A**wiazionno-**P**roiswodstwennoje **O**bedinenije
— Flugzeugbauvereinigung Komsomolsk am Amur.
63 **NAPO** — **N**owosibirskoje **A**wiazionno-**P**roiswodstwennoje **O**bedinenije —
Nowosibirsker Flugzeugbauvereinigung.
64 **TANTK** — **T**aganrogskij **A**wiazionnyj **N**autschno-**T**echnitscheskij **K**ompleks imenij G.M. Berijewa — Taganroger Flugzeug- und wissenschaftlich-technischer Komplex „G.M. Berijew".

verdanken. Dessen Ergebnis wurde nicht nur von den Militärs, sondern auch von der Mehrzahl der russischen Bürger als schmachvolle Niederlage empfunden.

Endloses Gerangel (1997-1998)

Anfang 1997 wurde Alexej Ogarjew- ein alter Freund der Familie der Präsidententochter Tatjana Djatschenko- zum neuen Berater Boris Jelzins für Rüstungsindustrie ernannt. Er versuchte sofort, die bis dahin entscheidende Gruppe um Alexander Kotelkin, von den Waffenexportgeschäften, dem lukrativsten Teil des MIK zu verdrängen. Immer direkter und kühner erfolgte augenscheinlich der Zugriff des Kremls auf die Kassen des Komplexes. Dies war wohl auch ein Zeichen dafür, dass andere Quellen versiegten. Das verwundert auch nicht, denn das Steuersystem zum Beispiel war völlig undurchsichtig und von einer fiskalischen Kontrolle des Staates konnte nicht die Rede sein.

Dass diese Periode trotzdem ohne größere soziale Brüche abging, zeigt aber auch eine erstaunliche Robustheit und Integrationskraft der russischen Gesellschaft.

Im Juli 1997 wurden durch Beschluss eines Irkutsker Zivilgerichtes fast 40 % der Aktien von „IAPO", die im Besitz der Firma „Belucha" waren, blockiert, infolgedessen verkaufte diese das Paket an die Bank „Rossijski Kredit" und erwarb mit dem Erlös 20% der Anteile des Nishne Nowgoroder Rüstungsunternehmens „Sokol". Das sollte nicht der letzte geschickte Schachzug der Unternehmensleitung von IAPO gewesen sein.

Am 21. August akzeptierte Präsident Jelzin die Vorschläge des Premiers Wiktor Tschernomyrdin und änderte die Grundsätze der „Wissenschaftlich-Technischen Zusammenarbeit" (WTS) mit dem Ausland. Das Staatskomitee für WTS wurde aufgelöst. Neuer Leiter von ROSWOORUSCHENIJE wird der Chef der MAPO-BANK, Jewgeni Ananjew. Die mittlerweile hellwache russische Öffentlichkeit mutmaßte sofort, dass dieser Schritt der Finanzierung der Wahlkampagne des Präsidenten dient.

Bis Ende 1997 gelang es der Gruppe „Sojuskontrakt" in mehreren Schritten 50,5 % der Aktien und damit die Kontrolle über den bedeutenden Schiffsbaubetrieb „Sewernaja Werft" zu erlangen.

Im November verkaufte die Finanzgruppe „IST" eine große Anzahl von Aktien des „Baltijskij Sawod" an die Oneksimbank, die damit die umfassende Kontrolle (50,5 %) erlangte. Im Dezember schließlich erhielt „Baltijskij Sawod" einen Auftrag in Höhe von 1 Mrd. US-Dollar (3 Fregatten für die Seestreitkräfte Indiens).

Im Januar 1998 löste die russische Regierung Alexej Fedorow vom Posten des Generaldirektors von „AWPK Suchoj" ab und ernannte den Hauptkonstrukteur des Flugzeuges SU-37 „Berkut" Michail Pogosjan zum Chef des Unternehmens.

Am 3. Februar endete mit der Ablösung des Präsidentengehilfen Boris Kusik auch der übermächtige Einfluss der Gruppe um Alexander Kotelkin auf den MIK.

Ende des Jahres übernahm Kusik dann die Führung der „Holding Nowye Programmy i Konzepzij", die zu diesem Zeitpunkt die „Sewernaja Werf", das „Moskauer Radiotechnische Werk", das „Kowrower Mechanische Werk", das Kowrower Werk „Degtjarew" u.a. umfasste.

Im Mai 1998 kaufte der bereits genannte Kachi Bendukidse große Mengen Anteilsscheine von den Beschäftigten des Werkes „Krasnoje Sormowo" und hielt schließlich 30 % der Anteile. Das Management des Unternehmens ging den gleichen Weg und verfügte letztendlich über 13 %. Zwischen der Unternehmensführung und Bendukidse kam es zu einem erbitterten Kampf um die Macht.

Die Anteilsverkäufe beim Hubschrauberhersteller „ROSTWER-TOL"[65] führten schließlich Mitte 1998 dazu, dass 5 % der Anteile im Besitz einiger großer Moskauer Banken und internationaler Unternehmen sind, darunter Rossiskij Kredit, Oneksimbank und CS First Boston (19,5 %).

Im Sommer 1998 erfasste die Finanz- und Wirtschaftkrise auch den MIK. Auf Antrag eines kleineren Gläubigers vom „MWS" begann gegen diesen ein Insolvenzverfahren. Nach dessen Abschluss hielt der Staat etwa 31 % der Aktien von „MIL" und 8,3 % waren bei der Oneksimbank. Von den verbleibenden 60,7 % befanden sich weniger als ein Drittel in russischen Händen, da etwa 10 ausländische Unternehmen über 42 % der Gesamtanteile verfügten.

---

65 **Rost**owskij **Wertol**jetnyj Proiswodstwennyj Kompleks — Rostower Helikopterbau-Komplex.

„MWS" wird somit im Ergebnis der Umschuldung von ausländischen Investoren dominiert.

Im Ergebnis des Bankrotts des Finanzinstitutes Rossiskij Kredit gelangten deren Anteile an „IAPO" in die Hände US-amerikanischer Unternehmen (Oppenheimer und Brunswick UBS). 15,12 % kaufte das russische Unternehmen „Forpost" und hielt damit 20,12% von „IAPO". Ein großes Aktienpaket ging an das ebenfalls einheimische Unternehmen „Kampanija FTK".

In der zweiten Jahreshälfte 1998 hielten die umfangreichen Käufe und Verkäufe von Unternehmensanteilen an und führten zu einer weiteren Konzentration in den Händen einiger starker privater und staatlicher Finanz- und Wirtschaftsgruppen.

Am 27. November 1998, kurz nach der Ernennung Jewgeni Primakows zum Premierminister, wurde J. Ananjew in den Ruhestand geschickt und Grigorij Rapota zum neuen Generaldirektor von ROSWOORUSCHENIJE ernannt. Rapota war in der Vergangenheit Stellvertreter Primakows, als dieser als Chef der Auslandsaufklärung tätig war und besaß bis dahin keine direkten Beziehungen zum Rüstungsexport und -Import.

In der russischen Presse wurde daher gemutmaßt, dass Primakow damit verhindern wolle, dass ROSWOORUSCHENIJE zur Quelle der Wahlfinanzierung der KP Russlands bei den Dumawahlen 1999 würde, da der erste Vizepremier und Mitglied der KPRF[66] Juri Masljukow versucht habe, seine Leute bei ROSWOORUSCHENIJE zu platzieren.

Licht am Ende des Tunnels (1999-2000)

Im Januar übernahm die bedeutende Finanz-Industrie-Gruppe „ROSPROM" (M. Chodorkowski) die Kontrolle über das Kurganer Maschinenwerk.

Am 28. Mai 1999 ernannte die Aktionärsversammlung von „Suchoj" Michail Pogosjan zum Generaldirektor des OKB. Der scheidende Michail Simonow blieb jedoch als Generalkonstrukteur im Unternehmen.

---

[66] KPRF- Kommunistitscheskaja Partija Rossiskoj Federazij — Kommunistische Partei der Russischen Föderation.

Am 2. Februar wurde der Erste Stellvertreter des Generaldirektors von „Suchoj" Nikolai Nikitin auf Vorschlag Juri Masljukows zum Generaldirektor und Generalkonstrukteur der Moskauer Flugzeugbauvereinigung (MALO) ernannt. Er ging sofort daran, deren Planung zu überprüfen und die Verbindung zum Unternehmen „Russkaja Awionika" zu stören. Er gab bekannt, dass MALO sich an der Produktion eines neuen Zivilflugzeuges (TU-334) beteiligen wolle.

Bei einem Teil der bisherigen Führung von MALO wurde dies als Versuch der Konkurrenz gesehen, das Unternehmen zu zerstören. 12 Konstrukteure kehrten daraufhin der Firma den Rücken.

Nach dem Rücktritt Jewgeni Primakows und Juri Masljukows im Mai 1999 reorganisierte die Regierung die Ämter und Staatsorgane, die mit dem MIK befasst waren.

Aus dem Wirtschaftsministerium wurden die Verteidigungsdepartments herausgelöst und auf deren Basis fünf Agenturen geschaffen:

- **Agentur für Führungssysteme (RASU)**[67]
- **Agentur für konventionelle Bewaffnung (RAW)**[68]
- **Luftfahrt-Kosmische Agentur (RAKA)**[69]
- **Agentur für Schiffsbau (ROSSUDOSTROJENIJE)**
- **Agentur für Munition und Spezialchemie (ROSBOJEPRIPASY)**

Am 31. Mai 1999 wurde der ehemalige Direktor der „Leningrader Optisch-Mechanischen-Vereinigung" (LOMO) und vormalige Vize-Gouverneur von Sankt Petersburg, Ilja Klebanow, zum Vizepremier und Verantwortlichen für den MIK ernannt.

Er war damit der erste der so genannten „Leningrader" um den späteren Präsidenten Putin, der sich unmittelbar mit dem MIK beschäftigte.

In der breiten Öffentlichkeit und in Fachkreisen entbrennt eine heftige Diskussion zum Krieg der NATO gegen die Bundesrepublik Jugoslawien. In ungewohnter Schärfe wird die Militär- und Sicherheitspolitik der Regierung kritisiert.

Am 2. August wurde der Berater des Präsidenten für Militär-Technische Zusammenarbeit, Alexej Ogarjew neuer General-

---

[67] Rossiskoje Agenstwo po Sistemam Uprawlenija.
[68] Rossiskoje Agenstwo Wooruschenije.
[69] Rossiskoje Awiakosmitscheskoje Agenstwo.

direktor von ROSWOORUSCHENIJE. Mit Ogarjew kam auch Alexander Kotelkin wieder zu ROSWOORUSCHENIJE (als Hauptberater des Generaldirektors). Vertraute Kotelkins erhielten bald Schlüsselpositionen in dieser Institution.

Im September folgte die Ernennung Sergej Tschemezows zum Chef von „PROMEXPORT". Er kam wie Präsident Putin aus der „Auflandsaufklärung" und hatte in den achtziger Jahren gemeinsam mit ihm in der DDR gearbeitet. Vor seiner Ernennung war Tschemezow in der Präsidentenverwaltung tätig.

Im Januar 2000 erklärte Vizepremier Klebanow die vorbehaltlose Unterstützung der Regierung für Nikolai Nikitin, dem MAPO-Chef. Das Unternehmen wurde in „Russische Flugzeugbaukorporation (RSK) MIG" [70] umbenannt. Dem Konkurrenten von MIG, „Russkaja Awionika", wurde zeitgleich die Lizenz entzogen, die ihm bis dahin die Entwicklung von Militärtechnik erlaubte.

Am 11. Februar vereinbarten die Russische Föderation und die Republik Belorussland die Schaffung einer zwischenstaatlichen Finanz- und Industriegruppe „Oboronitelnije Sistemy" (FPG) auf der Basis der gleichnamigen russischen Einrichtung. Drei belorussische Unternehmen der Rüstungsindustrie waren daran beteiligt. Erster Chef wurde Vizepremier Ilja Klebanow.

Die Industrie- Finanzgruppe „Rosprom" verkaufte im Jahr 2000 die Aktien des Kurganer Maschinenwerkes an die SIBUR-Gruppe, die Ende 2000 schließlich 80 % der Anteile von „Kurganmasch" hielt. Der mächtige Rosprom-Chef Michail Chodorkowski verlor offensichtlich sein zeitweiliges Interesse am MIK, nachdem der Export von Schützenpanzern ins Stocken kam. Die Unternehmensführung erklärte, dass sie die Absicht habe, künftig, neben der Rüstungsproduktion, verstärkt Ausrüstungen für die Gas- und Erdölwirtschaft zu entwickeln und herzustellen.

Ein Verbund von Zulieferern der Flugzeugindustrie kaufte vom US-amerikanischen Oppenheimerfonds 10,8 % der Anteile von IAPO und veräußerte diese an die Brunswick-Gruppe weiter, die damit 25,7 % der Aktien des Irkutsker Unternehmens im Besitz hatte. Die Mehrheit verblieb aber bei der Unternehmensführung.

---

70 **RSK** „MIG" — **R**ossiskaja **S**amoljotostroitelnaja **K**orporazija „MIG — Russische Flugzeugbaukorporation „MIG".

Im April 2000 veranlasste Präsident Putin per Erlass die Eingliederung des Waffenhandelsunternehmens „Rossiskije Technologij" in „Promexport". Das Erstgenannte hatte in den drei Jahren seines Bestehens nie mehr als 20 Millionen US-Dollar Jahresumsatz erreicht und war damit offensichtlich weit hinter den Erwartungen und Forderungen zurückgeblieben.

Bis zum Sommer 2000 gelang es dem Management einiger Unternehmenstöchter des Helikopterbauers „Rostwertol" die Aktienmehrheit des Mutterunternehmens zu erwerben. Damit blieben alle Versuche ausländischer Investoren, bei „Rostwertol" Fuß zu fassen, vorerst erfolglos.

Im September eskalierte dann der Kampf um die Kontrolle über das Unternehmen „Krasnoje Sormowo". Schließlich schaltete sich Ilja Klebanow persönlich ein und verhalf schließlich der Gruppe um Kachi Bendukidse zum Sieg. Damit sicherte Klebanow den Einfluss der Regierung auch in diesem Fall.

Als Präsident Putin am 4. November 2000 den Erlass zur Gründung von ROSOBORONOEXPORT unterzeichnete, verschmolzen damit nicht nur die bisherigen Parallelstrukturen und Konkurrenten PROMEXPORT und ROSWOORUSCHENIJE.

Es ging dem Präsidenten und seiner Mannschaft vor allem darum, eine relativ straffe, zentralisierte Struktur des Ex- und Imports von Waffen und militärischen Gütern und Dienstleistungen zu schaffen und die Zersplitterung der Jelzin-Ära zu überwinden. Auch der MIK soll gemäß der Idee der vertikalen Macht konzipiert werden.

Die Möglichkeiten der direkten Einflussnahme des Präsidenten wurden seither sukzessive verbessert. Dieser Prozess ist aber längst noch nicht abgeschlossen und läuft auch keineswegs glatt ab. Auch hier ist aber schon das Konzept der „vertikalen Macht" erkennbar, das Präsident Putin so zielstrebig umzusetzen sucht.

In den nächsten Kapiteln sollen nun einige Aspekte der aktuellen Entwicklung des MIK und mögliche Entwicklungsrichtungen und Perspektiven näher betrachtet und untersucht werden. Darüber hinaus soll auch, soweit wie möglich, aufgezeigt werden, von welchen Ideen und Motiven sich die Protagonisten des MIK leiten lassen.

2.
Wie Phönix aus der Asche?
Der Russische Militär-Industrie-Komplex
2000-2003

Der im ersten Kapitel betrachtete Zeitabschnitt der Bildung und Formierung der Russischen Föderation erfuhr im Westen bisher kaum eine differenzierte und tiefgründige Reflexion. Zwar waren z.b. der erste Tschetschenienkrieg 1994-1996 und einige Katastrophen und Unglücke und natürlich die schon fast sprichwörtliche „Russenmafia" ab und an einige Schlagzeilen und Berichte wert und prägten über weite Strecken die Berichterstattung.

Diese Tatarenmeldungen passten freilich auch zu einem Bild von der postsowjetischen Welt, das aus hiesiger Sicht einem einzigen Horrorszenario von Hunger, Krankheit, Leid, Armut, Korruption, Verbrechen, Umweltvernichtung und nationaler und ethischer Konflikte entsprach. Das von den Russen gezeichnete atavistische Bild erinnerte dabei zeitweise in peinlicher bis erschreckender Weise an bereits überwunden geglaubte Ansichten vom Anfang und der Mitte des vorigen Jahrhunderts.

Ohne die gewaltigen, noch lange nachwirkenden Probleme des gesellschaftlichen Umbruches zu leugnen, straft die russische Wirklichkeit dieses Pauschalurteil jedoch der Lüge. Erstaunlich schnell und flexibel haben die Russen sich den veränderten Problemen angepasst und den Überlebenskampf gemeistert. Dass es dabei nicht zu noch größeren politischen, wirtschaftlichen und sozialen Brüchen kam, muss bei näherer Betrachtung schon erstaunen. Russland ist in all den Jahren nie zu einem außergewöhnlichen Sicherheitsrisiko für die Welt geworden!

Vielleicht war dies auch eine der Ursachen dafür, dass das Land weniger Aufmerksamkeit erfuhr, als es ihm, seiner Größe und Bedeutung nach, objektiv eigentlich zukommt. Das betrifft nicht nur die hier betrachtete militärische Seite.

Umweltschutzexperten sind beispielsweise der Meinung, dass die riesigen borealen Urwälder Russlands eine unschätzbare Rolle für die globale Klimaentwicklung spielen.

Das riesige Land kann uns somit aus vielerlei Gründen einfach nicht egal sein.

Wer sich dem nicht stellte oder gar weiter alten Freund- oder Feindbildern anhing, blieb aber, zumindest teilweise, in der Gefangenschaft nunmehr überlebter Vorbehalte und Vorurteile. Auch mit Blick auf das gegenwärtige Russland muss man einfach zur Kenntnis nehmen, dass es der Geschichte der Menschheit noch nie Zusammenbrüche von Großmächten und Reichen gegeben hat, die zunächst nicht von Krieg, Not oder Anarchie begleitet waren. Gerade aber die Deutschen müssten eigentlich wissen, dass solch ein Zusammenbruch auch die Chance eines Neuanfangs mit sich bringt; neue Kräfte freisetzen kann.

1992 war es freilich noch nicht sicher absehbar, dass Russland und die anderen Nachfolgestaaten der UdSSR ausnahmslos zu anerkannten Mitgliedern der internationalen Staatengemeinschaft werden und sich, wenn auch in unterschiedlichem Grade, stabilisieren. Selbstredend war und ist dieser Prozess nicht problem- und widerspruchslos.

Schauen wir uns nun an, was dies in der Gegenwart für Russland und dessen MIK bedeutet.

Basis und Überbau — rechtlich-politische Grundlagen und Struktur des Militär-Industrie-Komplexes der Russischen Föderation

Die Basis

Mit der Übernahme des Präsidentenamtes durch Wladimir Putin am 31.12.1999 verband der Militär-Industrie-Komplex die Hoffnung auf Verbesserung seiner Lage und die Lösung der vielen Probleme. Besonders die Spitzenmanager der wichtigsten Unternehmen erwarteten vom ehemaligen Geheimdienstchef die Stärkung ihrer Positionen. Ihnen wurde allerdings bald klar, dass dies nur bei einer gewissen Gewaltenteilung möglich sein wird.

Wladimir Putin, am 26.03.2000 mit über 52 % der Stimmen im ersten Wahlgang im Amt bestätigt, setzte sofort alles daran, das Primat der Politik wieder herzustellen und die Zentralmacht des Präsidenten zu stärken. Er begann aber anderseits auch, die parlamentarischen Elemente stärker in die Politik einzubinden. Wie erbarmungslos die Auseinandersetzungen um den MIK bis in die Gegenwart verlaufen, zeigt u.a. die Ermordung des Generaldirektors des Konzerns „Almas-Antej" am 06. Juni 2003. Fragen der Militär- und Sicherheitspolitik und somit auch der MIK sind mittlerweile zur absoluten Chefsache geworden. So ist es nur folgerichtig, dass Präsident Putin ohne zu zögern zielstrebig daran ging, den MIK unter die Kontrolle des Staates zu bekommen und dessen Zustand und Perspektiven zu analysieren.

Dies geschah im Kontext des Versuches einer Neubestimmung und Neuordnung der Sicherheits- und Außenpolitik der RF. Eine Vielzahl wichtiger Gesetze, Beschlüsse und Anordnungen geben davon Zeugnis.

Die wohl wichtigsten und fundamentalsten davon sind die folgenden Grundsatzdokumente:

- **Die Konzeption der nationalen Sicherheit der Russischen Föderation (Bestätigt durch den Präsidenten der Russischen Föderation am 10. Januar 2000);**
- **Die Grundlagen der Politik der Russischen Föderation auf dem Gebiet der militärisch-maritimen Tätigkeit in der Periode bis zum Jahr 2010 (Bestätigt durch den Präsidenten der Russischen Föderation am 04. März 2000);**
- **Die Militärdoktrin der Russischen Föderation (Bestätigt durch den Präsidenten der Russischen Föderation am 21. April 2000);**
- **Die Konzeption Außenpolitik der Russischen Föderation (Bestätigt durch den Präsidenten der Russischen Föderation am 28. Juni 2000);**
- **Die Doktrin über die Informationssicherheit der Russischen Föderation (Bestätigt durch den Präsidenten der Russischen Föderation am 9. September 2000);**
- **Die Marinedoktrin der Russischen Föderation für den Zeitraum bis zum Jahre 2020 (Bestätigt durch den Präsidenten der Russischen Föderation am 27. Juli 2001)**

Die Erstgenannte war nicht nur eines der ersten von Wladimir Putin kurz nach seiner Ernennung zum Präsidenten unterzeichneten Dokumenten. Sie bildet sozusagen das Fundament der wenig später folgenden übrigen Sicherheits- und Militärkonzeptionen und -Doktrinen.

In der **Konzeption der nationalen Sicherheit der RF** werden nicht nur die Stellung der Russischen Föderation in der Welt und ihre nationalen Interessen beschrieben. Es erfolgt auch eine Beurteilung der Bedrohung ihrer fundamentalen nationalen Interessen, und es werden die Hauptaufgaben, die Mittel und die Methoden der Gewährleistung der nationalen Sicherheit formuliert.

Wie in einem Brennglas fokussieren sich die offiziellen Auffassungen zur gesamten Militär- und Sicherheitspolitik Russlands, werden innere und äußere Bedrohungen plastisch dargestellt. Es wird konstatiert, dass es ernstzunehmende Versuche gibt, Russland in der Welt zu isolieren und eine Dominanz entwickelter westlicher Staaten zu installieren. Dies wird als bedrohlich empfunden. Russland beansprucht für sich die Position als Großmacht im Rahmen einer multipolaren Welt.

Innenpolitisch sieht sich Russland vor allem von sozialen Verwerfungen, ökologischen Problemen, Kriminalität und Korruption sowie Nationalismus und Terrorismus bedroht.

Überhaupt werden der nationale Terrorismus und auch der internationale Terrorismus in der Konzeption an verschiedenen Stellen genannt, ohne jedoch genauer definiert zu werden.

Eine weitere grundlegende Bedrohung sieht man unter anderem in der „*Schwächung des wissenschaftlich-technischen und technologischen Potenzials des Landes, die Reduzierung der Forschungen in strategisch wichtigen Richtungen der wissenschaftlich-technischen Entwicklung, der Abfluss von Spezialisten und von intellektuellem Eigentum in das Ausland bedrohen Russland mit dem Verlust vorderer Positionen in der Welt, mit dem Verfall wissenschaftsintensiver Produktionen, mit der Verstärkung der technologischen Abhängigkeit vom Ausland und mit der Untergrabung der Verteidigungsfähigkeit...*" und weiter wird gewarnt, dass „*Der zunehmende technologische Vorsprung einer Reihe führender Mächte und das Anwachsen ihrer Möglichkeiten zur Entwicklung einer neuen Generation von Bewaffnung und Militärtechnik ... Voraussetzungen für eine qualitativ neue Etappe des Wettrüstens und eine grundlegende Änderung der Formen und Methoden der militärischen Handlungen*"[71] schaffen.

Die daraus offenbar gezogenen Schlussfolgerungen erweisen sich als schwerwiegend. Erstmalig wurde im Dokument der mögliche

---

71 Anhang

Ersteinsatz von Kernwaffen durch die RF auch gegen Staaten, die selbst nicht Kernwaffen besitzen, in Betracht gezogen oder zumindest nicht ausgeschlossen. Die konkreten Bedingungen oder Voraussetzungen, unter denen dies erwogen wird, werden dann in der Militärdoktrin bestimmt.

Im Dokument wird der MIK nicht ausführlich behandelt. Er wird lediglich genannt, und es wird festgestellt, dass ihm eine wichtige Rolle bei der Gewährleistung der nationalen Interessen Russlands zukommt.

Neben dem eben Angeführten wird in der Konzeption jedoch die als mangelhaft eingeschätzte Ausrüstung und Bewaffnung der Russischen Streitkräfte als ein schwerwiegendes Sicherheitsproblem beschrieben. Es wird gefordert, diesen Zustand zu beenden.

Gegenüber der vorhergegangenen Sicherheitskonzeption von 1997 wird nunmehr erstmalig die Herstellung eines stabilen militärstrategischen Gleichgewichtes der Kräfte auf jeweils regionaler Ebene gefordert. In der vorhergehenden Konzeption war noch postuliert, dass die RF keine Paritäten in Bewaffnung und Umfang der Streitkräfte mit den führenden Staaten der Welt anstrebe. Hier spielt die empfindliche Reaktion, die Russlands auf die NATO-Osterweiterung um die Jahrtausendwende noch zeigte, wohl eine Rolle.

Es entspricht der Logik der Grundsatzdokumente, dass es der als nächste im April 2000 verabschiedeten **Militärdoktrin der RF** vorbehalten blieb, mehr zu den Streitkräften und zum MIK zu sagen.

Sie konkretisierte die Vorgaben der Sicherheitskonzeption auf militärpolitischer und militärstrategischer Ebene. Die Militärdoktrin wird als Darstellung offizieller Auffassungen zur Militärpolitik, Militärstrategie und Militärwirtschaft verstanden.

Sie ist das wichtigste militärische und militärpolitische Dokument Russlands. Auf ihr basieren alle Gesetze, Direktiven, Vorschriften, Erlasse, die diesen Bereich direkt oder indirekt berühren.

Der erste Entwurf der Doktrin war bereits am 9. Oktober 1999 veröffentlicht worden. Ohne weiter darauf einzugehen, ist an dieser Stelle anzumerken, dass die Endfassung sich in vielen Punkten doch wesentlich vom Entwurf unterscheidet. Das lässt auf eine intensive Diskussion schließen. Vermutlich hat auch hier die Auswertung des Jugoslawienkrieges einige essenzielle Korrekturen bewirkt.

Im Gegensatz zur Doktrin von 1993 wird das Entstehen eines überregionalen Krieges („Weltkrieges") nicht mehr ausgeschlossen und die Gewährleistung militärischer Sicherheit als wichtigste Aufgabe staatlichen Handelns bezeichnet. Konkreter als die Sicherheitskonzeption zählt die Militärdoktrin eine ganze Reihe innerer und äußerer militärischer Bedrohungen der nationalen Sicherheit auf, ohne jedoch Verursacher konkret zu benennen.

Neben anderem gehören dazu:
• Territoriale Ansprüche an Russland und Versuche, Teile Russlands abzutrennen;
• Einmischung in innere Angelegenheiten Russlands;
• Bemühungen, Russlands Interessen bei der Lösung internationaler Probleme der Sicherheit und Konfliktverhütung zu beeinflussen oder zu ignorieren;
• Störungen des Kräftegleichgewichtes durch Truppenkonzentrationen an den Grenzen Russlands und seiner Verbündeten;
• Erweiterung der Militärblöcke und -bündnisse zu Lasten der militärischen Sicherheit Russlands und seiner Verbündeten;
• Handlungen, die die globale und regionale Stabilität stören, wie Aktionen gegen die strategischen Nuklearkräfte Russlands, gegen die Systeme der Raketenabwehr und gegen kosmische Kontrollsysteme Russlands.

Einen zentralen Platz in der Militärpolitik der RF nimmt der **Einsatz von Kernwaffen** ein. Die Einsatzgrundsätze und möglichen Handlungsoptionen der nuklearen Komponenten sind in der Militärdoktrin umfassend dargelegt. Ihr Einsatz kann erfolgen, wenn auch der Gegner solche Waffen einsetzt bzw. wenn keine anderen Mittel zur Abwehr eines groß angelegten konventionellen Angriffes zur Verfügung stehen. Ein Einsatz wird ausgeschlossen gegen Staaten, die selbst keine Nuklearwaffen besitzen, wobei erstmalig eingeschränkt wird, dass gegen angreifende Staaten, die selbst nicht über Atomwaffen verfügen, jedoch gemeinsam mit einem Kernwaffenstaat Russland angreifen, auch Kernwaffen zum Einsatz kommen können.

Grundsätzlich sieht die russische Politik Nuklearwaffen nicht nur als Abschreckungsfaktor oder Mittel der Kriegsführung, sondern betont deren Funktion zur Gewährleistung der dauerhaften militärischen Sicherheit Russlands und seiner Verbündeten sowie zur Stützung der internationalen Stabilität und des Friedens.

Dass die russische Führung zu einer derartigen Einschätzung kommt, die fatal an die Zeit des Kalten Krieges erinnert, ist m.E. nicht zuletzt auch wieder direktes Resultat der Wirkung des

Balkankrieges 1999 auf Russland. Dies ist am deutlichsten, wie bereits erwähnt, am Prozess der Entstehung der Militärdoktrin vom Entwurf bis zum fertigen Projekt zu spüren.

Ein weiterer interessanter Aspekt ist die Einteilung moderner bewaffneter Konflikte entsprechend ihrer militärpolitischen Ziele in rechtmäßige und unrechtmäßige. Dies erinnert an die Auffassungen von gerechten und ungerechten Kriegen in der UdSSR, allerdings nunmehr nicht mit der Herleitung vom Klassenantagonismus, sondern mit Verweis auf das Völkerrecht.

Nach russischen Auffassungen soll die Militärdoktrin für eine Periode gelten, die etwa 10–20 Jahre umfasst. In dieser Zeit soll die Transformation Russlands zur demokratischen Rechtsstaatlichkeit und Markwirtschaft abgeschlossen werden. Die Struktur der Militärorganisation des Landes und die Qualität der internationalen Beziehungen sollen dann dem Niveau der westlichen entwickelten Länder entsprechen.

Dem MIK ist dabei eine zentrale Rolle zugedacht. Für die zukünftige Entwicklung der Militärindustrie und deren politische Verankerung in der Gesellschaft wird daher in der **Militärdoktrin der Russischen Föderation** als grundlegender Inhalt der Gewährleistung der militärischen Sicherheit „die Vervollkommnung der wirtschaftlichen, technologischen und verteidigungsindustriellen Basis, die Erhöhung der Mobilmachungsbereitschaft der Wirtschaft, die Schaffung der Voraussetzungen für die Gewährleistung des rechtzeitigen Übergangs der dafür vorgesehenen Industriebetriebe auf militärische Produktion, die Organisation der Vorbereitung der Staatsorgane, der Betriebe, Einrichtungen und Organisationen sowie der Bevölkerung des Landes auf die Erfüllung von Aufgaben zur Gewährleistung der militärischen Sicherheit, auf die Territorial- und Zivilverteidigung" gefordert.[72]

Der 3. Teil der Doktrin „Militärökonomische Grundlagen" formuliert als allgemeine Forderung an den Staat und seinen MIK:
„Das Hauptziel der militärökonomischen Sicherstellung ist die Befriedigung der Erfordernisse der Militärorganisation mit finanziellen Mitteln und materiellen Ressourcen".[73]

---

72 Anhang
73 Anhang.

Noch kurz zu den anderen Konzeptionen und Doktrinen. Die **Konzeption der Außenpolitik der Russischen Föderation** wird dort als „System von Ansichten zu Inhalt und Grundrichtungen der außenpolitischen Tätigkeit Russlands bezeichnet".[74] In recht knapper Form werden die gegenwärtige internationale Lage aus Sicht der RF und die Prioritäten Russland bei der Lösung globaler Probleme beschrieben. Gesondert wird auf regionale Prioritäten eingegangen und vor allem der postsowjetische Raum und die Beziehungen zu anderen wichtigen Subjekten der Außenpolitik betrachtet. Einen konkreten Bezug zum MIK gibt es hier nicht, obwohl dieser natürlich in seinem internationalen Wirken die Grundsätze der russischen Außenpolitik nicht ignorieren kann.

Die aus meiner Sicht außerhalb Russlands zu Unrecht kaum Beachtung und Öffentlichkeit findende **Doktrin über die Informationssicherheit der Russischen Föderation** gibt dem russischen Staat ein in seinen Möglichkeiten weitgehend unterschätztes Instrument administrativer und repressiver Maßnahmen beim Umgang mit dem MIK in die Hand. Ausgehend von der militärtechnischen Seite zukünftiger Kriege und in Erkenntnis der Rolle von Hochtechnologien wird dort klar festgelegt:

„*Zu den Objekten der Gewährleistung der Informationssicherheit der RF im Bereich der Verteidigung zählen:*

- *die Informationsinfrastruktur der zentralen Organe der Militärführung und der Führungsorgane der Teilstreitkräfte und Waffengattungen, der Gruppierungen, Verbände, Truppenteile und Organisationen der Streitkräfte sowie der wissenschaftlichen und Forschungseinrichtungen des Verteidigungsministeriums der RF;*
- *die Informationsressourcen der Betriebe des Militär-Industrie-Komplexes und die wissenschaftlichen und Forschungseinrichtungen von Unternehmen, die entweder Rüstungsaufgaben erfüllen oder sich mit Verteidigungsaufgaben beschäftigen;*
- *die informations-technischen und automatischen Mittel automatisierter Führungssysteme von Truppen und Waffen sowie Bewaffnung und Militärtechnik, die mit Informationsmitteln ausgestattet sind;*
- *die Informationsressourcen, Nachrichtensysteme und Informationsinfrastrukturen anderer Truppen, militärischer Formationen und Organe.*[75]

---

74 Anhang.
75 Anhang.

Zu den äußeren Gefahren der Bedrohung der Informationssicherheit der RF rechnet man u.a. die „*Tätigkeit internationaler politischer, ökonomischer und militärischer Strukturen, die sich gegen die Interessen der Russischen Föderation auf dem Gebiet der Verteidigung richten*", während man „*die Ungelöstheit von Fragen des Schutzes des intellektuellen Eigentums der Unternehmen des Militär-Industrie-Komplexes, welche zu einem Abfluss wertvoller staatlicher Informationsressourcen ins Ausland führt*",[76] den inneren Bedrohungen der Informationssicherheit der RF zuordnet.

Dass der Zustand der Informationssicherheit der RF im Lande selbst zunehmend Aufmerksamkeit erfährt, bezeugt auch die steigende Anzahl entsprechender Publikationen in Russland.

Verwunderlich erscheint es auf den ersten Blick, dass Russland eine spezielle **Marinedoktrin der Russischen Föderation für den Zeitraum bis zum Jahre 2020** verabschiedete und die maritimen Aktivitäten außerhalb der Militärdoktrin gesondert bestimmte. Damit soll der Anspruch Russlands auf den Großmachtstatus besonders unterstrichen werden. Es werden neben den nationalen russischen Interessen auf den Weltmeeren auch der Inhalt und die Entwicklungsrichtungen der nationalen Marinepolitik der RF umschrieben.

Die Doktrinen bilden in gewissem Maße eine Synthese der vorhergegangenen „Konzeption der Schifffahrtpolitik der RF" vom 22. Juni 2000 und die „Grundlagen der Politik der Russischen Föderation auf dem Gebiet der militärisch-maritimen Tätigkeit". Vor allem für den maritimen Teil des Militär-Industrie-Komplexes ist die Doktrin sehr wichtig, da sie zum Beispiel die Richtungen des militärischen und zivilen Schiffsbaus erkennen lässt.

Da die genannten Grundsatzdokumente von weitreichender Bedeutung und hierzulande kaum bekannt sein dürften, wurden sie dieser Arbeit (als) Anlage in deutscher Sprache in vollem Wortlaut beigefügt.

Die Umsetzung der in den Dokumenten vorgegeben Aufgaben ist undenkbar ohne eine nationale russische Rüstungsindustrie und die anderen, den MIK bildenden materiellen und ideellen Voraussetzungen und Bedingungen. Auch an der Ernsthaftigkeit der russischen Anstrengungen sind Zweifel fehl am Platze, wie wir weiter sehen werden.

---

76 Anhang.

Wer geglaubt hat, die russische Rüstungsindustrie wird schnell und unwiederbringlich sang- und klanglos verschwinden, muss sich wohl eines Besseren belehren lassen.

Im Jahre 2001 wurde schließlich die konzeptionelle und rechtliche Basis der Reform des MIK durch die russische Regierung endgültig gebilligt. Dazu beschloss man im Herbst 2001 die „**Grundlagen der Politik der Russischen Föderation auf dem Gebiet der Entwicklung des militärisch-industriellen Komplexes bis zum Jahr 2010 und dessen weitere Perspektiven**"[77] als allgemeine Basis, und das föderale Programm „**Reform und Entwicklung des Verteidigungs-Industrie-Komplexes 2002-2006**"[78] als konkrete Anordnung zu deren Umsetzung, auf das weiter unten noch näher eingegangen werden soll.

Die Konzeption der Entwicklung des MIK bis 2010 ist der Öffentlichkeit in vollem Wortlaut nicht zugängig, so dass sich ihr Inhalt und ihre Zielrichtung nur anhand von Veröffentlichungen amtlicher Stellen, führender Parlamentarier und von Vertretern der Regierung nur teilweise erschließen lassen.

Es ist aber bekannt, dass die während der gemeinsamen Tagung des Präsidiums des Staatsrates und des Sicherheitsrates Russlands am 30.10.01 angenommene und später von Präsident Putin bestätigte Konzeption die weitere Straffung und Zentralisierung des MIK vorsieht.

Es existieren zwei weitere wichtige Dokumente, in denen der russische Staat die Richtungen der Entwicklung des MIK vor allem nach außen bestimmt. Das sind:

1. die „**Konzeption der Staatspolitik der Russischen Föderation auf dem Gebiet der Militär-Technischen-Zusammenarbeit mit ausländischen Staaten bis zum Jahr 2010**"[79]
2. die „**Konzeption der Militär-Technischen-Zusammenarbeit Russlands mit den Teilnehmerstaaten des Vertrages über Kollektive Sicherheit**"[80]

Parallel zur Erarbeitung und Annahme dieser „strategischen" Programme ging die Regierung seit 2001 zielstrebig daran, eine ganze Anzahl von Föderalen Ziel- oder Zweckprogrammen

---

77 Am 10.11.2001 von Präsident Putin bestätigt.
78 Beschluss der Regierung v. 11.10.2001 Nr. 713.
79 Von Präsident Putin am 02. Juli 2001 bestätigt.
80 Von Präsident Putin am 02. Juli 2001 bestätigt.

(Federalnye Zelevye Programmy-FZP), die den MIK direkt oder indirekt betrafen, hinsichtlich ihrer Zweckmäßigkeit zu überprüfen und teilweise neu zu bestimmen.

Das auf den ersten Blick unübersichtlich wirkende System der FZP ist eines der wichtigsten Instrumentarien der Planung und Entwicklung des Staates und der Gesellschaft durch die russische Regierung. Es ist heute hinreichend transparent und der Allgemeinheit zugänglich.

Nach russischer Auffassung sind diese Programme „*eines der wichtigsten Mittel zur Umsetzung der Strukturpolitik der Regierung, der aktiven Einflussnahme auf die ökonomischen- und Produktionsprozesse. Sie stellen, hinsichtlich ihrer Mittel, Umsetzungsfristen und Akteure, einen konkret umrissenen Komplex von Maßnahmen dar. Diese können in Zusammenhang mit wissenschaftlich-technischen, Produktions-, sozialökonomischen, Forschungs- und Entwicklungssowie organisatorischen Prozessen stehen, die der Sicherung einer effektiven Lösung von staatlichen Aufgaben im Bereich der ökonomischen, ökologischen, sozialen und kulturellen Entwicklung der russischen Föderation dienen.*"[81]

Gegenwärtig unterteilen sich die Föderalen Zielprogramme in sechs Hauptgruppen:

1. **Die Entwicklung der Infrastruktur (12 Hauptprogramme)**
2. **Die neue Generation (5 Hauptprogramme)**
3. **Die Reform des Rechtssystems (3 Hauptprogramme)**
4. **Die Sicherheit der Lebenstätigkeit und der Schutz der Umwelt (11 Hauptprogramme)**
5. **Die neue Ökonomie (12 Hauptprogramme)**
6. **Die regionale Parität (9 Hauptprogramme)**

Diese Programme teilen sich wiederum in eine Vielzahl von Unterprogrammen.

Aus dem Charakter des Militär-Industriellen-Komplexes ergibt sich selbstredend, dass fast alle Bereiche und die dazugehörenden Programme mehr oder weniger mit ihm zu tun haben, auf ihn einwirken oder von ihm beeinflusst werden.
Ich möchte jedoch nur einige der Wichtigsten im Folgenden kurz

---

81 http://www.mil/index.php?menu id=775.

nennen und charakterisieren. Eine tiefgründige Analyse von Inhalt und bisheriger Umsetzung der FZP wäre sicher äußerst aufschlussreich für eine tiefgründige Analyse des gegenwärtigen Zustandes der russischen Gesellschaft im Ganzen. Das System der FZP hat auch bereits vor der Präsidentschaft Putins existiert und erinnert in seiner Detailliertheit teilweise noch an die Methodik der Staatlichen Plankommission GOSPLAN der UdSSR.

Schauen wir uns nun einige für den MIK unmittelbar relevante Programme etwas näher an.

Zunächst das FZP „**Reform und Entwicklung des Verteidigungs-Industrie-Komplexes 2002-2006.**" (Regierungsbeschluss Nr. 713 vom 11.10.2001). Das Hauptziel des Programms geht bereits aus dessen Bezeichnung hervor. Darüber hinaus umreißt es die Grundlinien der künftigen militärtechnischen Entwicklung und der internationalen Zusammenarbeit auf militärischem und militärtechnischem Gebiet. In ihm wird aber auch die perspektivische Entwicklung der zivilen Produktion beschrieben und gefordert. Es stellt sicher das Grundlagenprogramm für den MIK dar.

Da im Folgenden viele Angaben in Rubel erfolgen, einige Worte zur russischen Währung:

In den letzten beiden Jahren schwankte der Wechselkurs stets im Bereich von 30 bis 36 Rubel je Euro. Damit zeigte sich eine relative Stabilität der russischen Währung, die seit Mitte 1998 zu beobachten ist. Der schwächste Eurokurs wurde im Herbst des Jahres 2000 mit 23,07 Rubel für einen Euro vermeldet, während der Höchststand des Euro Anfang 2004 erreicht wurde, als man für einen Euro 37,34 Russische Rubel erhielt. Da die russische Zentralbank eine relativ aktive Währungspolitik verfolgt, ist davon auszugehen, dass sich der Wechselkurs des Rubels zum Euro und zum US-Doller auch kurz- und mittelfristig in einem überschaubaren Korridor bewegt.

Die einfache Umrechnung der Preise und Übertragung auf hiesige Verhältnisse birgt in sich jedoch die Gefahr einer Fehleinschätzung, da z.B. die Binnenkaufkraft des Rubels nicht mit der des Euros hierzulande zu vergleichen ist, ganz zu schweigen von Lohnniveau, den Energiekosten und anderen wichtigen Kennziffern. Darauf komme ich aber später noch einmal zurück.

Wichtiger und aussagekräftiger als die absoluten Zahlen sind daher die aus den Statistiken hervorgehenden Entwicklungstendenzen.

Zunächst einige Angaben zur gegenwärtigen Realisierung des oben genannten FZP:

Tabelle 4

Einige Kennziffern des FZP „Reform und Entwicklung des Verteidigungs-Industrie-Komplexes 2002-2006." (in Millionen RUB zu Preisen des Jahres 2003)[82]				
Position	geplante Mittel für das Gesamtprogramm	bis einschl. 2001	für die Jahre	
			2002	2003 (Prognose)
Gesamt	35.680,00	/	3.063,670	5.046,100
Investitionen	26.640,00	/	786,688	2.105,30
Forschung und Entwicklung	5.706,00	/	560,00	1.214,00
übrige Ausgaben	3.334,00	/	1.716,982	1.726,8000

Aus dieser kurzen Statistik lässt sich gut erkennen, dass die Ausgaben für Investitionen und Forschung gegenüber den konsumtiven Aufwendungen erheblich stärker zunehmen. Das kann ein Hinweis auf qualitative oder quantitative Anhebung des Niveaus des Bereiches sein. Auf alle Fälle lässt sich aber ein Umsteuern von der Konsumtion zur Investition erkennen.

Wenden wir uns nun dem FZP „Föderales kosmisches Programm Russlands 2001-2005", zu, das die Regierung der RF am 30. März 200 angenommen hat (Beschluss Nr. 288).

In ihm werden die Hauptrichtungen, Hauptetappen und Ziele der Weltraumforschung und der kosmischen Aktivitäten der RF bestimmt. Darin wird nicht nur gefordert, dass Russland weiterhin eine kosmische Macht sein muss. Es werden auch Perspektiven und Möglichkeiten der breiten internationalen Zusammenarbeit aufgezeigt. Eine Fortsetzung der kosmischen Tätigkeit Russlands wird nicht in Frage gestellt. Wie die materiellen Bedingungen dazu aussehen, soll die folgende Übersicht zeigen:

Tabelle 5

Einige Kennziffern des FZP „Föderales kosmisches Programm Russlands 2001-2005" (in Millionen RUB zu Preisen des Jahres 2003)[83]				
Position	geplante Mittel für das Gesamtprogramm	bis einschl. 2001	für die Jahre	
			2002	2003 (Prognose)
Gesamt	46.096,00	6.682,75	9.170,56	8.437,50
Investitionen	3.055,00	129,00	115,36	102,50
Forschung und Entwicklung	34.546,00	5.595,25	7.128,80	6.615,00
übrige Ausgaben	8.495,00	958,00	1.926,40	1.720,00

82 Quelle: http://www.programs-gov.ru/cgi-bin/index.cgi.
83 Ebenda.

Es mag auf den ersten Blick verwundern, dass die Investitionen und Ausgaben für Forschung und Entwicklung 2003 gegenüber dem Vorjahr zurückgehen. Es ist zu vermuten, dass die im Zusammenhang mit der internationalen Kosmosforschung und kommerziellen Nutzung erzielten Einnahmen hier nicht erfasst sind. Wenn diese Mittel oder zumindest ein Teil von ihnen in die oben genannten Bereiche fließen, dann kann hier durchaus eine Steigerung vorliegen, ohne dass dies in der Statistik erscheint.

Trotz aller Schwierigkeiten hat die russische Raumfahrtindustrie 2002 zum Beispiel 3 Raketenträger mit den entsprechenden Mehrfachköpfen zur Stationierung der Satelliten „Express-AM" im Orbit entwickelt. Es wurden die Satelliten „Express-A" und „Arkon-1" geschaffen und der Raketenträger „Proton" mit dem Mehrfachblock „DM" weitergebaut.

2003 wurden im Rahmen des nationalen Raumfahrtprogramms einige Starts durchgeführt und unter anderem auch militärische Raumkörper ins All befördert.

Ein weiteres wichtiges FZP ist **„Die nationale technologische Basis 2002-2006"** (Regierungsbeschluss Nr. 779 vom 08.11.2001), dessen Ziel neben der Entwicklung der Grundlagen eines breit gefächerten hohen technologischen Standards der russischen Wirtschaft auch die Schaffung international konkurrenzfähiger Spitzentechnologie ist.

Dies soll nach den Vorstellungen der Regierung Russlands dem Ziel dienen, sowohl die brennendsten Fragen der sozial-ökonomischen Entwicklung der Gesellschaft zu lösen, als auch die nationale Sicherheit zu erhöhen.

Tabelle 6

Einige Kennziffern des FZP „Die nationale technologische Basis 2002-2006" (in Millionen RUB zu Preisen des Jahres 2003)[84]				
Position	geplante Mittel für das Gesamtprogramm	bis einschl. 2001	für die Jahre	
			2002	2003 (Prognose)
Gesamt	17.573,40	/	1.644,536	1.544,50
Investitionen	2.700,50	/	515,536	325,00
Forschung und Entwicklung	14.710,20	/	1.129,00	1.219,50
übrige Ausgaben	162,70	/	?	?

---

84 Ebenda

Auch hier offenbar ein Rückgang der Investitionen und Forschungsaufwendungen im Vergleich zum Vorjahr. Wie die reellen Ziffern aussehen, wird wohl frühestens Mitte 2004 bekannt werden.

Ob die für 2003 zu verzeichnende gute wirtschaftliche Entwicklung vielleicht dazu führt, dass die realen Zahlen für 2003 höher ausfallen, ist durchaus möglich.

Ohne näher auf Ziel und Inhalt der Programme einzugehen, möchte ich noch drei weitere nennen und einige Parameter vorstellen.

Da wäre zunächst das FZP „**Elektronisches Russland 2002-2010**" (Regierungsbeschluss Nr. 65 vom 28. Januar 2002), das die Entwicklung der Kommunikations- und Informationstechnologie und der entsprechenden Produktion- und Infrastruktur zum Inhalt hat.

Tabelle 7

Einige Kennziffern des FZP „Elektronisches Russland 2002-2010" (in Millionen RUB zu Preisen des Jahres 2003)[85]				
Position	geplante Mittel für das Gesamtprogramm	\	für die Jahre	
		bis einschl. 2001	2002	2003 (Prognose)
Gesamt	77.179,10	/	2.926,50	7.243,90
Investitionen	21.418,00	/	1.562,00	3.711,60
Forschung und Entwicklung	3.193,00	/	294,90	601,50
übrige Ausgaben	14.772,00	/	1.069,60	2.930,80

Ein ebenfalls für den MIK und die modernen Streitkräfte nicht unwichtiges Programm ist das FZP „**Globales Navigationssystem**" (Regierungsbeschluss Nr. 587 vom 20. August 2001), das die Entwicklung eines eigenen nationalen weltraumgestützten Navigationssystem mit der Bezeichnung „GLONASS"[86] vorsieht.

Tabelle 8

Einige Kennziffern des FZP „Globales Navigationssystem" (in Millionen Russischer RUB zu Preisen des Jahres 2003)[87]				
Position	geplante Mittel für das Gesamtprogramm	\	für die Jahre	
		bis einschl. 2001	2002	2003 (Prognose)
Gesamt	23.624,71	/	1.842,40	1.876,44
Investitionen	146,85	/	?	?
Forschung und Entwicklung	4.249,28	/	613,40	645,00
übrige Ausgaben	7.835,75	/	1.228,99	1.166,14

---

85 Ebenda
86 „**Glo**balnaja **Na**wigazionnaja **S**putnikowa **S**istema" (dtsch. globales weltraumgestütztes Navigationssystem), analog zu Navstar/USA und Galileo/EU.
87 Quelle: http://www.programs-gov.ru/cgi-bin/index.cgi.

Als Letztes möchte ich das FZP „Die Entwicklung der Zivilluftfahrttechnik Russlands für den Zeitraum 2002 bis 2010 und die Periode bis 2015" (Erlass der Regierung Nr. 728 vom 15. Oktober 2001) nennen. Auch das, nicht unmittelbar militärisch ausgerichtete, Programm ist für den MIK von enormer Tragweite und Bedeutung.

Erstmalig wurde mit diesem übrigens ein Staatsprogramm der RF beschlossen, welches einen Zeitraum von mehr als 10 Jahren erfasst! Es handelt sich um ein sehr kapitalintensives Vorhaben, dessen Umsetzung wohl die Nagelprobe der Leistungsfähigkeit der russischen Ökonomie sein wird.

Tabelle 9

Einige Kennziffern des FZP „Die Entwicklung der Zivilluftfahrttechnik Russlands für den Zeitraum 2002 bis 2010 und die Periode bis 2015" (in Millionen RUB zu Preisen des Jahres 2003)[88]				
Position	geplante Mittel für das Gesamtprogramm	für die Jahre		
		bis einschl. 2001	2002	2003 (Prognose)
Gesamt	158.188,60	/	3.101,84	9.562,20
Investitionen	33.594,60	/	133,84	1.915,80
Forschung und Entwicklung	124.594,00	/	2.968,00	2.982,00
übrige Ausgaben	?	/	?	4.664,40

Man beachte den Anstieg der Investitionen im Jahr 2003 gegenüber dem Vorjahr um fast das 15fache.

Soweit der Exkurs zu den föderalen Zielprogrammen, die ein Hauptfundament der rechtlich-normativen und finanziellen Sicherstellung des MIK sind.

Die Darstellung der rechtlichen und konzeptionellen Grundlagen des MIK ist natürlich nicht vollständig. Eine Vielzahl weiterer juristischer und normativer Akte bestimmt und reglementiert ihn. Die Militär- und Rüstungswirtschaft, als Teil der Gesamtökonomie, hat sich den allgemeinen Normen, der Verfassung, dem Straf- und Zivilrecht genauso unterzuordnen, wie sie die Steuergesetze, das Umwelt-, das Kartell-, das Arbeitsrecht usw. zu befolgen hat. Der MIK soll nach Willen der Regierung Putin keineswegs Staat im Staate sein, auch wenn er sicher bestimmte Privilegien genießt und besondere Spielregeln gelten.

---

88 Ebenda.

Der Überbau

Der Aufbau des MIK erscheint bis heute auf den ersten Blick völlig undurchsichtig und verwirrend, und ist es selbst für russische Experten offenbar auch. Nicht umsonst trifft man in den Veröffentlichungen auf unterschiedliche Angaben hinsichtlich der Anzahl, der Zugehörigkeit und Struktur der Unternehmen, Einrichtungen, Organisationen und Organe des Komplexes.

Offenbar war die politische Führung der RF zur Jahrtausendwende zu der Auffassung gekommen, dass hier Abhilfe Not tut. Ausgehend von Putins Idee der „vertikalen Macht" ging man daran, den MIK zu straffen und zu zentralisieren.

Dabei sollen künftig einmal vierzig bis fünfzig als „Verteidigungsholdings und -Konzerne" bezeichnete Strukturen entstehen und nicht kompatible Unternehmen und Elemente aus dem MIK ausscheiden. Im Herbst 2001 diskutierte man die Frage, ob die Schaffung eines speziellen Organs (Komitee beim Präsidenten), welches sich ausschließlich mit der Führung des MIK beschäftigt, notwendig sei.

Wohl nicht zufällig war damals Vizepremier Klebanow, der um seinen Einfluss fürchtete, einer der entschiedensten Gegner derartiger Pläne.

In seiner Rede vor den Gremien forderte Wladimir Putin eine grundlegende Reform des MIK und sagte unter anderem:

„Die Struktur des Verteidigungs-Industrie-Komplexes ist leider noch archaisch und wird den modernen militär-politischen Aufgaben des Staates nicht gerecht. Wir dürfen nicht vergessen, dass wir heute mit neuen Gefahren konfrontiert werden und unter Bedingungen leben und arbeiten, die völlig neue Anforderungen an die Zuverlässigkeit der nationalen Verteidigung stellen. Diese sind prinzipiell anders; wesentlich größer als in der Vergangenheit." [89]

In der Anlage ist die Struktur des MIK im Jahr 2002 in sehr vereinfachter Form dargestellt. Diese ist mit ihren Agenturen unter Leitung des MINPROMNAUKI auch bis 2003 im Wesentlichen unverändert geblieben und auf den ersten Blick recht übersichtlich und logisch aufgebaut.

---

[89] V. Denisow „Nowy oblik rossijskoj oboronki", Krasnaja Swesda 01.11.2001.

Bei näherer Untersuchung gestaltet sich die Lage aber komplizierter. Die Schaffung der oben erwähnten Konzerne und Holdings ist gegenwärtig im Gange, und Firmenverbunde und -allianzen entstehen und zerfallen wieder. Auch täuscht die enorme Anzahl der Betriebe und Unternehmen zunächst darüber hinweg, dass einige wenige den MIK bestimmen und dominieren.

Die drei Eigentumsformen (privat, staatlich und gemischt) befinden sich in der Praxis unter der operativen Kontrolle des jeweiligen Managements. Ihre weitere Existenz hängt aber nach wie vor hauptsächlich von der Zuweisung der Exportaufträge ab. Diese werden meistens über ROSOBORONOEXPORT, also den Staat vergeben. Der Vizepremier und Chef von MINPROMNAUKI Ilja Klebanow war in den Jahren 2000 bis 2002 der eigentliche Herr des MIK und nur dem Präsidenten rechenschaftspflichtig.

Wie lange die fünf Rüstungsagenturen, in die der MIK, ausgenommen die Kernelemente der Atomindustrie, unterteilt ist, noch sein Korsett bilden, ist ungewiss. Gegenwärtig bietet sich folgendes Bild:

- **Die Agentur Führungssysteme (RASU — Leiter Gennadi Koslow)** *stellt, gemessen am Anteil (46,2 %) der ihr angegliederten Unternehmen, die bedeutendste Struktur dar. Sie vereint die früher den entsprechenden selbstständigen Industrieministerien unterstellten Bereiche Radioindustrie, Nachrichtenmittel und elektronische Industrie und versucht, diese zu integrieren. Nach Meinung einiger russischer Experten ist es der RASU unter allen Agenturen am besten gelungen, die zentrale Kontrolle über die Unternehmen der MIK wieder herzustellen.*
Der zwischenstaatlichen Holding „Oboronitelnije Sistemy" Russland — Belorussland traten von russischer Seite ausschließlich Betriebe dieser Agentur bei.
- **Die Luftfahrt-Kosmische Agentur (RAKA — Leiter Juri Koptew)** *wurde offensichtlich nach dem Vorbild ähnlich ausgerichteter westlicher Strukturen wie EADS oder NASA geschaffen. Damit sollten die Luftfahrtindustrie und die Kosmische Industrie sich einander annähern und Synergien freisetzen. In der Praxis erweist sich das jedoch als schwierig, da diese Bereiche in der UdSSR streng voneinander getrennt waren, und die Kosmosindustrie auch in der RF als eigenständige Struktur (seit 1992 „Russische Kosmische Agentur") existierte. Sie war fast vollständig von der Privatisierung ausgenommen und bewahrte wahrscheinlich am besten sowohl ihre Führungs- als auch Leistungsfähigkeit. Die Luftfahrtindustrie dagegen war das*

Hauptfeld der Privatisierungen und somit in den neunziger Jahren ständig neuen „Reorganisationen" und „Reformen" ausgesetzt. Die Luftfahrtindustrie ist hinsichtlich der Anzahl der Betriebe, Beschäftigten und des Produktionsumfangs wahrscheinlich dreimal so groß wie der Raumfahrtsektor. Das Hauptproblem der Integration auch dieses Sektors sind die partiell divergierenden Interessen der einzelnen Industriezweige, Regionen, Unternehmensführungen und der Zentralmacht.

- **Die Agentur Schiffsbau (Rossudostrojenije- Leiter Wladimir Pospelow)** *soll alle maritimen Aktivitäten und Kapazitäten bündeln und unter ein gewisses Maß an staatlicher Kontrolle bringen. Die Agentur wurde am 25. Mai 1999 durch Präsidentenerlass (Nr. 651) geschaffen und umfasst etwa 170 Unternehmen, von denen ca. 80 staatlich sind. In ihr sind rund 220.000 Menschen beschäftigt. Bezeichnendes Merkmal der Unternehmen der Agentur ist der gravierende Unterschied der wirtschaftlichen Lage zwischen den einzelnen Betrieben sowie der hohe Grad regionaler Einflüsse auf die Unternehmen. So ist der Zustand der Unternehmen in Sankt Petersburg und im Leningrader Gebiet wesentlich besser als der der Betriebe, die im Fernen Osten oder hohen Norden beheimatet sind. Rossudostrojenije hatte bisher wenig direkten Einfluss auf die Investitionspolitik und die Vergabe von Aufträgen. Das hängt einerseits damit zusammen, dass die wichtigsten Schiffsbauunternehmen so groß und einflussreich sind, dass das jeweilige Management schon lange gewohnt ist, selbstständig zu entscheiden. Andererseits gibt das hohe Maß an Privatkapital in den Unternehmen diesen einen entsprechenden Freiraum gegenüber der Regierung.*
- **Die Agentur konventionelle Bewaffnung (RAW — Leiter Alexander Nosdratschew)** *stellt, wie die Agentur Munition und Bewaffnung, meines Erachtens das bisherige Stiefkind des MIK dar. Dies resultiert einerseits aus der politischen und militärischen Einschätzung der zukünftigen Entwicklung in den neunziger Jahren, die die Führung der RF zu dem Schluss kommen ließ, dass zukünftig kein wesentlicher Bedarf an den Produkten dieser Unternehmen bestehen wird. Andererseits hatte Russland von der UdSSR eine derartig große Zahl an konventionellen Waffen, Ausrüstung und Munition übernommen, dass eine Neubeschaffungsstrategie auf lange Sicht nicht notwendig erschien. Auch die neuen Tendenzen der internationalen Sicherheitspolitik nach dem Jugoslawienkrieg änderten zunächst wohl wenig an dieser Einschätzung. Eine neue Sicht auf die künftige Rolle konventioneller Bewaffnung entwickelte sich erst in den letzten Jahren und vor allem in Zusammenhang mit den Konflikten in Afghanistan und*

Irak. Während die Lage der Produzenten von Panzertechnik nach wie vor kompliziert ist, scheint die der Hersteller von Panzer- und Luftabwehrsystemen der Landstreitkräfte etwas besser zu sein. Wie weit die Unternehmen der Agentur aber von dieser tatsächlich gezielt geführt und entwickelt werden, ist schwer einzuschätzen.

- **Die Agentur Munition und Spezialchemie (Rosbojepripasy-Leiter Sinowi Pak)**[90] *erfasst die Betriebe und Einrichtungen der Munitions- und Spezialchemieindustrie und ist einer der wenigen Bereiche, die auch bis zum Jahr 2000 der Kontrolle des Staates nie entglitten waren. Dies lässt sich damit begründen, dass hier ein besonders großer Anteil an Staatsbetrieben vorhanden ist (76,6 % im Jahre 2000). Im Unterschied zur Raketen- und Kosmosindustrie sind in der Agenturstruktur von Rosbojepripasy alle Schlüsselunternehmen nach wie vor in Staatsbesitz.*

Nach Ansicht einiger russischer Experten befanden sich aber die Sprengstoffhersteller 1999 in Folge der Aufteilung und Neuordnung der privaten „Nitro-Wsryw AG" in einer äußerst existenzbedrohlichen Lage, die jedoch durch Intervention des staatlichen Unternehmens „Rospromwsryw" überwunden werden konnte.

Somit bietet sich ein widersprüchliches, ja fast paradoxes Bild. Einerseits üben die Agenturen die administrative Kontrolle über die ihnen angeschlossenen Unternehmen aus. Andererseits haben sie oftmals weder die Mittel noch die Möglichkeiten, Investitionen und Aufträge an die Betriebe zu vergeben und nachhaltig und prägend auf diese einzuwirken.

Darüber hinaus ist zu beachten, dass die fünf Agenturen des MINPROMNAUKI nur einen Teil der Betriebe, Unternehmen und Einrichtungen des MIK erfassen. Wahrscheinlich soll aber nach dem Willen der russischen Regierung gerade dieser Teil das Skelett des zukünftigen modernen MIK der RF bilden.

Nicht erfasst werden im Agentursystem die Unternehmen und Einrichtungen des Atomministeriums (MINATOM), die sich mit der Entwicklung und dem Bau von Kernwaffen beschäftigen.

Außerhalb der Agenturen gibt es noch Unternehmen und wissenschaftlich-technische Einrichtungen, die dem Verteidigungsministerium direkt unterstehen oder ihm angeschlossen sind. Diese befassen sich in erster Linie mit Arbeiten, die der Reparatur, Wartung, effektiven Nutzung von Waffen und militärischen Systemen dienen.

---

90 seit 21.04.2003 wird die Agentur von General Wiktor Iwanowitsch Cholstow geleitet. Dieser war bis dahin Chef der ABC-Truppen der russischen Armee.

Es existiert eine Reihe von Firmen, die neben der zivilen Produktion nur einen relativ geringen Anteil an Rüstungsgütern herstellen. Diese werden durch das oben genannte Agentursystem ebenfalls nicht erfasst.

Als Beispiel seien nur das Wolgograder Traktorenwerk und das Arsamasker Maschinenwerk genannt, die hauptsächlich Landwirtschaftsausrüstungen und Teile für den Automobilbau herstellen, aber auch eine gewisse Anzahl von gepanzerter Technik produzieren.

Grob geschätzt umfasste der oben genannte, in den Agenturen zusammengefasste Teil des MIK im Jahr 2001/2002 noch etwa 1.500 bis 1.600 Betriebe. In russischen Publikationen werden allerdings unterschiedliche Angaben dazu gemacht.

Dies ist eine Folge der bereits eingangs genannten Schwierigkeiten hinsichtlich der klaren Zuordnung. Perspektivisch ist, wie ebenfalls bereits erwähnt, eine spürbare zahlenmäßige Verringerung zu erwarten.

Ilja Klebanow erklärte dazu im Jahre 2003, dass gegenwärtig ein neues Register der MIK-Betriebe erstellt wird, dem dann voraussichtlich nur noch etwa 910 Unternehmen angehören werden.

Da der MIK in seiner jetzigen Struktur nicht in der Lage sei, die künftigen Forderungen der materiell-technischen Sicherstellung der Streitkräfte zu erfüllen, wolle man zügig die 40 bis 45 **„integrierten Strukturen"** schaffen, von denen 2001 bereits die Rede war.

Deren künftige Zahl schätzt der, für Ausrüstung und Bewaffnung zuständige, Stellvertreter des Verteidigungsministers Generaloberst Alexej Moskowski jedoch im Gegensatz dazu auf 75 und verrät damit, dass die Diskussion noch in vollem Gange ist.[91]

Die bisher neu gegründeten Konzerne/Holdings stellen somit erst einen Einstieg in die neue Struktur dar.

Im Folgenden werde ich mich hauptsächlich mit den den Agenturen zugeordneten Elementen beschäftigen, obwohl auch dort Unternehmen auftauchen, die nur indirekt oder marginal mit der Rüstung in Zusammenhang stehen, wie z.B. die OAO „ZKB[92]- Almas" in Moskau (Radioindustrie). Der Anteil der Betriebe der Agenturen, deren Produktion zu weniger als einem Viertel aus Rüstungsgütern besteht, beträgt etwa 23 %.

---

91 NWO Nr. 7 (332) v. 28.02.2003.
92 **Z**entralnoje **K**onstruktorskoje **B**juro — Zentrales Konstruktionsbüro.j

Ein weiteres Viertel aller Unternehmen stellt gegenwärtig überhaupt keine Waffen oder militärischen Güter her, besitzt aber noch die entsprechenden Kapazitäten und hält die militärischen Mobilisierungskapazitäten vor.

Die in den Anlagen namentlich benannten Unternehmen sind die Hauptakteure des MIK und auf diese konzentrieren sich folgerichtig die Anstrengungen der politischen Führung beim Versuch der Reform des MIK.

Die grundlegenden Ziele und Aufgaben dabei nannte Präsident Putin am 30. Oktober 2001 während der bereits erwähnten gemeinsamen Tagung des Präsidiums des Staatsrates und des Sicherheitsrates der RF:

- **Die Schaffung moderner und wirksamer Mechanismen der Führung und Kontrolle des Komplexes sowie die Erarbeitung realer Instrumente der Sicherung sowohl der Staatsinteressen als auch der Bedürfnisse der Entwickler und Produzenten von Verteidigungsgütern**
- **Die Beseitigung der strukturellen Redundanzen als unabdingbare Aufgabe der inneren Konsolidierung des MIK**
- **Die Schaffung begründeter Programme der Integration des MIK in die marktwirtschaftliche Infrastruktur des Landes, die Erhöhung der wirtschaftlichen Attraktivität des MIK durch die Schaffung und Nutzung integrierter wissenschaftlich-industrieller Komplexe und der Verknüpfung der verschiedenen Eigentumsformen**

Die relativ unspektakuläre aber intensive Arbeit der Regierung, vor allem zum Ende des Jahres 2001, legte die Grundlage dafür, dass man gegenwärtig mit Fug und Recht sagen kann, dass es in der russischen Wirtschaft keinen Bereich gibt, der vom Staat so detailliert und komplex beobachtet, unterstützt und auch reglementiert wird wie der MIK.

Die wendigere und flexiblere Regierung Putin/Kasjanow scheint sich bisher besser als ihre Vorgänger auf die veränderten Eigentumsverhältnisse im MIK einzustellen; in der Vergangenheit ein großes Problem für die russischen Regierungsbürokraten. Der Kreml kann aber nicht umhin, das Privateigentum im MIK und damit partielle Gruppeninteressen gebührend in Rechnung zu stellen.

Trotzdem birgt das Verhältnis zwischen „Privaten" und „Staatlichen" genügend Zündstoff für künftige Konflikte.

Die folgende Grafik zeigt die Eigentumsverhältnisse Mitte 2001 im Bereich des Militär-Industrie-Komplexes in der Russischen Föderation (Angaben in Prozent):

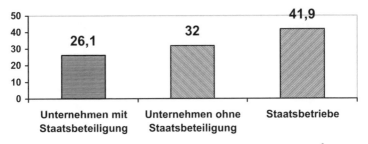

Der Staat griff zunehmend aktiver in den Prozess der Privatisierung selbst ein. Als Beispiel dafür mag der Beschluss der Regierung Nr. 929 vom 29.12.2001 „**Über die Gründung der Offenen Aktionärsgesellschaft ‚Flugzeugholding SUCHOJ'**" gelten.

Die Anstrengungen des Kreml zur Durchsetzung des Primats der Politik rief erwartungsgemäß den Widerspruch und Widerstand vor allem der Führungen jener Unternehmen hervor, die sich in den vorangegangenen Jahren daran gewöhnt hatten, mit einem Minimum an zentralen Vorgaben zu leben. Sie sahen und sehen ihren Einfluss gefährdet.

Diesem Chor der Kritiker der Putinschen Zentralisierung schlossen sich anfangs auch viele namhafte Vertreter der Regionalpolitik an, während Parlamentarier der Zentrale zunehmend offener den Kurs des Präsidenten unterstützten.

Hier tat sich vor allem der Vorsitzende der Militärkommission der Staatsduma Armeegeneral a.D. Andrej Nikolajew hervor.

Auch andere Abgeordnete, so Alexej Arbatow, kommentieren in der Öffentlichkeit regelmäßig die Schritte der Regierung, vertreten dieser gegenüber die Positionen der ihnen nahe stehenden politischen und wirtschaftlichen Gruppen, ohne die prinzipielle Zielrichtung der Regierungspolitik jedoch in Frage zu stellen.

Aufmerksamen Beobachtern fällt auf, dass in Zusammenhang mit der allgemein erwarteten Verschlankung des MIK die Unternehmen und Einrichtungen verstärkt ihre politischen Lobbyisten in den Ring schicken. So ist seit 2001 ein stetig schärfer werdender Kampf der Konzerne und Firmen entbrannt, zum Kreis der „Auserwählten" zu gehören.

Dabei steht das Militär nicht am Rande, ist doch neben MIN-PROMNAUKI das Verteidigungsministerium einer der Hauptakteure bei der Vergabe von Staatsaufträgen an den MIK.

Deshalb hängt das Wohl und Wehe der einzelnen Unternehmen und des MIK insgesamt auch indirekt von der Armeeführung ab.

Das russische Verteidigungsministerium hat zwar den „Zivilisten" Sergej Iwanow als Verteidigungsminister an der Spitze, ist aber offensichtlich nach wie vor fest in den Händen der Generalität. Diese will den direkten, lukrativen Zugang zur Rüstungswirtschaft keinesfalls aufgeben.

Da offensichtlich nicht immer transparente Ausschreibungen bei der Entwicklung, Produktion und Anschaffung von Militärgütern durchgeführt werden bzw. diese schwer zu prüfen sind, kann die Generalität nicht nur an den Erlösen partizipieren, sondern durchaus direkten Einfluss auf die „Auslese" der Unternehmen ausüben.

Als Beispiel sei die Entscheidung des Militärs zur Entwicklung eines neuen Panzers auf der Basis des T-90 (Hersteller „Uralwagonsawod" in Nishne Tagilsk) genannt. Diese Entscheidung kann zweifellos das Aus für das Omsker Unternehmen „Transmasch", den Hersteller des Konkurrenzmodells T-80, bedeuten, obwohl diesem damit die Möglichkeit genommen werden könnte, einen neuen Panzer der vierten Generation fertig zu stellen, der angeblich bereits in der Entwicklung ist und unter dem Namen „Schwarzer Adler" ab und an durch die Spalten der russischen Presse geistert.

Insgesamt entsteht der Eindruck, dass es dem Kreml, trotz aller Schwierigkeiten und Probleme, im hier betrachteten Zeitraum doch gelang, die Kontrolle des MIK durch den Staat zu verstärken.

Auch hier zeigt sich wieder die praktische Umsetzung der „vertikalen Macht" die das „System Putin" mehr und mehr prägt.
Aber auch für die starke Präsidialmacht Russlands ist ein gewisser „Föderalismus" und das Ausbalancieren der unterschiedlichen Interessen nicht zu umgehen.
Die Moskauer Führung lässt jedoch keine Zweifel daran aufkommen, wer künftig der Herr im Hause sein und die Spielregeln bestimmen soll.

Der Militär-Industrie-Komplex Russlands heute

Eine Bestandsaufnahme

Da die im MIK ablaufenden Prozesse und Ereignisse oftmals sehr langwierig sind und nachhaltig wirken, muss bei deren Untersuchung der Zeitrahmen (2000 bis 2002) teilweise gesprengt werden. Auch die vorhergegangenen Jahre müssen daher partiell in Betracht gezogen werden.

Auf Grund der zum gegenwärtigen Zeitpunkt zur Verfügung stehenden gesicherten statistischen Angaben ist es nur möglich, die Entwicklung bis Ende 2002 mit hinreichender Genauigkeit darzustellen.

Die Hauptfelder der Tätigkeit des MIK sind:

- der **Export von Waffen und militärischen Gütern (WTS)**
- die **Produktion ziviler Güter und die Konversion**
- die **Ausrüstung der eigenen Streitkräfte (GOSOBORONOSA-KAS)**[93]
- die militärischen und/oder zivilen **Forschungs- und Entwicklungsarbeiten**

Zunächst zu einigen **allgemeinen, aktuellen Merkmalen und Entwicklungstendenzen.** Die **Industrieproduktion** der zum MIK gehörenden Unternehmen für den Export und den Zivilbereich stieg von Januar bis September 2002 gegenüber dem Vorjahr um 18,6 % (Tabelle 10). Grund dafür war die Erhöhung des Anteils der Militärproduktion am Gesamtproduktionsvolumen des MIK.

So stieg in diesem Zeitraum der Anteil der militärischen Produktion in der Luftfahrtindustrie um 52,9 % und bei der allgemeinen Bewaffnung um 61,3 % (Tabelle 11), während zum Beispiel die Raketen- und Raumfahrtindustrie einen Rückgang um 1,8 % verzeichnete.

Allerdings haben einzelne umfangreiche Exporte die Ergebnisse wesentlich beeinflusst. Vor allem die Exportverträge mit Indien und China wirkten sich entscheidend auf die Ergebnisse aus (SU-30MKI an Indien, SU-30MKK an VR China).

Die Flugzeugindustrie bleibt bis 2003, wie bereits in der Vergangenheit, das „Hauptzugpferd" des russischen MIK und wirkt

---

[93] **GOS**udarstwennyi **OBORO**nitelnyi **SAKAS**, dtsch. staatliche Verteidigungsbestellungen, im Weiteren auch GOS.

damit fördernd auf eine Vielzahl von Zulieferern, vor allem der elektronischen Industrie.

Tabelle 10

Die Entwicklung der Warenproduktion verschiedener Industriezweige des MIK in Prozent zum entsprechenden Zeitraum des Vorjahres in vergleichbaren Preisen[94]
(ohne Sonderproduktion/GOS)

Industriezweig	2000	2001	Januar-März 2002	Januar-Juni 2002	Januar-September 2002
MIK gesamt	124,5	106,1	110,2	118,3	118,6
Luftfahrt	141,4	112,3	131,8	143,4	144,9
Raketen und Kosmosindustrie	109,9	101,7	101,2	103,0	102,7
Allgemeine Bewaffnung	108,6	111,5	118,2	116,0	113,2
Munition und Spezialchemie	122,4	95,6	93,8	90,9	91,7
Schiffsbau	119,9	90,3	79,6	87,1	91,3
Radioindustrie	126,4	95,9	70,0	87,1	87,5
Nachrichtenmittel	147,1	104,4	104,5	93,6	97,1
Elektronische Industrie	137,8	117,7	112,5	111,3	112,0

Tabelle 11

Die Entwicklung der militärischen Warenproduktion der Industriezweige des MIK in Prozent zum entsprechenden Zeitraum des Vorjahres in vergleichbaren Preisen[95]
(ohne Sonderproduktion/ GOS)

Industriezweig	2001	Januar-März 2002	Januar-Juni 2002	Januar-September 2002
MIK gesamt	98,9	127,2	139,7	138,6
Luftfahrtindustrie	108,3	151,3	166,3	152,9
Raketen und Kosmosindustrie	110,3	115,6	102,3	98,2
allgemeine Bewaffnung	106,8	170,5	146,0	161,3
Munition und Spezialchemie	84,4	111,1	92,7	106,6
Schiffsbau	79,9	70,0	74,9	83,2
Radioindustrie	90,3	64,2	87,6	117,2
Nachrichtenmittel	94,6	111,8	95,4	110,0
Elektronische Industrie	123,4	126,5	127,1	131,4

---

94 http://www.lcard.ru/~a_lapin/vpk/index.htm.
95 http://www.lcard.ru/~a_lapin/v.pk/index.htm.

Die Steigerung auf dem Gebiet der allgemeinen Bewaffnung ist zunächst verwunderlich. Bei genauerem Hinsehen wird diese auch lediglich durch die hohen Zuwachsraten im ersten Quartal 2002 hervorgerufen. Hier wirkt die Vereinbarung über die Lieferung des Kampfpanzers T-90S an Indien. Dieser ist aber mit dem Bau der ersten 124 Stück bei „Uralwagonsawod" bereits abgearbeitet. Die restlichen 176 Einheiten werden dann in Indien in Lizenz gefertigt. Somit hat dieser Einzelkontrakt die Statistik verzerrt. In naher Zukunft ist meines Erachtens nicht mehr mit einem derartig umfangreichen Auftrag für die Hersteller konventioneller Bewaffnung zu rechnen.

Immer wieder werden die künftigen Chancen der Unternehmen des MIK auf den Märkten für zivile Güter diskutiert. Zweifelsohne ist ein gewisser Prozess der Konversion vor sich gegangen, und hat die zivile Produktion gegenwärtig schon einen bedeutenden Anteil. Dieser differiert nach Produktionsprofilen wie folgt:

Tabelle 12
Der Anteil militärischer/ziviler Warenproduktion der Industriezweige des MIK Russlands in Prozent zum entsprechenden Zeitraum des Vorjahres in vergleichbaren Preisen[96]
(ohne Sonderproduktion/GOS)

Industriezweig	2001	Januar-März 2002	Januar-Juni 2002	Januar-September 2002
Luftfahrtindustrie	59,2 / 26,8	58,2 / 27,1	67,1 / 27,7	65,6 / 28,4
Raketen und Kosmosindustrie	3,3 / 8,0	3,4 / 8,4	2,7 / 8,4	2,4 / 8,1
allgemeine Bewaffnung	10,8 / 22,6	16,1 / 23,0	12,5 / 23,1	12,8 / 23,1
Munition und Spezialchemie	3,9 / 14,9	3,4 / 13,9	2,9 / 13,5	3,0 / 13,3
Schiffsbau	11,6 / 9,4	7,3 / 8,1	5,9 / 9,0	6,8 / 9,1
Radioindustrie	6,7 / 4,4	6,8 / 4,0	4,9 / 4,0	5,6 / 4,2
Nachrichtenmittel	2,1 / 3,3	1,8 / 3,5	1,5 / 3,1	1,6 / 3,0
Elektronische Industrie	2,3 / 9,2	3,0 / 10,9	2,4 / 10,2	2,2 / 9,8

Die in der Tabelle 12 ausgewiesene militärische Warenproduktion ist der Teil der russischen Rüstungswirtschaft, der im Ausland, einschließlich der GUS-Staaten und der Teilnehmerstaaten des „Vertrages über die kollektive Sicherheit"[97], realisiert wird. Um die potenziellen Möglichkeiten der Unternehmen einzuschätzen, sollte

---

96 Ebenda.
97 Am 15. Mai 1992 von Armenien, Belorussland, Kirgisien, Kasachstan, Usbekistan, Russland und Tadschikistan unterzeichnet. Später traten noch Aserbaidschan und Grusinien bei.

man aber auch die nichtmilitärische Produktion und deren Entwicklung betrachten. Es ist zu beobachten, dass deren Wachstumsraten in letzter Zeit hinter den Erwartungen zurückbleiben. Die Ursachen dafür sind sicher vielschichtig. In der folgenden Tabelle ist die Dynamik dieses Prozesses ersichtlich:

Tabelle 13
Die Entwicklung der zivilen Warenproduktion verschiedener Industriezweige des MIK[98]
(in Prozent zum entsprechenden Zeitraum des Vorjahres in vergleichbaren Preisen)

Industriezweig	2000	2001	Januar-März 2002	Januar-Juni 2002	Januar-September 2002
MIK gesamt	122,6	112,6	96,6	98,3	104,9
Luftfahrt	127,5	119,3	99,2	98,6	110,8
Raketen und Kosmosindustrie	107,9	97,8	96,3	102,7	108,6
Allgemeine Bewaffnung	124,9	113,9	100,1	100,7	106,7
Munition und Spezialchemie	120,7	101,5	90,3	91,1	94,0
Schiffsbau	111,7	122,1	91,0	100,4	101,9
Radioindustrie	120,6	114,8	82,6	87,0	98,2
Nachrichtenmittel	145,4	111,6	101,0	93,9	94,9
Elektronische Industrie	131,6	116,3	107,1	107,5	110,7

In Russland wird diese Entwicklung gewöhnlich mit konjunkturellen Einflüssen erklärt. Ob dies aber eine fortlaufende Tendenz ist, bleibt abzuwarten und hängt nicht zuletzt davon ab, ob und wie es gelingt, eine Reihe geplanter Großprojekte zu realisieren.

Die russische zivile Luftfahrtindustrie spielte in den letzten Jahren nur eine marginale Rolle auf den internationalen Märkten. Der Verkauf von 20 Hubschraubern MI-171, eine modernisierte Variante des bekannten MI-8 an Pakistan zählte schon zu den nennenswerten Ereignissen. Künftig rechnet man sich auch Chancen mit dem völlig neuen Mehrzweck- und Transporthubschraubers MI-38 aus, der tatsächlich internationalen Standards entspricht. Was den Zivilflugzeugbau betrifft, so weckt das Mittelstreckenpassagierflugzeug TU-204 gewisse Erwartungen. Trotzdem ist die Zivilluftfahrt Russlands zukünftig wahrscheinlich dringend auf starke internationale Partner angewiesen, bietet aber dafür auch im Gegenzug einen großen Absatzmarkt für diese.

---

98 http://www.lcard.ru/~a_lapin/v.pk/index.htm.

Ähnlich ist die Lage im zivilen Schiffsbaubereich des MIK. Hier gab es nur einzelne nennenswerte Neubauaufträge wie die „Rossija" (Projekt 17310 im Wert von 3,7 Mio. US-Dollar), zweier Schiffe für die Erdölindustrie (zur Bekämpfung von Ölverschmutzungen- Projekt 9200) und insgesamt 10 Tanker für die Ölgesellschaft LUKOIL. Dies ist aber, bezogen auf die russischen geographischen und ökonomischen Dimensionen und den anstehenden Modernisierungsbedarf, nur der berühmte „Tropfen auf den heißen Stein". Allerdings lassen neuere Meldungen, wonach solch bedeutende Reedereien wie „Wolgotanker", die Anschaffung neuer Schiffe planen, schon aufhorchen.

Die Finanzierung

Die Untersuchung der **finanziellen Lage des MIK** macht erhebliche Schwierigkeiten. Obwohl die Regierung Putin seit 2000 unübersehbare Anstrengungen unternommen hat, die Transparenz zu erhöhen, sind erst in letzter Zeit entsprechende offizielle Zahlen und seriöse Analysen der breiten Öffentlichkeit zugänglich. Die Ausgaben der RF für die Budgetposition „Nationale Verteidigung" wachsen beständig. So hat sich die staatliche Finanzierung seit 1996 um das 4,3fache erhöht, während die Aufträge des Staates an den MIK von 1996-2003 sogar um das 5,8fache wuchsen.

In der folgenden Tabelle ist die Entwicklung der Militärwirtschaft in Kontext der allgemeinen Wirtschaftsentwicklung dargestellt:

Tabelle 14

Staatsausgaben der RF[99]
(Budgetteil „Nationale Verteidigung")[100]

Budgetposition	1996	1997	1998	1999	2000	2001	2002	2003 Plan
Bruttoinlandsprodukt (in Mrd. Rubel)	2.145	2.479	2.741	4.767	7.302	9.041	10.950	13.050
Staatsausgaben gesamt (in Mrd. Rubel)	437,25	529,76	499,94	575,04	1.014	1.193	1.947	2.345
Verteidigungshaushalt in Mrd. Rubel (Anteil am BIP in %)	80,185 (3,7 %)	104,31 (4,2 %)	81,765 (3,0 %)	93,702 (2,0 %)	209,44 (2,9 %)	214,68 (2,4 %)	284,15 (2,6 %)	345,72 (2,7 %)
GOS[101] (in Mrd. Rubel)	19,687	32,537	16,228	38,50 Schätzung	48,00 Schätzung	52,00 Schätzung	79,00 Schätzung	115,00

---

99 http://www.lcard.ru/~a_lapin/v.pk/index.htm; (Rundungen durch Autor).
100 Der Anteil der Verteidigungsausgaben am BIP weicht in anderen Veröffentlichungen von den Ziffern ab, z.B. Romaschkin, Arbatow „Budschet kak serkalo woejenoj reformy" NWO Nr. 1 (316) v.17.01.2003.
101 Schätzung, da 1999-2002 dieser Budgetteil als „Staatsgeheimnis" behandelt wurde.

Der Anteil des Militäretats an den Gesamtausgaben des Staates sank augenfällig von 20 % im Jahre 1994 auf 14,6 % im vergangenen Jahr. Hier wird deutlich, dass Russland durchaus keinen militarisierten Haushalt besitzt. Andererseits bieten der Haushalt und die aktuelle wirtschaftliche Entwicklung durchaus finanziellen Spielraum für die Erhöhung der Militärausgaben in den nächsten Jahren.

Vor allem im westlichen Ausland ist wenig bekannt, dass der russische Etat **profizitär** ist.

Russland erwirtschaftete 2002 das zweite Jahr in Folge einen Haushaltsüberschuss. Dieser betrug etwa 1,2 % des Bruttoinlandsproduktes (BIP). Auch im Jahr 2003 wird es wieder einen Haushaltsüberschuss geben. Dieser soll nach Einschätzung der meisten Experten sogar bei etwa 1,3 % liegen. In absoluten Zahlen wird er damit höher als im Vorjahr ausfallen, denn 2003 ist mit einer Steigerung des BIP von mindestens 6,6 Prozent zu rechnen und übertrifft damit den geplanten Wert um 1,6 %. Im Jahr 2002 hatte das BIP noch um 4,3 % zugenommen.

In den ersten 9 Monaten des Jahres 2003 erreichte Russlands BIP nunmehr 278 Milliarden EURO.

Etwas anderes ist noch außerordentlich bemerkenswert: Die Regierung der RF steuert augenscheinlich einen dauerhaften Profizitkurs an.

Erstaunlicherweise widersteht sie der, gewiss sehr verlockenden, Versuchung, den Überschuss zur kurzfristigen Lösung operativer Probleme zu nutzen. Auch dem Militär werden bisher keine üppigen „Sonderzuwendungen" zuteil, wie weiter unten zu sehen ist.

Gleichzeitig blieb der Wechselkurs des Rubels relativ stabil, während sich die Gold- und Währungsreserven der Russischen Zentralbank mehr als verdoppelten und im Spätherbst 2001 schon etwa 50 Mrd. US-Dollar erreichten. In den folgenden Jahren setzte sich dieser Trend fort, so dass die Russische Föderation Ende des Jahres 2003, nach den Worten Präsident Putins, bereits auf Reserven in Höhe von 70 Mrd. US-Dollar zurückgreifen konnte.[102]

Allmählich und von der breiten Öffentlichkeit kaum wahrgenommen, reduziert die RF außerdem regelmäßig ihre Auslandsverschuldung durch Tilgung. So verringerte sich die Auslandsverschuldung im Jahr 2003 um rund vier Milliarden US-Dollar auf etwa

---

102 Teleinterview mit Präsident Putin in Nesawisamaja gaseta vom 19.12.2003.

119 Milliarden. Im nächsten Jahr ist eine weitere Verringerung auf 112 bis 115 Milliarden US-Dollar geplant.

Allerdings kann man aus der Tabelle 14 auch erkennen, dass die Anordnung Nr. 1068 des Präsidenten der RF vom 30. Juli 1998 **„Konzeption der Staatspolitik der RF für militärische Wissenschafts-, Forschungs- Entwicklungs- und Konstruktionsarbeiten bis zum Jahre 2005"** nicht erfüllt wurde. Darin war nämlich festgelegt worden, jährlich 3,5 % des BIP für militärische Zwecke auszugeben. Das wurde aber bisher nur 1996 und 1997 umgesetzt.

Der Militäranteil am Staatsbudget sank kontinuierlich von 18,3 % im Jahre 1996 auf 14,6 % im Jahre 2002. Auf Grund des wirtschaftlichen Wachstums erhält das Militär jedoch mehr Mittel als in den Vorjahren.

Ein besonderes Problem in der Vergangenheit war die Einhaltung der Budgetvorgaben durch den Staat selbst und die daraus resultierende Verschuldung gegenüber den Betrieben des MIK; unter Präsident Jelzin der langjährige Normalzustand.

Auch im Jahr 2000 war dies noch zu beobachten. Von 209.445 Mio. Rubel Verteidigungsausgaben waren bis zum 01.07.2000 lediglich 82.221 Mio. realisiert. Dies entsprach nur 39,9 % der Gesamtplanung. Im gesamten Jahr wurden dann lediglich 191.728 Mio. Rubel zur Verfügung gestellt (91,5 %).

Das änderte sich aber schon im folgenden Jahr. Zum 01.07.2001 wurde das Budget bereits zu 49,7 % erfüllt, um schließlich die geplanten Ausgaben von 214.687,7 Mio. Rubeln sogar noch zu übertreffen (247.7703 Mio.)!

2002 schließlich wuchsen die geplanten Ausgaben erneut an und erreichten real 284.158 Mio. Rubel. Nach einem halben Jahr waren zwar anteilig weniger Mittel als im Vorjahr geflossen (119.774 Mio. Rubel oder 42,2 %), erreichten aber bis zum Jahresende schließlich doch noch die oben genannte geplante Summe von fast 250 Mrd. Rubeln.

Nach wie vor besteht aber das Problem der Begleichung der im vergangenen Jahrzehnt angehäuften Schulden des Staates gegenüber den Unternehmen des MIK.

Da die Unternehmen in der Regel auf kontinuierliche Produktionszyklen nicht verzichten können, hat die bisherige Praxis dazu geführt, dass diese gezwungen waren, Zwischenkredite z.B. bei Privatbanken aufzunehmen.

Diese kurzfristigen Geldanleihen zeichnen sich durch hohe Kosten aus und verteuern die Produktion der betroffenen Unternehmen. Auch können sie, in Abhängigkeit von Umfang und Konditionen, zu einem vom russischen Staat teilweise argwöhnisch betrachteten Einflussgewinn der Privatbanken auf die Betriebe des MIK führen.

Die Verbindlichkeiten der Betriebe des MIK gegenüber den privaten Geldinstituten machten Ende 2002 etwa 88 % ihrer Gesamtverbindlichkeiten aus.

Folgende Kreditinstitute traten als wichtige Gläubiger des MIK auf:

- **SBERBANK ROSSIJ**
- **WNESCHTORGBANK**
- **BANK MOSWY**
- **AWTOBANK**
- **ALPHA-BANK**

Hauptschuldner bei den Unternehmen und Einrichtungen des MIK ist nach wie vor das Verteidigungsministerium (VM) der Russischen Föderation. Dessen Verbindlichkeiten sahen am 01.10.2002 wie folgt aus:

Tabelle 15

Verschuldung des Staates gegenüber dem MIK[103]

Aus den Jahren 1997-1999 übernommene Verpflichtungen des VM der RF, die gemäß dem Regierungsbeschluss Nr. 1020 v. 29.12.2000 an den MIK zu zahlen sind	2 Milliarden Rubel
Außenstände des MIK aus den Jahren 1997-1999, die nicht in Geld, sondern durch (nicht frei handelbare) Staatsanleihen getilgt werden	7,2 Milliarden Rubel
Außenstände auf Grund außerplanmäßiger Leistungen 2000/2001	1,1 Milliarden Rubel
Vom GOS nicht erfasste Mittel, die auf Grund gerichtlicher Entscheidungen aus den Jahren 2000/2001 vom VM an den MIK zu zahlen sind	3,3 Milliarden Rubel

Damit betrug die Gesamtverschuldung des Verteidigungsministeriums, also der russischen Armee, gegenüber dem einheimischen MIK 13,6 Mrd. Rubel oder etwa 450 Millionen Euro. Für den MIK ist es zwar schon ein Fortschritt gegenüber der Vergangenheit, dass die Summen amtlich festgestellt wurden und man ein Verfahren

---

[103] Http://www.lcard.ru/~a_lapin/v.pk/index.htm.

der Tilgung formulierte, allerdings liegt der Teufel auch hier im Detail.

Die von der Regierung am 14.10.2002 festgelegte Rückkaufprozedur der Staatsanleihen wurde vom Finanzministerium (MINFIN) nicht eingehalten. Dieses erklärte, dass es nicht dazu in der Lage sei und die Zahlung an die Gläubiger weiter in die Zukunft verschieben wolle.

Auch die Befriedigung der Forderungen des MIK, gemäß Beschluss Nr. 1020, ging nicht so reibungslos vonstatten, wie sich das die Mannschaft um Präsident Putin wünschte.

Das zuständige „Department für den Verteidigungskomplex" des MINFIN und das ebenfalls involvierte „Department für Budgetpolitik" des gleichen Ministeriums verzögerten den Prozess, so dass einige MIK-Unternehmen nicht mehr warten wollten und gegen MINFIN gerichtlich vorgingen.

Für die Unternehmen des MIK sind die Außenstände des GOS die Hauptursache für die auf Ihren Debitorenkonten[104] angesammelten Ansprüche.

Zwei Beispiele aus der Marinerüstung zur Verdeutlichung:

- Das Verteidigungsministerium sollte vertragsgemäß für die Übergabe des kernkraftgetriebenen U-Schiffes „Gepard"[105] 542 Millionen Rubel an die FGUP „Sewernoje Maschinostroitelnoje Predprijatije" (Stadt Sewerodwinsk) zahlen. Das VM verschob die Zahlung jedoch eigenmächtig auf Ende 2002 und es ist mir bisher nicht bekannt, dass diese nunmehr vollständig erfolgte.
- Das Unternehmen „Swesdotschka" (ebenfalls Sewerodwinsk) erfüllt gegenwärtig die Arbeiten zur Modernisierung des Atom-U-Kreuzers „Tula" (Projekt 667 BRDM). Das Schiff befand sich Ende 2002 bereits zwei Jahre auf der Helling des Auftragsnehmers und die Arbeiten sind schon weit fortgeschritten. Das Unternehmen hatte aber bis zum 3. Quartal 2002 erst 10 % der Gesamtauftragskosten erhalten.

Freilich sind nicht alle Rückstände des VM der RF so gewaltig wie im kostenintensiven Schiffbau. Die Beispiele sollen aber verdeut-

---

104 Debitoren (lat. Schuldner). In der Buchführung des MIK Forderungen gegenüber dem VM der RF, die durch den Verkauf von militärischen Gütern und Dienstleistungen auf Kredit an die Russische Armee entstanden sind.
105 Projekt 971, am 04.12.2001 in Sewerodwinsk im Beisein des Präsidenten Putin an die Seekriegsflotte übergeben.

lichen, in welche Schwierigkeiten die Unternehmen des MIK paradoxerweise gerade durch den Russischen Staat geraten.

Die debitorischen Außenstände des Staates sind somit eine der Hauptursachen der Verschuldung der MIK- Unternehmen, der Vernachlässigung der Investitionen und Modernisierung in den Betrieben, der Zahlungsrückstände der Löhne und Gehälter und des Bankrotts einer Reihe von Firmen.[106]

Die folgende Übersicht soll die dargelegte Situation aufzeigen. Deutlich ist erkennbar, dass Zweige, die stärker im System des GOS als im Export (WTS) eingebunden sind, auch höhere Verbindlichkeiten bei Kreditgebern aufweisen, so die Raketen- und Kosmosindustrie.

Äußerst schwierig gestaltet sich auch die Situation im Bereich der Munition und Spezialchemie. Die Konsolidierung der Lage im Jahre 2002 kann durchaus mit der internationalen Unterstützung des Programms zur Vernichtung der Chemiewaffen zusammenhängen.

Tabelle 16

Das konsolidierte Verhältnis von Kreditverbindlichkeiten zu Debitorenverbindlichkeiten der Unternehmen des russischen MIK[107]

Industriezweig	2000	2001	1. Quartal 2002	1. Halbjahr 2002
MIK gesamt	1,81	1,85	2,07	1,63
Luftfahrt	1,64	1,32	1,27	1,31
Raketen und Kosmosindustrie	2,39	3,03	3,08	3,32
Allgemeine Bewaffnung	1,73	2,2	1,56	1,74
Munition und Spezialchemie	3,05	3,32	3,12	2,43
Schiffbau	1,68	1,81	1,78	2,00
Radioindustrie	1,37	1,94	1,55	1,34
Nachrichtenmittel	1,81	2,08	1,92	2,13
Elektronische Industrie	2,54	2,51	2,44	2,37

Einen spürbaren Trendwechsel scheint es auch unter Präsident Putin nicht zu geben, obwohl von Seiten der Präsidentenadministration einige Aktivitäten unternommen wurden, z.B. der Regierungsbeschluss vom 30. Juni 2001 (Nr. 489) und die Verordnung v. 26.12.2001 (Nr.1274-r) **"Über die Regulierung der Verbindlichkeiten beim Gosoboronosakas und die Festlegung des Umfangs der**

---

106 Z.B. „Joschkar-Olinsker Maschinenwerk" (Joschkar-Ola), „Transmasch" (Tichwin), OAO „Asowskaj Sudowerf " (Asow).
107 Http://www.lcard.ru/~a_lapin/v.pk/index.htm.

Tilgung der Verschuldung", sowie u.a. der Erlass der Regierung der RF v. 18.04.2002 (Nr. 251) **„Über die Ordnung der Erstattung der aus den nicht planmäßig bezahlten Aufträgen des Gosoboronosakas 1994 bis 1999 herrührenden Verbindlichkeiten".**

Damit einher ging der Versuch einer umfassenden Umschuldung und Neuordnung des gesamten Systems der Finanzbeziehungen MIK — Staat im Rahmen des GOS. Dieser Prozess dauert gegenwärtig noch an, und es zeigt sich meines Erachtens erst in diesem und im nächsten Jahr, welche Früchte er tragen wird.

Aber bereits jetzt ist erkennbar, dass der MIK versucht, sein künftiges finanzielles Fundament solider zu gestalten. So ist deutlich zu erkennen, dass außerhalb der traditionellen föderalen Felder Waffenexport und GOS andere Kapitalquellen neu erschlossen oder besser genutzt werden sollen.

Hier möchte ich ausdrücklich auch regionale Initiativen, Investitionen oder Steuererleichterungen durch die Subjekte der RF (Republiken, autonome Gebiete) nennen. Diese zeigen, dass der MIK nicht nur von der Zentralmacht, sondern auch in den Regionen aktiv gefördert wird.

Folgende Beispiele aus dem Jahr 2002 sollen das verdeutlichen:
- Der Präsident Tschuwaschiens, Nikolai Fedorow und der damalige Generaldirektor der Russischen Agentur für Munition, Sinowi Pak unterzeichneten im Herbst die Vereinbarung **„Über die Einschränkung der Vollmachten bei der Beseitigung der Folgen der Tätigkeit der ehemaligen Objekte zur Produktion chemischer Waffen im Werk Nr. 4 der OAO „Chimprom".**[108]
Damit erhielt die Agentur die Vollmacht, die Interessen der Republik gegenüber der Russischen Föderation und den Geldgebern im Prozess der Vernichtung der chemischen Kampfstoffe wahrzunehmen.
- Die OAO „Geofisika" aus der Stadt Barnaul erhielt Anfang 2002 vom Altai-Gebiet die Genehmigung, einen Teil ihrer Bankverbindlichkeiten mit Mitteln aus einem Regionalen Finanzprogramm zu tilgen.
- Der Gouverneur des Chabarowsker Gebietes, Wiktor Ischajew, verlängerte die Frist für die Erstattung regionaler Steuern für Betriebe, die in den GOS eingebunden sind. Gleichzeitig empfahl er den Oberhäuptern der Kommunen des Gebietes, das Gleiche im

---

[108] Stadt Nowotscheboksarsk, Republik Tschuwaschien.

Hinblick auf die munizipalen Steuern gegenüber den genannten Unternehmen zu veranlassen.

Aber auch die Konversion ist nach wie vor eine Finanzquelle für den MIK. Dazu zählt nicht nur die Beseitigung von Waffen und Kampfmitteln, sondern auch die Umwidmung der Verwendung, wie Flugzeugleasing, sowie die Umstellung des Produktionsprofils der MIK-Unternehmen. Ohne weiter auf diesen ansehnlichen Bereich einzugehen, sollen die folgenden Zahlen den Umfang verdeutlichen.

Tabelle 17

Ausgaben des Staates für Konversion des MIK
(Höhe der staatlichen Hilfen für die Unternehmen- in Mio. Rubel)[109]

1995	1996	1997	1998	1999	2000	2001
915,45	306,68	2.025,50	1.480,22	363,32	5.108,98	5.038,62

Die monetären Wechselbeziehungen Staat — MIK waren im letzten Jahrzehnt durch einen ständigen Zickzackkurs gekennzeichnet. Dies betrifft nicht nur die Konversion, sondern auch andere Felder. Selbst auf höchster Ebenen gefasste Beschlüsse und Vereinbarungen wurden oftmals nicht oder nur teilweise erfüllt.

So erhöhte der Staat zwar seine Bestellungen im Rahmen des GOS, bezahlt den MIK aber nach wie vor sehr schleppend dafür. Verfolgt man die Diskussion zu diesem Problem, so trifft man auf verschiedene Erklärungsversuche, die von der traditionellen russischen Schlamperei und Nachlässigkeit bis zum Vorwurf bewusster Sabotage durch die höchste Armeebürokratie und die Generalität reichen.

Obwohl sich die Verhältnisse in letzter Zeit scheinbar etwas gebessert haben, bleibt die finanzielle Lage der Unternehmen des MIK wohl auf lange Zeit weiter angespannt und schwierig.

Ein interessantes Feld sind zweifelsohne auch die langfristigen Investitionen, die außerhalb der Staatspläne und des Staatshaushaltes getätigt werden. Bereits an anderer Stelle wurde auf die Zwischenfinanzierung durch Privatbanken hingewiesen, die die Ausfälle der Unternehmen kompensieren und einen kontinuierlichen Betrieb sichern sollen.

Die in den neunziger Jahren zu beobachtende Zurückhaltung der Oligarchen und großen privaten Vermögen hinsichtlich ihrer Investitionen in den MIK scheint sich mehr und mehr zu verlieren.

---

[109] Http://www.lcard.ru/~a_lapin/v.pk/index.htm.

Diese Mittel können künftig zu einer wichtigen Finanzierungsquelle des russischen MIK unabhängig vom und außerhalb des Staatshaushaltes werden.

Freilich scheint der russische Staat, in Erkenntnis seiner begrenzten Möglichkeiten, diese Entwicklung auch zu befördern. Er ist jedoch offensichtlich gewillt, seinen übermächtigen Einfluss weiter zu wahren.

Allerdings sind die gegenwärtigen Rahmenbedingungen so, dass den Unternehmen des MIK aus ihrer Sicht zu geringe Gewinnanteile für Investitionen und Entwicklungen bleiben, da die Finanzierungen bisher überwiegend kurzfristig angelegt sind und daher sehr hohe Kosten verursachen.

Darüber hinaus ergeben sich weitere Schwierigkeiten aus der Tatsache, dass die privaten Investoren in der Regel gegenwärtig nur in die Exportgeschäfte investieren, um schnellen Gewinn zu realisieren. Der GOS lockte bisher kaum Privatkapital an.

Es ist interessant zu wissen, dass die Kredittilgung häufig in Form von Aktienerwerb des entsprechenden MIK-Unternehmens erfolgt.

Eine Spezifik des russischen MIK ist das bisherige fast völlige Fehlen von Versicherungs- und Fondskapital bei seiner Finanzierung.[110] Das hängt nicht nur mit der schwachen Entwicklung des Finanzsystems zusammen, sondern ist auch der Tatsache geschuldet, dass nach der Finanzkrise 1998 die Mehrzahl der kapitalakkumulierenden Unternehmen und Einrichtungen faktisch ihre Tätigkeit von vorn beginnen musste.

Im nichtstaatlichen oder teilstaatlichen Kreditsektor zeichnet sich aktuell eine gewisse regionale und Branchenspezialisierung des MIK ab. Während in der Nordwestregion der RF die SBERBANK über ihre regionalen Filialen die Führung vor allem im Schiffsbau („Baltijskij Sawod", „Sewernaja Werf") anzustreben scheint, kreditierte beispielsweise die Bank Moskwy die Entwicklung der Weltraumtechnik.

Aufschlussreich ist auch die Finanzierung über den Wertpapierhandel. Der sibirische Flugzeuggigant IAPO ist hierbei besonders aktiv. So emittierte er zur Finanzierung des Passagier- und Transportflugzeugs IL-214 Wertpapiere in Höhe von 600 Millionen Rubel (600.000 Stück zu je 1000 Rubel). Mitte 2003 kündigte IAPO die Ausgabe von Euroobligationen an, um damit auf den europäischen Finanzmarkt vorzudringen. Damit will IAPO sicher auch die inflationsbedingten Schwierigkeiten und Risiken der Emissionen auf Rubelbasis mindern.

---

110 Ausnahme ist hier zurzeit lediglich die Fondsgesellschaft AFK „Sistema".

Eine andere Möglichkeit der Verbesserung der Finanzkraft der MIK-Unternehmen ist gegenwärtig und künftig die Neuemission von Wertpapieren und Anteilsscheinen.

Diesen Weg ging im vergangenen Jahr nicht nur IAPO, als die Aktionärsversammlung am 01.08.2002 einer entsprechenden Aktion zustimmte, in deren Folge sich das Kapital auf 1.740,31 Mio. Rubel erhöhte.

Auch das Unternehmen OAO NPO „Almas"[111] und das in Kowrow östlich Moskaus beheimatete Unternehmen OAO „Degtjarew" taten sich hierbei hervor. Beim Letzteren betrug die Kapitalerhöhung sogar das 10fache, auf nunmehr 1.748,41 Mio. Rubel.

Das alles führte unzweifelhaft einerseits zu größerem finanziellen Spielraum der Firmen für die dringend notwendigen Neuinvestitionen, andererseits stieg auch die Verantwortung gegenüber den Geldgebern und deren Gewinnerwartung und somit der Erfolgsdruck der Unternehmen.

Besonders umfangreich ist bisher die Nutzung von Obligationen und Genussscheinen, die sich vor allem bei kleinen und mittleren Unternehmen Russlands großer Beliebtheit erfreut. Dabei werden die Gewinnmargen in kurzen Perioden entsprechend des Überschusses des entsprechenden Unternehmens ermittelt. Dies kommt der gegenwärtigen Anlagementalität der Russen offensichtlich entgegen.

Ein bedeutender Emittent solcher Wertpapiere im MIK-Sektor ist die Sankt Petersburger OAO „Lomo".

Nun zu den Investitionen des **Auslandskapitals** in den MIK. Wie in der Chronik der neunziger Jahre im ersten Kapitel festgehalten, hat es derartige Aktivitäten bereits in der Vergangenheit gegeben. Diese waren aber in erster Linie auf die internationalen Programme der Abrüstung, Konversion und Vernichtung von Waffen (hier vor allem Massenvernichtungswaffen) gerichtet. Dazu zählen z.B. die Programme zur Errichtung von Werken zur Beseitigung von Chemiewaffen in den Städten Schutsche (Gebiet Kurgan) und Gorny (Gebiet Saratow). Insgesamt hat dieses Programm (incl. Auslandsmittel) einen Umfang von 9 Mrd. Rubeln.

Die Vernichtung und Verwertung militärischer Altlasten kann sich in den nächsten Jahren durchaus als lukratives Geschäft erweisen. Von 2002 bis 2005 stehen eine Vielzahl von Waffen und Ausrüstungen zur Verschrottung an, so zum Beispiel:

---

111 **N**autschno-**P**roiswodstwennoje **O**bedinenije „Almas" — wissenschaftliche und Produktionsvereinigung „Almas" — Produzent von Luftabwehrmitteln.

- 650 kosmische Apparaturen, Raketenträger und Startkomplexe
- 150 Atom-U-Boote
- 90 konventionelle U-Boote
- 600 Überwasserschiffe
- 650 U-Boot-gestützte ballistische Raketen
- 5.000 Flügelraketen, Marschflugkörper und Antischiffsraketen
- 2.000 Flugzeuge und Hubschrauber
- 1.500 Radarstationen und automatisierte Führungssysteme
- 8.000 Panzer und gepanzerte Fahrzeuge

Allein das daraus zu gewinnende Material ist beeindruckend. Das sind 1,5 Mio. Tonnen Schwarzmetall, 230.000 Tonnen Buntmetall, 3.300 Tonnen Titanlegierungen, 1.000 Tonnen Edelmetalle, darunter 21 t Gold, Platin und Palladium.[112]

Was die direkte internationale Beteiligung am russischen MIK betrifft, so gibt es dabei bisher vor allem zwei Möglichkeiten. Das sind **Direktinvestitionen** oder **gemeinsame Betriebe**.

Bevor ich beide Möglichkeiten anhand einiger ausgewählter Beispiele aufzeige und versuche, die Hintergründe etwas zu beleuchten, kann ich schon konstatieren, dass die russische Militärwirtschaft bisher keine strategisch wichtigen internationalen Investitionen und Beteiligungen ausweisen kann.

Selbst im am besten entwickelten und perspektivisch sowie strategisch für Investoren durchaus attraktiven Luft- und Raumfahrtsektor ist dies augenscheinlich.

Dazu zunächst ein Bespiel aus dem Zivilflugzeugbau. Für den militärischen Bereich Russlands ist die Zivilluftfahrt von eminenter Bedeutung und steht mit diesem in vielfältiger Beziehung.

Einige Projekte hatten hier zunächst für großen Wirbel gesorgt und Hoffnungen auf den Beginn einer echten internationalen Arbeitsteilung geweckt. Hier ist vor allem das Engagement des amerikanisch-kanadischen Triebwerksbauers „Pratt & Whitney", der Direktinvestitionen von 150 Mio. US-Dollar in die OAO „Permskij Motornij Sawod" (Stadt Perm) versprach, zu nennen. Das russische Unternehmen, u.a. Hersteller von Strahltriebwerken für Passagierflugzeuge, wollte mit diesen Mitteln die Produktion der Motoren PS-90A und vor allem des modernisierten PS-90A2, der auch den neuesten internationalen ökologischen und ökonomischen Standards entspricht, forcieren.

---

[112] M. Michailow „Tri sakonodatelnych ‚Kita' dumskych oboronschtschikow", NWO Nr. 32 (302) v. 13.09.2002.

Der Anteil der Nordamerikaner am Projekt sollte ursprünglich 50 % betragen. Von den oben genannten 150 Mio. US-Dollar waren 100 Mio. für die Produktion und 50 Mio. für die Ausrüstung und technologische Erneuerung des russischen Herstellerwerkes bestimmt. Letztendlich flossen lediglich 26 Mio. US-Dollar und die Zusammenarbeit kam praktisch zum Stillstand. Allerdings hatte sich die amerikanische Seite damit einen Anteil von 25 % plus eine Aktie am Werk gesichert und damit das „Permskij Motornij Sawod" entsprechend der russischen Gesetzgebung aus dem GOS katapultiert.

Die russische Presse konstatierte mit einer gewissen Verbitterung, dass es „Pratt & Whitney" somit gelungen war, mit wenig Kosten einen unliebsamen Konkurrenten auszuschalten.

Die Angelegenheit ist auch deshalb mehr als delikat, weil sie nicht nur den Außenmarkt für Passagierflugzeuge betrifft, sondern auch den für die RF fast noch wichtigeren Binnenmarkt. Die neuen Eigentumsverhältnisse und der Investitionsstopp blockierten hier jegliche Entwicklung.

Man muss wissen, dass der Zivilflugzeugbau in Russland seit 1991 faktisch zum Erliegen gekommen ist, und die großen Luftfahrtunternehmen vorrangig ausländische Flugtechnik angeschafft haben.

Die UdSSR war noch ein bedeutender Hersteller auf diesem Sektor gewesen. Allein das Uljanowsker Flugzeugwerk hatte Ende der achtziger Jahre jährlich ca. 60 Flugzeuge der verschiedenen Typen der TU-Serie ausgeliefert.

Bei den in den nächsten Jahren zu erwartenden Milliardeninvestitionen auf dem russischen Markt sicherten sich die Amerikaner um „Pratt & Whitney" z.B. für ihr Triebwerk PW-2337 eine gute Startposition. Ihr PW-200 kommt in der IL-96 künftig offenbar bereits zum Einsatz, und auch der neue leichte Passagierhubschrauber „ANSAT" des Kasaner Helikopterwerkes KWS (Kasanskij Wertoljetnij Sawod) wird von einem „Pratt & Whitney" — Motor (RK 206S) angetrieben.

Es wäre durchaus lohnenswert, solche Aktivitäten im Lichte der russischen Bemühungen, Kampfflugzeuge der so genannten 5. Generation zu entwickeln und zu produzieren, näher zu untersuchen. Immer häufiger wird in Russland die Meinung laut, dass dieses Vorhaben nur mit starken internationalen Partnern realisierbar sei.

Als weiteres Beispiel ausländischer Direktinvestitionen soll das ägyptische Engagement bei der Entwicklung und dem Bau der TU-

204 und TU-234 (TU-204-300) genannt werden. Die Gelder fließen in das oben genannten Uljanowsker Werk, ohne jedoch dessen enorme Kapazitäten auch nur annähernd auszulasten und damit die Gefahr des Bankrottes für OAO „Tupolew" zu bannen.

Es ist davon auszugehen, dass nicht mehr als 10 bis 15 Flugzeuge pro Jahr im Rahmen dieser Zusammenarbeit produziert werden. Ägypten ist als Partner offensichtlich zu schwach, um wesentliche Entwicklungsimpulse zu geben. Allerdings scheint es kaum nennenswerte Probleme bei der Zusammenarbeit zu geben.

Anders sieht es offensichtlich bei der Vorbereitung der Zusammenarbeit mit Indien beim Projekt des Transport- und Passagierflugzeuges IL-214 aus. Hier scheinen die Inder von den Russen große Zugeständnisse erreichen zu wollen, indem sie die Produktion auf ihrem eigenen Territorium fordern. Das ist für Russland nicht nur wirtschaftlich unattraktiv, sondern auch im Hinblick auf die Globalpolitik der USA nicht ohne Zündstoff.

Nun kurz zu den **gemeinsamen Betrieben.** Diese Form wird von Russland schon lange bevorzugt, hofft man doch, damit die Kontrolle und Einflussnahme besser zu sichern. Bei den meisten potenziellen ausländischen Partnern trifft diese Form der Zusammenarbeit, zumindest im Bereich des MIK, offensichtlich auf wenig Gegenliebe. Die in den rechtlichen Grundlagen verankerte und angestrebte übermächtige Dominanz der russischen Seite wird auch künftig kaum die Akzeptanz der Ausländer finden.

Allerdings scheint sich auch hier in letzter Zeit ein realistischeres Herangehen als in der Vergangenheit abzuzeichnen. Man hat sowohl in den Leitungsgremien in Moskau als auch in der Provinz verstanden, dass sich Investoren kaum die Verfügungsgewalt über ihr Kapital entziehen lassen.

Man hofft, mit neuen Formen der gemeinsamen Unternehmen eine Initialzündung für einen Aufschwung des MIK zu erreichen. Wie schwer dies jedoch selbst im „nahen" Ausland ist, zeigt die Kooperation der russischen Unternehmen „MIG" und „Tupolew" und der ukrainischen Firma „Awiant" aus Kiew zur Schaffung des Kurzstreckenpassagierflugzeuges TU-334 und vor allem der endlose Kampf um die Projekte der Transportflugzeuge AN-70 und TU-330 zwischen Russland und der Ukraine. Mehr dazu weiter unten.

Im Spitzenmanagement des MIK der RF setzt sich gegenwärtig offenbar die Auffassung durch, nach der letztendlich bedeutende Investitionen auch aus dem **Eigenkapitalaufkommen** der Unternehmen finanziert werden müssen. Diese betriebswirtschaftliche Binsenweisheit stellt für Russland insofern ein Novum dar, als dass sie mit alten staatssozialistischen Ideologien bricht. Nicht der Staat oder externe Geldquellen, sondern langfristige und geplante Eigenfinanzierung — das ist fast schon eine Revolution im Denken der Führungskräfte der russischen Wirtschaft.

Vor allem die in privater Hand befindlichen Unternehmen haben offensichtlich schnell gelernt, dass nur so nachhaltig Profit zu erzielen ist. Überdies verringert es die Gefahr feindlicher Übernahmen. Nicht zufällig ist hier die „Provinz" augenscheinlich Vorreiter. Den dortigen Unternehmen fehlt der schnelle und kostengünstige Zugang zu den zentral verwalteten Mitteln, über die die Moskauer Regierungsbürokratie verfügt. Im Gebiet Woronesh beispielsweise lag der Anteil der Eigenmittel, die in die Betriebe investiert wurden, im Jahr 2002 bei beachtlichen 58 % der Gesamtinvestitionen. Dieser Anteil wäre sicherlich noch höher gewesen, wenn es den Unternehmen möglich wäre, auf günstige Kredite von Privatbanken zurückzugreifen. Deren hohe Kosten verhindern dies aber. So stammten nur 3,3 % der oben genannten Investitionen von privaten Kreditinstituten.

Der große Bedarf an Erneuerung der Produktionsfonds blieb so bisher nicht nur in Woronesh unbefriedigt.

Bei einem Anteil von mindestens 50 % verschlissenen oder abgeschriebenen Produktionsmitteln konnten 2002 lediglich 4,4 % erneuert oder modernisiert werden. Somit setzt sich der Trend der Alterung und des Verfalls der Grundfonds fort.

Der Zustand der **Grundmittel, Gebäude, Ausrüstungen und Produktionsanlagen** ist wohl eines der Hauptsorgenkinder der gesamten russischen Ökonomie.

Der im Staatssozialismus übliche und auch historisch bedingte traditionelle russische sorg- und achtlose Umgang mit den Grundfonds und Ressourcen bedroht immer stärker die Existenz der Unternehmen. Diese beginnen die Gefahr offensichtlich auch zu begreifen und darauf zu reagieren.

Es ist zu beobachten, dass der erwirtschaftete Gewinn nunmehr teilweise in die Unternehmen fließt und nicht mehr nur dem „Privatverzehr" dient oder einfach „verschwindet". Als Beispiel sei hier nur die OAO „Kontur" in Tscheboksary genannt, die von 5,6 Mio. Rubeln Gewinn umgehend 4,88 Mio. Rubel in die Erneuerung des Unternehmens steckte.

Ob sich solche unternehmerischen Verhaltensweisen landesweit stärker entwickeln, bleibt allerdings abzuwarten und hängt wohl wesentlich sowohl von der Qualität des Managements, als auch von der allgemeinen politischen Entwicklung des Landes ab.

Der Moskauer Zentrale ist es aber bisher aus meiner Sicht nicht gelungen, hier einheitliche Maßstäbe oder Kriterien für den MIK durchzusetzen. Vor allem die staatlichen und halbstaatlichen Unternehmen und Strukturen dienen offensichtlich weiterhin als finanzieller „Steinbruch".

Der Wettstreit der unterschiedlichen Interessen und Begierden war und ist gegenwärtig sicher auch schwer zu regulieren.

Was die Grundfonds anbetrifft, so läuft die Zeit buchstäblich davon. Nach Meinung des ausgewiesenen Kenners des MIK, des Präsidenten des Wissenschafts- und Produktionszentrums „Technokomplex" Giwi Dschandschgawa sind sogar 80 % der Ausrüstungen und Maschinen des MIK völlig veraltet.[113] Iwan Silajew, der Präsident der russischen Maschinenbauvereinigung erklärte dazu, 70 % der Grundfonds des gesamten russischen Maschinenbausektors seien total verschlissen.[114]

Langfristig scheint die flexible Reaktion der Unternehmensführungen auf die wechselnden Finanzierungsmöglichkeiten die einzige Überlebenschance der Firmen des MIK zu sein.

Wer nur auf staatliche Finanzierung setzt, wird kaum überleben, auch wenn die Regierung die bessere Finanzausstattung des MIK ständig verspricht und zur Chefsache erklärt.

Zur Verbesserung ihrer Lage sind die Unternehmen mit Finanz- und Bankgruppen strategische Allianzen eingegangen oder haben mit diesen fusioniert. Besonders in kapitalintensiven Bereichen ist dies überlebensnotwendig.

Das OAO „Baltiskij Sawod" (Schiffsbau — Sankt Petersburg), zur Finanzgruppe SAO[115] „IST" gehörend, hatte bereits im Jahr 2000, noch bevor es einen indischen Auftrag in Höhe von 1,2 Mrd. US-Dollar[116] erhielt, mit der umfassenden Rekonstruktion des Unternehmens begonnen. Der Gesamtumfang dieser Erneuerung beträgt ca. 300 Mio. US-Dollar und ist auf 7 Jahre angelegt.

Im vergangenen Jahr hat „IST" 20 Mio. US-Dollar für den Schiffsbaubetrieb bereitgestellt und weitere 25 Mio. US-Dollar in

---

113 Interview mit Interfax v. 26.09.02, Interfax-AVN-Moskau.
114 Interview mit Interfax v. 10.10.02, Interfax-AVN-Moskau.
115 Sakrytoje Akzionernoje Obschetswo — geschlossene Aktiengesellschaft.
116 Drei Fregatten Projekt 1135.66 („Talwar", „Trishul", „Tabar").

andere Betriebe des MIK investiert. Es ist fraglich, ob „Baltiskij Sawod" den Auftrag der Inder, ohne hinreichend moderne Produktionsstätten, überhaupt erhalten hätte.

Auch in anderen Zweigen und in kleineren Betrieben ist Ähnliches zu beobachten. Die Finanzgruppe „Sistema" investierte 2002 etwa 10 Mio. US-Dollar in die SAO „Mikron" (Woronesh), nachdem sie im Vorjahr dort bereits 1,9 Mio. US-Dollar zur Modernisierung zur Verfügung gestellt hatte. Wenn man bedenkt, dass „Mikron" einen Jahresumsatz von nur 5 Mio. US-Dollar hat, wird die Bedeutung der Investitionen für die Firma deutlich.

Die AO[117] „Rostwertol" investierte nicht nur Eigenmittel in die Erneuerung, sondern brachte ohne fremde Hilfe das Kapital auf, um gemeinsam mit der OAO „Kasaner Hubschrauberwerk" (KWS) ein Projekt zur Modernisierung des Kampfhubschraubers MI-24 in Angriff zu nehmen. Die Vorleistungen der Unternehmen betrugen etwa 300 Mio. Rubel. Ein Teil dieser Summe (etwa 100 Mio. Rubel) verwandten beide Partner für die wissenschaftlich-technischen Vorarbeiten zur Projektierung des Hubschraubers ANSAT, dessen Entwicklungskosten mit etwa 3 Mio. US-Dollar veranschlagt wurden.

Insgesamt waren in den vergangenen beiden Jahren auch in der Maschinenbau- und metallverarbeitenden Industrie des MIK sowohl ein Wachstum der Investitionen, als auch ein Produktionszuwachs zu beobachten.

Freilich waren diese nicht überall so groß wie bei der OAO „Werchnesaptinskoe Metallurgitscheskoe Proiswodstwennoje Obedinenije" (WSMPO). Dort erreichte der Umsatz 2001 stolze 243 Mio. US-Dollar und wuchs damit gegenüber dem Vorjahr um 53,7 %, nachdem 12,7 Mio. US-Dollar in die Erneuerung der Produktivfonds investiert worden waren, unter anderem in den Bau eines Plasmastrahlofens. Offensichtlich will und kann das Unternehmen diesen Kurs fortsetzen und hat 2002 weitere Investitionen in Höhe von 22 Mio. US-Dollar angeschoben. Damit wurden die aus dem Export von Halbfabrikaten für die Luftfahrtindustrie der USA erzielten Erlöse in den Produktionszyklus eingebracht.

Ob, und in welchem Umfang solche Beispiele in Russland Schule machen, kann bisher noch nicht gesagt werden. Die Tendenz allein erscheint mir schon bemerkenswert.

---

117 Akzionernoje Obschestwo — Aktiengesellschaft.

Offensichtlich gehen nicht nur private Firmen den aufgezeigten Weg. Das zu den bekanntesten Unternehmen des MIK zählende FGUP „Uralwagonsawod" reinvestierte 2002 etwa 70 Mio. US-Dollar in die eigene Modernisierung.

Insgesamt sind aus meiner Sicht die am Export von Waffen und militärischen Gütern beteiligten Unternehmen aktiver und leistungsfähiger bei der Modernisierung und Erhaltung ihrer Kapazitäten, als die Betriebe, die vorwiegend für den GOS tätig sind.

Die Investitionsstruktur weist dabei im gesamten MIK folgende Entwicklung auf:

Tabelle 18

Anteil verschiedener Investitionsquellen im MIK der RF (in %)[118]

	1992	1997	2000	2001
Staatsbudget	55,5	20,0	8,2	10,2
Eigenmittel der Unternehmen	35,4	72,3	76,6	70,0
Fremdmittel (Bankkredite, Wertpapierhandel etc.)	9,1	7,7	15,2	19,8

Deutlich wird, dass sich die Unternehmen mehr und mehr auf die eigenen Kräfte stützen, und der Staat sich immer stärker aus den Direktinvestitionen zurückzieht. Seine Unterstützung, sei sie monetär oder anderweitig, bleibt trotzdem erhalten. So bieten Steuererleichterungen und andere Formen staatlichen Protektionismus künftig zunehmend die Gewähr seiner Einflussnahme auf den MIK.

Der menschliche Faktor

Zum Abschluss der kurzen Analyse des inneren Zustands des russischen MIK, einige Gedanken zur Lage der dort Beschäftigten. Der **sozial-humane Aspekt** wird allzu oft, aus meiner Sicht zu unrecht, lediglich am Rande behandelt. Erst in letzter Zeit scheint man in Russland klarer zu erkennen, welch enorme strategische Bedeutung diesem Element zukommt.

Allgemein wurde in den vergangenen Jahren von russischer Seite immer häufiger darauf verwiesen, dass ein zunehmend spürbarer

---

[118] Http://www.lcard.ru/~a_lapin/v.pk/index.htm.

Mangel an Fachkräften besteht, und der Prozess der Abwanderung hochqualifizierter Mitarbeiter aus dem MIK anhält. Damit einher ging der Verlust von professioneller Qualität. Besonders sind davon das mittlere Management und die Spezialisten im produktiven Bereich betroffen. Als Ursache wird in der Regel die schlechte Bezahlung der Mitarbeiter genannt.

So hatten sich im ersten Halbjahr 2002 die realen Durchschnittslöhne und -gehälter in der gesamten Russischen Föderation im Vergleich zum selben Zeitraum des Vorjahres durchschnittlich um rund 8 % erhöht. Sie betrugen im Juni 2001 3.283 Rubel und ein Jahr darauf im Juni 2002 schon 3.522 Rubel

Die tatsächlichen Einkommenszuwächse fielen zwar durch die immer noch hohe Inflationsrate von 9 % (Januar bis Juni 2002) relativ niedrig aus; trotzdem waren die Lohnsteigerungen zweifelsohne spürbar.

Die Unternehmen des MIK folgten diesem Trend jedoch nicht oder nur teilweise. Die Folgen waren vor allem in den Städten dramatisch, in denen die Arbeitskräfte hinreichend mobil waren und andere Möglichkeiten der Beschäftigung fanden. Das sind vor allem die großen Ballungsgebiete des europäischen Landesteiles.

So führte diese Entwicklung zum Beispiel in Tula, südlich von Moskau, zu ernsten Personalproblemen des dort sehr stark vertretenen MIK. Es kam so weit, dass 2001 durch einige Unternehmensleitungen, ortsansässige Hochschulen und örtliche Staatsorgane ein Sonderprogramm zur Personalentwicklung der Tulaer MIK-Betriebe beschlossen wurde. Dies blieb jedoch weitgehend erfolglos. Während 2001 etwa 2.800 freie Arbeitsstellen gezählt wurden, betrug deren Zahl im folgenden Jahr 2.950 und kann in einigen Jahren, so die Schätzung der Verantwortlichen vor Ort, etwa 4.200 erreichen.

Dabei wird die Zahl der gegenwärtig noch arbeitenden Altersrentner mit 18,4 % angegeben, während der Anteil der bis 30-jährigen lediglich 11 % beträgt.

Ähnliche Tendenzen wie in Tula melden beispielsweise auch Betriebe aus Moskau, Kaluga (nahe Moskau) und selbst ein Großunternehmen aus Perm im Ural, welches Löhne um die 8.000 Rubel im Monat zahlt.[119]

---

[119] FGPU „Moskowskoje Maschinostroitelnoje Proiswodstwennoje Predprijatie-Saljut"-Moskau, OAO „Taifun" — Kaluga, OAO „Permskij Motornyj Sawod" - Perm.

Da die Zahlen für den nichtrussischen Leser natürlich wenig Aussagekraft haben, soll hier die kurz auf die Binnenkaufkraft des Rubels eingegangen werden. Man trifft in ausländischen Publikationen immer wieder auf Autoren, die als „Beweis" für die Not der Russen die Einkommen einfach in Euro oder Dollar umrechnen. Der Zuhörer oder Leser ist dann erstaunt und fragt sich, wie die Bürger Russlands damit überhaupt überleben können und vermutet wieder eines der unergründlichen östlichen Geheimnisse. In Wirklichkeit ist die Sache ganz einfach. Die Lebenshaltungskosten und die Tarife sind mit denen in Westeuropa durch einfache Umrechnung nicht zu vergleichen. Außerdem stellen viele Betriebe und Einrichtungen ihren Mitarbeitern und Beschäftigten nach wie vor eine ganze Reihe von Sozialleistungen, wie Kindergärten, Kantinen und teilweise Wohnraum kostenfrei oder stark verbilligt zur Verfügung.

Das Verhältnis der Lebenshaltungskosten zu den Löhnen hat sich seit 2001/2002 nicht wesentlich geändert, da in den letzten Jahren die Inflation durch die Lohnerhöhungen relativ ausgeglichen wurde. Im Jahr 2003 schließlich lag die Inflationsrate erneut im Rahmen der von der Regierung geplanten Höhe von 12 %. Die Reallöhne stiegen inflationsbereinigt in diesem Jahr um 11 % und die Renten um 7 % gegenüber dem Vorjahr.

Die Kosten und Preise sind in den verschiedenen Regionen verständlicherweise sehr unterschiedlich, und die folgende Aufstellung ist keineswegs vollständig. Darüber hinaus unterscheiden sich die Warenkörbe der sozialen Gruppen und Schichten stark voneinander. Dem Leser soll daher mit der Übersicht lediglich aufgezeigt werden, dass die direkte Umrechnung der Einkommen nicht zur Darstellung des tatsächlichen Lebensniveaus der russischen Bevölkerung taugt.

Einige Preise aus dem Dezember 2001 für das Gebiet der Stadt Jaroslawl, 260 km nordöstlich Moskaus:[120]

Position	Kosten in Rubel	Kosten in Euro[121]
Warmmiete für 3 Raumwohnung	etwa 800	30,16
Brot (1 Laib)	4,8 bis 5,3	0,18 - 0,20
Eier (10 Stück)	16-19	0,60 – 0,71
Milch (1 l)	11-12	0,41 – 0,45
Butter (1 kg)	52-56	1,96 – 2,11
Quark und Sahne (1 kg)	45-48	1,70 – 1,81

120 M. Owtscharow, „Rosnitschnye zeny prodowolstwija w Jaroslawle (nojabr-dekabr 2001)" in „Krestjanskije wedomosti" v. 18.12.2001.
121 Der Wechselkurs am 03.12.2001 betrug 26,52 Rubel für einen Euro.

Fleisch (1 kg)	55-95	2,07 – 3,58
Hühnchen (1 kg)	40-55	1,51 – 2,07
Pflanzenöl (1 l)	bis 37	bis 1,40
Süßwasserfisch wie Hecht, Barsch, Wels (1 kg)	25-60	0,94 – 2,26
Edelfisch wie Stör, Hausen (1 kg)	250	9,42
Kartoffeln (1 kg)	4-6	0,15 – 0,23
Möhren (1 kg)	7-10	0,26 – 0,38
Kraut/Kohl (1 kg)	4,5-5	0,17 – 0,20
Rüben (1 kg)	7-8	0,26 – 0,30
Zwiebeln (1 kg)	8-10	0,30 – 0,38

Zur Ergänzung sei noch erwähnt, dass man in Moskau die U-Bahn für 7 Rubel oder 20 Eurocent den ganzen Tag benutzen kann (Stand Juni 2003), wenn man nicht zu den fast 30 % der Bevölkerung gehört, die von der Zahlung ganz befreit sind. Vor allem die Mittelschicht in Russland möchte aber auf das Auto nicht verzichten, auch wenn sie über die hohen Kraftstoffpreise stöhnt.

Ein Liter Kraftstoff kostete Mitte 2003 in der Hauptstadt im Schnitt 11,66 Rubel (0,33 Euro) für Superbenzin und 8,87 Rubel (0,25 Euro) für Dieselkraftstoff. Anzumerken sei hier noch, dass das Genannte für einheimische Waren gilt, die aber den Vergleich mit den ebenfalls reichlich angebotenen Importwaren immer weniger scheuen müssen.

Im Jahr 2003 betrug das offizielle Existenzminimum in der RF 2.137 RUB (Stand 25.08.2003). Das entsprach damals etwa 62 Euro.

Natürlich drückt sich die Lebensqualität nicht nur in den Lebenshaltungskosten aus. Hinzu kommen auch soziale und allgemeine Sicherheit, ökologische Bedingungen, medizinische Versorgung, Alterssicherung u.a.

Das Aufgezeigte soll lediglich veranschaulichen, wie gewagt einfache Gegenüberstellungen und Vergleiche sind, und welche Möglichkeiten der Manipulation und Desinformation sie in sich bergen.

Es ist natürlich nicht möglich, im Rahmen dieser Untersuchung auf die Besonderheiten des riesigen und äußerst differenzierten russischen Arbeitsmarktes und der genauso vielschichtigen sozialen Rahmenbedingungen Russlands tiefgründiger einzugehen.

Es ist aber bemerkenswert, dass in letzter Zeit wieder häufiger ein Arbeitskräftemangel beklagt wird, trotz großer Entlassungswellen in der Vergangenheit. Allerdings sucht man meistens gut ausgebildete Fachkräfte.

So hat das Unternehmen FGP (Finanzowo-Promyschlennaja Gruppa – Industrie- und Finanzgruppe) „Salut" in Moskau seine

Belegschaft seit 1995 auf ein Drittel reduziert. Gegenwärtig sind dort noch etwa 20.000 Menschen beschäftigt. Die freien Stellen wurden 2002 mit 3.000 beziffert. Offensichtlich liegt das Hauptproblem nicht in der Anzahl, sondern in der Qualität, Leistungsfähigkeit und Bereitschaft der Beschäftigten.

Zur sozialen Misere trug der russische Staat selbst nicht unwesentlich bei. Durch die permanente Nichtzahlung der Lieferung des GOS haben die Unternehmen gegenüber den Beschäftigten teilweise jahrelange Verpflichtungen aus nicht gezahlten Löhnen und Gehältern angesammelt.

So war die OAO „Ischewskij Maschnostroitelnyj Sawod" (Ischmasch) 2001 ganze sechs Monate mit der Lohnzahlung im Rückstand. Die gesamte Marketingabteilung kehrte daraufhin dem Unternehmen geschlossen den Rücken.

Für das Moskauer Gebiet schätzt man, dass in den vergangenen zehn Jahren die Hälfte der vorher im MIK-Bereich Beschäftigten diesen verlassen hat. In den weniger entwickelten Gebieten dürfte dies, angesichts mangelnder Alternativen, wohl nicht ganz so dramatisch sein. Gefährlich für den MIK ist die Entwicklung allemal, da sich in der Regel die leistungsfähigsten Kräfte nach einer neuen Tätigkeit umtun. Ob die Zurückbleibenden, die sich mit 3.000 und teilweise 1.500 Rubeln Monatseinkommen (das sind umgerechnet etwa 50 bis 100 Euro -Stand 2002) zufrieden geben, Leistungsträger sind, ist zu bezweifeln.

Ein weiterer Schwerpunkt sozialer Probleme, d.h. Lohnrückstände, Arbeitslosigkeit und Unterbeschäftigung, betrifft vor allem das Wolgagebiet und hier in erster Linie Tatarstan und die angrenzenden Republiken und Gebiete, wo sich etliche Rüstungsgiganten[122] befinden. Dort haben allerdings die Erdölindustrie und die mit ihr verbundene relative wirtschaftliche Stabilität sozial abfedernde Wirkung gezeigt.

Anders im zu Zeiten der UdSSR stark subventionierten hohen Norden. Dort ist die Lage insgesamt prekärer. Allein die im militärischen Schiffsbau und den damit verbundenen Zweigen in Murmansk und Umgebung Beschäftigten hatten am 01. Juni 2002 noch offene Lohn- und Gehaltsforderungen in Höhe von 63,3 Mio.

---

122 Z.B. die Staatsbetriebe „Gosudarstwennoje Kasanskoje NPP W.I.Lenin" und „Tatarskoe NPO Swijaga" (beide in Kasan).

Rubeln. In letzter Zeit rufen die Rüstungswerften des Nordens allerdings wieder nach Arbeitkräften und man muss heute konstatieren, dass es den Unternehmen gelang, die Außenstände allmählich zu verringern. Es ist davon auszugehen, dass diese bis zum jetzigen Zeitpunkt schon getilgt wurden.

Tabelle 19

Einige sozial-ökonomische Kennziffern des russischen MIK (1. Halbjahr 2002)[123]

Industriezweig/Agentur	Beschäftigte im Vergleich zum Vorjahr in %	Fond LKZ[124] in Millionen Rubel	Durchschnittsmonatslohn der Beschäftigten in Rubel
MIK gesamt	94,6	77.723,49	4.046,30
Rosawiakosmos	98,6	22.154,04	4.700,00
Luftfahrtindustrie	99,2	15.298,83	4.908,90
Raketen-kosmische Industrie	97,4	6.865,61	4.293,60
Agentur konventionelle Bewaffnung	96,9	7.319,37	3.675,10
Agentur Munition und Spezialchemie	89,2	3.643,20	2.918,60
Agentur Schiffsbau	95,3	5.827,99	4.609,70
Agentur Führungssysteme	100	8.307,22	3.376,10
Radioindustrie	94,4	3.779,05	3.824,30
Industrie für Nachrichtensysteme	93,0	1.841,12	3.157,40
Elektronische Industrie	92,0	2.687,06	3.021,50

Auch im sozial-ökonomischen Bereich ist zu beobachten, dass vor allem in den Firmen, die in Exportgeschäften involviert sind, die Situation vergleichsweise günstig ist.

Hier liegt auch eine der Ursacheen für die breite Zustimmung der Bevölkerung Russlands zu Waffengeschäften. Kritische Stimmen sind nur ganz vereinzelt zu vernehmen, und größere Proteste gibt es so gut wie nicht.

Als Beispiel für die stabile soziale Entwicklung sei die OAO „Sewernaja Werf" genannt, die schon seit geraumer Zeit ständig etwa 3.000 Beschäftigte hat und für russische Verhältnisse ansehnliche Löhne zahlt, während vor allem in kleineren Betrieben des Schiffbau- und Reparatursektors diese teilweise unter dem Existenzminimum liegen.

Kritischer und wichtiger für die Zukunft des russischen MIK scheint mir aber die Lage des wissenschaftlich-technischen

---

123 Http://www.lcard.ru/~a_lapin/v.pk/index.htm; Änderungen durch Autor.
124 Fonds des staatlichen Lohnkostenzuschusses („fond natschislennoj sarabotnoj platy").

Personals in den unzähligen militärischen Forschungs- und Entwicklungseinrichtungen zu sein.

Nach dem Zusammenbruch der UdSSR wurde sehr häufig die Befürchtung laut, die nunmehr beschäftigungslosen hochqualifizierten Waffenspezialisten könnten Russland verlassen und ihr Wissen an Länder verkaufen, die dann zur Gefahr für die internationale Sicherheit würden. Dies ist offensichtlich, aus welchen Gründen auch immer, nicht eingetreten. Anscheinend wurde damals die soziale Mobilität der russischen Spezialisten überschätzt. Neben moralisch-ethischen Ursachen sehe ich vor allem die Erhaltung wissenschaftlich-technischer Institute, Büros etc. der militärischen Forschung als weiteren Grund für das Verbleiben der Mehrheit der Spezialisten im Lande.

Zwar machte die russische Militärindustrie in den letzten zehn Jahren nicht durch unerwartete spektakuläre Erfindungen und Produkte auf sich aufmerksam, immerhin gelangen aber einige technisch solide und interessante Weiterentwicklungen und Modernisierungen sowjetischer Systeme. Wie leistungsfähig die russische Militärindustrie noch ist, wird sich in den nächsten Jahren erweisen. Besonders das Projekt des Kampfflugzeuges der so genannten „Fünften Generation" wird die Nagelprobe dafür werden.

Seit Jahren wird in der Fachpresse Russlands regelmäßig auf die zunehmend prekäre Lage nicht nur im Bereich der Forschung und Entwicklung, sondern auch im direkten Produktionsprozess hingewiesen.

Ein anschauliches Beispiel dafür war, dass das Unternehmen Transmasch vor einigen Jahren eine Vielzahl ehemaliger Beschäftigter, die bereits in Alterspension gegangen war zurückholen musste, um einen Rüstungsexportauftrag für Indien, den Bau einiger Dutzend Panzer vom Typ T-72, zu realisieren. Im Werk selbst waren keine Fachkräfte mehr zu finden, die dazu noch in der Lage gewesen wären.

Obwohl es offenkundig gelungen ist, einige wichtige wissenschaftlich-technische und Produktionskapazitäten zu erhalten, schrillen nunmehr auch die Alarmglocken in den höchsten politischen Führungsetagen.

Der Krieg der NATO gegen die Bundesrepublik Jugoslawien hat auch Nichtspezialisten gezeigt, dass ein neues militär-technisches Zeitalter angebrochen ist. Dieser erste Krieg in Europa nach dem Ende des Zweiten Weltkrieges wurde in Russland äußerst aufmerksam studiert und hat dort zu interessanten Schlussfolgerungen geführt. Dazu ausführlicher an anderer Stelle.

Der MIK wird auf alle Fälle auch in nächster Zeit erhöhte Aufmerksamkeit seitens der Regierung der RF erfahren. Die Finanzierung der Forschungsarbeiten und der Produktion wird weiterhin auch mit erheblicher staatlicher Förderung und Finanzierung erfolgen.

Damit soll auch nicht sanktionierter Zugriff auf die neuesten Erfindungen und Entwicklungen erschwert werden. Allerdings wird gerade hier die verstärkte internationale Zusammenarbeit angestrebt. Erfahrungen gibt es dabei u.a. mit den russisch-indischen Projekten der Entwicklung von Raketenbewaffnung (Projekt „Brahmos") und dem Bau des Transportflugzeuges IL-214T seit 2000.

In Moskau wird allerdings kein Hehl daraus gemacht, dass man auch sehr gerne mit westeuropäischen Partnern, und hier in erster Linie offenbar mit Frankreich und Deutschland, zusammenarbeiten würde. Erste, für Russland viel versprechende Kontakte und Projekte gibt es schon.

Der Militär-Industrie-Komplex Russlands und die Russischen Armee

Die Versorgung und Sicherstellung der russischen Armee und Flotte und der anderen Truppen und bewaffneten Kräfte der Russischen Föderation mit Waffen und anderen militärischen Gütern ist nach offizieller russischer Auffassung das Hauptfeld der Tätigkeit des MIK.

Diese vollzieht sich im Rahmen der zentralen staatlichen Planung und Anschaffung über das bereits mehrfach genannte System der staatlichen Bestellungs- und Anschaffungspolitik des GOS. Diese originäre und hauptsächliche Funktion des MIK war unter Präsident Jelzin in seiner Bedeutung und seinem Umfang lange Zeit zugunsten des Exports, auf den noch gesondert einzugehen ist, verdrängt und vernachlässigt worden.

Seit dem Machtwechsel im Kreml im Jahr 2000 hat die Regierung stetig versucht, die chaotisch anmutenden Zustände im GOS-Bereich zu ordnen und eine mittelfristige Planung vorzulegen. Sie lässt sich dabei von den eingangs genannten Grundsatzdokumenten leiten, hat bisher jedoch offensichtlich Schwierigkeiten, die Zukunft der Streitkräfte und deren Aufgaben klar zu definieren.

Dabei prallen unterschiedliche Auffassungen zum militär-politischen und militär-technischen Charakter eines möglichen Krieges und zum Platz Russlands im internationalen Sicherheitssystem aufeinander. Dies soll im letzten Kapitel eingehender betrachtet werden.

Der Verlauf der nun schon mehrere Jahre andauernden, oftmals widersprüchlich und wirr verlaufenden „Militärreform"[125] spiegelt nicht nur die Unsicherheit der russischen Regierung bei der Bestimmung der grundlegenden Koordinaten der Militär- und Sicherheitspolitik wider, sondern zeigt auch die mangelnde Durchsetzungskraft der politischen Führung des Landes.

Offensichtlich soll der GOS nunmehr zum Hauptinstrument der Beziehung der Regierung zum MIK werden. Als dessen Hauptaufgabe wird in allen offiziellen Dokumenten die Ausrüstung und Versorgung der Russischen Armee und der anderen bewaffneten Organe mit allen für erforderlich gehaltenen Waffen, Gütern und Dienstleistungen genannt.

Außer der Armee und der Flotte der Russischen Föderation besitzen, festgelegt im Gesetz „Über die Verteidigung", auch andere Ministerien und Institutionen bewaffnete Kräfte.

Das Innenministerium der RF zählt etwa 650.000 Mitarbeiter, von denen ca. 186.000 in den militärischen Einheiten der Inneren Truppen Dienst tun.

Der Geheimdienst FSB (Federalnaja Sluschba Besopasnosti) hat etwa 66.000 Mitarbeiter, während in den Organen und Einrichtungen des Rechts- und Strafvollzuges des Justizministeriums um die 250.000 Menschen beschäftigt sind.

Der seit kurzem zum FSB gehörende Föderale Grenzdienst mit 165.000 Angehörigen und die kürzlich umformierte Föderale Agentur der Nachrichtensysteme und Verbindungen der Regierung (FAPSI — Federalnoje Agenstwo Prawitelstwennoj Swjasi i Informatisazii) mit 38.500 Beschäftigten, runden das Bild ab.

Nicht zu vergessen das Ministerium für Ausnahmesituationen mit 22.500 Angehörigen und den zu ihm gehörenden Staatlichen Feuerwehrdienst (73.000 Mann) sowie den Föderalen Sicherungsdienst (11.500 Mann) und die Eisenbahntruppen mit einer Stärke von 48.000 Mitarbeitern. Darüber hinaus zählen auch das Staatliche

---

[125] Siehe F. Preiß „Zur Entwicklung der Militärreform der RF bis 2001", http://www.sicherheitspolitik-dss.de.

Zollkomitee und die Hauptverwaltung für Spezialprogramme beim Präsidenten zu den bewaffneten Formationen der RF.

Insgesamt haben die bewaffneten Kräfte der Russischen Föderation damit etwa 3,2 Millionen Angehörige in militärähnlichen Dienstverhältnissen und fast 4,5 Millionen Zivilangestellte.

Im Folgenden soll sich auf die Russische Armee als die Hauptstreitkraft der RF beschränkt werden.
Sie ist nicht nur mit 1.162.213 Angehörigen und 737.600 Zivilangestellten (Stand 01.01.2003) die zahlenmäßig größte Komponente. Auch ihr Bestand an Bewaffnung und Ausrüstung, sowie ihr Bedarf an materiellen Gütern sind größer als der, der anderen Streitkräfte, auch wenn z.b. die Truppen des Innenministeriums über durchaus nennenswerte Personalstärke, Bewaffnung und Ausrüstung verfügen.

Die Russische Armee besteht gegenwärtig aus folgenden Teilstreitkräften:
- **Landstreitkräfte (LaSK) mit etwa 320.000 Angehörigen**
- **Luftstreitkräfte/Luftverteidigung (LSK/LV) mit etwa 149.000 Angehörigen**
- **Seekriegsflotte (SKF) mit etwa 171.000 Angehörigen**

Weiterhin existieren die Streitkräftegattungen:
- **Strategische Raketentruppen** u.a. mit folgenden Verbänden:
  - der 27. Garderaketenarmee (Wladimir)
  - der 31. Raketenarmee (Orenburg)
  - der 33. Garderaketenarmee (Omsk)
  - der 53. Raketenarmee (Tschita)
- **Luftlandetruppen** u.a. mit:
  - der 76. Luftlandedivision (Pskow)
  - der 106. Luftlandedivision (Tula)
- **Kosmostruppen** u.a. mit:
  - der 3. Armee der Raketen/Weltraumverteidigung (Solnetschnogorsk)

Trotz aller Kürzungen der letzen Jahre ist die Russische Armee nach wie vor eine der zahlenmäßig größten und hochgerüstetsten Armeen der Welt.
Dem Verteidigungsministerium und dem Generalstab sind neben den oben genannten Verbänden noch 6 Militärbezirke (MB), vier Flotten und eine Flottille unterstellt.

Zu den MB zählen u.a. acht allgemeine Armeen, sechs Armeen der Luftstreitkräfte und Luftverteidigung (LSK/LV), zwei Armeekorps der LasK und drei Korps der LSK/LV. Im Jahr 2003 sah das wie folgt aus:
- **Moskauer MB** in der strategischen Westrichtung (Zentrum Moskau) — u.a. mit:
  - der 20. Garde-Armee (Woronesh)
  - der 22. Garde-Armee (Nishni Nowgorod)
  - 16. Luft- und Luftverteidigungsarmee (Kubinka)
  - 1. Luftabwehrkorps (Balaschicha)
- **Leningrader MB** in der strategischen Nordwestrichtung (Zentrum Sankt Petersburg) u.a. mit:
  - der 6. Luft- und Luftverteidigungsarmee (Sankt Petersburg)
  - dem 21. Luftabwehrkorps (Seweromorsk)
- **Nordkaukasus MB** in der strategischen Südwestrichtung (Zentrum Rostow am Don) u.a. mit:
  - der 58. Armee (Wladikawkas)
  - der 4. Luft- und Luftverteidigungsarmee (Rostow am Don)
- **Wolga-Ural MB** in der strategischen Richtung Zentralasien (Zentrum Jekaterinburg) u.a. mit:
  - der 2. Gardearmee (Samara)
  - der 5. Luft- und Luftverteidigungsarmee (Jekaterinburg)
- **Sibirischer MB** in der strategischen ostsibirischen Richtung (Zentrum Tschita) u.a. mit:
  - der 36. Armee (Nowosibirsk)
  - der 41. Armee (Borsja)
  - der 14. Luft- und Luftverteidigungsarmee (Nowosibirsk)
  - dem 57. Armeekorps (Ulan-Ude)
- **Fernöstlicher MB** in der strategischen fernöstlichen Richtung (Zentrum Chabarowsk) u.a. mit:
  - der 5. Allgemeinen Armee (Ussurisk)
  - der 25. Armee (Belogorsk/Amurgebiet)
  - der 11. Luft- und Luftverteidigungsarmee (Chabarowsk)
  - dem 68. Armeekorps (Juschno-Sachalinsk)
  - dem 23. Luftabwehrkorps (Wladiwostok)

Die Seestreitkräfte der RF gliedern sich wie folgt auf:
- **Nordflotte** (Murmansk)
- **Pazifikflotte** (Wladiwostok)
- **Schwarzmeerflotte** (Sewastopol)
- **Baltische Flotte** (Kaliningrad/Baltisk)
- **Die Kaspische Flottille** (Astrachan)

Die Flotten haben unter anderem folgende Verbände:
- **Die 1. U-Boot-Flottille** (Saosersk/Nordmeer)
- **Die 3. U-Boot-Flottille** (Gadschijewo/Nordmeer)
- **Die Kolaflottille** (Poljarny/Nordmeer)
- **Die Primorsk-Flottille** (Fokino/Fernost)
- **Die Kamtschatkaflottille** (Petropawlowsk-Kamschatki)
- **Das 7. operative Geschwader** (Seweromorsk/Nordmeer)
- **Das 16. operative U-Boot-Geschwader** (Wiljutschinsk/ Kamtschatka)

Eine Reihe von Verbänden und Einheiten werden direkt vom Verteidigungsministerium bzw. Generalstab geführt, wie z.B.:
- **die 37. Luftarmee** (Strategische Fliegerkräfte — Moskau)
- **die 61. Luftarmee** (Transportfliegerkräfte — Moskau)

Ein vollständiger, bis zu den einzelnen Militärbezirken oder Verbänden und Truppenteilen gegliederter Überblick darüber, welche Leistungen der MIK zur materiellen Sicherstellung der Armee gegenwärtig erbringt, und welche Aussichten und Planungen für die nächsten Jahre bestehen, kann und soll an dieser Stelle nicht gegeben werden.

1992 gingen etwa 70 % des militärischen Potenzials der UdSSR auf die Russische Föderation über. Vor allem die „inneren" Militärbezirke und Verbände und Truppenteile gingen geschlossen in die Verfügungsgewalt der RF über, aber auch die Kontrolle über die wesentlichsten strategischen Komponenten und Reserven.

Der Verlust der starken Verbände, die in der Ukraine stationiert waren, wurde mit der fast vollständigen Rückführung der Truppen aus den Staaten, die vordem dem Warschauer Vertrag angehörten, nach Russland kompensiert.

Der zweite Verteidigungsminister der RF, der Fallschirmjägergeneral Pawel Gratschow, von 1992 bis 1996 im Amt, und sein damaliger Generalstabschef Wiktor Dubinin kommandierten Ende 1992 etwa 2.730.000 Soldaten und Offiziere, darunter mehr als 2.300 Generale und Admirale.

Die folgenden Jahre einer ersten „Reform" der Streitkräfte, in Wirklichkeit ein fast unkontrollierter Zerfalls- und Erosionsprozess, hatte zum Resultat, dass 1996 die Kampfkraft der russischen Streitkräfte nur noch ein Sechstel der der Sowjetarmee des Jahres 1991 betrug.

Bis Mitte der neunziger Jahre hatten sich die Einsatzbereitschaft und Gefechtsmöglichkeiten der Überwasserkräfte der Marine sogar um das 10 bis 12fache verringert. In den Landstreitkräften war nur noch jede dritte Division einsatzfähig.

Die Technik, vor allem der Hubschrauber- und Flugzeugpark, befand sich bereits zu dieser Zeit in einem besorgniserregenden Zustand. Nur noch die 67 strategischen Bomber und die anderen Kernwaffenkräfte wurden als voll einsatzfähig betrachtet. Immerhin betrug der Ausstattungsgrad mit moderner Technik und Ausrüstung damals noch rund 55 %.

Soweit ein kurzer Blick zurück. Wie sieht das Bild nun gegenwärtig aus?

Im Gegensatz zu den Aktivitäten Russlands auf den internationalen Märkten, die weiter unten behandelt werden, liegen die „inneren" Aktivitäten des MIK verständlicherweise nicht ganz so offen und detailliert vor.

Eines kann man aber sagen: Die Rüstungsindustrie Russlands hat offensichtlich (noch) ausreichende Kapazitäten und Potenzen, um den GOS kurzfristig auszuweiten.

Nach den Worten des für die Bewaffnung zuständigen stellvertretenden Verteidigungsministers der RF, Generaloberst Alexej Moskowski, beträgt *„die gegenwärtige Nutzung des MIK durch den Gosoboronosakas 20-25 %. Weitere 30-35 % sind durch Exportgeschäfte gebunden. Damit sind die militärischen Kapazitäten der Unternehmen der Verteidigungsindustrie etwa zur Hälfte ausgelastet."* [126]

Es ist bekannt, dass die in allen Teilstreitkräften und Waffengattungen vorhandene Technik und Ausrüstung nunmehr nicht nur moralisch, sondern auch physisch verschlissen ist. Dazu trugen nicht zuletzt auch die zermürbenden langjährigen aktiven Kampfhandlungen im Kaukasus entscheidend bei. Nicht nur im ersten Tschetschenienkrieg 1994 bis 1995 ging den Truppen der RF in den Kampfhandlungen eine nennenswerte Anzahl von Bewaffnung und Ausrüstung verloren.

Auch der zweite Feldzug, seit 1999, beschleunigte den oben genannten Prozess weiter.

Darüber hinaus wurde den Militärs allmählich klar, dass die vorhandenen Mittel nicht den Anforderungen dieser Art bewaffneter Konflikte gerecht werden, da sie für militärische Auseinandersetzungen zwischen regulären Streitkräften und nicht für einen Untergrundkrieg gegen irreguläre Strukturen konzipiert waren.

---

126 Interview mit Interfax v. 17.09.2002, Interfax- AVN Moskau.

Letztendlich wird die militärpolitische und militärtechnische Beurteilung zukünftiger möglicher Kriege und bewaffneter Konflikte entscheiden, welche Aufgaben dem MIK von der Politik gestellt werden. Doch dazu mehr im letzten Teil.

Schauen wir uns zunächst die Teilstreitkräfte der Russischen Armee im Kontext des GOS etwas näher an. Das relativ eigenständige Element Luftlandetruppen (etwa 45.000 Angehörige) soll gemeinsam mit den Landstreitkräften betrachtet werden.

Auch die Strategischen Raketentruppen und die Kosmostruppen können durchaus als Einheit untersucht werden. Erstens sind sie eng miteinander verbunden, und zweitens gibt es in russischen Fachkreisen genügend Stimmen, die die jetzige Trennung für unzweckmäßig, ja sogar schädlich halten,[127] und es ist nicht auszuschließen, dass die Raketen- und Kosmostruppen künftig wieder eine, zumindest partiell, integrierte Struktur bilden.

Die Landstreitkräfte

Die Landstreitkräfte (LaSK) wurden in der UdSSR (neben den Strategischen Raketentruppen) als der Kern der Streitkräfte betrachtet. Ihnen war der Hauptanteil bei der Abwehr und Zerschlagung gegnerischer Truppen in einem künftigen Krieg zugedacht.

Ausgehend von der Situation des Kalten Krieges und geleitet von den Erfahrungen des Zweiten Weltkrieges wurde besonders die Verbindung von hoher Feuerkraft und schnellem Manöver auf dem europäischen Festlandskriegsschauplatz als Haupteigenschaft der Landstreitkräfte definiert und die Verbände entsprechend konzipiert und ausgerüstet.

Infolgedessen besaß die Sowjetarmee eine gewaltige Anzahl moderner und kampfstarker Panzer und Artilleriesysteme, die, wie bereits im ersten Kapitel dargestellt, 1992 vor allem an Russland fielen. Dadurch und durch die Begrenzungen des Vertrages „Über Konventionelle Streitkräfte in Europa" (KSE) vom 19.11.1990, der die Anzahl der konventionellen Bewaffnung in Europa regelte, sah sich Russland nach dem Vertrag v. 15. Mai 1992 über die Verteilung der Ausrüstung und Bewaffnung der Sowjetarmee im Besitz einer großen Menge an Kampftechnik:

---

127 So General a.D. Wladimir Dworkin in „Kreml dowerilsja slepym zinikam" in NWO Nr. 4 (319) v. 07.02.2003.

Tabelle 20

Verteilung der Militärtechnik im europäischen Teil der RF nach dem Vertrag v. 15.05.1992[128]

Militärtechnik	Militärbezirke		Gesamt
	Leningrader und Nordkaukasischer MB	Moskauer-, Wolga-, Ural- MB; Kaliningrader Gebiet	
Kampfpanzer	1.300	5.100	6.400
davon in Einlagerung	600	825	1.425
Schützenpanzerwagen	1.380	10.100	11.480
davon in Einlagerung	800	155	955
Artilleriesysteme	1.680	4.735	6.415
Kampfflugzeuge	?	?	3.450
Kampfhubschrauber	?	?	890

Bis zum gegenwärtige Zeitpunkt nutzt die Russische Armee, und das betrifft nicht nur die Landstreitkräfte, fast ausschließlich die von der Sowjetarmee übernommene Technik.

Etwa 20.000 Panzer und gepanzerte Fahrzeuge befanden sich Ende 2002 im Bestand der russischen Streitkräfte. Jede motorisierte Schützendivision (MSD) hat nach wie vor über 200 Panzer in der Soll-Struktur. Die Anzahl der einsatzfähigen Kampfpanzer dürfte gegenwärtig maximal 6.000 betragen.

Die Landstreitkräfte erhielten in den letzten 12 Jahren nur einzelne Erprobungsmuster der vom MIK weiterentwickelten oder neu geschaffenen Technik. Dies traf vor allem auf die Truppenluftabwehrausrüstung zu. Die Investitionen beschränkten sich vorrangig auf Reparaturen und Instandsetzungen.

So waren und sind etwa 60 % der Leistungen für die Agentur RAW durch Modernisierung, Wartung und Instandsetzung vorhandener Ausrüstung gebunden, da laut Alexander Nosdratschew, dem Generaldirektor von RAW *„das Programm für Bewaffnung bis zum Jahre 2005 keine massive Beschaffung neuer Technik vorsieht."*[129]

Allerdings wurden im Jahr 2002 etwa 20 neue Waffensysteme im Verantwortungsbereich der Agentur RASU entwickelt und die ersten Exemplare davon in die Truppe überführt. Hierbei handelt es sich aber (noch) nicht um den Beginn der von der Armeeführung dringend geforderten Modernisierung und Umrüstung der LaSK. So beschränkte sich die Modernisierung beispielsweise auf den Start der Einführung eines neuen Infanterie- MG und des Artillerieführungs- und Feuersystems „Bereg".

---

128 Istorija wojennoj strategij Rossij", Moskwa, Kutschkoje Polje 2000.
129 Interview mit Interfax-AVN 25.02.2003.

Die durchgängige Umrüstung und Modernisierung aller taktischen Elemente der LaSK hat somit noch nicht begonnen. Noch stellen diese einen Flickenteppich unterschiedlicher Ausrüstung und Fähigkeiten dar.

Kaum zu übersehen ist dabei nach wie vor die mangelhafte Ausstattung mit modernen Nachrichten-, Aufklärungs- und Führungsmitteln vor allem auf den Ebenen Zug, Kompanie und Bataillon.

Die Nachrichten- und Aufklärungstechnik ist veraltet und die automatisierten Führungssysteme erfassen nur die strategischen und operativ-taktischen, jedoch nicht die taktischen Elemente der Truppen. Im Tschetschenienkonflikt mussten die Kampftruppen gerade auch aus diesem Grund einen hohen Blutzoll zahlen.

Noch nicht beendet ist die Diskussion der Fachleute um die Rolle und Zweckmäßigkeit von Panzern (Pz), Schützenpanzern (SPz) und Schützenpanzerwagen (SPW). Der Streit wird durch die Analyse des Irak-Krieges sicher aufs Neue angefacht werden und die zukünftige Beschaffungspolitik in Russland mit bestimmen.

Bisher sind die vorhandenen Typ-Panzer T-72 und T-80 weder umfassend modernisiert noch technisch verändert worden. Auch die SPz BMP-2 und BMP-3 besitzen noch die Kampfeigenschaften und technischen Charakteristika, die ihnen die sowjetischen Konstrukteure vor 30 Jahren gegeben haben.

Allerdings hat sich auch die Panzertechnik der USA und der anderen NATO-Staaten im letzten Vierteljahrhundert in ihren Parametern kaum verändert. In Russland wurden 1998 bis 2000 angeblich erste Forschungsarbeiten für eine völlig neuartige Panzertechnik unter Leitung eines gewissen Prof. A.G. Teplow begonnen. Dabei soll neben der Verbesserung des Materials der Panzerung auch eine prinzipielle konstruktive Neuerung in Form einer Modulbauweise vorgenommen worden sein. Damit könnten die Fahrzeuge wahlweise als Träger von Luftabwehrkomplexen, Aufklärungsstationen oder sogar als mobiler taktischer Kernwaffenträger eingesetzt werden. Nach Meldungen der russischen Fachpresse fand 1999 sogar schon eine erste Prinziperprobung statt.[130] Das neue Projekt wurde aber niemals der Öffentlichkeit präsentiert und offensichtlich nicht weitergeführt.

Die geplante Ausstattung der Panzer der Serie T-80U mit dem aktiven Schutzsystem Arena-E ist eine der interessantesten Entwick-

---

130 W. Chomitsch „Imejut li tanki buduschtscheje" NWO Nr. 3 (318) v. 31.01.2003.

lungen. Die Vorarbeiten scheinen sowohl bei den Panzerherstellern als auch im KB „Maschinenbau" in Kolomna, dem Entwickler von Arena, zu laufen. Nach Berichten der russischen Presse interessierten sich besonders die US-Militärs sehr lebhaft für Arena.

Im Juli 2002 stellte „Uralwagonsawod" in Nishne Tagilsk zwei Neu- und Weiterentwicklungen vor. Das waren ein gepanzertes Fahrzeug zur Panzerunterstützung und — Begleitung BMPT (**B**ojewaja **M**aschina **P**odderschki **T**ankow — Panzerunterstützungskampfmaschine) und der Kampfpanzer T-72M1.

Immer wieder geistern durch die russische Presse Meldungen, dass bei „Transmasch" gegenwärtig ein völlig neuer Kampfpanzer entwickelt wird. Dieser wird von den Medien als „Schwarzer Adler" bezeichnet.

Inwieweit der BMPT (20 mm-Schnellfeuerkanone, Panzerabwehrlenkrakete „Kornet", Granatwerfer und MG mit jeweils autonomen Feuerführungssystemen) in die Russische Armee eingeführt wird, ist auch noch völlig unklar.

Selbst die am stärksten beanspruchten und wohl am besten auf Einsätze vorbereiteten Teile der LaSK, die Luftlandetruppen, erhielten kaum neue Technik und Ausrüstung.

Ihr Bestand an moderner Kampftechnik, wie dem Luftlandegefechtsfahrzeug BMD-3 (**B**ojewaja **M**aschina **D**esantow — Kampfmaschine für Landungstruppen), betrug nach Angaben von Generaloberst Georgi Schpak, bis 2003 Oberkommandierender dieser Elitetruppen, lediglich 7 %. Die notwendigen Mittel für Reparaturen und Wartung der Technik und Ausrüstung wurden nach den Worten General Schpaks auch nur zu 30-35 %, gegenüber der Planung, zur Verfügung gestellt. Deshalb suchte das Militär selbst nach ungewöhnlichen Finanzierungsmöglichkeiten.

Schpak erklärte dazu, *„...dass uns die Unterstützung von Sponsoren, Fabriken, mit denen wir freundschaftliche Beziehungen unterhalten, sehr geholfen hat."*[131]

Einige Neuentwicklungen, wie z.B. ein 12,7 mm Scharfschützenkomplex, ein neues Sturmgewehr und eine neue Armeepistole sind offenbar schon serienreif und harren der Einführung in die Truppe.

---

131 „Reserw werchownowo glawnokomandujuschtschewo" Interview mit Generaloberst Schpak, NWO 31.01.2003.

Die Ausstattung der Armee mit neuen oder modernisierten taktischen Luftabwehrmitteln wird beständig gefordert, ist aber bisher nicht umfassend erfolgt. In der Truppe sind somit immer noch die früher teilweise auch in der NVA der DDR verwendeten Systeme „Strela", „IGLA", „Kub" und „Rubesch" zu finden. Allerdings deuten sich hier Verbesserungen an.

Keinerlei spürbare Entwicklung gab es dagegen bei den Artilleriesystemen und der Kampfmunition.

Nach wie vor stellen die von der Sowjetarmee übernommene gezogene Rohrartillerie wie das 120 mm Geschütz 2B16 „Nona-K", die Selbstfahrlafetten (SFL) 122 mm System „Gwosdika" und die 152 mm-Selbstfahrlafette 2S19 „Msta-S" sowie das Mehrfachwerfersystem „Grad" die Hauptfeuerkraft der LaSK dar. Diskutiert wird in russischen Fachkreisen eine mögliche Erneuerung durch das System „Twer". Neuere Systeme, wie zum Beispiel der 300-mm Raketenwerferkomplex „Smertsch" wurden den russischen Truppen auch bis 2002 (noch) nicht in großer Zahl zur Verfügung gestellt.

Von den geplanten 80 neuen Munitionstypen lt. Staatsprogramm 1996-2005 wurde bisher nicht ein einziger produziert!

So steht der Russischen Armee bisher keine hochpräzise Artilleriemunition zur Verfügung, die sich etwa mit der US-amerikanischen 155-mm Granate M712 „Copperhead-2", der französischen „ADC" oder der schwedischen „Boss" vergleichen ließe. Die leistungsfähigsten russischen 152-mm Geschosse „Santimeter", „Krasnopol" und „Kitolow-2" sind längst schon veraltet.

Mittlerweile hat man im MIK und in der politischen Führung Russlands offensichtlich jedoch verstanden, dass eine Modernisierung einzelner Elemente ohne umfassende, kostenintensive Neuerungen ganzer Systeme und Komplexe, sowie deren umfassende militärische Nutzung für alle Teilstreitkräfte und Waffengattungen nicht möglich ist. Als Beispiel sei die umfassende Inbetriebnahme und Unterhaltung eines eigenen globalen Navigationssystems zur präzisen Feuerleitung und -Führung bis in die unteren taktischen Glieder (Bataillon, Kompanie) genannt.

Als Schwachpunkt der Ausrüstung der LaSK wird auch immer wieder die Aufklärung und Feuerleitung genannt. Die Armee erhielt von den geforderten 10 Aufklärungskomplexen „Stroij-P" 2002 nur einen einzigen, und 2003 stehen für weitere Anschaffungen wahrscheinlich überhaupt keine Mittel mehr zur Verfügung.

Seit langem fordert die russische Armee neue operativ-taktische Raketenkomplexe (OTR) für ihre Landstreitkräfte. Nachdem das System „Iskander", Hersteller „KBM"[132] („Maschinostroenija"), 2003 die staatliche Erprobung offenbar sehr erfolgreich bestand, wird es wohl, sobald es die finanzielle Lage erlaubt, in die Truppe eingeführt werden.

Die Rakete mit einer Reichweite von 300 km ist zur Bekämpfung besonders wichtiger Punktziele gedacht. Da jede Startrampe über zwei Projektile verfügt, würde sich die Feuerkraft der Raketeneinheiten wesentlich erhöhen. Diese sind gegenwärtig zumeist noch mit dem System „Totschka" (Reichweite 120 km) ausgerüstet.

Die Aufzählung der nicht erfolgten oder von der Armeeführung dringend geforderten Neuausrüstung der LaSK könnte man noch weiter fortführen. Hier soll jedoch noch auf die anderen Waffengattungen eingegangen werden.

Die Luftstreitkräfte und die Luftverteidigung

Die **Luftstreitkräfte** (LSK) verfügen mit etwa 6.300 Kampfflugzeugen und 2.800 Hubschraubern über ein auf den ersten Blick beachtliches Potenzial. Das ist jedoch, wie die Technik der anderen Teilstreitkräfte auch, zum Großteil technisch oder moralisch verschlissen. Dies wird besonders augenscheinlich, wenn man sich die große Anzahl der Havarien und Unfälle mit militärischen Luftfahrzeugen verdeutlicht.

Vom 01. Januar 2000 bis Anfang Februar 2003 ereigneten sich in den Luftstreitkräften 32 größere Unfälle, bei denen 44 Besatzungsmitglieder und 111 Insassen ums Leben kamen. Dabei verloren die Streitkräfte neben 25 Flugzeugen auch 8 Hubschrauber.[133] Wenn man noch in Betracht zieht, dass auch die Truppen des Innenministeriums in diesem Zeitraum 6 Hubschrauber durch Unfälle abschreiben mussten und die Kampfverluste in Tschetschenien und die 31 Kampfflugzeuge und 21 Hubschrauber hinzurechnet, die lediglich beschädigt wurden, aber reparabel waren, dann muss man zur Kenntnis nehmen, dass die Streitkräfte Russlands in diesem kurzen Zeitraum die Ausrüstung von 4 Luftregimentern verloren haben.

---

132 Konstruktorskoje Bjuro Maschinostrojenija — Konstruktionsbüro Maschinenbau.
133 Siehe dazu Generalmajor Nikolai Besporodow, Stellvertreter des Vorsitzenden des Komitees für Verteidigung der Staatsduma der RF in NWO Nr. 5 (320) v. 14.02.2003 in einem Artikel unter der bezeichnenden Überschrift: „Der Bazillus der Alterung zerfrisst den atomaren Schild und die Luftwaffe".

Das düstere Bild wird noch ergänzt durch die Tatsache, dass die Kampfpiloten im Durchschnitt im Jahr 2002 lediglich 21 Flugstunden aufzuweisen hatten. Dies ist gegenüber dem Vorjahr zwar schon eine Steigerung um fast 7 Stunden, jedoch noch weit vom Niveau der UdSSR entfernt. In der Sowjetarmee betrachtete man 100 bis 150 Flugstunden jährlich als das absolute Minimum, das die Kampfjetpiloten, vor allem der Jagdfliegerkräfte, in den Flugbüchern aufzuweisen hatten.

Die Streitkräfte erhielten seit 7 Jahren nicht einen einzigen neuen Hubschrauber und nur einzelne Exemplare neuer Flugzeuge. Somit ist die vorhandene Technik durchschnittlich 15-20 Jahre alt und erfordert dringend Ersatz bzw. Modernisierung.

Dies betrifft nicht nur die Hubschrauber (z.b. MI-24) sondern auch Transportfliegerkräfte (z.b. IL-76md, AN-12, AN-24T, AN-26), die Trainer (vor allem L-39, MIG-29ub) sowie die Jagdflieger (SU-24, SU-25, SU-27, MIG-29, MIG-31).

Eine Ausnahme machen hier die Flugzeuge der strategischen Fernfliegerkräfte. Diese verfügten Mitte 2003 im Bestand der 37. Luftarmee über 117 TU-22M3 (NATO-Code „Backfire"), 63 TU-95MS (NATO-Code „Bear-H") und schließlich über 15 TU-160 (NATO-Code Blackjack"). Drei Maschinen der TU-160 werden gegenwärtig im Kasaner Flugzeugwerk „Gorbunow" noch gefertigt. Es ist davon auszugehen, dass sich die strategischen Fliegerkräfte in einem besseren Zustand befinden als der Park der übrigen Luftwaffe.

Ob das auch von der Infrastruktur der Luftstreitkräfte und deren Führungs- und Leitsystemen, die aber hier nicht näher behandelt werden sollen, gesagt werden kann, ist zu bezweifeln.

Offensichtlich wurde in den vergangenen drei Jahren aber ernstlich versucht, die obige Entwicklung zumindest aufzuhalten und den weiteren Verfall zu stoppen.

Die Bemühungen um den Bau neuer und die Modernisierung der vorhandenen **Transportflugzeuge** zeichnen sich deutlich ab. Im Mittelpunkt steht dabei der Kampf der Konkurrenten Antonow (AN-70 in Zusammenarbeit mit der Ukraine) und Tupolew (TU-330) um den Auftrag zum Bau eines mittleren Langstreckentransportflugzeugs für die russischen Streitkräfte und den Export.

Antonows AN-70 scheint dabei bisher die Nase vorn zu haben, da dieses Projekt, aus unterschiedlichen Gründen, offensichtlich auch von der Regierung und dem Verteidigungsministerium bevorzugt wird.

Die AN-70 benötigt lediglich befestigte Feldflugplätze mit einer Lande- und Startbahn von höchstens 600 bis 900 m, während ihr Konkurrent auf Betonpisten von 2.000 m Länge angewiesen ist. Während die TU jedoch wesentlich weniger Treibstoff verbraucht, soll die AN-70 bei höheren Unterhalts- und Verbrauchskosten in der militärischen Version maximal 50 Tonnen Last transportieren können. Die TU-330 schafft hier gerade mal 20 Tonnen.

Man kann vermuten, dass die Würfel intern längst schon zu Gunsten der AN-70 gefallen sind, die noch notwendigen Investitionen und Kosten das Projekt aber weiter verzögern. Russland sucht hier noch nach eventuellen Partnern und hoffte wohl bis vor kurzem im Stillen immer noch auf die Westeuropäer, denen der Projektvorschlag AN-7CH unterbreitet worden war.

Der geplante Stückpreis von 65 bis 67 Millionen US-Dollar[134] für die AN-70 und 25 bis 27 Mi. US-Dollar für die TU-330 unterscheidet sich nicht unwesentlich von den veranschlagten 128 Mio. Euro für den Airbus A-400 M. Nicht zu vergessen, dass die AN-70 schon fliegt (1994 Ersterprobung), und deren Preis daher sicher zuverlässiger bestimmbar ist als die Kosten für den noch virtuellen A-400 M.

Die Anschaffungs- und Unterhaltskosten der AN-70 dürften aus meiner Sicht nur 50 % bis 75 % der Aufwendungen für den Airbus betragen. Ob die Russen nun die AN-70 allein bauen können oder andere Partner (China, Indien) suchen, bleibt abzuwarten.

Was die leichten und mittleren taktischen Transportflieger betrifft, so müssen die vorhandenen AN-24T und AN-26 ohne Modernisierung bald ausgemustert werden. Gegenwärtig arbeitet „Iljuschin" an einem neuen Projekt, der IL-112 mit sechs Tonnen Nutzlast. „Suchoj" erklärte, dass es die SU-80 als Konkurrenz dazu anbieten will.

Entscheidungen über Produktionsaufnahme oder Anschaffung sind bisher nicht bekannt geworden.

Es ist davon auszugehen, dass die im vergangenen Jahr erprobte veränderte IL-76 als IL-76MF oder IL-76MD-90 eine Zukunft in den russischen Streitkräften hat. Die „Iljuschin" ist kein Konkurrent der AN-70, da sie im Gegensatz zur „Antonow" ein strategisches Lufttransportmittel darstellt. Die IL-76MF flog bei einer Erprobung 2003 mit 40 Tonnen Nutzlast ohne Zwischenstopp 6.000 km.

---

134 Andere Quellen geben den Stückpreis mit nur 40-45 Millionen US-Dollar an, so Nikolai Nowitschkow, Wladimir Schwarew „Wojenno-transportnyi IL-76MF prochywajet w Tschechiju", NWO Nr. 37 (361) v. 17.10.2003.

Die Flugzeuge der **Fernfliegerkräfte und der Strategischen Bomberkräfte** Russlands sind wohl der Teil der Luftstreitkräfte, der sich noch im besten Zustand befindet. Davon zeugt auch die groß angelegte strategische Übung mit Zielschießen (Flügelraketen), die im Zusammenwirken mit Kräften der Schwarzmeer- und Pazifikflotte im Mai 2003 im Indischen Ozean stattfand.

Die Modernisierung der strategischen Luftkomponente in 2 Etappen wurde im Herbst 2002 bekannt. Der Generalkonstrukteur der OAO „Tupolew" erklärte am 22.10.2002 in einem Interview, dass die Typen TU-22M3, TU-160 und TU-95MS sich in der Phase einer „kleinen Modernisierung" befänden, die bis 2003/2004 andauern soll. Dabei werden vor allem modernisierte Waffenleitsysteme für neue Bordbewaffnung eingebaut. Die zweite Phase soll danach eine noch umfassendere Modernisierung beinhalten.[135]

Im letzten Jahr wurde, nach einigen Meldungen zu urteilen, die Flugerprobung im Rahmen der Überholung der oben genannten Typen fortgesetzt. Ein geplanter Neubau strategischer Flugzeuge ist mir bisher nicht bekannt. Die Russen gehen sicher davon aus, dass ihre strategischen Flugzeuge, wie auch die amerikanische B-52, noch längere Zeit in modernisierter Form im Dienst bleiben können.

Dies betrifft in erster Linie die TU-160. Dieses relativ moderne Gerät (Erstflug 1981) ist allerdings, wie bereits gesagt, nur in geringer Stückzahl im Dienst.

Hier sollte auch noch das Projekt des Höhenflugzeuges M-55 Erwähnung finden: „Geofisika". Offensichtlich sind die Arbeiten zur Schaffung dieser fliegenden „Plattform für Spezialausrüstung" fortgesetzt worden, doch eine Entscheidung über deren weiteres Schicksal ist wohl noch nicht gefallen, obwohl die russische Presse bereits im Jahr 2000 meldete, die M-55 werde gebaut. Der Erstflug, der vom Smolensker Flugzeugwerk entwickelten und produzierten Maschine, erfolgte bereits 1986. Das Flugzeug mit etwa 24.000 Kilogramm Startgewicht kann in der zivilen Spezifikation „Geofisika" eine Nutzlast von bis zu 1,5 Tonnen tragen und erreicht fast 22´.000 Meter Höhe. Die Reichweite von 5.000 km, die maximale Geschwindigkeit von 750 km/h und die maximale Flugdauer von 6,5 Stunden (in 17 km Höhe) weisen die Maschine als möglichen militärischen Höhenaufklärer aus. Die Flüge 1996-1997 in Rovaniemi (Finnland) und 1999 auf den Seychellen und in Argentinien (insgesamt 215 Flugstunden) dienten offenbar der

---

135 Http://www.mfit.ru/defensive/pub 145.html.

Erprobung unter verschiedenen klimatischen und geographischen Bedingungen.

Die M-55 ist sicher als möglicher Nachfolger der M-17 „Stratosfera" (Erstflug 1977) gedacht. Diese wurde in den sechziger Jahren damals als Pendant zur amerikanischen U-2 entwickelt.

In diesem Zusammenhang muss auch das Projekt des kosmischen Moduls „S-XXI" genannt werden. Dieses ist für kurze Weltraumflüge (maximale Höhe 100 km), in Kombination mit der „M-55" als Trägerflugzeug, konzipiert und der Öffentlichkeit vorgestellt worden.

Ob dieses Projekt tatsächlich nur für „Weltraumtouristen" entwickelt wird, wie der Hersteller bisher verlautbaren ließ, ist fraglich. Zweifelsohne wäre eine duale Nutzung auch für militärische Zwecke möglich.

Das Projekt ist aber offenbar nicht über die Planungsphase hinausgegangen. Zumindest wurde davon bisher nichts publik.

Der Park der **Jagd-, Jagdbomben- und Kampfunterstützungsflugzeuge** Russlands besteht gegenwärtig vor allem aus Fluggerät der so genannten dritten und vierten Generation (vor allem SU-24, SU-25, SU-27, MIG-25, MIG-29, MIG-31). Diese Flugzeuge, das weiß auch die russische Führung genau, sind zum großen Teil veraltet oder verschlissen.

Deshalb laufen gegenwärtig die Maßnahmen zur Modernisierung der vorhandenen neueren Typen zur „Generation 4+". Diese sollen bis 2005 andauern. Erst danach sollen neue Kampfflugzeuge in Dienst gestellt werden. Einige Informationen lassen vermuten, dass ein solches gegenwärtig bereits bei „Suchoj" entwickelt wird.[136] Auch die Erprobung neuer Triebwerke, z.B. des AL-41F", beim Unternehmen „Saturn", deutet auf die feste Absicht hin, völlig neues Fluggerät zu schaffen.

Die Streitkräfte fordern schon lange neue **Kampfhubschrauber** für sich. Während man auf den internationalen Märkten z.B. den Ka-50 „Schwarzer Hai" und den Ka-52 „Alligator" (Erstflug 25.06.1997) anpreist, müssen sich die eigenen Soldaten mit veralteter Technik wie z.B. der MI-24 begnügen. Die Rüstungsindustrie bietet neben der Modernisierung der MI-24 auch die MI-28, einen völlig neuen, schweren Kampfhubschrauber an.

---

136 Interview mit dem Oberkommandierenden der Luftstreitkräfte, Generaloberst Wladimir Michailow vom 12.08.2002 in http://www.mfit.ru/defensive/pub 110.html.

Noch kurz zu den **Lehr- und Trainingsflugzeugen.** Dazu wurde im vergangenen Sommer bekannt, dass bei „Jakowlew" die JAK-130-01 kurz vor der entscheidenden Flugerprobungsphase stehen soll.

Fast zeitgleich erfuhr die Öffentlichkeit vom Vorhaben, in Sankt Petersburg ein Zentrum für Flugtraining zu schaffen. Von den russischen Streitkräften wird die Forderung an die potentiellen Hersteller künftiger Flugausrüstung erhoben, grundsätzlich auch stets Lehr- und Trainingsvarianten ihrer Flugzeugtypen zu liefern.

Dies weist daraufhin, dass die russische Führung sich bemüht, den weiteren Verfall der professionellen Fähigkeiten der Flugzeugführer aufzuhalten bzw. die personelle Leistungsfähigkeit schrittweise wieder herzustellen.

Die in den Einheiten der **strategischen Luftabwehr** dominierende Bewaffnung und Ausrüstung entstand auf Grund der Erfahrungen der sechziger und siebziger Jahre (Nahostkriege,[137] Vietnam).

Damals gewährleisteten z.B. die Komplexe S-75, S-125 „Quadrat" und „Strela-2" gemeinsam mit den Jägern der Luftabwehr MIG-21 und MIG-23 und den tief gestaffelten Radaraufklärungs- und Feuerleitsystemen den wirksamen Schutz der UdSSR und ihrer Verbündeten vor gegnerischen Luftangriffen.

Die in den achtziger Jahren geschaffenen nachfolgenden Typsysteme S-200 und S-300PMU „Favorit" sind auch heute in der Luftabwehr im Dienst. Von diesen Komplexen befinden sich etwa 2.000 noch im Truppendienst.

Die modernisierten Varianten und Weiterentwicklungen der S-300 wurden trotz entsprechender Forderungen der Militärs in den letzten Jahren auf Grund fehlender Mittel nicht durchgängig eingeführt. Sie sind bisher vor allem für den Export angeboten worden. Obwohl es in seinen Parametern offensichtlich der amerikanischen „Patriot" teilweise überlegen ist, stellt sich nach Jugoslawien 1999 und Irak 2003 trotzdem die Frage, ob das System gegen die modernsten Angriffsflugzeuge der 5. Generation künftig überhaupt eine Chance hat.

Der russischen Rüstungsindustrie ist es aber offensichtlich gelungen, die Entwicklungen fortzusetzen. Das System S-400 „Triumph"

---

137 Beispiel hierfür ist der Abschuss von 5 israelischen Flugzeugen (25 % der Angreifer) durch ein mit S-75 und S-125 ausgerüstetes Luftabwehrregiment Ägyptens im August 1970 unter Führung der sowjetischen Oberstleutnante Kutynzew und Popow, ohne dabei eigene Verluste zu erleiden.

befindet sich gegenwärtig in der Endphase der Erprobung. Ob dieses System und der ebenfalls neue Komplex „Panzir" aber in den nächsten Jahren in großer Stückzahl in die Russische Armee eingeführt werden, bleibt abzuwarten. Auf alle Fälle wird parallel zu Neuentwicklungen die schon lange von der Armee geforderte Modernisierung der vorhandenen Mittel angeschoben. Der bereits erwähnte Luftabwehrraketenkomplex S-125 „Petschora" wird zur „Petschora-2M" modernisiert.

Dies zielt einerseits auf die etwa 500 Systeme dieses Typs, die sich im Ausland noch in Nutzung befinden.

Offensichtlich sollen andererseits aber auch die noch in Russland in Betrieb oder Reserve befindlichen Systeme des Typs entscheidend modernisiert werden. Die kürzlich erfolgten Erprobungen auf dem südrussischen Testgelände Kapustin Jar haben nach Berichten der russischen Presse sehr gute Ergebnisse erbracht. Die Tests fanden mit den modernen, Marschflugkörpern ähnelnden, Zielraketen „Strish-1" und „Strish-2" statt. Der Bekämpfungssektor soll dabei von 500 m bis 8 km Höhe und die Geschwindigkeit der Ziele bis zu 500 m/s betragen haben.

Weiterhin wurde der Komplexaufbau dahin geändert, dass die Feuerleitzentrale nunmehr bis zu 10 km von den Starteinheiten entfernt sein kann, und der Komplex über bis zu 8 statt bisher 4 Startrampen verfügt. Auch die Erprobung neuer passiver Zielkanäle deutet auf eine weitere wesentliche Verbesserung hin.

Die Seekriegsflotte

Die Seekriegsflotte Russlands war in den letzten Jahren oft nur in Zusammenhang mit ihren Sorgen und Problemen, wie der Katastrophe des atomaren U-Kreuzers „Kursk", oder wenn es um die Verschrottung vor allem der nuklearen Hinterlassenschaft der Schiffe und den damit verbundenen ökologischen Gefahren ging, in den internationalen Nachrichten präsent.

Die internationale Fachwelt nahm zwar die militärischen maritimen Aktivitäten Russlands auf dem internationalen Markt zur Kenntnis, die Entwicklung der russischen Seestreitkräfte selbst war dagegen kaum eine Pressemeldung wert. Allerdings war die Russische Kriegsflotte auch nicht mehr, oder nur noch episodisch, auf den Weltmeeren präsent.

In Folge der sozialökonomischen und politischen Brüche und Verwerfungen der ersten Transformationsetappe reduzierte sich die Anzahl der Kampfschiffe von etwa 430 auf ungefähr 270. Die Dauer des Seegefechtsdiensts reduzierte sich von über 200 Tagen auf unter 30 Tage im Jahr.

Infolge der nicht mehr möglichen Erneuerung und Modernisierung des Technikbestandes trat ein immer dramatischer werdender Prozess der Alterung und des technischen Verschleißes der Bewaffnung und Ausrüstung ein. So war schließlich im Jahre 2001 nur noch die Hälfte der Kampfschiffe einsatzbereit.

Experten sprachen schon davon, dass Russland, bei Fortsetzung dieser Entwicklung, bis 2015 über nicht mehr als 60 Kampfschiffe verfügen würde.

Die geschilderten Tendenzen betrafen natürlich nicht alle Elemente und Teile der Flotte gleichermaßen. Während die atomaren Kräfte, wenn auch unter großen Schwierigkeiten, ihre Einsatzfähigkeit einigermaßen bewahrten, verfielen die nichtnuklearen Komponenten, wie die Hilfsschiffflotte, rapide.

Das Land mit einer Seegrenze von über 30.000 km war im Begriff, seinen fast 400-jährigen Status als Seemacht zu verlieren.

Die Regierung Putin war denn auch vom ersten Tag an bemüht, diesen Prozess zu stoppen.

Die seither eingeleiteten Maßnahmen scheinen zu greifen, und es ist schon eine gewisse Stabilisierung zu verspüren. Trotzdem sind die Problem nach wie vor gewaltig, wie auch der Untergang von K-159 (Projekt 627- NATO-Code NOVEMBER-Klasse) in der Barentssee in der Nacht vom 29. zum 30. August 2003 deutlich zeigte.

Freilich war die relative Erholung auch dem anlaufenden maritimen Export zu verdanken. Das eigentliche Ziel, die künftige Aus- und Umrüstung der Russischen Seekriegsflotte, wird weder vom MIK noch von der Regierung aus den Augen gelassen

Die bereits genannte Übergabe des neuen Atom-U-Schiffes „Gepard" (Projekt 971) an die Flotte sollte nach russischer Auffassung der Beginn einer neuen Phase werden.

Der Generaldirektor der Agentur Schiffsbau, Wladimir Pospelow, sprach das aus, was viele an der Spitze der Macht in Russland wohl denken, als er in einem Interview für die Zeitung „Krasnaja Swesda" meinte:

„Der Export ist allerdings kein kontinuierlicher Faktor. Bei Erhaltung und Ausbau der Positionen im internationalen Markt legt die Schiffsbauindustrie das künftige Hauptaugenmerk auf die einhei-

mischen Kunden.... Wir bauen Schiffe — eine der kompliziertesten ingenieurtechnischen Konstruktionen. Deshalb sichert jeder Mitarbeiter im Schiffsbau die Arbeitsplätze von drei oder vier Beschäftigten in den anderen Industriezweigen, die Raketen, Nuklearantriebe oder anderes herstellen." [138]

So soll auch die „Gepard", das 250. Atom-Schiff, das in der UdSSR/RF gebaut und in Dienst gestellt wurde, nicht das letzte kernkraftgetriebene U-Boot sein. Gegenwärtig läuft der Bau zweier Atom-U-Boote, der „Sewerodwinsk" (Projekt 885)[139] und der „Juri Dolgoruki" (Projekt 955).[140] 2004 wird aller Voraussicht nach auch endlich die Modernisierung der „Dimitri Donskoj" (Projekt 941)[141] so gut wie beendet werden. Offensichtlich sind bereits neue atomare U-Schiffe in der Planung. Offenbar sollen diese eher Flügelraketenträger als Atomraketenträger sein (evtl. Weiterentwicklung Projekt 885 der Sewerodwinskklasse).

Am 21.12.2001 wurde die erste Korvette der neuen Serie „Stereguschtschi" (Projekt 20380) auf Kiel gelegt, und gegenwärtig wird mit dem Bau der zweiten begonnen. Damit zeichnen sich die gegenwärtigen und künftigen Prioritäten ab, die für die russische Marine gesetzt wurden. Das sind erstens die strategischen atomaren Kräfte und zweitens neue konventionelle Über- und Unterwasserkräfte mit moderner Bewaffnung und Allzwecktauglichkeit.

So wurde im vergangenen Jahr 2002 die Fertigung des dieselelektrischen U-Bootes „St. Petersburg" (Projekt 677) in den „Admiralteskije Werfi" in Sankt Petersburg fortgesetzt. Die Herstellung von kleineren Booten, wie den Raketenschiffen „Molnja" (Projekt 1242.1) und „Skorpion"(Projekt 12300) sowie von Landungsbooten „Subr" (Projekt 1232.2) und Hilfsschiffen läuft ebenfalls weiter.

Die Entwicklungsbüros arbeiten an weiteren neuen Projekten, so Präsident Putin in seiner Rede anlässlich der Indienststellung der „Gepard".

Für die maritimen Einheiten der Grenztruppen leistete die Schiffsbauindustrie vor allem Modernisierungs- und Reparaturarbeiten. Sie erhielten aber auch einen größeren Neubau; das Wachschiff „Swetlyak" (Projekt 10410).

---

138 Http://www.redstar.ru/2002/01/12_01/4_01.html.
139 Typschiff (Atom-U-Boot mit Marschflugkörpern)- Kiellegung 1993.
140 Atomares Raketen-U-Boot — Kiellegung 1995.
141 Atomares Raketen-U-Boot.

Die Wartungs-, Modernisierungs- und Reparaturarbeiten vor allem der nuklearen U-Boote wird weitergeführt. Nachdem in den vergangenen Jahren z.b. die „Jekaterinburg" und die „Werchoture" (Projekt 667BDRM) überholt wurden, befinden sich gegenwärtig die „Brjansk" und die „Tula" der gleichen Serie in der Werft „Swesdotschka". Seit Januar 2003 haben die Reparatur- und Wartungsarbeiten auch an der „Nowomoskowsk" (ebenfalls 667BDRM) begonnen. Damit soll deren Nutzungsfrist bis 2010 – 2015 gesichert werden.

Alles in allem erfolgte in den letzten Jahren keine entscheidende Neuausrüstung der russischen Marine. Die zur Verfügung stehenden Mittel reichten geradeso für die notwendigsten Reparaturarbeiten. Die russische Marine bräuchte zum Erhalt ihrer jetzigen Kampfstärke nach Meinung von Fachleuten[142] jährlich mindestens 10 neue große und eine weitaus höhere Anzahl kleiner Schiffe.

Die bisherigen Anstrengungen liefen eher auf den Erhalt der vorhandenen Kapazitäten durch Erwirtschaftung von Exporterlösen hinaus.

Agenturchef Wladimir Pospelow nannte schließlich ohne Umschweife den Sinn der gegenwärtigen Politik: *„Das alles erlaubt uns, den Bestand und die Struktur der Schiffsbauindustrie Russlands zu optimieren und dabei die wertvollsten Elemente und kritischsten Technologien zu erhalten. Es sichert die Möglichkeiten, neue Technik und Bewaffnung zu entwickeln und herzustellen. Dabei wird perspektivlose oder nichtkonversierbare Produktion umstrukturiert oder liquidiert."*

Strategische Raketentruppen und Kosmosstreitkräfte

Die Strategischen Raketentruppen und die Kosmostruppen Russlands treten nach außen nicht so stark in Erscheinung wie z.B. die Luftstreitkräfte. Ihre Bewaffnung und Ausrüstung ist nicht auf dem internationalen Militärmarkt vertreten. Auf Grund ihrer strategischen Bedeutung sind detaillierte Informationen zu diesem Teil der Streitkräfte für die breite Öffentlichkeit nicht zugänglich.

Die Strategischen Raketentruppen sind nach wie vor der Hauptpfeiler der russischen Sicherheitspolitik. Deshalb genossen

---

142 So Vizeadmiral Wiktor Patruschew „Woschdelennye Awianoszy" in NWO Nr. 13 (328) v. 11.04.2003.

diese auch während des krisenhaften letzten Jahrzehnts die bevorzugte Aufmerksamkeit der staatlichen und militärischen Führung.

Mit der Erklärung der USA über den Austritt aus dem ABM-Vertrag von 1972 vom 14.12.2001 erwies sich die Annahme Russlands, auch über das Jahr 2010 hinaus mit den vorhandenen Mitteln die Sicherheit des Landes gewährleisten zu können, als hinfällig. Auch wenn die offiziellen Stellungnahmen Russlands zur Washingtoner Entscheidung sehr zurückhaltend waren, ist davon auszugehen, dass dieser Schritt der USA die Führung der Russischen Föderation tief getroffen und verunsichert hat.

Er wurde in Moskau dementsprechend als ein erster Schritt zur Entwaffnung Russlands aufgefasst.

Der stellvertretende Generalstabschef Juri Balujewski meinte zwar, die Entscheidung des Weißen Hauses stelle zumindest bis 2015 keine Gefahr für Russland dar und wurde darin von Verteidigungsminister Sergej Iwanow in seiner Rede auf der Tagung für internationale Sicherheit in München 2003 unterstützt.

Allerdings sprechen die realen Schritte der russischen politischen und militärischen Führung im letzten Jahr eine andere Sprache.

Am deutlichsten und konkretesten wurde der Kommandierende der Strategischen Raketentruppen Generaloberst Nikolai Solowzow am 15.12.2002, als er das Programm zur Entwicklung seiner Truppen vorstellte.[143] So sollen die schweren Raketen RS-20 (SS-18, NATO-Code „Satan") noch bis 2016 — 2020 in Dienst bleiben.

Auch die anderen ballistischen Trägermittel sollen länger als ursprünglich geplant in den Truppen verbleiben (teilweise noch 30 Jahre!).

Für den GOS bedeutet dies, dass auch mittelfristig weiterhin mindestens 6 bis 10 neue Raketen jährlich in Dienst gestellt werden müssen. So wurde 2003 in der Garnison Tatischtschewo das vierte Regiment mit 6 Raketen „Topol-M" ausgerüstet.

Einschneidende Veränderungen sind erst in einigen Jahren in Abhängigkeit von der internationalen Entwicklung, vor allem der Politik der USA, und den eigenen wirtschaftlichen Möglichkeiten zu erwarten. Allerdings werden gegenwärtig wohl schon erste Forschungsvorhaben angeschoben. Diese dürften vor allem auf Grundlagenforschung und Studien zur Überwindung einer möglichen Raketenabwehr gerichtet sein (z.B. Mehrfachköpfe für „Topol-M").

---

143 Siehe http://nvo.ru/printed/concepts/2003-01-24/4 defense.html.

Russland wird offenbar die Rolle und Struktur der atomaren Träger neu definieren. Die Diskussion dazu ist bereits in vollem Gange[144] und soll im 3. Kapitel noch näher behandelt werden.

Über welche Mittel die Strategischen Raketentruppen verfügen, ist aus der folgenden Übersicht ersichtlich.

Tabelle 21

Kampfbestand der landgestützten Elemente der Strategischen Raketentruppen[145]
(Stand Juli 2002)

Raketentyp (westl. Code)	Anzahl		
	Raketen	Gefechtsköpfe	Raketendivisionen
in Raketenschächten/stationäre Basierung			
RS-20 (SS-18, „Satan")	148	1.480	3
RS-18 (SS-19)	150	900	2
RS-12 M „Topol-M" (SS-X27)	30	30	1
auf mobilen Eisenbahnrampen			
RS-22 (SS-24V „Skalpell")	36	360	3
auf mobilen Startrampen			
RS-12 „Topol" (SS-25)	345	345	10

Von einer Verringerung der nuklearen Kampfmittel, wie noch vor wenigen Jahren, ist in Russland nun kaum mehr die Rede. Der Kreml hat 2002 offensichtlich eine durch die USA-Politik hervorgerufene Wende in seiner Kernwaffenrüstung vollzogen.

Man hat sich entschlossen, mit aller Entschiedenheit die nukleare Abschreckung gegenüber den Vereinigten Staaten aufrechtzuerhalten. Dabei legt Russland das Hauptaugenmerk nicht auf eine quantitative Parität sondern sucht eine so genannte „asymmetrische Antwort". Zum wichtigsten Kriterium ist dabei die Möglichkeit der hinreichenden Überwindung der gegnerischen Raketenabwehr geworden.

Problematisch, wenn auch schwer einschätzbar, erscheinen bei der atomaren Komponente die Risiken der technischen Alterung und der damit zwangsläufig verbundenen erhöhten Havariegefahr. Die geplante Verlängerung der Nutzungsfristen birgt hier neue, kaum abschätzbare Gefahren.

---

144 So der Dumaabgeordnete Andrej Kokoschin in „Rakety ,Topol-M' Rossii eschtscho prigodjatsja", NWO Nr. 16 (331) v. 16.05.2003.
145 Sergej Sokut „Choschdenije po raketno-jadernomu krugu" in NWO 2 (317) v. 24.01.2003.

Die **Kosmostruppen,** eng mit den Raketentruppen verflochten, sind noch geheimnisumwobener. Relativ selten erscheinen detaillierte und glaubwürdige Veröffentlichungen über diese besonderen Streitkräfte.[146]

Deren kommandierender General, Anatoli Perminow, erklärte vor kurzem, dass in diesem Jahr der Startkomplex für Trägerraketen vom Typ „Sojus-2" auf dem Kosmodrom Plesetzk fertig gestellt wird, und die Arbeiten zur Schaffung des raketen-kosmischen Komplexes „Angara" weiter forciert werden. Für diesen Trägerkomplex wird gegenwärtig das neue Antriebssystem „Baikal" entwickelt und erprobt.

Gegenwärtig laufen mit erheblichen Problemen die Arbeiten zur weiteren Modernisierung des Antiraketensystems „A-135", das erst 1995 in Dienst gestellt worden war und die russische Hauptstadt und einen Teil der umliegenden Industriegebiete vor Angriffen ballistischer Raketen schützen soll. Vor allem hinsichtlich der Wartung und Nutzung des Radarsystems „Don-2N", des Kerns des Komplexes, scheint es beträchtliche Schwierigkeiten zu geben. Trotzdem ist man offensichtlich gewillt, weiter an der Entwicklung von weltraumgestützten Waffen- und Raketensystemen zu arbeiten.

Von einer Überwindung der Krise der Weltraumstreitkräfte kann aber gegenwärtig noch nicht die Rede sein. Um den Niedergang der vergangenen Jahre wett zu machen sind mehr als Einzelprojekte notwendig.

Die russische Führung versucht aber augenscheinlich, ihre militärischen kosmischen Aktivitäten wieder planmäßig zu entwickeln. Dies ist in Ansätzen erkennbar.

So ist es durchaus schon bemerkenswert, dass der, zwar nicht mehr ganz neue, optisch-elektronische Aufklärungskomplex „Okno" (dtsch. Fenster), ein Produkt der Krasnogorsker Firma „Sawod imeni Swerewa", von den russischen Kosmostruppen in Tadschikistan in Dienst gestellt wurde. Dessen Bau, der bereits 1980 begonnen hatte, war nach dem Zerfall der UdSSR zunächst eingestellt worden. Nun fanden sich endlich die Mittel zur Fertigstellung und Inbetriebnahme.

Das auf dem Berg Sanglog, unweit des Nurekstaudammes, 2.330 Meter über dem Meeresspiegel stationierte, aus mehreren jeweils 36 Tonnen schweren Teleskopen bestehende System soll es den russischen Truppen endlich wieder ermöglichen, den Luft- und Weltraum

---

146 Wie z.B. Michail Chodarenoks, „Swesdnye igry" in NWO Nr. 12 (327) v. 04.04.2003.

bis zu einer Höhe von 40 km lückenlos zu beobachten. Ob die russischen Streitkräfte damit aber tatsächlich schon das Fenster zum Kosmos weit geöffnet haben, ist fraglich.

Die großen Breschen in der gegenwärtigen Luftraumüberwachung und der militärischen Aufklärungsfähigkeiten des Riesenlandes kann ein einzelnes System, so überzeugend dessen Parameter auch sein mögen, kaum schließen.

Bemerkenswert sind die Aktivitäten dennoch, lassen sie doch den Willen Russlands erkennen, sich wieder der aufwändigen Weltraumrüstung zuzuwenden.

Das bestätigt auch Präsident Putin, der als Priorität der gegenwärtigen Entwicklung der Kosmostruppen den *„Übergang zu einer neuen Generation kosmischer Technik mit längeren Nutzungsfristen der kosmischen Apparate"*[147] nannte.

Auch in diesem Bereich drängen gleichzeitig einzelne Unternehmen wie z.B. die AO „Wympel" auf den internationalen Markt, und die russische Regierung hält nach Partnern im Ausland Ausschau und hofft hier vor allem auf Westeuropa.

Letztendlich wird die militärpolitische und militärtechnische Analyse zukünftiger möglicher Kriege und bewaffneter Auseinandersetzungen entscheiden, welche Aufgaben dem MIK von der Politik gestellt werden.

Der russische Militär-Industrie-Komplex auf den internationalen Waffenmärkten

Die Aktivitäten der russischen Militärindustrie auf den internationalen Märkten sind nach wie vor ungebrochen.

Da der Rüstungsexport ohne eine gewisse Transparenz nicht funktioniert, kann man die Leistungsfähigkeit und den Zustand der russischen und internationalen Rüstungsindustrien am besten auf den vielen internationalen Militärmessen und -ausstellungen sehen.

Der hier bereits verwendete Terminus „Militär-Technische-Zusammenarbeit" ist der in Russland übliche offizielle Begriff sowohl für den Waffenexport im engeren Sinne als auch für die militär-technische und militär-ökonomische Zusammenarbeit im weiteren Sinne.

---

147 Http://nvo.ru/printed/armament/2003-04-11/6 korotko.html.

Russland versuchte nach 1991 zunächst Kontrakte mit den Ländern abzuschließen, die bereits von der UdSSR Waffen und militärische Ausrüstung erhalten hatten.

Dies erwies sich als zunehmend schwerer realisierbar, da die ehemaligen Verbündeten des Warschauer Vertrages bald Kurs auf die NATO-Mitgliedschaft nahmen.

Dabei mussten die russischen Waffenexporteure bald zur Kenntnis nehmen, dass die ehemaligen sowjetischen „Satellitenstaaten" aus verschiedenen, nicht immer nachvollziehbaren, Gründen schnell „westliche" Waffen erwarben.

Die am Anfang der 1990er Jahre bei den Russen vorhandenen Illusionen und hochtrabenden Pläne, hinsichtlich des militärischen Exportes, sind nunmehr einer realistischeren Einschätzung gewichen.

So weiß Moskau inzwischen auch, dass der internationale Rüstungsmarkt von schwer vorhersehbaren und wenig transparenten politischen und wirtschaftlichen Interessen bestimmt wird. Die übliche Marketing- und Lobbyarbeit war für die Russen vor 10 Jahren auch noch ein Buch mit sieben Siegeln.

Darüber hinaus wird in einigen westlichen Massenmedien keine Gelegenheit ausgelassen, die russische Wissenschaft und Technik zu schmähen, und zu suggerieren, die russischen Produkte seien generell unzuverlässig und minderwertig. Es versteht sich, dass auch dieses „negative Marketing" Teil des internationalen Rüstungswettbewerbes ist.

Mittlerweile muss man aber einräumen, dass Russland seine Chancen realistischer einschätzt und die Vermarktung der Produkte des MIK professioneller organisiert.

Sowohl die Marineausstellung IMDS (International Maritime Defence Show) 2003 in Sankt Petersburg im Juni 2003 als auch der Luft- und Raumfahrtsalon MAKS (Moskowski Aero-Kosmitscheskij Salon) 2003 in Moskau waren beeindruckende Beispiel dafür.

Vom Discounter zum Systemanbieter

Vor mehr als zehn Jahren blieben den Russen nach der Implosion der UdSSR und des „sozialistischen Weltsystems" anfangs nur die Märkte der Nachfolgestaaten der UdSSR und hier vor allem der Mitglieder des Taschkenter Vertrages und die abnahmebereiten, aber teilweise nicht zahlungsfähigen Staaten der dritten Welt, vor allem in Afrika und im Nahen und Mittleren Osten.

Im Nahen und Mittleren Osten kollidierten die Russen dann regelmäßig mit den wirtschaftlichen, politischen und militärischen Interessen des Westens, allen voran mit denen der USA. Dies zeigte sich vor allem in Libyen, im Irak und Iran sowie in Syrien. Versuche, auf nicht traditionelle relativ solvente Märkte wie z.B. Südamerika und Asien auszuweichen, waren bisher nur in Asien von Erfolg gekrönt.

Die Zusammenarbeit mit den GUS-Staaten brachte bisher keine wesentlichen Ergebnisse mit sich. Dort werden, wie in Russland selbst, noch die Waffen der Sowjetarmee genutzt. Hier ging es in der Vergangenheit hauptsächlich um technische Wartung, Instandhaltung, Reparatur und Entsorgung bzw. Verwertung.

Darüber hinaus sind die meisten GUS-Staaten zu größeren Rüstungsanstrengungen wirtschaftlich nicht in der Lage. Sie hoffen teilweise auf künftige „kostengünstige" Überlassung von Waffen und Gerät aus NATO-Staaten. Erste Beispiele dafür gibt es in Kasachstan und Turkmenistan.

Bis etwa 1998/1999 war der einzige Zweck der „militärtechnischen Zusammenarbeit" die Erwirtschaftung von Devisen, um die sozialen und wirtschaftlichen Folgen der Transformation in Russland für die Bevölkerung einigermaßen abzufedern, den Staat zu stabilisieren und die materiellen Bedürfnisse der Eliten zu sichern. Nicht zuletzt wurden mit dem Erlös die eigenen Streitkräfte unterhalten und die Potenzen des MIK zumindest partiell gesichert. So war der Export lange Zeit die einzige Möglichkeit, Modernisierungen im MIK zu finanzieren.

Es gibt übrigens keine Anzeichen dafür, dass Russland in den neunziger Jahren mit dem Waffenexport langfristig geplante, politische oder ideologische Ziele außerhalb der Grenzen der Gemeinschaft der Unabhängigen Staaten (GUS) erreichen wollte, oder dieser Teil einer außen- und sicherheitspolitischen Konzeption war.

Man verfolgte strikt eine rein merkantilistische Linie und lieferte, wenn es möglich war, auch an beide kriegsführenden Seiten eines Konfliktes (z.B. Äthiopien und Eritrea).

Der Exportumfang schwankte zwischen 1,5 und 3,8 Mrd. US-Dollar und erreichte 2002 schließlich 4,8 Mrd. US-Dollar. Ob Russland damit nun Platz zwei, drei oder vier in der Welt einnimmt, hängt von unterschiedlichen Zähl- und Berechnungsmethoden ab.

Jedenfalls stammen etwa 12 % des internationalen militärischen Exportes aus russischen Waffenschmieden.

Ilja Klebanow meinte dazu, dass Russland nunmehr das maximal Mögliche unter den gegenwärtigen Bedingungen auf den Außenmärkten erreicht hat und setzt zukünftig eher auf den GOS.[148] Diese Richtung bestätigte der Vorsitzende des „Komitees für Militärtechnische Zusammenarbeit der RF", Michail Dmitrew, als er im Februar 2003 bekannt gab, dass der Plan für dieses Jahr Exporte im Umfang von 4,5 Mrd. US-Dollar vorsieht.[149] Mittlerweile lässt sich abschätzen, dass 2003 zum bisher „erfolgreichsten Jahr für den russischen Militärexport geworden ist und über 5 Milliarden US-Dollar umgesetzt wurden. Es geht dem Kreml aber nicht mehr nur um die Quantität des WTS.

Mit dem Präsidentenwechsel Jelzin — Putin änderte sich auch das strategische Herangehen an den Waffenexport. Dieser verliert zwar nicht seine Rolle als Finanzquelle der RF. Die alleinige Ausrichtung des MIK auf den Export soll aber offensichtlich der Vergangenheit angehören. Die nationalen und internationalen politischen, wirtschaftlichen und militärischen Interessen Russlands und hier vor allem der Ausrüstung der eigenen Streitkräfte, im nationalen Alleingang oder mit ausländischen Partnern, haben künftig augenscheinlich Priorität.

Somit befindet sich der russische MIK auch hinsichtlich seiner Exportaktivitäten offenbar in einem Prozess der Politisierung.

Die folgenden Ereignisse und deren politische, wirtschaftliche und militärische Folgen haben diesen Prozess, wenn nicht hervorgerufen, dann doch zumindest befördert:

- **die Wirtschaftskrise in Russland Sommer 1998**
- **der Krieg der USA/NATO gegen die Bundesrepublik Jugoslawien im Frühjahr 1999**
- **der zweite Feldzug Russlands gegen die bewaffneten tschetschenischen Separatisten nach 1999**
- **die Wahl W. Putins zum Präsidenten der RF**
- **die Kündigung des START Vertrages durch die USA und der beginnende Aufbau des unilateralen Systems der Raketenabwehr (NMD — National Missile Defense)**
- **die Osterweiterung der NATO**
- **die Umstände des Krieges der USA gegen Afghanistan und Irak**
- **das Inkrafttreten des SORT-Vertrages[150] und die damit einhergehenden notwendigen Veränderungen der Streitkräfte Russlands**
- **die neue US-Nukleardoktrin (Nuclear Posture Review)**

---

148 „Nowosti OPK i WTS", in NWO 13 (328) v. 11.04.2003.
149 I. Korotenkow „Zel-pjat milliardow dollarow" in NWO 7 (322) v. 28.02.2003.
150 „Strategic Offensive Reduction Treaty", Vereinbarung zwischen der RF und USA über die künftige Höchstzahl (1.700-2.200) strategischer Nuklearsprengköpfe.

Künftig ist damit zu rechnen, dass sich der militärische Export, stärker und organischer als in der Vergangenheit erkennbar, in die Außenpolitik Russlands einpasst und diese flankiert.

Der bisherige Waffenexport betraf hauptsächlich die so genannte 3. und 4. Generation militärischer Ausrüstung. Hauptexportprodukte waren Flugzeuge (so die SU-27) und Kriegsschiffe.

Nach wie vor ist ROSOBORONOEXPORT der Dreh- und Angelpunkt des militärischen Außenhandels. Der Streit um die zweckmäßigste Organisationsstruktur des MIK-Exportes ist aber längst noch nicht beendet. ROSOBORONOEXPORT nimmt im internationalen Maßstab zwar den fünften Rang unter den wichtigsten Rüstungsunternehmen der Welt ein;[151] russische Experten bezweifeln aber mitunter die Zukunftschancen des Staatmonopolisten, dessen ungefährer Anteil am militärischen Export der RF in den letzten Jahren bis etwa 2002/2003 in folgenden Grafik dargestellt ist.

Anteil der exportberechtigten Unternehmen am Rüstungsexport.[152]

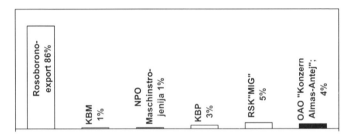

Bevor ich auf die Beziehungen der Russischen Föderation zu den Hauptpartnern der „Militär-technischen Zusammenarbeit", Indien und China, näher eingehe, möchte ich einen Teil der übrigen internationalen Unternehmungen des MIK, nach Teilstreitkräften geordnet, kurz darstellen. Dabei sollen vor allem Aktivitäten und Prozesse genannt werden, die für den MIK prägend waren und sind.

Um die aktuellen Abläufe in ihrer Logik besser verständlich zu machen, muss man jedoch partiell auch einige länger zurückliegende Ereignisse mit in die Betrachtung einbeziehen.

---

151 „Russische Waffen verdrängen die Konkurrenz" Washington ProFileM http://www.washprofile.org/SUB-JECTS-% 204/weapon.html.
152 KBP — Konstruktorskoje Bjuro Priborostrojenija — Konstruktionsbüro für Gerätebau.

Die konventionellen Waffen für **Landstreitkräfte/Heer** spielten schließlich nicht die Rolle, die man anfangs in Russland erwartete. Vor allem Panzer und gepanzerte Technik waren und sind gegenwärtig schwerlich gewinnbringend zu verkaufen. Ursache dafür scheinen u.a. veränderte Auffassungen zum Charakter moderner militärischer Auseinandersetzungen, vor allem nach dem Jugoslawienkrieg, 1999, zu sein.

Ob der Krieg der USA und Großbritanniens gegen den Irak eine grundlegende Neubewertung bringt, ließ sich zum Zeitpunkt der Niederschrift noch nicht endgültig beurteilen, scheint aber eher unwahrscheinlich, da in diesem Konflikt keine nennenswerten Kämpfe zwischen regulären Truppen stattfanden. Dazu wird im letzten Kapitel noch mehr zu sagen sein.

Das Unternehmen „Kurganmaschsawod" konnte noch zwischen 1992 und 1997 mehr als 500 Schützenpanzer BMP-3[153] im Wert von insgesamt etwa 1,5 Mrd. US-Dollar an die Vereinigten Arabischen Emirate und mehr als 100 BMP-2 und BMP-3 an Kuwait liefern, ohne jedoch danach weitere Anschlussaufträge zu sichern. 1998 und 1999 wurden immerhin noch 40 BMP-3 an Südkorea und über 40 BMP-3 an Zypern geliefert. Mit dem Erlös wurden Schulden Russlands bei den Empfängerstaaten getilgt.

Dem Hersteller der Schützenpanzerwagen BTR-80 und BTR-90, dem Arsamasker Maschinenwerk, gelangen dagegen überhaupt keine wesentlichen Auslandsgeschäfte.

Fast schon dramatische Züge nahm der Kampf der beiden Riesen des russischen Panzerbaus, des Omsker „Transmasch" und des Nishne Tagilsker „Uralwagonsawod", um Exportaufträge an. Als beide ab 1996 keine Aufträge mehr erhielten, wurde bald klar, dass nur derjenige überleben würde, dem es gelänge, sich einige ausländische Bestellungen zu sichern. Die Omsker bewarben sich mit dem T-80 um eine Ausschreibung Griechenlands und gingen leer aus.

„Uralwagonsawod" dagegen erhielt im Jahre 2000 den Auftrag zur Produktion des Kampfpanzers T-90S für Indien und dessen künftiger Lizenzfertigung im Umfang von 730 Mio. US-Dollar in diesem Land.

Günstiger für den russischen MIK entwickelten sich die Exportgeschäfte mit Truppenluftabwehr-Raketensystemen und Panzerabwehrraketen. Hier ist vor allem das Unternehmen „KBP" aus

---

153 Bojewaja Maschina Pechoty — Kampfwagen der Infanterie.

Tula zu nennen, das bis 2000 bereits 500 Mio. US-Dollar Umsatz mit dem Fla-Raketenkomplex „Tunguska" und verschiedenen Panzerabwehr-Raketen Systemen machte.

Überraschend gelang dann noch im Jahr 2000 ein Vertragsabschluss mit den Vereinigten Arabischen Emiraten über die Lieferung von 50 Exemplaren des neuen Luftabwehr-Raketenkomplexes „Panzir 1S" in Höhe von 734 Mio. US-Dollar.

Indien schaffte sich den tragbaren Fliegerabwehr-Komplex „IGLA" an, und Griechenland kaufte im Jahr 2001 vier Luftabwehrraketenkomplexe „TOR-1".

In diesem Zusammenhang soll an den gescheiterten Verkauf des Luftabwehrkomplexes „S-300PMU" an diesen NATO-Staat im Jahr 1998 erinnert werden. Damals intervenierte die US-amerikanische Außenministerin Madeleine Albright persönlich beim griechischen Ministerpräsidenten und erreichte somit, dass die Amerikaner mit der „Patriot" zum Zuge kamen. Die Russen, denen dies natürlich nicht verborgen blieb, verwanden ihre Enttäuschung über die „unpartnerschaftliche" Haltung der amerikanischen „Freunde" nur schwer.

Die Erzeugnisse der **Luftfahrt- und Hubschrauberindustrie** machten bisher den Löwenanteil des russischen Militärexportes aus. Seit Mitte der neunziger Jahre ist deren Anteil am Gesamtaußenhandelsumsatz im Militärsektor nie unter 50 % gefallen.

Der AWPK „Suchoj" ist dabei der Hauptakteur. Die ihm angegliederten Unternehmen OKB „Suchoj", „IAPO", „KnAAPO", „NAPO" und „TANTK" erbrachten dabei zusammen in den letzten Jahren Exporte im Umfang von etwa 10 Mrd. US-Dollar.

Dazu zählen z.B. die Lieferung von Kampfflugzeugen SU-30MKI an Indien durch die faktisch in Privatbesitz befindliche „IAPO" und die Entwicklung und der Verkauf von Amphibienflugzeugen Be-200 durch die ebenfalls mehrheitlich in Privatbesitz befindliche „TANTK".

„NAPO" und „KnAAPO" sind nach wie vor Staatsbetriebe. Während der Erstgenannte bisher vor allem für veraltete Flugzeuge, wie die SU-24, Wartungs- und Reparaturleistungen erbrachte und zukünftig den Bau und Export der SU-34 in Angriff nehmen will, spielt der Zweite bisher den Hauptpart im „Militär-Flugzeugbau-Komplex Suchoj". Er realisierte das milliardenschwere Programm der Lieferung der Kampfjets SU-30MKK nach China und der Lizenzproduktion der SU 27SK im Reich der Mitte. Dazu weiter unten mehr.

Somit wurde „KnAAPO" zum Kern der russischen militärischen Flugzeugexportindustrie. Auch in der neuen Flugzeugholding „Suchoj", die per Präsidentendekret am 26.11.2000 geschaffen wurde,[154] und die die AWPK „Suchoj" schrittweise ersetzten sollte, wurde dem Werk in Komsomolsk am Amur eine zentrale Rolle zugebilligt.

Der andere traditionelle und im Ausland gut bekannte Kampfflugzeugbauer, die „RSK MIG", agierte in den letzten Jahren auf den internationalen Waffenmärkten recht erfolglos; scheint seine Krise aber nunmehr allmählich zu überwinden.

1994 hatte MIG noch einen großen Auftrag in Höhe von mehr als 600 Millionen US$ erhalten und 16 Jäger des Typs MIG-29SE und zwei Trainer MIG-29UB an Malaysia[155] geliefert, war danach aber ohne nennenswerte Aufträge geblieben. Vor allem die Versuche, neue Flugzeuge der MIG-Serie an NATO-Staaten oder ehemalige Staaten des Warschauer Vertrages zu liefern, scheiterten durchweg, vor allem auf Grund der politischen und wirtschaftlichen Intervention der US-amerikanischen und europäischen Konkurrenten. Auch MIG musste sich letztendlich der eingangs genannten Erkenntnis beugen, dass der Militärmarkt kaum nach den formalen Gesetzen der Markwirtschaft funktioniert, dass sich hier Waren nicht nur nach Qualität und Preis vermarkten lassen.

1999 wurde dann bei MIG ein notgedrungenes Ausweichen auf andere Märkte erkennbar, als es zur Lieferung vom MIG-29 an Bangladesh und zum Abschluss von Verträgen mit Myanmar und dem Jemen kam. Der Versuch MIGs, im „Billigsegment" erfolgreich zu sein, ist offenbar gescheitert. Ab etwa 2001 war erkennbar, das MIG auf besser ausgerüstete Varianten setzt und das Marketing entsprechend neu ausrichtet. So bietet man gegenwärtig die MIG-29SM mit dem Radarsystem „Schuk-ME" an und steht offenbar vor den ersten Vertragsabschlüssen.

Völlig erfolglos war Russland jedoch in Europa. Zu nennen ist die Entscheidung Deutschlands, Frankreichs und anderer NATO-Staaten, den A-400 M zu entwickeln, statt über das Projekt AN-70 mit Russland und der Ukraine zu verhandeln.

---

154 Dieser Schritt sah die Privatisierung von KnAAPO und NAPO vor. Dabei sollten jedoch 25,5 % der Anteile in Staatsbesitz bleiben.
155 Die Luftstreitkräfte Malaysias waren mit den Eigenschaften der MIG-29 wohl unzufrieden und beabsichtigten 2003 den Typ zu wechseln und SU-30MKM von Russland zu kaufen.

Österreich und Ungarn kaufen anstatt der angebotenen MIG-29 die amerikanischen F-16. Die BRD gab ihre 23 MIG-29, die im JG 73 in Laage bei Rostock stationiert waren an Polen ab, und nahm den Russen damit die Hoffnung, mit der Wartung und Modernisierung vielleicht noch Geld in Deutschland zu verdienen. Die geplante Nutzung der MIG im neuen NATO-Mitgliedsland Polen, bis etwa 2015, wird freilich auch Geld in die Kassen des russischen MIK fließen lassen.

Die Tschechen schließlich entschieden sich zwischenzeitlich schon mal eher für die schwedische JAS 39 „Gripen", statt für SUs oder MIGs aus Russland.

2001/2002 lieferte Russland eine geringe Anzahl von Kampfflugzeugen in weitere Länder, so an Algerien (SU-24), Eritrea (MIG-29), Myanmar (MIG-29), Jemen (14 MIG-29) und den Sudan (12 MIG-29). Daraus werden aber kaum bedeutende Anschlussgeschäfte erwachsen.

Aus Sicht des russischen MIK war die Lage der **Hubschrauberindustrie** auf den Außenmärkten besonders schwierig. Diese besitzt traditionell nicht das gute Renommee, welches z.B. die russische Panzertechnik und partiell auch die Kampfflugzeuge, zumindest in Fachkreisen, noch haben.

Einzig das Kumertauer Hubschrauberwerk „KumAPP"[156] konnte nennenswerte Exporte ausweisen, indem es einige Helikopter der Typen Ka-31 und Ka-32[157] an Indien und Südkorea lieferte.

Allerdings gelang es bisher nicht, wenigstens einige Exemplare der in der RF hoch gepriesenen Kampfhubschrauber „Schwarzer Hai" Ka-50 und „Alligator" Ka-52 im Ausland abzusetzen.

Ausschreibungen in der Türkei und Südkorea, bei denen sich die Russen große Chancen ausrechneten, verliefen erst einmal erfolglos. In der russischen Presse vertrat man die Ansicht, dies sei auf den Druck ausländischer Konkurrenten gegenüber den möglichen Käufern zurückzuführen.

Es ging dabei schließlich um eine Summe von insgesamt 5 Mrd. US-Dollar. Und tatsächlich erwarb Südkorea statt der geplanten 30-40 Ka-52 amerikanische AH-64 und „King Cobra", obwohl diese offensichtlich weder im Preis noch in ihren taktisch-technischen Parametern der russischen Technik überlegen waren.

---

156 **Kum**ertauskoje **A**wiazionnoje **P**roiswodstwennoje **P**redprijatie — Kumertauer Luftfahrt-Produktions-Unternehmen.
157 Technische Entwicklung durch OAO „Kamow".

2001/2002 verkaufte Russland Hubschrauber in geringer Stückzahl an verschiedene Staaten wie Kolumbien (6 MI-17), Tschechien (6 Mi-35), Nigeria (9 Mi-35) und die bereits genannten Transporthubschrauber MI-171 an Pakistan.

Wie sieht es nun aber bei weitreichender **Luftabwehrbewaffnung** aus? In diesen Sektor hatte der MIK der RF Anfang der neunziger Jahre große Exporthoffnungen gesetzt. Das hatte u.a. historische Gründe. Ausgehend von der Überlegenheit der USA und der NATO bei Kampfflugzeugen und anderen Luftkampfmitteln gegenüber den Staaten des Warschauer Vertrages wurden in den achtziger Jahren in der UdSSR die Entwicklung und der Bau von Luftabwehrmitteln energisch forciert.

Die einsatzbereiten Fla-Raketen-Komplexe „TOR" (Nahdistanz), „BUK" (mittlere Reichweite) und S-300 (großer Wirkungsradius), sowie die tragbaren Flugabwehrraketenkomplexe „IGLA" boten nicht nur ein komplettes System von Luftabwehrkomponenten, sondern erreichten und überboten teilweise in ihren taktischtechnischen Parametern die analogen Systeme der Konkurrenz.

Trotzdem erwarben vor 2000 nur zwei Staaten Systeme in nennenswertem Umfang. Dies waren die VR China und Griechenland (S-300 und „TOR-1" für insgesamt 1,5 Mrd. US-Dollar).

Finnland erhielt eine geringe Anzahl „BUK"[158] und auch das Kolomenskoer „Konstruktionsbüro Maschinenbau" verkaufte damals einige „IGLA" an die Skandinavier.

Der Versuch, durch Abschlüsse mit dem Ausland die komplette Entwicklung der neuen S-400 zu finanzieren, misslang jedoch genauso, wie der Absatz der von „Antej" entwickelten Varianten S-300W für die Landstreitkräfte und der S-300-P für die Luftabwehrtruppe. Stattdessen verkaufte das Unternehmen seit 1998 den Komplex „TOR-1" in nennenswerter Stückzahl. Der Umsatz bei diesem System lag bei ca. 700 Mio. US-Dollar.

Die **maritimen Kapazitäten des MIK** waren vom Zerfall der UdSSR und der Rüstungskürzung wohl mit am schwersten betroffen und hatten am stärksten mit der wirtschaftlichen Umstellung zu kämpfen. Die Herstellung sowohl moderner Überwasserkampfschiffe als auch die Produktion von U-Booten stellt (neben strategischen Raketen mit atomaren Gefechtsköpfen und Weltraumkampfmitteln) den wohl kostenintensivsten und technologisch anspruchsvollsten Bereich der Rüstungsindustrie dar. Dies wird klar deutlich,

---

158 Damit wurden Altschulden der UdSSR getilgt.

wenn man in Betracht zieht, dass die Produktionskosten eines einzigen Minenleg- und Räumschiffes mittlerer Tonnage so hoch sind, wie die Kosten für die Herstellung 20 moderner Jagdflugzeuge oder 150 moderner Kampfpanzer.

Daraus ist ersichtlich, dass selbst „kleine" Aufträge für die russischen Werften von existenzieller Bedeutung sind, und die Verteilung der Aufträge über das Fortbestehen der verschiedenen Unternehmen entscheidet.

So hat die Order Chinas zum Bau der beiden Zerstörer der Sowremennyj-Klasse (Projekt 956E) die Existenz der Sankt Petersburger „Sewernaja Werf" ebenso für einige Zeit gesichert, wie die Lieferung dreier Fregatten (Projekt 11356) für die indische Marine durch das ebenfalls in Sankt Petersburg beheimatete „Baltiskij Sawod".

Die Ende der neunziger Jahre vereinbarten Kontrakte von jeweils 1 Mrd. US-Dollar Umfang, und die Aktivitäten des „Konstruktionsbüros Rubin" und der „Admiralteskije Werfi" im Hinblick auf den Verkauf von U-Booten der KILO-Klasse (Projekt 877EKM), haben Russlands Position auf dem asiatischen Rüstungsmarkt zur Jahrtausendwende gestärkt.

Aber auch kleinere Aufträge, wie der Bau und die Lieferung von Küstenschutzbooten der Swetljak-Reihe (Projekt 10410) an Vietnam und der Kauf von Landungsschiffen mit Luftkissentechnik „Subr" (Projekt 1232.2) im Werte von 100 Mio. US-Dollar durch den NATO-Staat Griechenland, stehen auf der Habenseite des Russischen Marine-MIK.

Auf der aktuellen Exportliste im maritimen Bereich sind auch noch die Raketenschiffe der „Molnja-" und „Skorpion"-Serien (Projekte 1242.1 und 12300) der Rybinsker Werft „Wympel" zu finden.

Soweit die kurze Übersicht zum Waffenexport für Land-, Luft und Seestreitkräfte. Die Frage, ob Russland bisher atomare oder kosmosgestützte Bewaffnung veräußerte, kann man wohl mit einem klaren NEIN beantworten.

Ob dies allerdings auch zukünftig so sein wird, lässt sich heute nicht beantworten. Dabei denke ich in erster Linie an die Möglichkeit, Atom-U-Boote anzubieten.[159] Hier wäre sowohl ein Verkauf als auch Leasing denkbar; natürlich im engen Rahmen der internationalen Bestimmungen, z.B. über die Nichtweiterverbreitung von Kernwaffen.

---

[159] Z.B. Projekt 971 der Akula-Klasse (die „RUS" und die „NERPA").

Auf alle Fälle wird die Befürchtung Russlands, beim Export neuer Waffen und Technologien künftig gegenüber seiner Konkurrenz ins Hintertreffen zu geraten, wohl eher zu-, denn abnehmen und die „Hemmschwelle" bei heiklen Geschäften möglicherweise herabsetzen.

Bevor ich näher auf Indien und China eingehe, halte ich es für angebracht darauf zu verweisen, dass es aus meiner Sicht in letzter Zeit keine nennenswerte Zusammenarbeit Russlands auf militärischem Gebiet mit Kuba, Nordkorea, Irak, Syrien, Libyen und Iran gab, die die bereits vorhandenen Bewaffnung dieser Länder und die Kampfkraft ihrer Streitkräfte entscheidend gestärkt oder verbessert hätte.

Diesbezüglich geäußerte Vorwürfe an Russland von Seiten der US-Regierung und anderer Staaten in jüngster Vergangenheit sind m.E. völlig aus der Luft gegriffen.

Präsident Putin hat im April 2003 derartige Anschuldigungen (Lieferung an Saddam Hussein) denn auch äußerst energisch zurückgewiesen. Andererseits gibt es keine rechtliche Grundlage, die Russland Waffengeschäfte mit den oben genannten Staaten grundsätzlich verbietet. Eine Ausnahme bilden natürlich die von der UNO beschlossenen internationale Sanktionen, wie beispielsweise in der Vergangenheit gegenüber dem Irak.

Hauptpartner Indien

Seit der Gründung Indiens 1947 pflegte dieses Land gute Beziehungen zur UdSSR und deren Verbündeten. Dies betraf seit Anfang der sechziger Jahre zunehmend auch Kooperationen auf militärischem Gebiet.

Besonders nach dem Zerwürfnis der UdSSR mit der VR China, die Ende des Jahrzehnts sogar in bewaffnete Zusammenstöße in Fernost gipfelten, sah die Sowjetunion in der militärischen Stärke Indiens eine Möglichkeit, Peking zu schwächen und im Zaum zu halten. In den letzen 40 Jahren, so schätzen russische Experten, betrugen die militärischen Lieferungen der UdSSR und Russlands an Indien etwa 34 Milliarden US-Dollar.

Auch der Kalte Krieg trug dazu bei, dass die in Folge der Kolonialherrschaft und der damit verbundenen willkürlichen Grenzziehungen entstandenen Zwistigkeiten auf dem indischen Subkontinent nicht gelöst wurden. Neben dem Konflikt Indiens mit China im Himalajagebiet ist die Situation durch das tief greifende Zerwürfnis mit seinem Nachbarn Pakistan gekennzeichnet. Die religiösen, sozialen und ethnischen Spannungen und gegenseitigen territorialen Ansprüche, vor allem im Kaschmirgebiet, erschweren seit Jahrzehnten eine friedliche Lösung in der Region. Nicht nur einmal griffen beide Seiten zu den Waffen. Darüber hinaus verband Moskau und Neu-Delhi damals, wenn auch aus partiell differierenden Gründen, lange Zeit eine, gegen die Vorherrschaft der USA gerichtete Außenpolitik und deren regionalen Favoriten Pakistan.

Mit dem Ende der Sowjetunion wurde Indien schnell zu einem der beiden Hauptzielländer der militärtechnischen Exporte des neuen Russland. Begünstigt wurde dies einerseits dadurch, dass es nach wie vor weder von indischer noch von russischer Seite politische oder ideologische Vorbehalte gegeneinander gab. Die beiden Seiten hatten, auch unter den nunmehr veränderten Bedingungen, keine Vorbehalte gegeneinander, die einer Fortsetzung der engen Kooperation im Wege gestanden hätten.

Andererseits entwickelte sich Indien, sowohl in wirtschaftlicher als auch in sozialer Hinsicht, in den letzten zehn Jahren so dynamisch, dass das Land in der Lage war, in großem Umfang hochwertige und kostenintensive Waffen und Ausrüstungen in Russland zu kaufen; lagen die langjährigen jährlichen Wachstumsraten des BIP doch stets um die 5 %. Trotz aller Probleme entwickelte sich das Land, das über eine Milliarde Einwohner zählt, zu einem der, in jeder Hinsicht, attraktivsten asiatischen Märkte.

Das täuscht natürlich nicht darüber hinweg, dass nicht nur die inneren Konflikte weiter schwelen. Während sich das Verhältnis zu China sichtlich verbesserte, ist es nicht gelungen, die Beziehungen zu Pakistan bisher nachhaltig zu entspannen. In den vergangenen Jahren standen die beiden Kernwaffenmächte daher nicht nur einmal kurz vor einem offenen militärischen Schlagabtausch.

Indien hat daher seine Militärausgaben regelmäßig erhöht. Im Jahr 2003 stellte das Land dafür 16,2 Mrd. US-Dollar zur Verfügung, während im Vorjahr noch 15,7 Mrd. und 1999 lediglich 12,4 Mrd. US-Dollar ausgegeben wurden.

An dieser Entwicklung wird sich aller Voraussicht nach auch in den nächsten Jahren nicht viel ändern.

Trotz vorhandener eigener Rüstungskapazitäten hatte sich die indische Führung entschlossen, die nach dem Untergang der UdSSR brachliegenden Möglichkeiten Russlands für ihre eigenen Ziele zu nutzen.

Damit wollte man einerseits am dortigen technologischen Niveau partizipieren. Neu-Delhi umging damit andererseits aber auch eventuelle Widerstände seitens der USA und deren Verbündete, die eine wesentliche militärische Überlegenheit Indiens über Pakistan zu verhindern suchten und vor allem die atomare Rüstung Indiens[160] und die Weltraumaktivitäten misstrauisch beobachteten, Pakistan aber als Gegengewicht relativ stark fördern.

Auf eine Lieferung hochtechnologischer Waffen und Ausrüstung, sowie die Bereitstellung des entsprechenden Know-how aus dem Westen konnten die Inder somit nicht zählen. Obwohl die Russen vermeiden, offiziell Partei für eine der Seiten zu ergreifen, gehört ihre Sympathie wohl eher Indien. Von indischer Seite wurde mit Genugtuung aufgenommen, dass Moskau Anfang 2003 die Bitte Islamabads, den Luftabwehrkomplex S-300 zu erwerben, abschlägig beschied. Das bestätigt offensichtlich die bereits geäußerte Ansicht, das Russland nunmehr den Militärexport selektiver gestaltet und sich dabei selbst gute Geschäfte entgehen lässt. Die politischen Intensionen Pakistans im zentralasiatischen Raum werden in Moskau schon lange argwöhnisch beobachtet. In Russland erinnert man auch bisweilen an die Rolle des Landes im Afghanistankrieg, als der antisowjetische Widerstand vor allem von Pakistan aus organisiert wurde.

Die russische Regierung wird dagegen nicht müde, eine dauerhafte strategische Partnerschaft mit Indien zu beschwören. Sie beruft sich dabei auf den gegenseitigen „Vertrag über Freundschaft und Zusammenarbeit" vom 29. Januar 1993 und einer Reihe anderer offizieller Vereinbarungen, so das „Programm der militärtechnischen Zusammenarbeit bis 2010", das im Dezember 1998 unterzeichnet wurde.

Schaut man sich die Zahlen des militärischen Exportes Russlands an, so liegen China und Indien in den letzten Jahren relativ eng beisammen. Während China 2002 die Nase vorn hatte, scheint Indien danach das Rennen wieder zu machen.

Aber nicht die Umsatzzahlen des russischen MIK auf den jeweiligen Märkten sind der Anlass dafür, Indien als Hauptpartner zu betrachten. In qualitativer Hinsicht, hinsichtlich der Struktur und

---

160 So z.B. die in diesem Jahr in Dienst gestellte kernwaffentragende Rakete „Agni-3".

Langfristigkeit der Militärexporte Russlands gebührt Indien wohl unumstritten der erste Rang. Und das resultiert vor allem aus der beeindruckenden Vielfalt der Kooperation. Die Zusammenarbeit mit Indien umfasst fast alle Segmente der Bewaffnung und Ausrüstung, wie Panzertechnik, Artillerie- und Luftabwehrsysteme, Flugzeugtechnik, Raketenbewaffnung und Kriegsschiffsbau. Indien ist zweifelsfrei der, auch an der Langfristigkeit der Geschäfte gemessen, bedeutendste Partner Russlands

Dabei gibt es aber einige Nuancen zu beachten, auf die ich kurz eingehen will. Da ist zunächst der psychologische, subjektive Faktor.

Ein von russischer Seite in der Vergangenheit nicht selten genannter Aspekt, der Indien für die Russen zu einem idealen Partner in den 1990er Jahren werden ließ, waren ähnliche mentale und psychologische Verhaltensweisen der jeweiligen Militärs, Staatsbürokraten und Manager des MIK und ein kompatibler Stand der „wirtschaftlichen Kultur", einschließlich des Umgangs mit Bestechungen und Verzögerungen und anderen Unregelmäßigkeiten bei der Geschäftsabwicklung.

Dieser „Standortvorteil" scheint nunmehr aber in dem Maße mehr und mehr in den Hintergrund zu treten, in dem der Kreml den Militärexport unter seine Aufsicht stellt. Folgerichtig werden in Russland Forderungen lauter, derzeit vom „*Handels- und Vermittlermodell zum Kooperations- und Reproduktionsmodell überzugehen*".[161] Andere warnten schon einige Jahre, eindringlich aber fast ungehört, davor, sich zu stark auf Asien zu konzentrieren und malen die Gefahr eines „indischen und chinesischen Ghettos"[162] für den russischen MIK-Export an die Wand und fordern die Hinwendung zur GUS und EU als künftige Hauptpartner.

Noch etwas anderes scheint mir aber wesentlich. Langsam dämmert es den Russen, wie geschickt die Inder die Beziehungen zu ihrem Vorteil nutzen und die Zusammenarbeit Folgen für den russischen MIK zeigt, die teilweise den nationalen Interessen Russland entgegenstehen.

Schon lange konstatieren russische Experten die geringe Rentabilität der Lieferung nach Indien. Während andere Länder russische Waffen „von der Stange" kaufen, fordert Neu-Delhi

---

161 K. Makijenko „Indija-idealnyj partner", Wedomosti v. 11.10.2002, www.cast.ru.
162 M. Pjaduschkin, I. Bulawinow „Torgowlja pod presidentskim prizelom" in „Kommersant Wlast", Nr. 1 v. 15.01.2002.

Maßanfertigungen und stellt dabei Forderungen, die an die Grenze der gegenwärtigen Leistungsfähigkeit des MIK der RF gehen, ohne die Kosten der dazu notwendigen Forschungs- und Entwicklungsarbeiten zu decken. Die hohen Forderungen führten auch immer wieder dazu, dass die Lieferungen ins Stocken gerieten und die Russen für die entsprechenden Verzögerungen haften mussten und ihre Erlöse mit erheblichem Verzug erhielten. Als Beispiel seien hier nur die gravierenden technischen Probleme mit dem Schiffsraketenkomplex „Stil-1" genannt, welche die Lieferung zweier Fregatten (Projekt 11356) erheblich verzögerten und sogar die Anschlussaufträge in Gefahr brachten.

Darüber hinaus verlangten die Inder immer wieder, dass wesentliche ausländische Komponenten in die zu liefernde russische Technik einzubauen waren; auf Kosten der Hersteller, versteht sich. Die dabei auftretenden Probleme zu lösen, überließ man natürlich den Russen. Damit hingen unter anderem auch die technischen Probleme der Funk- und Funkmessanlage zusammen, die bei den ersten Schiffen der Krivak-Serie (Projekt 11356) für einigen Wirbel sorgten. Andererseits zwang das Russland dazu, sich auf einen Terrain zu tummeln, dass künftig für den russischen MIK lebensnotwendig sein kann; der Globalisierung der Rüstungsindustrie.

Die hohen technologischen und taktisch-technischen Forderungen aus Neu-Delhi zwangen die Russen zu neuen kostspieligen Weiterentwicklungen, die über den Erlös schwerlich refinanziert werden konnten und deren anderweitige Nutzung nicht möglich oder zumindest fraglich war. Das Flugzeug SU-30MKI wurde speziell für die Inder gefertigt und wird weder in der Russischen Armee noch auf anderen Märkten wohl eine Zukunft haben. Mit hohem technischen und finanziellem Aufwand wurde die Maschine aber mit dem Radar- und Feuerleitsystem „Bars" ausgestattet, ohne dass sich die Kosten dafür letztendlich amortisieren. Etwas günstiger scheint die Situation rund um die Fregatte Projekt 11356. Hier hofft Russland, die investierten Mittel und das Know-how für den Bau neuer Fregatten nutzen zu können. Auch der jahrelange Streit um den Kaufpreis der „Admiral Gorschkow" (Projekt 11434)[163] ist wohl unter diesem Aspekt zu sehen, bringt Russland aber weniger Erlös,

---

163 Lange Zeit verhandelten die beiden Seiten um den Preis. Während Russland ursprünglich fast 2 Mrd. US-Dollar erzielen wollte, zeichnet sich jetzt ein Gesamtvolumen von etwa 1,6 Mrd. US-Dollar ab.

als ursprünglich gewünscht. Trotzdem wird der Verkauf der „Gorschkow" wohl als größtes Einzelprojekt in die Annalen des russischen Waffenhandels eingehen.

Die lange Zeitdauer der vereinbarten Lieferungen an Indien wird von vielen russischen Experten als negativ für die eigenen Unternehmen betrachtet. Das ist aus meiner Sicht zu kurz gegriffen und typisch für das bisherige, wenig strategisch angelegte, Denken eines Teils des russischen Managements. Dass die meisten Spitzenmanager, ohne Blick auf mögliche negative Umstände und Folgen für ihr Unternehmen, so viel als möglich in möglichst kürzester Frist verkaufen wollen, ist offenbar dem schnellen Personalkarussells in den MIK-Betriebe Russlands geschuldet.

Bemerkenswerterweise gibt aber auch andere Beispiele: IRKUT, der Hersteller der SU-30MKI nutzt die kontinuierlichen, wenn auch nicht sehr üppigen Erträge, die die lange Laufzeit des Vertrages (bis mindestens 2012) mit sich bringt, geschickt zum Umbau des Unternehmens. Die bei Russlands Führungskräften häufig vorhandene Haltung „nach mir die Sintflut" scheint bei IRKUT schon teilweise überwunden. Wohl auch deshalb gehört das Unternehmen zu den erfolgreichsten in Russland. Aber dazu in einem der nächsten Kapitel mehr.

Die Herausforderungen und Schwierigkeiten bei der Erfüllung der indischen Exportaufträge sind für die russischen MIK-Unternehmen so komplex und tief greifend, dass sie den Rahmen der üblichen Probleme und Schwierigkeiten, mit denen so große Projekte zwangsläufig verbunden sind, sprengen. Um die übernommenen Verpflichtungen zu realisieren, waren die Russen bisher nicht selten gezwungen, Maßnahmen einzuleiten, die zu Lasten der Struktur und der Leistungsfähigkeit ihres MIK gingen. Andererseits ist nicht zu übersehen, dass die Problem, vor allem die niedrige Rentabilität, die russischen Unternehmen veranlasste, Reserven zu mobilisieren. Das hat diesen Unternehmen geholfen zu lernen, in schwierigem Fahrwasser zu agieren. Vor allem lernten sie, eigenständig auf komplexe Fragen der Finanzierung, des Marketings, und der flexiblen Reaktion auf Käuferwünsche, Antworten zu finden.

Im Gegensatz dazu sind die kurzfristigen, umfangreichen Lieferungen an China und andere Staaten äußerst gewinnbringend, zwingen die daran beteiligten Unternehmen aber nicht, neue Wege zu suchen; bedeuten letztendlich Stillstand. Man kann gespannt sein, welche langfristigen Folgen dies mit sich bringt, denn die Rahmenbedingungen können sich durchaus schnell ändern.

Nun zu einigen Beispielen für die russisch-indische Zusammenarbeit der letzten Jahre:
- **der Kauf von 124 Kampfpanzern T-90S durch Indien seit 2001 und die Vorbereitung und Durchführung der Lizenzfertigung weiterer 176 im Lande**
- **die Modernisierung von 1.550 – 1.700 in der indischen Armee genutzten Kampfpanzern T-72**
- **der Erwerb des Raketenwerfersystems „Smertsch"**
- **der Kauf (40 Stück) und die Lizenzfertigung (140 Stück- ab 2004) des Kampfjets SU-30MKI**
- **die gemeinsame Entwicklung der Antischiffsrakete „Brahmos", die am 12.02.2003 vor der Küste Indiens umfangreiche Tests bestanden hat**
- **der Kauf und die Modernisierung der dieselelektrischen U-Boote der KILO-Klasse; Projekt 877EKM und Projekt 877W (mit Wasserstrahlantrieb)**
- **der Kauf und die Umrüstung des Flugdeckschiffes „Admiral Gorschkow" (Projekt 11434) inklusive der dazugehörigen trägergestützten MIG-Flugzeuge und Kamow-Hubschrauber**
- **die Lieferung von 26 Transporthubschraubern MI-17W bis 2004**

Trotz dieser eindrucksvollen Bilanz mehren sich nach dem Krieg in Afghanistan die Zeichen, dass Indien wieder stärker Waffen und hier vor allem Flugzeuge in den USA kaufen will (leichte Jäger F404, Jagdbomber F/A-18 C/D). Aber auch Großbritannien, Frankreich, Deutschland und Israel hätten nichts dagegen, künftig den Platz Russlands einzunehmen und buhlen um die Gunst Neu-Delhis.

Ob es aber schon eine generelle Kursänderung gibt, oder ob sich Indien nur zeitweise und in begrenztem Umfang mit Gerät versorgt, das die Russen nicht oder nur zu ungünstigeren Konditionen liefern können, ist gegenwärtig schwer zu beurteilen.

Für die Russische Föderation wäre dies nicht nur in wirtschaftlicher, sondern auch in geopolitischer und militär-politischer Hinsicht ein spürbarer Rückschlag. Daher werden in Russland einige anstehende Entscheidungen der indischen Regierung mit Hoffen und Bangen erwartet, sind sie doch scheinbar der Lackmustest für die weitere Zukunft der militärischen und militärtechnischen Kooperation Moskaus mit Neu-Delhi.

Das sind unter anderem der Ausgang der Ausschreibung um die Modernisierung des sowjetischen Luftabwehrraketensystems S-125. Hier konkurriert Polen gegen Russland. Darüber hinaus steht die Entscheidung an, ob Indien künftig weitere russische konventionelle U-Boote kauft oder diese demnächst aus Deutschland bezieht.

Schließlich erwarten die Russen die indische Entscheidung zur Modernisierung der MIG-29 unter russischer Regie.

Bei den folgenden Projekten malt sich Russland große eigene Chancen aus, da es aus Moskauer Sicht für die Inder keine echten Alternativen dazu gibt:
- **das Angebot Moskaus, am weiteren Ausbau des russischen weltraumgestützten globalen Navigationssystem „Glonass" und der Entwicklung des Jägers der „5. Generation" teilzunehmen**
- **die weitere Lieferung von Fregatten des Projektes 11356 oder ähnlicher Kampfschiffe**
- **die Lieferung des operativ-taktischen Präzisionsraketensystems „Iskander-E"**
- **das Leasings eines oder zwei Atom-U-Schiffe (evtl. Projekt 971)**
- **der Kauf von 24 dieselelektrischen U-Booten „Amur" (Projekt 1650)**
- **die gemeinsame Entwicklung und Produktion einer Typserie von Passagier- und Transportflugzeugen**
- **der Verkauf oder die leihweise Überlassung von 4 bis 6 russischen Langstreckenbombern TU-22M3/TU-22MR;**

Gelingt es Russland, seine Positionen in Indien zu bewahren oder gar auszubauen, dann kann Moskau sicher sein, auch künftig eine gewichtige Rolle in der Sicherheitspolitik Asiens zu spielen.

Wenn es darüber hinaus noch gelänge, gleichzeitig die Beziehungen zur zweiten großen Macht in Asien, der Volksrepublik China weiter dauerhaft zu entwickeln, wäre die Situation aus russischer Sicht fast schon ideal.

Allianz oder Zweckehe? Russland und China

Der Waffenexport des MIK zielt neben Indien vor allem auf die VR CHINA. Diese beiden Länder machen immerhin zwei Drittel der Außenhandelsumsätze Russlands auf militärischem Gebiet aus.

Dabei stellt sich aber China für die Russen weitaus problemreicher dar als Indien. Es sind Zweifel angebracht, ob China und Russland künftig überhaupt langfristige Partner bei der militär-technischen Kooperation werden können.

Einerseits gibt es in Russland starke politische und ideologische Vorbehalte gegenüber dem Reich der Mitte. Diese sind sicher nur zum Teil noch Nachwirkungen der Auseinandersetzungen der

UdSSR und Chinas, die vom politischen Bruch Ende der fünfziger Jahre unter Nikita Chrustschow und Mao Tse-tung bis zu bewaffneten Grenzkonflikten Ende der sechziger Jahre reichten.

Mag die offizielle Rhetorik während des letzten Besuches Wladimir Putins in China noch so freundlich gewesen sein, Russland muss einfach eventuelle geopolitische und territoriale Ambitionen Chinas in Sibirien in Betracht ziehen und vor allem auch den entsprechenden Ängsten seiner Bevölkerung Rechnung tragen.

So nannten bei einer Untersuchung im Mai 2001 zwar 22,9 % der befragten russischen Bürger China als möglichen Verbündeten und Partner (Deutschland folgte auf Platz 3 mit 21,0 %). Unter den Bewohnern des Fernen Ostens und Sibiriens betrug der Anteil aber lediglich 11,3 %, während 33,3 % der dort Lebenden China als Hauptgefahr für Russland betrachtet.[164]

Darüber hinaus ist sich der Kreml völlig im Klaren, dass die USA jede wesentliche militärische Stärkung Chinas unter allen Umständen verhindern müssen, wollen sie nicht der angestrebten Weltherrschaft vorzeitig verlustig gehen. China kann unter Umständen, neben den USA, bald das einzige Land der Welt werden, das zur Gewährleistung seiner militärischen Sicherheit nicht gezwungen ist, mit anderen Staaten oder Staatengruppen Allianzen einzugehen.

Militärtechnisch ist China aber (noch) weit davon entfernt, den USA eine echte Konkurrenz zu sein, auch wenn sich die Entwicklung atemberaubend schnell vollzieht. Trotz des eben Gesagten erhält es dabei eine nicht unerhebliche Unterstützung durch seinen nördlichen Nachbarn. Die Spezifik der Zusammenarbeit bringt es mit sich, dass hier wesentlich weniger Informationen an die Öffentlichkeit gelangen und einander öfter widersprechen, als z.B. hinsichtlich der Kooperation mit Indien.[165]

Schon bald nach dem Untergang der UdSSR begann die verstärkte Zusammenarbeit Chinas und Russlands auf militär-technischem Gebiet. Wenn man sich den Zustand der Chinesischen Volksbefreiungsarmee 1989/1990 anschaut, so ist unschwer festzustellen, dass die Chinesischen Streitkräfte bis dato kaum als modern bezeichnet werden konnten.

---

164 Die Befragung erfolgte durch die Markt- und Meinungsforschungsgesellschaft ROMIR. Befragt wurden 2.000 Personen. http://www.romir.ru/socpolit/pr/vvps/06 2001/allies-enemies.htm.
165 Siehe dazu K. Makijenko „Wojenno-technitscheskoje sodrudnitschestwo Rossij i KNR v 1992-2002"; Moskau, Gendalf 2002.

Zwar verfügte das Land über eine Millionenarmee und produzierte seine Ausrüstung in eigener Regie. Aber vor allem die Luftstreitkräfte/Luftabwehr und die Marine Chinas waren total veraltet ausgerüstet. Die erstaunlich geringe Kampfkraft der Chinesen zeigte sich deutlich im Krieg gegen Vietnam 1979, als China gegen die gut ausgebildeten Hanoier Truppen 26.000 Gefallene und 37.000 Verwundete zu beklagen hatte.

Die chinesischen Jäger J-5, J-6 und J-7, die Standardausrüstung der **Luftstreitkräfte** vor 10 Jahren, stellten Nachbauten der sowjetischen MIG-17, MIG-19 und MIG-21 dar. Bis 1999 erwarb Peking aus Russland dann vor allem die SU-27 (1992 20 SU-27SK und 6 Trainer SU-27UBK, 1995/96 erneut 16 SU-27SK und 6 SU-27UBK). Damit gelang es, die dritte Generation von Jagdflugzeugen in kürzester Zeit zur Verfügung zu haben und zu beherrschen.

Die SU-27 wird nunmehr als J-11 von den Chinesen offensichtlich problemlos selbst gefertigt.

Seit 1999 erwarb China die SU-30 und damit die vierte Generation und mit der SU-30MKK sogar die Generation Vier+. Im Januar 2000 erhielt China die ersten Maschinen dieses Typs. Bis 2001 wurden schließlich 40 Stück geliefert.

Auffällig ist die Bestellung einer verhältnismäßig großen Anzahl von Schulmaschinen, was auf eine intensive Ausbildung einer großen Anzahl von Piloten schließen lässt.

Interessant ist auch der umfangreiche Kauf und die Lizenzfertigung von Triebwerken und Aggregaten durch China, wie z.B. das AL-31FN für den leichten chinesischen Jäger J-10. Damit stellt China seine luftfahrttechnische Produktion auf eine relativ breite Basis und verhindert die Abhängigkeit von den Lieferanten.

Auch bei der Ausrüstung mit Radar- und Zielsystemen, sowie bei der Bewaffnung der Luftstreitkräfte, standen die Russen Pate. Die J-10 wird offensichtlich mit dem Radarsystem „Schuk-MJE" ausgestattet. Auch die Antischiffsrakete CH-31A wird nun in China unter der Bezeichnung YJ-91 in Lizenz gefertigt. Es gibt weiterhin Informationen, dass die Luft-Luft Rakete R-27 als Hauptbewaffnung des chinesischen Abfangjägers J-8D eingesetzt werde soll, und dass die russische Anti-Radar-Rakete CH-31P als Bewaffnung des Jagdbombers JH-7 vorgesehen ist.

Kennzeichnend für die russisch-chinesische Kooperation ist die Geschichte der Entwicklung der Luft-Luft-Rakete PL-12 mit einem aktiven selbstsuchenden Gefechtskopf. Nachdem es der chinesischen Rüstungsindustrie, trotz einiger Anstrengungen, bis Ende der neunziger Jahre nicht gelang, eine derartige Waffe selbst zu entwickeln, kaufte man von Russland kurzerhand die entsprechende Technologie. Das nunmehr in China produzierte System wird voraussichtlich 2004 in die Streitkräfte eingeführt werden. Dies ermöglicht es den chinesischen Kampfpiloten erstmalig, Luftgegner auf große Distanz, auch weit außerhalb der direkten Sichtentfernung, wirksam zu bekämpfen.

Die Kooperation Russlands und Chinas hat bewirkt, dass Peking gegenwärtig über etwa 380 moderne Jagdflugzeuge (SU-27/SU-31) mit wirksamer Bewaffnung verfügt und diese sowohl umfassend beherrscht als auch selbst herstellen und ggf. weiterentwickeln kann. Damit hat das Land einen wirklichen „großen Sprung" getan.

Die **Luftverteidigung** der Volksrepublik China mit ihrem riesigen Territorium und den klimatisch und geographisch so unterschiedlichen Zonen und Gebieten gehört sicher zu den schwierigsten Seiten der militärischen Sicherheit für die Pekinger Führung. Bei der Entwicklung und Modernisierung der technisch und technologisch äußerst anspruchsvollen Luftabwehrsysteme ging China ähnliche Wege wie bei den See- und Luftstreitkräften, indem es Ausrüstung und Technologie in Russland erwarb.

Da wären zum Beispiel:
- **6-8 Divisionskomplexe des weitreichenden Luftabwehrsystems S-300P/PMU-1 (bis 1999)**
- **4 Divisionskomplexe des weitreichenden Luftabwehrsystems S-300 PMU-2 (Vertragsabschluss 2001)**
- **Luftabwehrkomplexe kürzerer Reichweite TOR-M1 (bisher 27 Stück)**

Neben den Luftstreitkräften waren vor allem die **Seestreitkräfte** Chinas Gegenstand der Kooperation mit der Russischen Föderation. Auch die Seestreitkräfte des riesigen Landes ähnelten 1990 eher einem Museum als der Seemacht eines bedeutenden Staates.

Bisher ist bekannt geworden, dass Russland nach 1991 zwei Überwasserschiffe und vier U-Boote an China lieferte.

Bei den Erstgenannten handelt es sich um die beiden Zerstörer der Sowremennyj-Klasse (Projekt 956E), die 2000 und 2001 an die Chinesen übergeben wurden.

Die U-Boot-Lieferung bestand bisher aus 2 dieselelektrisch angetriebenen Schiffen der KILO Klasse (Projekt 877EKM) und 2 Booten der gleichen Klasse, jedoch in einer weniger modernen Variante (Projekt 636).

Alle vier U-Boote verfügen über die gleiche Bewaffnung (je 18 Torpedos 533 mm), unterscheiden sich aber in der Qualität ihrer hydroakustischen Ausrüstung.

Im Januar 2002 wurde schließlich ein Vertrag über die Lieferung von zwei weiteren Zerstörern der oben genannten Serie abgeschlossen (Projekt 956ME).

Offensichtlich benötigt China einerseits diesen Typ besonders dringend für seine Pläne und künftigen Ambitionen. Anderseits scheinen die Chinesen mit den ersten beiden Schiffen zufrieden zu sein.

Trotz dieser umfangreichen und kontinuierlichen Kooperation ließ dann im Mai 2002 die Meldung aufhorchen, dass die VR China gleich sechs dieselelektrische U-Boote (Projekt 636-KILO II-Klasse) in Russland orderte. Diese sollen allesamt mit dem Raketenkomplex SM-54E „Klab-S" ausgerüstet werden. Die Kosten wurden mit 1,5 bis 1,6 Mrd. US-Dollar angegeben.[166] Kurz danach wurde bekannt, dass die Flotte Chinas etwa 30, für maritime Aufgaben mit der Antischiffsrakete CH-31A ausgerüstete, Jagdbomber SU-31MKK bestellte.[167]

Während diese Meldungen offiziellen Charakter trugen, gibt es für die Nachricht, dass China zwei Fla-Komplexe S-300F „Rif" für die Flotte anschaffen will, von keiner der beiden Seiten eine offizielle Bestätigung.

Sollte dies zutreffen, dann wird immer wahrscheinlicher, dass Peking den Bau sehr großer Flotteneinheiten, evtl. sogar von Flugzeugträgergruppen, wenn nicht sofort in Angriff nimmt, dann zumindest technologisch unmittelbar vorbereitet. Die „Rif" sind für große Schiffe konzipiert und haben eine beträchtliche Reichweite. Ihr Einsatz in einer reinen Randmeerflotte ergibt keinen militärischen Sinn.

Offenbar streben die Chinesen in naher Zukunft mit ihrer Flotte in die Tiefe des pazifischen Raumes.

Auf alle Fälle ist es ihnen gelungen, in kurzer Frist eine Seemacht zu entwickeln, die gegenwärtig zumindest für Taiwan und die meisten asiatischen Staaten zu einem ernstzunehmenden Gegner geworden ist. Vor allem im Bereich der Luftverteidigung der Marine scheinen die Fortschritte, dank der russischen Lieferungen, mehr als bemerkenswert zu sein.

---

166 A. Nikolski „Molitsja na Kitai?", Wedomosti v. 21.05.2002.
167 Interfax APN 30.06.2002.

Die **Landstreitkräfte** Chinas gehören in der Vergangenheit nicht zu den großen „Nutznießern" der Zusammenarbeit mit Russland. Das mag einerseits daran liegen, dass die Chinesen selbst Panzer und Artillerie in ausreichender Menge und Qualität herstellen und kein Bedarf an russischer „Hilfe" besteht.

Andererseits betrachtete Russland alle Aktivitäten der Landstreitkräfte Chinas aus verständlichen Gründen in der Vergangenheit stets mit Argwohn und denkt auch gegenwärtig offensichtlich nicht daran, die chinesische Landstreitmacht zu stärken.

Es bleibt abzuwarten, ob es nach den Kriegen auf dem Balkan und im Irak eine stärkere Kooperation auf diesem Feld gibt.

Allerdings kaufte die Volksrepublik bereits vor einiger Zeit das Werfersystem „Smertsch" der Tulaer Firma „Splaw". Es gibt auch (offiziell unbestätigte) Berichte über die Lieferung des mobilen Minenwerfersystems „Nona-SWK" an die Chinesische Volksarmee in den neunziger Jahren.

Erwähnenswert scheint mir an dieser Stelle die Lieferung von „intelligenter" Munition des Typs „Krasnopol-M" im „NATO-Kaliber" 155 mm 1999/2000 (etwa 1000 Stück). Damit ist zwar keine Modernisierung erfolgt, da diese Granaten, wie bereits schon erwähnt, kaum mehr als sehr modern zu bezeichnen sind. Offensichtlich nutzten aber die Chinesen die gelieferten Geschosse nicht zur Truppenverwendung, sondern um eigene Nach- und Neubauten in Angriff zu nehmen, denn die Lizenzfertigung begann in der VR China bereits im März 2000. Es scheint somit nur eine Frage der Zeit zu sein, wann die Chinesen neue eigene moderne Granaten präsentieren.

Kaum etwas ist über gemeinsame Forschungs- und Entwicklungsarbeiten bekannt. Es ist davon auszugehen, dass diese in der Vergangenheit nicht sehr umfangreich waren.

Noch misstrauen sich die beiden Mächte einander. Und China als straff zentral verwaltetes, zunehmend staatskapitalistisches Land mit spezifisch asiatischer Prägung, hat sicher seine Schwierigkeiten mit einigen Erscheinungen und Gepflogenheiten des postsowjetischen Russland im Verlauf der militär-technischen Zusammenarbeit.

Aber auch Russland kann sich sicher idealere Partner vorstellen und sucht diese vor allem in Europa.

3.
Wie Weiter?
Die Perspektiven des russischen Militär-Industrie-Komplexes

Die folgenden Ausführungen, die sich mit der Zukunft des MIK beschäftigen, werden zu einem gewissen Teil einen hypothetischen Charakter haben. Trotzdem soll nicht darauf verzichtet werden, **mögliche** Entwicklungsrichtungen aufzuzeigen.

Gesellschaftliche Systeme, Politik und Wirtschaft bewegen sich nicht nach mechanischen Gesetzen. Einfache kausale Ereignisketten taugen weder für die Erklärung der vielschichtigen Momente des aktuellen Zustandes dieser komplexen Ordnungen noch für deren künftiges Aussehen.

Natürlich ist niemand in der Lage, die Zukunft vorauszusagen. Trotzdem ist es schon möglich, aus den vorliegenden objektiven, d.h. tatsächlich vorhandenen Umständen eine gewisse Prognose abzuleiten.

Diese kann natürlich nicht das Ergebnis **einer** Untersuchung oder **einer** „Lehrmeinung" sein. Hier ist breite Diskussion, ständige kritische Analyse und interdisziplinäre Forschung unverzichtbar.

Die alten Dogmen und Ideologien, die im Kalten Krieg auf beiden, damals sich gegenüber stehenden Seiten, entstanden, taugen heute jedenfalls kaum mehr dazu, auch nur annähernd befriedigende Antworten auf die aktuellen Fragen zu geben.

Begriffe wie Gerechtigkeit, Gleichheit, Demokratie, Freiheit, Marktwirtschaft, Sozialismus, Frieden und Krieg sind bedauerlicherweise oft zu Schlagworten des aktuellen politischen Tagesgeschäftes geworden und werden daher auch je nach Belieben traktiert.

Freilich mangelt es nicht an Versuchen, den sich stürmisch ändernden Realitäten gerecht zu werden.

In unterschiedlicher Weise und aus verschiedenen weltanschaulichen Positionen heraus haben beispielsweise Francis Fukuyama,[168] Paul Kennedy,[169] Samuel Huntington,[170] Jürgen Habermas,[171] Noam Chomsky,[172] Zbiegniew Brzezinski,[173] Chalmers Johnson[174] oder Emmanuel Todd[175] versucht, um nur einige wichtige zu nennen, auf die nach Ende des Kalten Krieges anstehenden Fragen Antworten zu geben und Lösungsvorschläge anzubieten.

Bei der Lektüre fällt auf, dass viele Autoren, wenn es um die Frage der künftigen internationalen Sicherheitsarchitektur geht, Russland eine bedeutendere Rolle zubilligen, als dies die politische Diskussion hierzulande üblicherweise widerspiegelt. Noch mehr erstaunt, dass von Russland in der Zukunft nicht selten eine mögliche stabilisierende, ausgleichende oder gar den globalen Fortschritt befördernde Wirkung erwartet wird.

Unter den „Großen" der aktuellen politikwissenschaftlichen und sicherheitspolitischen Analyse befinden sich gegenwärtig leider keine russischen Autoren, die uns die in ihrem Land vorhandenen Meinungen und Auffassungen zu den hier untersuchten Fragen in kompakter Form darlegen könnten.

Im Folgenden soll versucht werden, wenigstens einige wichtige Aspekte der künftigen militärpolitischen und -wirtschaftlichen Entwicklung Russlands zu beleuchten.

Was den MIK Russlands betrifft, so existiert dieser natürlich nicht unabhängig vom politischen, wirtschaftlichen, kulturellen und sozialen Leben der Föderation. Allerdings hat er eine gewisse Eigendynamik und wirkt seinerseits auf Gesellschaft und Staat.
Er ist eben weder irgendein Industriezweig noch irgendeine Branche, sondern Ausdruck und Resultat wichtiger politischer, wirtschaftlicher und militärischer Interessen des Staates. Seine Zukunft hängt somit nicht in erster Linie von ihm selbst, sondern von der nationalen und internationalen Politik ab.

---

168 F. Fukuyama „Das Ende der Geschichte. Wo stehen wir?", München 1992.
169 P. Kennedy „Aufstieg und Fall der großen Mächte", Frankfurt a. M. 2000.
170 S. P. Huntington „Der Kampf der Kulturen", München 1996.
171 J. Habermas, „Zeit der Übergänge", Frankfurt a. M. 2001.
172 N. Chomsky, „War Against People" Hamburg 2001.
173 Z. Brzezinski, „Die einzige Weltmacht. Amerikas Strategie der Vorherrschaft", Berlin 1997.
174 C. Johnson, „Ein Imperium verfällt", Goldmann Wilhelm, München 2001.
175 E. Todd „Weltmacht USA. Ein Nachruf", München 2003.

Die künftige Struktur des militärisch-industriellen Komplexes und sein Charakter werden daher wesentlich von den Auffassungen der Führung Russlands hinsichtlich möglicher künftiger militärischer Auseinandersetzungen geprägt.

Auch die russische Regierung muss sich, wie alle nationalen Regierungen, die diese Bezeichnung tatsächlich auch verdienen, vor allem zwei wichtigen Hauptproblemen stellen.

Da ist zum Ersten die wirtschaftliche Entwicklung, auf deren Grundlage die Existenz des Staates, das Wohl seiner Bürger und letztendlich auch die Sicherung der Macht und des Einflusses der jeweils Herrschenden fußt. Ohne wirtschaftliche Entwicklung ist eben keine politische, kulturelle, soziale und ökologische Entwicklung möglich.

Zum Zweiten hat jeder handlungsfähige Staat die Aufgabe, die äußere und innere Sicherheit seiner Bürger zu sichern.

Es versteht sich von selbst, dass dies nur im Kontext der internationalen Politik, gewissermaßen als konzertierte Aktion im Spiel der internationalen Staatengemeinschaft, geschehen kann.

Was die militärische Sicherheit anbetrifft und die Fähigkeit, diese unter den gegenwärtigen militärpolitischen und militärtechnischen Bedingungen und Prämissen zu gewährleisten, ist nicht zu übersehen, dass der Ausbau und die Entwicklung militärischer Fähigkeiten immer stärker die wirtschaftliche und politisch-soziale Belastungsfähigkeit auch moderner „westlicher" Industriestaaten strapazieren.

Dies ist natürlich keine neue Erscheinung oder gar ein unerwartetes Phänomen. Die UdSSR ist schließlich unter anderem an ihrer wirtschaftlichen „Überdehnung",[176] hervorgerufen nicht zuletzt durch den Rüstungswettlauf, zugrunde gegangen.

Die effizienteren, entwickelten kapitalistischen Staaten haben dieser Herausforderung nicht zuletzt dadurch getrotzt, dass es ihnen gelang, diese Belastungen durch wirtschaftliches Wachstum relativ gut aufzufangen.

Als Phänomen könnte man die gegenwärtige Situation bezeichnen, in der die meisten führenden OECD-Staaten offensichtlich nicht mehr in der Lage sind, ein dauerhaftes, spürbares Wirtschafts-

---

176 P. Kennedy verwendet den Begriff der Überdehnung (overstretching), um Expansionsprozesse zu bezeichnen, die letztendlich zur Störung und Zerstörung von Macht führen.

wachstum zu erreichen. Die Fähigkeit und der Wille zum Ausbau der militärischen Stärke geraten immer stärker in Widerspruch zu den vorhandenen Potenzen, engen den Spielraum sozialer, wirtschaftlicher und kultureller Entwicklung immer stärker ein.

Im Gegensatz dazu verzeichnet beispielsweise China seit Jahren erstaunlich hohe Zuwächse. Auch Russland hat den wirtschaftlichen Abwärtstrend offensichtlich endgültig gestoppt. Seit zwei bis drei Jahren spiegelt sich die wirtschaftliche Erholung nicht nur in den Statistiken wider, sondern ist auch im Lande spürbar.

Natürlich ist der Ausgangspunkt Russlands nicht mit den Kennziffern der entwickelten Staaten zu vergleichen, und die gegenwärtige Leistungskraft Russlands ist alles andere als beeindruckend. Die in den vergangenen Jahren angehäuften Probleme lassen sich auch nicht in kürzester Frist lösen. Aber beispielsweise die Tatsache, dass Russland in den vergangenen drei Jahren Getreideüberschüsse produzierte und auf dem Weltmarkt anbot,[177] lässt beispielsweise aufhorchen. In Russland ist man sogar der Meinung in naher Zukunft einen Platz unter den ersten drei Getreideexporteuren weltweit einnehmen zu können, obwohl auch 2003 nicht mehr als 5 Millionen Tonnen exportiert wurden.

Für jemanden, der die sowjetische Landwirtschaft mit eigenen Augen gesehen hat, grenzt dies trotzdem schon fast an ein Wunder.

Mittelfristig scheint es möglich, dass Russland durch Nutzung marktwirtschaftlicher Potenziale und ökonomischer Synergien, die im Westen bereits ausgereizt scheinen, bemerkenswerte Steigerungsraten des BIP erreichen kann. Ob die Politik, d.h. in erster Linie die Regierung, es freilich vermag, die dazu notwendigen Rahmenbedingungen nicht nur zu schaffen sondern auch durchzusetzen, bleibt abzuwarten. Der Kurs der Regierung Putin zielt aber eindeutig in diese Richtung.

Nur so ist überhaupt vorstellbar, dass die in der Militärdoktrin, der nationalen Sicherheitskonzeption und den anderen Grundsatzdokumenten und Programmen formulierte Forderungen und Aufgaben zu erfüllen sind. Nur so kann es überhaupt eine Zukunft für den russischen MIK geben.

---

177 Siehe M. Kasjanow „Die Reformbemühungen in Russland zeigen endlich Wirkung", Handelsblatt v. 20.02.2002 und „Russland will Getreidelieferungen an Ukraine aufstocken" in der Internetzeitung Russland.RU vom 16.07.2003, www.russlandonline.ru.

Das Bindeglied zwischen Politik und MIK sind nicht nur gemeinsame ökonomische, sondern auch die weitgehend kongruenten politischen Interessen. Dies soll aber nicht darüber hinwegtäuschen, dass zwischen MIK und Politik auch ein latentes Spannungspotenzial existiert. Doch damit nicht genug. Die Rüstungswirtschaft muss in einer Wahldemokratie auch vom Bürger, d.h. von Wähler und Steuerzahler unterstützt oder zumindest akzeptiert und geduldet werden.

Daher muss aus Sicht der russischen Regierung die Rolle und Funktion des MIK der Öffentlichkeit beständig vermittelt werden, um diese Akzeptanz bei der Mehrheit der Bevölkerung auf Dauer zu sichern. Dies ist in jüngster Vergangenheit in den russischen Medien durchaus spürbar.

Auf dem Gebiet der Militär- und Sicherheitspolitik werden die grundsätzlichen Positionen und Aufgaben durch die jeweiligen Regierungen und politischen Parteien und Gruppen in den Parlamenten formuliert. In Russland besteht die Besonderheit eines starken Präsidenten und eines relativ schwachen Parlaments, der Staatsduma. Die Exekutive ist sehr einflussreich und in ständiger Auseinandersetzung mit der Legislative. Das ist nicht nur ein Ausdruck der starken Präsidialmacht, sondern auch eine historisch bedingte Folge mangelnder Demokratieentwicklung.

So verwundert es in Russland niemanden, wenn ein noch aktiver General in den Medien überaus kritische Worte zur Politik seines Dienstherrn äußert, oder das Verteidigungsministerium Entscheidungen trifft, die in vielen Staaten in alleiniger Verantwortung der Legislative liegen. Allerdings ist man auch gewohnt, dass sich die Führung nicht direkt artikuliert, sondern ihre Position durch bestimmte Medien, Einzelpersonen oder Organisationen und Einrichtungen der Öffentlichkeit darlegt. Die Russen haben da eine eigene Art des „Zwischen-den-Zeilen-Lesens" und ein gutes Gespür dafür entwickelt, wessen Meinungsäußerung wann und warum wichtig ist.

Dies alles sollte in Rechnung gestellt werden, wenn man die Ansichten der russischen politischen Führung zum Charakter möglicher künftiger militärischer Konfrontationen und daraus resultierende allgemeine Entwicklungsrichtungen des MIK untersuchen will. Der Präsident, seine Minister und deren engere Umgebung sind, wie bereits angedeutet, mit offenen Äußerungen zu diesem Problemkreis sehr zurückhaltend. Die verlässlichsten Quellen für die Analyse der russischen militärpolitischen und militärökonomischen Entwicklung sind aber ganz sicher die vielen Veröffentlichungen ehemaliger und noch aktiver hoher Militärs. Eine reiche Fundgrube sind auch die Veröffentlichungen dem MIK nahe stehender Medien.

Ausgehend vom allgemeinen militärpolitischen Verständnis des Krieges sollen einige Erscheinungen betrachtet werden, die die Richtungen der künftigen russischen Sicherheitspolitik mit prägen.

Nach russischer Auffassung ist der Krieg ein bewaffneter Kampf zwischen Staaten oder gesellschaftlichen Gruppen zur Durchsetzung ihrer ökonomischen oder politischen Ziele; ist Fortsetzung der Politik mit anderen Mitteln. Damit folgt man nach wie vor der allseits bekannten Clausewitzschen Formulierung.

Man unterscheidet in der Militärdoktrin äußere und innere militärische Bedrohungen des Landes.

Territorialen Forderungen an Russland, die Einmischungen in seine inneren Angelegenheiten werden genauso als äußere Bedrohung verstanden, wie die Anwendung militärischer Gewalt gegen Russland. Aber auch die Vorbereitung darauf zählt man in Russland unter anderem zu den Bedrohungen. Ausdrücklich beruft sich Russland dabei auf die Prinzipien der UN-Charta.

Darüber hinaus werden auch alle Versuche, die militärischen Fähigkeiten und Potenziale Russlands zu stören, als derartige Bedrohung empfunden. Weiterhin zählt dazu der internationale Terrorismus.

Zu den inneren militärischen Bedrohungen rechnet man unter anderem alle Versuche, die rechtmäßige Ordnung mit Gewalt zu verändern, wie auch die widerrechtliche Tätigkeit extremistischer nationaler, religiöser, separatistischer und terroristischer Organisationen.

Der Krieg gegen den Terror

Nicht nur in der Militärdoktrin, sondern auch in der Konzeption der nationalen Sicherheit wird auf den Terrorismus als einen wesentlichen Faktor der Gefährdung hingewiesen. Dort heißt es unter anderem:

„Die Maßstäbe des Terrorismus und des organisierten Verbrechens wachsen infolge der häufig von Konflikten begleiteten Veränderung

der Eigentumsformen und der Verschärfung von Machtkämpfen auf der Grundlage von ethnonationalistischen und Gruppeninteressen. Das Fehlen eines effektiven Systems der sozialen Prophylaxe gegen Rechtsverletzungen, die unzureichende rechtliche und materiell-technische Sicherstellung der Tätigkeit zur Verhinderung von Terrorismus und organisierter Kriminalität, der Rechtsnihilismus und die Abwanderung qualifizierter Kader aus den Rechtspflegeorganen, erhöhen den Wirkungsgrad dieser Bedrohungen für Person, Gesellschaft und Staat."

Aus dieser Sicht ist es auch nicht verwunderlich, dass in Russland nicht erst der 11. September 2001 die Problematik des Terrors auf die Tagesordnung gesetzt hat.

Man sollte in diesem Zusammenhang aber auch darauf verweisen, dass auch in der UdSSR der politische Terrorismus über lange Zeit zur Tagesordnung gehörte. Das war nicht nur in den zwanziger und dreißiger Jahren, z.B. in Mittelasien oder im Kaukasus der Fall. Auch nach dem Zweiten Weltkrieg kämpften beispielsweise nationale und nationalistische Organisationen in der Ukraine und im Baltikum mit terroristischen Mitteln gegen die Staatsmacht. Andererseits hat der sowjetische Staat selbst, wenn auch in unterschiedlichen Etappen in unterschiedlicher Art und Weise, immer wieder zu terroristischen Methoden gegriffen, um seine Herrschaft zu sichern.

Im Kalten Krieg wurden die politischen Gruppierungen, die zum Mittel des Terrors griffen, von der anderen Seite in der Regel als Freiheits- und Unabhängigkeitskämpfer gesehen. Auch wenn deren Handlungen nicht immer offen unterstützt wurden, verteidigte man sie meist mit dem Argument, ihnen bliebe kein anderes Mittel übrig, sich gegen die Ungerechtigkeit der Starken zur Wehr zu setzten. Terror war somit das Kampfmittel der Schwachen, und die Terroristen der einen Seite waren häufig die Freiheitskämpfer und Helden der anderen.

Solche Auffassungen trifft man bis heute an. Die Ursache scheint unter anderem in der Unklarheit des Begriffs „Terror" an sich zu liegen.

Schon Ende der neunziger Jahre des vorigen Jahrhunderts konstatierte Bruce Hoffman, die *„in den 109 unterschiedlichen Definitionen vorkommenden 22 Wortkategorien"*[178] und stellte fest, dass die

---

178 B. Hoffman „Terrorismus- der unerklärte Krieg", S. Fischer Taschenbuch Verlag GmbH, Frankfurt a.M. 2001, S. 50.

Begriffsbestimmung in den USA sogar zwischen Außenministerium, Bundespolizei (FBI) und Verteidigungsministerium wesentlich differiert.[179] Daran hat sich offensichtlich auch nach dem 11. September 2001 nichts geändert.

Wie sieht es nun in Russland damit aus? Weiß der Kreml wovon er spricht, wenn er den Begriff Terror benutzt? Oder muss er ihn erst neu bestimmen, wie manche im Westen meinen:

> *„Der Begriff Terror muss definiert werden. Es wäre gut, wenn die Moskauer Führung aufmerksam den, wenn auch indirekten, Andeutungen Robertsons zugehört hat, die große politische Bedeutung besitzen".*[180]

Heute trifft man auch in Russland nicht nur in der militärpolitischen und militär-ökonomischen Diskussion auf Schritt und Tritt den Verweis auf den Kampf gegen den Terrorismus und Terror. Er dient immer wieder auch als Argument für die Handlungen und Pläne der Regierung in der Militär- und Sicherheitspolitik der RF.

Das russische Verständnis des Inhaltes des **„Krieges gegen den Terror"** ist somit auch ein wichtiger Schlüssel zur Prognose künftiger sicherheitspolitischer Entwicklungen in Russland.
Die Begriffe „Terror" und „Terrorismus" werden dort jedoch durchaus nicht immer als Synonyme verwendet und verstanden.

Hier soll jedoch nur so weit auf die Terrordiskussion eingegangen werden, insofern diese bei der Bestimmung des Charakters eventueller künftiger militärischer Konfrontationen eine Rolle spielt, und für die Armee und den Militär-Industrie-Komplex von Bedeutung ist.
Wenn man versucht, den Inhalt des russischen Terrorverständnisses zu erschließen, so kommt man nicht umhin, die entsprechende wissenschaftliche und politische Diskussion im Lande zu betrachten, da auch diese bis zu einem bestimmten Grade die „offizielle Meinung" widerspiegelt.

Ein Teil der Autoren definiert die Inhalte der Begriffe nach den Subjekten der Ausübung oder der Art der Anwendung.

---

179 Ebenda S. 47, 48.
180 K. Grobe „Moskauer Falken" Frankfurter Rundschau v. 10.12.2002, (Rückübersetzung aus dem Russischen — von: http://www.inosmi.ru/print/166353.html). Grobe bezieht sich hier auf die Rede Lord Robertsons am 09.12.2002 in Moskau.

So sei der **Terror** eine staatliche Handlung, während der **Terrorismus** von nichtstaatlichen Subjekten ausgeübt werde.[181] Andere wieder glauben, der **Terror** sei ein offenes und legales Mittel, während der **Terrorismus** sich durch Konspiration und Illegalität auszeichnet.[182]

N.N. Kudrina[183] beispielsweise meint, **Terror** sei Staatspolitik im Sinne der Unterdrückung der Schwachen (Opposition) durch den Starken (Regierungsmacht), während der **Terrorismus** die Bedrohung der Starken durch die Schwachen sei. W.P. Jemeljanow und W.S. Komissarow vertreten die Auffassung, *„der Begriff Terror impliziere Aktionen massenhafter physischer, psychischer und ideologischer Gewalt durch gesellschaftlich-politische Strukturen die die unbegrenzte Macht über die sozialen Kontingente in ihrem Herrschaftsbereich besitzen."*[184]

Sie sehen folgende Kennzeichen, die den Terror vom Terrorismus unterscheiden:[185]

- **Terror** ist im Gegensatz zum **Terrorismus** kein einmaliger Akt oder eine Serie von Akten, sondern hat Massencharakter. Er wirkt auf eine unbegrenzte Anzahl von Menschen, die nicht nur aus politischen Gegnern bestehen. Er soll die Masse der Bevölkerung des betreffenden Territoriums zum Gehorsam gegenüber den Terrorausübenden veranlassen.
- **Terror** wird von Subjekten ausgeübt, die über die offiziell erworbene Macht (z.B. durch Wahlen oder vermittels Intervention/Besetzung) über ein bestimmtes soziales Kontingent verfügen.
- **Terror** ist ein realer sozial-politischer Faktor, während der **Terrorismus** eine im strafrechtlichen Sinne kriminelle Erscheinung ist.

Für Jemeljanow schließlich sind „Krieg", „Aggression" und „Genozid" eng mit dem Terror verbunden.

Terror ist nach diesen Auffassungen also **Staatsterror,** während **Terrorismus** nichtstaatlichen Charakter hat.

---

181 So bei W.I. Samkow und M.S. Iltschikow „Terrorism-globalnaja problema sowremennosti", Moskwa, Gardarika, 1996 S.8.
182 Z.B. W.A. Schabalin, http://polit.spb.ru:8101/art.php3?rub=40&id=9583.
183 N.N. Kudrina „Politischeskij terrorism- suschnost, formy prijawlenija, metody protiwodejstwija" Jur. Nauki, 2000 S.12.
184 W.P. Jemeljanow „Terrorism kak jawlenije i kak sostaw prestuplenija" Charkow, Prawo 1999 S.65-66.
185 W.P. Jemeljanow; W.S. Komissarow „Terror, Terrorism, Gosudarstwennyi Terrorism"; Westnik Moskowskowo Universiteta, Serija 11, Prawo 1999 S. 38-40.

Auffällig ist dabei, dass es nach den Anschlägen in den USA vom September 2001 hier keinen „Quantensprung" gegeben hat. Der Anschlag auf das World Trade Center und die darauf folgende Diskussion im „Westen" haben in Russland offenbar nicht zu einer Neubewertung des Wesens des Terrorismus geführt.

Allerdings konstatierte man in Russland sehr wohl die Veränderung der möglichen Folgen des Terrorismus. Nicht nur herkömmliche Waffen, sondern auch die zweckentfremdete Nutzung von zivilen Mitteln können unter bestimmten Umständen zu Folgen führen, mit denen bisher nur beim Einsatz moderner Kriegsmittel oder von Massenvernichtungsmitteln gerechnet wurde. Die Mittel der Abwehr und die des Angriffes sind ungleicher als je zuvor. In diesem Kontext tauchte der Begriff des asymmetrischen Krieges auf.

Was versteht aber das „offizielle Russland" unter Terrorismus? Hier wird man beim Verteidigungsministerium fündig. Dies sieht im Terrorismus ein *„...kompliziertes System, sich gegenseitig ergänzender Prozesse ideologischer, kriminologischer, militärischer, ökonomischer, politischer, religiöser und nationalistischer Art. Insgesamt ist der moderne Terrorismus eine gewisse Antwortreaktion auf lange Zeit hinausgezögerte und nun anstehende (oftmals seit langer Zeit überfällige) politische, ethnische und soziale Probleme."*[186]

Nach dieser Auffassung hat Terrorismus also viele Wurzeln, die miteinander verwoben sind, ist keineswegs nur Reaktion einer Religion auf die andere, ist nicht nur die Antwort einer Nation oder Nationalität auf die Handlung einer anderen, ist nicht der plakative Kampf des Guten mit dem Bösen.

Die folgende Definition des Verteidigungsministeriums der RF ist daher auch deutlicher und konkreter als der oben dargestellte Ausschnitt aus der Diskussion zunächst erwarten lässt:

„Terrorismus,
- *das ist Gewalt oder ihre Androhung in der Beziehung zwischen natürlichen Personen oder Organisationen,*
- *das ist Vernichtung (oder Beschädigung) oder das Androhen von Vernichtung (oder Beschädigung) von Gegenständen oder anderen materiellen Objekten,*

---

[186] http://www.mil.ru/articles/article3642.shtml.

- *das sind Handlungen, die die Gefahr des Todes von Menschen, die Vernichtung von Gütern oder andere gesellschaftlich gefährliche Folgen mit sich bringen und*
mit dem Ziel angewendet werden, die gesellschaftliche Sicherheit zu zerstören, die Bevölkerung einzuschüchtern oder so auf die Staatsorgane einzuwirken, dass diese Entscheidungen im Sinne der Terroristen treffen oder deren ungesetzliche Forderungen erfüllen.

Terrorismus ist der Angriff auf das Leben staatlicher oder gesellschaftlicher Repräsentanten mit dem Ziel, diese an der Ausübung ihrer staatlichen oder politischen Tätigkeit zu hindern oder sie aus dem Bereich ihrer Tätigkeit zu vertreiben.

Terrorismus, das ist der Angriff auf Vertreter anderer Staaten oder Vertreter internationaler Organisationen, die dem Schutz des Völkerrechts unterliegen, sowie der Angriff auf Gebäude, Transportmittel, die durch internationales Recht geschützt sind, wenn diese Angriffe mit dem Ziel geführt werden, einen Krieg zu provozieren oder die internationalen Beziehungen zu stören"[187]

Soweit zum offiziellen Verständnis des russischen Militärs zum Thema Terrorismus, sicher nachhaltig mitgeprägt vom allgegenwärtigen Krieg in Tschetschenien. Dieser und die damit zusammenhängenden Ereignisse sind es schließlich, die der Terrordiskussion in Russland ihr Gepräge geben. Seit 1996 ist in Russland Terrorismus meist „tschetschenischer Terrorismus".

Das ist vermutlich auch eine Ursache dafür, dass dieser Definition die Universalität fehlt, sie zu sehr auf inneren nichtstaatlichen Terrorismus zielt, obwohl der oben genannte systematische Ansatz durchaus auf ein breites Verständnis hinweist.

Das lässt sich teilweise außerdem damit erklären, dass in zahlreichen postsowjetischen Auffassungen bis etwa 1999 der Terrorismus als Mittel staatlicher Politik vorrangig und einseitig, im Sinne der Totalitarismustheorie, interpretiert wurde.

Danach neigten *„zum Terror ... vor allem instabile Regime mit einem geringen Niveau der Machtlegitimation, die die Stabilität ihres Regimes nicht mit ökonomischen oder rechtlichen Mitteln sichern können. Stabile Regime wenden Terror dann an, wenn sie geschlossene, von der übrigen Welt isolierte Gesellschaften sind. Der Terror ist ein Charakteristikum für totalitäre Regime, welche damit versuchen, ...ihre Legitimität zu sichern. Eine unzureichende politische und*

---

[187] Ebenda.

rechtliche Kultur der Bevölkerung, die Unzulänglichkeit des Rechtssystems und die schwache Entwicklung von Institutionen, die die Staatsorgane kontrollieren, befördern den Terrorismus."[188]

Diese Richtung versteht Terror und damit auch Krieg als einen „moralischen Störfall" in den internationalen Beziehungen, ein Ereignis, das zwischen „kultivierten", „aufgeklärten", „demokratischen" Staaten nicht stattfindet. In der Politikwissenschaft ist dieser Zustand als „demokratischer Frieden"[189] bekannt.

Zum Abschluss der Begriffsdiskussion möchte ich dem Leser eine Definition zu Kenntnis bringen, die aus meiner Sicht treffend das Wesentliche erfasst:

Ernst Woit sieht im Terrorismus *„....die planmäßige und systematische Anwendung bewaffneter Gewalt gegen die Zivilbevölkerung durch politische Organisationen, Bewegungen und Staaten sowie deren Streitkräfte mit dem Ziel der Aufrechterhaltung oder der Veränderung bestehender ökonomischer und politischer Macht- und Abhängigkeitsverhältnisse.*

Der verbrecherische und völkerrechtswidrige Charakter des Terrorismus folgt daraus, dass er systematisch gegen die — auch von Widerstands- und Befreiungsbewegungen einzuhaltenden — Festlegungen des humanitären Kriegsvölkerrechts über den unbedingten Schutz der Zivilbevölkerung und ihre Lebensgrundlage (besonders 2. Zusatzprotokoll zur Genfer Konvention vom 08.06.1977) verstößt."[190]

Die Möglichkeit eines bewaffneten Konflikts zwischen Russland und einem seiner Nachbarstaaten, oder gar einem NATO-Mitglied, wurde in den neunziger Jahren nicht ernstlich in Betracht gezogen. Dies war aus damaliger Sicht nicht nur politisch nicht denkbar, sondern auch militärisch einfach unmöglich. Wenn das Erste wohl auch noch gegenwärtig so sein mag, so ist der zweite Grund nunmehr nicht mehr so unumstritten, wie wir noch sehen werden.

---

188 A.L. Smorgunowa „Ponjatije gosudarstwennowo terrora",
http://polit.spb.ru:8101/art.php3?rub=40&id=9583.
189 Ich beziehe mich hier auf die Theorie, nach der demokratische, marktwirtschaftliche Staaten niemals Krieg gegeneinander führen; (Vertreter z.B. N.P. Gleditsch vom International Peace Research Institute, Oslo), http://www.prio.no/News/default.asp.
190 E. Woit „Gegen Terrorismus und Krieg — Für eine gemeinsame Sicherheit in einer gerechten Welt";
http://www.sicherheitspolitik-dss.de/person/woit/ew02ap61.htm#(1).

Vielleicht auch daher sträubt man sich in Russland gegen Vorschläge und Pläne, die eigenen Streitkräfte zum Kampf gegen den Terrorismus umzubauen und auf herkömmliche militärische Fähigkeiten völlig zu verzichten.

So hatte der NATO-Generalsekretärs Lord Robertson am 09. Dezember 2002 auf der NATO-Russland Konferenz, zwei Wochen nach dem Prager NATO-Gipfel, mit Blick auf das russische Militär gefordert:

"...die Militärs sollten eine lebensnotwendige Rolle bei der umfassenden internationalen Kampagne im Kampf gegen den Terrorismus spielen. Die Mission der vergangenen Jahrhunderte, die Territorialverteidigung, ist veraltet und nicht mehr angebracht,...die gestrigen bewaffneten Kräfte — eine große Anzahl von Kampfpanzern, feste Stäbe und unflexible Militäreinheiten — sind nicht nur nutzlos bei der Abwehr dieser neuen Gefahren. Sie lenken auch die begrenzten Verteidigungsressourcen von der notwendigen unaufschiebbaren Modernisierung ab. Dies ist unter den heutigen Bedingungen der Gewährleistung der Sicherheit einfach unverzeihlich."[191]

Dies sind für den Kreml heutzutage offenbar nur Sirenengesänge.

Verteidigungsminister Sergej Iwanow meint denn auch, dass *"die Streitkräfte in der Lage sein müssen, bei Notwendigkeit Einzelschläge gegen Objekte von Terroristen zu führen..."*, und dass *" die internationalen terroristischen Organisationen noch eine große Gefahr militärischer Art darstellen und sie ihre Tätigkeit weiter ausdehnen"*, um schließlich einschränkend zu sagen, dass *" es freilich verfrüht sei, im Zusammenhang mit dem Kampf gegen den internationalen Terrorismus von einer Veränderung der Struktur und Aufgaben der Streitkräfte Russlands selbst zu sprechen."*[192]

Also Vorbereitung auf einen regulären bewaffneten Konflikt mit den „Terrorstaaten" der „Achse des Bösen"? Oder muss man in der Lage sein, einen etwaigen Angriff der USA und (oder) der NATO abzuwehren? Was ist mit China, das man zwar aufrüstet, dem man aber nach wie vor mit gewissem Misstrauen gegenübertritt? Kann man sich vor den (teilweise islamisch geprägten) Staaten Mittelasiens und der

---

[191] „NATO prisywajet Rossiju reformirowat i modernisat swoi wooruschennye sily dlja woiny s terrorom", http://usinfo.state.gov/russki/topics/rus/2002-12-16r-nato.htm.
[192] Interview mit „Krasnaja Swesda"; 28.03.2003.

Kaukasusregion sicher fühlen? Wie ist die Stationierung von amerikanischen Truppen in einer Anzahl dieser Staaten zu werten? Was bezwecken die USA mit ihrer zunehmenden Militärhilfe an Länder des postsowjetischen Raumes? Was beabsichtigt die Ukraine mit ihrer sicherheitspolitischen Zickzackpolitik gegenüber Russland? Ist Belorussland auch künftig ein verlässlicher Partner? Bleiben Finnland und Schweden neutral oder schließen sie sich der NATO an? Zu welchen Reaktionen kann und muss Russland fähig sein, um seine nationale Sicherheit nachhaltig zu garantieren?

Das sind doch offenbar die militärpolitischen und geostrategischen Fragen, auf die Russland, auch im Kontext der Terrordiskussion, eine Antwort finden muss.

So war es keineswegs dem Zufall geschuldet, dass im Jahr 2000 die Stunde eines Mannes anbrach, der bis dato in Russland kaum ernsthaft für das höchste Amt gehandelt wurde — Wladimir Putin.

Die Karten wurden neu gemischt und die Prioritäten neu festgelegt und der Terror als wichtige, aber, aus russischer Sicht, nicht einzige Gefahr für das Land bestimmt. Dies und nichts anderes wird in den Militärdoktrin und den anderen Dokumenten klar und bestimmt beschrieben.

Daran hat sich, und wird sich, offensichtlich auch in nächster Zeit nichts ändern. Die so genannten „Iwanowdoktrin" weisen eher auf das Gegenteil hin, wie wir noch sehen werden.

Russland auf dem sicherheitspolitischen Schachbrett

Im Kontext der „neuen Bedrohungen" fragt sich nicht nur Russland, ob die klassischen Armeen, die dazu bestimmt sind, die militärischen Angriffe und Bedrohungen anderer Staaten abzuwehren, der Vergangenheit angehören, und wie die Streitkräfte der Zukunft aussehen sollen.

- Trifft es zu, dass die russischen *„Generale sich immer noch auf den Krieg der Vergangenheit vorbereiten"*, wie dies in einem Artikel unter der Überschrift „Ein anderer Feind. Den Platz der NATO nimmt der Terrorismus ein" in der Zeitung „Wremja-Nowosti" v. 28.10.2002 behauptet wird?[193]

---

193 Http://www.vremya.ru/2002/200/2/44219.html.

- Kann man aus den Worten Präsident Wladimir Putins tatsächlich schließen, dass *„das Hauptaugenmerk der Streitkräfte vom gegenwärtigen Hauptgegner, der NATO, auf den internationalen Terrorismus übergeht?"*[194]
- Hat der Präsident auf der Beratung mit den Mitgliedern seiner Regierung am 28.10.2002 tatsächlich die Änderung der Militärdoktrin in diese Richtung verkündet, wie in russischen Medien mehrfach kolportiert?
- Was meint die russische Führung, wenn sie keine Gelegenheit versäumt, vom Kampf gegen den Terrorismus zu sprechen, und welche Folgen ergeben sich daraus für die Streitkräfte, und letztendlich für den MIK des Landes?
- Auf welche Konflikte und Kriege will man sich vorbereiten?

Ich gehe davon aus, dass die Regierung Putin einen militärischen Konflikt Russlands mit den USA oder der NATO theoretisch für möglich, wenn auch gegenwärtig nicht für wahrscheinlich und durchführbar, hält.

Hierzulande trifft man häufig auf die Auffassung, die NATO-Osterweiterung sei ein Hauptgrund für Moskaus Sorge und Misstrauen. Diese Position scheint nur teilweise stichhaltig.

Sicher gab es anfänglich starke Vorbehalte gegen diesen Schritt des Westens. Dies resultierte anfangs wohl eher aus alten Vorbehalten und Stereotypen als aus aktuellen Befürchtungen.

Vielleicht waren die damaligen lebhaften und kontroversen Diskussionen auch mehr Ablenkungsmanöver und taktisches Geplänkel, um die eigenen Positionen bei den anstehenden Verhandlungen mit der NATO zu stärken. Letztendlich hat Russland mehr Zugeständnisse für sein Einverständnis zur Erweiterung der NATO bekommen, als dies ohne die Debatten der Fall gewesen wäre.

Die „19+1 Vereinbarung" vom Mai 2002 gibt Russland einen starken Einfluss auf die NATO, ohne dass diese ihrerseits ihr politisches Gewicht in Russland bisher wesentlich stärken konnte.

Russland scheint mit der gegenwärtigen NATO-Kooperation recht zufrieden zu sein. Das Problem der veränderten Gleichgewichte der konventionellen Bewaffnung ist dabei zweifelsohne ein Wermutstropfen. Allerdings sind die Russen Realisten genug, um zu akzep-

---

194 Ebenda.

tieren, dass vor allem die USA, ohne zu zögern, die Chance nutzen, ihren Einfluss in Eurasien kompromisslos auszuweiten. Dies ist für Moskau nicht unerwartet eingetroffen.

Besorgnis wird dagegen darüber laut, dass die Osterweiterung das Kräfteverhältnis in der NATO mittelfristig zu Ungunsten Russlands verändern könne, indem zum Beispiel künftig Mehrheitsentscheidungen getroffen werden. Dies würde aus russischer Sicht die USA gegenüber Frankreich und Deutschland stärken, da die Neumitglieder sich wohl kaum amerikanischen Wünschen verschließen können.

Die Russen haben von der NATO-Erweiterung aber den nicht zu unterschätzenden Vorteil, dass diese den Umgang mit den ehemaligen osteuropäischen Verbündeten der UdSSR oder mit den Nachfolgestaaten ehemaliger Sowjetrepubliken (z.B. den baltischen Staaten) vereinfacht. In Fragen der Sicherheit in der strategischen West-, Nordwest- und Südwestrichtung haben sie nun einen einzigen, hinreichend verlässlichen Ansprechpartner in Brüssel. Dies verbessert einerseits die Sicherheitsarchitektur aus Moskauer Sicht.

Andererseits bewahrt es den Kreml auch vor dem nicht zu unterschätzenden psychologischen Problem, mit den ehemaligen „Bruderrepubliken" gewissermaßen auf gleicher Augenhöhe verhandeln zu müssen.

Russland geht, wohl nicht grundlos, davon aus, dass neben den USA vor allem die großen Staaten den Ton in der NATO letztendlich angeben und orientiert seine sicherheitspolitischen Aktivitäten vor allem an den Interessen Frankreichs, Großbritanniens und Deutschlands.

Nicht zu unterschätzen ist dabei auch die verbesserte Lage der russischen Minderheiten in einigen der NATO- und EU-Beitrittsländern. Deren Regierungen können nun nicht mehr ohne weiteres nationalistisches Ressentiment gegen Russland instrumentalisieren, was das künftige Zusammenleben, die Kooperation und die Sicherheit verbessert und die Gefahr neuer Migrationsbewegungen im postsowjetischen Raum verringert.

Allerdings ist nicht zu übersehen, dass die aktuelle Absicht der USA, in unmittelbarer Nähe zu Russland (Polen, Baltikum) militärische Komponenten zu entfalten, die russische Führung offensichtlich stark irritiert und sogar verunsichert. Auch die seit Mai 2003 von den USA unternommenen strategischen Aufklärungsflüge an der russischen Südgrenze haben in der RF eine starke

Beunruhigung hervorgerufen und militärische Gegenreaktionen ausgelöst.[195]

Nun zur Frage, auf welche künftigen Aufgaben man in Russland die Streitkräfte und den MIK glaubt vorbereiten zu müssen. Werden die Russen die Armee für die künftig anstehenden antiterroristischen Aufgaben neu ausrichten und die herkömmlichen, offensichtlich nicht für diesen Kampf tauglichen Waffen und Ausrüstungen verschrotten? Werden sie Atom-U-Boote und Langstreckenbomber ersatzlos zerlegen? Werden sie die T-72 Panzer und ihre Artillerie gegen zum genannten Kampf besser geeignete Mittel eintauschen?

Den Russen entgeht natürlich auch nicht, dass die USA selbst bisher keine Anstalten machen, ihre „veralteten" Militärstrukturen, die zum Kampf gegen reguläre Truppen geeignet sind zu verändern und glauben offensichtlich, dass es Washington vor allem um die militärische Sicherung der Monopolarität geht. Bisher bleibt Russland auch daher bei seinen Auffassungen zu den Grundlagen der militärischen Sicherheit.

Im Klartext: *Russland* geht davon aus, dass seine Armee die in der Doktrin 2000 definierten Aufgaben weiterhin zu erfüllen hat, und dass diese noch aktuell sind.

Anfang Oktober 2003 gingen Pressemeldungen um die Welt, denen zufolge die Russische Föderation ihre Militärdoktrin geändert hat, und diese wurden auch gleich nach dem Verteidigungsminister „Iwanowdoktrin" genannt.

Tatsächlich wurden auf einer Tagung im Verteidigungsministerium am 02. Oktober in Moskau von Verteidigungsminister Sergej Iwanow einige Prioritäten der künftigen Militärpolitik näher bestimmt und die Grundrichtungen vorgegeben. Die Teilnahme des Präsidenten signalisierte die Wichtigkeit des Ereignisses. In vielen Medien, nicht nur in Russland, wurden vor allem zwei Themen behandelt. Erstens habe Russland eine Präventivschlagdoktrin verkündet, und zweitens habe der Präsident, mit Hinweis auf ein neues System strategischer Raketen, die USA von der Sinnlosigkeit ihrer Raketenabwehrpläne überzeugen wollen.

---

195 Offensichtlich wird die RF in der Grenzregion zu Georgien zusätzliche Luftabwehrsysteme (S-300) stationieren.

Was das Erste betrifft, so sagte S. Iwanow unter anderem: „*Die Besonderheiten der gegenwärtigen äußeren Bedrohungen fordern von den Russischen Streitkräften die Erfüllung unterschiedlichster Aufgaben in unterschiedlichen Regionen. Wir können den präventiven Einsatz der Streitkräfte nicht absolut ausschließen, wenn die Interessen Russlands, oder seine Bündnispflichten, solch einen Einsatz erfordern.*"[196]

Unter den hauptsächlichen Bedrohungen der Sicherheit der Russischen Föderation nannte er die Einmischung in die inneren Angelegenheiten Russlands und verwies dezidiert auf die wachsende Rolle widerstreitender ökonomischer Interessen in der Weltpolitik.

Bei seinen Besuchen in den USA und einer Reihe anderer Staaten Mitte Oktober erklärte Sergej Iwanow, dass Russland zwar keinen Erstschlag mit strategischen Nuklearwaffen plane, dass dies aber theoretisch nicht ausgeschlossen sei.

Die Aufgeregtheit der Medien ist schwer verständlich. Bereits in der Militärdoktrin aus dem Jahr 2000 wird zwar die Möglichkeit des Präventiveinsatzes nicht direkt genannt, aber auch nicht ausdrücklich verneint. Aus militärischer Sicht ist die kürzliche Erklärung des Verteidigungsministers letztendlich nicht überraschend, wie später anhand der „neuen Kriege" noch gezeigt werden soll. Eine Vorwarnzeit und Spannungsperiode wird es in einem modernen Krieg der Zukunft kaum noch geben, und eine Zweitschlagmöglichkeit ist, selbst in einem konventionellen Krieg, ebenso fraglich geworden.

Auch die Aufregung hinsichtlich der „neuen" russischen Interkontinentalrakete, die Wladimir Putin während der oben genannten Veranstaltung ins Spiel brachte, ist schwerlich verständlich. Die UR-100 NU sei zwar, so der Präsident, bereits vor Jahren hergestellt worden, befinde sich aber noch in „trockenem" Zustand, so dass sie noch eine lange Nutzungsfrist vor sich habe. Diese sei in der Lage, alle bisher denkbaren Raketenabwehrsysteme zu überwinden.

Es handelt sich also bei der „geheimnisvollen" Rakete beileibe nicht um ein neues, modernes oder gar unbekanntes System. Die UR-100 NU ist nichts anders als die letzte Modifikation der RS-18 (NATO-Code SS-19) und wurde bereits 1979 in Dienst gestellt. Sie trägt bei

---

[196] W. Muchin „Rossija opredeljaet nowije oboronnije orientiry", NWO Nr. 36 v. 10.10.2003.

einer Reichweite von 10.000 km bis zu 10 Sprengköpfe und ist technisch beileibe kein Novum. Aus russischer Sicht scheint sie aber gegenwärtig durchaus sinnvoll und zweckmäßig zu sein.

Die Botschaft an die Welt war sicher auch keine direkte Drohung. Der Kern und Zweck der Aussage war offensichtlich die Botschaft des Präsidenten an die internationale Öffentlichkeit, dass Russland auch noch während der kommenden geplanten Phase der Modernisierung der Streitkräfte in der Lage und gewillt sei, seine Sicherheit in vollem Umfang zu gewährleisten.

Dass es heute, so viele Jahre nach dem Kalten Krieg, wieder oder immer noch notwendig ist, vermittels derartiger Verlautbarungen sicherheitspolitische Signale auszusenden, zeigt, in welch miserablem Zustand sich die gegenwärtige internationale Sicherheitsarchitektur zu befinden scheint.

Russland ist sich bewusst, dass ein Präventivkrieg dem Völkerrecht widerspricht. Dass man sich trotzdem zu derartigen Bekanntmachungen veranlasst sieht, zeigt die Sorge Moskaus um seine Sicherheit, ist wohl das sprichwörtliche Pfeifen im dunklen Wald.

Das ist doch das eigentlich Interessante an den „Iwanowdoktrin".

Das alles erinnert fatal an die Erklärung Nikita Chrustschows vor über vierzig Jahren, der damals äußerte, die UdSSR könne Raketen wie Würstchen am Fließband produzieren und damit, wenn auch ungewollt und auf tragisch-komische Weise, das Wettrüsten weiter anheizte. Der offensichtliche Rückstand der UdSSR gegenüber den USA hatte Nikita Sergejewitsch damals zu dieser bedrohlichen Lüge veranlasst.

Aus der Erklärung Iwanows ist Folgendes ersichtlich:

- Russland sieht in der NATO und den USA, neben dem internationalen Terrorismus, den möglichen Hauptgegner, ohne dies konkret zu benennen;
- Russland konkretisiert seine Militärdoktrin dahingehend, dass Präventivschläge gegen gegnerisches Gebiet für möglich gehalten werden, schränkt dies aber durch ein Reihe von Bedingungen ein;
- Die russischen ökonomischen Interessen erhalten künftig einen höheren Stellenwert im Sicherheitsdenken Russlands;
- Russland definiert neben inneren und äußeren Bedrohungen so genannte „grenzüberschreitende" Bedrohungen, die offensichtlich der Begründung des Präventivangriffes dienen sollen;

- Russland gibt den USA zu verstehen, dass sie das Projekt der Raketenabwehr als ummittelbare Bedrohung der eigenen nationalen Sicherheit empfindet;
- Die Entwicklung der taktischen Kernwaffen und Sonderwaffen zur Zerstörung geschützter Ziele (Bunker, Kommandostände etc.) durch die USA und die NATO betrachtet Russland als Gefährdung seiner Sicherheit und erwägt seinerseits, die Anwendung und Entwicklung seiner taktischen Kernwaffen neu zu überdenken;
- Die Priorität für Russlands Sicherheitspolitik besteht in der Modernisierung der Streitkräfte;
- Die Russische Föderation betrachtet ihre Erklärungen und Pläne nicht als einseitigen Schritt, sondern geht davon aus, dass sie damit lediglich das nachvollzieht, was die USA bereits getan haben, oder im Begriff sind zu tun.

Dies alles könnte vielleicht auch einmal zu einer künftigen Neuformulierung der Militärdoktrin der Russischen Föderation führen. Bis jetzt jedenfalls scheint dies aus offizieller russischer Sicht nicht notwendig.

Es gibt einige Stimmen in Russland, die der Meinung sind, dass sich die USA und die NATO bereits jetzt zielgerichtet auf eine bewaffnete Auseinandersetzung mit Russland vorbereiten.[197] Die Protagonisten dieser Auffassungen verweisen auf einige wichtige offene Fragen und Probleme militärpolitischen, militärtechnischen sowie strategischen Charakters, die an den Äußerungen westlicher Politiker und Militärs Zweifel aufkommen lassen.

Freilich sind aus den offiziellen russischen Stellungnahmen und Verlautbarungen kaum Rückschlüsse darauf möglich, wie tief und ernsthaft in der Moskauer Führung die Sorge um die militärische Sicherheit der Russischen Föderation tatsächlich ist.

Die militärische Sicherheit der UdSSR und der RF basierte lange Zeit auf zwei strategischen Säulen.

Das war erstens seit dem Ende der dreißiger Jahre die Schaffung eines „Cordon Sanitaire". Ziel der Moskauer Außen- und Sicherheitspolitik war es, etwaige militärische Auseinandersetzungen nicht

---

197 Z.B. W. Krasilnikow; „Amerika gotowit udar po Rossii", (dtsch. „Amerika bereitet einen Angriff auf Russland vor"),
http://whiteworld.ruweb.info/rubriki/000111/002/02120301.htm.

im Kernbereich des Landes zu führen, sondern im strategischen Vorfeld.

In diesem Lichte sind sowohl der Winterkrieg 1940 gegen „Weißfinnland", die Neutralitätspolitik Finnlands nach dem Krieg und vor allem die militärstrategische Rolle der Staaten des Warschauer Vertrages und der dort stationierten sowjetischen Truppen zu sehen. Auch die militärischen und militärpolitischen Aktivitäten der UdSSR in den zahlreichen lokalen Konflikten nach dem Zweiten Weltkrieg bis zum Ende der achtziger Jahre des vorigen Jahrhunderts lassen sich, zumindest teilweise, aus dieser Sicht erklären. So war der sowjetische Einmarsch in Afghanistan 1978 wohl nur zum Teil eine Hilfsaktion für die „Bruderpartei" DVAP und deren Versuch in diesem Land den Sozialismus sowjetischen Typs einzuführen. In diesem Konflikt ging es nicht zuletzt um die militärische Sicherung der geopolitischen Interessen der UdSSR. Die propagierte „internationalistische Hilfe" diente daher vor allem auch der Legitimation dieses Abenteuers gegenüber der eigenen Bevölkerung und der Weltöffentlichkeit. Natürlich hatte auch der große Gegenspieler USA vorrangig die Schwächung des roten Konkurrenten im Visier, als er seinerzeit die antisowjetischen Kräfte am Hindukusch unterstützte. Das es nicht um Freiheit und Demokratie für die Afghanen, wie behauptet, ging, war schon damals am politischen Profil der vom Westen geförderten und unterstützten Gruppierungen problemlos erkennbar. Es sollten freilich noch ein paar Jahre vergehen, bis sich ein Teil der einstigen Zöglinge gegen ihre Lehrmeister und Förderer wendeten.

Als Michail Gorbatschow 1990 zum Schluss kam, dass der „Westen" für die UdSSR keine Gefahr mehr darstellt, fiel es ihm unter anderem auch deshalb nicht schwer, sich beim so genannten Terektreffen vom „Gefechtsvorfeld Osteuropa" zu trennen. Die Sezessionsbewegungen im eigenen Lande ließ er dagegen hart unterdrücken.

Der zweite Stützpfeiler war und ist die Fähigkeit der UdSSR und Russlands, auf alle Angriffe mit einem breiten Arsenal strategischer und taktischer atomarer Waffen selbst dann noch zu reagieren, wenn der Angreifer im konventionellen Bereich die Übermacht hat und einen nuklearen Erstschlag führt. Diese „Zweitschlagfähigkeit", die auf russischer Seite gegenwärtig (noch) besteht, bedeutet nichts anderes, als dass die vorhersehbaren Schäden bei einer kriegerischen Auseinandersetzung für beide Seiten so gewaltig sind, dass von einer Interessendurchsetzung in einem derartigen Konflikt nicht die Rede sein kann. Derartige Konflikte sind einfach nicht führbar.

Schauen wir uns nun kurz das heutige unmittelbare geopolitische und militärstrategische Umfeld Russlands und deren Hauptakteure an. Liegt hier der Schlüssel für die sicherheitspolitischen und vor allem militärischen Intentionen der RF und der damit zu erwartenden Rolle des Militär-Industrie-Komplexes?

Es sollen aber nur einzelne, der breiten Öffentlichkeit vielleicht nicht so bekannte Aspekte aufgezeigt werden, die die russischen Reaktionen vielleicht weniger rätselhaft erscheinen lassen, als dies manchmal für den Außenstehenden der Fall sein mag. Aus hiesiger Sicht erscheint die russische Bedrohungseinschätzung vielleicht als maßlos übertrieben, grundlos und irrational.

In der Praxis zeigt sich denn auch, dass Russland wohl nicht dem Westen als Ganzes oder allen NATO-Staaten misstraut. Es sind vor allem die USA, die für ein gewisses Unbehagen im Kreml sorgen. Freilich betrachtet man ebenso, wenn auch teilweise aus anderen Gründen, das „kommunistische" China des 21. Jahrhunderts mit gemischten Gefühlen. Aber noch ist es nicht so weit, dass Peking mit seiner Politik übergroße Unruhe beim nördlichen Nachbarn hervorruft.

Die folgende Grafik einer Umfrage[198] soll dies verdeutlichen. Auf die Frage:

Von wem geht gegenwärtig in erster Linie die Gefahr des Einsatzes von Kernwaffen aus? antworteten die Respondenten wie folgt (Angaben in %):

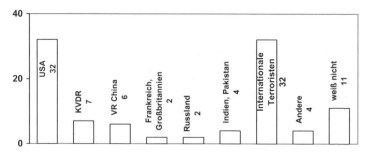

---

198 Befragung von 1500 Bürgern über 18 Jahre in ganz Russland v. 24.-28. Juli 2003 durch ROMIR Monitoring, Auftraggeber unbekannt,
http://www.romir.ru/socpolit/socio/08 2003/ nuclear-weapons.html.

Die etwaigen Risiken, die von den mittelasiatischen Staaten ausgehen können, werden in Moskau gegenwärtig wohl nicht als existenzbedrohlich eingeschätzt, rücken aber nach und nach immer stärker ins Blickfeld des Moskauer Sicherheitsdenkens.

Zwar sind die militärischen Potenziale dieser Staaten gegenwärtig keine Bedrohung der Russischen Föderation, aber die anhaltenden Versuche der USA und der NATO, besonders in der kaspischen Region den Einfluss Russlands zurückzudrängen, werden in der RF sensibel registriert und argwöhnisch verfolgt. Hier wächst ein nicht zu unterschätzendes künftiges Konfliktpotenzial.

Aber zurück zu den gegenwärtigen „Hauptrichtungen". In Moskau differenziert man sehr wohl zwischen der NATO als Ganzes und den einzelnen Mitgliedsstaaten. Die Äußerungen des US-Verteidigungsministers Donald Rumsfeld zum „alten" und „neuen" Europa wurden daher auch häufig kommentiert.

Wladimir Baranowski, der Stellvertreter des Direktors des einflussreichen Institutes für Weltökonomie bei der Russischen Akademie der Wissenschaften, schrieb in diesem Zusammenhang:

„Heute, wo sich der Charakter der Bedrohungen und die damit verbundenen Probleme, ja selbst das Weltsystem als Ganzes wandelt, steht vor der NATO tatsächlich die Aufgabe, ihre „Identität" zu bestimmen. Zwischen Europa und den USA gibt es Unterschiede in den Auffassungen zum Charakter der modernen Welt. Darüber hinaus existieren dabei aber auch Unterschiede zwischen den Europäern und selbst innerhalb der Vereinigten Staaten. Hervorgerufen durch den russischen „Kampf" gegen die NATO-Erweiterung befand sich Moskau in einer Sackgasse, und nur die Zusammenarbeit mit der Allianz half da wieder heraus. Moskau braucht eine handlungsfähige NATO. Diese ist einer der wenigen Mechanismen, an denen die USA teilhaben, und in denen ihre Einseitigkeit real neutralisiert werden und zur Multilateralität umgewandelt werden kann."[199]

Nun zu einigen **militärstrategischen** und **militärtechnischen** Auffassungen, die die künftige Militärpolitik Russlands bestimmen könnten.

Die Auffassungen Russlands zum strategischen Charakter moderner Kriege und zum Einsatz der Streitkräfte unterscheiden sich von

---

[199] Http://nr.ru/printed/world/2003-05-14/6 nato.html.

den Positionen, die in der UdSSR Ende der achtziger Jahre herrschten, vor allem im Folgenden:

- Die Wahrscheinlichkeit eines globalen atomaren Krieges wird gegenwärtig als sehr gering angesehen. kann aber nicht völlig ausgeschlossen werden. Der Ausbruch eines derartigen Konfliktes entstünde aber nicht als Folge politischer Entscheidungen, sondern als zufälliges Resultat von Havarien oder Fehlern.
- Ein Krieg mit einem begrenzten Einsatz von Kernwaffen wird künftig möglich und durchführbar und muss nicht unweigerlich in einen globalen Atomkrieg münden. Dies ist jedoch solange nicht wahrscheinlich, solange für den Angreifer die Gefahr eines wirksamen Gegenschlages besteht.[200]

Die russische politische und militärische Führung geht nun augenscheinlich davon aus, dass sie sich vor allem auf die letztgenannte Variante vorbereiten muss, ohne jedoch die erste völlig aus dem Auge zu verlieren. So werden drei Hauptziele für die Militärstrategie der Russischen Föderation formuliert:

1. Es soll die Fähigkeit gesichert werden, jedem beliebigen Angreifer solche Verluste zufügen zu können, die diesen seinerseits von vornherein von einem Angriff Abstand nehmen lassen. Die Kampfhandlungen dürfen dabei für Russland selbst keine existenzbedrohenden Folgen haben.
2. Es ist das Überleben der Bevölkerung und die weitere Existenz wichtiger wirtschaftlicher Elemente des Landes zu sichern.
3. Es ist die Ausweitung des militärischen Konfliktes über die Grenzen eines bestimmten Gebietes hinaus, unter Beachtung der dafür zulässigen Qualität und Quantität der zu Anwendung kommenden Waffen (einschließlich Kernwaffen), zu verhindern.[201]

Hieraus kann man schließen, dass die taktischen Kernwaffen und deren Trägermittel nicht nur für die USA, sondern auch für Russland immer stärker in den Blickpunkt künftiger Rüstungen treten. In der internationalen militärpolitischen Diskussion spielen diese längst nicht die Rolle, die ihnen seitens der militärischen Führungen zugebilligt werden. In den Abrüstungs- und Rüstungskontrollbestrebungen sind sie scheinbar ausgeklammert. Daher sind

---

200 So z.B. Oberst Prof. Dr. Alexander Korabelnikow in „Ugrosa ne istschesla, no rassredototschilas", NWO Nr. 22 (337) v. 04.07.2003.
201 Siehe dazu „Istorija wojennoj strategij Rossij", Moskwa, Kutschoje Polje 2000, S. 533ff.

sowohl deren genaue Anzahl, als auch die verschiedenen Typen der breiten Öffentlichkeit nicht bekannt. Ich gehe davon aus, dass die Russische Föderation zwischen 6.000 und 10.000 nichtstrategische Kernwaffen besitzt. Eine ähnliche Anzahl dürfte sich in den Arsenalen der USA befinden.

Diese, leicht zu neuen, modernen „Mini-Nukes" umrüstbaren Sprengladungen werden auch nicht vom SORT-Vertrag (Strategic Offensive Reduction Treaty) berührt, im dem die USA und Russland die beiderseitige Anzahl strategischer Nuklearsprengköpfe auf 1.700-2.200 festgelegt haben.

In der neuen US-Nukleardoktrin „Nuclear Posture Review" wird den „kleinen" Kernwaffen eine Schlüsselrolle künftiger militärischer Auseinandersetzung zugewiesen. Um zu erkennen, dass diese nach Anzahl und Sprengkraft nicht in erster Linie dazu vorgesehen sind, Höhlenverstecke nicht staatlich organisierter Terroristen zu bekämpfen, bedarf es sicher keines großen militärischen Sachverstandes.

Solange Russland mit den vorhandenen Mitteln und Kräften die oben genannten Ziele erreichen kann, hält es eine militärische Aggression gegen sich für nicht wahrscheinlich.

Die zur Abwehr eines möglichen militärischen Angriffs oder zur Neutralisierung einer möglichen militärischen Bedrohung oder Erpressung notwendigen **militärtechnischen** Mittel besitzt das Land meines Erachtens gegenwärtig noch in hinreichender Anzahl und Beschaffenheit.

Dies ist jedoch kein statischer Zustand. Mit der weiteren stürmischen Entwicklung von Wissenschaft und Technik kann und wird sich die Situation schnell verändern und die scheinbar hinreichende Abschreckung der russischen Waffen, schneller als bisher in Russland angenommen, bald nicht mehr wirksam sein.

Welche Eigenschaften und Fähigkeiten moderne Streitkräfte in der nahen Zukunft besitzen sollen, konnten die russische Generalität und die politische Führung des Landes der am 30.05.2000 vom US-General Henry H. Shelton vorgestellten langfristigen Streitkräftekonzeption „Joint Vision 2020"[202] entnehmen.

Nicht zufällig war in den folgenden Jahren daher auch eine Belebung der russischen Diskussion um die nationale Sicherheit spürbar.

---

202 US Government Printing Office, Washington DC, June 2000.

Seitdem, und verstärkt wieder in der Zeit der Vorbereitung und Durchführung des Irakkrieges durch die USA und Großbritannien, mehrten sich die Stimmen, die meinten, dass Russland bei Beibehaltung seiner gegenwärtigen Militär- und Sicherheitspolitik die nationale Sicherheit künftig nicht mehr gewährleisten kann.

Es wird darauf verwiesen, dass bis 2010 von der einstigen Atommacht vor allem die nicht mobilen „Topol-M" Raketen mit Einzelgefechtskopf, einige Staffeln TU-95 und TU-160 und weniger als 10 Raketen-U-Kreuzer verbleiben, falls es nicht zu einer umfassenden Neuausrüstung kommt.

Die jetzt noch Dienst verrichtenden und eigentlich bald zur Abrüstung anstehenden SS-22 verfügen über das Vielfache der Möglichkeiten der „Topol" und können mit ihren Mehrfachköpfen fast jede gegenwärtig finanziell und technisch realisierbare Raketenabwehr überwinden.

Die Fortsetzung des momentanen Ausrüstungstempos der Strategischen Raketentruppen bedeutet beispielsweise, dass in den Jahren 2010 bis 2012 nicht mehr als 100 „Topol-M" zur Verfügung stehen werden. Diese werden dann vielleicht schon kein Problem für eine moderne Raketenabwehr mehr sein und somit zu einer realistischen Abschreckung nicht mehr taugen.

Wladimir Krasilnikow kommt zu dem Schluss, dass das atomare Potenzial Russlands um das Jahr 2010 lediglich den sechshundertsten Teil der Möglichkeiten der UdSSR des Jahres 1991 habe und mit dem gegenwärtigen Atomwaffenpotenzial Chinas zu vergleichen wäre.[203] Weiter vertritt der Autor die Position, dass es den USA dann ohne weiteres gelingen könnte, die RF militärisch zu besiegen und sogar eine „Kontrolle aus der Ferne" über Russland auszuüben.

Er meint, dass *„der Angriff um das Jahr 2010 herum erfolgt, da dann die höchstmögliche Kampffähigkeit der USA und der Tiefstand der russischen Verteidigungsmöglichkeiten erreicht seien. Der Angriff erfolgt nicht, solange mindestens 30 russische Raketen mit einer echten Kampfkraft (RS-18, RS-20 oder RS-22) in Dienst sind, und deren Startmöglichkeiten durch die Luftabwehr und andere Sicherungsmaßnahmen gewährleistet ist. …Dem Angriff gehen einige ‚Generalproben' voraus, deren Intervall 2 bis 3 Jahre beträgt. Die erste Probe*

---

[203] W. Krasilnikow „Amerika gotowit udar po Rossij", (dtsch. „Amerika bereitet einen Angriff auf Russland vor"), http://cccp.narod.ru/work/book/krasilnikov.html.

hat bereits stattgefunden — der Jugoslawienkrieg. Die letzte Probe wird 2-4 Jahre vor dem Angriff auf Russland stattfinden und sich gegen einen Staat richten, der ein relativ starkes Luftabwehrsystem hat und mit russischen Mitteln, wie S-300, „BUK" und „TUNGUSKA" ausgerüstet ist ... Im Moment des Überfalls werden die neuesten mobilen Flügelraketen mit einer Reichweite bis 25.000 km und konventionellen Gefechtsköpfen in den baltischen Staaten, in Polen, in der Ukraine, in der Türkei, in Grusinien, in Aserbaidschan, in Tadschikistan, in Afghanistan, in Usbekistan, in Kirgisien, in Kasachstan, in Nordkorea und Alaska in einer Gesamtzahl nicht unter 30.000 Stück stationiert. Darüber hinaus werden nicht weniger als 20.000 seegestützte und 5.000 Marschflugkörper auf Flugzeugen zum Einsatz kommen.... Dem Einsatz wird eine massierte antirussische Kampagne in den Massenmedien vorausgehen, ähnlich der in Zusammenhang mit Tschetschenien oder Jugoslawien. Dabei werden Anschuldigungen hinsichtlich Genozids oder Zusammenarbeit mit Schurkenstaaten oder sonst was erhoben.... Dem Zusammenstoß folgt bald der Konflikt der USA mit China."

Weiter folgen dann Empfehlungen des Autors, wie dem Angriff, der nach Meinung Krasilnikows droht, zu begegnen ist. Die Vorschläge umfassen die Stärkung der Staatsmacht und der Wirtschaftskraft, die Forcierung der Ausrüstung der Streitkräfte mit modernen Waffen, aber auch die Schaffung einer eigenen nationalen Raketenabwehr und die Neuausrichtung der „Raketenpolitik" z.B. durch Ausstattung der „Topol-M" mit Mehrfachsprengköpfen. Aber auch in einer militär-strategischen Allianz Russlands mit China sieht der Autor die Möglichkeit, die nationale Sicherheit der RF zu garantieren. Dass der relativ unbekannte Krasilnikow mit seiner Meinung nicht allein steht, auch wenn die bekannteren Autoren sich nicht ganz so offen, und „diplomatischer" äußern, zeigt zum Beispiel auch die Analyse von Pjotr Romaschkin unter der Überschrift „Russland verliert in Kürze seinen atomaren Status".[204]

Der bekannte Wissenschaftler Ruslan Puchow meint in seinem Aufsatz „Krieg: Wie weiter?" im Kontext des Irakkonfliktes, „...*dass jeder Staat, welcher die Befürchtung hegen muss, Opfer der amerikanischen Repressionen zu werden, danach streben wird, über Kernwaffen und deren Trägermittel zu verfügen.*"[205]

---

204 Http://armscontrol.ru/start/rus/exclusive/pbro12501.htm.
205 R. Puchow „Wojna: Schto dalsche?",
  http://www.cast.ru/russisn/publication/pukhov vedom210303.html.

Der russische Ex-Verteidigungsminister und jetzige Dumaabgeordnete Armeegeneral a.D. Igor Rodionow befürchtet „...*die Festigung des Sieges der NATO im Kalten Krieg und die Verwandlung Russlands in ein Rohstoffanhängsel*" oder dass die USA künftig geneigt seien, „*ihre Probleme mit der VR China durch die Hände Russlands erledigen zu lassen*" und kommt zum Schluss, „*dass es Pläne gibt, Russland zum Vasallen zu machen, um zum Herren Eurasiens und der gesamten kolossalen Rohstoff- und Energieressourcen der Welt zu werden*".[206]

Weniger skeptisch ist dagegen der Stellvertreter des Direktors des Instituts für USA und Kanada der Russischen Akademie der Wissenschaften, Wiktor Kremenjuk, der im amerikanischen Engagement im postsowjetischen Raum keine gegen Russland gerichteten Aktivitäten sieht und meint: „*Mein Gott — ich kann nicht verstehen, ...warum sie (die USA) diesen Einfluss brauchen. Dort gibt es keine für die USA interessanten und zukunftsträchtigen Länder, auf die diese irgendwie setzen könnten. Etwa Kasachstan — wegen des großen Zugangs zum Kaspischen Meer? Die dortigen Regimes sind nicht nur uninteressant, sondern sogar belastend. Ihre Wirtschaft krankt, und sie müssten lange aufgepäppelt werden, um sie wieder auf die Beine zu stellen. Warum sollten die pragmatischen Amerikaner dies tun?*"

Eine mögliche Erwiderung findet sich in einem aufschlussreichen Artikel in der NWO vom 10. Juli diesen Jahres. Dort beschreiben die Autoren Tatjana Rublewa, Wladimir Muchin und Oleg Kruglow unter dem drastischen Titel „Flugzeuge der NATO über Moskau"[207] einige erdenkliche Folgen der militärischen Zusammenarbeit postsowjetischer Staaten mit den USA und der NATO. Bezug nehmend auf die bereits erwähnte Aufklärung russischen Territoriums durch AWACS-Flugzeuge konstatierten sie:

„*Die Patrouillen entlang der Staatsgrenze in einer Höhe von 9.000 m ermöglichen es, bis in die Gebiete Aktjubinsk und Rostow am Don, alle russischen Küstenstreifen des Schwarzen – und Kaspischen Meeres und vor allem den gesamten Abschnitt des Nordkaukasischen Militärbezirkes vollständig aufzuklären, ohne die Grenze zu verletzen.*"[208]

---

206 Armeegeneral a.D. I. N. Rodionow „Perestroiku armij nuschno natschinat s serschantow" in NWO Nr. 1 (316) v. 17.01.2003.
207 T. Rublewa, W. Muchin, O. Kruglow „Samoljety NATO nad Moskwoj", Nesawisimaja Gaseta 10.07.2003.
208 Ebenda.

Im Artikel wird die Befürchtung geäußert, dass dadurch auch der Verlauf des Tschetschenienkonfliktes direkt berührt wird, da:

„*...sich die Sache nicht in AWACS-Flügen erschöpft. Nichts kann auch den Einsatz taktischer Aufklärungsflüge in den grenznahen Regionen, vor allem zu Tschetschenien, verhindern. Grusinien erhält dadurch die Möglichkeit frühzeitiger Informationen über die Bewegung russischer Einheiten und Luftfahrzeuge. All das kann im Endergebnis zu einer ernsthaften Destabilisierung der Lage, vor allem in Tschetschenien und somit zu einer Erhöhung der Verluste für die russischen Land- und Luftstreitkräfte führen.*"

Im Weiteren äußern die Autoren eine in der russischen Öffentlichkeit sehr weit verbreitete Ansicht zu den Motiven, aus denen das Engagement der USA und der NATO entspringt:

„*Die NATO verstärkt ihre Aktivitäten hinsichtlich der Kontrolle des Kaspigebietes. Dies wird eines der Hauptthemen des Gespräches Lord Robertsons mit Präsident Nursultan Nasarbajew. Es wurde bereits bekannt gegeben, dass die NATO-Abteilung zum Schutz der Natur Mittel zur Erkundung des Erdöl- und Erdgaspotenzials des Kaspigebietes Kasachstans bereitgestellt hat. Im Verlaufe eines Jahres sollen Experten der NATO die Reserven an Öl und Gas in dieser Republik und die Perspektiven ihrer Förderung untersuchen. Robertson sollte nicht nur die Kosten der Erkundung von Qualität und Quantität der Ölvorkommen, sondern auch die Fragen ihrer Sicherung und Sicherstellung klären. Es ist zu konstatieren, dass dieser Problemkreis seitens der NATO und der USA besondere Aufmerksam erfährt. Vor einiger Zeit hat Kasachstan eine eigene Marinegruppe geschaffen. Den Grundstock dafür bilden Schiffe und Boote, die von den USA und der Türkei geliefert wurden.*"[209]

Auch wenn hier hinsichtlich der gegenwärtigen militärischen Stärke Kasachstans sicher etwas übertrieben wird, und die kasachischen Streitkräfte vor allem noch alte Ausrüstung aus dem Erbe der Sowjetarmee besitzen, häufen sich in letzter Zeit ähnlich besorgte Stimmen in der russischen Presse. Dies betrifft auch andere mittelasiatische Staaten.[210]

---

209 Ebenda.
210 So z.B. I. Plutarjew „Moskwe predloschili pokinut Tadschikistan!" in NWO 25.07.2003; I. Waschkin „Rastratschennoje nasledstwo Sowjetskoj Armij", NWO Nr. 26 (341) v.01.08.2003 und W. Solowjew, I. Pulgatarew „Kreml igrajet w zentralnoasiatskuj ‚Sapnisu'", NWO Nr. 23 (338) v. 11.07.03.

Soweit die kurze und selbstverständlich unvollständige Aufzählung und Darstellung einiger aus russischer Sicht bestehender sicherheitspolitischer Risiken.

Auch wenn dem ausländischen Betrachter vieles davon überzogen erscheinen mag, kommt man nicht umhin, diese Besorgnisse nicht nur zur Kenntnis zu nehmen, sondern auch zu akzeptieren.

In Russland ist die Meinung stark verbreitet, dass die internationale Entwicklung der letzten Jahre nicht dazu angetan war, traditionelle Vorbehalte zu zerstreuen.

Allerorts trifft man nach wie vor auf die bis heute fast übermächtig wirkende, für Ausländer schwer verständliche und fast manisch erscheinende Furcht, nicht nur der Militärs und Politiker, sondern auch eines Großteils der Bevölkerung, vor einer Wiederholung der Tragödie des 22. Juni 1941.

Wie stark die Ängste der Russen vor einem neuen Krieg sind, zeigt eine Meinungsumfrage[211] vom 06.08.2003:

Auf die Frage: **Existiert Ihrer Meinung nach gegenwärtig die Gefahr der Anwendung von Kernwaffen?** ergab sich folgendes Bild (Angaben in %):

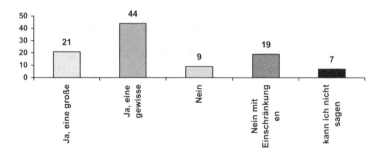

65 % der Befragten halten somit einen Kernwaffenkrieg gegenwärtig für möglich.

Nachdenklich stimmen auch die Antworten auf die Frage: **Hat Ihrer Meinung nach die Gefahr der Anwendung von Kernwaffen in den letzten 10 Jahren zugenommen, abgenommen oder ist sie auf**

---

211 Befragung von 1500 Bürgern über 18 Jahre in ganz Russland v. 24.-28. Juli 2003 durch ROMIR Monitoring, Auftraggeber unbekannt;
http://www.romir.ru/socpolit/socio/08 2003/ nuclear-weapons.html.

gleichem Niveau verblieben?[212] Die Befragten sagten wie folgt dazu aus (Angaben in %):

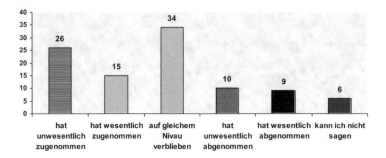

Drei Viertel vertraten somit die Meinung, dass die Kriegsgefahr in den letzten 10 Jahren gestiegen oder gleich geblieben sei.

Was veranlasst die Bürger eines Landes, das ein geachtetes Mitglied der Weltgemeinschaft ist und mit allen wichtigen Staaten und Staatengruppen gute Kontakte pflegt zu solch einer Aussage? Ist das ein Rezidiv in alte Ängste oder gibt es dafür rationale Gründe?

Was hat bewirkt, dass sowohl die Auffassungen der russischen Öffentlichkeit, als auch die der Regierung, hinsichtlich der Möglichkeit militärischer Konflikte und Kriege, innerhalb weniger Jahre einen so radikalen Wandel erfahren haben?

Warum ist von der Friedensgewissheit, die vor 10 Jahren noch das Meinungsbild in Russland so stark bestimmte, scheinbar so wenig geblieben?

Der Krieg der Zukunft

Eine alte, fast sprichwörtliche, Regel besagt, dass allen militärischen Planungen, Forschungen und Übungen zum Trotz, Kriege, sowohl in militärtechnischer als auch in taktisch-operativer Hinsicht augenscheinlich immer dort beginnen, wo ihre Vorgänger endeten.

Die Kavallerieschwadronen, die an der Marne 1914 im Feuerhagel der Maschinengewehre und Geschütze verbluteten, griffen so an, wie ihre Vorgänger im letzten großen Krieg 1870/71.

---

212 Ebenda.

Die Festungswerke der mit riesigem Aufwand als Schlussfolgerung aus dem Ersten Weltkrieg errichteten Maginotlinie wurden im Mai 1940 von den deutschen Panzertruppen umgangen und erwiesen sich als wirkungslos. Die sowjetischen Truppen erlitten im Sommer 1941 auch deshalb eine vernichtende Niederlage, weil ihre Strategie und Taktik teilweise noch aus dem Bürgerkrieg 1918-1920 herrührte.

Einer Armee, die viele Jahre keinen Krieg führt, fällt es schwer, sich auf zeitgemäße Kampfweisen einzustellen, sich den inzwischen veränderten technischen, wirtschaftlichen, und gesellschaftlichen Gegebenheiten anzupassen. Die blutige Realität der Schlachtfelder wirft viele Ideen und Vorstellungen der Sandkastenspiele und Manöver brutal und schonungslos über den Haufen.

Wenn wir uns die aktuellen militärischen Konflikte anschauen, die man sich noch vor einigen Jahren schwerlich ausmalen konnte, so ist erkennbar, dass die gewandelten Rahmenbedingungen der Gegenwart eine prägende Rolle spielen.

Hier ist einerseits die rasante Entwicklung von Wissenschaft und Technik, besonders der Informationstechnologie, zu nennen. Anderseits spitzen sich soziale Widersprüche zu.

Dies betrifft unter anderem nicht nur die Kluft zwischen verschiedene Regionen, hier sei nur der „Nord-Süd-Konflikt" erwähnt, sondern auch die Differenzen zwischen den verschiedenen sozialen Schichten und Gruppen in den entwickelten westlichen Industriestaaten.

Es ist ein Merkmal der Moderne, dass im gleichen Maße, in dem die schöpferischen und konstruktiven Potenziale der Gesellschaft wachsen, sich auch ihre destruktiven Möglichkeiten entfalten. So scheint sich manches auf den Kopf zu stellen, verlieren herkömmliche Deutungs- und Erklärungsmuster an Klarheit und Kontur.

Noch vor zehn Jahren wären die folgenden Zeilen, die Dr. Wladislaw Inosemzew vom „Zentrum zum Studium der postindustriellen Gesellschaft" in Moskau, Bezug nehmend auf neuere Diskussionen[213] in den USA, schrieb, wohl kaum vorstellbar gewesen:

„Das Streben der USA, die Verbreitung der Demokratie maximal zu befördern wirkt als gefährlicher destabilisierender Faktor. Die

---

213 Inosemzew bezieht sich auf Fareed Zakaria „The Future of Freedom. Illiberal Democracy at Home and Abroad". New York: W.W. Norton & Co. 2003.

amerikanische Demokratie verwandelt sich zielstrebig in einen gewissen besonderen Typ einer unliberalen Demokratie. Gegenwärtig, da es den USA notwendig scheint, im eigenen Lande nicht mehr, sondern weniger Demokratie zuzulassen, haben die Amerikaner die übrige Welt nichts mehr zu lehren....im Unterschied zum Anfang und Ende des 20. Jahrhunderts, als das Hauptziel war,, die Welt weniger gefährlich für die Demokratie' zu gestalten, kommt es jetzt darauf an, ‚die Demokratie weniger gefährlich für die Welt' zu machen.

„Kommt der Westen mit dieser Aufgabe zurecht?" fragt der Autor schließlich und meint, dass „...die Antwort im nächsten Jahrzehnt gegeben wird. Aber schon heute kann man bereits mit großer Bestimmtheit sagen, dass...die Hauptrolle dabei nicht bei den USA liegen wird. Selbst wenn künftig noch viele Länder versuchen werden, die demokratische Ordnung zu kopieren, dann sollte dies besser anhand des europäischen Originals und nicht nach der amerikanischen Kopie erfolgen."[214]

Wir schreiben aber das Jahr 2004 und nicht 1994. Dazwischen liegen der Krieg der NATO gegen die Bundesrepublik Jugoslawien im Frühjahr 1999, der Krieg der USA gegen Afghanistan 2002 und der Krieg der USA und Großbritanniens gegen den Irak im vorigen Jahr.

Aber es hatte doch auch 1991 schon einen Krieg, den „Wüstensturm" im Irak gegeben. Warum hat dieser nicht schon damals dazu geführt, dass die Bürger Russlands den Frieden und ihr Land gefährdet sahen?

Der Unterschied ist ganz einfach, aber für die Russische Föderation jedoch sehr wichtig. 1991 hatten die USA und ihre Verbündeten ein Mandat der UNO, führten einen im russischen Verständnis „gerechten", da durch das Völkerrecht sanktionierten, Krieg gegen den international verfemten Aggressor Irak.

Daran ändert auch die Tatsache nichts, dass mittlerweile einige Umstände bekannt wurden, die die Militäraktion der Vereinigten Staaten in einem zweifelhaften Licht erscheinen lassen. Nunmehr ist bekannt, dass der Auftritt der „Krankenschwester" aus Kuwait vor der Vollversammlung der UNO, die unter Tränen von den Gräueltaten der Iraker berichtete und damit nicht unwesentlich auf die Entscheidung des Gremiums einwirkte, inszeniert war. Es handelte sich um die Tochter eines kuwaitischen Diplomaten, die wäh-

---

[214] Http://exlibris.ng.ru/printed/koncep/2003-07-10/7 usa.html.

rend der Besetzung ihres Landes nicht in ihrer Heimat, sondern in den USA weilte.

Nunmehr ist auch bekannt, dass Saddam Hussein offenbar vor dem Angriff der Amerikaner bereit gewesen ist, sich zurückzuziehen. Nunmehr ist bekannt, dass die USA ihn wohl auch schon ermutigten, in Kuwait einzumarschieren.

Der völkerrechtliche Aspekt der Kriege der USA und ihrer Partner ab 1999 unterschied sich aber grundlegend vom Konflikt 1991. Neu war die offene Missachtung des Prinzips des Gewaltverzichtes in den internationalen Beziehungen, die kaum verhüllte Brüskierung des Völkerrechtes und des Willens der Mehrheit der Staaten aus einer Position der Stärke heraus.

Hierzulande haben wohl nur Wenige eine Vorstellung davon, welchen Schock die Verletzung des Völkerrechtes und vor allem die absolute Nichtbeachtung ihrer Interessen, Einwände und Lösungsvorschläge in der Russischen Föderation zur Jahreswende 1998/1999 auslösten. Der Ton der Diskussionen begann sich allmählich zu wandeln.

Aber die rechtliche Seite ist nur ein Teil dessen, was wie eine kalte Dusche wirkte. Die militärtechnische und militärstrategische Analyse des Balkankrieges und seiner Nachfolger ließen den russischen Militärexperten buchstäblich das Blut in den Adern gefrieren, ließen ihre eigenen Vorstellungen vom Krieg teilweise wie ein Kartenhaus zusammenbrechen.

Das alles kam natürlich nicht völlig unerwartet. Aber unter den Bedingungen des ersten Tschetschenienkrieges, und abgelenkt von den inneren Problemen der neunziger Jahre, reichten weder beim Militär noch bei der Politik die Urteilskraft und Weitsicht, um zu erkennen, was sich da zusammenbraute.

Zurück zum Irakkrieg 1991. Dieser war zunächst in seinem Ansatz und der ersten Phase seiner Durchführung keine Sensation. Nach einer relativ ausgedehnten Aufmarsch- und Vorbereitungsphase wurde der Angriff mit massiven Schlägen der Luftstreitkräfte und mit Raketenangriffen eröffnet. Da diese Ziele seit langem genau aufgeklärt waren, gelang es schnell, nach der Vernichtung und Niederhaltung der Luftabwehr, zunächst die Führung der Truppen zu stören. Die Zerschlagung der eigentlichen Kampftruppen der irakischen Armee war dann schon kein Kampf im herkömmlichen Sinne mehr, sondern ähnelte eher einem Abschlachten. Die eigenen

Verluste in der direkten Kampfphase hielten sich in Grenzen, waren aber höher als in den nachfolgenden Kriegen und drohten schon nach kurzer Zeit, zu einem politischen Problem zu werden.

Soweit war nichts geschehen, was nicht zu erwarten war. Dann kam aber die Entscheidung, die gewonnene strategische Initiative und den Raum nicht zu nutzen, sondern Waffenstillstands- und Friedensverhandlungen mit der irakischen Regierung zu führen. Es gibt verschiedene Theorien, warum dies erfolgte. Manche glaubten, die USA wollten ein weiteres Blutvergießen verhindern und fürchteten ein Chaos im Irak, wenn Saddam Hussein gestürzt würde. Andere vertraten die Meinung, das Kriegsziel sei mit der Befreiung Kuwaits erreicht gewesen.

Bekanntlich wurden die so genannten Flugverbotszonen geschaffen und die „Entwaffnung" des Irak in Angriff genommen. Die Welt atmete auf und glaubte, damit sei der Krieg endgültig beendet und die Möglichkeit der friedlichen Lösung der Probleme in diesem Teil der Welt ein Stück näher gerückt.

Aber hier begann der zweite Teil des Irakkrieges, der nahtlos in den nächsten Konflikt 2003 übergehen sollte und als solcher von der Weltöffentlichkeit gar nicht recht wahrgenommen wurde. Für das irakische Volk war dieser Abschnitt nicht weniger leidvoll als der „richtige" Krieg zuvor. Es soll aber nicht von der Zeit der Embargopolitik die Rede sein, die tausenden Unschuldigen das Leben genommen hat. Ich möchte mich auf die militärische Seite beschränken.

Wer erinnert sich nicht der zahllosen Presse- oder Fernsehmeldungen, dass britische oder amerikanische Flugzeuge der Koalition von der irakischen Luftabwehr ins Visier genommen oder beschossen worden seien und daher zu Gegenhandlungen übergegangen waren.
   Wie oftmals in der Geschichte, wenn etwa Neues entsteht, nimmt kaum einer davon Notiz. Und so war es auch in diesem Fall. Die Meldungen zeugen von der Geburt eines, in militärtechnischer und militärstrategischer Hinsicht, neuen Krieges. Ich nenne ihn hier den „kontaktlosen Krieg". Das Testfeld Irak bot den USA die Gelegenheit, über mehrere Jahre, legal und unbemerkt, den neuen Krieg zu proben, ihr Personal und die Führungsorgane auszubilden und neue Taktiken zu entwickeln. Besonders wichtig waren die Erprobung der Niederhaltung und Vernichtung der Luftabwehr und die Aufklärung

aus der Luft und die Erprobung von Gefechtshandlungen in so genannter Echtzeit.

Günstig wirkte sich dabei aus, dass der Irak schon nicht mehr die Möglichkeiten hatte, militärisch effizient zu handeln. Dazu reichten weder der Ausbildungsstand, noch die Technik, noch das Personal aus. Wie sonst hätte es sein können, dass bei den unzähligen gemeldeten Angriffen keine Kampfverluste auf Seiten der Koalition zu verzeichnen waren?

Neben dem Vorteil, dass die Erprobung für die USA und Großbritannien relativ ungefährlich war, barg sie natürlich auch ein Risiko. Die irakische Armee war nach 1991 ein so wenig ernst zu nehmender Gegner, dass die Ergebnisse der „Feldstudie neuer Krieg" viele Unwägbarkeiten in sich bargen. Wie würde es gegen einen gut ausgebildeten und relativ modern ausgerüsteten Gegner aussehen? Diese Frage dürfte das Pentagon brennend interessiert haben.

Die Gelegenheit zur Probe wurde im Frühjahr 1999 in Jugoslawien geschaffen. Es gibt natürliche keine Beweise in Form gesonderter Dokumente oder Befehle dafür, dass der Krieg begonnen wurde, um das in den irakischen Wüsten begonnene Experiment fortzuführen. Dass der Konflikt aber nicht unausweichlich war, lässt sich damit beweisen, dass die Verhandlungen in Ramboillet Anfang 1999 von den USA augenscheinlich vorsätzlich zum Scheitern gebracht wurden.

Der Gegner, die Jugoslawische Volksarmee, war eine Armee europäischen Typs, gut ausgebildet, straff geführt aber nicht in der Lage, dem Angreifer nennenswerte Verluste zuzufügen oder den Angriff gar abzuwehren. Keinesfalls mussten die USA oder NATO damit rechnen, dass die Jugoslawen die Ausgangspunkte der Angriffe bekämpfen würden. Das Land verfügte nicht über Kernwaffen und hatte auch keine anderen Massenvernichtungswaffen. Es war durch die vorhergehenden Bürgerkriege nicht nur geschwächt, sondern auch in der Weltgemeinschaft politisch diskreditiert. Im Lande existierte in Form der UCK eine starke bewaffnete Widerstandsbewegung, die bereit war, mit den Angreifern zusammenzuarbeiten und für diese Kampfaufgaben zu übernehmen. Dass es sich bei Jugoslawien um eine Demokratie nach westlichen Maßstäben handelte, und die UCK nach Meinung vieler unabhängiger Beobachter eine terroristische und kriminelle Vereinigung war, mag eventuell unangenehm, aber nicht hinderlich gewesen sein. Die Kriegsbegründung Menschenrechte, „Hufeisenplan", „Racakmassaker" wurden dann teilweise zusammengelogen.

Zu diesen Aspekten des Jugoslawienkrieges ist ja schon viel geschrieben worden.

Zur militärischen Seite. In den folgenden Ausführungen stütze ich mich unter anderem auf die Arbeiten des Generalmajors a.D. Wladimir Sliptschenko. Sliptschenko (Jahrgang 1935) war jahrelang im Generalstab tätig und ist nicht nur Vizepräsident der Akademie der Militärwissenschaften, sondern tat sich in den letzen Jahren mit einer ganzen Reihe von Veröffentlichungen auf seinem Fachgebiet, dem Krieg der Gegenwart; bei Sliptschenko der „sechsten Generation", hervor.[215] Auch andere namhafte Militärwissenschaftler machen sich die Grundauffassung Sliptschenkos zu Eigen und entwickeln diese weiter.[216]

Die am 24. März 1999 begonnene Operation, die insgesamt elf Wochen dauerte, lässt sich in **zwei Etappen** einteilen. Die erste war gewissermaßen die **Experimentalphase** und die zweite, die **Trainingsphase**.

Die **Experimentalphase (vom 24. März bis 09. Mai)** war dadurch gekennzeichnet, dass die USA ohne direkte Beteiligung ihrer Alliierten neue Methoden und Mittel des Kampfes erprobten. Da an dieser Stelle der gesamte Umfang und Charakter der Handlungen nicht dargestellt werden können, nur einige Hauptmerkmale und Ereignisse:

Es erfolgten koordinierte und hochpräzise Schläge einer bis dato nicht gekannten neuen Weltraum-Luft-See-Angriffsoperation. Grundlage der neuen Aufklärungs-Schlag-Gefechtssysteme bildeten die weltraumgestützten Aufklärungs- und Kommunikationselemente. Die Angriffe wurden erstmalig in der Kriegsgeschichte mittels der neuen kontaktlosen Methode vorgetragen. Von einer „Feindberührung" im herkömmlichen Sinne konnte keine Rede sein.

Die zur Führung und Leitung des Gefechtes notwendigen Komponenten wurden erstmalig nicht in der Nähe des Einsatzgebietes konzentriert und entfaltet. Die im Einsatzraum handelnden

---

215 W.I. Sliptschenko „Woiny schestowo pokolenija", Moskwa, Isdatelswo Wetsche 2002;
 W.I. Sliptschenko „Woina buduschtschewo", Moswa, OOO Isdatelski zentr nautschnych i utschebnych programm" 1999
 W.I. Sliptschenko „Analis wojennoi kampanij protiw Jugoslawij wesnoj 1999", http://cast.ru/piblish/20000/july-aug/slipchenko.html.
216 So zum Beispiel für die Marine: Tulin W. „Informazila i flot", Morskoj sbornik, Moskwa Nr. 6, 2000 und Kapitanez I.M. „Woina na more", Moskwa Wagrijus 2001.

Flugzeuge waren lediglich die „Zubringer" der Munition zum Zielgebiet. Die Zielsuche und -auswahl sowie die Steuerung und Lenkung der Waffen erfolgte in der Regel nicht durch die handelnden Flugzeugbesatzungen. Die Satellitenstaaten der USA in der NATO waren selbstverständlich von der Hightech-Probe ausgenommen. Das war Sache der US-Jets. Diese „kämpften" ebenso wie die US-Flugzeugträger, von denen die Präzisionsflügelraketen starteten, außerhalb der Wirkung aller jugoslawischen Abwehrmittel.

Erprobt wurden nicht nur neue Führungs- und Leitsysteme und Taktiken. Auch neue Präzisionswaffen, wie der Marschflugkörper AGM-109, wurden getestet.

Durch die breite Nutzung des globalen Navigationssystems (GPS) NAVSTAR konnte erstmalig im entfernten Anflug der Marschflugkörper auf eigene verräterische Funkmessstrahlung völlig verzichtet werden. Dadurch wurde deren Erkennung für die jugoslawische Luftabwehr unmöglich. Am Ende der ersten Phase des Krieges wurden auch neuartige Kassettenbomben von B-52 abgeworfen, die zur Panzerbekämpfung gedacht sind (CBU-97), obwohl der Gegner keine Panzer und andere Technik konzentriert hatte.

Bemerkenswert ist die hohe Präzision der Angriffe, obwohl sowohl die meteorologischen als auch die geographischen Bedingungen, im Vergleich zum irakischen Kriegschauplatz, ungünstiger waren. Hier wurde deutlich, wie intensiv die US-Spezialisten die Zeit seit dem „Wüstensturm" genutzt hatten. Wahrscheinlich, so mutmaßen einige russische Spezialisten, wurden die Wetterbedingungen, mit Hilfe chemischer Mittel (jodhaltiger Silberverbindungen), so manipuliert, dass vor allem in der zweiten Phase ausgezeichnete Konditionen für die angreifenden Fliegerkräfte herrschten. Hier deutet sich vielleicht sogar der Beginn einer „meteorologischen Kriegsführung" an.

Ein Einsatz von Landstreitkräften war weder geplant, noch erfolgte er im Verlaufe der Operation. Das wussten natürlich auch die deutschen Spitzenmilitärs, die in den Medien entsprechende Spekulationen nährten und damit der US-Version des Kriegsgrundes, der Verhinderung eines „serbischen Genozids" an den Albanern im Kosovo, propagandistische Rückendeckung und Legitimation gaben.

Nennenswert ist noch die Stärke der Gruppierung kosmischer Mittel, die eingesetzt wurde. Da insgesamt etwa 50 Satelliten direkt zum Einsatz kamen, hatten die USA ständig acht bis zwölf Satelliten über dem Kampfgebiet zur Verfügung. Diese bildeten gemeinsam mit den Luft- und Seeträgersystemen das Rückgrat der Angriffssysteme und waren für die Jugoslawen natürlich auch nicht erreichbar. Bereits vor dem Angriff war allen Fachleuten, auch in Russland, klar, dass die jugoslawische Armee bemüht sein wird, den Schlägen durch Dezentralisierung, Tarnung und Mobilität außerhalb ihrer ständigen Basierungsräume, auszuweichen. Vor allem die Luftabwehr und die Luftstreitkräfte versuchten sofort nach Kriegsbeginn dadurch der Vernichtung zu entgehen, indem sie alle herkömmlichen Möglichkeiten der gedeckten Truppenführung und Tarnung mit hoher Disziplin und Professionalität anwandten.

Dass dies letztlich alles nichts nützte, war eine der militärischen Haupterkenntnisse des Balkankrieges. Bis dahin hatten russische Militärs, meist hinter vorgehaltener Hand, nicht selten die Meinung geäußert, dass, bei Nutzung aller technischen und militärischen Parameter, die russischen Waffen nach wie vor hinreichend effizient seien. Gegenteilige Erfahrungen der letzten Jahre wurden, nicht ohne eine gewisse Arroganz, mit den mangelnden militärischen Fähigkeiten der anwendenden Armeen begründet.

Da die jugoslawische Armee den Angreifern buchstäblich nichts entgegenzusetzen hatte, fiel sie als lohnendes Ziel von vornherein schon aus. Daher auch deren relativ geringe Verluste von wenigen Tausend Toten und Verwundeten. Ein weiteres Zeichen dafür war die Tatsache, dass vermutlich weniger als 5 % der gepanzerten Technik und Artillerie vernichtet oder beschädigt wurden. Die Schäden an militärischen Bauten, wie Kasernen und Depots waren allerdings größer, beeinflussten die unmittelbare Kampffähigkeit der jugoslawischen Truppen, aus den oben genannten Gründen, allerdings nur unwesentlich.

Die Schläge der USA waren also vor allem auf die Zerstörung militärischer Immobilien, der wirtschaftlichen Infrastruktur und der militärischen und zivilen Kommunikation gerichtet. Die etwa 900 als Hauptziel anvisierten Objekte wurden in der ersten Etappe des Krieges mit fast 1.500 Präzisionsflugkörpern angegriffen. Aus dem Charakter des Experimentalkrieges folgt allerdings, dass die Angreifer nicht die volle Wucht ihrer Möglichkeiten zur Geltung brachten. So wurden „nur" 50-70 % der Munitions- und Luftfahrtindustrie, 40 % der Kraftfahrzeug- und Panzerindustrie und der Erdölvorräte und 100 % der Erdölindustrie und der Donaubrücken zerstört. Der Rest blieb der zweiten Phase vorbehalten, obwohl die Möglichkeit der schnellen und totalen Zerstörung bereits in den ersten Wochen des Krieges durchaus gegeben war.

Der auch in russischen Medien damals hin und wieder geäußerten Meinung, es zeuge von der Unfähigkeit oder gar Schwäche der NATO, dass diese den Streitkräften Jugoslawiens keine schnelle und deutlichere Niederlage beibrachte, kann aus heutiger Sicht keinesfalls zugestimmt werden.

Hauptziele der Angreifer waren schließlich die Zerstörung der staatlichen und militärischen Führung und der ökonomischen Infrastruktur, das Training der Truppen und Stäbe, die Erprobung neuer Kampfmittel und -methoden, sowie die politische Signalwirkung an die Weltöffentlichkeit.

Eine wahre „Offenbarung" für Militärexperten ist die Analyse der Abwehrmöglichkeiten und Handlungen der Jugoslawen. Deren Luftabwehrsysteme entstammten noch der Zeit, als die Abwehr bemannter Flugzeug im Luftraum des eigenen Landes im Mittelpunkt stand. Ihre Basis war die aktive Funkmessortung, die kaum über die Grenzen des eigenen Territoriums hinausging.

Durch die Mittel des funkelektronischen Kampfes wurde die Luftabwehr total niedergehalten. Erfolgte dennoch ein Abwehrstart, so bedeutete dies die unverzügliche Vernichtung des gesamten Komplexes. Ebenso wurde jede Funkmessstation, die im aktiven Regime arbeitete, sofort zerstört. Dabei handelten, wie bereits gesagt, sowohl die Aufklärungs- als auch die Schlagmittel der USA aus einer Entfernung von hunderten oder gar tausenden Kilometern vom Kriegschauplatz; für die Jugoslawen eben kontaktlos, nicht erkennbar und unerreichbar.

So verloren die Jugoslawen in den ersten drei Kriegstagen, trotz der Einhaltung der Normen und Gefechtsvorschriften, fast drei Viertel ihrer Komplexe S-125 und S-75 sowjetischer Bauart. Sobald ein Mittel zum Einsatz kam, folgte dessen Zerstörung sofort und ohne Schutzmöglichkeit auf dem Fuß.

Auf Grund ihrer verräterischen technischen Eigenschaften wurden 86% der Kampfflugzeuge vom Typ MIG-29 und 35% der MIG-21, sowie ein Zehntel der Luftabwehrsysteme „Quadrat", ebenfalls sowjetischer Produktion, vernichtet.

Was von den Luftabwehrmitteln doch noch die Angriffe überstand, verdankte diesen Umstand lediglich der Tatsache, dass sie nicht eingesetzt wurden und in geschützten Stellungen untergebracht waren.

Ich möchte die, nicht vollständige, Schilderung der ersten Phase damit beenden. In diese fiel übrigens auch der bis heute rätselhaft erscheinende Angriff auf die chinesische Botschaft am 08. Mai 1999, der von den USA als Versehen dargestellt wurde, was von vielen, nicht nur russischen Militärexperten, nach Analyse der Umstände, heute bezweifelt wird.

Die zweite Etappe, die **Trainingsphase vom 10. Mai bis 10. Juni 1999** ist aus militärischer Sicht weniger „interessant". Es begann die bemannte Etappe der kombinierten Weltraum-Luft-See-Schlagoperation. Der Krieg nahm einen Charakter an, wie er den Kriegen bis Anfang der neunziger Jahre eigen war und brachte keine unerwarteten Aspekte. In dieser Phase wurden durch bemannte Flugzeuge, darunter die der NATO-Partner, lediglich neue taktische Varianten und neue Waffen, wie die gelenkten Flugbomben JDAM, JSOW, WCMD, auf ihre Effektivität geprüft und das Zusammenwirken der Stäbe und Luftwaffen trainiert. Es wurde wieder ein „Kontaktkrieg". Die Bundesrepublik Jugoslawien war aber da schon nicht mehr in der Lage, den Gegner in der Luft zu bekämpfen.

Für die Verbündeten der USA waren die Einsätze reale Kriegspraktika. Daher legten die USA auf die geschlossene Teilnahme wert und ließen „Ausreden" nicht gelten. Auch die BRD konnte sich dem nicht entziehen, auch wenn dabei das Grundgesetz verletzt werden musste; ein Umstand der in Russland, auch mit Hinsicht auf die Geschichte, nicht wenig Aufmerksamkeit und spürbares Unbehagen erweckte.

Die Teilnahme von, auf den Krieg relativ unvorbereiteten, Luftwaffen der NATO-Verbündeten, brachte allerdings auch mit sich, dass die in schnellem Durchlauf (Austausch nach 10-15 Gefechtsflügen) eingesetzten Piloten „Fehler" begingen, die die so genannten Kollateralschäden gerade in dieser Phase schnell ansteigen ließen. Ein bekanntes Beispiel ist die Bombardierung einer militärisch völlig unbedeutenden Brücke in der serbischen Kleinstadt Varvarin am 30. Mai 1999, die unzählige Zivilopfer forderte.

Die Tatsache, dass die Flugzeuge, um eigene Verluste durch die noch vorhandenen unversehrten taktische Truppenluftabwehrmittel der Jugoslawen zu vermeiden, in der Regel nicht niedriger als 5.000 Meter handelten, zeugt davon, dass die Verletzung von internationalen Normen zur Kriegsführung, wie der Schutz von Zivilpersonen, Bestandteil der Einsatzplanung war, oder zumindest billigend in Kauf genommen wurde. In diesem Lichte erscheint die von verantwortlichen hiesigen Politikern und Militärs in den Medien zur Schau gestellte Sorge um die Piloten schon fast zynisch, da für diese kaum außergewöhnliche Gefahr bestand. Die Zivilbevölkerung dagegen war den Angriffen wehrlos ausgesetzt.

Jedenfalls war nach den drei Monaten Krieg auf dem Balkan für die russischen Militärs und verantwortlichen Politkern nichts mehr so wie bis dahin. Zusammengefallen wie ein Kartenhaus war der Glaube, Russland sei auf lange Zeit unangreifbar, da militärisch nicht besiegbar. Besonders traf die Russen auch die Tatsache, dass das Völkerrecht für den Stärkeren offenbar genauso wenig zählte wie das eigene nationale Recht, wenn sie den angestrebten Zielen im Wege stehen.

Darin, und nicht in irgendwelchen verletzten panslawischen Gefühlen, wie manche „Experten" meinten, liegen die Ursachen für die schroffen Reaktionen Russlands auf den Krieg gegen Jugoslawien. Wenn der Krieg die Absicht gehabt haben sollte, die sicherheitspolitische Lage in der Welt in kürzester Frist zu verschlechtern, so ist dies nachhaltig gelungen.

Die darauf folgenden Kriege gegen Afghanistan und Irak haben daran aus russischer Sicht nichts geändert. Gegen die Zerschlagung der Taliban und den Kampf gegen den Terrorismus hatten die Russen natürlich gar nichts einzuwenden. Allerdings waren viele russische Kommentatoren der Meinung, dass die USA in erster Linie das geopolitische Ziel verfolgten, in Zentralasien präsent zu sein. Die Realität gibt ihnen scheinbar Recht. Der Terror ist nicht geringer geworden und die Rauschgiftproduktion hat unter Aufsicht der ISAF und der USA sogar noch stark zugenommen, was in Russland gegenwärtig lautstark beklagt wird. Der Transport der Narkotika nach Europa geht teilweise durch Russland und belastet die ohnehin fragile, sich gerade etwas stabilisierende allgemeine Sicherheitslage im Land.

Die USA sind jetzt in den mittelasiatischen postsowjetischen Staaten mit Stützpunkten präsent und stehen an Russlands Grenzen. Die Amerikaner würden ihrem Ruf als Pragmatiker aber nicht gerecht werden, wenn sie nicht auch diesen Konflikt zur Erprobung des Krieges genutzt hätten. Freilich waren die Talibankrieger nicht der Gegner, um neue Taktiken oder komplexe Waffensysteme zu erproben. Aber für den Test neuer Vernichtungsmittel, die man sonst kaum ohne Proteste oder zumindest unangenehme Fragen durchführen könnte, war das isolierte Land schon ideal. Wer kümmert sich schon um das Schicksal von vermeintlichen Terroristen, und wer hinterfragt schon, warum die Supermacht fast wochenlang irgendwelche gottverlassene Höhlensysteme namens Tora-Bora bombardiert? Wer weiß schon, ob es dafür eine militärische Notwendigkeit gab oder ob lediglich die neue Munition der

Bunkerknacker erprobt wurde. Das ist ein wichtiges Element, das in Jugoslawien noch nicht „abgearbeitet" wurde und gegenwärtig ganz oben auf der amerikanischen Rüstungsliste steht. Die HTI-Systeme (High Temperatur Incendiary), eine gigantische Brandbombe und andere neue Projekte sollen bald die vermeintliche Lücke im US-Arsenal schließen.

Mit Blick auf ihre Raketen, Kosmos- und Luftverteidigungstruppen und deren Kommandobunker fragen sich die führenden Militärs Russlands freilich, ob die gigantische Anzahl derartiger hochwirksamer Waffen, die die USA in den kommenden Jahren entwickeln und in die Streitkräfte einführen will, denn wirklich nur gegen Terroristennester gedacht ist. Es gibt keinen Zweifel, dass der Kampf gegen den Terror den willkommenen Vorwand zur Schaffung derartiger Waffen geliefert hat. Diese sind, so weiß jeder in militärischen Fragen einigermaßen Bewanderte, gegen staatliche und militärische Führungsstellen und Einrichtungen gerichtet und machen nur gegen diese einen militärischen Sinn. Sie sind gegenwärtig in erster Linie Mittel der zwischenstaatlichen militärischen Bedrohung.

Kurz zum Irakkrieg. Dieser wurde nicht zum Schauplatz neuer Kriegmethoden. Die kaum mehr kampffähigen irakischen Streitkräfte machten das für sie einzig Mögliche, wenn sie sich nicht massenhaft massakrieren lassen wollten. Sie gingen, augenscheinlich unter Mitnahme der leichten Waffen, „nach Hause". Damit haben sie offenbar auch verhindert, dass die Koalitionsstreitkräfte eine neue Art der Kriegsführung auf der operativ-taktischen und taktischen Ebene der Streitkräfte erprobten, nachdem die strategische schon in den vorherigen Konflikten trainiert und getestet worden war.

Der Test des Krieges in Echtzeit und kontaktlos, auf der Ebene Bataillon, Kompanie und Zug, steht somit (noch) aus. Stattdessen zeigt die stärkste Armee der Welt als Besatzungstruppe Erscheinungen, wie sie die westliche Berichterstattung bisher nur den „demoralisierten und zermürbten" russischen Truppen in Tschetschenien zugebilligt hatte. Im Gegensatz zu den deutschen, wird in den russischen Medien dazu ausführlich und detailliert berichtet. Dies erfolgt meist sachlich und ohne die Häme, die umgekehrt oft zu spüren ist. Freilich haben der Verlauf des Irakkrieges und vor allem die folgende Zeit seither das russische militärische Selbstbewusstsein gestärkt, da es zeigte, dass auch die Truppen der einzigen Weltmacht bei weitem nicht so perfekt sind, wie sie sich selbst darstellen oder wie sie von Regisseuren aus Hollywood gerne gesehen werden.

Die nächste Probe des Krieges der sechsten Generation, die im Irak ausfiel, wird also woanders stattfinden. Wo das sein wird, steht noch nicht fest; es wird ein Staat sein, der ebenso wie der Irak nicht über Massenvernichtungswaffen verfügt, denn hätte der Irak welche gehabt, so wäre der Angriff der USA sicher nicht so erfolgt. Es wird ein Staat sein, dessen Armee relativ intakt aber nicht zu stark ist. Es wird ein Staat sein, der in den Augen der Öffentlichkeit einem legitimierten und gerechtfertigten Angriff ausgesetzt ist, weil er die Menschenrechte verletzt, Terroristen unterstützt oder in anderer Weise ein Schurkenstaat ist. Die propagandistische Vorbereitung dafür hat offenbar schon begonnen und in diesem Zusammenhang droht der US-Präsident regelmäßig schon mal in Richtung Syrien, Nordkorea, Iran oder Kuba.

Allerdings müssen die USA erst einmal die Hände im Irak, unter anderem durch den Einsatz der „Koalition der Willigen", wieder frei bekommen.

Die Russische Föderation, unter Präsident Putin, wird voraussichtlich mit allen ihr zur Verfügung stehenden völkerrechtlichen Mitteln versuchen, weitere derartige Kriege zu verhindern, um die aufgezeigte Kette zu unterbrechen. Das entspricht kurz- und mittelfristig den ureigensten politischen Interessen Russlands. Damit soll aber nicht nur das Völkerecht wieder zum einzigen Regulator der internationalen Beziehungen gemacht werden. Man will auch verhindern, dass sich die Kluft in den militärischen Fähigkeiten zwischen den USA und der Russischen Föderation weiter vertieft. Russland steht somit gegenwärtig zwangsläufig auf der Seite der „Tauben".
  Allerdings ist die Zeit offenbar vorbei, in der man sich nur auf die Möglichkeiten der internationalen Politik verlässt und zu viele vermeintliche Konzessionen zu Lasten der eigenen Interessen macht. Wer Russland, seine Geschichte und seine Menschen kennt, kommt nicht umhin, dies zumindest zu akzeptieren.
  Es ist zur bitteren Wahrheit geworden, dass Kriege und militärische Bedrohung wieder zur „normalen" Politik gehören und als selbstverständlich nicht nur von den verantwortlichen Politkern, sondern auch von einem Großteil der Bevölkerungen empfunden werden. Das so oft gescholtene Russland hat, im Gegensatz zu Deutschland, gemeinsam mit anderen Staaten in den letzten Jahren immer wieder erbittert versucht, dies zu verhindern.

Das wurde aber im Westen eher als Zeichen der Schwäche, denn als zukunftsweisende Politik interpretiert, und in Moskau meint man, die Lektion verstanden zu haben. In diesem Zusammenhang erinnerte ein russischer Militär an eine alte Anekdote:

Man habe Stalin irgendwann einmal mitgeteilt, dass der Papst in irgendeiner Frage Maßnahmen gegen Sowjetrussland erwägt. Daraufhin habe der sowjetische Führer zynisch gefragt, über wie viele Divisionen der Papst denn eigentlich zur Durchsetzung seiner Forderungen verfüge.

Hier schließt sich der Kreis wieder, hat der Militär-Industrie-Komplex wieder seine politische Logik, wird verständlicher, erscheint weniger irrational.

In Russland bezweifelt mittlerweile kaum noch jemand ernstlich, dass man eine neue moderne Armee braucht. Man fragt nur noch nach dem Wie und glaubt an den Erfolg.

Dieser hat für die Mehrheit der Bürger Russlands auch in diesem Kontext einen Namen: Präsident Putin.

Zu neuen Ufern?

Der MIK als Teil der ökonomischen und politischen Realität der Russischen Föderation kann nicht abgekoppelt von deren Gesamtheit bestehen. Seine Zukunft wird dabei vor allem von der Militär- und Sicherheitspolitik der künftigen Moskauer Regierungen bestimmt. Gegenwärtig ist kaum denkbar, dass Wladimir Putin 2004 nicht wieder zum Präsidenten gewählt wird und dass somit die Politik der Russischen Föderation in den nächsten Jahren einigermaßen sicher absehbar ist. Welche politische Gruppe den weiteren Kurs des Riesenlandes auf lange Sicht bestimmt, ist natürlich nicht vorhersagbar.

Jedenfalls scheint der jetzige Präsident fest im Sattel zu sitzen, und kein noch so tragisches Ereignis hat seine Position bisher erschüttern können. Die Mehrzahl der Russen verbindet weder die Katastrophe der „Kursk" noch den anhaltenden Konflikt im Kaukasus oder die anderen enormen wirtschaftlichen, politischen und sozialen Probleme sowohl im Lande als auch in den äußeren Beziehungen der Russischen Föderation in negativer Weise mit der Person Putins. Auch die Terrorakte der letzten Monate habe dem Ansehen des Präsidenten bisher keinesfalls geschadet.

Die Direktwahl zum Präsidentenamt wird zeigen, in welchem Maße die Bürger der RF den Kandidaten vertrauen. So scheint es bisher kaum fraglich, dass Wladimir Putin aus den nächsten Präsidentschaftswahlen auch deshalb als klarer Sieger hervorgeht, weil kein ernstzunehmender Konkurrent in Sicht ist.

Aber nicht nur die eigene Bevölkerung vertraut gegenwärtig ihrem Präsidenten. Auch international ist bisher unbestritten, dass er für Stabilität und Berechenbarkeit in den internationalen außenpolitischen Beziehungen steht. Vor allem die unerschütterliche Position des russischen Präsidenten, dass der UNO die Hauptrolle bei der Gestaltung der Außen- und Sicherheitspolitik in der Welt zukomme, lässt Russland gegenwärtig ein Gegengewicht zu allen monopolaren Machtutopien bilden.

Das alles kann natürlich nicht darüber hinwegtäuschen, dass auch in Russland selbst vieles im Argen liegt. Es ist aber Sache der russischen Bevölkerung selbst, ihre inneren Angelegenheiten zu klären. Wenn die Bürger Russlands also der Meinung sind, dass ein starkes, partiell sogar autoritäres System die anstehenden Probleme lösen wird, so sollte man sich hüten, von außen Ratschläge zu erteilen oder gar mit dem erhobenen Zeigefinger zu dozieren. Das gilt vor allem dann, wenn man das Land nicht oder nur flüchtig kennt oder mit seinen Belehrungen eigene, oft leicht erkennbare egoistische Ziele verfolgt.

So wichtig die Person des russischen Präsidenten und seine Mannschaft für die Zukunft des MIK auch sein mögen; ohne bestimmte objektive Voraussetzungen können diese die anvisierte Erhaltung, Umgestaltung und Modernisierung des Komplexes nicht bewirken, selbst wenn der dazu nötige politische Wille vorhanden ist.

Immer wieder das Geld

Es geht vor allem um die **Finanzierung des MIK.** Die dazu erforderlichen Summen lassen sich nur schwerlich schätzen und sind vielleicht sogar dem Kreml bisher nicht genau klar. Was aber allen beteiligten Akteuren nunmehr bekannt ist, ist die Tatsache, dass weder Streitkräfte, noch MIK, „im Vorbeigehen", das heißt ohne gewaltige finanzielle und auch immaterielle Anstrengungen, reformiert werden können.

Wenig Widerspruch und reichlich Platz in den Medien finden gegenwärtig Positionen, die den Staat dabei stärker in die Pflicht nehmen wollen, und die den entstandenen unbefriedigenden Zustand mit der Art und Weise der Privatisierungen der neunziger Jahre in Russland in Verbindung bringen. Wladimir Putins Prinzip der Durchsetzung der Gesetzlichkeit mit Hilfe der vertikalen Macht trifft durchaus den Nerv und die Erwartungen der russischen Bürger.

Dass damit aber auch schon ganz neue Richtungen und „Hebel" der Umgestaltung vorbereitet werden könnten, soll weiter unten noch Erwähnung finden. Mit dem Begriff Reform geht man in den letzten Wochen und Monaten in Russland übrigens sehr sparsam um. Es scheint sich die Erkenntnis durchgesetzt zu haben, dass die immer wieder propagierte Militärreform ins Stocken geraten ist, und somit auch die Reform des MIK als deren Teil nicht vorankommt.

Man spricht daher nunmehr, wie kürzlich der Dumasprecher Gennadi Selesnow, bescheidener von der „Modernisierung der Streitkräfte". Die kolossale russische Militärmaschine driftet also nach wie vor auf den Wellen des politischen Voluntarismus der verschiedenen miteinander konkurrierenden politischen Gruppierungen, wenn auch in bereits etwas ruhigeren Wassern, als noch vor Jahren.

Eine der Ursachen des bisherigen Scheiterns der proklamierten Militärreform — und um nichts anderes handelt es sich — ist natürlich auch die Tatsache, dass diese von der zu reformierenden Institution selbst durchgeführt werden sollte.

Aus Sicht vieler russischer Experten tragen der Generalstab, und vor allem sein Chef Generaloberst Anatoli Kwaschnin, die Hauptverantwortung dafür. Dessen Stellvertreter, Generaloberst Juri Balujewski, erklärte erst kürzlich, dass die von Präsident Putin 2001 angeordnete Verringerung des Personalbestandes der Armee bis 2005 auf 850.000 Angehörige für den Generalstab offensichtlich nicht hinnehmbar sei. Es sei halt einfach „...*nicht möglich, heute schon über die exakte Truppenstärke vom 01.01.2006 zu sprechen.*" [217]

Dies ist ein erstaunlicher Affront eines Militärs gegenüber der politischen Führung und zeigt, wie widerwillig sich ein Teil der Militärführung den Vorgaben der Politik unterordnet. Offensichtlich geht der Generalstab davon aus, dass die Armee noch geraume Zeit etwas mehr als eine Million Männer und Frauen „unter Waffen" haben wird.

---

217 Http://www.ng.ru/printed/politics/2003-07-03/2_reform.html.

Dabei nähert sich der technische Zustand der Bewaffnung und Ausrüstung der Streitkräfte rasant einer kritischen Grenze. Russische Experten gehen davon aus, dass nur 20% der Bewaffnung und Ausrüstung als modern anzusehen sind, während der entsprechende Anteil in den Streitkräften der führenden Industriestaaten das Dreifache betrage. Beispielsweise seien nur 26% der Überwasserschiffe und 47% der Kampfhubschrauber überhaupt einsatzbereit. Die Nutzungsreserven der technischen Einsatzbereitschaft, das heißt, die zur Verfügung stehende künftige Einsatzfähigkeit, seien bei 50% des Gesamtparks bereits erschöpft. Um überhaupt noch die Einsatzbereitschaft der Streitkräfte zu erhalten, müssten jährlich mindestens 5% der Technik, Bewaffnung und Ausrüstung erneuert werden. Das wären Jahr für Jahr beispielsweise etwa 140 bis 150 Flugzeuge, 40 bis 60 Hubschrauber, 200 Panzer und 250 Artilleriesysteme.

Der bereits erwähnte stellvertretende Vorsitzende des Duma-Ausschusses für Verteidigung und ehemalige Verteidigungsminister der RF, Generaloberst a.D. Igor Rodionow, einer der schärfsten und zweifelsohne auch sachkundigsten Kritiker des Generalstabes meinte dazu, dass *„diese Zahlen die vom Staatsprogramm für Bewaffnung vorgesehenen Ziffern um das zwei- bis vierfache übersteigen. Selbst eine radikale Erhöhung der Beschaffung würde die Erneuerung des Waffenarsenals und der Militärtechnik erst in 20 bis 25 Jahren gewährleisten."* [218]

Allerdings gibt es Anzeichen und Meldungen, dass, wenn auch in begrenztem Maße, bereits erste Lieferungen von Waffen und Gerät oder Reparaturprogramme angelaufen oder geplant sind. Dazu aber später.

Die Beantwortung der Frage, wie die Modernisierung nicht nur der Streitkräfte, sondern der gesamten russischen Gesellschaft zu finanzieren ist, rückt unerbittlich näher. Will Russland die wichtige Rolle in der Welt tatsächlich spielen, die der Moskauer Führung notwendig erscheint, dann können entsprechende wichtige Entscheidungen nicht wieder auf die lange Bank geschoben werden.

Auch wenn man sich der Gewagtheit historischer Parallelen bewusst ist, drängt sich ein Vergleich mit der Modernisierung der UdSSR Ende der zwanziger Jahre des vorigen Jahrhunderts auf. Wie damals sind enorme Mittel notwendig, die auf „normalem" Weg

---

218 Http://www.ng.ru/printed/concepts/2003-07-25/1_reform.html.

schwerlich zu beschaffen sind. Stalin ging damals den für sein Regime fast einzigen möglichen Weg; die totale Ausbeutung der bäuerlichen Schichten und des ländlichen Raumes.

Welche Quellen hat aber die demokratische, marktwirtschaftliche Russische Föderation? Äußere Impulse sind kaum zu erwarten. Russland hat zwar beträchtliche Außenstände aufzuweisen; die Schuldner sind aber meist zahlungsunfähige Staaten der Dritten Welt oder des postsowjetischen Raumes und fallen somit auf lange Sicht aus. Auf eine ausreichende Fremdfinanzierung, etwa seitens der Weltbank oder des IWF, können die Russen sicher auch nicht hoffen, und selbst der bedeutende Erdöl- und Erdgasexport und der Waffenexport sind keine ausreichende Hilfe, da die Erlöse nur zum Teil in die Staatskasse fließen. Die russische Regierung beschäftigt sich gegenwärtig zwar damit, nicht nur dass „Abfließen" von Exporterlösen aus dem Waffenhandel, sondern auch den Rohstoffexport im Rahmen der Gesetze unter Kontrolle zu bringen. Ob dies aber die notwendigen Mittel in die Staatskasse spült, ist fraglich.

Von der breiten Öffentlichkeit fast unbemerkt und wenig kommentiert hat die Regierung hier schon einen ersten Coup gelandet: Mit dem Beschluss der Regierung Nr. 1354 vom 15. November 2003 bestätigte der Präsident die neue personelle Zusammensetzung der „Kommission für Fragen der militär-technischen Zusammenarbeit Russlands mit ausländischen Staaten" (KWTS).

Wladimir Putin wird die Kommission persönlich führen. Zu seinem Stellvertreter bestimmte er den Premier Michail Kasjanow. Weiterhin gehören ihr an:
- der Vizepremier Boris Aleschin
- der Außenminister Igor Iwanow
- der Verteidigungsminister Sergej Iwanow
- der Direktor des Auslandsaufklärungsdienstes (SWR) Sergej Lebedjew
- der Direktor des Föderalen Sicherheitsdienstes (FSB) Nikolai Patruschew
- der Chef der Präsidentenadministration Dimitri Medwedjew
- der Stellvertreter des Verteidigungsministers Michail Dmitrew,
- der Stellvertreter des Leiters der Präsidentenadministration Sergej Prichodko
- der Sekretär des Sicherheitsrates der RF Wladimir Ruschailo

Angesichts der Namensliste erübrigt sich eine Diskussion über den Stellenwert der Kommission.

Mit dem Ausscheiden Ilja Klebanows und vor allem des noch aus Jelzins Zeit stammenden Chefs der Präsidialverwaltung Alexander Woloschin, befindet sich der Export von Waffen und militärischen Gütern und Dienstleistungen vollständig unter der direkten Kontrolle der Mannschaft des Präsidenten. Mit einem kleinen aber wesentlichen Schritt hat Wladimir Putin ebenfalls in November 2003 gleich noch die „Doppelherrschaft" von KWTS und ROSOBORONOEXPORT beendet. Das Komitee wurde zum Eigentümer des Kapitals der FGUP „Rosoboronoexport". Damit ist das KWTS Alleinherrscher geworden, nachdem vor einigen Monaten schon das MINPROMNAUKI aus dem Rennen geworfen wurde. Die Zukunft von ROSOBORONOEXPORT steht in den Sternen. Es wird wahrscheinlich nur noch reiner Erfüllungsgehilfe des Staatskomitees sein.

Vom Präsidenten weiß man, dass er ein sehr guter Kampfsportler ist. Das eben Geschilderte lässt aber eher auf einen langfristig planenden, strategisch klar denkenden Schachspieler schließen. Wie es ihm gelang, ohne Aufsehen und unter Umgehung aller Widerstände, diesen strategisch wichtigen Bereich unter seine Kontrolle zu bringen zeigt mehr vom Charakter und Wesen des Wladimir Putin und seiner Politik der vertikalen Macht, als alle Interviews und Biographien.

Die Mehrzahl der Fachkommentatoren im Lande begrüßte den Schritt des Präsidenten und betrachtete ihn als logisch und notwendig.[219]

Wer sich mit der Politik des Präsidenten der RF beschäftigt, dem ist klar, dass dies aber nur ein Schritt zur Umsetzung einer umfassenden und vor allem langfristigen Strategie ist, und dass die Entwicklung nicht zufällig ist.

Nicht von ungefähr veröffentlichte die Presse Anfang Juli diesen Jahres ein Interview mit dem führenden Mitglied des Rechnungshofes und einem der Verantwortlichen einer groß angelegten Untersuchung der Finanzströme im Ministerium für Verteidigung und im Bereich des MIK, Alexander Piskunow, unter dem bezeichnenden Titel: „Die verschwundenen Milliarden des GOSOBORONOSAKAS".[220]

---

219 Z.B. W. Schwarew „Logika preobrasowanija", NWO Nr. 42 (366) vom 28.11.03. und A. Sikamowa, W. Iwanow „Postawki oruschija budet kontrolirowatj Sergej Iwanow", NWO Nr. 41 (365) vom 21.11.2003.
220 NWO Nr. 22 (337) vom 04.07.2003.

Unverblümt erklärte der Generalmajor der Reserve, „... *dass unter den rechtlichen Bedingungen, die bei uns gegenwärtig existieren, beliebig große Finanzmittel buchstäblich im Sand versickern. Wir greifen jetzt Interessen von Leuten und deren Hintermännern an, die bereits die Beziehungen zwischen Käufern und Produzenten unter ihre Kontrolle gebracht haben. Das sind ernst zu nehmende Finanz-Industrie-Gruppen und bedeutende Staatsbeamte...*"

Piskunow nennt die Zustände ein „System der kollektiven Verantwortungslosigkeit."

Zwar handelt es sich bei dem Zitierten keineswegs um einen Spitzenbeamten des Kremls. Aber sowohl der Inhalt als auch der Kontext der Veröffentlichung scheinen nicht zufällig. Aber selbst wenn der Waffenexport künftig unter der strengen Aufsicht des Kreml „ehrlich" abgewickelt werden wird, so ist auch dann nicht zu erwarten, dass unter den gegebenen Umständen und Bedingungen die für die Lösung der gewaltigen anstehenden Modernisierungsreformen notwendigen Mittel erwirtschaftet werden.

Also woher nehmen? Es bleiben offensichtlich nur noch „innere Quellen". Da wäre erstens die planmäßige Finanzierung aus dem Staatsbudget. Obwohl die gegenwärtige und zu erwartende Situation eine weite Konsolidierung der Haushaltslage verspricht, herrscht unter den russischen Fachleuten fast einhellig die Meinung vor, dass die abgesteckten Ziele ohne zusätzliche Finanzierung völlig unrealistisch sind.

Am 16. August des vorigen Jahres verwies Präsident Putin am Rande eines Besuches in einem MIK-Betrieb in Reutow bei Moskau zwar darauf, dass sich die MIK-Unternehmen selbst stärker nach Möglichkeiten der Fremdfinanzierung umtun sollten. Die Entwicklung des vergangenen Jahres dürfte ihm aber vor Augen geführt haben, dass auch dies nicht der Königsweg sein kann. Der Staat bleibt nach wie vor in der Verantwortung für den MIK und wird von diesem gefordert.

Es verbleiben dem Präsidenten und seiner Mannschaft nicht allzu viele Möglichkeiten. Der 2003 erwartete Haushaltsüberschuss von 1,3 % des BIP (das sind etwa 4,8 Mrd. Euro) soll offenbar nicht oder nur zu einem kleinen Teil in die Rüstung fließen und ist eher eine „eiserne Reserve" der Regierung. Allerdings wäre das für den MIK auch nur der berühmte Tropfen auf den heißen Stein.

Wie wäre es nun mit Steuererhöhungen?
Diese scheiden wohl schon aus dem Grund aus, dass sich in

Russland das Steuersystem, und vor allem die Erfassung und Einziehung der Steuer, erst im Aufbau befinden und sich gegenwärtig konsolidieren. Eine Erhöhung kann sich Russland außerdem schon daher nicht leisten, da dann die natürlichen und juristischen Personen einfach nicht mehr zahlen. Die gegenwärtigen, im internationalen Maßstab geringen Steuern,[221] beginnen gerade auf gewisse Akzeptanz im Lande zu treffen und können künftig durchaus zum Standortvorteil werden. Im Gegenteil, die russische Regierung will zum 01.01.2004 die Mehrwertsteuer von 20 % auf 18 % senken. Dass mit gewaltsamen Methoden übrigens nicht viel zu erreichen ist, hat die erfolglose Tätigkeit der, im Jahr 2003 aufgelösten, Steuerpolizei gezeigt.

Als Erleichterung der finanziellen Lage und Anschub für den MIK diskutiert man gegenwärtig sogar umfassende gesamtföderale Steuererleichterungen für diesen.

Ob der Verkauf eines Teils der russischen Gold- und Währungsreserven (geschätzt etwa 65 Mrd. US-Dollar) ein Weg ist, ist ebenfalls zu bezweifeln. Erstens würden Großverkäufe den Weltmarktpreis fallen lassen, und somit den Erlös stark mindern, und zweitens wäre dies auch nur ein Einmaleffekt. Die Lage erfordert aber einen kontinuierlichen, auf lange Sicht berechenbaren Finanzstrom. Außerdem ist davon auszugehen, dass Russland jährlich größere Summen benötigt, als durch die oben genannten „konventionellen" Maßnahmen greifbar sind.

Der Militär-Industrie-Komplex und die Oligarchen

Aus diesem Blickwinkel sollte man den immer wieder aufflackernden und im Herbst 2003 eskalierenden Zwist zwischen Kreml und Oligarchie einmal betrachten. Ist es Zufall, dass gerade jetzt die russische Justiz begann, sich eingehender mit den Industrie-, Rohstoff- und Bankmilliardären zu beschäftigen?

Zwar schwelt der Konflikt wie gesagt schon jahrelang. Aber sowohl die Politik als auch das große Kapital haben es lange Zeit sichtlich vermieden, den Fehdehandschuh zu werfen. Dies ist nun geschehen. Auslöser waren augenscheinlich nicht nur die vielen Nadelstiche der Regierung in der Art der oben genannten Rechnungshofprüfung.

---

221 Der Höchstsatz der Einkommensteuer der Bürger der RF beträgt z.B. gegenwärtig 14%.

Solche Attacken hatte es freilich auch in der Vergangenheit immer wieder gegeben, und sie wurden auch schnell im gegenseitigen Einverständnis, ohne großen Lärm, beigelegt.

Geht der Bruch diesmal tiefer, und birgt er in sich ein langfristiges und enormes Konfliktpotenzial? Als Zeichen dieses erbitterten Kampfes seien hier nur zwei, den MIK betreffende, Ereignisse angeführt.

Da ist erstens die Ermordung zweier Topmanager der Holding „Almas-Antej" Igor Klimow und Sergej Schtschitko, am 06. Juni 2003. Klimow, ein ehemaliger hoher Geheimdienstoffizier, stand seit einem halben Jahr an der Spitze von „Almas-Antej", nachdem er den „aus gesundheitlichen Gründen" ausgeschiedenen Juri Swirin abgelöst hatte. Nach Meinung der Presse war er ein Mann Putins und genoss dessen Vertrauen. Er hatte offensichtlich gemeinsam mit dem Finanzchef der zur genannten Holding gehörenden OAO „RATEP", Schtschitko, in höchstem Auftrag versucht, die Finanzflüsse des Unternehmens für die Regierung transparent zu machen. Auch wenn politische Morde, wie die an dem Dumaabgeordneten Juschenkow am 17. April 2003, in Russland nicht undenkbar sind, so schienen die Verhältnisse gegenüber der ersten Hälfte der neunziger Jahre doch „zivilisierter" geworden zu sein.

Allerdings geht es bei „Almas-Antej" auch nicht um Kopeken. Es handelt sich um die gegenwärtig wahrscheinlich größte russische MIK-Struktur. Ihr Umsatz beträgt etwa 2 Milliarden US-Dollar. Das Kerngeschäft, die Produktion und der Verkauf von Luftabwehrsystemen, zählten bisher zu den rentabelsten Bereichen des russischen MIK. Zum Angebot von „Almas-Antej" gehören beispielsweise die S-300 und die Raketenkomplexe der „TOR"- und „BUK"-Reihe.

Was die Morde für Kenner der Situation so spektakulär machte, war die Tatsache, dass diese nicht zuletzt wohl auch eine direkte Warnung an Wladimir Putin persönlich darstellten.

Das weiß auch der Präsident und hat die Zeichen offensichtlich verstanden. Dass er in Sachen „Almas-Antej" nicht gewillt schien nachzugeben, zeigte der prompte Versuch, erneut einen Mann seines Vertrauens an die Spitze des Unternehmens zu bringen. Es handelt sich dabei um den ebenfalls aus Sankt Petersburg stammenden ehemaligen Geheimdienstler Wladislaw Menschtschikow (Jahrgang 1959).

Trotz aller Widerstände wurde Putins Mann am 03.09.2003 schließlich in das Amt des Generaldirektors des „Konzern Almas-Antej" eingeführt.

Ein zweites wichtiges Ereignis war die Ernennung von Boris Aleschin zum Vizepremier im April 2003. Er löste I. Klebanow ab, der zunächst zwar noch Industrieminister blieb, aber die operative Leitung des MIK im Frühsommer des Jahres schrittweise an Aleschin abgeben musste.

Beobachter in Russland zeigten sich über diesen Schritt Putins doch recht erstaunt. Erstens gehört Prof. Dr. Ing. Boris Aleschin (Jahrgang 1955) nicht zu Putins „Leningrader Gruppe", und zweitens hat er seine Karriere nicht im Geheimdienst, sondern in Forschungsinstituten und Betrieben des MIK gemacht. Er kennt die Rüstungsindustrie nicht nur vom „Hörensagen", sondern hat unter anderem an der Entwicklung von Rechnersystemen für Kampfflugzeuge (MIG-29, SU-27) leitend mitgearbeitet.

Er wird als pragmatisch geschildert, und ihm wird nachgesagt, er sei ein eifriger Verfechter des Projektes der AN-70 und der Entwicklung der Raumfahrttechnik. Der neue Vizepremier tritt in den Medien bisher allerdings wenig in Erscheinung.

Die Herstellung der von der Regierung gewünschten Ordnung im MIK ist die eine Sache.

Die Gretchenfrage der künftigen Entwicklung nicht nur des MIK, sondern des gesamten russischen Staates lautet doch: Wann beginnen die versprochenen Reformen und Modernisierungen tatsächlich? Ein weiteres Hinausschieben und Verzögern, das zeigen auch die Erfahrungen anderer Staaten, führt zu enormen Problemen bei der Adaption an die veränderte internationale politische und wirtschaftliche Situation, welche oftmals etwas vereinfacht als Globalisierung bezeichnet wird.

Worum es dort aber vor allem geht, das ist die Wiederherstellung des Primats der Politik, die Zerstörung und Beseitigung rechtlich und politisch nicht legitimierter Machtstrukturen.

Das ist nicht nur die organisierte Kriminalität, sondern das sind auch alle gesellschaftlichen, politischen und wirtschaftlichen Strukturen und Erscheinungen, die der vom Staat vorgegebenen Entwicklung im Wege stehen.

In den Auseinandersetzungen um den Multimilliardär Michail Chodorkowski sahen einige Beobachter im In- und Ausland in erster Linie einen politischen Machtkampf, da die in Russland Oligarchen genannten großen Wirtschaftsbosse zu stark in die Politik drängen und damit zur Gefahr für Wladimir Putin würden.

Das scheint aber aus zwei Gründen nicht recht schlüssig. Erstens haben die Oligarchen, trotz offensichtlicher Ambitionen, wohl keine realen Chancen persönlich in einer Wahldemokratie in großer Anzahl in die Spitze der Politik vorzustoßen und stellen zumindest gegenwärtig für den Präsidenten keine Bedrohung dar. Der Milliardär Roman Abramowitsch, der nicht nur der zweitreichste Mann Russlands hinter M. Chodorkowski ist, sondern auch als Gouverneur der Region Tschukotka amtiert, ist da nicht typisch für die anderen Superreichen, die sich in der Mehrzahl auf ihre Geschäfte konzentrieren.

Zweitens wird die Oligarchie, auch ohne persönliche Ämter der Superreichen, in der Politik, z.b. durch den sich stark entwickelnden Lobbyismus, vertreten. Der direkte Einfluss der Superreichen auf die Politik, beispielsweise über die Fraktion der SPS in der Duma, war bisher auch nicht gering. Mit dem Ausscheiden sowohl der SPS als auch „Jablokos", die bei der letzen Dumawahl an der Fünf Prozent Hürde scheiterten, hat sich die Situation aber zugunsten der politischen Machtpartei des Kremls und der Staatsbürokratie geändert. Nach wie vor sind aber noch wichtige Medien in der Hand der Oligarchie.

Es gibt keinen, der in Russland ernstlich bestreiten würde, dass es dem großen Kapital, teilweise vermittels Umgehung der Rechtsnormen, in der Vergangenheit möglich war, sich außergewöhnliche Privilegien zu schaffen und zu sichern. Das zeigen unter anderem die steuerbegünstigten „Offshoregebiete", die sich einige Erdölkonzerne im Lande schufen.

Bisher konzentrieren sich die Aktivitäten des großen privaten Kapitals jedoch in erster Linie auf wenige, besonders lukrative Bereiche der Wirtschaft.

Allerdings zeichnet sich nunmehr im Kontext des Projektes zum „Gesetz über die staatlichen und kommunalen Betriebe" ab, dass die großen privaten Vermögen, die sich bisher vor allem im Rohstoff- und Mediensektor tummelten, in neue Bereiche expandieren wollen. Da die etwa 13.000 zur Disposition stehenden Staatsbetriebe, die nicht zum MIK gehören, ohne große Investitionen kaum Aussicht auf schnellen Profit bieten, sind die Kernunternehmen des MIK, etwa 600 an der Zahl, zwangsläufig zum Objekt der Begierde geworden. Dagegen hat der Staat freilich nichts einzuwenden und fördert diese Entwicklung sogar. Es soll aber verhindert werden, dass sich die Privatisierung in der gleichen Weise wie in den 90er Jahren vollzieht und wieder zu solch starken gesellschaftlichen Verwerfungen führt. Dies dürfte ein weiterer Grund dafür sein, dass Teile der Oligarchie mit der Staatsmacht kollidieren. Aber auch dieser Zusammenhang erklärt meines Erachtens die Ereignisse rund um JUKOS und M. Chodorkowski nicht ausreichend.

Putin und seine Leute wissen, dass eine Erhaltung der gegenwärtigen Verhältnisse nicht nur ihre Macht begrenzt und alle Reformbestrebungen konterkariert. Sie haben in den vergangenen Jahren wohl erkannt, dass die Zustände auch die nationale Sicherheit und den Bestand des Staates auf lange Sicht gefährden.

In den eingangs genannten Grundsatzdokumenten finden sich unzählige Hinweise darauf, dass sowohl die Kriminalität als auch „gesetzlose" Verhältnisse als existentielle Bedrohung aufgefasst werden. Kein echter Rechtsstaat kann auf Dauer hinnehmen, dass seine Gesetze völlig ignoriert werden, ohne dass er riskiert, früher oder später im Chaos zu versinken. Die bisher veröffentlichten Fakten rund um JUKOS würden, wenn sie der Wahrheit entsprechen, sicher auch in jedem westlichen Land die Staatsanwaltschaft auf den Plan rufen.

Etwas anderes an diesen Ereignissen ist, auch im Hinblick auf die Zukunft des MIK, viel interessanter und aussagekräftiger. Das ist die Tatsache, dass sich die Regierung mittlerweile scheinbar stark genug fühlt, mit einer Hinterlassenschaft Jelzins aufzuräumen, die bis heute als schwankender Grund das Fundament des Staates bedroht. Gemeint ist die Instabilität der Wirtschaft und Politik durch ihre mangelnde Legitimation in der Gesellschaft auf Grund der, gelinde gesagt, unfairen Privatisierung der 90er Jahre.

Ohne eine „Inventur" ist ein wirklicher Neuanfang wohl auch nicht möglich. Wladimir Putin braucht aber dafür sowohl die Unterstützung der Politik als auch die der Wirtschaft und der Mehrheit der Bevölkerung.

Daher geht es ihm auch keinesfalls um die Vertreibung der Oligarchen aus dem Paradies, sondern eher um eine allseitig akzeptierte Amnestie für die damaligen Räuber und Profiteure. Allerdings will Putins Mannschaft die Bedingungen des „Friedensvertrages" selbst diktieren.

Einer Sache kann sich der Präsident dabei sicher sein: Der Unterstützung seiner Bürger und Wähler. Die Umfrageergebnisse spiegeln erstaunlich deutlich wider, was die Bevölkerung von der Oligarchie hält. Auffallend nicht nur der Zeitpunkt der soziologischen Untersuchungen, sondern auch deren offensichtliche Zielrichtungen. So wurde zum Beispiel gefragt:

Auf welchem Weg entstanden nach Ihrer Auffassung die großen russischen privaten Kapitalvermögen?[222] Folgendermaßen sahen die Antworten aus:

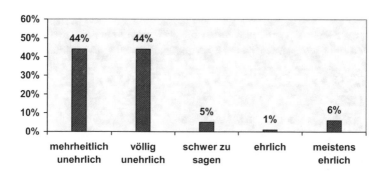

In Russland ist man sich einig darüber, dass die russische Führung keinesfalls beabsichtigt, eine völlige Revision der Veränderungen der vergangen 12 Jahre vorzunehmen.

Am entstandenen Status quo ernstlich und umfassend zu rütteln, würde nicht nur die gerade mühsam erreichte relative Stabilität erschüttern. Trotz aller Unzufriedenheit vieler Bürger Russlands mit dem Verlauf der Reformen und der daraus erwachsenden Verbitterung der Verlierer der Transformation, würde eine grundlegende Revision der Veränderungen des letzten Jahrzehntes wohl kaum eine Mehrheit in der Bevölkerung finden.

Andererseits kann eine sachliche „Aufarbeitung" nicht nur der sowjetischen Vergangenheit, sondern auch der Ereignisse der letzen Jahre, durchaus zur Stabilisierung des russischen Gemeinwesens beitragen.

Auf Stabilität und Berechenbarkeit zielt die Politik der Regierung Putin zweifelsohne nicht nur nach außen, sondern auch in der

---

[222] Befragung von 1500 Bürgern über 18 Jahre in ganz Russland im Juli 2003 durch ROMIR Monitoring, Auftraggeber unbekannt; http://www.romir.ru/socpolit/socio/07 2003/privatization.htm.

Innenpolitik. Dabei muss man sich aber auch den scheinbar unangenehmen Fragen stellen und die Stimmung der Wähler kennen. Nur dann ist es auch möglich, sich der Bevölkerung als dauerhafte und alternativlose Lösung der Probleme anzubieten.

Dies ist Wladimir Putin und seiner Equipe in der Vergangenheit mehr als einmal geglückt. Daher ist es nicht verwunderlich, dass man auch scheinbar „heiße Eisen" anfasst. Die Ergebnisse der Dumawahlen vom Dezember 2003 zeigen eindeutig, dass das Kalkül des Kremls bisher aufgegangen ist.

Aber zurück zur obigen Untersuchung. Auf die Frage: **Wie schätzen sie die Rolle der großen Kapitalisten (Oligarchen) in der Geschichte Russlands der neunziger Jahre und gegenwärtig ein?** sahen die Antworten wie folgt aus: [223]

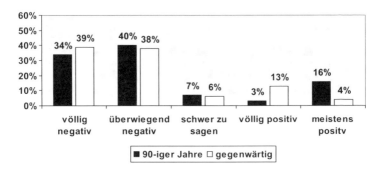

Doch damit nicht genug. Den Respondenten wurden noch weitere interessante Fragen gestellt, deren Beantwortung für die künftig mögliche Entwicklung doch sehr aufschlussreich scheint.

Die Antwort auf die Frage: **Ist heute Ihrer Meinung nach eine Überprüfung der Ergebnisse der Privatisierung notwendig?** [224] ergab folgendes Bild.

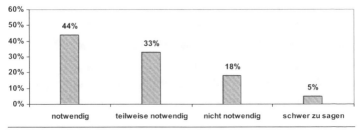

223 Ebenda.
224 Ebenda.

Man beachte eine scheinbare Kleinigkeit, nämlich, dass es um die Ergebnisse der Privatisierung, nicht um diese selbst geht.

Die unbekannten Auftraggeber der Untersuchung interessierten sich auch für die Akzeptanz möglicher Lösungswege.

So lautete eine weitere Frage: **Sollte der Staat gegenwärtig die großen Kapitalisten strafrechtlich verfolgen, wenn es im Kontext der Privatisierung Anlass dazu gegeben hat?** [225] Die Antworten erstaunen nicht:

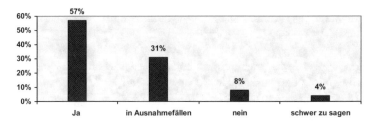

Sollte Wladimir Putins Regierung je vorhaben, ernstlich gegen die Oligarchen vorzugehen, um nicht nur deren Einfluss zurückzudrängen, sondern auch um an Mittel für eine umfassende Modernisierung zu gelangen, dann ist ihr die dazu notwendige Akzeptanz in der Gesellschaft offensichtlich sicher.

Aber Wladimir Putin wäre nicht der, für den ihn die meisten in Russland halten, nämlich ein kühler Rechner, wenn er auf kurzzeitige Erfolge setzen würde.

So besuchte er den Anfang November einberufenen Kongress des russischen Unternehmerverbandes, nachdem er im Vorfeld mit dem Verband hart und kompromisslos die Spielregeln ausgehandelt hatte und bezeichnet als Ziel der Zusammenarbeit von Staatsmacht und Wirtschaft *„die Stärkung und Sicherung der bestehenden Eigentumsverhältnisse im Kontext der Steuer- und Verwaltungsreform, die Entwicklung des Finanz- und Banksektors und die Reorganisation der Infrastrukturmonopole."* [226]

Weiterhin rief er die Unternehmer dazu auf, die Regierung in ihren Reformbestrebungen aktiv zu unterstützen und versprach ihnen im Gegenzug die Hilfe des Staates. Putin erklärte, *„... wir sind verpflichtet, gemeinsam vorwärts zu gehen, gemeinsam auf den Weltmärkten stark und konkurrenzfähig zu sein."*

---

225 Ebenda.
226 NG Nowosti, http://news.ng.ru/archive/printes?id=1068806697.

Wenn das nicht das Angebot eines „Gesellschaftsvertrages" ist!

So kann aus der Affäre rund um JUKOS, die der Wirtschaftberater Putins, Andrej Illiarionow kürzlich vor der Presse sogar als „das Antiereignis" des Jahres 2003 bezeichnete, für den Präsidenten durchaus glücklich ausgehen. Es bleibt abzuwarten, ob ein Teil der Familienclans zum Gegenangriff übergehen, oder ihren vom Präsidenten zugewiesenen, durchaus nicht unkomfortablen, Platz in der Gesellschaft widerstandslos einnehmen wird. Für alle Beteiligten steht viel auf dem Spiel, und man weiß mittlerweile, dass der Präsident ein stiller aber kompromissloser Gegner ist.

Zurück zum MIK, der nur scheinbar von den eben geschilderten Ereignissen und Umständen wenig betroffen ist. Vom Ausgang des Machtkampfes hängt für den MIK viel ab. Falls sich der Präsident durchsetzt, scheint dessen Zukunft gesichert.

Für ausländische Unternehmen wäre ein Sieg Putins letztendlich ebenfalls vorteilhaft. Er würde die langfristige Sicherheit für Investitionen und wirtschaftliche Aktivitäten in einem großen und bisher noch nicht „besetzten" Mark bieten.

Von der Agentur zur Holding

Weitere zur Lösung anstehende Fragen betreffen den MIK unmittelbar. Hier hofft der Kreml offenbar, vor allem durch Veränderungen sowohl der **Strukturen** als auch der **Eigentumsverhältnisse** Kräfte und Mittel für eine Modernisierung freizusetzen.
Man hat aber aus der Vergangenheit gelernt und hütet sich vor allzu schnellen Entscheidungen, die man dann unter dem Druck der Tatsachen ebenso hastig wieder revidieren muss und setzt nunmehr eher auf langfristige und fundierte Arbeit.

Unter diesem Gesichtspunkt ist der Regierungsbeschluss Nr. 1701 vom 25. November 2003 zu sehen, der den Vizepremier Boris Aleschin zum Vorsitzenden der Kommission zur Umsetzung des Föderalen Zielprogramms „Reform und Entwicklung des Verteidigungs-Industrie-Komplexes (2002 bis 2006)" ernannte.

Die Gliederung in Agenturen ist aus russischer Sicht heute offensichtlich nicht mehr optimal. Deshalb wird, wie schon erwähnt, ein neues „Gerüst" geschaffen. Dies wird als „integrierte Strukturen" bezeichnet und in Form von Holdings und Korporationen gebildet. Die ersten sind, vor allem im Bereich der Luftfahrtindustrie und der Raketentechnik, bereits entstanden. Es ist gegenwärtig noch nicht möglich, eine umfassende Beschreibung dieses interessanten und offensichtlich neuen Kapitels der Entwicklung des MIK der RF zu geben. Dieser Prozess ist gerade im Gange, und es lässt sich bisher nicht absehen, welche Ergebnisse er mit sich bringt.

Hauptgrund der Schaffung der neuen Strukturen ist die Erkenntnis, dass eine schematische Struktur nach Industriezweigen realitätsfremd ist. Die Produktion moderner Waffen und Ausrüstung, die Notwendigkeit auch mit nichtmilitärischen Gütern auf den Mark zu gehen und nicht zuletzt die Produktions- und Reproduktionsverhältnisse einer modernen Volkswirtschaft eines globalen Wirtschaftsraumes verbieten geradezu allzu enge „zunftartige" Rahmen für die Großen des MIK.

Leonid Safronow, bis 2002 Stellvertreter des Ministers für Industrie, Wissenschaft und Technologie der RF und jetziger Direktor des Zentrums „Restrukturierung und neue Programme", brachte es wohl auf den Punkt, als er schrieb:

„Die Versuche, die Unternehmen der Industriezweige künstlich, und ausgehend von den Interessen der jeweiligen föderalen Staatsorgane (Verteidigungsagenturen), zu schaffen, führte nicht zur Bildung effektiver integrierter Strukturen..." [227]

Auch den Versuch der Auswahl so genannter Leitbetriebe „von oben" und der Schaffung künstlicher Strukturen um diese Kernbetriebe untersucht der Autor kritisch und kommt zu der Schlussfolgerung, dass die Agenturen ein Auslaufmodell sind, und neue Strukturen diese bald ersetzen müssen.

Zu den neuen „integrierten Strukturen" sollen beispielsweise der bereits mehrfach genannte Gigant „Almas-Antej", die Korporation „IRKUT", die Korporation „SUCHOJ", der „MIG-Konzern", der Komplex „SPLAW", die Korporation „WYSOKOTOTSCHNOJE ORUSCHIJE" [228] und andere gehören.

Eine erste umfassendere Wertung der Ergebnisse der genannten Umstrukturierung ist wohl frühestens Mitte 2004 möglich. Aber jetzt schon wird deutlich, dass neben den unterschiedlichen Interessen der einzelnen Unternehmen, vor allem auch die lücken-

---

227 L. Safronow „Opjat ne ta programma", NWO Nr. 25 (340) v. 25.07.03.
228 dtsch. Präzisionswaffen.

hafte rechtliche Basis hinderlich ist. Genannt seien hier nur die vielfältigen juristischen Probleme einer „Vermischung" staatlicher und privater Unternehmen in relativ straff organisierten Strukturen. Darüber hinaus versuchen offensichtlich die Agenturen mit der Schaffung eigener „integrierter Strukturen" ihre Hierarchien und ihr Personal in neue Einheiten zu retten. So hat der Generaldirektor der RASU, Gennadi Koslow, am 19.03.2003 die Absicht erklärt, auf Basis der in der Agentur vereinten Staatsbetriebe einen eigenen Konzern zu bilden.[229]

Am Beispiel der Holding „IRKUT" sollen nicht nur die Dimensionen, sondern auch die Probleme der Schaffung der „integrierten Strukturen" verdeutlicht werden:

Das Unternehmen, bis zum 19.12.2002 unter dem Namen „IAPO" firmierend, hat in den letzten Jahren eine sehr stürmische Entwicklung hinter sich.

Nach der „Wende" in Russland 1991 sah es nicht so aus, als ob sich um das Irkutsker Flugzeugwerk einmal eine gigantische Rüstungsgruppe entwickelt. Diese nahm im Jahr 2002, gemessen am militärischen Produktionsvolumen, immerhin den zweiten Platz unter den Rüstungsriesen Russlands ein und erreichte nach Angaben des Zentrums „AST" beträchtliche 505,8 Millionen US-Dollar Umsatz in diesem Bereich.

Nur der Produktionskomplex „SUCHOJ" lag mit einem Produktionsumfang von 988 Mio. US-Dollar militärischer Güter noch vor „IRKUT". Unter den 100 größten Waffenschmieden der Welt belegen die Sibirier immerhin noch Rang 58. Da Bestellungen im Wert von 3,5 Mrd. US-Dollar vorliegen, ist auch in den nächsten Jahren mit „IRKUT" zu rechnen. Etwa 15.500 Menschen sind gegenwärtig in den Betrieben der Vereinigung beschäftigt.

Die russische Regierung plante ursprünglich offensichtlich nicht, den Irkutsker Flugzeugbauer nicht nur zu einem der größten, sondern vor allem auch innovativsten MIK-Unternehmen zu entwickeln. Hier hat die Eigendynamik der Entwicklung offensichtlich die Pläne und Absichten der Bürokraten einfach durchkreuzt.

Während ein so bekanntes Unternehmen wie „MIG", das augenscheinlich auch lange von der Moskauer Führung gehätschelt wurde, um die Jahrtausendwende kurz vor dem Aus stand, hat sich „IRKUT" für die nächsten Jahre ein anspruchsvolles Programm vorgenommen:

---

[229] Http://www.mfit.ru/defensive/pub 449.html.

- Wartung und technischer Service für die SU-27UB und die SU-30
- mögliche Fortsetzung der Produktion und künftige Modernisierung der SU-30MKI und der SU-30K
- Lizenzvergabe und Service für 140 SU-MKI bis 2017 an den indischen Produzenten HAL Corp.
- Entwicklung und Produktion der SU-30MKM (18 Maschinen an Malaysia)
- technischer Service und Modernisierung der SU-27UBM (Schulmaschinen)
- Modernisierung SU-27 und SU-30KN für russische Streitkräfte
- Entwicklung und Produktion der BE-200 Amphibienflugzeuge, (in der Lösch- und Rettungsvariante sollen bis 2005 sieben Maschinen für den russischen Katastrophenschutz gebaut werden)
- Entwicklung eines Transportflugzeuges MTA (Multirole Transport Aircraft) für Indien, gemeinsam mit ILJUSCHIN und HAL Corp. – Erstflug 2006 geplant
- Entwicklung und Bau von Drohnen (Flugmasse 200 kg, 12-14 Stunden Flugzeit, 200 km Einsatzradius)
- Modernisierung des Schulflugzeuges L-39
- Modernisierung von Elementen und Teilsystemen der IL-103 (als Schulmaschine für Transportfliegerpiloten) und der IL-76
- Entwicklung und Bau eines Helikopter-Flugzeughybrids A-002 „Awtoschir"

„IRKUT" ist nicht nur wirtschaftlich für russische Verhältnisse äußerst agil, sondern zahlt auch erhebliche Steuern in die Staatskasse ein. Wohl auch aus diesem Grund wird sich der Riese vom Baikal auch künftig der Aufmerksamkeit und Unterstützung der Moskauer Führung erfreuen.

Die Bildung der „integrierten Strukturen" in Gestalt von Finanz-Industrie-Gruppen (FPG-Finasowo-Promyschlennnye Gruppy) des MIK ist ein widersprüchlicher Prozess. Diese Strukturen sollen nicht nur das Gerüst des MIK, sondern der gesamten, auch zivilen, Großindustrie bilden.

Die Fachleute in der RF sind sich selbst nicht recht einig, welche FPG nun schon tatsächlich real gebildet wurden, und welche man zum MIK gehörig zählen kann. Und auch die künftigen Pläne scheinen durchaus nicht klar zu sein.

Selbst Mitglieder der Regierung nennen, wie bereits schon früher erwähnt, unterschiedliche Zahlen, wie kürzlich Premier Michail Kasjanow, der nunmehr von 40 „vertikalen integrierten Strukturen" in Form von Holdings sprach, die bis 2006 zu bilden seien, während noch im Sommer 2003 der Stellvertreter des Industrieministers, Alexander Brindikow, deren Zahl mit 50 angegeben hatte.[230]

Die folgende Übersicht, die von 34 FPG im Jahr 2006 ausgeht, soll daher vor allem die Dynamik und Perspektive des Prozesses für die Gesamtwirtschaft und den MIK darstellen um dem Leser ein Bild vom Umfang des Komplexes zu vermitteln:

Entwicklung der Finanz-Industrie-Gruppen[231]

Jahr	Anzahl		
	FPG	Einzelunternehmen innerhalb der FGP	Filialunternehmen
1993	1 (Gesamtwirtschaft)	20	1
1994	27 (Gesamtwirtschaft	273	51
1996	46 (Gesamtwirtschaft	710	95
1997	72 (Gesamtwirtschaft	967	154
2002	12 nur im MIK	weniger als 600	rund 140
2006 geplant	34 nur im MIK	weniger als 800	rund 160

Die „integrierten Strukturen" des MIK sollen sich zunächst weiter an den Produktionsprofilen orientieren.

Warum eigentlich braucht der MIK diese neuen Strukturen? Darauf ist eine einfache Antwort sicher nicht möglich. Wahrscheinlich ist eine übersichtliche Neustrukturierung einfach nur notwendig, um die begrenzten staatlichen Mittel zur Restrukturierung zielgerichtet und so effektiv wie möglich einzusetzen. Da zur Zeit etwa 1.100 Unternehmen Lizenzen zur Produktion von Waffen und Militärtechnik besitzen, und insgesamt 2.500 Unternehmen in das System der staatlichen Militäraufträge (GOS) involviert sind, wäre eine gleichmäßige Förderung nach dem Gießkannenprinzip von vornherein wirkungslos, und zum Scheitern verurteilt.

Bis zum Endes des Jahres 2004 ist zuerst die Bildung stabiler Unternehmensgruppen geplant, die sich an Produktionsprofilen orientieren. Unter anderem:

---

230 W. Mjasnikow „My ljubim planow swoich gromadnye" NWO Nr. 41 (365) vom 21.11.2003.
231 W. Wesirow, O. Lisow „Problemy OPK",
  http://www.nasledie.ru/oboz/06_03/6_10.HTM.

- „Kamow" (Hubschraubertechnik)
- „Bronetankowaja Technika" („Panzertechnik")
- „Wysokototschnoje Oruschije" („Präzisionswaffen")
- „Konzern PWO" („Konzern Luftabwehr")

2005 und 2006 sollen dann schließlich so genannte „hochintegrierte Strukturen" in Form von Holdings dazukommen, wie:
- „MIG-TUPOLEW-KAMOW" (Hubschrauber- und Flugzeugbau)
- „Suchoj-Iljuschin-MIL" (Hubschrauber- und Flugzeugbau)

Die nicht in die Strukturen aufzunehmenden Elemente des MIK sollen partiell weiter bestehen bleiben. Worin ihre Spezifik bestehen wird, ist noch nicht erkennbar.

Jedenfalls kann bisher von einer erfolgreichen Reform des MIK nicht die Rede sein.

Der Absolvent der Militärpolitischen Akademie „W.I.Lenin" des Jahres 1989 und Vorsitzende des Militärkomitees des Föderationsrates der RF, Wiktor Alexejewitsch Oserow, brachte es auf den Punkt, als er Ende 2003 meinte, die Militärreform in Russland, und damit auch die Reform des MIK, hätten gerade erst begonnen.[232]

Die Ausrüstung der russischen Armee und Flotte

Die Hauptaufgabe des MIK Russlands besteht künftig zweifelsohne in der materielltechnischen und technologischen Sicherung der Modernisierung der russischen Streitkräfte.

Im Folgenden daher ein Blick darauf, wie sich der GOS entwickeln könnte. Vorwegnehmend lässt sich vermuten, dass sich in den nächsten zwei bis drei Jahren endgültig entscheiden wird, ob und in welchem Umfang die Vorhaben der politischen und militärischen Führung der RF umsetzbar sind. Mit großen Beschaffungsprogrammen ist, wenn die Regierung ihre Pläne umsetzen kann, erst ab 2007/2008 zu rechnen, aber bereits jetzt sollen die Voraussetzungen dafür geschaffen, die Weichen gestellt werden. Hauptproblem und Dreh- und Angelpunkt war, ist und bleibt natürlich die Finanzierung.

---

[232] W. Muchin „Oboronnaja reforma tolko natschinajetsja", NWO Nr. 43 (367) vom 05.12.2003.

Der nach zweiter Lesung am 18. Oktober 2002 von der Staatsduma gebilligte Haushaltsplan für 2003 zeichnete sich durch erstaunliche Transparenz und detaillierte Darstellung aus. Erstmalig wurden die früher geheim gehaltenen Einzelpositionen einiger so genannter „starker Strukturen" veröffentlicht:

Tabelle 23
GOS für 2003 (Staatshaushaltsplan) in Mio. Rubel[233]

Ministerium/Einrichtung	NIOKR	Beschaffung von Militärtechnik	Reparatur von Militärtechnik
Verteidigungsministerium	45.485,491	55.200,000	9.131,208
Innenministerium	98,990	885,520	602,416
Föderaler Grenzdienst[234]	87,300	2.152,231	873,367
Föderale Steuerpolizei[235]	-	788,959	-

Bei der Umsetzung der Haushaltpolitik besteht allerdings permanent das Problem der kontinuierlichen Finanzierung der Einzelpositionen durch die öffentliche Hand. Hier lagen in der Vergangenheit, wie bereits aufgezeigt, stets die Hauptschwierigkeiten. Es bleibt abzuwarten, ob es der Regierung zukünftig gelingt, z.B. durch die weitere Konsolidierung der Steuereinnahmen, diesen Problemkreis in den Griff zu bekommen. Auch 2003, und darüber hinaus, werden noch Altschulden zu tilgen sein (siehe Tabelle 15).

Trotzdem deutet sich an, dass der GOS offenbar noch erweitert werden wird. Der einflussreiche Dumaabgeordnete, Armeegeneral a.D. Andrej Nikolajew, ließ daran während eines Treffens mit führenden Repräsentanten der NATO im März 2003 in Brüssel keinen Zweifel aufkommen.[236]

Auch der seit März 2001 für die Technik der Russischen Armee zuständige Stellvertretende Verteidigungsminister, Generaloberst Alexej Moskowski, sieht die Zukunft der Ausrüstung der Streitkräfte recht optimistisch.[237] Und der Erste Stellvertreter des Generalstabschefs, Generaloberst Juri Balujewski, meinte am 30. Juni 2003 sogar, dass bereits ab 2006 „perspektivische" Waffensysteme in großer Stückzahl in die Russische Armee eingeführt werden.

Die Niederschrift des Dokumentes über den GOS 2003, die etwa 4.000 Seiten umfasst, ist als Geheimsache deklariert. Bekannt ist

---

233 Http://www.lcard.ru/~a_lapin/vpk/index.htm.
234 Seit 01.07.2003 Teil des FSB.
235 2003 aufgelöst.
236 Interfax-AWN, 27.03.2003; http://www.mfit.ru.
237 Interview in NWO Nr. 7 (322) v. 28.02.2003.

lediglich, dass das Verteidigungsministerium 109,4 Mrd. Rubel erhält, und dass 60 % der Mittel für Reparatur und Modernisierung ausgegeben werden sollen. 4,5 Mrd. Rubel sollen in etwa 3.000 Projekte der militärischen Forschung und Entwicklung fließen. Alle Anzeichen deuten darauf hin, dass die Regierung die Modernisierung der Streitkräfte ernsthaft anzugehen gedenkt.

Der Verteidigungshaushalt 2004 (Teil „Nationale Verteidigung" am Budgetentwurf) sieht Ausgaben in Höhe von 411.472,653 Millionen Rubel vor. Das sind 2,69 % des geplanten BIP.

Für Forschungs- und Entwicklungsarbeiten (NIOKR), die Beschaffung neuer Technik und Bewaffnung, die Wartung und Instandsetzung sollen davon 137.366 Millionen Rubel ausgegeben werden. Somit entfallen auf militärische Investitionen fast genau ein Drittel (33,38 %) der Gesamtaufwendungen. Inflationsbereinigt gibt Russland damit etwa 6 % mehr für die Armee und die Flotte aus als im Vorjahr. Dabei verändert sich der prozentuale Anteil des Verteidigungshaushaltes aber nicht und beträgt wieder etwa 2,7 % des BIP. Der Empfehlung des Sicherheitsrates, der den Anteil mit 3,0 % bezifferte, wurde damit erneut nicht gefolgt. Allerdings ist es durchaus möglich, dass im Laufe des Jahres 2004 die Militärausgaben außerplanmäßig aufgestockt werden.

Die Erhöhung des Militärhaushaltes soll jedoch offenbar auch künftig vor allem auf der Basis des Wachstums des BIP erfolgen. Präsident Putin vertritt die Auffassung, dass in den nächsten 10 Jahren eine Verdoppelung des BIP realistisch und möglich sei!

In diesem Rahmen ist dann offenbar auch die Steigerung der Rüstungs- und Militärausgaben geplant.

In der jüngeren Vergangenheit nutzen auffällig viele der Kommandierenden von Teilstreitkräften, Waffengattungen und Spezialdiensten die Möglichkeiten der Medien, um die Ansprüche ihrer Truppen und Klientel anzumelden. Da diese dabei auch den augenblicklichen Zustand ihrer Einheiten und Verbände anschaulich schildern, lässt sich daraus ein, wenn auch bruchstückhaftes, Bild der Streitkräfte Russlands ableiten. Auch mögliche künftige Richtungen, wie die Entwicklung der kosmischen Bewaffnung oder die künftige Ausrüstung der Seestreitkräfte, zeichnen sich immer deutlicher ab.

Im Folgenden ein kurzer, unvollständiger Überblick der sich daraus ergebenden künftigen Forderungen an den MIK.

Die **Landstreitkräfte** sind zwar nach wie vor die zahlenmäßig größte Teilstreitkraft der Russischen Armee und stellen beispielsweise auch die Hauptkräfte der „antiterroristischen Operation" in Tschetschenien.

Ihre Ausrüstung und Bewaffnung ist jedoch nach Worten des Oberkommandierenden dieser Truppe, Generalleutnant Wladimir Rebrikow, total veraltet, da nur etwa 20 % der Bewaffnung und Ausrüstung als modern zu bezeichnen seien.[238] Um den physischen und moralischen Verschleiß zu kompensieren ist es nach Meinung des Generals notwendig, jährlich mindestens 5 % der Ausrüstung und Bewaffnung zu erneuern. Er erklärt, dass dies aber nicht vor 2007 erfolgen wird.

Hinzu kommt noch ein Aspekt, den der General auch andeutet. Der Umgang mit der Technik und Ausrüstung hat vor allem in den Landstreitkräften ein besorgniserregend tiefes Niveau erreicht. Die Nutzung der Technik und Bewaffnung, über die ursprünglich von den Konstrukteuren geplanten Fristen hinaus, bedingt einen erhöhten materiellen und personellen Aufwand, den die russische Armee gegenwärtig nicht erbringen kann. In den letzten Jahren hat sich die ohnehin vergleichsweise geringe technische Kultur der Armeeangehörigen augenscheinlich weiter verschlechtert. Dies ist nicht zuletzt eine Folge der Tatsache, dass gegenwärtig die intellektuellen und kulturellen Fähigkeiten des in diesem Bereich zur Verfügung stehenden Personals mangelhaft sind. Wenn dann noch Nachlässigkeit und Gleichgültigkeit hinzukommen, so führt dies zu solchen Katastrophen, wie die kürzlich erfolgte Explosion eines Munitionslagers im Fernen Osten, der Brand mehrerer moderner Kampfpanzer in einer Garnison in der Nähe Moskaus oder der bereits erwähnte Untergang des zur Verschrottung geschleppten ausgedienten Atom-U-Bootes K-159 am 30.08.2003 in der Barentssee. Das zweitgenannte Ereignis geschah beispielsweise nicht in einer bedeutungslosen Truppe, sondern in einer der traditionsreichsten und kampfstärksten Elitedivisionen.

Ob sich mit dem geplanten und außerordentlich lebhaft diskutierten Übergang zu einer Berufsarmee hier gravierende Veränderungen zeigen, bleibt abzuwarten.

Welche Auswege sieht die politische und militärische Führung außerdem?

---

238 „Otstawanije w osnaschennosti wojsk budet likwidirowano", Interview mit W. Rebrikow, NWO v. 07.02.2003.

Gegenwärtig herrscht die Meinung vor, dass die Landstreitkräfte mittelfristig, durch weitere Nutzung der vorhandenen Technik oder durch deren Modernisierung, ihre Aufgaben hinreichend erfüllen können. Zwar gibt es, wie in anderen großen Armeen, eine Vielzahl von Meinungen, die besonders die Zukunft der Kampfpanzer und der vorhandenen Artilleriesysteme in Frage stellen. Hier haben weder der Krieg in Jugoslawien noch der im Irak absolut neue Erkenntnisse bringen können. Da beide Konflikte zwischen nicht gleichwertigen Seiten geführt wurden, ist eine Analyse der etwaigen Anforderungen an den Einsatz und die technische Ausstattung der Bodentruppen nur bedingt möglich. Diese sind faktisch in beiden der Konflikte nicht voll eingesetzt worden.

Daher ist zu erwarten, dass die Russen ihre Panzer T-72, T-80 und T-90 nicht so schnell durch Neuentwicklungen ersetzen werden. Es ist eher damit zu rechen, dass die T-72, wenn überhaupt, allmählich von neueren Typen abgelöst und/oder modernisiert werden.

Welcher Hersteller bei einer Neubeschaffung letztendlich das Rennen macht, ist noch unklar. Wie bereits im zweiten Teil beschrieben, hat der T-90 des Nishne Tagilsker „Uralwagonsawod" offensichtlich die Nase vorn.

Trotzdem verdichten sich die Hinweise darauf, dass auch eine neue Generation von Panzertechnik in der Planung und Entwicklung ist. Es handelt sich vermutlich sowohl um „automatisierte Panzer" genannte Kampfmaschinen, die nach Meinung von Dr. Michail Rastopschin[239] zwar eine um etwa acht Prozent höhere Kampfkraft als der T-90 haben, dafür aber auch zwei bis dreimal so teuer sind, als auch um die bereits erwähnten „Modulpanzer" des Professor Teplow.

Die T-80 und T-90 der russischen Streitkräfte stellen aber bisher nur einen Bruchteil des gegenwärtigen Panzerparks dar. Etwa 6.000 T-72 bilden dessen Rückgrat. Ob, und wie die geplante Modernisierung zum T-72M1 verläuft, steht bisher in den Sternen. Klar ist aber, dass sich dadurch die Feuerkraft offensichtlich nicht verbessert. Die längst veraltete 125-mm Kanone soll wohl auch in der modernisierten Variante verwendet werden. Problematisch ist auch die mangelhafte Schutzwirkung der Konstruktion und der Panzerung. Diese müsste zweifelsohne grundlegend verändert und ergänzt werden. Hier bietet sich zum Beispiel das aktive Schutzsystem ARENA-E an.

---

[239] Dr. M. Rastopschin „Obeschtschannowo tanka pridjotsja schdatj 7 let", in NWO Nr. 17 (332) v. 23.05.2003.

Seit einiger Zeit geistert der neue Panzer „Schwarzer Adler" der Omsker „Transmasch" durch die Presse. Es bleibt abzuwarten, ob es sich um ein Phantom handelt, oder ob es dem westsibirischen Hersteller tatsächlich gelungen ist, einen Kampfwagen zu entwickeln, der den „westlichen" Typen M1A2 „ABRAMS", „LEOPARD-2", „CHALLANGER-2" oder „LECLERC" überlegen ist. Bekannt ist bisher lediglich, dass der „Adler" aus dem T-80 entwickelt wurde, aber beispielsweise um 40 cm niedriger sein soll. Er habe nicht nur völlig neuartige Schutzeigenschaften, sondern besitze neben einem neuen System der optisch-elektronischen Niederhaltung von Antipanzerlenkraketen zusätzlich auch noch das ARENA-System. Seine Glattrohrkanone soll auch gelenkte Panzerabwehrraketen verschießen. Die Entfernung der direkten Zielbekämpfung wird mit 5 Kilometern angegeben. Es kann durchaus sein, dass der Panzer aus Geheimhaltungsgründen der Öffentlichkeit bisher vorenthalten wurde. Dass es auch noch andere Ursachen dafür gibt, dass der „Schwarze Adler" nicht wie gehofft zur Waffenschau „WTTW-OMSK-2003" gezeigt wurde, ist wohl nur Spekulation.

Kurz einige Worte zur Artillerie. Hier sind aus meiner Sicht keine kurz- und mittelfristigen umfassenden Umrüstungen zu erwarten. Erstens erfüllen die vorhandenen Systeme (21.000 Haubitzen, Kanonen und Selbstfahrlafetten) offensichtlich die gegenwärtig an sie gestellten Anforderungen. Dies betrifft sowohl die Rohr-, als auch die reaktive Artillerie. Zweitens sind aus russischer Sicht wohl nicht die Waffen an sich ungenügend, sondern deren ergänzende Komponenten, wie Systeme der Aufklärung und Feuerführung und vor allem auch die zur Verfügung stehenden Munitionsarten. Es ist damit zu rechnen, dass sich die Vielzahl der Typen von Rohrartilleriewaffen verringert. Der Trend geht wohl zu Plattformlösungen, etwa auf Basis der von russischen Militärs hoch gelobten „NONA".

Die zur Verfügung stehenden reaktiven Werfersysteme, etwa „SMERTSCH" und „URAGAN", sind immer noch als modern und kampfstark anzusehen, obwohl sie bereits in der Endphase des Afghanistankrieges vor 15 Jahren eingesetzt wurden. Der MIK könnte diese wohl auch in kürzester Zeit wieder an die Truppen liefern und weiterentwickeln.

Bei der Munition ist mit der Neuentwicklung von „intelligenten Granaten" zu rechnen, die ihr Ziel selbst suchen und mit hoher Wahrscheinlichkeit und Wirksamkeit vernichten. Hier hat der Krieg in Tschetschenien den Russen deutlich vor Augen geführt, wie ineffizient ihre Artillerie ist.[240] Von 1991-2001 haben die Unternehmen der „Agentur für Munition und Spezialchemie" nicht eine einzige neue Munitionsart entwickelt oder produziert. Russische Experten sprechen daher unverhohlen von einer Krise nicht nur der Agentur selbst, sondern auch der wichtigsten Betriebe, wie der Unternehmen „PRIBOR", „BASALT" und „MASCHINOSTROITEL", und warnen vor einem totalen Kollaps.[241]

Was die Ausrüstung der Soldaten mit Schützenwaffen betrifft, so sind die Tage der bekannten „Kalaschnikow" wohl auch bald gezählt. Die Waffe, die in nunmehr modernisierter Variante seit 50 Jahren in der Truppe ist, soll in der Perspektive sukzessive von der „Nikonow" AN-94 abgelöst werden.

Ebenso ist mit neuen Pistolen (Ablösung der PM „Makarow" durch die 9 mm Pistole „Jarygin") und Maschinengewehren (System „Petscheneg") zu rechnen.

Diese Rüstungen sind für den MIK aber nur kleine Fische im Vergleich zu den möglichen großen Objekten, die von den anderen Teilstreitkräften und Truppen bestellt werden könnten.

Die russische **Seekriegsflotte** stand vor allem in Zusammenhang mit dem Untergang der „Kursk" im Rampenlicht der internationalen Öffentlichkeit. Seit Anfang der neunziger Jahre waren die russischen Kriegschiffe kaum mehr auf den Weltmeeren präsent und rosteten in den Häfen vor sich hin. Nicht gerade wie Phönix aus der Asche auferstanden, aber doch recht eindrucksvoll, meldete sich die Totgesagte in den letzten Monaten zurück. Die Kräfte, die sich der Öffentlichkeit zeigten, sind freilich nur ein Schatten der einstigen Sowjetflotten, rufen in Anbetracht der Umstände bei den Fachleuten aber trotzdem ein gewisses Erstaunen hervor.

Unstrittig ist Russland gewillt, den Niedergang der Flotte zu beenden und diese zu modernisieren und neu zu orientieren. Daran lassen weder der Oberkommandierende der Marine Wladimir Kurojedow, noch Präsident Putin, der der Marine sichtlich große Aufmerksamkeit schenkt, Zweifel aufkommen.

---

240 Die Kampfhandlungen in Tschetschenien hat der ehemalige Oberkommandierende der Truppen der RF im Nordkaukasus in seinem 2001 erschienenen Buch „Moja woina. Tschetschenskij dnewnik okopnowo generala" anschaulich beschrieben.
241 So z.B. Dr. M.Rastopschin in „Krisis Bojepripasow", NWO Nr. 24 (339) v. 18.07.2003.

Das bis 2010 konzipierte Flottenrüstungsprogramm wird allgemein als realistisch und durchführbar angesehen. Die Kiellegung der ersten Korvette des Projektes 20380 Ende 2001 und vor allem die Fortsetzung der Baureihe mit der Kiellegung des zweiten Schiffs am 20.05.2003, sind unübersehbare Signale.

Damit wurde auch eine Umorientierung des Überwasserkampfschiffsbaus deutlich. Man will offensichtlich weg von der unübersichtlichen Typvielfalt, hin zu so genannten Mehrzweckkampfschiffen. Diese sollen dabei nicht nur in Küstennähe, sondern auch in der Tiefe der Weltmeere operieren können. Die Atom-Unterwasserschiffe scheinen, wenn auch in einem geringeren Kampfbestand als in der Vergangenheit, fester Bestandteil der künftigen Marineplanung zu sein. Es ist mit der baldigen Beendigung der langjährigen Modernisierung des U-Raketenkreuzers „Dmitri Donskoj" (Projekt 941) und der Erprobung und Vorbereitung der Indienststellung des prinzipiell neuen atomaren U-Kreuzers der 4. Generation, „Juri Dolgoruki" (Projekt 955), zu rechnen.

Perspektivisch sollen die neuen Schiffe des Projektes 955 (westl. Klassifizierung „Borey"), die in Dienst befindlichen Einheiten der Projekte 941 (westl. Klassifizierung „Typhon") und 667BDRM (westl. Klassifizierung „Delta") ablösen.

Das neue Schiff soll etwa 170 m lang und 13,5 m breit sein und ein Volldeplacement von 24.000 t haben. Die Grenztauchtiefe wird mit 450-600 m und die Maximalgeschwindigkeit mit 29 kn angegeben. 107 Marineangehörige sollen die Besatzung bilden. Auch die Bewaffnung soll sich von der der Vorgänger unterscheiden. So wird gegenwärtig die neue ballistische Rakete „BULAWA 30" für diese Schiffe erprobt.[242]

Bis 2010 soll dann die Serienproduktion des Projektes 955 in Gang gebracht werden, um in den dann folgenden fünf bis sechs Jahren den jetzigen Kern der strategischen Unterwasserkräfte, die Einheiten des Projektes 667BRDM, vollständig zu ersetzen.

Darüber hinaus ist nach wie vor der Bau und die Indienststellung der Mehrzweck-Atom-U-Schiffe Typ „Sewerodwinsk" (Projekt 885 — westl. Klassifizierung „Granay") geplant.

Für das heutige Russland völlig untypisch, ohne Pomp, Popen und Presse, unter außergewöhnlich geheimnisvollen Umständen, die an

---

242 E. Lemcke „Die Seekriegsflotte der Russländischen Föderation steht vor einer umfangreichen Umbewaffnung und Umorientierung" in http://www.sicherheitspolitik-dss.de/person/lemcke/el305310.htm.

die Sowjetunion erinnerten, lief bei „Sewmasch" im August 2003 ein kernkraftgetriebenes U-Boot vom Stapel, von dem bisher kaum etwas bekannt ist. Nach inoffiziellen Berichten handelt es sich um das Projekt 210 „Loscharik". Den Namen, zu Deutsch „Pferdchen", soll das geheimnisvolle Schiff nach einer bekannten russischen Trickfilmfigur erhalten haben.

An der Zeremonie der Indienststellung in der Abteilung 42 der Sewerodwinsker U-Boot-Schmiede nahmen nur wenige, ausgesuchte Gäste, darunter Flottenchef Kurojedow, teil. Weder von der Werft, noch von den Konstrukteuren des Büros „Malachit", noch von Seiten der Flottenführung hat seither einer der Eingeweihten ein Wort dazu in der Öffentlichkeit verlauten lassen. Trotzdem ist das „Pferdchen" nicht ganz unbekannt. Offensichtlich handelt es sich um ein bereits 1988 auf Kiel gelegtes Spezialtauchschiff für große Tiefen, dessen Weiterbau aus finanziellen und sicher auch politischen Gründen in den neunziger Jahren ruhte. Es ist wohl kaum als Serienschiff oder Typwaffenträger gedacht, sondern soll offenbar für „Spezialoperationen" genutzt werden. Daher rührt sicher die außergewöhnliche Wortkargheit aller Beteiligten.

Die konventionelle U-Boot-Gruppe soll erneuert werden, indem die „Sankt Petersburg" Serie (Projekt 677 – westl. Klassifizierung „Lada") in Dienst gestellt wird.

Über die genannten Beispiele hinaus benötigt die russische Flotte, will sie sich tatsächlich modernisieren, noch eine Vielzahl weiterer Einheiten, wie Tankschiffe, Versorger, Schlepper, Berge- und andere Hilfsschiffe.

Nicht enden will auch die Diskussion über die Notwendigkeit eines neuen Programms zum Bau von Flugzeugträgerschiffen. Die von der Sowjetflotte „geerbten" Träger („KIEW", „MINSK", NOWOROSSISK" und „ADMIRAL GORSCHKOW") sind längst nicht mehr verfügbar. Sie wurden 1993 nach nur 8 bis 14 Jahren Nutzung außer Dienst gestellt und teilweise an China zum Schrottwert verkauft. Die „Gorschkow" wird, wie bereits erwähnt, an Indien gehen. Konkrete Projekte für den Bau neuer russischer Flugdeckschiffe sind bisher aber nicht publik geworden und wohl bisher auch nicht ernsthaft geplant. Allerdings werden ab und an Stimmen laut, die ein solches Programm fordern.

Einen nicht unbedeutenden Platz wird in den nächsten Jahren der Bau neuer Küstenschutzschiffe und Wachboote sowie neuartiger Schnellboote einnehmen. Hier seien stellvertretend nur die

„Swetljak" (Projekt 10410) und die „Molnja" (Projekt 12421) genannt. Dazu auch die Übersicht im Anhang.

Das gegenwärtige Leistungsvermögen der russischen Marineunternehmen des MIK zeigte der Internationale Marinesalon in St. Petersburg (IMDS 2003) vom 25. Juni bis 29. Juni 2003.[243]

Wer Zweifel an der Ernsthaftigkeit des russischen Flottenrüstungsprogramms hegt, dem sei auch geraten, sich mit den groß angelegten Marinemanövern der letzten Monate und Wochen zu beschäftigen. Er sollte nicht nur die militärtechnische, sondern auch die militärpolitische Seite und die strategischen und taktischen Ideen der Übungen zur Kenntnis nehmen.

Vor allem die Übung im Indischen Ozean im Mai 2003 ließ die Fachwelt aufhorchen. In deren Verlauf kam es sogar zu einem realen Gefechtsschießen mit kernwaffenkompatiblen Marschflugkörpern, abgefeuert von russischen strategischen Bombenfliegerkräften der 37. Luftarmee, offenbar über dem Luftraum Afghanistans. In der russischen Presse wurde behauptet, die Übung simulierte den Angriff auf den amerikanischen Stützpunkt Diego Garcia. Eine offizielle Bestätigung dafür gab es allerdings nicht. Darüber hinaus wurde im Rahmen der Übung „INDRA-2003" das Zusammenwirken mit der indischen Kriegsmarine geprobt, wobei neue Waffensysteme zum Testeinsatz kamen.

Aber auch die vorhergegangenen und nachfolgenden Manöver waren sehr aufschlussreich, können aber hier nicht so gründlich behandelt werden, wie sie es eigentlich verdient hätten.

Das betrifft sowohl die am 18. August 2003 begonnene, mehrtägige Übung der Flottenkräfte im Stillen Ozean, als auch die gemeinsame Übung russischer und französischer Unterwasserkräfte vor Norwegen vom 07. bis 11. Juli 2003. Frankreich nahm daran mit zwei Atom U-Booten, unter anderem mit der Casablanca" S-603, teil!

Die im Juni in der Ostsee durchgeführte Übung schwerer Kräfte der Nordmeer- und der Baltischen Flotte diente wohl weniger technischen oder taktischen, als vielmehr politischen Zielen. Dazu stellte die russische Presse fest, dass der polnische Präsident und eifrige Befürworter der Stationierung amerikanischer Truppen in seinem Land, Aleksander Kwaśniewski, der gemeinsam mit Wladimir Putin an Bord des schweren atomaren Kreuzers „Petr Weliki" (Projekt 1144) Zeuge einiger Raketenstarts wurde, sichtlich beeindruckt war.

---

[243] E. Lemcke „IMDS 2003 — Nachbetrachtungen eines Besuchers", http://www.sicherheitspolitik-dss.de/person/lemcke/el_imds3.htm.

Der MIK rechnet hinsichtlich der Flottenrüstung, sicher nicht unbegründet, mit guten Zukunftschancen. Vor allem die Unternehmen, die die oben genannten Projekte planen oder realisieren werden, gehören zu den Gewinnern des Kampfes um lukrative Aufträge. Das sind u.a. „Sewmasch", „Sewernaja Werf", „Almas St. Petersburg" und nicht zuletzt die Rybinsker „Wympel".

Welche Impulse sind nun vom Umbau und der Modernisierung der **Luftstreitkräfte**, der **Luftverteidigung**, der **strategischen Raketentruppen** und der **kosmischen Streitkräfte** für den MIK zu erwarten?

Die Luft- und Raumfahrtindustrie ist sicher der Bereich des MIK, der weniger als die Übrigen vom Niedergang des Landes betroffen war. Zwar ging die tief greifende Krise nicht spurlos an den Flugzeug- und Raketenbauern vorbei; aber aus verschiedenen Gründen, nicht zuletzt auf Grund der Exporterfolge und der internationalen Zusammenarbeit, beispielsweise beim Projekt der internationalen Raumstation ISS, gelang es doch, wesentliche Fähigkeiten und Kapazitäten zu erhalten.

Wenden wir uns zunächst den **Luftstreitkräften** zu. Den Besuchern und Beobachtern des „Moskauer Luft- und Raumfahrtsalons", „MAKS-2003" (vom 19. bis 24. August 2003), zu denen auch Präsident Putin zählte, verdeutlichte die gigantische Schau, welche Richtung die technische Modernisierung einschlagen soll.

Es ist zwar unklar, ob alle geplanten Vorhaben überhaupt durchführbar sind; die Projekte sind aber auf alle Fälle sowohl hinsichtlich der Qualität als auch in ihrer Vielzahl beeindruckend. Im Folgenden sollen nur einige Vorhaben, in die der MIK große Hoffnungen setzt, dargestellt werden.

Der Oberkommandierende der Luftstreitkräfte, Generaloberst Wladimir Michailow, präsentierte gemeinsam mit dem Chef der Holding „SUCHOJ", Michail Pogosjan, dem Präsidenten und der Öffentlichkeit die neue SU-32, die gegenwärtig in der staatlichen Erprobung ist. Dieses Flugzeug, als „Schlagkomplex" (udarnyj kompleks) bezeichnet, soll offensichtlich die in die Jahre gekommenen SU-24M („Frontbomber"), deren Modernisierung allerdings auch geplant ist, zumindest teilweise ablösen. Die modernisierten SU-24 könnten dann noch etwa 10 Jahre Dienst tun.

Die SU-32 wird aber kaum vor 2005 zur Verfügung stehen. Sicher dagegen ist, dass die russischen Luftstreitkräfte 2004/2005 Flugzeuge vom Typ SU-34 anschaffen. Bisher ist bekannt, dass die 10 geplanten Maschinen offenbar in Fliegertruppenteilen in Sibirien genutzt werden sollen, wohl in den Verbänden der 11. und 14. Luftverteidigungsarmee. Mit diesem Flugzeugtyp verbinden die russischen Militärs die Hoffnung auf eine zügige Modernisierung und Erhöhung der Kampfkraft der Luftstreitkräfte. Der Erstflug fand am 18. Dezember 1993 statt, und im Sommer 1994 wurde es bereits der Weltöffentlichkeit in Paris vorgestellt. Ursprünglich als Jagdbomber bezeichnet, wird es heute Frontbomber (frontowoj bombardirowtschik) genannt. Das relativ elegante, fast filigrane Äußere täuscht darüber hinweg, dass es sich offensichtlich um eine sehr robuste Maschine handelt. Davon zeugen auch die starke Panzerung der Kabine und die Verwendung von Titanbauteilen. Das zweisitzige Flugzeug mit einer Gefechtsmasse von 42 Tonnen erreicht eine maximale Geschwindigkeit von 2.550 km/h, eine Gipfelhöhe von 18.000 m und hat eine Reichweite von 4.100 km. Sie ist mit einer 30 mm Maschinenkanone GSCH-30-1, gelenkten Raketen der Klasse Luft-Luft und Luft-Boden bewaffnet und kann außerdem selbstzielsuchende Bomben, Kassettenbomben oder auch nukleare Bomben tragen. Damit eignet sie sich nicht nur als Nachfolger der SU-24M, sondern kann auch den strategischen Bomber TU-22M3 ablösen.

Darüber hinaus wurde dem Präsidenten ein modernisierter Jäger, ebenfalls von „Suchoj", in der Version SU-27SM vorgeführt.

Die Helikopterindustrie präsentierte dem Staatsoberhaupt den modernisierten Kampfhubschrauber MI-24PN. Die Armee fordert schon seit langem die Erneuerung oder Modernisierung der veralteten MI-24, die beispielsweise nicht vollständig nachteinsatzfähig ist. Die Vorstellung der (noch) nicht in der russischen Armee eingesetzten neuesten Kampfhubschrauber MI-28N „Jäger der Nacht" und Ka-52 „Alligator" und eines ebenfalls von der Truppe fast sehnsüchtig gewünschten neuen Transporthubschraubers Ka-60, ergänzten die Show vor dem Präsidenten.

Besonders aufschlussreich waren die Exponate und Äußerungen hinsichtlich der strategischen Bomber. Wladimir Putin bekam die TU-160 vorgeführt. Dabei vergaß General Michailow nicht zu erwähnen, dass die ältesten strategischen Bomber der Russischen Armee erst 20 Jahre Dienst tun. Interessant in diesem Kontext auch sein Verweis auf die, ebenfalls in Moskau anwesenden amerikanischen B-52, die bereits seit 50 Jahren im Dienst stehen. Es zeichnet sich ab, dass Russland nicht nur die strategische Bomberflotte als Teil der atomaren Triade erhalten will. Man scheint offenbar eine Modernisierung der TU-160 und der TU-95MS und deren perspektivische Nutzung zu planen. Nach Meinung russischer Experten ist die TU-95MS der B-52 ebenbürtig. Außerdem gebe es in anderen

Staaten keine Maschine, die der mit Überschallgeschwindigkeit fliegenden TU-160 gleichwertig sei. An dieser Einschätzung hat sich übrigens auch nach dem Absturz einer TU-160 bei Saratow im Herbst 2003 nichts geändert.

Man kommt nicht umhin, die Auswahl der dem Präsidenten gezeigten Exponate in Zusammenhang mit der internationalen militärpolitischen Entwicklung der letzten Monate zu sehen. Hier fällt sofort die bereits erwähnte, man kann schon sagen sensationelle Übung der Fernfliegerkräfte vom Mai auf. Offensichtlich soll vor allem die 22. Schwere Garde Bomberdivision (Stationierungsort ist Engels an der Wolga) zur Kernzelle einer neuen Qualität der strategischen Fliegerkräfte werden.

Somit werden die TU-160 und die TU-95MS wohl noch lange Dienst tun und entsprechende Modernisierungen erfahren, während der Fernbomber TU-22M3 wahrscheinlich keine Zukunft als strategisches Kampfmittel hat und eventuell mit präziser konventioneller Bewaffnung ausgerüstet wird, und dann auf Grund seiner Reichweite, ein Bindeglied zwischen herkömmlicher und strategischer Komponente sein könnte.

Am Rande des MAKS-2003 wurde ebenfalls bekannt, dass „SUCHOJ" zurzeit die SU-25SMK in modernisierter Version erprobt. Ihre Zukunft liegt aber wohl eher im Exportbereich.

Einige russische Militärs fragen immer wieder nach der SU-39, einem Schlachtflugzeug (Schturmowik), das offensichtlich 1999 in Tschetschenien im Kampfeinsatz bereits erprobt wurde und von Generaloberst Gennadi Troschew, dem ehemaligen Oberbefehlshaber der in Tschetschenien kämpfenden „Gruppe der Streitkräfte im Nordkaukasus", als „Flugzeug von morgen"[244] bezeichnet wurde.

Ebenso steht die Zukunft des Aufklärers SU-27IB in den Sternen. Die Holding „SUCHOJ" ist aber offensichtlich in der Lage, diese genannten Typen bei Bedarf, in absehbarer Zeit an die Streitkräfte zu liefern.

Hinsichtlich der Aufklärungskomponenten fordern die russischen Militärexperten jedoch, völlig neue Wege zu gehen.

Sie sehen die Zukunft in unbemannten Aufklärern. Da die UdSSR bereits über eine beachtliche Anzahl und Typvielfalt solcher Geräte verfügte, dürften die Russen hier auch entsprechende Erfahrung

---

244 G. Troschew „Kawkaskij rezidiw", in NWO Nr. 28 (343) v. 15.08.03.

besitzen. [245] Die Diskussion hierzu ist noch nicht abgeschlossen und über konkrete Projekte liegen bisher kaum Berichte vor.

Unklar ist auch die Zukunft der SU-27IB, eines Jagdbombers. Einige russische Experten vertreten die Meinung, dass dieser am ehesten geeignet ist, die SU-24M und die SU-25 abzulösen.

Der Leser wird sicher die Frage haben, wie es um die Firma „MIG" und deren Flugzeuge steht, waren deren Typen doch jahrelang Inbegriff sowjetischer Kampfflugzeugtechnik.

Wie bereits erwähnt stand es um MIG zehn Jahre nach der Gründung der Russischen Föderation so schlecht, dass ein Bankrott des traditionsreichen Unternehmens kaum einen Kenner der Materie sonderlich erstaunt hätte. Trotz aller nach wie vor bestehenden Schwierigkeiten, wie beispielsweise die bisher nicht geklärte Forderung des Finanzministers in Höhe von 200 Millionen US-Dollar an MIG und den ernsten Strukturproblemen, wie die Konzentration rund um Moskau (Stadt Luchowizy), wo relativ hohe Personalkosten das Ergebnis schmälern, hat die MIG-Führung um Nikolai Nikitin offenbar bereits einen Teil des Weges zur Rettung des Unternehmens zurückgelegt.

Die russischen Luftstreitkräfte nutzen gegenwärtig die MIG-29 und die MIG-31. Während russische Experten dem ersten Typ teilweise keine Zukunft gaben, existieren Pläne der Modernisierung der MIG-31 zu einem Flugzeug der Generation 4+. Allerdings gelang es MIG nun, wenn auch mit einigen Jahren Verspätung, die modernisierten MIG-29SMT und MIG-29K zu präsentieren. Ob die beiden Mehrzweckjäger neben dem Export auch für die Russische Armee interessant sind, bleibt freilich abzuwarten.

Ein weiteres Zeichen dafür, dass es Russland mit der Modernisierung der Luftstreitkräfte ernst ist, scheint die Tatsache, dass neue Schul- und Trainingsflugzeuge angeschafft werden sollen, und die bisher genutzten vielleicht einer Modernisierung unterzogen werden. Ohne Ausbildung und Schulung von Piloten macht die ganze Flugrüstung schließlich keinen Sinn.
Ob nun die alten L-39 tschechischer Produktion (Entwicklungsjahr 1968) umfassend modernisiert werden, oder die JAK-130 oder MIG-AT eingeführt werden, entscheidet sich sicher in naher Zukunft.

---

245 S. Kobrusew, A. Drobyschewskij „Raswedka bez razwedtschikow", NWO Nr. 16 (331) v. 16.05.2003.

Die Experten geben der Maschine von „Jakowlew" den Vorzug, da diese nach deren Ansicht in ihren Flugeigenschaften modernen Kampflugzeugen sehr ähnelt.

Noch in den Sternen steht die Einführung von neuen Kampfflugzeugen mit senkrechten Start- und Landeigenschaften. Der MIK ist auch hier bereit, kurzfristig zu liefern (Jak-141) oder neue zu entwickeln. Ob dies künftig der Fall sein wird, hängt sicher nicht zuletzt von der Entscheidung ab, ob Russland tatsächlich Flugdeckschiffe anschafft.

Dies wäre dann wohl auch die Stunde der breiten Einführung und Modernisierung der jetzt als SU-33 bezeichneten trägerbasierten Kampfjets. Diese vollzogen ihre erste Landung als SU-27K auf dem schweren Flugdeckkreuzer „Admiral Kusnezow" am 1.11.1989 und sind seit 1998 in der russischen Flotte im Dienst.[246] Allerdings soll auch ein völlig neues bordgestütztes Kampfflugzeug, die SU-27KUB, entwickelt werden.

Nun zu einem „Dauerbrenner" der Diskussion in Russland, zum „Flugzeug der 5. Generation". Alle Militärflugzeughersteller und Zulieferer versprechen sich von diesem Programm lukrative Aufträge. Für den stellvertretenden Generaldirektor der Holding „SUCHOJ", gleichzeitig auch stellvertretender Generaldirektor von „KnAAPO", Boris Bregman, ist dies sogar der Schwerpunkt der Arbeit.[247] Die Russen sagen unumwunden, dass dieses Flugzeug das „*Gegengewicht zum amerikanischen JSF (Joint Strike Fighter)*" sein soll.[248]

Es ist kein Geheimnis, dass Russland zurzeit die Schallmauer zur neuen Generation nicht durchbrechen kann. Deshalb ist die Modernisierung der vorhandenen Technik, als 4+ bezeichnet, nur ein logischer Zwischenschritt, um diese Grenze künftig einmal zu überschreiten. Interessant ist die Tatsache, dass man hier Partner im Ausland sucht und offensichtlich in Frankreich bereits gefunden hat. Beide Seiten sehen darin sicher eine reale Chance, mit berechenbarem Aufwand das Monopol der USA auf dem Gebiet supermoderner Kampfflugzeuge zu brechen und die Abhängigkeit von amerikanischer Hochtechnologie zu verhindern. Auf die zahlreichen Vorhaben, hinsichtlich der Erneuerung und Modernisierung des Hubschrauberparks, will ich hier nicht weiter eingehen, möchte aber

---

246 Andrej Fomin „SU-33. Korabelnaja Epopeja" Moskwa Verlag „RA Interwestnik, 2003.
247 I. Korotschenko „Gosoboronosakas i export", NWO Nr. 24 (339) v. 18.07.03.
248 So der Präsident des OKB „Jakowlew" Oleg Demtschenko in: I.Korotschenko „Trebowanija diktuet pokupatel", NWO Nr. 28 (343) v. 15.08.2003.

anmerken, dass die Helikopterentwickler und -Produzenten, vor allem „KAMOW", durchaus in der Lage sind, kurzfristig den Bedarf zu decken. Voraussetzung ist auch hier natürlich die ausreichende Finanzierung durch den Staat.

Nun zu Perspektiven und Plänen der Rüstung der **Luftabwehr** und der **Raketen-Kosmischen Truppen** (RKT). Es ist kein Geheimnis, dass Russland weder in der Lage, noch augenscheinlich gewillt ist, das gigantische Luftabwehrsystem der UdSSR wieder herzustellen. Gegen Ende der achtziger Jahre bestand dies aus einem zentralen Luftabwehrbezirk, neun selbständigen Luftabwehrarmeen, einer selbstständigen Armee zur Frühwarnung vor Raketenangriffen, einem Raketenabwehrkorps und einem Korps zur Kontrolle des Weltraums. Diese Einheiten unterteilten sich noch in Luftabwehrraketentruppen, Fliegerverbände, funkelektronische Truppen, Truppen der raketen-kosmischen Verteidigung und Spezialtruppen.

Heute sind davon nur noch Bruchstücke des ehemals dichten und tief gestaffelten Systems vorhanden. Selbst in strategisch wichtigen Richtungen bilden sich Lücken in der Luftaufklärung, die mehrere hundert Kilometer betragen.

Der ehemalige Kommandierende der Raketen-Kosmischen Truppen, Generaloberst a.D. Wolter Kraskowski, beschrieb die neunziger Jahre wie folgt:

„... aus der Liste der vormals zu schützenden Objekte blieben nach dem Präsidentenerlass[249] *nur 45% übrig. Doch damit nicht genug. Von 1994 bis 1999 erhielten die Truppen nicht einen einzigen Luftabwehrkomplex vom Typ S-300. Sollte sich diese Entwicklung fortsetzen, ...dann verringern sich die Möglichkeiten der Luftabwehr bis zum Jahr 2010 noch einmal um 70-75%. Somit werden nur noch 16% der ehemals geschützten Objekte von der Luftabwehr gedeckt..."*[250]

Nicht weniger wichtig scheint mir aber auch die Tatsache, dass, ohne ein System der Frühwarnung vor strategischen Raketenangriffen, die politische und militärische Führung nicht in der Lage ist, hinlänglich exakte Entscheidungen für die Anwendung der eigenen strategischen Kernwaffen zu treffen.

Hinzu kommt in Russland das ständige Hin und Her der Zuordnung der RKT. Zuerst bei der Luftverteidigung angesiedelt,

---

[249] Gemeint ist der Erlass von Präsident Jelzin vom 16. Juni 1997 über die Veränderungen der Struktur der Streitkräfte der RF.
[250] W. Kraskowski „Na kolenjach pered otkrytym nebom", NWO Nr. 26 (341) v. 01.08.2003.

gehören diese nunmehr zu den Strategischen Raketentruppen. Der Streit um die zweckmäßige Gliederung und Organisation ist noch längst nicht beendet, soll hier aber nicht weiter erörtert werden.

Es ist auf alle Fälle klar, dass die Russen, wollen sie ihrem Anspruch eine moderne Militärmacht zu sein, gerecht werden, die Luftverteidigung völlig reorganisieren müssen. Dazu gehören zweifelsohne die Einführung moderner Systeme wie die S-400 „Triumph". Ohne zuverlässige Mittel der Vorwarnung, Aufklärung und Gefechtsführung haben aber auch noch so gute Einzelsysteme keine Chance. Dazu noch einmal Kraskowski:

„Russland ist von 20 Staaten umgeben, von denen die Mehrzahl territoriale Ansprüche stellt. Das Pentagon entfaltet neue nichtatomare Angriffskomplexe entsprechend der Konzeption der globalen Dominanz zur Führung kontaktloser Kriege der sechsten Generation. Gewaltige militärische Projekte, deren Umsetzung die Weltherrschaft der USA sichern soll, sind im Superprogramm „Gemeinsame Perspektive 2010" beschrieben.

Diese „Perspektive" fällt zeitlich mit dem niedrigsten Niveau des nuklearen Schildes, der maximalen Alterung der Bewaffnung Russlands, zusammen…An die Stelle der Weltkriege und der Konfrontation von Großmächten tritt etwas völlig Neues — ein globaler permanenter Krieg. Der Krieg einer Supermacht gegen die gesamte Welt. Möglich, dass dieser in Irak schon begonnen hat."[251]

Es bleibt einer künftigen Analyse vorbehalten zu untersuchen, ob Russland tatsächlich in der Lage ist, die Luftabwehr des Landes auf dem gewünschten Niveau zu reorganisieren.

Die russischen Spezialisten haben aber wohl zur Kenntnis genommen, dass die gegenwärtigen Luftabwehrfähigkeiten kaum ausreichen dürften, einen Gegner wirksam zu bekämpfen, der in mehreren hundert oder tausend Kilometer Entfernung seine Angriffe vorträgt und nicht in den Wirkungsbereich der vorhanden Abwehrmittel eindringt, bevor er diese nicht aus der Distanz endgültig ausgeschaltet hat. Da nützt auch der beste landgestützte Luftabwehrkomplex nichts. Ohne kosmische Aufklärungs- und Abwehrmittel ist eine wirksame Abwehr solcher Angriffe, wie sie die USA und deren Verbündete gegen die Bundesrepublik Jugoslawien 1999 und gegen den Irak 2003 vorgetragen haben, von vornherein völlig aussichtslos.

---

[251] Ebenda.

Dazu gehört aus russischer Sicht unbedingt auch ein eigenes, vom US-amerikanischen NAVSTAR unabhängiges, weltraumgestütztes Navigationssystem.

Bis 1995 hatten die UdSSR und Russland für das GLONASS bereits 24 Satelliten im Weltraum stationiert. Danach gerieten die Arbeiten aber aus Geldmangel und politischem Desinteresse ins Stocken. Besonders die Entwicklung und Einführung der notwendigen Empfänger und landgestützten Steuerungs- und Übertragungssysteme kam offensichtlich völlig zum Stillstand. Hier unternimmt Russland gegenwärtig wohl schon Vorarbeiten zur Wiederbelebung der alten Projekte.

So erklärte der Chef von ROSAWIAKOSMOS, Juri Koptew, am 20.08.2003, dass Russland in den Jahren 2004 und 2005 sechs Satelliten starten wird. Man wolle damit dann 17 Orbitalpositionen besetzen. 2004 will Russland schließlich gegenüber dem Vorjahr 55% mehr Mittel für den Kosmosbereich ausgeben, so Koptew weiter.

Offensichtlich wäre man auch hier nicht abgeneigt, mit bestimmten ausländischen Partnern zu kooperieren und denkt z.B. auch an die Westeuropäer und deren System GALILEO.

Die gesamten mit der Luftabwehr und den Weltraumprojekten verbundenen Pläne und Projekte der Russischen Föderation wecken im MIK einerseits natürlich große Hoffnungen. Andererseits ist man auf Grund der unsicheren Zukunft möglicher Pläne und der hohen Kosten von Entwicklungsarbeiten auch sehr vorsichtig und zurückhaltend.

Der Chef des Hauptstabes der Luftstreitkräfte, Generaloberst Boris Tschelzow, ist jedoch fest davon überzeugt, dass Russland eine „Weltraum-Luftverteidigung" schaffen wird und schlägt einen konkreten Plan zur Verwirklichung des Vorhabens vor.[252]

Einige Worte zu den **Strategischen Raketentruppen,** die nach wie vor das Rückgrat der atomaren Abschreckung Russlands bilden. Die landgestützten Systeme sind und bleiben, zumindest mittelfristig, offensichtlich der Kern der atomaren Triade.

Dabei ist deren Zukunft längst nicht unumstritten. Kritiker vermerken, dass im Prozess der Erneuerung die Schlagkraft der Raketenwaffe sinkt.

Die russische Führung scheint aber bisher keine wesentlichen Korrekturen an ihrer quantitativen Planung, hinsichtlich der landge-

---

[252] B. Tschelzow, S. Wolkow „Rossija stroit wozduschno-kosmitscheskuju oboronu", NWO Nr. 7 (322) v. 28.02.2003.

stützten Interkontinentalraketen, vornehmen zu wollen. Danach wird Russland 2013 etwa folgende Mittel haben:
* 100-120 „Topol-M" (100-120 Gefechtsköpfe)
* 70-100 RS-18 (420-600 Gefechtsköpfe)
* 50-70 RS-20 (500-700 Gefechtsköpfe)

Ob, und wie die oben genannten und kürzlich vom Präsidenten ins Spiel gebrachten, noch nicht in Dienst gestellten, UR-100 NU (modernisierte RS-18, NATO-Code SS-19) das Bild verändern, wird sich zeigen.

Wie bereits beschrieben, wird in den russischen Medien immer öfter die Meinung geäußert, diese Mittel würden zur wirksamen Abschreckung nicht ausreichen, und vielleicht schon um das Jahr 2010 könnten diese von einem modern ausgerüsteten Gegner sogar, gefahrlos für diesen, neutralisiert werden. Dass dies durchaus keine Hirngespinste sind, haben wir am Beispiel des Balkankrieges 1999 gesehen.

Gefordert wird daher die Erhöhung der Anzahl der Gefechtsladungen der „Topol" und ggf. die Erhöhung der Anzahl der mobilen Variante dieser Raketen. Andere Vorschläge sehen die Verlängerung der Nutzungsfristen der vorhandenen Bewaffnung vor.

Die letzte Möglichkeit birgt in sich viele unwägbare Sicherheitsrisiken und ist nicht so ohne weiteres umsetzbar.

Es ist jedoch damit zu rechnen, dass es vor allem qualitative Veränderungen geben wird und diese schon in Gang gesetzt wurden.

General Alexej Moskowski deutete in einem Interview[253] an, dass es Vorbereitungen gibt, die „Topol-M" mit drei gelenkten Gefechtsköpfen nach- oder umzurüsten, und dass Untersuchungen angestellt werden, inwiefern es mit dieser Waffe gelingen könnte, künftige Raketenabwehrsysteme zu überwinden.

Auch um das russische Raketenabwehrsystem entfachen zunehmend Diskussionen. Bekanntlich sind die russische Hauptstadt und einige zentrale Gebiete schon seit dem 04. März 1961 durch eine Raketenabwehr geschützt. Das gegenwärtige System mit dem Codename A-135 wurde erst 1995 in Betrieb genommen.

Als Verteidigungsminister Iwanow Anfang des Jahres 2003 eine in Sofrino bei Moskau stationierte Division der Raketenabwehr besuchte, gab diese Visite sofort Anlass zur Vermutung, die russische Führung könnte sich künftig stärker diesem Thema widmen. Sofort

---

253 „Topol-M" prorwjet protiworaketnuju oboronu", NWO Nr. 20 (335) v. 20.06.2003.

meldeten sich Protagonisten des MIK zu Wort und machten Vorschläge zu einer technischen Entwicklung der Systeme.[254]

Freilich gab bereits Präsident Putin ein Jahr vorher, im Januar 2002, bei einem Besuch im kosmischen Zentrum „Chunitschew" die Richtung vor, als er erklärte, der Kosmos sei die Zukunft der russischen Wirtschaft und Verteidigung.

Ein offensichtlicher Insider, Oberst Dr. Wjatscheslaw Baskakow, sieht es wie folgt:

„Russland muss Raketen-Kosmische Streitkräfte besitzen, nicht weil es eine Großmacht sein will, wie einige Politiker behaupten. Russland braucht diese als Teilstreitkraft auf Grund seiner geopolitischen und geostrategischen Lage. Die Vielzahl der russischen Interessen, das Ausmaß seines Territoriums und die Länge der Grenzen fordern geradezu ...die Entwicklung eines mächtigen Systems kosmischer Kräfte und Mittel...zu seinem Schutz." [255]

Vorausgesetzt, die Russische Föderation ist in der Lage, die notwendigen finanziellen Mittel aufzubringen, scheint die Zukunft des Militär-Industrie-Komplexes also gesichert. Darüber hinaus machen sich die führenden Unternehmen, sicher nicht unberechtigt, Hoffnung auf künftige Geschäfte mit dem Export von Waffen, militärischen Ausrüstungen und entsprechenden Dienstleistungen.

Das soll aber nicht darüber hinwegtäuschen, dass es auch eine Vielzahl ziviler Entwicklungsmöglichkeiten gibt.

***

Damit soll die Betrachtung des Militär-Industrie-Komplexes Russlands abgeschlossen werden.

Es war weder beabsichtigt, noch möglich, alle Facetten dieses Bereiches darzustellen.

Vielmehr sollte der Leser einen kurzen Überblick über Vergangenheit, Gegenwart und künftige Möglichkeiten des MIK der Russischen Föderation erhalten.

Es sollte aber gezeigt werden, dass es neben allen großen Problemen, Schwierigkeiten und Risiken auch Chancen einer internationalen friedlichen, nachhaltigen und gleichberechtigten

---

254 P. Polkownikow „Okno Ujaswimosti!, NWO Nr. 6 (321) v. 21.02.2003.
255 V. Baskakov „Nuschen li Rossij tschetwertyj wid w wooruschennych sil?", NWO Nr. 19 (334) v. 06.06.2003.

Zusammenarbeit mit der Russischen Föderation gibt, und dass der russische Militär-Industrie-Komplex dabei keineswegs ein Hindernis sein muss.

Den nötigen Mut und Willen zur Zusammenarbeit müssen alle beteiligten Seiten aufbringen. Doch nur wer sich kennt, kann sich auch verstehen, kann die scheinbar unausweichlich ewige Logik der militärischen Konfrontation endgültig überwinden.

Jeder noch so kleine Schritt in Richtung einer Demilitarisierung der Politik ist ein Sieg der Vernunft. Die friedliche Lösung aller Konflikte und die schrittweise Überwindung der militärischen Gewalt als Ultima Ratio der Politik ist ein kategorisches Gebot unserer Zeit.

DANK

Ich möchte nicht versäumen, mich bei allen russischen und deutschen Freunden und Kollegen zu bedanken, die mir mit ihren Hinweisen und konstruktiven Kritiken geholfen haben, dieses Buch zu schreiben.

Besonderer Dank gebührt der Dresdener Studiengemeinschaft Sicherheitspolitik e.V. (DSS), vor allem Dr. Rainer Böhme, Dr. Peter Freitag, Dr. Joachim Klopfer, Prof. Dr. Rolf Lehmann und Egbert Lemcke, die mir ihre Arbeiten zur Verfügung stellten, sowie Prof. Dr. Wolfgang Scheler und Prof. Dr. Ernst Woit.

Vielen Dank auch an Dr. Peter Liebau, Dr. Sabine Preiß und Dr. Monika Prochnow für ihre spezialfachliche Hilfe.

ANLAGEN

Konzeption der nationalen Sicherheit der Russischen Föderation
Es handelt sich um eine nicht autorisierte Arbeitsübersetzung. Erschienen als DSS-Arbeitspapier Heft 51-3, Dresden 2000.
Quelle des Originaltextes: Nesawisimoje wojennoje obosrenije Nr. 1 (174) vom 14.01.2000.
Übersetzer: Rainer Böhme, Peter Freitag, Joachim Klopfer (download: http://sicherheitspolitik-dss.de).

Konzeption der nationalen Sicherheit der Russischen Föderation
Bestätigt durch Erlass des Präsidenten der Russischen Föderation Nr. 24 vom 10. Januar 2000

Russland in der Weltgemeinschaft

I. Russland in der Weltgemeinschaft
II. Die nationalen Interessen Russlands
III. Bedrohungen der nationalen Sicherheit der Russischen Föderation
IV. Die Gewährleistung der nationalen Sicherheit der russischen Föderation

Die Konzeption der nationalen Sicherheit der Russischen Föderation (im Weiteren: die Konzeption) ist ein System von Ansichten über die Gewährleistung der Sicherheit der Person, der Gesellschaft und des Staates in der Russischen Föderation vor äußeren und inneren Bedrohungen in allen Sphären der Lebenstätigkeit. In der Konzeption sind die wichtigsten Richtungen der staatlichen Politik der Russischen Föderation formuliert. Unter nationaler Sicherheit der Russischen Föderation wird die Sicherheit seines multinationalen Volkes als Träger der Souveränität und als einzige Quelle der Macht in der Russischen Föderation verstanden.

I. Russland in der Weltgemeinschaft
Die Lage in der Welt wird durch eine dynamische Transformation des Systems der internationalen Beziehungen charakterisiert. Nach der Beendigung der Ära bipolarer Konfrontation setzten sich zwei einander ausschließende Tendenzen durch.

Die erste Tendenz zeigt sich in der Festigung der ökonomischen und politischen Position einer bedeutenden Anzahl von Staaten und ihrer Integrationsvereinigungen, in der Vervollkommnung von Mechanismen mehrseitiger Führung der internationalen Prozesse. Dabei spielen ökonomische, politische, wissenschaftlich-technische, ökologische und informationelle Faktoren eine immer größere Rolle. Russland wird die Ausprägung einer Ideologie der Herausbildung einer multipolaren Welt auf dieser Grundlage unterstützen.

Die zweite Tendenz zeigt sich in Versuchen, eine Struktur der internationalen Beziehungen zu schaffen, die auf der Dominanz der entwickelten westlichen Länder unter Führung der USA in der internationalen Gemeinschaft gegründet und auf die einseitige, vor allem militärisch-gewaltsame Lösung der Schlüsselprobleme der Weltpolitik ausgerichtet ist, unter Umgehung der grundlegenden Normen des Völkerrechts.
Die Formierung der internationalen Beziehungen wird von Konkurrenz begleitet und vom Streben einer Reihe von Staaten, ihren Einfluss auf die Weltpolitik, darunter durch die Schaffung von Massenvernichtungswaffen, zu verstärken. Aspekte der militä-

rischen Gewalt behalten weiterhin wesentliche Bedeutung in den internationalen Beziehungen.

Russland ist eines der größten Länder der Welt, mit jahrhundertlanger Geschichte und reichen kulturellen Traditionen. Ungeachtet der komplizierten internationalen Lage und der inneren Schwierigkeiten spielt es durch sein bedeutendes wirtschaftliches, wissenschaftlich-technisches und militärisches Potenzial sowie durch seine einzigartige strategische Lage auf dem eurasischen Kontinent objektiv weiterhin eine wichtige Rolle in den globalen Prozessen.

Es gibt eine Perspektive breiterer Integration der Russischen Föderation in die Weltwirtschaft, erweiterter Zusammenarbeit mit internationalen Wirtschafts- und Finanzinstitutionen. Objektiv erhalten bleibt die Gemeinsamkeit der Interessen Russlands mit denen anderer Staaten zu vielen Problemen der internationalen Sicherheit, eingeschlossen der Widerstand gegen die Weiterverbreitung von Massenvernichtungswaffen, die Verhinderung und Beilegung regionaler Konflikte, der Kampf gegen den internationalen Terrorismus und den Rauschgifthandel, die Lösung der zugespitzten globalen ökologischen Probleme, darunter die Probleme bei der Gewährleistung der Nuklear- und Strahlensicherheit.

Gleichzeitig werden die Bemühungen einer Reihe von Staaten zur Schwächung der Position Russlands in den politischen, wirtschaftlichen, militärischen und anderen Bereichen aktiviert. Versuche, die Interessen Russlands bei der Lösung bedeutender Probleme der internationalen Beziehungen, einschließlich in Konfliktsituationen, zu ignorieren, sind geeignet, die internationale Sicherheit und Stabilität zu untergraben und positive Veränderungen in den internationalen Beziehungen zu verzögern.

In vielen Ländern, darunter auch in der Russischen Föderation, verschärfte sich erheblich das Problem des Terrorismus; dieser hat transnationalen Charakter und bedroht die Stabilität in der Welt, woraus sich die Notwendigkeit ergibt, die Anstrengungen der gesamten internationalen Gemeinschaft zu vereinen, die Effektivität der existierenden Kampfformen und -methoden gegen diese Bedrohung zu erhöhen und die unaufschiebbaren Maßnahmen zu seiner Neutralisierung zu ergreifen.

II. Die nationalen Interessen Russlands

Die nationalen Interessen Russlands - das ist die Gesamtheit der ausbalancierten Interessen der Person, der Gesellschaft und des Staates in den wirtschaftlichen, innenpolitischen, sozialen, internationalen, informationellen, militärischen, Grenz-, ökologischen und anderen Sphären. Sie tragen langfristigen Charakter und bestimmen die grundlegenden Ziele, die strategischen und die laufenden Aufgaben der Innen- und Außenpolitik des Staates.

Die nationalen Interessen werden durch die Institutionen der Staatsmacht gewahrt; ihre Funktionen verwirklichen diese auch im Zusammenwirken mit gesellschaftlichen Organisationen, die auf der Grundlage der Verfassung und der Gesetzgebung der Russischen Föderation tätig sind.

Die Interessen der Person bestehen in der Verwirklichung der verfassungsmäßigen Rechte und Freiheiten, in der Gewährleistung der persönlichen Sicherheit, in der Erhöhung der Qualität und des Niveaus des Lebens, in der körperlichen, geistigen und intellektuellen Entwicklung als Mensch und Bürger.

Die Interessen der Gesellschaft umfassen die Festigung der Demokratie, die Schaffung eines sozialen Rechtsstaates, die Herstellung und Aufrechterhaltung gesellschaftlicher Übereinstimmung, die geistige Erneuerung Russlands.

Die Interessen des Staates bestehen in der Unantastbarkeit der verfassungsmäßigen Ordnung, der Souveränität und der territorialen Integrität Russlands in politischer, wirtschaftlicher und sozialer Stabilität, in der bedingungslosen Gewährleistung der Gesetzlichkeit und der Aufrechterhaltung der Rechtsordnung, in der Entwicklung gleichberechtigter und gegenseitig vorteilhafter internationaler Zusammenarbeit.

Die Verwirklichung der nationalen Interessen Russlands ist nur auf der Grundlage einer stabilen Entwicklung der Wirtschaft möglich. Deshalb haben die nationalen Interessen Russlands in dieser Sphäre eine Schlüsselstellung.

In der innenpolitischen Sphäre bestehen die nationalen Interessen Russlands in der Sicherung der Stabilität der verfassungsmäßigen Ordnung und der Institutionen der Staatsmacht, in der Gewährleistung von Bürgerfrieden und nationaler Eintracht, der territorialen Integrität, der Einheit des Rechtsraumes und der Rechtsordnung, in der Vollendung des Entstehungsprozesses einer demokratischen Gesellschaft sowie in der Neutralisierung der Ursachen und Bedingungen, die das Entstehen des politischen und religiösen Extremismus, des Ethnoseparatismus und deren Folgen - soziale, zwischenethnische und religiöse Konflikte und Terrorismus - begünstigen.

Die nationalen Interessen Russlands in der sozialen Sphäre bestehen in der Gewährleistung eines hohen Lebensniveaus des Volkes.

Die nationalen Interessen in der geistigen Sphäre bestehen in der Erhaltung und Festigung der moralischen Werte der Gesellschaft, der patriotischen und humanistischen Traditionen, des kulturellen und wissenschaftlichen Potenzials des Landes.

Die nationalen Interessen Russlands in der internationalen Sphäre umfassen die Gewährleistung der Souveränität, die Festigung der Position Russlands als Großmacht, als eines der Einflusszentren einer multipolaren Welt, die Entwicklung gleichberechtigter und gegenseitig vorteilhafter Beziehungen mit allen Ländern und Integrationsvereinigungen, vor allem mit den Teilnehmerstaaten der Gemeinschaft Unabhängiger Staaten und mit den traditionellen Partnern Russlands, die allgemeine Achtung der Rechte und Freiheiten des Menschen sowie die Unzulässigkeit, dabei zweierlei Standards anzuwenden.

Die nationalen Interessen in der informationellen Sphäre bestehen in der Achtung der verfassungsmäßigen Rechte und Freiheiten der Bürger im Bereich des Erhalts von Informationen und ihrer Nutzung, in der Entwicklung moderner Telekommunikationstechnologien, im Schutz der staatlichen Informationsressourcen vor unberechtigtem Zugriff.

Die nationalen Interessen Russlands in der militärischen Sphäre bestehen im Schutz seiner Unabhängigkeit, seiner Souveränität, der staatlichen und territorialen Integrität, in der Verhinderung einer militärischen Aggression gegen Russland und seine Verbündeten, in der Gewährleistung der Bedingungen für eine friedliche, demokratische Entwicklung des Staates.

Die nationalen Interessen Russlands in der Sphäre seiner Grenzen bestehen in der Schaffung der politischen, rechtlichen, organisatorischen und anderen Bedingungen für die Gewährleistung des zuverlässigen Schutzes der Staatsgrenze der Russischen Föderation, in der Achtung der durch die Gesetzgebung der Russischen Föderation festgelegten Ordnung und Regeln der wirtschaftlichen und anderen Tätigkeitsarten im Grenzraum der Russischen Föderation.

Die nationalen Interessen Russlands in der ökologischen Sphäre bestehen in der Erhaltung und Gesundung der Umwelt.

Zu den wichtigsten Komponenten der nationalen Interessen Russlands gehört der Schutz der Person, der Gesellschaft und des Staates vor dem Terrorismus, einschließlich des internationalen, sowie vor technischen und Naturkatastrophen und ihren Folgen, und in Kriegszeiten vor den bei Kampfhandlungen oder in deren Folge auftretenden Gefahren.

III. Bedrohungen der nationalen Sicherheit der Russischen Föderation

Der Zustand der einheimischen Wirtschaft, die Unvollkommenheit des Organisationssystems der Staatsmacht und der Bürgergesellschaft, die sozial-politische Polarisierung der russischen Gesellschaft und die Kriminalisierung gesellschaftlicher Beziehungen, das Anwachsen des organisierten Verbrechens und die Ausweitung des Terrorismus sowie die Verschärfung der zwischennationalen Beziehungen und die Komplizierung der internationalen Beziehungen schaffen ein breites Spektrum innerer und äußerer Bedrohungen der nationalen Sicherheit des Landes.

In der Sphäre der Wirtschaft haben die Bedrohungen komplexen Charakter, und sie sind hervorgerufen vor allem durch die wesentliche Verkürzung des Bruttoinlandproduktes, die Verringerung der investiven und innovativen Aktivität und des wissenschaftlich-technischen Potenzials, durch die Stagnation auf dem Agrarsektor, die Disbalance des Bankensystems, das Anwachsen der äußeren und inneren Staatsverschuldung, die Tendenz des Übergewichts der Exporte von Brennstoff-, Rohstoff- und Energiekomponenten und der Importe von Lebensmitteln und Gebrauchsgegenständen, darunter Dingen des täglichen Bedarfs.

Die Schwächung des wissenschaftlich-technischen und technologischen Potenzials des Landes, die Reduzierung der Forschungen in strategisch wichtigen Richtungen der wissenschaftlich-technischen Entwicklung, der Abfluss von Spezialisten und von intellektuellem Eigentum in das Ausland bedrohen Russland mit dem Verlust vorderer Positionen in der Welt, mit dem Verfall wissenschaftsintensiver Produktionen, mit der Verstärkung der technologischen Abhängigkeit vom Ausland und mit der Untergrabung der Verteidigungsfähigkeit Russlands.

Die negativen Prozesse in der Wirtschaft liegen den separatistischen Bestrebungen einer Reihe von Subjekten der Russischen Föderation zugrunde. Das führt zur Verstärkung der politischen Instabilität, zur Schwächung des einheitlichen Wirtschaftsraumes Russlands und seiner wichtigsten Komponenten - den Produktions, Technologie- und Transportverbindungen, den Finanz-, Bank-, Kredit- und Steuersystemen.

Ökonomische Desintegration, soziale Differenzierung der Gesellschaft und Verfall geistiger Werte sind geeignet, die Spannungen in den Beziehungen zwischen den Regionen und dem Zentrum zu verstärken; das gefährdet den föderalen Aufbau und die sozialökonomische Ordnung der Russischen Föderation.

Ethnoegoismus, Ethnozentrismus und Chauvinismus, die sich in der Tätigkeit einer Reihe gesellschaftlicher Vereinigungen zeigen, sowie unkontrollierte Migration begünstigen die Zunahme von Nationalismus, politischem und religiösem Extremismus, Ethnoseparatismus und schaffen Bedingungen für das Entstehen von Konflikten.

Der einheitliche Rechtsraum des Landes wird durch die Nichteinhaltung des Prinzips der Priorität von Verfassungsnormen der Russischen Föderation gegenüber anderen Rechtsnormen, der föderalen Rechtsnormen gegenüber denen der Subjekte der Russischen Föderation sowie durch die ungenügende Wirksamkeit der staatlichen Führung auf den verschiedenen Ebenen aufgeweicht. Die Gefahr der Kriminalisierung gesellschaftlicher Beziehungen, die sich im Reformationsprozess des sozialpolitischen Aufbaus und der Wirtschaftstätigkeit herausbildeten, nimmt besondere Schärfe an. Ernsthafte Fehler, die in der Anfangsetappe der Reformen in den Bereichen der Wirtschaft, des Militärs, des Rechtsschutzes und anderen zugelassen wurden, die Schwächung des Systems der staatlichen Regulierung und Kontrolle, die Unvollkommenheit der Rechtsbasis und das Fehlen einer wirksamen staatlichen Sozialpolitik sowie das Absinken des geistig-moralischen Potenzials der Gesellschaft sind grundlegende Faktoren, die das Anwachsen des Verbrechens, besonders in seiner organisierten Form, sowie der Korruption begünstigen.

Die Folgen dieser Fehler zeigen sich im Nachlassen der Rechtskontrolle über die Situation im Lande, in der Durchdringung einzelner Elemente der exekutiven und gesetzgebenden Macht mit kriminellen Strukturen, in deren Eindringen in die Verwaltungssphäre der Banken, großer Produktionsunternehmen, Handelsorganisationen und Warenverteilnetze. Der Kampf gegen organisierte Kriminalität und Korruption hat daher nicht nur rechtlichen, sondern auch politischen Charakter.

Die Maßstäbe des Terrorismus und des organisierten Verbrechens wachsen infolge der häufig von Konflikten begleiteten Veränderung der Eigentumsformen und der Verschärfung von Machtkämpfen auf der Grundlage von ethnonationalistischen und Gruppeninteressen. Das Fehlen eines effektiven Systems der sozialen Prophylaxe gegen Rechtsverletzungen, die unzureichende rechtliche und materiell-technische Sicherstellung der Tätigkeit zur Verhinderung von Terrorismus und organisierter Kriminalität, der Rechtsnihilismus und die Abwanderung qualifizierter Kader aus den Rechtspflegeorganen erhöhen den Wirkungsgrad dieser Bedrohungen für Person, Gesellschaft und Staat.

Eine Bedrohung der nationalen Sicherheit Russlands in der sozialen Sphäre entsteht durch die tiefe Spaltung der Gesellschaft in einen engen Kreis Reicher und die überwiegende Masse gering bemittelter Bürger, durch die Vergrößerung des Anteils der unter der Armutsgrenze lebenden Bevölkerung und durch die Zunahme der Arbeitslosigkeit.
 Eine Bedrohung der körperlichen Gesundheit der Nation sind die Krise der Systeme des Gesundheitsschutzes und des sozialen Schutzes der Bevölkerung und das Anwachsen des Verbrauchs von Alkohol und Narkotika. Folgen der tiefen sozialen Krise sind der drastische Rückgang der Geburten und der mittleren Lebensdauer im Lande, die Deformierung der demographischen und sozialen Zusammensetzung der Gesellschaft, die Untergrabung der Arbeitsressourcen als Entwicklungsgrundlage der Produktion, die Schwächung der Familie als fundamentale Zelle der Gesellschaft, das Absinken des geistigen, moralischen und schöpferischen Potenzials der Bevölkerung. Eine Vertiefung der Krise in der innenpolitischen, sozialen und geistigen Sphäre kann zum Verlust der demokratischen Errungenschaften führen.

Die grundlegenden Bedrohungen in der internationalen Sphäre werden durch folgende Faktoren verursacht:
- das Bestreben einzelner Staaten und zwischenstaatlicher Vereinigungen, die Rolle der existierenden Mechanismen zur Gewährleistung der internationalen Sicherheit, vor allem die der UNO und der OSZE, zu verringern;
- die Gefahr der Schwächung des politischen, wirtschaftlichen und militärischen Einflusses Russlands in der Welt;
- die Verfestigung der militärisch-politischen Blöcke und Bündnisse, vor allem die Osterweiterung der NATO;
- die Möglichkeit des Auftauchens ausländischer Militärbasen und großer militärischer Kontingente in unmittelbarer Nähe der russischen Grenzen;
- die Weiterverbreitung von Massenvernichtungswaffen und deren Trägermitteln;
- die Abschwächung der Integrationsprozesse in der Gemeinschaft Unabhängiger Staaten;
- das Entstehen und die Eskalation von Konflikten in der Nähe der Staatsgrenze der Russischen Föderation und der äußeren Grenzen der Teilnehmerstaaten der Gemeinschaft Unabhängiger Staaten;
- die territorialen Ansprüche an die Russische Föderation.

Bedrohungen der nationalen Sicherheit der Russischen Föderation in der internationalen Sphäre zeigen sich in den Versuchen anderer Staaten, der Festigung Russlands als eines der Einflusszentren in einer multipolaren Welt entgegenzuwirken, die Verwirklichung der nationalen Interessen zu stören und seine Position in Europa, im Nahen Osten, in Transkaukasien, in Zentralasien und in der asiatisch-pazifischen Region zu schwächen.

Eine ernste Bedrohung der nationalen Sicherheit der Russischen Föderation ist der Terrorismus. Der internationale Terrorismus hat eine offene Kampagne zur Destabilisierung der Situation in Russland entfesselt.

Es verstärken sich die Bedrohungen der nationalen Sicherheit der Russischen Föderation in der informationellen Sphäre. Eine ernstzunehmende Gefahr entsteht durch

- das Bestreben einer Reihe von Ländern, im globalen Informationsraum zu dominieren und Russland vom äußeren und inneren informationellen Markt zu verdrängen;
- die Erarbeitung von Informationskrieg-Konzeptionen durch eine Reihe von Staaten, wobei vorgesehen ist, gefährliche Einwirkungsmittel auf die Informationssphäre anderer Länder der Welt zu schaffen;
- die Störung des normalen Funktionierens der Informations- und Telekommunikationssysteme sowie der Unversehrtheit der Informationsressourcen und durch den nicht sanktionierten Zugang zu ihnen.

In der militärischen Sphäre wachsen das Niveau und die Maßstäbe der Bedrohungen.

Der in den Rang einer strategischen Doktrin erhobene Übergang der NATO zur Praxis gewaltsamer (militärischer) Handlungen außerhalb der Verantwortungszone des Blocks und ohne Sanktionierung durch den UN-Sicherheitsrat ist geeignet, eine bedrohliche Destabilisierung der gesamten strategischen Lage in der Welt hervorzurufen.

Der zunehmende technologische Vorsprung einer Reihe führender Mächte und das Anwachsen ihrer Möglichkeiten zur Entwicklung einer neuen Generation von Bewaffnung und Militärtechnik schaffen Voraussetzungen für eine qualitativ neue

Etappe des Wettrüstens und eine grundlegende Änderung der Formen und Methoden der militärischen Handlungen.

Die Tätigkeit ausländischer Spezialdienste und der von ihnen ausgenutzten Organisationen auf dem Territorium der Russischen Föderation wird aktiviert.

Zur Verstärkung negativer Tendenzen in der militärischen Sphäre tragen der sich hinziehende Reformprozess der Militärorganisation und des verteidigungsindustriellen Komplexes der Russischen Föderation, die ungenügende Finanzierung der nationalen Verteidigung und die Unvollkommenheit der normativen Rechtsbasis bei. In der gegenwärtigen Etappe zeigt sich das in einem kritisch niedrigen Niveau der operativen und Gefechtsausbildung der Streitkräfte der Russischen Föderation, der anderen Truppen, militärischen Formationen und Organe, in unzulässiger Verringerung des Ausstattungsgrades der Truppen (Kräfte) mit moderner Bewaffnung, Militär- und Spezialtechnik, in rapider Verschärfung der sozialen Probleme, und es führt zur Schwächung der militärischen Sicherheit der Russischen Föderation im Ganzen.

Bedrohungen der nationalen Sicherheit und der Interessen der Russischen Föderation in der Sphäre der Grenzen sind bedingt durch

- die ökonomische, demographische und kulturell-religiöse Expansion angrenzender Staaten auf russisches Territorium;
- die Aktivierung der Tätigkeit des grenzüberschreitenden organisierten Verbrechens sowie ausländischer Terrororganisationen.

Die Gefahr der Verschlechterung der ökologischen Situation im Lande und der Erschöpfung seiner natürlichen Ressourcen ist vom Zustand der Wirtschaft und von der Bereitschaft der Gesellschaft, die Globalität und die Wichtigkeit dieser Probleme zu erfassen, direkt abhängig. Für Russland ist diese Gefahr besonders groß wegen der vorrangigen Entwicklung der Brennstoff- und Energiezweige der Industrie, der unterentwickelten Rechtsgrundlagen des Naturschutzes, wegen des Fehlens oder der begrenzten Anwendung umweltschonender Technologien und wegen der geringen ökologischen Kultur. Es gibt die Tendenz, russisches Territorium als Ort für die Aufbereitung und Endlagerung von umweltgefährdenden Materialien und Stoffen zu benutzen.

Unter diesen Bedingungen erhöhen das Nachlassen der staatlichen Aufsicht und die ungenügende Effektivität der rechtlichen und wirtschaftlichen Mechanismen zur Verhütung und zur Beseitigung von Ausnahmesituationen das Risiko technischer Katastrophen in allen Sphären der wirtschaftlichen Tätigkeit.

IV. Die Gewährleistung der nationalen Sicherheit der Russischen Föderation
Grundlegende Aufgaben zur Gewährleistung der nationalen Sicherheit der Russischen Föderation sind:
- die rechtzeitige Prognose und Aufdeckung äußerer und innerer Bedrohungen der nationalen Sicherheit der Russischen Föderation;
- die Verwirklichung operativer und langfristiger Maßnahmen zur Vorbeugung und Neutralisierung innerer und äußerer Bedrohungen;
- die Gewährleistung der Souveränität und territorialen Integrität der Russischen Föderation und der Sicherheit ihres Grenzraumes;
- der wirtschaftliche Aufstieg des Landes, die Durchsetzung eines unabhängigen und sozial orientierten Wirtschaftskurses;

- die Überwindung der wissenschaftlich-technischen und technologischen Abhängigkeit der Russischen Föderation von äußeren Quellen;
- die Gewährleistung der persönlichen Sicherheit des Menschen und Bürgers und seiner verfassungsmäßigen Rechte und Freiheiten auf dem Territorium Russlands;
- die Vervollkommnung des Systems der staatlichen Macht der Russischen Föderation, der föderativen Beziehungen, der örtlichen Selbstverwaltung und der Gesetzgebung der Russischen Föderation sowie die Formierung harmonischer Beziehungen zwischen den Nationen, die Festigung der Rechtsordnung und die Bewahrung der sozialpolitischen Stabilität der Gesellschaft;
- die Gewährleistung der strikten Einhaltung der Gesetzgebung der Russischen Föderation durch alle Bürger, Funktionsträger, staatlichen Organe, gesellschaftlichen und religiösen Organisationen;
- die Gewährleistung gleichberechtigter und gegenseitig vorteilhafter Zusammenarbeit Russlands vor allem mit den führenden Staaten der Welt;
- die Vergrößerung des militärischen Potenzials des Staates und seine Aufrechterhaltung auf einem hinreichend hohen Niveau;
- die Festigung des Regimes der Nichtweiterverbreitung von Massenvernichtungswaffen und ihrer Trägermittel;
- das Treffen effektiver Maßnahmen zur Aufdeckung, Vorwarnung und Unterbindung der Aufklärungs- und Diversionstätigkeit ausländischer Staaten gegen die Russische Föderation;
- die grundlegende Verbesserung der ökologischen Situation im Lande.

- Die Gewährleistung der nationalen Sicherheit und der Schutz der Interessen Russlands in der wirtschaftlichen Sphäre sind vorrangige Richtungen der Politik des Staates.

Die wichtigsten Aufgaben in der außenwirtschaftlichen Tätigkeit sind:
- die Schaffung günstiger Bedingungen für die internationale Integration der russischen Wirtschaft;
- die Erweiterung der Absatzmärkte für russische Produkte;
- die Formierung eines einheitlichen Wirtschaftsraumes mit den Teilnehmerstaaten der Gemeinschaft Unabhängiger Staaten.

Unter den Bedingungen der Liberalisierung des Außenhandels Russlands und der Verschärfung der Konkurrenz auf dem Weltmarkt für Waren und Dienstleistungen ist es notwendig, den Schutz der Interessen der einheimischen Warenproduzenten zu verstärken.

Große Bedeutung hat die Durchsetzung einer ausgeglichenen Kredit- und Finanzpolitik, die auf die etappenweise Verringerung der Abhängigkeit Russlands von äußeren Kreditnahmen und auf die Festigung seiner Positionen in den internationalen Finanz- und Wirtschaftsorganisationen gerichtet ist.

Es ist notwendig, die Rolle des Staates bei der Regulierung der Tätigkeit ausländischer Bank-, Versicherungs- und Investmentgesellschaften zu erhöhen und definierte und begründete Einschränkungen bei der Übertragung von Nutzungsrechten für Lagerstätten strategischer Naturressourcen, für Telekommunikations-, Transport- und Warenverteilnetze an ausländische Gesellschaften einzuführen.

Effektive Maßnahmen müssen in der Sphäre der Valutaregulierung und -kontrolle getroffen werden mit dem Ziel, Bedingungen für die Unterbindung von Verrechnungen auf dem Binnenmarkt in ausländischer Währung und für die Verhinderung unkontrollierter Kapitalausfuhr zu schaffen.

Grundrichtungen bei der Gewährleistung der nationalen Sicherheit der Russischen Föderation in der binnenwirtschaftlichen Tätigkeit des Staates sind:
- die rechtliche Absicherung der Reformen und die Schaffung effektiver Kontrollmechanismen zur Einhaltung der Gesetzgebung der Russischen Föderation;
- die Verstärkung der staatlichen Regulierung in der Wirtschaft;
- das Treffen der notwendigen Maßnahmen zur Überwindung der Folgen der Wirtschaftskrise, zur Erhaltung und Entwicklung des wissenschaftlich-technischen, technologischen und Produktionspotenzials, für den Übergang zu wirtschaftlichem Wachstum bei verringerter Wahrscheinlichkeit technischer Katastrophen, zur Erhöhung der Konkurrenzfähigkeit der einheimischen Industrieprodukte, zur Anhebung des Wohlstandes des Volkes.

Der Übergang zu einer hocheffektiven und sozial orientierten Marktwirtschaft muss als schrittweiser Prozess der Formierung optimaler Mechanismen zur Organisation der Produktion und der Verteilung von Waren und Dienstleistungen verwirklicht werden und den größtmöglichen Wohlstandszuwachs für die Gesellschaft und jeden Bürger zum Ziel haben.

In den Vordergrund rücken die Aufgaben zur Beseitigung von Deformationen in der russischen Wirtschaftsstruktur, zur Gewährleistung des vorrangigen Produktionswachstums bei wissenschaftsintensiven und hochgradig bearbeiteten Produkten sowie zur Unterstützung der Wirtschaftszweige, die die Grundlage für die erweiterte Reproduktion und die Beschäftigung der Bevölkerung sind.

Wesentliche Bedeutung haben die Verstärkung der staatlichen Unterstützung für investive und innovative Aktivität, das Treffen von Maßnahmen zur Schaffung eines stabilen, den Interessen der realen Wirtschaft entsprechenden Banksystems, die Erleichterung des Zugangs der Unternehmen zu langfristigen Krediten für die Finanzierung von Anlageinvestitionen, die Verwirklichung realer staatlicher Unterstützung für Zielprogramme zur Strukturveränderung der Industrie.

Die wichtigsten Aufgaben sind die vorrangige Entwicklung konkurrenzfähiger Zweige und Produktionen sowie die Erweiterung des Marktes für wissenschaftsintensive Produkte. Zu diesem Zweck müssen Maßnahmen getroffen werden, die die Übergabe neuer Militärtechnologien in die zivile Produktion stimulieren, und es muss ein Mechanismus eingeführt werden, um fortgeschrittene Technologien zu erkennen und zu entwickeln und durch deren Aneignung die Konkurrenzfähigkeit russischer Betriebe auf dem Weltmarkt zu gewährleisten.

Die Lösung dieser Aufgaben setzt die Konzentration finanzieller und materieller Ressourcen voraus für:
- die vorrangigen Entwicklungsrichtungen in Wissenschaft und Technik,
- die Unterstützung der führenden wissenschaftlichen Schulen, die den wissenschaftlich-technischen Fortschritt und die nationale technologische Basis vorantreiben,
- die Einbeziehung von Privatkapital, u.a. auf der Grundlage der Organisation von Fonds und der Inanspruchnahme von Fördermitteln,
- die Verwirklichung von Entwicklungsprogrammen für Territorien mit hohem wissenschaftlich-technischen Potenzial,
- die durch den Staat unterstützte Schaffung einer Infrastruktur, die die Vermarktung von wissenschaftlichen Forschungsergebnissen bei gleichzeitigem Schutz des intellektuellen Eigentums im In- und Ausland gewährleistet,

- die Entwicklung allgemein zugänglicher Netze wissenschaftlich-technischer und kommerzieller Informationen.

Der Staat muss zur Schaffung gleicher Entwicklungsbedingungen und zur Konkurrenzfähigkeit der Unternehmen beitragen, unabhängig von der Eigentumsform, darunter zur Gründung und Entwicklung privater Unternehmungen in allen Sphären, in denen dies das Wachstum des gesellschaftlichen Wohlstandes, den Fortschritt in Wissenschaft und Bildung, die geistige und moralische Entwicklung der Gesellschaft und den Schutz der Rechte der Verbraucher unterstützt.

In kürzester Zeit müssen Mechanismen zur Aufrechterhaltung der Lebenstätigkeit und der wirtschaftlichen Entwicklung besonders in Krisenregionen und in Räumen des hohen Nordens erarbeitet und eine Tarifpolitik entwickelt werden, die die Einheit des Wirtschaftsraumes des Landes gewährleistet.

Die Priorität wirtschaftlicher Faktoren in der sozialen Sphäre ist prinzipiell bedeutsam für die Festigung des Staates, für die reale staatliche Gewährleistung sozialer Garantien, für die Entwicklung von Mechanismen kollektiver Verantwortung und demokratischer Entscheidungsfindung, für soziale Partnerschaft. Dabei ist eine sozial gerechte und ökonomisch effektive Politik der Gewinnverteilung wichtig.

Die Arbeitsorganisation der exekutiven Machtorgane der Russischen Föderation und ihrer Subjekte bei der Realisierung konkreter Maßnahmen zur Abwendung und Bewältigung von Bedrohungen für die nationalen Interessen Russlands im Wirtschaftsbereich erfordert auch die weitere Vervollkommnung der Gesetzgebung der Russischen Föderation auf diesem Gebiet und die Gewährleistung ihrer strengen Einhaltung durch alle Wirtschaftssubjekte.

Die Annäherung der Interessen der das Land besiedelnden Völker, die Regelung ihrer allseitigen Zusammenarbeit, die Durchführung einer verantwortungsvollen und ausgewogenen staatlichen Nationalitäten- und Regionenpolitik sind wichtige Aufgaben, um die innenpolitische Stabilität Russlands zu gewährleisten. Das komplexe Herangehen an die Lösung dieser Aufgaben muss zur Grundlage der staatlichen Innenpolitik gemacht werden und die Entwicklung der Russischen Föderation als multinationaler, demokratischer und föderaler Staat gewährleisten.

Die Festigung der russischen Staatlichkeit, die Vervollkommnung der föderativen Beziehungen und der örtlichen Selbstverwaltung müssen zur Gewährleistung der nationalen Sicherheit der Russischen Föderation beitragen. Zur Lösung der rechtlichen, wirtschaftlichen, sozialen und ethnopolitischen Probleme ist ein komplexer Ansatz notwendig, um die Interessen der Russischen Föderation und ihrer Subjekte ausgewogen zu beachten. Die Verwirklichung des Verfassungsprinzips der Volksmacht erfordert es, ein abgestimmtes Funktionieren und Zusammenwirken aller Organe der Staatsmacht, strenge Hierarchie der Exekutive und die Einheit des Gerichtssystems Russlands zu gewährleisten. Dies wird sichergestellt durch das Verfassungsprinzip der Gewaltenteilung, die Festlegung einer exakteren funktionalen Verteilung der Vollmachten zwischen den staatlichen Institutionen und die Festigung des föderalen Aufbaus Russlands durch die Vervollkommnung der Beziehungen zu den Subjekten der Russischen Föderation im Rahmen ihres verfassungsmäßigen Status.

Die Hauptrichtungen des Schutzes der verfassungsmäßigen Ordnung Russlands sind:
- die Gewährleistung der Priorität der föderalen Gesetzgebung und die Vervollkommnung der Gesetzgebung der Subjekte der Russischen Föderation auf dieser Grundlage,
- die Erarbeitung organisatorischer und rechtlicher Mechanismen des Schutzes der staatlichen Integrität, der Einheit des Rechtsraumes und der nationalen Interessen Russlands,
- die Erarbeitung und Realisierung einer Regionenpolitik, die einen optimalen Ausgleich der föderalen und regionalen Interessen gewährleistet,
- die Vervollkommnung des Mechanismus zur Verhütung des Entstehens politischer Parteien und gesellschaftlicher Vereinigungen, die separatistische und verfassungsfeindliche Ziele verfolgen, und zur Unterbindung ihrer Tätigkeit.

Erforderlich ist die Konsolidierung der auf die Bekämpfung des Verbrechens und der Korruption gerichteten Anstrengungen. Russland ist äußerst interessiert an der Ausmerzung der wirtschaftlichen und sozial-politischen Grundlagen dieser gesellschaftlich gefährlichen Erscheinungen und an der Erarbeitung eines komplexen Systems von Maßnahmen zum effektiven Schutz der Person, der Gesellschaft und des Staates vor verbrecherischen Machenschaften.

Vorrangige Bedeutung hat die Formierung eines Systems von Maßnahmen zu wirksamer sozialer Prophylaxe und zur Erziehung rechtsbewußter Bürger. Diese Maßnahmen müssen auf den Schutz der Rechte und Freiheiten, der Moral, der Gesundheit und des Eigentums jedes Menschen gerichtet sein, unabhängig von Rasse, Nationalität, Sprache, Herkunft, Vermögen, Funktion, Wohnort, Verhältnis zur Religion, Überzeugungen, Zugehörigkeit zu gesellschaftlichen Vereinigungen sowie von anderen Umständen.

Die wichtigsten Aufgaben bei der Verbrechensbekämpfung sind:
- die Aufdeckung, Beseitigung und Verhütung der Ursachen und Bedingungen für das Entstehen von Verbrechen;
- die Stärkung der Rolle des Staates als Garant der Sicherheit der Person und der Gesellschaft und die Schaffung der dafür notwendigen Rechtsbasis und der Mechanismen ihrer Anwendung;
- die Festigung des Systems der Rechtsschutzorgane, vor allem der Strukturen, die gegen organisierte Kriminalität und Terrorismus vorgehen, und das Herstellen der Bedingungen für ihre effektive Tätigkeit;
- die Einbeziehung der Staatsorgane im Rahmen ihrer Kompetenz in die Tätigkeit zur Vorbeugung rechtswidriger Handlungen;
- die Erweiterung einer gegenseitig vorteilhaften internationalen Zusammenarbeit in der Sphäre des Rechtsschutzes, in erster Linie mit den Teilnehmerstaaten der Gemeinschaft Unabhängiger Staaten.

Die von den Organen der Staatsmacht im Bereich der Verbrechensbekämpfung getroffenen Beschlüsse und Maßnahmen müssen öffentlich, konkret und für jeden Bürger verständlich sein, vorbeugenden Charakter tragen, die Gleichheit aller vor dem Gesetz und die Zuweisung von Verantwortlichkeit gewährleisten, und sie müssen die Unterstützung durch die Gesellschaft finden.

Zur Vorbeugung und Bekämpfung des Verbrechens ist es vor allem notwendig, die Rechtsbasis als Grundlage eines zuverlässigen Schutzes der Rechte und der legitimen Interessen der Bürger zu entwickeln sowie die völkerrechtlichen Verpflichtungen Russlands bei der Verbrechensbekämpfung und beim Schutz der Menschenrechte einzuhalten. Es ist wichtig, dem Verbrechen den Nährboden zu entziehen, der auf Mängel in der Gesetzgebung sowie auf die wirtschaftliche und soziale Krise zurückzuführen ist.

Um der Korruption vorzubeugen und die Legalisierungsmöglichkeiten illegal erworbenen Kapitals einzuschränken, müssen ein wirksames System der Finanzkontrolle geschaffen, die administrativen, zivilen und strafrechtlichen Einwirkungsmöglichkeiten vervollkommnet und Mechanismen zur Überprüfung der Vermögenslage und der Einkommensquellen sowie der Übereinstimmung der Ausgaben mit den Einkünften bei Funktionsträgern und bei den Bediensteten der Organisationen und Einrichtungen aller Eigentumsformen erarbeitet werden.

Der Kampf gegen Terrorismus, Rauschgifthandel und Schmuggel muss auf der Grundlage eines gesamtstaatlichen Komplexes von Gegenmaßnahmen zur Unterbindung dieser Arten von verbrecherischer Tätigkeit geführt werden.

Es ist notwendig, gestützt auf internationale Vereinbarungen, effektiv mit ausländischen Staaten, ihren Rechtsschutzorganen und Spezialdiensten sowie mit internationalen Organisationen zusammenzuarbeiten, zu deren Aufgaben der Kampf gegen den Terrorismus gehört. Erforderlich ist auch, die internationalen Erfahrungen beim Kampf mit diesen Erscheinungen umfassender zu nutzen, abgestimmte Handlungsmechanismen gegen den internationalen Terrorismus zu schaffen, zuverlässig alle möglichen Kanäle des illegalen Umlaufs von Waffen und Sprengstoff abzuriegeln – sowohl innerhalb des Landes als auch grenzüberschreitend.

Die föderalen Staatsorgane müssen auf dem Territorium des Landes die Personen verfolgen, die an terroristischer Tätigkeit zum Schaden der Russischen Föderation beteiligt sind, unabhängig davon, wo die Terroraktionen geplant und ausgeführt wurden.

Die Gewährleistung der nationalen Sicherheit der Russischen Föderation schließt sowohl den Schutz des kulturellen und des geistig-moralischen Erbes, der historischen Traditionen und Normen des gesellschaftlichen Lebens, die Bewahrung des kulturellen Eigentums aller Völker Russlands, die Formierung der staatlichen Politik auf dem Gebiet der geistigen und moralischen Erziehung der Bevölkerung, die Einführung eines Verbotes der Nutzung von Sendezeit in elektronischen Massenmedien für die Ausstrahlung von Programmen, die Gewalt propagieren oder niedere Triebe ausnutzen, als auch Maßnahmen gegen den negativen Einfluss ausländischer religiöser Organisationen und Missionare ein.

Die geistige Erneuerung der Gesellschaft ist nicht möglich ohne Bewahrung der Rolle der russischen Sprache als Faktor der geistigen Einheit der Völker im multinationalen Russland und als Sprache des zwischenstaatlichen Verkehrs der Völker der Teilnehmerstaaten der Gemeinschaft Unabhängiger Staaten.

Um die Erhaltung und Entwicklung unseres kulturellen und geistigen Erbes zu gewährleisten, müssen sozial-ökonomische Bedingungen für die Ausübung einer schöpferischen Tätigkeit und für das Funktionieren der kulturellen Einrichtungen geschaffen werden.

Im Bereich des Schutzes und der Festigung der Gesundheit der Bürger sind notwendig: eine verstärkte Aufmerksamkeit der Gesellschaft und der Staatsorgane der Russischen Föderation für die Entwicklung der staatlichen (föderalen und kommunalen) versicherungsgestützten und der privaten medizinischen Hilfe, die Verwirklichung der staatlichen Förderung für die einheimische medizinische und pharmazeutische Industrie sowie die Realisierung der föderalen Programme auf sanitärem und epidemiologischem Gebiet, für den Gesundheitsschutz der Kinder, die schnelle und dringende medizinische Hilfe und für die Katastrophenmedizin.

Zu den vorrangigen Tätigkeitsrichtungen des Staates in der ökologischen Sphäre gehören:
• die rationelle Nutzung der natürlichen Ressourcen und die Erziehung der Bevölkerung zu ökologischer Kultur;
• die Verhinderung der Umweltverschmutzung durch verbesserte Sicherheitstechnologien zur Endlagerung und Verwertung toxischer Abfälle aus Industrie und Haushalt;
• die Verhinderung der radioaktiven Verschmutzung der Umwelt, die Minimierung der Folgen früherer Strahlenhavarien und -katastrophen;
• die ökologisch ungefährliche Verwahrung und Verwertung außer Dienst genommener Bewaffnung, vor allem der Atom-U-Boote, der Schiffe und Boote mit kernenergetischen Anlagen, von Kernmunition, flüssigen Raketentreibstoffen und Brennelementen der Kernkraftwerke;
• die für Umwelt und Gesundheit der Bevölkerung ungefährliche Aufbewahrung und Vernichtung der Vorräte an chemischen Waffen;
• die Schaffung und Einführung ungefährlicher Produktionen, die Suche nach praktisch nutzbaren ökologisch sauberen Energiequellen, das Einleiten unaufschiebbarer Naturschutzmaßnahmen in ökologisch gefährdeten Regionen der Russischen Föderation.

Notwendig sind ein neues Herangehen an die Organisation und Durchführung der Zivilverteidigung auf dem Territorium der Russischen Föderation, die qualitative Vervollkommnung des staatlichen Systems der Verhütung und Beseitigung von Ausnahmesituationen, darunter dessen weitere Integration mit analogen Systemen ausländischer Staaten.

Die Außenpolitik der Russischen Föderation ist zu richten auf:
• die Durchführung eines aktiven außenpolitischen Kurses;
• die Festigung der Schlüsselmechanismen für eine mehrseitige Führung von globalen politischen und wirtschaftlichen Prozessen, in erster Linie unter Schirmherrschaft des UN-Sicherheitsrates;
• die Gewährleistung günstiger Bedingungen für die ökonomische und soziale Entwicklung des Landes, für die Bewahrung der globalen und regionalen Stabilität;
• den Schutz der legitimen Rechte und Interessen der russischen Bürger, die im Ausland leben, u.a. durch politische, wirtschaftliche und weitere Maßnahmen;
• die Entwicklung der Beziehungen zu den Teilnehmerstaaten der Gemeinschaft Unabhängiger Staaten entsprechend den Prinzipien des Völkerrechts, die Entwicklung von Integrationsprozessen im Rahmen der Gemeinschaft Unabhängiger Staaten gemäß den Interessen Russlands;
• die vollberechtigte Teilnahme Russlands an globalen und regionalen wirtschaftlichen und politischen Strukturen;
• die Mitwirkung an der Beilegung von Konflikten, einschließlich an friedenschaffenden Handlungen unter der Schirmherrschaft der UN und anderer internationaler Organisationen;
• das Erreichen eines Fortschritts in der Sphäre der Kontrolle über Kernwaffen, die Aufrechterhaltung strategischer Stabilität in der Welt auf der Basis der Erfüllung der internationalen Verpflichtungen in dieser Sphäre durch alle Staaten;
• die Erfüllung gemeinsamer Verpflichtungen im Bereich der Verringerung und Liquidierung von Massenvernichtungswaffen und konventioneller Bewaffnung, die

Verwirklichung von Maßnahmen zur Festigung des Vertrauens und der Stabilität, die internationale Kontrolle des Exports von Waren, Technologien und Dienstleistungen militärischen und dualen Charakters;
- die Anpassung der existierenden Vereinbarungen über Rüstungskontrolle und Abrüstung an die neuen Bedingungen in den internationalen Beziehungen sowie bei Notwendigkeit die Ausarbeitung neuer Vereinbarungen, in erster Linie über Maßnahmen zur Festigung des Vertrauens und der Sicherheit;
- die Mitwirkung bei der Schaffung von Zonen ohne Massenvernichtungswaffen;
- die Entwicklung der internationalen Zusammenarbeit auf dem Gebiet des Kampfes gegen das transnationale Verbrechen und den Terrorismus.

Die Gewährleistung der militärischen Sicherheit der Russischen Föderation ist eine der wichtigsten Richtungen der Tätigkeit des Staates. Das Hauptziel auf diesem Gebiet ist die Gewährleistung der Möglichkeit, auf Bedrohungen, wie sie im 21. Jahrhundert entstehen können, adäquat und bei rationellem Aufwand für die nationale Verteidigung zu reagieren.

Zur Verhinderung des Krieges und bewaffneter Konflikte bevorzugt die Russische Föderation politische, diplomatische, wirtschaftliche und andere nichtmilitärische Mittel. Die nationalen Interessen der Russischen Föderation erfordern jedoch das Vorhandensein einer für ihre Verteidigung ausreichenden Militärmacht. Die Streitkräfte der Russischen Föderation spielen die Hauptrolle bei der Gewährleistung der militärischen Sicherheit der Russischen Föderation.

Die wichtigste Aufgabe der Russischen Föderation ist die Gewährleistung der Abschreckung zur Abwehr einer Aggression beliebigen Maßstabs, darunter mit Einsatz von Kernwaffen, gegen Russland und seine Verbündeten.

Die Russische Föderation muss über nukleare Kräfte verfügen, die garantiert in der Lage sind, jedem Aggressorstaat und jeder Staatenkoalition unter beliebigen Lagebedingungen einen befohlenen Schaden zuzufügen.

Die Streitkräfte der Russischen Föderation müssen im Friedensbestand in der Lage sein, den zuverlässigen Schutz des Landes vor einem Luftüberfall und – gemeinsam mit den anderen Truppen, militärischen Formationen und Organen – die Erfüllung der Aufgaben zur Abwehr einer Aggression im lokalen Krieg (bewaffneten Konflikt) sowie die strategische Entfaltung für die Lösung der Aufgaben in einem Krieg größeren Maßstabs zu gewährleisten.

Die Streitkräfte der Russischen Föderation müssen die Verwirklichung friedenschaffender Handlungen durch die Russische Föderation sicherstellen.

Eine der wichtigsten strategischen Richtungen bei der Gewährleistung der militärischen Sicherheit der Russischen Föderation ist das effektive Zusammenwirken und die Zusammenarbeit mit den Teilnehmerstaaten der Gemeinschaft Unabhängiger Staaten.

Die Interessen der Gewährleistung der nationalen Sicherheit der Russischen Föderation verlangen unter entsprechenden Umständen die militärische Präsenz Russlands in einigen strategisch wichtigen Regionen der Welt. Die Stationierung begrenzter Truppenkontingente (Militärbasen, Kräfte der Seekriegsflotte) in diesen Regionen auf vertraglicher und völkerrechtlicher Grundlage sowie nach Prinzipien der Partnerschaft muss die Bereitschaft Russlands gewährleisten, seine Verpflichtungen zu erfüllen, in den Regionen zur stabilen militärstrategischen Kräftebalance beizutragen und der Russischen Föderation die Möglichkeit zu geben, auf Krisensituationen in deren Anfangsstadium zu reagieren und die Verwirklichung der außenpolitischen Ziele des Staates zu fördern.

Die Russische Föderation zieht die Möglichkeit in Betracht, dass zur Gewährleistung ihrer nationalen Sicherheit militärische Kräfte eingesetzt werden, und geht dabei von folgenden Prinzipien aus:
- der Einsatz aller ihr zur Verfügung stehenden Kräfte und Mittel, einschließlich der Kernwaffen, wenn bei Notwendigkeit zur Abwehr einer bewaffneten Aggression alle anderen Maßnahmen zur Krisenbeilegung ausgeschöpft wurden oder sich als uneffektiv erwiesen;
- die Zulässigkeit des Einsatzes militärischer Kräfte im Inneren des Landes in strenger Übereinstimmung mit der Verfassung der Russischen Föderation und den föderalen Gesetzen, wenn das Leben der Bürger und die territoriale Integrität des Landes bedroht ist sowie die Gefahr der gewaltsamen Veränderung der verfassungsmäßigen Ordnung besteht.

Eine wichtige Rolle bei der Gewährleistung der nationalen Interessen Russlands obliegt dem verteidigungsindustriellen Komplex. Die Restrukturierung und die Konversion des verteidigungsindustriellen Komplexes müssen ohne Beeinträchtigung der Entwicklung neuer Technologien und wissenschaftlich-technischer Möglichkeiten, der Modernisierung von Bewaffnung, Militär- und Spezialtechnik sowie der Festigung der Positionen russischer Produzenten auf dem internationalen Waffenmarkt vollzogen werden.

Es macht sich erforderlich, alle notwendigen Bedingungen für die Organisation vorrangiger wissenschaftlicher Grundlagen-, Prognose- und Erkundungsforschungen zu schaffen, die es gewährleisten, perspektivischen und überholenden wissenschaftlich-technischen Vorlauf im Interesse der Verteidigung und der Sicherheit des Staates herzustellen.

Die grundlegenden Aufgaben der Russischen Föderation in der Sphäre der Grenzen sind:
- die Schaffung der notwendigen normativen Rechtsbasis;
- die Entwicklung der zwischenstaatlichen Zusammenarbeit auf diesem Gebiet;
- der Widerstand gegen wirtschaftliche, demographische und kulturell-religiöse Expansion von Seiten anderer Staaten auf das Territorium Russlands;
- die Unterbindung der Tätigkeit des transnationalen organisierten Verbrechens sowie der illegalen Migration;
- die Verwirklichung kollektiver Maßnahmen zur Gewährleistung der Sicherheit des Grenzraumes der Teilnehmerstaaten der Gemeinschaft Unabhängiger Staaten.
- Die wichtigsten Aufgaben zur Gewährleistung der Informationssicherheit der Russischen Föderation sind:
- die Verwirklichung der verfassungsmäßigen Rechte und Freiheiten der Bürger der Russischen Föderation in der Sphäre der Informationstätigkeit;
- die Vervollkommnung und der Schutz der einheimischen Informations-Infrastruktur und die Integration Russlands in den globalen Informationsraum;
- der Widerstand gegen die Gefahr der Entfesselung eines Kampfes in der informationellen Sphäre.

Besondere Bedeutung für die Gewährleistung der nationalen Sicherheit der Russischen Föderation haben die effektive Nutzung und die allseitige Entwicklung der Möglichkeiten zur Aufklärung und Gegenaufklärung mit dem Ziel, rechtzeitig Bedrohungen aufzudecken und ihre Quellen zu bestimmen.

Das System zur Gewährleistung der nationalen Sicherheit der Russischen Föderation wird in Übereinstimmung mit der Verfassung der Russischen Föderation, den föderalen Gesetzen, den Erlassen und Anordnungen des Präsidenten der Russischen Föderation, den Beschlüssen und Anordnungen der Regierung der Russischen Föderation und den föderalen Programmen für diesen Bereich geschaffen und entwickelt.

Die Grundlage des Systems zur Gewährleistung der nationalen Sicherheit der Russischen Föderation bilden die Organe, Kräfte und Mittel zur Gewährleistung nationaler Sicherheit, die die politischen, rechtlichen, organisatorischen, wirtschaftlichen, militärischen und anderen Maßnahmen zum Schutz der Person, der Gesellschaft und des Staates realisieren.

Die Vollmachten der Organe und Kräfte der Gewährleistung der nationalen Sicherheit der Russischen Föderation, ihr Bestand, die Prinzipien und die Ordnung ihrer Handlungen werden in entsprechenden gesetzgeberischen Akten der Russischen Föderation bestimmt.

An der Gestaltung und Realisierung der Politik zur Gewährleistung der nationalen Sicherheit der Russischen Föderation nehmen teil:

- der Präsident der Russischen Föderation - er führt im Rahmen seiner verfassungsmäßigen Befugnisse die Organe und Kräfte zur Gewährleistung der nationalen Sicherheit der Russischen Föderation; er bestätigt die Handlungen zur Gewährleistung der nationalen Sicherheit; in Übereinstimmung mit der Gesetzgebung der Russischen Föderation formiert und reorganisiert er unterstellte Organe und Kräfte zur Gewährleistung der nationalen Sicherheit oder löst sie auf; er verfasst Botschaften, Erklärungen und Direktiven zu Problemen der nationalen Sicherheit, präzisiert in seiner Jahresbotschaft an die Föderationsversammlung einzelne Festlegungen der Konzeption der nationalen Sicherheit der Russischen Föderation und bestimmt die Richtungen der laufenden Innen- und Außenpolitik des Landes;
- die Föderationsversammlung der Russischen Föderation - sie formiert auf der Grundlage der Verfassung der Russischen Föderation nach Vorlagen des Präsidenten und der Regierung der Russischen Föderation die gesetzlichen Grundlagen im Bereich der Gewährleistung der nationalen Sicherheit der Russischen Föderation;
- die Regierung der Russischen Föderation - sie koordiniert im Rahmen ihrer Vollmachten und unter Berücksichtigung der in der Jahresbotschaft des Präsidenten der Russischen Föderation an die Föderale Versammlung für die Gewährleistung der nationalen Sicherheit des Landes gesetzten Prioritäten die Tätigkeit der exekutiven Machtorgane der Föderation und ihrer Subjekte und formiert in der festgelegten Ordnung die Artikel des föderalen Budgets zur Realisierung der konkreten Zielprogramme in diesen Bereichen;
- der Sicherheitsrat der Russischen Föderation - er führt die Arbeit zur vorausschauenden Aufdeckung und Beurteilung von Bedrohungen für die nationale Sicherheit der Russischen Föderation, bereitet operativ für den Präsidenten der Russischen Föderation Entwürfe für Entschlüsse zu ihrer Abwendung vor und erarbeitet Vorschläge für den Bereich der Gewährleistung nationaler Sicherheit und für die Präzisierung einzelner Festlegungen der Konzeption der nationalen Sicherheit der Russischen Föderation; er koordiniert die Tätigkeit der Kräfte und Organe zur Gewährleistung der nationalen Sicherheit und kontrolliert die Realisierung der

Entscheidungen auf diesem Gebiet durch die exekutiven Machtorgane der Russischen Föderation und ihrer Subjekte;
- die föderalen Exekutivorgane - sie gewährleisten den Vollzug der Rechtsvorschriften der Russischen Föderation, der Entscheidungen des Präsidenten der Russischen Föderation und der Regierung der Russischen Föderation im Bereich der nationalen Sicherheit; sie erarbeiten im Rahmen ihrer Kompetenzen normative Rechtsakte auf diesem Gebiet und legen diese dem Präsidenten der Russischen Föderation und der Regierung der Russischen Föderation vor;
- die Exekutivorgane der Subjekte der Russischen Föderation - sie wirken mit den föderalen Exekutivorganen beim Vollzug sowohl der Rechtsvorschriften der Russischen Föderation sowie der Entscheidungen des Präsidenten der Russischen Föderation und der Regierung der Russischen Föderation auf dem Gebiet der nationalen Sicherheit als auch der vom Obersten Befehlshaber der Streitkräfte der Russischen Föderation herausgegebenen föderalen Programme, Pläne und Direktiven im Bereich der militärischen Sicherheit der Russischen Föderation zusammen; sie führen auf der Grundlage der Gesetzgebung der Russischen Föderation gemeinsam mit den Organen der örtlichen Selbstverwaltung Maßnahmen zur Einbeziehung der Bürger, gesellschaftlichen Vereinigungen und Organisationen in die Lösung von Problemen der nationalen Sicherheit durch und reichen an die föderalen Organe der exekutiven Macht Vorschläge zur Vervollkommnung des Systems zur Gewährleistung der nationalen Sicherheit der Russischen Föderation ein.

* * *

Die Russische Föderation ist willens, ihre nationale Sicherheit entschlossen und standhaft zu gewährleisten. Die geschaffenen demokratischen Rechtsinstitutionen, die entstandene Struktur der Organe der Staatsmacht der Russischen Föderation, die breite Teilnahme der politischen Parteien und gesellschaftlichen Vereinigungen an der Realisierung der Konzeption der nationalen Sicherheit der Russischen Föderation sind Gewähr für eine dynamische Entwicklung Russlands im XXI. Jahrhundert.

Grundlagen der Politik der RF auf dem Gebiet der militärisch-maritimen Tätigkeit bis 2010
Es handelt sich um eine nicht autorisierte Arbeitsübersetzung. Erschienen als DSS-Arbeitspapier Heft 51-5, Dresden 2000.
Quelle des Originaltextes: Nesawisimoje wojennoje obosrenije Nr. 11 (184) vom 31.03.2000.
Übersetzer: Rainer Böhme, Joachim Klopfer (download: http://sicherheitspolitik-dss.de).

Grundlagen der Politik der Russischen Föderation auf dem Gebiet der militärisch-maritimen Tätigkeit in der Periode bis zum Jahr 2010 - Bestätigt durch Präsidentenerlass vom 4. März 2000

INHALT:
- **Allgemeine Bestimmungen**
- **Die staatlichen Interessen der Russischen Föderation auf den Weltmeeren und ihre militärisch-maritime Tätigkeit**
- **Hauptziele und Grundprinzipien der Politik der russischen Föderation auf dem Gebiet der militärisch-maritimen Tätigkeit**
- **Vorrangige Richtungen der Politik der Russischen Föderation auf dem Gebiet der**

militärisch-maritimen Tätigkeit und Maßnahmen zu ihrer Verwirklichung
- Rolle und Bedeutung der Seekriegsflotte bei der Verwirklichung der vorrangigen Richtungen der Politik der RF auf dem Gebiet der militärisch-maritimen Tätigkeit

Allgemeine Bestimmungen

...

2. Die vorliegenden GRUNDLAGEN konkretisieren und vertiefen Festlegungen der Militärdoktrin der Russischen Föderation [RF], des Föderalen Gesetzes „Über die Verteidigung", der Konzeption der nationalen Sicherheit der RF und der Grundlagen (Konzeption) der staatlichen Politik der RF hinsichtlich des Militäraufbaus in der Periode bis 2005. Ihre Rechtsgrundlage bilden die Verfassung der RF, die föderalen Gesetze und andere normative Rechtsakte der RF sowie internationale Verträge der RF und durch sie übernommene internationale Verpflichtungen.

3. Die allgemeine Führung der Ausarbeitung und Realisierung dieser Grundlagen liegt beim Präsidenten der Russischen Föderation.

Die staatlichen Interessen der Russischen Föderation auf den Weltmeeren und ihre militärisch-maritime Tätigkeit

4. Die staatlichen Interessen der RF auf den Weltmeeren werden durch deren geopolitische Bedeutung für das Land bestimmt; sie stellen eine Gesamtheit politischer, ökonomischer und militärischer Interessen des Staates dar.

Die Bedeutung der militärisch-maritimen Tätigkeit für die RF ergibt sich aus folgenden grundlegenden Faktoren:
- die beträchtliche Ausdehnung der Seegrenzen der RF;
- die Konzentration eines großen Teiles der erkundeten Vorräte der RF an Kohlenwasserstoffen in ihrem Kontinentalschelf;
- das Vorhandensein von bedeutenden Vorräten verschiedenartiger biologischer Ressourcen in russischen Gewässern;
- die Ansiedlung von mehr als der Hälfte der Bevölkerung der RF in Küstengebieten.

5. Die staatlichen Interessen der RF auf den Weltmeeren entwickeln sich unter Berücksichtigung der in der Welt entstandenen Tendenzen bei der Erforschung, Beherrschung und Nutzung der Weltmeere.

Zu den grundlegenden Tendenzen gehören:
- die wachsende Rolle der Weltmeere bei der Lösung der für verschiedene Staaten und militärpolitische Blöcke wichtigsten Aufgaben in den Bereichen: Politik, Militärstrategie, Wirtschaft, Soziales, Wissenschaft, Kultur u. a.;
- die Verschärfung der Konkurrenz zwischen den entwickelten Ländern der Welt um den Zugang zu den Ressourcen der Weltmeere und das Streben nach Kontrolle über strategisch wichtige maritime Räume und Zonen;
- die Verstärkung des Einflusses des militärischen Marinepotenzials der Staaten, darunter des nuklearen, auf das Kräfteverhältnis in der Welt, auf die Erhaltung der strategischen Stabilität, auf Verlauf und Ausgang von Kriegen und bewaffneten Konflikten;
- die Vertiefung der globalen Integration und der internationalen Arbeitsteilung auf dem Weltmarkt bei maritimen Waren und Dienstleistungen.

6. Die staatlichen Interessen der RF auf den Weltmeeren verlangen:

a. in der Sphäre der Politik:
- die Gewährleistung des garantierten Zugangs der RF zu den Ressourcen und Räumen der Weltmeere sowie den Ausschluss diskriminierender Handlungen im Verhältnis zur RF oder zu ihren Verbündeten seitens einzelner Staaten oder militärpolitischer Blöcke;
- das Nichtzulassen der Dominanz irgendwelcher Staaten oder militärpolitischer Blöcke in den Räumen der Weltmeere, die große Bedeutung für die Verwirklichung der staatlichen Interessen der RF haben, insbesondere in angrenzenden Meeren;
- die Regulierung der vorhandenen politischen und völkerrechtlichen Probleme bei der Nutzung der Weltmeere zu günstigen Bedingungen für das Land;
- die Konsolidierung der Anstrengungen der Staaten zur friedlichen Erschließung und Nutzung der Weltmeere;

b. in der Sphäre der Ökonomie:
- die Erschließung und rationale Nutzung der Naturressourcen der Weltmeere für die sozialökonomische Entwicklung des Landes;
- das Organisieren der Seetransport-(Flußtransport-)Verbindungswege und die Sicherstellung deren effektiven Funktionierens;
- die Gewährleistung von günstigen Teilnahmebedingungen für die RF bei der internationalen Arbeitsteilung auf dem Waren- und Dienstleistungsmarkt;
- die Unterhaltung des notwendigen wissenschaftlich-technischen, industriellen und personellen Potenzials, um die militärisch-maritime Tätigkeit zu gewährleisten.

Die militärischen Interessen der RF auf den Weltmeeren haben zum Ziel, einen garantierten Schutz des gesamten Spektrums ihrer staatlichen Interessen auf den Weltmeeren zu gewährleisten.

Die Aktualität des Schutzes der staatlichen Interessen der RF auf den Weltmeeren wächst infolge der wesentlichen Veränderung der geopolitischen Situation in der Welt und der entstandenen neuen Bedrohungen für die Sicherheit der RF im maritimen Bereich.

Die grundlegenden Bedrohungen sind:
- die Einschränkung der Zugangsmöglichkeit der RF zu den Ressourcen und Räumen der Weltmeere sowie zu den internationalen Seeverbindungsmagistralen, besonders in der Ostsee und im Schwarzen Meer;
- die Aktivierung der militärisch-maritimen Tätigkeit durch die führenden Seemächte, die Veränderung des Kräfteverhältnisses bei den Seestreitkräften zuungunsten der RF, die Vervollkommnung der Gefechtsmöglichkeiten der Gruppierungen der Seestreitkräfte von führenden ausländischen Staaten sowie der ökonomische, politische und völkerrechtliche Druck auf die RF mit dem Ziel, ihre maritime Tätigkeit zu begrenzen;
- die Erweiterung der Maßstäbe nichtsanktionierter Ausbeutung von maritimen Naturressourcen des Landes, das rasche Anwachsen des ausländischen Einflusses auf die maritime Tätigkeit der RF;
- die fehlende Regelung bei einer ganzen Reihe komplizierter völkerrechtlicher Fragen, die in erster Linie den Rechtsstatus des Kaspischen, des Asowschen und des Schwarzen Meeres betreffen, sowie die Existenz territorialer Ansprüche an die RF seitens einer Reihe von angrenzenden Staaten;
- das immer schneller wachsende Zurückbleiben hinter ausländischen Staaten bei qualitativen und quantitativen Kennziffern der russischen Marinebewaffnung.

7. Die RF muss zum Schutz ihrer staatlichen Interessen auf den Weltmeeren über ein angemessenes Marinepotenzial verfügen.

Die Grundlage des Marinepotenzials der RF bilden:
- die Seekriegsflotte;
- die Organe der Küstenwacht des Föderalen Grenzdienstes der RF;
- die zivile Hochseeflotte (darunter Gewerbe- und Handelsschiffe, Eisbrecher, hydrographische Schiffe, Erkundungs- und Forschungsschiffe, Such- und Rettungsschiffe, Baggerschiffe sowie Schul- und Ausbildungsschiffe);
- die Küsten- und Hafen-Infrastruktur an den Meeren (Flüssen), darunter außerhalb der Landesgrenzen;
- die hydrographischen und Navigationssysteme, die hydrometeorologischen Systeme, die Nachrichtensysteme und die anderen Sicherstellungssysteme für die Schifffahrt;
- die Basis für industrielle Produktion und experimentelle Erprobung, die wissenschaftliche und Instandsetzungsbasis zur Gewährleistung der maritimen Tätigkeit der RF;
- das System der Lehreinrichtungen zur Ausbildung von Marinespezialisten sowie die professionell ausgebildeten Kader.

Gestützt auf das Marinepotenzial kann die RF die Stabilisierung ihrer eigenen Wirtschaft beschleunigen, die Verteidigungsmacht festigen sowie eine effektive Entwicklung in den Bereichen Wissenschaft, Wirtschaft und Soziales gewährleisten.

Hauptziele und Grundprinzipien der Politik der Russischen Föderation auf dem Gebiet der militärisch-maritimen Tätigkeit

8. Die Hauptziele der Politik der RF auf dem Gebiet der militärisch-maritimen Tätigkeit sind:
- die Verwirklichung und der Schutz der staatlichen Interessen der RF auf den Weltmeeren, die Wahrung ihres Status als Weltseemacht;
- die Entwicklung und effektive Nutzung des militärischen Marinepotenzials der RF.

9. Die Basis für die Erreichung dieser Ziele bilden folgende Grundprinzipien:
- die zentralisierte staatliche Führung der militärisch-maritimen Tätigkeit auf der Grundlage einer einheitlichen staatlichen Politik;
- die effektive Prognose, das rechtzeitiges Aufdecken, Identifizieren und Klassifizieren militärischer Bedrohungen für die RF auf den Weltmeeren;
- die angemessene Reaktion sowohl mit militärischen als auch mit nichtmilitärischen Maßnahmen auf militärische Bedrohungen der RF und ihrer Verbündeten aus ozeanischen und Seerichtungen;
- das Vorhandensein der notwendigen Kräfte, Mittel und Ressourcen für den Schutz der staatlichen Interessen der RF auf den Weltmeeren sowie die Gewährleistung ihrer Bereitschaft zur vorgesehenen Verwendung;
- die ausgewogene Entwicklung der Marinekräfte für die nukleare Abschreckung und der Kräfte allgemeiner Bestimmung;
- die Unabhängigkeit der militärisch-maritimen Tätigkeit der RF von ausländischen Staaten;
- das Abwenden einer Beeinträchtigung für die internationale Sicherheit sowie die Übereinstimmung der militärisch-maritimen Tätigkeit mit den Gesetzen der RF und den von ihr eingegangenen internationalen Verpflichtungen.

Vorrangige Richtungen der Politik der Russischen Föderation auf dem Gebiet der militärisch-maritimen Tätigkeit und Maßnahmen zu ihrer Verwirklichung

10. Die militärisch-maritime Tätigkeit zum Schutz der staatlichen Interessen und zur Gewährleistung der Sicherheit der RF auf den Weltmeeren gehört zur Kategorie höchster staatlicher Priorität.

Bei der Abwendung von Bedrohungen der RF und ihrer Verbündeten auf den Weltmeeren geht der russische Staat vom Vorrang politisch-diplomatischer, völkerrechtlicher und anderer nichtmilitärischer Maßnahmen, darunter kollektiver Handlungen der Weltgemeinschaft, aus, die in Übereinstimmung mit vereinbarten internationalen Prozeduren auf die Friedenserhaltung und die Unterbindung aggressiver Akte gerichtet sind.

Zugleich muss sich die Lösung der Aufgaben, Bedrohungen zu begegnen sowie die staatlichen Interessen und die Sicherheit der RF und ihrer Verbündeten auf den Weltmeeren zuverlässig zu gewährleisten, auf die Erhaltung eines ausreichenden militärischen Marinepotenzials der RF abstützen.

Dieses Potenzial kann sowohl nukleare als auch herkömmliche Kräfte und Mittel der Abschreckung einschließen.

11. Vorrangige Richtungen der Politik der RF auf dem Gebiet der militärisch-maritimen Tätigkeit sind:
- die Verstärkung der staatlichen Unterstützung, Regulierung und Kontrolle der militärisch-maritimen Tätigkeit der RF, darunter die Annahme eines Komplexes von zielgerichteten Maßnahmen zur Stimulierung dieser Tätigkeit;
- die Aufrechterhaltung und qualitative Erneuerung der Kräfte und Mittel der Marinekomponente der strategischen Kernwaffenkräfte und die Gewährleistung ihres erforderlichen zahlenmäßigen Niveaus;
- die Aufrechterhaltung und Entwicklung der Kräfte und Mittel allgemeiner Bestimmung der Seekriegsflotte;
- die Aufrechterhaltung und Entwicklung der Systeme der Aufklärung und Zielzuweisung, der Nachrichtenverbindung und Gefechtsführung, der Erprobungs- und Übungsplätze, der navigatorisch-hydrographischen und hydrometeorologischen Sicherstellung der militärisch-maritimen Tätigkeit der RF;
- der Schutz der Staatsgrenze der RF im Unterwasserbereich;
- der Schutz der Naturressourcen, die der RF gehören, sowie der Ressourcen außerhalb der exklusiven Wirtschaftszone der RF, wo sie in Übereinstimmung mit internationalen Verträgen das Recht zu deren Bewahrung und Nutzung hat;
- die Gewährleistung der militärischen Marinepräsenz der RF auf den Weltmeeren;
- die Schaffung günstiger völkerrechtlicher Bedingungen für die Tätigkeit der Seekriegsflotte auf den Weltmeeren;
- die Gewährleistung der Sicherheit der Schifffahrt, der Produktions- und anderen Tätigkeit russischer Schiffe auf den Weltmeeren.

12. Die Maßnahmen zur Realisierung der vorrangigen Richtungen der Politik der RF auf dem Gebiet der militärisch-maritimen Tätigkeit schließen ein:

1) die Vervollkommnung der staatlichen Führung der militärisch-maritimen Tätigkeit, darunter:
- die Ausarbeitung und Verwirklichung eines Grundsatzdokumentes für die staatliche Politik der RF auf dem Gebiet der Nutzung, der Erforschung und Erschließung der Weltmeere - einer Marinedoktrin der Russischen Föderation;
- die Formierung und die Aufrechterhaltung der notwendigen finanzökonomischen und

sozialen Basis für die Gewährleistung dieser Tätigkeit;
- die Verstärkung der Zentralisation bei der Führung der militärisch-maritimen Tätigkeit, die Erhöhung der koordinierenden Rolle des Verteidigungsministeriums der RF (der Seekriegsflotte) bei der Gewährleistung der Verteidigungs- und Sicherheitsinteressen der RF und ihrer Verbündeten in ozeanischen und Seerichtungen sowie die Festigung und Entwicklung der Seekriegsflotte als Teilstreitkraft der RF;
- die Herstellung der Übereinstimmung von Kampfbestand und Organisationsstruktur der Seekriegsflotte mit der Existenz von Bedrohungen für die Sicherheit der RF und ihrer Verbündeten sowie mit den Aufgaben zur Gewährleistung der Verteidigung des Landes und der Sicherheit des Staates;
- die Schaffung und Entfaltung von Regionalgruppierungen der Flottenkräfte, die nach Aufgaben und Gefechtsmöglichkeiten ausgewogen, und durch einheitliche zentralisierte Führung verbunden sowie fähig sind, in angrenzenden ozeanischen und Meereszonen gemeinsam mit den anderen Teilstreitkräften der RF, mit den anderen Truppen, militärischen Formationen und Organen Aufgaben zum Schutz der staatlichen Interessen und der Sicherheit der RF und ihrer Verbündeten auf den Weltmeeren zu erfüllen;
- die Wiederherstellung und Entwicklung einer staatlichen Mobilmachungsbasis, die für den Schutz der staatlichen Interessen und die Sicherheit der RF auf den Weltmeeren im Falle der Eskalation bewaffneter Konflikte bzw. des Entstehens einer direkten militärischen Bedrohung oder einer Aggression notwendig ist;
- die Gewährleistung der zentralisierten Führung der militärischen und zivilen maritimen Infrastruktur in angrenzenden ozeanischen und Meereszonen (darunter außerhalb der Staatsgrenzen der RF) bei der Erfüllung von Aufgaben zur Landesverteidigung und zur Sicherheit des Staates;
- die Erhöhung der Effektivität bei der Koordinierung der föderalen exekutiven Machtorgane im Interesse der Forschung, Erschließung und Nutzung der Weltmeere sowie, diesem Zweck entsprechend, die Schaffung eines Koordinierungsorgans bei der Regierung der RF - des Marinekollegiums;
- der Übergang zu einem einheitlichen System der Marinebasierung, darunter zu einem einheitlichen System der technischen und rückwärtigen Sicherstellung der Streitkräfte der RF, der anderen Truppen, militärischen Formationen und Organe;
- die etappenweise Übergabe der für die Seekriegsflotte wesensfremden Funktionen bezüglich der Verwertung und Beseitigung von Marinetechnik und -bewaffnung an die entsprechenden föderalen exekutiven Machtorgane;
- die Vollendung der Restrukturierung des Verteidigungs-Industrie-Komplexes im Boots- und Schiffbau, die Sicherung der staatlichen Aktien-Kontrollanteile für die Basisobjekte der maritimen Infrastruktur und Industriebetriebe;
- die etappenweise Überführung der Konstruktion und Produktion von Schlüsselelementen der Marinetechnik und -bewaffnung auf eine russische wissenschaftlich-industrielle Basis;
- die Einbeziehung nichtstaatlicher Strukturen und ausländischer Investoren in die maritime Tätigkeit des Landes bei Sicherung der staatlichen Kontrolle und Gewährleistung von Garantien für die Beachtung der staatlichen Interessen der RF, darunter des Schutzes von staatlichen Geheimnissen;
- die Gewährleistung der ökologischen Sicherheit der maritimen Tätigkeit der RF;
- die Schaffung eines Zielfonds für die Erneuerung der Hochseeflotte der RF zur Erhaltung von fortgeschrittenen maritimen Technologien und Entwicklungsarbeiten;

2) die Ausarbeitung und Annahme von föderalen Gesetzen und anderen normativen Rechtsakten der RF, in erster Linie zu folgenden Fragen:
- allgemeine Reglementierung der militärisch-maritimen Tätigkeit, eingeschlossen die

Aufteilung der Vollmachten der Staatsorgane bei der Planung und Verwirklichung dieser Tätigkeit;
- Nutzung von zivilen russischen Schiffen und Objekten der Küsten- und Hafeninfrastruktur zur Sicherstellung der militärisch-maritimen Tätigkeit;
- Annahme eines Systems von Maßnahmen zur Stimulierung der militärisch-maritimen Tätigkeit der RF, darunter auch des russischen Schiffbaus;

3) die Schaffung einer völkerrechtlichen Basis, die günstige Bedingungen für den Schutz der Interessen der RF und ihrer Verbündeten bietet, in erster Linie zu den Fragen:
- Gewährleistung der Rechte der RF in der Arktis;
- Erweiterung der Territorialgewässer, der exklusiven Wirtschaftszone und des Kontinentalschelfs der RF;
- Fixierung des Status des Asowschen Meeres als Binnenmeer der RF und der Ukraine;
- Gewährleistung der Handlungsfreiheit der RF im Schwarzen und Kaspischen Meer sowie auf dem Kontinentalschelf der RF;
- Gewährleistung der ungehinderten Durchfahrt von Schiffen der Seekriegsflotte durch Meerengen, die für die internationale Schifffahrt genutzt werden;
- Festigung des völkerrechtlichen Status und Gewährleistung der Tätigkeit der Schwarzmeerflotte;
- Gewährleistung der Basierung von Kräften der Seekriegsflotte auf den Territorien ausländischer Staaten;

4) die Aufrechterhaltung der Gefechtsbereitschaft und die Vervollkommnung der Marinetechnik und -bewaffnung, darunter:
- die Gewährleistung einer ausgewogenen Entwicklung der Marinekomponente der strategischen Kernwaffenkräfte und der Marinekräfte allgemeiner Bestimmung, wobei vorgesehen werden müssen:
a) der Bau von strategischen Raketen-U-Booten einer neuen Generation, die Modernisierung und Instandhaltung der vorhandenen U-Boote dieser Klasse, die Entwicklung und Produktion ihrer Raketenbewaffnung;
b) der Bau von Mehrzweck-U-Booten und Überwasserschiffen, darunter von Flugzeugträgern, mit erhöhten Gefechtsmöglichkeiten, ausgestattet mit Präzisionsraketen und U-Boot-Bekämpfungsmitteln, Abwehrmitteln, effektiven Flugzeugkomplexen verschiedener Zweckbestimmung, sowie von universellen Landungsschiffen und Minenräumschiffen;
c) die Schaffung von multifunktionalen bord- und küstengestützten Flugapparaten (Flugzeugen, Hubschraubern, unbemannten Mitteln) sowie von universellen küstengestützten Aufklärungs-Schlag-Komplexen;
- die Konzentration der Anstrengungen auf die Wiederherstellung, Modernisierung und Aufrechterhaltung der Gefechtsbereitschaft der in den Truppen vorhandenen Systeme, Komplexe und Mittel sowie auf die Schaffung der wissenschaftlich-technischen Vorleistungen für perspektivische Marinetechnik und -bewaffnung;
- die vorrangige Ausstattung der Verbände und Truppenteile der ständigen Bereitschaft mit moderner Bewaffnung und Kampftechnik;
- die Reduzierung der Vielzahl von Marinetechnik und -bewaffnung, der Übergang zum Bau von unifizierten Kampfschiffen, Sicherstellungsschiffen sowie von Objekten der Küsten-Hafen-Infrastruktur;
- die Erhöhung des Gefechtspotenzials der Gruppierungen der Flottenkräfte durch Zuwachs an Schlagkraft, informationellen und anderen Möglichkeiten bei der Marinetechnik und -bewaffnung, um die wissenschaftlich-technische Parität mit Vergleichbarem im Ausland zu wahren;
- die Erhöhung der Operativität, Zuverlässigkeit, Gedecktheit und Standhaftigkeit der

Nachrichtenverbindungen und der Führung;
- die Erschließung und der Ausbau der Weltmeere als mögliche Sphäre von militärischen Handlungen durch Schaffung (Aufrechterhaltung) und Entfaltung eines einheitlichen Systems der Lagedarstellung von den Weltmeeren sowie globaler Systeme für Navigation, Nachrichtenverbindung und Gefechtsführung, für Aufklärung und Zielzuweisung, für hydrometeorologische, topogeodätische und kartografische Sicherstellung;
- die Entwicklung der Erprobungs- und Übungsplatzbasis.

Rolle und Bedeutung der Seekriegsflotte bei der Verwirklichung der vorrangigen Richtungen der Politik der RF auf dem Gebiet der militärisch-maritimen Tätigkeit

13. Bei der Abschreckung gegen Bedrohungen aus ozeanischen und Seerichtungen, beim Schutz der Staatsgrenze der RF im Unterwasserbereich, bei der Stärkung der Sicherheit der Schifffahrt sowie der gewerblichen, wirtschaftlichen, wissenschaftlichen und anderen Tätigkeiten der RF auf den Weltmeeren kommt der Seekriegsflotte die führende Rolle zu.
Die Seekriegsflotte ist die Hauptkomponente und die Basis des Marinepotenzials des russischen Staates. Sie ist eine Teilstreitkraft der RF, die bestimmt ist zur Gewährleistung des Schutzes der Interessen der RF und ihrer Verbündeten auf den Weltmeeren mit militärischen Methoden, zur Aufrechterhaltung der militärpolitischen Stabilität in den anliegenden Gewässern sowie der militärischen Sicherheit <vor Bedrohungen; Einfügung der Übersetzer> aus ozeanischen und Seerichtungen. Die Seekriegsflotte ist eines der Instrumente der Außenpolitik des Staates.

14. Grundlegende Aufgaben der Seekriegsflotte sind:
- die Abschreckung gegen den Einsatz militärischer Gewalt oder gegen die Drohung mit dem Einsatz militärischer Gewalt gegen die RF und ihre Verbündeten aus ozeanischen und Seerichtungen, darunter die Teilnahme an der strategischen Abschreckung durch Kernwaffen;
- der Schutz der Interessen der RF auf den Weltmeeren mit militärischen Methoden;
- die Aufrechterhaltung der Bereitschaft des militärischen Marinepotenzials der RF zum Einsatz entsprechend seiner Bestimmung;
- die Überwachung der Aktivitäten der Seestreitkräfte ausländischer Staaten und militärpolitischer Blöcke in den küstennahen Meeren des Landes sowie in anderen Räumen der Weltmeere, die eine hohe Bedeutung für die Sicherheit der RF besitzen;
- die Aufdeckung, Warnung und Abwendung militärischer Bedrohungen, die Abwehr einer Aggression gegen die RF und ihre Verbündeten aus ozeanischen und Seerichtungen, die Teilnahme an Handlungen zur Verhinderung und Eingrenzung bewaffneter Konflikte in deren frühen Entwicklungsstadien;
- die rechtzeitige Verstärkung der Kräfte und Mittel in Räumen der Weltmeere, aus denen eine Bedrohung der Sicherheitsinteressen der RF ausgehen kann;
- die Gewährleistung des Schutzes der Staatsgrenze der RF im Unterwasserbereich;
- die Ausbau des Aquatoriums der Weltmeere und der Küstenzone der RF als mögliche Sphäre von militärischen Handlungen;
- die Herstellung und Aufrechterhaltung von Bedingungen für die Sicherheit der wirtschaftlichen und anderen Tätigkeiten der RF in ihren Territorialgewässern, in der exklusiven Wirtschaftszone, auf dem Kontinentalschelf sowie in entfernten Gebieten der Weltmeere;
- die Gewährleistung der militärischen Marinepräsenz der RF auf den Weltmeeren, die Demonstration von Flagge und militärischer Stärke des Russischen Staates, gegensei-

tige Flottenbesuche mit Schiffen der Seekriegsflotte sowie die Teilnahme an den militärischen, friedenschaffenden und humanitären Aktionen der Weltgemeinschaft, die den Interessen der RF entsprechen.

Der qualitative und quantitative Bestand der Truppen (Kräfte) der Flotten (Flottillen) muss dem Grad und Charakter der Bedrohungen der nationalen Sicherheit der RF in der konkreten Region angemessen sein.
Die regionale Dislozierung der Seekriegsflotte erfordert es, selbständige Infrastrukturen der Basierung, des Schiffbaus und der Schiffsinstandsetzung sowie aller Sicherstellungsarten zu erhalten und zu entwickeln, deren Grundlage das in Russland historisch entstandene System von Flottenbasen-Städten ist.

Den Kern der Nordflotte und der Pazifikflotte bilden die strategischen Raketen-U-Boote und Mehrzweck-Atom-U-Boote, die flugzeugtragenden Schiffe, Landungs- und Mehrzweck-Überwasserschiffe, die raketenbestückten und U-Bootabwehr-Marinefliegerkräfte.
Basis der Baltischen und der Schwarzmeerflotte sowie der Kaspischen Flottille sind Mehrzweck-Überwasserschiffe, Minenräumschiffe und -boote, dieselelektrische U-Boote, Truppen der Küsten-Raketen-Artillerie sowie Schlachtfliegerkräfte.

Die besondere geografische Lage einzelner Regionen der RF bedingt die Einbeziehung von Gruppierungen der Küstentruppen sowie Kräften und Mitteln der Luftabwehr, die für die Verteidigung dieser Territorien bestimmt sind, in den Bestand der Flotten.

15. Der Einsatz der Seekriegsflotte erfolgt in der für die Streitkräfte der RF festgelegten Ordnung. Dieser Einsatz ist eine Art der militärischen Tätigkeit der RF zur Erfüllung der Aufgaben, die der Seekriegsflotte im einheitlichen Planungs-, Ausbildungs- und Einsatzsystem der Streitkräfte der RF für die Friedenszeit und den Krieg gestellt sind.

Grundlegende Formen des Gefechtseinsatzes der Seekriegsflotte im Frieden sind der Gefechtsdienst, das Diensthabende System, die Erfüllung von Einzel- und Spezialaufgaben.
Entsprechend den Gesetzen der RF können zivile Schiffe sowie Objekte der Küsten-, Hafen- und anderen maritimen Infrastruktur, darunter auch kommerzielle, der Mobilmachung unterzogen werden.

16. Die Schiffe der Seekriegsflotte tragen als Symbol der staatlichen Souveränität und der Zugehörigkeit zur Russischen Föderation und zu ihren Streitkräften die Seekriegsflagge der Russischen Föderation - die Andreas-Flagge.

Militärdoktrin der Russischen Föderation

Es handelt sich um eine nicht autorisierte Arbeitsübersetzung. Erschienen als DSS-Arbeitspapier Heft 51-4, Dresden 2000.
Quelle des Originaltextes: Internetseite des Sicherheitsrates der Russischen Föderation,
Militärdoktrin der Russischen Föderation
Bestätigt durch Erlass des Präsidenten der Russischen Föderation Nr. 706 vom 21. April 2000

(Quelle: Dresdener Studiengemeinschaft Sicherheitspolitik e.V. (DSS), http://www.scrf.gov.ru/Documents/decree/2000/706.htmlwww.sicherheitspolitik-dss.de. Übersetzer: Rainer Böhme, Peter Freitag, Joachim Klopfer (download: http://sicherheitspolitik-dss.de).

Militärdoktrin der Russischen Föderation
Bestätigt durch Erlass des Präsidenten der Russischen Föderation Nr. 706 vom 21. April 2000)

1. **Militärpolitische Grundlagen**
   - Die militärpolitische Lage.
   - Grundlegende Bedrohungen der militärischen Sicherheit.
   - Die Gewährleistung der militärischen Sicherheit.
   - Die Militärorganisation des Staates.
2. **Militärstrategische Grundlagen**
   - Der Charakter der Kriege und bewaffneten Konflikte
   - Grundlagen des Einsatzes der Streitkräfte und der anderen Truppen
3. **Militärökonomische Grundlagen**
   - Die militärökonomische Sicherstellung der militärischen Sicherheit.
   - Die internationale militärische (militärpolitische) und militärtechnische Zusammenarbeit.

Einleitung

Die Militärdoktrin der Russischen Föderation (im Weiteren: die Militärdoktrin) stellt die Gesamtheit der offiziellen Ansichten (Richtlinien) dar, die die militärpolitischen, militärstrategischen und militärökonomischen Grundlagen der Gewährleistung der militärischen Sicherheit der Russischen Föderation (im Weiteren: RF) bestimmen.

Die Militärdoktrin ist ein Dokument der Übergangsperiode - der Periode der Herausbildung demokratischer Staatlichkeit und unterschiedlicher Wirtschaftsformen, der Umgestaltung der Militärorganisation des Staates sowie der dynamischen Transformation internationaler Beziehungen.

In der Militärdoktrin werden die Grundlegenden Bestimmungen der Militärdoktrin der RF von 1993 weiterentwickelt und die Richtlinien der Konzeption der nationalen Sicherheit der RF für die militärische Sphäre konkretisiert. Die Festlegungen der Militärdoktrin stützen sich auf eine komplexe Beurteilung der militärpolitischen Lage und die strategische Prognose ihrer Entwicklung, auf die wissenschaftlich begründete Bestimmung der aktuellen und der perspektivischen Aufgaben, der objektiven Erfordernisse und der realen Möglichkeiten zur Gewährleistung der militärischen Sicherheit der RF sowie auf eine Systemanalyse des Inhalts und des Charakters der Kriege und bewaffneten Konflikte in der Gegenwart und der eigenen und ausländischen Erfahrung beim Militäraufbau und in der Kriegskunst.

Die Militärdoktrin trägt Verteidigungscharakter; das kommt in ihren Festlegungen durch die organische Verbindung von konsequentem Friedensstreben mit fester Entschlossenheit, die nationalen Interessen zu schützen und die militärische Sicherheit der RF und ihrer Verbündeten zu garantieren, zum Ausdruck.

Die Rechtsgrundlage der Militärdoktrin bilden die Verfassung der RF, die föderalen

Gesetze und andere normative Rechtsakte der RF sowie die internationalen Verträge der RF auf dem Gebiet der militärischen Sicherheit.

Die Festlegungen der Militärdoktrin können unter Berücksichtigung von Veränderungen der militärpolitischen Lage, des Charakters und des Inhalts militärischer Bedrohungen, der Bedingungen des Aufbaus, der Entwicklung und des Einsatzes der Militärorganisation des Staates (im Weiteren: die Militärorganisation) präzisiert und ergänzt werden; ebenso werden sie in der Jahresbotschaft des Präsidenten der RF an die Föderationsversammlung, in Direktiven zur Einsatzplanung der Streitkräfte der RF, der anderen Truppen, militärischen Formationen und Organe (im Weiteren: die Streitkräfte und (die) anderen Truppen) sowie in anderen Dokumenten zu Fragen der militärischen Sicherheit der RF konkretisiert.

Die Realisierung der Militärdoktrin wird erreicht durch die Zentralisation der staatlichen und militärischen Führung, durch die Verwirklichung eines Komplexes politischer, diplomatischer, wirtschaftlicher, sozialer, informationeller, rechtlicher, militärischer und anderer Maßnahmen zur Gewährleistung der militärischen Sicherheit der RF und ihrer Verbündeten.

I. Militärpolitische Grundlagen

Die militärpolitische Lage

1. Zustand und Entwicklungsperspektiven der gegenwärtigen militärpolitischen Lage werden bestimmt durch die qualitative Vervollkommnung der Mittel, Formen und Methoden des bewaffneten Kampfes, durch die Vergrößerung seiner räumlichen Ausmaße und der Schwere der Folgen sowie durch die Ausdehnung auf neue Sphären. Die Möglichkeit, militärpolitische Ziele durch indirekte, kontaktlose Handlungen zu erreichen, begründet die besondere Gefährlichkeit der Kriege und bewaffneten Konflikte der Gegenwart für die Völker und Staaten, für die Erhaltung der internationalen Stabilität und den Frieden; sie macht es lebensnotwendig, alle erdenklichen Maßnahmen zu ihrer Verhinderung, zur friedlichen Regelung von Widersprüchen in frühen Entstehungs- und Entwicklungsstadien zu ergreifen.

2. Die militärpolitische Lage wird durch folgende grundlegende Faktoren bestimmt:
die Verringerung der Gefahr der Entfesselung eines großen Krieges, darunter eines Kernwaffenkrieges;
- die Formierung und Festigung regionaler Kräftezentren;
- die Verstärkung des nationalen, ethnischen und religiösen Extremismus;
- die Aktivierung des Separatismus;
- die Ausbreitung lokaler Kriege und bewaffneter Konflikte;
- die Verstärkung des regionalen Wettrüstens;
- die Verbreitung von nuklearen und anderen Arten von Massenvernichtungswaffen und deren Trägermitteln;
- die Verschärfung des Informationskampfes.

3. Destabilisierende Wirkung auf die militärpolitische Lage haben:
- die Versuche, existierende Mechanismen zur Gewährleistung der internationalen Sicherheit (vor allem die UNO und die OSZE) zu schwächen (zu ignorieren);
- die Nutzung militärischer Gewaltaktionen als Mittel „humanitärer Intervention" ohne Zustimmung des UN-Sicherheitsrates, unter Umgehung der allgemein anerkannten Prinzipien und Normen des Völkerrechts;
- die Verstöße einzelner Staaten gegen internationale Verträge und Vereinbarungen auf

dem Gebiet der Rüstungsbegrenzung und Abrüstung;
- der Gebrauch informationeller und anderer (darunter nichttraditioneller) Mittel und Technologien mit aggressiven (expansionistischen) Zielen durch Völkerrechtssubjekte;
- die Tätigkeit extremistischer nationalistischer, religiöser, separatistischer, terroristischer Bewegungen, Organisationen und Strukturen;
- die Erweiterung der Maßstäbe des organisierten Verbrechens, des Terrorismus, des illegalen Waffen- und Rauschgifthandels und der transnationale Charakter dieser Aktivitäten.

Grundlegende Bedrohungen der militärischen Sicherheit

4. Unter den gegenwärtigen Bedingungen ist die Gefahr einer in herkömmlichen Formen direkten militärischen Aggression gegen die RF und ihre Verbündeten gesunken - dank der positiven Veränderungen der internationalen Lage, des aktiven friedliebenden außenpolitischen Kurses unseres Landes und der Aufrechterhaltung des russischen Militärpotenzials, vor allem des nuklearen Abschreckungspotenzials, auf einem hinreichenden Niveau.
Gleichzeitig bleiben äußere und innere Bedrohungen der militärischen Sicherheit der RF und ihrer Verbündeten erhalten, in einzelnen Richtungen verstärken sie sich.

5. Grundlegende äußere Bedrohungen sind:
- die territorialen Forderungen an die RF;
- die Einmischung in innere Angelegenheiten der RF;
- die Versuche, die Interessen der RF bei der Lösung von Problemen der internationalen Sicherheit zu ignorieren (zu verletzen) und ihrer Festigung als eines der Einflusszentren einer multipolaren Welt entgegenzuwirken;
- die Existenz von Herden bewaffneter Konflikte, vor allem in der Nähe der Staatsgrenze der RF und der Grenzen ihrer Verbündeten;
- die Schaffung (Verstärkung) von Streitkräftegruppierungen an der Staatsgrenze der RF und den Grenzen ihrer Verbündeten sowie auf Küstengewässern, die zur Verletzung der bestehenden Kräftebalance führt;
- die Erweiterung der Militärblöcke und Bündnisse zu Ungunsten der militärischen Sicherheit der RF;
- das Einführen ausländischer Truppen auf das Territorium angrenzender und befreundeter Staaten der RF unter Verletzung der UN-Charta;
- die Aufstellung, Ausrüstung und Ausbildung bewaffneter Formationen und Gruppen auf dem Territorium anderer Staaten mit dem Ziel, sie zu Handlungen auf das Territorium der RF und ihrer Verbündeten zu verlegen;
- die Überfälle (bewaffneten Provokationen) auf Militärobjekte der RF, die sich auf dem Territorium ausländischer Staaten befinden, sowie auf Objekte und Einrichtungen an der Staatsgrenze der RF, an den Grenzen ihrer Verbündeten und auf den Weltmeeren;
- die Handlungen zur globalen oder regionalen Destabilisierung, darunter mittels Beeinträchtigung des staatlichen und militärischen Führungssystems Russlands, zur Störung der Funktionssicherheit der strategischen Kernwaffenkräfte, des Frühwarnsystems vor einem Raketenüberfall, der Raketenabwehr, der Überwachung des kosmischen Raumes, der Lager von Kernmunition, der kernenergetischen Objekte, der Objekte der nuklearen und chemischen Industrie sowie anderer potentiell gefährlicher Objekte;
- die feindseligen informationellen (informationstechnischen, informationspsychologischen) Aktivitäten zum Schaden der militärischen Sicherheit der RF und ihrer Verbündeten;

- die Diskriminierung und die Unterdrückung von Rechten, Freiheiten und legitimen Interessen der Bürger der RF in ausländischen Staaten;
- der internationale Terrorismus.

6. Grundlegende innere Bedrohungen sind:
- Versuche, die verfassungsmäßige Ordnung gewaltsam zu beseitigen;
- die widerrechtliche Tätigkeit extremistischer nationalistischer, religiöser, separatistischer und terroristischer Bewegungen, Organisationen und Strukturen, die auf die Verletzung der Einheit und territorialen Integrität sowie auf die Destabilisierung der innenpolitischen Lage im Lande gerichtet ist;
- die Planung, Vorbereitung und Durchführung von Handlungen zur Desorganisation der Funktionsfähigkeit der föderalen Staatsorgane und von Überfällen auf staatliche, volkswirtschaftliche und militärische Objekte sowie auf Objekte der Lebenssicherung und der informationellen Infrastruktur;
- die Aufstellung, Ausrüstung und Ausbildung sowie der Einsatz illegaler bewaffneter Formationen;
- die illegale Verbreitung (der Umschlag) auf dem Territorium der RF von Waffen, Munition, Sprengstoff und weiteren Mitteln, die für Diversion, Terrorakte sowie andere rechtswidrige Handlungen genutzt werden können;
- das organisierte Verbrechen, der Terrorismus, der Schmuggel und andere gesetzwidrige Handlungen, die die militärische Sicherheit der RF bedrohen.

Die Gewährleistung der militärischen Sicherheit

7. Die Gewährleistung der militärischen Sicherheit der RF ist eine der wichtigsten Richtungen staatlicher Tätigkeit.
Hauptziele der Gewährleistung der militärischen Sicherheit sind die Verhütung, Lokalisierung und Neutralisierung militärischer Bedrohungen der RF.
Die RF betrachtet die Gewährleistung ihrer militärischen Sicherheit im Kontext mit dem Aufbau eines demokratischen Rechtsstaates, der Verwirklichung sozialökonomischer Reformen, der Bekräftigung der Prinzipien gleichberechtigter Partnerschaft, gegenseitiger Vorteils und guter Nachbarschaft in den internationalen Beziehungen sowie mit der schrittweisen Formierung eines allgemeinen und allumfassenden Systems der internationalen Sicherheit und der Erhaltung und Festigung des Weltfriedens.

Die Russische Föderation
- geht von der fortdauernden Bedeutung der grundlegenden Prinzipien und Normen des Völkerrechts aus, die organisch miteinander verbunden sind und sich einander ergänzen;
- erhält sich den Status einer Kernwaffenmacht zur Abschreckung (Verhinderung) einer Aggression gegen sich und (oder) ihre Verbündeten;
- verfolgt eine gemeinsame Verteidigungspolitik mit der Republik Belarus, koordiniert mit ihr die Tätigkeit auf dem Gebiet des Militäraufbaus, der Entwicklung der Streitkräfte, der Nutzung der militärischen Infrastruktur und ergreift weitere Maßnahmen zur Unterstützung der Verteidigungsfähigkeit der Staatenunion;
- misst der Festigung des kollektiven Sicherheitssystems im Rahmen der Gemeinschaft Unabhängiger Staaten (im Weiteren: GUS) auf der Grundlage der Entwicklung und Festigung des Vertrags über kollektive Sicherheit vorrangige Bedeutung bei;
- betrachtet alle Staaten, deren Politik ihren nationalen Interessen und ihrer Sicherheit nicht schadet und der UN-Charta nicht widerspricht, als Partner;
- bevorzugt politische, diplomatische und andere nichtmilitärische Mittel der Verhinderung, Lokalisierung und Neutralisierung militärischer Bedrohungen auf regionaler und globaler Ebene;

- hält streng die internationalen Verträge der RF im Bereich der Rüstungsbegrenzung, Abrüstung und Liquidierung von Rüstungen ein und trägt zu ihrer Verwirklichung unter Einhaltung des durch sie definierten Regimes bei;
- erfüllt exakt die internationalen Verträge der RF hinsichtlich der strategischen Angriffswaffen und der Raketenabwehr, ist bereit zur weiteren Verringerung ihrer Kernwaffen auf zweiseitiger Grundlage mit den USA sowie auf multilateraler Grundlage mit den anderen Kernwaffenstaaten bis auf ein den Erfordernissen strategischer Stabilität entsprechendes minimales Niveau;
- tritt dafür ein, dem Regime der Nichtweiterverbreitung von Kernwaffen und Trägermitteln universellen Charakter zu verleihen, die Effektivität dieses Regimes durch die Kombination von Sperr-, Kontroll- und technologischen Maßnahmen entschieden zu erhöhen sowie Kernwaffenversuche einzustellen und allumfassend zu verbieten;
- unterstützt die Erweiterung vertrauensbildender Maßnahmen zwischen den Staaten auf militärischem Gebiet, eingeschlossen den gegenseitigen Austausch militärischer Informationen, die Abstimmung der Militärdoktrinen, der Pläne und Maßnahmen des Militäraufbaus und der militärischen Tätigkeit.

8. Die militärische Sicherheit der RF wird durch die Gesamtheit aller ihr zur Verfügung stehenden Kräfte, Mittel und Ressourcen gewährleistet.

Unter den gegenwärtigen Bedingungen hält es die RF für notwendig, ein Kernwaffenpotenzial zu besitzen, das geeignet ist, jedem Aggressor (Staat oder Staatenkoalition) unter beliebigen Bedingungen einen befohlenen Schaden zuzufügen.

Dabei betrachtet die RF die Kernwaffen ihrer Streitkräfte als Faktor zur Abschreckung einer Aggression, zur Gewährleistung der militärischen Sicherheit der RF und ihrer Verbündeten und zur Aufrechterhaltung der internationalen Stabilität und des Friedens.

Die RF behält sich das Recht zum Einsatz von Kernwaffen vor als Antwort auf die Anwendung von Kernwaffen und anderen Massenvernichtungswaffen gegen sie und (oder) ihre Verbündeten sowie als Antwort auf eine Aggression großen Maßstabs mit Einsatz herkömmlicher Waffen in Situationen, die für die nationale Sicherheit der RF kritisch sind.

Die RF wird gegen Teilnehmerstaaten des Vertrages über die Nichtweiterverbreitung von Kernwaffen, die nicht über Kernwaffen verfügen, keine Kernwaffen einsetzen, es sei denn, ein solcher Staat verwirklicht oder unterstützt gemeinsam mit einem Kernwaffenstaat oder als dessen Verbündeter einen Überfall auf die RF, die Streitkräfte der RF oder anderen Truppen, ihre Verbündeten oder gegen einen Staat, dem gegenüber sie Sicherheitsverpflichtungen hat.

9. Grundprinzipien der Gewährleistung der militärischen Sicherheit sind:
- die Verbindung von straffer zentralisierter Führung der Militärorganisation mit ziviler Kontrolle ihrer Tätigkeit;
- die effektive Prognose, die rechtzeitige Aufdeckung und Klassifizierung militärischer Bedrohungen und ein angemessenes Reagieren auf sie;
- die Hinlänglichkeit der zur Gewährleistung der militärischen Sicherheit notwendigen Kräfte, Mittel und Ressourcen sowie deren rationelle Nutzung;
- die Übereinstimmung des Niveaus der Bereitschaft, Ausbildung und Sicherstellung der Militärorganisation mit den Erfordernissen der militärischen Sicherheit;
- die Nichtbeeinträchtigung der internationalen Sicherheit und der nationalen Sicherheit anderer Länder.

10. Grundlegender Inhalt der Gewährleistung der militärischen Sicherheit:

a) im Frieden:
- die Gestaltung und Verwirklichung einer einheitlichen Staatspolitik zur Gewährleistung der militärischen Sicherheit;
- die Aufrechterhaltung der innenpolitischen Stabilität, der Schutz der verfassungsmäßigen Ordnung, der Integrität und Unverletzlichkeit des Territoriums der RF;
- die Entwicklung und Festigung freundschaftlicher (Bündnis-)Beziehungen im Verhältnis zu Nachbarn und anderen Staaten;
- die Schaffung und Vervollkommnung des Verteidigungssystems der RF und ihrer Verbündeten;
- die allseitige Sicherstellung und qualitative Vervollkommnung der Streitkräfte und der anderen Truppen und die Aufrechterhaltung ihrer Bereitschaft zu abgestimmten Handlungen zur Verhinderung, Lokalisierung und Neutralisierung äußerer und innerer Bedrohungen;
- die Vorbereitung eines Systems von Maßnahmen zur Überführung der Streitkräfte und der anderen Truppen auf die Bedingungen des Krieges (darunter zu ihrer Mobilmachungsentfaltung);
- die Vervollkommnung der wirtschaftlichen, technologischen und verteidigungsindustriellen Basis, die Erhöhung der Mobilmachungsbereitschaft der Wirtschaft, die Schaffung der Voraussetzungen für die Gewährleistung des rechtzeitigen Übergangs der dafür vorgesehenen Industriebetriebe auf militärische Produktion, die Organisation der Vorbereitung der Staatsorgane, der Betriebe, Einrichtungen und Organisationen sowie der Bevölkerung des Landes auf die Erfüllung von Aufgaben zur Gewährleistung der militärischen Sicherheit, auf die Territorial- und Zivilverteidigung;
- der Schutz von Objekten und Anlagen der RF auf den Weltmeeren, im kosmischen Raum, auf den Territorien ausländischer Staaten, der Schutz der Schifffahrt, der gewerblichen und anderen Tätigkeiten in den Küstengewässern und in entfernten Gebieten der Weltmeere;
- die Sicherung und der Schutz der Staatsgrenze der RF, des grenznahen Territoriums, des Luftraumes und des Meeresbodens sowie der exklusiven Wirtschaftszone und des Festlandsockels der RF und ihrer natürlichen Ressourcen;
- die Unterstützung (bei Notwendigkeit) politischer Aktionen der RF durch geeignete militärische Maßnahmen sowie durch Flottenpräsenz;
- die Vorbereitung auf die Territorial- und Zivilverteidigung;
- die Entwicklung der notwendigen militärischen Infrastruktur;
- die Gewährleistung der Sicherheit und des Schutzes der Bürger der RF vor militärischen Bedrohungen;
- die Ausprägung einer bewussten Einstellung der Bevölkerung zur Gewährleistung der militärischen Sicherheit des Landes;
- die Kontrolle über die gegenseitige Erfüllung der Verträge auf dem Gebiet der Rüstungsbegrenzung, Abrüstung und Liquidierung von Rüstungen und der Festigung vertrauensbildender Maßnahmen;
- die Gewährleistung der Bereitschaft zur Teilnahme (die Teilnahme) an friedenssichernden Maßnahmen;

b) in einer Spannungsperiode und mit Beginn eines Krieges (bewaffneten Konfliktes):
- die rechtzeitige Erklärung des Kriegszustandes, die Einführung des Kriegs- oder Ausnahmezustandes im Land oder in einzelnen Gebieten, die Durchführung der vollständigen oder teilweisen strategischen Entfaltung der Streitkräfte und der anderen Truppen oder von Teilen und ihre Überführung in die Bereitschaft zur Erfüllung von Aufgaben;

- die Koordinierung der Tätigkeit der föderalen Staatsorgane, der Staatsorgane der Subjekte der RF, der Organe der örtlichen Selbstverwaltung, der gesellschaftlichen Organisationen und der Bürger in Übereinstimmung mit den Föderationsgesetzen zur Abwehr der Aggression;
- die Organisation und koordinierte Durchführung des bewaffneten, politischen, diplomatischen, informationellen, wirtschaftlichen und andersartigen Kampfes;
- das Fassen und die Verwirklichung von Entschlüssen zur Vorbereitung und Durchführung der Kampfhandlungen;
- die Überführung der Wirtschaft des Landes, einzelner Wirtschaftszweige sowie von Betrieben und Organisationen, des Transport- und Nachrichtenwesens in die Arbeit unter den Bedingungen des Kriegszustandes;
- die Organisation und Verwirklichung von Maßnahmen der Territorial- und Zivilverteidigung;
- die Hilfeleistung für die Verbündeten der RF, die Heranziehung und Realisierung ihrer Möglichkeiten zur Erreichung gemeinsamer Ziele im Krieg (bewaffneten Konflikt);
- die Verhinderung der Einbeziehung anderer Staaten in den Krieg (bewaffneten Konflikt) auf der Seite des Aggressors;
- die Nutzung der Möglichkeiten der UNO und anderer internationaler Organisationen zur Abwendung der Aggression, zur Druckausübung auf den Aggressor, um den Krieg (bewaffneten Konflikt) in einem frühen Stadium abzubrechen und die internationale Stabilität und den Frieden wiederherzustellen.

Die Militärorganisation des Staates

11. Die Militärorganisation dient dem Ziel, die militärische Sicherheit der RF zu gewährleisten.

12. Zur Militärorganisation gehören
- die Streitkräfte als ihr Kern und als Basis der Gewährleistung der militärischen Sicherheit,
- andere Truppen, militärische Formationen und Organe zur Erfüllung von Aufgaben der militärischen Sicherheit mit militärischen Mitteln sowie
- deren Führungsorgane.

13. Das Hauptziel der Entwicklung der Militärorganisation ist die Gewährleistung des garantierten Schutzes der nationalen Interessen und der militärischen Sicherheit der RF und ihrer Verbündeten.

14. Grundprinzipien der Entwicklung der Militärorganisation sind:

- die adäquate Berücksichtigung der Schlussfolgerungen aus der Analyse des Zustandes und der Entwicklungsperspektiven der militärpolitischen Lage;
- die Zentralisierung der Führung;
- die Einzelleitung auf rechtlicher Grundlage;
- die in den Grenzen der wirtschaftlichen Möglichkeiten des Landes erreichbare Übereinstimmung des Niveaus der Gefechts- und Mobilmachungsbereitschaft sowie der Vorbereitung der militärischen Führungsorgane und der Truppen (Kräfte), ihrer Strukturen, des Kampfbestandes und der Anzahl der Reserven, der Vorräte an materiellen Mitteln und Ressourcen mit den Aufgaben zur Gewährleistung der militärischen Sicherheit;
- die Einheit von Ausbildung und Erziehung;

- die Verwirklichung der Rechte und Freiheiten der Militärangehörigen, die Gewährleistung ihres sozialen Schutzes, eines würdigen sozialen Status' und Lebensniveaus.

Die Entwicklung aller Komponenten der Militärorganisation wird in Übereinstimmung mit den ihre Tätigkeit reglementierenden normativen Rechtsakten und nach abgestimmten Programmen und Plänen verwirklicht.

15. Die hauptsächlichen Prioritäten bei der Entwicklung der Militärorganisation sind:
- die Schaffung eines einheitlichen Führungssystems der Militärorganisation und die Gewährleistung seines effektiven Funktionierens;
- die Entwicklung und Vervollkommnung der Truppen (Kräfte), die die strategische Abschreckung (einschließlich der nuklearen) gewährleisten;
- die Schaffung von Strukturen für die Vorbereitung der Mobilmachungsressourcen und für die Gewährleistung der Mobilmachungsentfaltung der Streitkräfte und der anderen Truppen und deren Aufrechterhaltung in der notwendigen Bereitschaft;
- die Auffüllung, Ausrüstung, allseitige Sicherstellung und Ausbildung der Verbände und Truppenteile der ständigen Gefechtsbereitschaft im Bestand der Kräfte allgemeiner Bestimmung zur Erfüllung von Aufgaben der Abschreckung und zur Durchführung von Gefechtshandlungen in lokalen Kriegen und bewaffneten Konflikten.

16. Die grundlegenden Entwicklungsrichtungen der Militärorganisation sind:
- die Herstellung der Übereinstimmung von Struktur, Bestand und Anzahl der Komponenten der Militärorganisation mit den Aufgaben zur Gewährleistung der militärischen Sicherheit unter Berücksichtigung der wirtschaftlichen Möglichkeiten des Landes;
- die Erhöhung des qualitativen Niveaus, der Effektivität und der Funktionssicherheit der technologischen Basis des staatlichen und militärischen Führungssystems;
- die Vervollkommnung der militärökonomischen Sicherstellung der Militärorganisation auf der Grundlage der Konzentration und der rationellen Verwendung der Finanzmittel und der materiellen Ressourcen;
- die Vervollkommnung der strategischen Planung nach dem Prinzip der Einheit des Einsatzes der Streitkräfte und der anderen Truppen;
- die Erhöhung der Effektivität des Ausbildungssystems der Kader, der militärischen Bildung, der operativen und Gefechtsausbildung, der Erziehung der Militärangehörigen, aller Arten der Sicherstellung und der Militärwissenschaft;
- die Vervollkommnung des Auffüllungssystems (auf Basis des Vertrags- und Wehrpflichtprinzips, und - in dem Maße, wie die notwendigen sozialökonomischen Bedingungen geschaffen werden, - mit nachfolgend höherem Anteil der Militärangehörigen unter Vertrag, vor allem in den unteren Kommandeursdienststellungen und bei hoch spezialisierten militärischen Laufbahnen);
- die Erhöhung der Effektivität des Systems der Nutzung und Instandsetzung der Bewaffnung und Militärtechnik;
- die Vervollkommnung der speziellen Informationssicherstellung der Streitkräfte, der anderen Truppen und ihrer Führungsorgane;
- die Festigung der Gesetzlichkeit, der Rechtsordnung und der militärischen Disziplin;
- die Verwirklichung der staatlichen Politik zur Festigung des Prestiges des Militärdienstes und zur Vorbereitung der Bürger auf den Militärdienst;
- die Entwicklung der internationalen militärischen (militärpolitischen) und militärtechnischen Zusammenarbeit;

- die Vervollkommnung der normativen Rechtsbasis für den Aufbau, die Entwicklung und den Einsatz der Militärorganisation sowie des Systems ihrer Beziehungen mit der Gesellschaft.

17. Bestandteil und vorrangige Aufgabe der gegenwärtigen Etappe des Militäraufbaus ist die Durchführung einer komplexen Militärreform, die verursacht ist durch radikale Veränderungen der militärpolitischen Lage, der Aufgaben und Bedingungen bei der Gewährleistung der militärischen Sicherheit der RF.

Die Führung der Militärorganisation

18. Die Führung des Aufbaus, der Vorbereitung und des Einsatzes der Militärorganisation, der Gewährleistung der militärischen Sicherheit der RF hat der Präsident der RF; er ist Oberster Befehlshaber der Streitkräfte der RF.

19. Die Regierung der RF organisiert die Ausrüstung der Streitkräfte und der anderen Truppen mit Bewaffnung, Militär- und Spezialtechnik, ihre Sicherstellung mit materiellen Mitteln, Ressourcen und Dienstleistungen; sie verwirklicht die allgemeine Führung des operativen Ausbaus des Territoriums der RF im Interesse der Verteidigung sowie andere durch die föderalen Gesetze festgelegte Funktionen zur Gewährleistung der militärischen Sicherheit.

20. Die föderalen Staatsorgane, die Staatsorgane der Subjekte der RF und die Organe der örtlichen Selbstverwaltung verwirklichen die ihnen durch die föderalen Gesetze übertragenen Vollmachten zur Gewährleistung der militärischen Sicherheit.

Die Betriebe, Einrichtungen, Organisationen, gesellschaftlichen Verbände und Bürger der RF nehmen in der durch die föderalen Gesetze festgelegten Ordnung an der Gewährleistung der militärischen Sicherheit teil.

21. Die Führung der Streitkräfte und der anderen Truppen erfolgt durch die Leiter der entsprechenden föderalen Exekutivorgane.

22. Das Verteidigungsministerium der RF koordiniert die Tätigkeit der Exekutivorgane der RF und ihrer Subjekte zu Fragen der Verteidigung, zur Erarbeitung von Konzeptionen des Aufbaus und der Entwicklung der anderen Truppen sowie die Bestellung von Bewaffnung und Militärtechnik für diese, und es erarbeitet unter Einbeziehung der entsprechenden föderalen Exekutivorgane die Entwicklungskonzeption für Bewaffnung, Militär- und Spezialtechnik und das föderale staatliche Programm für Bewaffnung sowie Vorschläge für die entsprechenden staatlichen Beschaffungsaufträge.

Der Generalstab der Streitkräfte der RF ist das grundlegende operative Führungsorgan der Streitkräfte; er koordiniert die Tätigkeit und organisiert das Zusammenwirken der Streitkräfte und der anderen Truppen zur Erfüllung der Aufgaben im Verteidigungsbereich.

Die Führungsstäbe der Oberkommandierenden (der Kommandierenden) der Teilstreitkräfte (Truppengattungen) erarbeiten und verwirklichen die Pläne für die Entwicklung und den Einsatz der Teilstreitkräfte (Truppengattungen), für ihre operative und Mobilmachungsausbildung sowie für die technische Ausstattung und die Kaderentwicklung; sie gewährleisten die Führung der Truppen (Kräfte) und den täglichen Dienstbetrieb, den Ausbau des Stationierungssystems und der Infrastruktur.

Die Führungsorgane der Militärbezirke (die operativ-strategischen Kommandos) verwirklichen die Führung gemischter allgemeiner Truppen-(Kräfte-)Gruppierungen sowie die Planung und Organisation von Maßnahmen zur gemeinsamen Vorbereitung mit den anderen Truppen auf die Gewährleistung der militärischen Sicherheit - in den festgelegten Grenzen der Verantwortung, unter Berücksichtigung ihrer Aufgabe und des einheitlichen Systems der militärisch-administrativen Einteilung des Territoriums der RF.

23. Für die Führung von Koalitionsgruppierungen der Truppen (Kräfte) werden nach einvernehmlichen Entschlüssen der Staatsorgane der Teilnehmerländer der Koalition entsprechende vereinte militärische Führungsorgane geschaffen.

24. Die Gewährleistung der militärischen Sicherheit der RF erfordert eine zentralisierte Führung, die eine einheitliche strategische und operative Einsatzplanung der Streitkräfte und der anderen Truppen und eine einheitliche Programm/Ziel-Planung des Militäraufbaus bedingt. Dafür sind langfristige (10-15 Jahre), mittelfristige (4-5 Jahre) und kurzfristige (1-2 Jahre) Dokumente vorgesehen.

25. Die Führungsorganisation zur Gewährleistung der militärischen Sicherheit der RF in einer Spannungsperiode sowie die Schaffung und das Funktionieren entsprechender Organe der staatlichen und militärischen Führung werden durch die zutreffenden Gesetze und anderen normativen Rechtsakte der RF reglementiert.

II. Militärstrategische Grundlagen

Der Charakter der Kriege und bewaffneten Konflikte

1. Die RF erhält sich die Bereitschaft zur Führung von Kriegen und zur Mitwirkung in bewaffneten Konflikten ausschließlich mit dem Ziel, eine Aggression zu verhindern und abzuwehren, die Integrität und Unversehrtheit ihres Territoriums zu schützen sowie die militärische Sicherheit der RF und, in Übereinstimmung mit internationalen Verträgen, ihrer Verbündeten zu gewährleisten.

2. Der Charakter der Kriege (bewaffneten Konflikte) in der Gegenwart wird durch ihre militärpolitischen Ziele, durch die Mittel zum Erreichen dieser Ziele und die Maßstäbe der Kampfhandlungen bestimmt.

In Übereinstimmung damit können Kriege (bewaffnete Konflikte) der Gegenwart sein:

nach den militärpolitischen Zielen
- rechtmäßige (der UN-Charta, den grundlegenden Normen und Prinzipien des Völkerrechts nicht widersprechend, durchgeführt als Selbstverteidigung durch eine Seite, die einer Aggression ausgesetzt ist);
- unrechtmäßige (der UN-Charta, den grundlegenden Normen und Prinzipien des Völkerrechts widersprechend, unter die Definition der Aggression fallend, geführt von einer Seite, die einen bewaffneten Überfall unternimmt);

nach den eingesetzten Mitteln
- mit Einsatz von Kernwaffen und anderen Arten von Massenvernichtungswaffen;
- mit Einsatz ausschließlich herkömmlicher Bekämpfungsmittel;
- nach dem Maßstab
- lokale, regionale und große Kriege.

3. Allgemeine Grundzüge der Kriege der Gegenwart sind:
- der Einfluss auf alle Lebenssphären der Menschheit;
- der Koalitionscharakter;
- die breite Anwendung indirekter, kontaktloser und anderer (darunter nichttraditioneller) Handlungsformen und -verfahren, von weitreichendem Feuer und elektronischer Einwirkung;
- der aktive Informationskrieg, die Desorientierung der öffentlichen Meinung in einzelnen Staaten und in der Weltgemeinschaft insgesamt;
- das Streben der Seiten zur Desorganisation des staatlichen und militärischen Führungssystems;
- der Einsatz neuester hocheffektiver Systeme der Bewaffnung und der Militärtechnik (darunter solcher, die sich auf neue physikalische Prinzipien gründen);
- die manöverreichen Handlungen der Truppen (Kräfte) in getrennten Richtungen mit breitem Einsatz luftbeweglicher Kräfte, von Landetruppen und Spezialtruppen;
- die Vernichtung der Truppen (Kräfte), der rückwärtigen Objekte, der Wirtschaft und der Kommunikationen auf dem gesamten Territorium jeder der kämpfenden Seiten;
- die Durchführung von Luftkriegskampagnen und Luftoperationen;
- die katastrophalen Folgen der Vernichtung (Zerstörung) der Energiebetriebe (vor allem der kernkraftbetriebenen), der Betriebe mit chemischer und anderer gefährlicher Produktion, der Infrastruktur, der Kommunikationen und von lebenswichtigen Objekten;
- die hohe Wahrscheinlichkeit der Einbeziehung weiterer Staaten in den Krieg, der Eskalation des bewaffneten Kampfes, der Erweiterung des Maßstabs und des Spektrums der eingesetzten Mittel, eingeschlossen Massenvernichtungswaffen;
- die Teilnahme von nichtregulären neben regulären bewaffneten Formationen.

4. Ein bewaffneter Konflikt kann entstehen in Form eines bewaffneten Zwischenfalls, einer bewaffneten Aktion oder anderer bewaffneter Zusammenstöße von begrenztem Maßstab, und er kann Folge des Versuchs sein, nationale, ethnische, religiöse und andere Widersprüche mit Hilfe der Mittel des bewaffneten Kampfes zu lösen.
Eine besondere Form des bewaffneten Konflikts ist der Grenzkonflikt.

Ein bewaffneter Konflikt kann internationalen Charakter (mit Teilnahme von zwei oder mehr Staaten) oder nicht-internationalen, inneren Charakter (bewaffnete Auseinandersetzung in den territorialen Grenzen eines Staates) haben.

5. Der bewaffnete Konflikt wird charakterisiert durch:
- den hohen Grad der Einbeziehung und Verwundbarkeit der örtlichen Bevölkerung;
- den Einsatz nichtregulärer bewaffneter Formationen;
- die breite Anwendung von Diversions- und Terrormethoden;
- die Kompliziertheit der moralisch-psychologischen Lage, in der die Truppen handeln;
- die zwingend notwendige Einbeziehung bedeutender Kräfte und Mittel zur Gewährleistung der Sicherheit der Verlegungswege sowie der Unterbringungsräume und -orte der Truppen (Kräfte);
- die Gefahr des Hinüberwachsens in einen lokalen Krieg (internationalen bewaffneten Konflikt) oder einen Bürgerkrieg (inneren bewaffneten Konflikt).

6. Zur Lösung der Aufgaben in einem inneren bewaffneten Konflikt können (aus verschiedenen Komponenten der Militärorganisation) vereinte Truppen-(Kräfte-)Gruppierungen und deren Führungsorgane geschaffen werden.

7. Ein lokaler Krieg kann durch Gruppierungen von Truppen (Kräften) geführt werden, die im Konfliktraum entfaltet sind, bei Notwendigkeit mit Verstärkung durch herangeführte Truppen, Kräfte und Mittel aus anderen Richtungen und mit teilweiser strategischer Entfaltung der Streitkräfte.

Im lokalen Krieg werden die Seiten innerhalb der Grenzen der kämpfenden Staaten handeln und begrenzte militärpolitische Ziele verfolgen.

8. Ein regionaler Krieg kann als Resultat der Eskalation eines lokalen Krieges oder eines bewaffneten Konfliktes entstehen und unter Teilnahme von zwei oder mehr Staaten (Staatengruppen) einer Region, durch nationale oder Koalitionsstreitkräfte mit Einsatz sowohl herkömmlicher als auch nuklearer Bekämpfungsmittel geführt werden. Im regionalen Krieg werden die Seiten wichtige militärpolitische Ziele verfolgen.

9. Ein großer Krieg kann als Ergebnis der Eskalation eines bewaffneten Konflikts, eines lokalen oder regionalen Krieges und aus der Einbeziehung einer bedeutenden Anzahl von Staaten verschiedener Regionen der Welt entstehen.

Der große Krieg mit Einsatz ausschließlich herkömmlicher Bekämpfungsmittel wird charakterisiert sein durch eine hohe Wahrscheinlichkeit des Hinüberwachsens in einen Kernwaffenkrieg mit katastrophalen Folgen für die Zivilisation, für die Lebensgrundlagen und die Existenz der Menschheit.

Im großen Krieg werden sich die Seiten radikale militärpolitische Ziele stellen. Er wird die vollständige Mobilisierung aller materiellen und geistigen Ressourcen der Teilnehmerstaaten erfordern.

10. Einem großen Krieg (regionalen Krieg) kann eine Spannungsperiode vorausgehen.

11. Der große Krieg (der regionale Krieg) kann eine Anfangsperiode haben, deren grundlegender Inhalt ein angespannter bewaffneter Kampf um die Errringung der strategischen Initiative, um den Schutz der stabilen staatlichen und militärischen Führung, um die Überlegenheit in der informationellen Sphäre und um die Errringung (Behauptung) der Luftherrschaft ist.

Falls der große Krieg (der regionale Krieg) einen langwierigen Charakter annimmt, werden seine Ziele in nachfolgenden Perioden und in einer abschließenden Periode erreicht.

12. Die RF strebt konsequent und unerschütterlich die Schaffung eines effektiven Systems politischer, rechtlicher, organisatorisch-technischer und anderer internationaler Garantien für die Nichtzulassung bewaffneter Konflikte und Kriege an.

Grundlagen des Einsatzes der Streitkräfte und der anderen Truppen

13. Die RF betrachtet es als rechtmäßig, die Streitkräfte und die anderen Truppen zur Abwehr einer gegen sie gerichteten Aggression einzusetzen.

Ebenso können die Streitkräfte und die anderen Truppen eingesetzt werden zum Schutz vor Handlungen gegen die Verfassung und vor rechtswidriger bewaffneter Gewalt, die die Integrität und die Unversehrtheit des Territoriums der RF bedrohen, zur Erfüllung von Aufgaben entsprechend internationalen Verträgen der RF und zur Erfüllung anderer Aufgaben in Übereinstimmung mit den föderalen Gesetzen.

14. Ziele des Einsatzes der Streitkräfte und der anderen Truppen sind:

in einem großen Krieg (regionalen Krieg) bei Entfesselung durch einen beliebigen Staat (eine Staatengruppe, Koalition)
- die Unabhängigkeit und Souveränität, die territoriale Integrität der RF und ihrer Verbündeten zu schützen, die Aggression abzuwehren, dem Aggressor eine Niederlage zuzufügen und ihn zum Abbruch der Kampfhandlungen zu zwingen zu Bedingungen, die den Interessen der RF und ihrer Verbündeten entsprechen;

in lokalen Kriegen und internationalen bewaffneten Konflikten
- den Spannungsherd zu lokalisieren, die Voraussetzungen zu schaffen, den Krieg oder bewaffneten Kampf zu beenden oder seine Beendigung in frühen Stadien zu erzwingen, den Aggressor zu neutralisieren und eine Regulierung zu Bedingungen zu erreichen, die den Interessen der RF und ihrer Verbündeten entsprechen;

in inneren bewaffneten Konflikten
- die illegalen bewaffneten Formationen zu zerschlagen und zu liquidieren, Bedingungen für die umfassende Regulierung des Konflikts auf der Grundlage der Verfassung der RF und der föderalen Gesetze zu schaffen;

in Operationen zur Erhaltung und Wiederherstellung des Friedens
- die gegeneinander kämpfenden Seiten zu trennen, die Lage zu stabilisieren, die Bedingungen für eine gerechte friedliche Regulierung zu gewährleisten.

15. Die grundlegenden Einsatzformen der Streitkräfte und der anderen Truppen sind:
- strategische Operationen, Operationen und Gefechtshandlungen - im großen Krieg und in regionalen Kriegen;
- Operationen und Gefechtshandlungen - in lokalen Kriegen und internationalen bewaffneten Konflikten;
- gemeinsame Spezialoperationen - in inneren bewaffneten Konflikten;
- Anti-Terror-Operationen - bei Teilnahme am Kampf gegen den Terrorismus gemäß den föderalen Gesetzen;
- friedenschaffende Operationen;

16. Die Streitkräfte und die anderen Truppen müssen bei beliebiger Variante der Entfesselung und Durchführung der Kriege und bewaffneten Konflikte, unter den Bedingungen des massenhaften Einsatzes moderner und perspektivischer Bekämpfungsmittel durch den Gegner, einschließlich von Massenvernichtungswaffen aller Art, bereit sein,
- einen Überfall abzuwehren,
- dem Aggressor eine Niederlage zuzufügen,
- aktive Verteidigungs- wie auch Angriffshandlungen durchzuführen.

Gleichzeitig müssen die Streitkräfte die Verwirklichung friedenschaffender Maßnahmen durch die RF sowohl selbständig als auch im Bestand internationaler Organisationen gewährleisten.

17. Grundlegende Aufgaben der Streitkräfte und der anderen Truppen sind:

a) zur Gewährleistung der militärischen Sicherheit:
- die rechtzeitige Aufdeckung einer bedrohlichen Entwicklung der militärpolitischen Lage, der Vorbereitung eines bewaffneten Überfalls auf die RF und (oder) ihre Verbündeten;

- die Aufrechterhaltung des Bestandes, des Zustandes der Gefechts- und Mobilmachungsbereitschaft sowie des Ausbildungsstandes der strategischen Kernwaffenkräfte, der Sicherstellungskräfte und -mittel für deren Funktionieren und Einsatz sowie des Führungssystems auf einem Niveau, das unter beliebigen Bedingungen garantiert, dem Aggressor einen befohlenen Schaden zuzufügen;
- die Aufrechterhaltung des Kampfpotenzials, der Gefechts- und Mobilmachungsbereitschaft und der Ausbildung der Truppen (Kräfte) allgemeiner Bestimmung der Friedenszeit auf einem Niveau, das die Abwehr einer lokalen Aggression gewährleistet;
- die Erhaltung der Bewaffnung, Militär- und Spezialtechnik sowie der materiellen Vorräte in Bereitschaft zum Gefechtseinsatz;
- die Ausübung des Diensthabenden Systems (des Gefechtsdienstes) durch die eingeteilten (festgelegten) Truppen, Kräfte und Mittel;
- die qualitätsgerechte und vollständige Erfüllung der Pläne und Programme der operativen, Gefechts- und Mobilmachungsausbildung und der Erziehung des Personalbestandes der Truppen (Kräfte);
- die Aufrechterhaltung der Bereitschaft zur strategischen Entfaltung im Rahmen der staatlichen Maßnahmen zur Überführung des Landes auf den Kriegszustand;
- die Sicherung und der Schutz der Staatsgrenze der RF;
- die Entwicklung der Luftverteidigung der RF als einheitliches System auf der Grundlage zentralisierter Führung aller Kräfte und Mittel der Luftverteidigung;
- die Schaffung der Bedingungen für die Sicherheit der wirtschaftlichen Tätigkeit, der Schutz der nationalen Interessen der RF in Territorialgewässern, auf dem Kontinentalschelf und in der exklusiven Wirtschaftszone der RF sowie auf den Weltmeeren;
- die Sicherung wichtiger staatlicher Objekte;
- die Verhinderung und Unterbindung von Diversion und Terrorakten;
- die Warnung vor ökologischen Katastrophen und anderen Notsituationen sowie die Beseitigung ihrer Folgen;
- die Organisation der Zivil- und Territorialverteidigung;
- die Gewährleistung der technischen Deckung und der Wiederherstellung von Kommunikationen;
- die Gewährleistung der Informationssicherheit.

Die Aufgaben zum Schutz der nationalen Interessen der RF auf den Weltmeeren werden entsprechend den *Grundlagen der Politik der RF* auf den Weltmeeren gelöst.

Alle Aufgaben zur Gewährleistung der militärischen Sicherheit werden durch die Streitkräfte und die anderen Truppen koordiniert, in engem Zusammenwirken und entsprechend ihren durch föderale Gesetze festgelegten Funktionen erfüllt;

b) zur Abwehr eines bewaffneten Überfalls (einer Aggression) auf die RF und (oder) ihre Verbündeten:
- die teilweise oder vollständige strategische Entfaltung;
- die Durchführung strategischer Operationen, von Operationen und Gefechtshandlungen (einschließlich gemeinsamer mit verbündeten Staaten) zur Zerschlagung eingedrungener Kräfte und zur Vernichtung der geschaffenen (zu schaffenden) Truppen-(Kräfte-)Gruppierungen des Aggressors in ihren Basierungs- und Konzentrierungsräumen und auf den Verbindungswegen;
- die Aufrechterhaltung der Einsatzbereitschaft und der Einsatz des nuklearen Abschreckungspotenzials (in den durch die Militärdoktrin vorgesehenen Fällen und in der festgelegten Ordnung);
- die Lokalisierung und Neutralisierung bewaffneter Grenzkonflikte;
- die Aufrechterhaltung des Kriegszustandes (Ausnahmezustandes);

- der Schutz der Bevölkerung, der Wirtschafts- und Infrastrukturobjekte vor Einwirkung der Bekämpfungsmittel des Gegners;
- die Erfüllung der Bündnisverpflichtungen entsprechend den internationalen Verträgen der RF.

Die Aufgaben zur Abwehr eines bewaffneten Überfalls (einer Aggression) werden in Übereinstimmung mit dem Plan des Einsatzes der Streitkräfte der RF, mit dem Mobilmachungsplan der Streitkräfte der RF, mit den Erlassen des Präsidenten der RF zu Fragen der militärischen Sicherheit, mit den Befehlen und Direktiven des Obersten Befehlshabers der Streitkräfte der RF sowie mit anderen normativen Rechtsakten, Plänen und Direktiven erfüllt;

c) in inneren bewaffneten Konflikten:
- die Zerschlagung und Vernichtung illegaler bewaffneter Formationen, von Banditen- und Terroristengruppen und -organisationen, die Vernichtung ihrer Basen, Ausbildungszentren, Lager und Kommunikationen;
- die Wiederherstellung von Gesetzlichkeit und Rechtsordnung;
- die Gewährleistung der gesellschaftlichen Sicherheit und Stabilität;
- die Aufrechterhaltung des Rechtsregimes des Ausnahmezustands im Konfliktraum;
- die Lokalisierung und Blockierung des Konfliktraumes;
- das Unterbinden von bewaffneten Zusammenstößen und die Trennung der einander bekämpfenden Seiten;
- die Entwaffnung der Bevölkerung im Konfliktraum;
- die verstärkte Sicherung der gesellschaftlichen Ordnung und Sicherheit in Räumen, die an den Konfliktraum angrenzen.
- Die Erfüllung von Aufgaben zur Verhütung und Unterbindung innerer bewaffneter Konflikte, die Lokalisierung und Blockierung der Konflikträume, die Vernichtung der illegalen bewaffneten Formationen, Banden und Terrorgruppen wird (den aus verschiedenen Komponenten der Militärorganisation zu schaffenden) zeitweiligen Truppen-(Kräfte-) Gruppierungen und ihren Führungsorganen übertragen;

d) in Operationen zur Aufrechterhaltung und Wiederherstellung des Friedens:
- die Entflechtung der bewaffneten Gruppierungen der Konfliktseiten;
- die Gewährleistung der Bedingungen für humanitäre Hilfeleistung für die Zivilbevölkerung und ihre Evakuierung aus der Konfliktzone;
- die Blockierung des Konfliktraumes mit dem Ziel, die Erfüllung der von der internationalen Gemeinschaft getroffenen Sanktionen zu gewährleisten;
- die Schaffung von Voraussetzungen für eine politische Regelung.

Die Erfüllung von Aufgaben in Operationen zur Aufrechterhaltung und Wiederherstellung des Friedens wird den Streitkräften übertragen. Zur Vorbereitung auf die Erfüllung dieser Aufgaben werden speziell benannte Verbände und Truppenteile eingeteilt. Neben der Vorbereitung für den Einsatz gemäß ihrer direkten Zweckbestimmung werden sie nach einem Spezialprogramm ausgebildet.

Die RF gewährleistet die rückwärtige und technische Sicherstellung, die Ausbildung und die Vorbereitung der russischen Kontingente, ihre Einsatzplanung und operative Führung in Übereinstimmung mit den Standards und Prozeduren der UNO, der OSZE und der GUS.

18. Die Kräfte und Mittel der Streitkräfte und der anderen Truppen können dazu herangezogen werden, den Organen der Staatsmacht, den örtlichen Selbstverwaltungsorganen und der Bevölkerung bei der Beseitigung der Folgen von Havarien, technischen und Naturkatastrophen Hilfe zu erweisen.

19. Zur Lösung der den Streitkräften und den anderen Truppen gestellten Aufgaben werden auf dem Territorium der RF Gruppierungen der Truppen (Kräfte) geschaffen; dabei werden berücksichtigt:
- der Grad der potentiellen militärischen Gefährdung in den konkreten strategischen Richtungen;
- der Charakter der gegenseitigen Beziehungen mit den angrenzenden Staaten;
- die Lage der für die RF lebenswichtigen Industriegebiete und Räume strategischer Ressourcen sowie besonders wichtiger Objekte;
- die Möglichkeit der strategischen Entfaltung in bedrohten Richtungen bei maximaler Verringerung des Verlegungsumfangs sowie der Manöver zwischen den Regionen;
- die Möglichkeit, Truppen (Kräfte) und materiell-technische Reserven wahrscheinlichen Raketen- und Luftschlägen rechtzeitig zu entziehen;
- die Bedingungen für die Unterbringung der Truppen, die Gewährleistung der Dienst- und Lebensbedingungen sowie für die Lösung der sozialen und Versorgungsprobleme;
- das Vorhandensein und der Zustand von Basen für die Mobilmachungsentfaltung;
- die gesellschaftlich-politische Lage in den konkreten Regionen.

20. Zur Herstellung und Aufrechterhaltung der Stabilität, zur adäquaten Reaktion auf äußere Bedrohungen in ihrem frühen Stadium können begrenzte Kontingente der Streitkräfte und der anderen Truppen in strategisch wichtigen Regionen außerhalb des Territoriums der RF - im Bestand vereinter oder nationaler Gruppierungen und selbständiger Basen (Objekte) - stationiert werden.

Die Bedingungen für eine solche Stationierung werden durch entsprechende völkerrechtliche Dokumente bestimmt.

21. Bei der Aufstellung von gemischten militärischen Formationen der GUS werden diese mit Militärangehörigen der Teilnehmerstaaten entsprechend deren nationalen Gesetzen und den getroffenen zwischenstaatlichen Vereinbarungen aufgefüllt. Militärdienstleistende Bürger der RF versehen in derartigen Formationen Dienst in der Regel auf Vertragsbasis.

Russische Truppenformationen auf Territorien ausländischer Staaten gehören, unabhängig von den Stationierungsbedingungen, zum Bestand der Streitkräfte der RF und der anderen Truppen und handeln gemäß der für sie festgelegten Ordnung in Übereinstimmung mit den Forderungen der UN-Charta, der Resolutionen des UN-Sicherheitsrates sowie zwei- und mehrseitiger Verträge der RF.

22. Zur Schaffung und Entwicklung der militärischen Infrastruktur des Staates, die die strategische Entfaltung der Streitkräfte und der anderen Truppen zu gewährleisten hat, erfolgt der operative Ausbau des Territoriums der RF für die Verteidigung unter Führung der Regierung der RF und auf der Grundlage eines föderalen staatlichen Programms.

23. Das Anlegen und Erhalten von Reserven an materiellen Mittel wird durch die Regierung der RF in Übereinstimmung mit den vom Präsidenten der RF bestätigten Plänen zur Schaffung von staatlichen und Mobilmachungsreserven organisiert.

Die Streitkräfte und die anderen Truppen sowie die Staatsorgane verwirklichen gemäß den föderalen Gesetzen die Schaffung, Staffelung, Lagerung und Erhaltung von Reserven an materiellen Mitteln im Frieden. Diese sollen die Mobilmachungsentfaltung der Truppen (Kräfte) und die Durchführung von Gefechtshandlungen in der Anfangsperiode eines Krieges (bei einzelnen Materialarten auch während einer längeren Periode, ausgehend von Übergangsfristen der Wirtschaft des Landes, einzelner Wirtschaftszweige und Betriebe zur Arbeit nach festgelegtem Plan), die Aufstellung, Ausbildung, Umgruppierung und den Einsatz strategischer Reserven gewährleisten.

Für andere Truppen, die für eine besondere Periode dem Verteidigungsministerium operativ unterstellt werden, plant dieses Ministerium die Schaffung, Staffelung und Lagerung der operativen Materialvorräte und deren Erhaltung.

24. Die Planung der Vorbereitung und die Registrierung der Bürger für den Militärdienst sowie die Erfassung von Transportmitteln, die den Streitkräften und den anderen Truppen zur Verfügung zu stellen sind, erfolgt unter allgemeiner Führung durch den Generalstab der Streitkräfte.

25. Sowohl in der Friedens- als auch in der Kriegszeit erfolgt die Vorbereitung des Landes auf die Territorial- und Zivilverteidigung, werden komplexe Maßnahmen zur Gewährleistung des stabilen Funktionierens der Wirtschaft, des Transports und der Kommunikationen durchgeführt, wird die Bereitschaft zur Durchführung von Bergungs-, Rettungs- und anderen Arbeiten in Herden und Räumen von Havarien, technischen und Naturkatastrophen gewährleistet.

III. Militärökonomische Grundlagen

Die militärökonomische Sicherstellung der militärischen Sicherheit

1. Das Hauptziel der militärökonomischen Sicherstellung ist die Befriedigung der Erfordernisse der Militärorganisation mit finanziellen Mitteln und materiellen Ressourcen.

2. Grundlegende Aufgaben der militärökonomischen Sicherstellung sind:
- die rechtzeitige und vollständige finanzielle Sicherstellung der durch die Militärorganisation zu lösenden Aufgaben;
- die Optimierung des Verbrauchs der materiellen Ressourcen und der Geldmittel zur Gewährleistung der militärischen Sicherheit, die Erhöhung der Effektivität ihrer Verwendung auf der Grundlage komplexer, koordinierter Reformierung aller Komponenten der Militärorganisation;
- die Entwicklung der wissenschaftlich-technischen, technologischen und Produktionsbasis des Landes, der Streitkräfte und der anderen Truppen sowie der militärischen Infrastruktur im Interesse der Gewährleistung der militärischen Sicherheit;
- die Gewährleistung des Rechtsschutzes für Objekte geistigen Eigentums in der militärischen Produktion sowie in deren Entwicklungs- und Herstellungstechnologien;
- die Integration des zivilen und des militärischen Wirtschaftssektors des Landes und die Koordinierung der militärökonomischen Tätigkeit des Staates im Interesse der militärischen Sicherheit;
- die Schaffung der Infrastruktur des Staates unter Berücksichtigung der Aufgaben zur Gewährleistung der militärischen Sicherheit;
- die Erhöhung des Niveaus der sozialen Absicherung der Militärangehörigen und des

Zivilpersonals der Streitkräfte und der anderen Truppen sowie der Bürger, die im Verteidigungs-Industrie-Komplex arbeiten;
- die Sicherstellung des Funktionierens und die Vervollkommnung der Systeme der Mobilmachungsbereitschaft und der Mobilmachungsvorbereitung der Wirtschaft und der Bevölkerung des Landes;
- das Anlegen und Unterhalten von Materialreserven;
- die Verwirklichung einer gegenseitig vorteilhaften internationalen militärischen (militärpolitischen) und militärtechnischen Zusammenarbeit;
- die Erfüllung internationaler Verträge der RF im militärökonomischen Bereich.

3. Vorrangige Aufgaben der militärökonomischen Sicherstellung sind:

- die rechtzeitige und vollständige finanzielle Sicherstellung der Pläne des Aufbaus und der Entwicklung, der Gefechts- und Mobilmachungsvorbereitung der Streitkräfte und der anderen Truppen sowie der Erfordernisse aller Komponenten der Militärorganisation (innerhalb der Grenzen der vorhandenen Finanzressourcen des Staates);
- die ökonomische und finanzielle Sicherstellung der Vervollkommnung der strategischen und der herkömmlichen Bewaffnung, der Militär- und Spezialtechnik;
- die Schaffung der wirtschaftlichen und finanziellen Bedingungen für die Ausarbeitung und Herstellung von einheitlichen, hocheffektiven Truppenführungs- und Waffenleitsystemen, von Nachrichten-, Aufklärungs- und strategischen Warnsystemen, von Systemen des funkelektronischen Kampfes, von hochpräzisen, mobilen nichtnuklearen Bekämpfungsmitteln sowie der Systeme ihrer Informationssicherstellung;
- die Erhöhung des Lebensniveaus und die Verwirklichung der durch föderale Gesetze gegebenen sozialen Garantien für die Militärangehörigen und für deren Familienmitglieder.

4. Grundprinzipien der militärökonomischen Sicherstellung sind:
- die Übereinstimmung des Niveaus der finanziellen und materiellen Sicherstellung der Militärorganisation mit den Erfordernissen der militärischen Sicherheit und den verfügbaren Ressourcen des Staates;
- die Konzentration der finanziellen, materiell-technischen und intellektuellen Ressourcen auf die Lösung der Schlüsselaufgaben der Gewährleistung der militärischen Sicherheit;
- die staatliche Unterstützung der Betriebe (Produktionen) und der Einrichtungen (Organisationen), die die militärtechnische und technologische Stabilität des Verteidigungs-Industrie-Komplexes bestimmen, sowie städtebildender Betriebe und geschlossener administrativ-territorialer Einrichtungen;
- die wissenschaftlich-technische, technologische, informationelle sowie Ressourcenunabhängigkeit bei der Entwicklung und Herstellung der grundlegenden Arten militärischer Produktion.

5. Grundlegende Richtungen der Mobilmachungsvorbereitung der Wirtschaft sind:
- die Vorbereitung des Führungssystems der Wirtschaft auf stabiles Funktionieren in der Übergangsperiode zur Arbeit unter Kriegsbedingungen und im Kriege;
- die Schaffung und Vervollkommnung und das effektive Funktionieren des Systems der Mobilmachungsvorbereitung der Staatsorgane sowie der Organisationen und Betriebe mit Mobilmachungsaufgaben;
- die Optimierung und Entwicklung der erforderlichen Mobilmachungskapazitäten und -objekte;
- das Anlegen, Auffüllen, Verwahren und Erneuern von Materialvorräten in der Mobilmachungs- und der Staatsreserve;

- das Anlegen und Verwahren eines Sicherungsfonds von Konstruktions- und technischen Dokumentationen für die Kriegszeit;
- die Erhaltung und Entwicklung der Objekte der Wirtschaft, die für deren stabiles Funktionieren und das Überleben der Bevölkerung im Krieg notwendig sind;
- die Vorbereitung des Finanz-, Kredit- und des Steuersystems sowie des Geldumlaufsystems auf ein Sonderregime unter Kriegsbedingungen;
- die Ausarbeitung und Vervollkommnung einer normativen Rechtsbasis für die Mobilmachungsvorbereitung und die Überführung der Wirtschaft der RF, ihrer Subjekte und der kommunalen Einrichtungen zur Arbeit nach festgelegten Plänen.

Die internationale militärische (militärpolitische) und militärtechnische Zusammenarbeit

6. Die RF verwirklicht die internationale militärische (militärpolitische) und militärtechnische Zusammenarbeit ausgehend von ihren nationalen Interessen und von der Notwendigkeit ausgewogener Lösungen zur Gewährleistung der militärischen Sicherheit.

Die internationale militärische (militärpolitische) und militärtechnische Zusammenarbeit ist Privileg des Staates.

7. Die RF gestaltet die internationale militärische (militärpolitische) und militärtechnische Zusammenarbeit ausgehend von der außenpolitischen und wirtschaftlichen Zweckdienlichkeit, von den Aufgaben zur Gewährleistung der militärischen Sicherheit der RF und ihrer Verbündeten, in Übereinstimmung mit den föderalen Gesetzen und internationalen Verträgen der RF, auf der Grundlage der Prinzipien der Gleichberechtigung, des gegenseitigen Vorteils und guter Nachbarschaft, unter Beachtung der Interessen der internationalen Stabilität, der nationalen, regionalen und globalen Sicherheit.

8. Vorrangige Bedeutung misst die RF der Entwicklung der militärischen (militärpolitischen) und militärtechnischen Zusammenarbeit mit den Teilnehmerstaaten des Vertrags über kollektive Sicherheit der GUS bei; dabei geht sie von der Notwendigkeit aus, die Bemühungen zur Schaffung eines einheitlichen Verteidigungsraumes und zur Gewährleistung der kollektiven militärischen Sicherheit zu erhöhen.

***

Die RF bekräftigt ihre prinzipielle Treue zu den Zielen der Abwendung einer Aggression, der Verhinderung von Kriegen und bewaffneten Konflikten, der Aufrechterhaltung der internationalen Sicherheit und eines allumfassenden Friedens und garantiert die konsequente und entschlossene Erfüllung der Militärdoktrin.

Konzeption der Außenpolitik der Russischen Föderation
Es handelt sich um eine nicht autorisierte Arbeitsübersetzung. Erschienen als DSS-Arbeitspapier Heft 51-6, Dresden 2000.
Quelle des Originaltextes: Internet-Seite des Außenministeriums der Russischen Föderation
(Quelle: Dresdener Studiengemeinschaft Sicherheitspolitik e.V. (DSS), http://www.mid.ru/mid/vpcons.htmwww.sicherheitspolitik-dss.de.

Übersetzer: Joachim Klopfer, Rolf Lehmann (download: http://sicherheitspolitik-dss.de).

Konzeption Außenpolitik der Russischen Föderation
Bestätigt durch den Präsidenten der Russischen Föderation am 28. Juni 2000 (Nr. Pr-351)

I. Allgemeine Bestimmungen
II. Die gegenwärtige Welt und die Außenpolitik der RF
III. Prioritäten der RF bei der Lösung globaler Probleme
IV. Regionale Prioritäten
V. Die Formierung und Verwirklichung der Außenpolitik der RF

I. Allgemeine Bestimmungen

Die Konzeption Außenpolitik der Russischen Föderation ist ein System von Ansichten zu Inhalt und Grundrichtungen der außenpolitischen Tätigkeit Russlands.

Die Rechtsbasis der vorliegenden Konzeption bilden die Verfassung der Russischen Föderation, die föderalen Gesetze, andere normative Rechtsakte der Russischen Föderation (im weiteren: RF) zur Regulierung der außenpolitischen Tätigkeit der föderalen Staatsorgane, die allgemein anerkannten Prinzipien und Normen des Völkerrechts und die internationalen Verträge der RF sowie die durch Präsidentenerlass Nr. 24 vom 10. Januar 2000 bestätigte Konzeption der nationalen Sicherheit der Russischen Föderation.

Die zu Beginn des XXI. Jahrhunderts entstandene internationale Lage erforderte ein Überdenken der allgemeinen Situation im Umfeld der RF, der Prioritäten der russischen Außenpolitik und der Möglichkeiten ihrer Sicherstellung mit Ressourcen. Neben einer gewissen Festigung der internationalen Position der RF zeigten sich auch negative Tendenzen.

Gewisse Annahmen über die Herausbildung neuer, gleichberechtigter, gegenseitig vorteilhafter Beziehungen Russlands mit der Umwelt, wie sie in den Grundlegenden Bestimmungen der Konzeption Außenpolitik der Russischen Föderation, bestätigt durch Anordnung des Präsidenten der RF vom 23. April 1997 Nr. 284-rp, und in anderen Dokumenten dargelegt wurden, haben sich nicht bestätigt.

Oberste Priorität des außenpolitischen Kurses Russlands hat der Schutz der Interessen der Persönlichkeit, der Gesellschaft und des Staates. Im Rahmen dieses Prozesses müssen die Hauptanstrengungen darauf gerichtet sein, folgende Grundziele zu erreichen:
- die Gewährleistung zuverlässiger Sicherheit des Landes, die Erhaltung und Festigung seiner Souveränität und territorialen Integrität, einer festen und maßgeblichen Position in der Weltgemeinschaft, die im Höchstmaß den Interessen der RF als Großmacht und als eines der Einflusszentren der gegenwärtigen Welt entspricht und für das Anwachsen ihres politischen, wirtschaftlichen, intellektuellen und geistiger Potenzials notwendig sind;
- die Einflussnahme auf allgemeine Weltprozesse mit dem Ziel, eine stabile, gerechte und demokratische Weltordnung zu formieren, die sich auf die allgemein anerkannten Völkerrechtsnormen stützt, vor allem auf die Ziele und Prinzipien der UN-Charta, auf gleichberechtigte und partnerschaftliche Beziehungen zwischen den Staaten;
- die Schaffung günstiger äußerer Bedingungen für die fortschreitende Entwicklung Russlands, für den Aufstieg seiner Wirtschaft, die Erhöhung des Lebensniveaus der

Bevölkerung, die erfolgreiche Durchführung der demokratischen Umgestaltung, die
Festigung der Grundlagen des verfassungsmäßigen Aufbaus und die Beachtung der
Rechte und Freiheiten der Bürger;
- die Herausbildung eines Gürtels guter Nachbarschaft entlang der russischen Grenzen, die Mitwirkung bei der Überwindung existierender und bei der Verhinderung entstehender Spannungsherde und Konflikte in Anliegerregionen der RF;
- die Suche nach Einvernehmen und übereinstimmenden Interessen mit ausländischen Ländern und zwischenstaatlichen Vereinigungen bei der Lösung der durch die nationalen Prioritäten Russlands bestimmten Aufgaben und, auf dieser Grundlage, der Aufbau eines Systems von Partner- und Bündnisbeziehungen zur Verbesserung der Bedingungen und Parameter des internationalen Zusammenwirkens;
- der allseitige Schutz der Rechte und Interessen der Bürger der RF und der Landsleute im Ausland;
- das Erreichen einer positiven Wahrnehmung der RF in der Welt, die Popularisierung der russischen Sprache und der Kultur der Völker Russlands in ausländischen Staaten.

II. Die gegenwärtige Welt und die Außenpolitik der RF

Die gegenwärtige Welt durchlebt fundamentale und dynamische Veränderungen, die die Interessen der RF und seiner Bürger tief greifend berühren. Russland ist aktiver Teilnehmer dieses Prozesses. Als ständiges Mitglied des UN-Sicherheitsrates, dank bedeutender Potenziale und Ressourcen in allen Lebensbereichen sowie intensiver Beziehungen mit den führenden Staaten der Welt nimmt es wesentlichen Einfluss auf die Herausbildung einer neuen Weltordnung.

Die Transformation der internationalen Beziehungen, die Beendigung der Konfrontation und die schrittweise Überwindung der Folgen des „Kalten Krieges" sowie das Fortschreiten der russischen Reformen erweiterten wesentlich die Möglichkeiten zur Zusammenarbeit in der Weltarena. Die Gefahr eines globalen Kernwaffenkonflikts hat sich auf ein Minimum reduziert. Trotz anhaltender Bedeutung der Militärmacht spielen in den zwischenstaatlichen Beziehungen wirtschaftliche, politische, wissenschaftlich-technische, ökologische und informationelle Faktoren eine immer größere Rolle. Als Hauptkomponenten der nationalen Macht der RF erweisen sich in erster Linie ihre intellektuellen, Informations- und Kommunikationsmöglichkeiten, der Wohlstand und das Bildungsniveau der Bevölkerung, der Kopplungsgrad der wissenschaftlichen und der Produktionsressourcen, die Konzentration des Finanzkapitals und die Vielfalt der wirtschaftlichen Beziehungen.

Bei der überwältigenden Mehrheit der Staaten hat sich eine stabile Orientierung auf marktwirtschaftliche Methoden und demokratische Werte herausgebildet. In einer Reihe von Schlüsselrichtungen des wissenschaftlich-technischen Fortschritts wurde ein gewaltiger Durchbruch erreicht, in dessen Ergebnis sich ein einheitlicher globaler Informationsraum bildete. Dies und die Vertiefung und wachsende Vielfalt der internationalen Wirtschaftsbeziehungen verleihen der gegenseitigen Abhängigkeit der Staaten globalen Charakter. Es entstehen Voraussetzungen für einen stabileren und weniger krisenanfälligen Weltaufbau.

Zugleich entstanden in der internationalen Sphäre neue Herausforderungen und Bedrohungen für die nationalen Interessen Russlands. Es verstärkt sich die Tendenz zur Herausbildung einer monopolaren Weltstruktur bei wirtschaftlicher und militärischer Dominanz der USA. Bei der Lösung prinzipieller Fragen der internationalen Sicherheit setzt man auf westliche Institutionen und Foren im begrenzten Bestand, auf die Schwächung der Rolle des UN-Sicherheitsrates.

Die Strategie einseitiger Handlungen kann die internationale Lage destabilisieren, Spannungen und Wettrüsten provozieren, zwischenstaatliche Widersprüche, nationalen und religiösen Hader verschärfen. Die Anwendung gewaltsamer Methoden unter Umgehung der existierenden völkerrechtlichen Mechanismen ist nicht geeignet, die tiefen sozialökonomischen, zwischenethnischen und anderen Widersprüche zu überwinden, die den Konflikten zugrunde liegen; sie untergraben nur die Grundlagen der Rechtsordnung.

Russland wird die Herausbildung eines multipolaren Systems der internationalen Beziehungen zu erreichen suchen, das adäquat die Vielschichtigkeit der gegenwärtigen Welt mit der Vielfalt ihrer Interessen widerspiegelt.

Die Garantie der Effektivität und der Zuverlässigkeit eines solchen Weltaufbaus ist die gegenseitige Berücksichtigung der Interessen. Die Weltordnung des XXI. Jahrhunderts muss sich auf kollektive Lösungsmechanismen der Schlüsselprobleme gründen, auf den Vorrang des Rechts und auf eine breite Demokratisierung der internationalen Beziehungen.

Die Interessen Russlands sind auch mit anderen Tendenzen unmittelbar verbunden; dazu gehören
• die Globalisierung der Weltwirtschaft.

Neben zusätzlichen Möglichkeiten des sozialökonomischen Fortschritts und der Erweiterung der menschlichen Kontakte ruft diese Tendenz, besonders für wirtschaftlich geschwächte Staaten, auch neue Gefahren hervor, wird die Wahrscheinlichkeit großer Finanz- und Wirtschaftskrisen verstärkt. Es wächst das Abhängigkeitsrisiko des Wirtschaftssystems und des Informationsraumes der RF gegenüber Einwirkungen von außen;
• die Stärkung der Rolle internationaler Institutionen und Mechanismen in der Weltwirtschaft und -politik („Gruppe der Acht", Internationaler Währungsfonds, Internationale Bank für Wiederaufbau und Entwicklung u.a.) - hervorgerufen durch die objektiv wachsende gegenseitige Abhängigkeit der Staaten und den erhöhten Steuerungsbedarf des internationalen Systems.

Es ist im Interesse Russlands, uneingeschränkt und gleichberechtigt an der Ausarbeitung der grundlegenden Funktionsprinzipien eines globalen Finanz- und Wirtschaftssystems unter den gegenwärtigen Bedingungen teilzunehmen;
• die Entwicklung regionaler und subregionaler Integration in Europa, in der asiatischpazifischen Region, in Afrika und Lateinamerika.

Integrationsvereinigungen gewinnen immer größere Bedeutung in der Weltwirtschaft, sie werden zu einem wesentlichen Faktor regionaler und subregionaler Sicherheit und Friedensstiftung;
• die militärpolitische Konkurrenz der Regionalmächte, das Anwachsen des Separatismus, des ethnonationalen und religiösen Extremismus.

Die Integrationsprozesse, speziell in der euroatlantischen Region, haben oft selektiveinschränkenden Charakter. Versuche, die Rolle des souveränen Staates als grundlegendes Element der internationalen Beziehungen zu verringern, schaffen die Gefahr willkürlicher Einmischung in innere Angelegenheiten. Das Problem der Weiterverbreitung von Massenvernichtungswaffen und deren Trägermitteln nimmt ernstzunehmende Maßstäbe an. Nichtregulierte oder potentielle regionale und lokale bewaffnete Konflikte stellen eine Bedrohung für den internationalen Frieden und die Sicherheit dar. Das Anwachsen des internationalen Terrorismus, des transnationalen organisierten Verbrechens sowie des illegalen Drogen- und Waffenumschlags beginnt wesentlichen Einfluss auf die globale und regionale Stabilität zu nehmen.

Die mit diesen Tendenzen verbundenen Bedrohungen verschärfen die Beschränktheit der Ressourcen-Sicherstellung für die Außenpolitik der RF, was den erfolgreichen Schutz ihrer außenwirtschaftlichen Interessen erschwert und den Rahmen ihres informationellen und kulturellen Einflusses im Ausland einengt. Gleichzeitig besitzt die RF das reale Potenzial für die Gewährleistung eines würdigen Platzes in der Welt. In dieser Hinsicht hat die weitere Festigung der russischen Staatlichkeit, die Konsolidierung der Bürgergesellschaft und ein schneller Übergang zu stabilem Wirtschaftswachstum entscheidende Bedeutung.

Im letzten Jahrzehnt konnte Russland zusätzliche Möglichkeiten der internationalen Zusammenarbeit nutzen, die sich als Ergebnis der grundlegenden Umgestaltungen im Lande eröffneten. Auf dem Wege der Integration in das System der Weltwirtschaftsbeziehungen hat es sich wesentlich vorwärts bewegt, und es ist in eine Reihe einflussreicher internationaler Organisationen und Institutionen eingetreten. Dank intensiver Anstrengungen ist es gelungen, die Position Russlands in der Weltarena in einer Reihe prinzipieller Richtungen zu festigen.

Die RF verfolgt eine eigenständige und konstruktive Außenpolitik. Sie gründet sich auf Folgerichtigkeit und Vorhersagbarkeit, auf gegenseitig vorteilhaften Pragmatismus. Diese Politik ist weitestgehend transparent, berücksichtigt die legitimen Interessen der anderen Staaten und ist auf die Suche nach gemeinsamen Lösungen gerichtet.

Russland ist ein zuverlässiger Partner in den internationalen Beziehungen. Seine konstruktive Rolle bei der Lösung brennender internationaler Probleme ist allgemein anerkannt. Ein kennzeichnender Zug russischer Außenpolitik ist ihre Ausgewogenheit. Das ist durch die geopolitische Lage Russlands als eurasische Großmacht bedingt, die gefordert ist, ihre Anstrengungen auf alle Richtungen optimal zu kombinieren. Derartiges Herangehen bestimmt a priori die Verantwortung Russlands für die Aufrechterhaltung der Sicherheit in der Welt sowohl auf globaler wie auch auf regionaler Ebene, es setzt die Entwicklung und wechselseitige Ergänzung der außenpolitischen Tätigkeit auf zwei- und mehrseitiger Basis voraus.

III. Prioritäten der RF bei der Lösung globaler Probleme

Eine erfolgreiche Außenpolitik der RF muss sich auf die Beachtung einer vernünftigen Balance zwischen ihren Zielen und deren Realisierungsmöglichkeiten gründen. Die Konzentration politisch-diplomatischer, militärischer, wirtschaftlicher, finanzieller und anderer Mittel zur Lösung außenpolitischer Aufgaben muss deren realer Bedeutung für die nationalen Interessen Russlands angemessen, der Grad der Teilnahme an internationalen Angelegenheiten dem tatsächlichen Beitrag zur Festigung der Position des Landes adäquat sein. Die Vielfalt und Kompliziertheit der internationalen Probleme und die Existenz von Krisensituationen setzen eine rechtzeitige Bewertung der Prioritäten in der außenpolitischen Tätigkeit der RF voraus. Es ist notwendig, die Wirksamkeit der politischen, rechtlichen, außenwirtschaftlichen und anderen Instrumente zum Schutz der staatlichen Souveränität Russlands und seiner nationalen Wirtschaft unter den Bedingungen der Globalisierung zu erhöhen.

1. Die Herausbildung eines neuen Weltaufbaus

Russland ist an einem stabilen System internationaler Beziehungen interessiert, das sich auf die Prinzipien der Gleichberechtigung, der gegenseitigen Achtung und der gegenseitig vorteilhaften Zusammenarbeit gründet. Dieses System ist berufen, die zuverlässige Sicherheit jedes Mitgliedes der Weltgemeinschaft auf politischem, militärischem, wirtschaftlichem, humanitärem und anderen Gebieten zu gewährleisten. Hauptregulierungszentrum der internationalen Beziehungen im XXI. Jahrhundert muss die Organisation der Vereinten Nationen bleiben. Versuchen, die Rolle der UNO und ihres Sicherheitsrates in globalen Angelegenheiten zu verringern, wird die Russische Föderation entschieden entgegenwirken.

Die Verstärkung der konsolidierenden Rolle der UNO setzt voraus:
- die strikte Beachtung der grundlegenden Prinzipien der Charta der UNO, einschließlich der Beibehaltung des Status der ständigen UN-Sicherheitsrats-Mitglieder;
- die rationelle Reformierung der UNO mit dem Ziel, einen Mechanismus für ein schnelles Reagieren auf Ereignisse in der Welt, einschließlich der Verstärkung ihrer Möglichkeiten zur Verhinderung und Regulierung von Krisen und Konflikten, zu entwickeln;
- die weitere Erhöhung der Effektivität des UN-Sicherheitsrates, der die Hauptverantwortung für die Aufrechterhaltung des internationalen Friedens und der Sicherheit trägt, die Ausstattung dieses Organs mit größerem Ansehen durch Einbeziehung neuer ständiger Mitglieder in seinen Bestand, in erster Linie der maßgebenden Entwicklungsländer. Die Reformierung der UNO muss vom unverrückbaren Veto-Recht der ständigen Mitglieder des UN-Sicherheitsrates ausgehen.

Russland misst seiner Teilnahme in der Gruppe der acht am weitesten entwickelten Industriestaaten große Bedeutung bei. Die RF betrachtet den Konsultationsmechanismus und die Übereinstimmung der Positionen zu den wichtigsten Problemen der Gegenwart als eines der wesentlichen Mittel für den Schutz und den Fortschritt der eigenen außenpolitischen Interessen; sie beabsichtigt, das Zusammenwirken mit den Partnern auf diesem Forum zu verstärken.

2. Die Festigung der internationalen Sicherheit

Russland tritt für die weitere Verringerung der Rolle des Gewaltfaktors in den internationalen Beziehungen bei gleichzeitiger Festigung der strategischen und regionalen Stabilität ein.

Die RF, im Interesse dieser Ziele,
- wird die durch gültige Verträge und Abkommen auf dem Gebiet der Rüstungsbegrenzung und -reduzierung übernommenen Verpflichtungen strikt erfüllen und an der Ausarbeitung und dem Abschluss neuer Vereinbarungen teilnehmen, die sowohl ihren nationalen Interessen als auch den Sicherheitsinteressen der anderen Staaten entsprechen;
- ist bereit zur weiteren Reduzierung ihres nationalen Nuklearpotenzials auf der Grundlage zweiseitiger Vereinbarungen mit den USA und - mehrseitig - mit Einbeziehung anderer Nuklearmächte, wenn dabei die strategische Stabilität im nuklearen Bereich nicht gestört wird. Russland wird die Aufrechterhaltung und Erfüllung des Vertrags von 1972 über die Begrenzung der Systeme der Anti-Raketen-Verteidigung - eines Eckpfeilers der strategischen Stabilität - durchsetzen. Die Verwirklichung der Pläne der USA zur Schaffung einer Anti-Raketen-Verteidigung

des Territoriums des Landes wird die RF unausweichlich zwingen, adäquate Maßnahmen zur Aufrechterhaltung ihrer nationalen Sicherheit auf dem notwendigen Niveau zu ergreifen;
- bekräftigt ihren unveränderlichen Kurs, sich gemeinsam mit den anderen Staaten an der Verhinderung der Verbreitung von Kernwaffen, anderen Arten von Massenvernichtungswaffen, deren Trägermitteln sowie entsprechenden Materialien und Technologien zu beteiligen. Die RF ist ein konsequenter Anhänger der Festigung und Entwicklung der entsprechenden internationalen Regime, eingeschlossen die Schaffung eines globalen Kontrollsystems zur Nichtweiterverbreitung von Raketen und Raketentechnologien. Die RF hat die Absicht, ihre Pflichten gemäß dem Vertrag über das umfassende Verbot von Kernwaffenversuchen strikt einzuhalten und ruft alle Staaten der Welt auf, diesem beizutreten;
- widmet besondere Aufmerksamkeit einem solchen Aspekt der Festigung der strategischen Stabilität wie der Gewährleistung der Informationssicherheit;
- ist gewillt, auch weiterhin bei der Festigung der regionalen Stabilität mitzuwirken - durch Teilnahme an den Prozessen der Reduzierung und Begrenzung herkömmlicher Streitkräfte sowie durch Anwendung von vertrauensbildenden Maßnahmen im militärischen Bereich;
- betrachtet die internationale Friedensstiftung als ein wirksames Instrument zur Regulierung bewaffneter Konflikte und tritt für die Festigung ihrer Rechtsgrundlagen in strenger Übereinstimmung mit den Prinzipien der UN-Charta ein.

Die Russische Föderation unterstützt die Maßnahmen zur Verstärkung und Modernisierung des Potenzials zur schnellen Anti-Krisen-Reaktion der UNO und gedenkt weiterhin aktiv an Operationen zur Aufrechterhaltung des Friedens teilzunehmen, die unter Schirmherrschaft der UNO wie auch, in konkreten Fällen, regionaler und subregionaler Organisationen erfolgen. Die Notwendigkeit und die Stufe dieser Teilnahme werden mit den nationalen Interessen und den internationalen Verpflichtungen des Landes abgestimmt.

Russland
- geht davon aus, dass allein der UN-Sicherheitsrat berechtigt ist, den Einsatz von Gewaltanwendung zur Erzwingung des Friedens zu sanktionieren;
- geht davon aus, dass der Einsatz von Gewalt unter Verletzung der UN-Charta illegitim ist und die Stabilität des gesamten Systems der internationalen Beziehungen bedroht. Versuche, Konzeptionen des Typs „Humanitäre Intervention" und „Begrenzte Souveränität" in den internationalen Umgang einzuführen, um einseitige Gewaltaktionen unter Umgehung des UN-Sicherheitsrates zu rechtfertigen, sind unannehmbar.
Weiterhin bereit zu einem substanziellen Dialog über die Vervollkommnung von Rechtsaspekten der Gewaltanwendung in den internationalen Beziehungen unter den Bedingungen der Globalisierung, geht die RF davon aus, dass die Suche nach konkreten Reaktionsformen der Weltgemeinschaft auf verschiedene brennende Situationen, einschließlich humanitärer Krisen, kollektiv und auf der Basis strikter Einhaltung der Normen des Völkerrechts und der UN-Charta erfolgen muss;
- wird an den unter Schirmherrschaft der UNO und anderer internationaler Organisationen durchzuführenden Maßnahmen zur Beseitigung <der Folgen; *Einfügung der Übersetzer>* von technischen und Naturkatastrophen und anderen Notsituationen teilnehmen und den geschädigten Ländern humanitäre Hilfe erweisen;
- betrachtet als wichtige außenpolitische Aufgabe den Kampf mit dem internationalen Terrorismus, der nicht nur in einzelnen Staaten, sondern auch in ganzen Regionen zur Lagedestabilisierung fähig ist. Die RF tritt für die weitere Ausarbeitung von

Maßnahmen zum verstärkten Zusammenwirken der Staaten auf diesem Gebiet ein. Es ist direkte Pflicht eines beliebigen Staates, seine Bürger vor terroristischen Anschlägen zu schützen, auf seinem Territorium Handlungen nicht zuzulassen, deren Ziel die Organisation ähnlicher Akte gegen die Bürger und Interessen anderer Staaten ist, und Terroristen keinen Unterschlupf zu gewähren;
- wird dem illegalen Rauschgifthandel und dem Anwachsen des organisierten Verbrechens zielgerichtet entgegenwirken und dabei mit anderen Staaten auf bilateraler und multilateraler Ebene zusammenarbeiten, vor allem im Rahmen der internationalen Spezialorgane.

3. Internationale Wirtschaftsbeziehungen

Oberste Priorität in der Außenpolitik der RF auf dem Gebiet der internationalen Wirtschaftsbeziehungen hat die Mitwirkung bei der Entwicklung der nationalen Wirtschaft, die unter den Bedingungen der Globalisierung ohne breite Einbeziehung Russlands in das System der Weltwirtschaftsverbindungen undenkbar ist.

Um dieses Ziel zu erreichen ist es erforderlich:
- günstige äußere Bedingungen zu gewährleisten für die Herausbildung der Marktwirtschaft im Lande und für das Werden einer erneuerten außenwirtschaftlichen Spezialisierung der RF, die durch ihren Beitrag innerhalb der internationalen Arbeitsteilung einen maximalen wirtschaftlichen Effekt garantiert;
- die Risiken bei der weiteren Integration Russlands in die Weltwirtschaft auf ein Minimum zu reduzieren und dabei die Erfordernisse zur Gewährleistung der wirtschaftlichen Sicherheit des Landes zu berücksichtigen;
- die Herausbildung eines gerechten internationalen Handelssystems mit vollberechtigter Teilnahme der RF in den internationalen Wirtschaftsorganisationen zu fördern, so dass der Schutz der nationalen Interessen des Landes gewährleistet ist;
- die Erweiterung des einheimischen Exports und der Rationalisierung des Imports in das Land sowie das russische Unternehmertum im Ausland zu fördern, seine Interessen auf dem Außenmarkt zu unterstützen, der Diskriminierung einheimischer Produzenten und Exporteure entgegenzuwirken und die strikte Einhaltung der russischen Gesetzlichkeit bei derartigen Operationen durch die einheimischen Außenhandelssubjekte zu gewährleisten;
- die Einbeziehung ausländischer Investitionen zu fördern - in erster Linie in den produzierenden Sektor und in Vorrangbereiche der russischen Wirtschaft;
- die Unversehrtheit und die optimale Nutzung des russischen Eigentums im Ausland zu gewährleisten;
- die Bedienung der russischen Auslandsschulden in Übereinstimmung mit den realen Möglichkeiten des Landes zu bringen und durch Kredite ausländischer Staaten einen möglichst großen Zuwachs an Mitteln zu erreichen;
- im Wirtschaftsbereich ein komplexes System russischer Gesetze und eine internationale Vertragsrechtsbasis herauszubilden.

Russland muss bereit sein, alle ihm zur Verfügung stehenden wirtschaftlichen Hebel und Quellen für den Schutz seiner nationalen Interessen zu nutzen. Unter Berücksichtigung der wachsenden Gefahr globaler technogener und Naturkatastrophen tritt die RF im Interesse der ganzen internationalen Gemeinschaft für die Erweiterung der internationalen Zusammenarbeit zur Gewährleistung der ökologischen Sicherheit ein, einschließlich unter Einbeziehung neuester Technologien.

4. Menschenrechte und internationale Beziehungen

Russland steht zu den Werten einer demokratischen Gesellschaft, eingeschlossen die Achtung der Rechte und Freiheiten des Menschen.

Es sieht seine Aufgaben darin,
- in der ganzen Welt die Achtung der Rechte und Freiheiten des Menschen unter Einhaltung der internationalen Rechtsnormen zu erreichen;
- die Rechte und Interessen der Bürger der RF und der Landsleute im Ausland auf der Basis des Völkerrechts und der gültigen zweiseitigen Abkommen zu schützen. Die RF wird eine angemessene Gewährleistung der Rechte und Freiheiten von Landsleuten in den Staaten, in denen sie ständig leben, zu erreichen suchen und allseitige Verbindungen zu ihnen und ihren Organisationen unterhalten und entwickeln;
- die internationale Zusammenarbeit auf dem Gebiet des humanitären Austauschs zu entwickeln;
- die Beteiligung an internationalen Konventionen und Übereinkünften auf dem Gebiet der Menschenrechte zu erweitern;
- die Überführung der Gesetzgebung der RF in Übereinstimmung mit den internationalen Verpflichtungen Russlands fortzusetzen.

5. Informationelle Begleitung der außenpolitischen Tätigkeit

Es ist eine wichtige außenpolitische Tätigkeitsrichtung der RF, breite Kreise der Weltöffentlichkeit objektiv und exakt über ihre Positionen zu grundlegenden internationalen Problemen, über außenpolitische Initiativen und Aktionen der RF sowie über Errungenschaften der russischen Kultur, der Wissenschaft und des intellektuellen Schaffens zu informieren. In den Vordergrund rückt die Aufgabe, im Ausland eine positive Wahrnehmung Russlands und ein freundschaftliches Verhältnis zu ihm herauszubilden. Unverzichtbares Element der entsprechenden Arbeit müssen zielgerichtete Anstrengungen zur umfassenden Aufklärung im Ausland über das Wesen der Innenpolitik Russlands und die im Lande ablaufenden Prozesse werden. Es ist an der Zeit, in der RF eigene effektive Mittel zur informationellen Beeinflussung der öffentlichen Meinung im Ausland beschleunigt zu entwickeln.

IV. Regionale Prioritäten

Eine vorrangige Richtung der Außenpolitik Russlands ist die Gewährleistung der Übereinstimmung der zwei- und mehrseitigen Zusammenarbeit mit den Teilnehmerstaaten der Gemeinschaft Unabhängiger Staaten (GUS) mit den Aufgaben der nationalen Sicherheit des Landes. Schwerpunkt wird auf die Entwicklung gutnachbarlicher Beziehungen und strategischer Partnerschaft mit allen GUS-Teilnehmerstaaten gelegt werden. Die praktischen Beziehungen zu jedem von ihnen müssen unter Berücksichtigung der gegenseitigen Offenheit für Zusammenarbeit gestaltet werden. Das schließt die Bereitschaft ein, die Interessen der RF im notwendigen Maße zu berücksichtigen, einschließlich der Rechte der russischen Landsleute.

Ausgehend von der Konzeption unterschiedlicher Geschwindigkeiten und Niveaus bei der Integration im Rahmen der GUS wird Russland die Parameter und den Charakter seines Zusammenwirkens mit den GUS-Teilnehmerstaaten bestimmen - sowohl im Ganzen in der GUS wie auch in kleineren Vereinigungen, in erster Linie in der Zollunion und im Vertrag über kollektive Sicherheit.

Eine erstrangige Aufgabe ist die Festigung der Union Belarus und Russland als die in der gegebenen Etappe höchste Integrationsform zweier souveräner Staaten.

Vorrangige Bedeutung werden gemeinsame Anstrengungen zur Regulierung von Konflikten in den GUS-Teilnehmerstaaten sowie zur Entwicklung der Zusammenarbeit auf militärpolitischem Gebiet und in der Sphäre der Sicherheit haben, besonders beim Kampf mit dem internationalen Terrorismus und Extremismus.

Ein ernstzunehmender Akzent wird auf die Entwicklung der wirtschaftlichen Zusammenarbeit, einschließlich der Schaffung von Freihandelszonen, und auf die Verwirklichung der Programme gemeinsamer rationeller Verwendung der Naturressourcen gelegt werden. Insbesondere wird Russland die Ausarbeitung eines solchen Status des Kaspischen Meeres anstreben, der es den Anliegerstaaten ermöglicht, eine gegenseitig vorteilhafte Zusammenarbeit bei der Verwertung der Ressourcen der Region zu entfalten, auf gerechter Grundlage und mit gegenseitiger Beachtung der legitimen Interessen.
Die RF wird Anstrengungen unternehmen, um die Erfüllung der gegenseitigen Verpflichtungen zum Schutz und zur Mehrung des gemeinsamen Kulturerbes in den GUS-Teilnehmerstaaten zu gewährleisten.

Das Verhältnis zu den europäischen Staaten ist eine traditionell vorrangige Richtung der Außenpolitik Russlands. Das Hauptziel der russischen Außenpolitik in Richtung Europa ist die Schaffung eines stabilen und demokratischen Systems gesamteuropäischer Sicherheit und Zusammenarbeit. Russland ist an der weiteren ausgewogenen Entwicklung des multifunktionalen Charakters der Organisation für Sicherheit und Zusammenarbeit in Europa (OSZE) interessiert und wird in dieser Richtung Anstrengungen unternehmen. Es ist wichtig, das seit Annahme der Schlussakte von Helsinki 1975 durch diese Organisation angesammelte normstiftende Potenzial, das seine Aktualität vollständig bewahrt hat, maximal zu nutzen. Russland wird der Funktionsverengung der OSZE entschieden entgegenwirken, insbesondere den Versuchen, ihre Tätigkeit auf den postsowjetischen Raum und den Balkan umzuprofilieren.

Russland wird sich dafür einsetzen, den Anpassungsvertrag über konventionelle Streitkräfte in Europa zu einem wirksamen Mittel zur Gewährleistung der europäischen Sicherheit umzugestalten sowie den vertrauensbildenden Maßnahmen einen allumfassenden Charakter zu verleihen, der insbesondere die Aktivitäten in den Koalitionen und bei den Seestreitkräften einschließt.

Ausgehend von den eigenen Erfordernissen beim Aufbau einer Bürgergesellschaft beabsichtigt Russland, seine Teilnahme an der Tätigkeit des Europarates fortzusetzen.

Die Beziehungen mit der Europäischen Union (EU) haben Schlüsselbedeutung. Die in der EU ablaufenden Prozesse beeinflussen in wachsendem Maße die Situationsdynamik in Europa. Das sind die EU-Erweiterung, der Übergang zu einer einheitlichen Währung, die institutionelle Reform, das Entstehen einer gemeinsamen Außen- und Sicherheitspolitik und einer Verteidigungsidentität. Russland betrachtet diese Prozesse als objektive Komponente der europäischen Entwicklung und wird die gebührende Berücksichtigung seiner Interessen anstreben, darunter hinsichtlich der zweiseitigen Beziehungen mit einzelnen EU-Mitgliedsstaaten.
Die RF sieht in der EU einen ihrer wichtigsten politischen und wirtschaftlichen Partner und wird anstreben, mit ihr eine intensive, stabile und langfristige Zusammenarbeit zu entwickeln, frei von konjunkturellen Schwankungen.
Der Charakter der Beziehungen mit der EU wird durch die Vereinbarung über

Partnerschaft und Zusammenarbeit vom 24. Juni 1994 definiert, die die Partnerschaft zwischen der RF einerseits und den europäischen Gemeinschaften und ihren Mitgliedsstaaten auf der anderen Seite begründet; sie wurde noch nicht mit voller Kraft umgesetzt. Konkrete Probleme, vor allem das Problem einer angemessenen Beachtung der Interessen der russischen Seite im Erweiterungs- und Reformprozess der EU, werden auf der Grundlage der 1999 gebilligten Strategie der Entwicklung der Beziehungen der RF mit der europäischen Union gelöst. Gegenstand besondere Aufmerksamkeit muss die Herausbildung einer militärpolitischen Dimension der EU werden.

Russland bewertet die Rolle der Organisation des Nordatlantikvertrages (NATO) realistisch und geht davon aus, dass die Zusammenarbeit mit ihr im Interesse der Sicherheit und Stabilität auf dem Kontinent wichtig ist; es ist für konstruktives Zusammenwirken aufgeschlossen. Die notwendige Basis dafür liegt in der Grundlegenden Akte über gegenseitige Beziehungen, Zusammenarbeit und Sicherheit zwischen der RF und der NATO vom 27. Mai 1997 vor.

Die Intensität der Zusammenarbeit mit der NATO wird davon abhängen, ob die Schlüsselbestimmungen dieses Dokuments durch sie erfüllt werden; sie berühren in erster Linie den Verzicht auf Gewalt und Gewaltandrohung sowie auf Dislozierung von Gruppierungen herkömmlicher Streitkräfte, von Kernwaffen und deren Trägermittel auf den Territorien neuer Mitglieder.

Zugleich stimmen die heutigen politischen und militärischen Richtlinien der NATO in einer ganzen Reihe von Parametern nicht mit den Sicherheitsinteressen der RF überein, bisweilen widersprechen sie ihnen direkt. Das betrifft in erster Linie die Bestimmungen des neuen Strategiekonzeptes der NATO, die die Durchführung von Streitkräfteoperationen außerhalb der Handlungszone des Washingtoner Vertrages ohne Sanktionierung durch den UN-Sicherheitsrat nicht ausschließt. Russland behält seine negative Haltung zur NATO-Erweiterung bei.

Eine ergiebige und konstruktive Zusammenarbeit zwischen Russland und der NATO ist nur in dem Fall möglich, wenn sie auf der Grundlage einer gebührenden Interessenberücksichtigung der Seiten und der unbedingten Erfüllung der gegenseitig übernommenen Verpflichtungen aufbaut.

Das Zusammenwirken mit den Staaten Westeuropas, in erster Linie mit so einflussreichen wie Großbritannien, Deutschland, Italien und Frankreich, ist eine wichtige Quelle für Russland, seine nationalen Interessen in europäischen und globalen Angelegenheiten zu behaupten und seine Wirtschaft zu stabilisieren und zu erweitern.

Im Verhältnis zu den Staaten Zentral- und Osteuropas bleibt die Aufgabe aktuell, die geschaffenen menschlichen, wirtschaftlichen und kulturellen Verbindungen zu bewahren, existierende krisenhafte Erscheinungen zu überwinden und einer Zusammenarbeit in Übereinstimmung mit den neuen Bedingungen und den russischen Interessen einen zusätzlichen Impuls zu geben.

Gute Perspektiven hat die Entwicklung der Beziehungen der RF zu Litauen, Lettland und Estland. Russland tritt dafür ein, diese Beziehungen in Richtung gutnachbarschaftlicher und gegenseitig vorteilhafter Zusammenarbeit zu verändern. Eine unverzichtbare Bedingung dafür ist die Respektierung der russischen Interessen durch die betreffenden Staaten, darunter in der Kernfrage, dass die Rechte der russischsprachigen Bevölkerung eingehalten werden.

Russland wird auf jede Weise dabei mitwirken, eine haltbare und gerechte Regulierung der Situation auf dem Balkan zu erreichen, die sich auf abgestimmte Entscheidungen der internationalen Gemeinschaft gründet. Es ist prinzipiell wichtig, die territoriale Integrität der Bundesrepublik Jugoslawien zu erhalten und einer Aufteilung dieses Staates entgegenzuwirken, die mit der Gefahr verbunden wäre, dass auf dem ganzen Balkan ein Konflikt mit nicht vorhersehbaren Folgen entsteht.

Die RF ist zur Überwindung der in letzter Zeit bedeutenden Schwierigkeiten in den Beziehungen mit den USA und zur Bewahrung der in fast 10 Jahren geschaffenen Infrastruktur der russisch-amerikanischen Zusammenarbeit bereit. Trotz ernsthafter, in einer Reihe von Fällen prinzipieller Meinungsunterschiede ist das russisch-amerikanische Zusammenwirken eine notwendige Bedingung für die Verbesserung der internationalen Lage und für die Gewährleistung der globalen strategischen Stabilität.

Vor allem berührt das die Probleme der Abrüstung, der Rüstungskontrolle und der Nichtweiterverbreitung von Massenvernichtungswaffen sowie die Verhinderung und Regulierung der gefährlichsten regionalen Konflikte. Nur bei aktivem Dialog mit den USA ist es möglich, die Frage der Begrenzung und Reduzierung der strategischen Kernwaffen zu lösen. Es ist im beiderseitigen Interesse, reguläre zweiseitige Kontakte auf allen Ebenen aufrechtzuerhalten, Pausen in den Beziehungen und Störungen in den Verhandlungsprozessen zu grundlegenden politischen, militärischen und wirtschaftlichen Fragen nicht zuzulassen.

Eine wichtige und ständig wachsende Bedeutung in der Außenpolitik der RF hat Asien - bedingt durch die direkte Zugehörigkeit Russlands zu dieser sich dynamisch entwickelnden Region und durch die Notwendigkeit eines Wirtschaftsaufschwungs Sibiriens und des Fernen Ostens. Es wird Gewicht gelegt werden auf die Aktivierung der Beteiligung Russlands in den grundlegenden Integrationsstrukturen der asiatisch-pazifischen Region - im Forum „Asiatisch-pazifische Wirtschaftskooperation", im Regionalforum der Assoziation der Länder Südostasiens (ASEAN) für Sicherheit, in der auf Initiative Russlands geschaffenen Gruppe der „Shanghai Fünf" (Russland, China, Kasachstan, Kirgistan, Tadschikistan).

Eine der wichtigsten Richtungen russischer Außenpolitik in Asien ist die Entwicklung freundschaftlicher Beziehungen mit den führenden asiatischen Staaten, in erster Linie mit China und Indien. Die Übereinstimmung prinzipieller Herangehensweisen Russlands und der VR China an Schlüsselfragen der Weltpolitik ist eine der Stützen der regionalen und globalen Stabilität. Russland strebt in allen Richtungen die Entwicklung gegenseitig vorteilhafter Zusammenarbeit mit China an. Hauptaufgabe bleibt die Angleichung der Maßstäbe der wirtschaftlichen Kooperation an das Niveau der politischen Beziehungen.

Russland hat die Absicht, die traditionelle Partnerschaft mit Indien, unter anderem in internationalen Angelegenheiten, zu vertiefen, zur Überwindung der in Südasien weiter existierenden Probleme und zur Festigung der Stabilität in der Region beizutragen.

Russland betrachtet die Unterzeichnung des Vertrages über ein umfassendes Verbot von nuklearen Tests durch Indien und Pakistan und ihren Beitritt zum Vertrag über die Nichtweiterverbreitung von Kernwaffen als wichtigen Faktor zur Gewährleistung der Stabilität in der asiatisch-pazifischen Region. Es wird die Linie der Schaffung kernwaffenfreier Zonen in Asien unterstützen.

Die RF tritt für eine stabile Entwicklung der Beziehungen mit Japan ein, für eine wahrhaft gute Nachbarschaft, die den nationalen Interessen beider Länder entspricht. Im Rahmen der existierenden Verhandlungsmechanismen wird Russland die Suche nach einer beiderseitig annehmbaren Lösung für die Festlegung einer international anerkannten Grenze zwischen den beiden Staaten fortsetzen.

Die russische Außenpolitik ist auf die Verstärkung der positiven Dynamik in den Beziehungen mit den Staaten Südostasiens gerichtet.

Es ist wichtig, die Beziehungen mit dem Iran auch weiterhin zu entwickeln.
Prinzipielle Bedeutung für Russland hat die allgemeine Gesundung der Situation in Asien, wo sich die geopolitischen Ambitionen einer Reihe von Staaten verstärken, das Wettrüsten zunimmt und Quellen von Spannungen und Konflikten weiter bestehen.
Größte Besorgnis ruft die Lage auf der koreanischen Halbinsel hervor. Die Anstrengungen werden auf die Gewährleistung einer gleichberechtigten Teilnahme Russlands bei der Lösung des Korea-Problems, auf Unterstützung ausgewogener Beziehungen zwischen den beiden koreanischen Staaten konzentriert werden.
Der sich hinziehende Konflikt in Afghanistan schafft eine reale Bedrohung für die Sicherheit der südlichen Gebiete der GUS, er berührt direkt russische Interessen. Im Zusammenwirken mit anderen interessierten Staaten wird Russland konsequente Anstrengungen unternehmen, um eine dauerhafte und gerechte politische Regulierung des afghanischen Problems zu erreichen und den Export von Terrorismus und Extremismus aus diesem Land nicht zuzulassen.

Russland wird die Stabilisierung der Lage im Nahen Osten anstreben, einschließlich der Zone des Persischen Golfs und des nördlichen Afrikas; dabei berücksichtigt es die Auswirkung der Situation in der Region auf die Weltlage im Ganzen.

Unter Nutzung seines Status als Ko-Sponsor des Friedensprozesses hat Russland die Absicht, eine auf aktive Teilnahme bei der Normalisierung der Lage in der Region nach der Krise gerichtete Linie zu verfolgen. In diesem Kontext wird es die vorrangige Aufgabe Russlands sein, seine Positionen, besonders die wirtschaftlichen, in diesem reichen und für unsere Interessen wichtigen Gebiet wieder herzustellen und zu festigen.

Russland betrachtet das Mittelmeer als Verbindungsknoten solcher Regionen wie der Nahe Osten, die Schwarzmeerregion, der Kaukasus, das Becken des Kaspischen Meeres, und es hat die Absicht, einen zielgerichteten Kurs auf seine Umwandlung in eine Zone des Friedens, der Stabilität und der guten Nachbarschaft zu verfolgen. Das wird die Vorwärtsbewegung der russischen Wirtschaftsinteressen begünstigen, darunter in der Frage der auszuwählenden Streckenführung für den Durchfluss wichtiger Energieträgerströme.

Russland wird das Zusammenwirken mit den afrikanischen Staaten erweitern und bei der schnellstmöglichen Regulierung regionaler militärischer Konflikte in Afrika mitwirken. Notwendig ist auch die Entwicklung des politischen Dialogs mit der Organisation der Afrikanischen Einheit (OAU) und mit subregionalen Organisationen sowie die Nutzung ihrer Möglichkeiten für den Anschluss Russlands an vielseitige ökonomische Projekte auf dem Kontinent.

Russland ist bestrebt, das Niveau des politischen Dialogs und der wirtschaftlichen Zusammenarbeit mit den Ländern Zentral- und Südamerikas zu erhöhen, und stützt sich dabei auf den ernsthaften Fortschritt, der in den Beziehungen Russlands mit dieser Region in den 90er Jahren erreicht wurde. Es wird insbesondere anstreben, das Zusammenwirken mit den Staaten Zentral- und Südamerikas in den internationalen Organisationen zu erweitern, den Export russischer wissenschaftsintensiver Industrieprodukte in die lateinamerikanischen Länder zu fördern und die militärtechnische Zusammenarbeit und Kooperation mit ihnen zu entwickeln.

Bei der Bestimmung der regionalen Prioritäten ihrer Außenpolitik wird die RF die Intensität und die Zielrichtung der Herausbildung grundlegender globaler Zentren sowie den Bereitschaftsgrad ihrer Mitglieder/der Beteiligten zur Erweiterung des zweiseitigen Zusammenwirkens mit Russland berücksichtigen.

V. Die Formierung und Verwirklichung der Außenpolitik der RF

Der Präsident der RF verwirklicht gemäß seinen verfassungsmäßigen Vollmachten die Führung der Außenpolitik des Landes; als Staatsoberhaupt repräsentiert er die RF in den internationalen Beziehungen.

Der Föderationsrat und die Staatsduma der Föderationsversammlung der RF führen im Rahmen ihrer verfassungsmäßigen Vollmachten die gesetzgeberische Arbeit zur Gewährleistung des außenpolitischen Kurses der RF und zur Erfüllung ihrer internationalen Verpflichtungen.

Der Sicherheitsrat der RF bereitet Entscheidungen des Präsidenten der RF auf dem Gebiet der Gewährleistung der internationalen Sicherheit vor und kontrolliert ihre Erfüllung.

Das Ministerium für Auswärtige Angelegenheiten der RF führt die Arbeit zur unmittelbaren Verwirklichung des vom Präsidenten der RF bestätigten außenpolitischen Kurses. Es koordiniert die außenpolitische Tätigkeit der föderalen Exekutivorgane und kontrolliert diese gemäß dem Erlass des Präsidenten der RF vom 12. März 1996 Nr. 375 „Über die koordinierende Rolle des Ministeriums für Auswärtige Angelegenheiten der RF bei der Durchführung einer einheitlichen außenpolitischen Linie der RF".

Die Subjekte der RF entwickeln ihre internationalen Beziehungen entsprechend der Verfassung der RF, dem föderalen Gesetz „Über die Koordination der internationalen und außenwirtschaftlichen Verbindungen der Subjekte der RF" und anderen Gesetzesakten. Das Ministerium für Auswärtige Angelegenheiten Russlands und die anderen föderalen Exekutivorgane erweisen den Subjekten der RF Unterstützung bei der Verwirklichung ihrer internationalen Zusammenarbeit unter strikter Beachtung der Souveränität und territorialen Integrität der RF. Bei der Vorbereitung von Entscheidungen über die Durchführung des außenpolitischen Kurses des Staates wirken die föderalen Exekutivorgane im notwendigen Maße mit Nichtregierungsorganisationen Russlands zusammen. Die breitere Einbeziehung von Nichtregierungsorganisationen in die Sphäre der außenpolitischen Tätigkeit des Landes entspricht der Aufgabe, für die Außenpolitik des Staates die größtmögliche Unterstützung durch die Zivilgesellschaft zu gewährleisten, und ist geeignet, zu ihrer effektiven Verwirklichung beizutragen.

Die konsequente Umsetzung der Außenpolitik schafft günstige Bedingungen dafür, die historische Wahl der Völker der RF zugunsten des Rechtsstaates, der demokratischen Gesellschaft und sozial orientierter Marktwirtschaft zu verwirklichen.

Doktrin über die Informationssicherheit der Russischen Föderation
Es handelt sich um eine nicht autorisierte Arbeitsübersetzung.
Quelle des Originaltextes: Internetseite des Sicherheitsrates der Russischen Föderation,
http://www.scrf.gov.ru/Documents/Decree/2000/09-09.html
Übersetzer: Frank Preiß (download: http://sicherheitspolitik-dss.de).

Doktrin über die Informationssicherheit der Russischen Föderation
Bestätigt durch den Präsidenten der Russischen Föderation am 9. September 2000

I. Informationssicherheit der Russischen Föderation <RF>[1]
1. Nationale Interessen der RF auf dem Gebiet der Informationssicherheit und ihre Gewährleistung
2. Arten der Bedrohung der Informationssicherheit der RF
3. Quellen der Bedrohung der Informationssicherheit der RF
4. Zustand der Informationssicherheit der RF und grundlegende Aufgaben ihrer Gewährleistung

II. Methoden zur Gewährleistung der Informationssicherheit der RF
5. Allgemeine Methoden zur Gewährleistung der Informationssicherheit der RF
6. Besonderheiten der Gewährleistung der Informationssicherheit der RF in den verschiedenen Sphären des gesellschaftlichen Lebens
7. Die internationale Zusammenarbeit der RF auf dem Gebiet der Gewährleistung der Informationssicherheit

III. Grundzüge der Staatspolitik zur Gewährleistung der Informationssicherheit der RF und erstrangige Maßnahmen zu ihrer Realisierung
8. Grundzüge der Staatspolitik zur Gewährleistung der Informationssicherheit der RF
9. Erstrangige Maßnahmen zur Realisierung der Staatspolitik zur Gewährleistung der Informationssicherheit der RF

IV. Organisatorische Grundlagen des Systems zur Gewährleistung der Informationssicherheit der RF
10. Grundlegende Funktionen des Systems der Gewährleistung der Informationssicherheit der RF
11. Hauptelemente der Organisationsgrundlage des Systems der Informationssicherheit der RF

Die Doktrin über die Informationssicherheit <im Weiteren: IS> der Russischen Föderation (RF) stellt die Gesamtheit der offiziellen Ansichten über Ziele, Aufgaben, Prinzipien und Grundrichtungen der Gewährleistung der IS der RF dar.

Die vorliegende Doktrin dient vor allem zur
- Formierung der staatlichen Politik auf dem Gebiet der Sicherung der IS der RF;
- Vorbereitung von Vorschlägen zur Vervollkommnung der rechtlichen, methodischen, wissenschaftlich-technischen und organisatorischen Sicherstellung der IS der RF;
- Ausarbeitung spezieller Programme zur Sicherstellung der IS der RF.

Die vorliegende Doktrin entwickelt die Konzeption der Nationalen Sicherheit der RF weiter und setzt diese auf dem Gebiet der Information um.

---

1 Hier und im Weiteren: Einfügungen in spitzen Kalmmern stammen vom Übersetzer oder vom Web-Redakteur

I. Die Informationssicherheit der Russischen Föderation

1. Nationale Interessen der RF auf dem Gebiet der Informationssicherheit und ihre Gewährleistung

Die gegenwärtige Etappe der gesellschaftlichen Entwicklung ist gekennzeichnet durch die wachsende Rolle der Sphäre der Information. Diese stellt die Gesamtheit der Informationen und der Informationsinfrastruktur sowie der Subjekte, die Informationen sammeln, verbreiten und nutzen dar. Weiterhin umfasst sie die Systeme zur Regulierung der dabei entstehenden gesellschaftlichen Verhältnisse.

Die Informationssphäre ist ein systemprägender Faktor im Leben der Gesellschaft. Sie wirkt aktiv auf den Zustand der politischen, ökonomischen, Verteidigungs- und anderer Elemente der Sicherheit der Russischen Föderation.

Die nationale Sicherheit der RF hängt in entscheidendem Maße von der Gewährleistung der IS ab. Diese Abhängigkeit wird im Verlauf des Weiteren technischen Fortschritts noch wachsen.

Unter IS der RF versteht man den Zustand des Schutzes ihrer nationalen Interessen in der Sphäre der Information. Diese wird bestimmt durch die Balance **persönlicher, gesellschaftlicher und staatlicher Interessen.**

Die **persönlichen Interessen** in der Informationssphäre bestehen in der Verwirklichung der verfassungsmäßigen Rechte der Menschen und Bürger auf Zugang zu Informationen und ihrer Nutzung im Interesse der Realisierung von Tätigkeiten, die nicht durch Gesetze verboten sind. Die persönlichen Interessen bestehen in der Nutzung der Informationen zur physischen, geistigen und intellektuellen Entwicklung sowie im Schutz der Informationen, die der persönlichen Sicherheit dienen.

Die **gesellschaftlichen Interessen** in der Informationssphäre ergeben sich aus den Aufgaben zur Gewährleistung der persönlichen Interessen, der Festigung der Demokratie, der Schaffung eines rechtsstaatlichen Sozialstaates, der Schaffung und Erhaltung der gesellschaftlichen Eintracht, zur geistigen Erneuerung Russlands.

Die **Interessen des Staates** in der Informationssphäre sind die Schaffung von Bedingungen für die harmonischen Entwicklung der russischen Informationsinfrastruktur, für die Gewährleistung der verfassungsmäßigen Rechte und Freiheiten der Menschen und Bürger hinsichtlich des Zugangs zu Informationen und ihrer Nutzung für Ziele, die nicht im Gegensatz zur verfassungsmäßigen Ordnung, zur Erhaltung der Souveränität und territorialen Integrität sowie der politischen, ökonomischen und sozialen Stabilität Russlands stehen. Die Interessen des Staates umfassen weiterhin die bedingungslose Gewährleistung der Gesetzlichkeit und Rechtsordnung sowie die Entwicklung einer gleichberechtigten und gegenseitig vorteilhaften internationalen Zusammenarbeit.

Auf der Grundlage der nationalen Interessen der RF auf dem Gebiet der Information werden strategische und aktuelle Aufgaben der Innen- und Außenpolitik zur Gewährleistung der Informationssicherheit formuliert.

Dabei sind **vier Grundbestandteile** der nationalen Interessen auf dem Gebiet der Information hervorzuheben.

Der **erste Bestandteil** der nationalen Interessen der RF auf dem Gebiet der Information erfasst die Respektierung der Verfassungsrechte und Freiheiten der Menschen und Bürger auf dem Gebiet der Erlangung und Nutzung von Informationen sowie die Sicherung der geistigen Erneuerung Russlands, die Erhaltung und Festigung der moralischen Werte der Gesellschaft, der Traditionen des Patriotismus und Humanismus, des kulturellen und wissenschaftlichen Potenzials des Landes.

Um dies zu erreichen ist es erforderlich,
- die Effektivität der Nutzung der Informationsinfrastruktur in Interesse der gesellschaftlichen Entwicklung und Konsolidierung der russischen Gesellschaft, der geistigen Wiedergeburt des Vielvölkerstaates Russland zu erhöhen;
- das System der Schaffung, Erhaltung und rationellen Nutzung von Informationsressourcen, die die Grundlage des wissenschaftlich-technischen und geistigen Potenzials Russlands bilden zu vervollkommnen;
- die verfassungsmäßigen Rechte und Freiheiten der Menschen und Bürger, Informationen frei zu suchen, zu erhalten, weiterzugeben, sie mit allen gesetzlich gestatteten Mitteln zu produzieren und zu verbreiten, sowie wahre Informationen über den Zustand der Umwelt zu erhalten zu garantieren;
- die verfassungsmäßigen Rechte und Freiheiten der Menschen und Bürger zur Wahrung persönlicher und familiärer Geheimnisse, des Geheimnisses des persönlichen Schriftwechsels, von Telefongesprächen, postalischen, telegrafischen oder anderen Mitteilungen sowie die Wahrung ihrer Ehre und des guten Namens zu sichern;
- den Mechanismus der rechtlichen Regulierung der Beziehungen auf dem Gebiet des Schutzes geistigen Eigentums zu festigen und Bedingungen für die Wahrung der - durch föderale Gesetze bestimmten - Begrenzung des Zugangs zu vertraulichen Informationen zu schaffen;
- die Freiheit der Masseninformation und das Verbot von Zensur zu garantieren;
- Propaganda und Agitation, die sozialen, rassischen, nationalen oder religiösen Hass und Feindschaft schüren, nicht zuzulassen;
- das Verbot der Sammlung, Speicherung, Nutzung und Verbreitung von Informationen über das Privatleben von Personen ohne deren Einwilligung und anderer Informationen, deren Zugang durch föderale Gesetze begrenzt ist, zu sichern.

Der **zweite Bestandteil** der nationalen Interessen der RF auf dem Gebiet der Information beinhaltet die Informationssicherstellung der staatlichen Politik der Russischen Föderation. Diese ist verbunden mit der Versorgung der russischen und internationalen Öffentlichkeit mit zutreffenden Informationen über die Staatpolitik der RF, ihre offiziellen Positionen in sozial wichtigen Fragen des russischen und internationalen Lebens, der Sicherung des Zugangs der Bürger zu offenen staatlichen Informationsressourcen.

Um dies zu erreichen ist es erforderlich,
- die staatlichen Mittel der Masseninformation zu stärken, die Möglichkeiten einer rechtzeitigen Bereitstellung glaubwürdiger Informationen für russische und ausländische Bürger zu erweitern;
- die Schaffung offener staatlicher Informationsressourcen zu intensivieren und die Effektivität ihrer wirtschaftlichen Nutzung zu erhöhen.

Der **dritte Bestandteil** der nationalen Interessen der RF auf dem Gebiet der Information beinhaltet die Entwicklung moderner Informationstechnologie, einer nationalen Informationsindustrie, einschließlich einer Industrie für Mittel der Informatik, Telekommunikation und Nachrichtenverbindung, die sowohl den Bedarf des Binnenmarktes befriedigt als auch auf dem internationalen Mark tätig wird.

Darüber hinaus ist die Akkumulation, die Unversehrtheit und effektive Nutzung der nationalen Informationsressourcen zu sichern. Unter modernen Bedingungen kann nur auf solch einer Grundlage das Problem der Schaffung wissenschaftsintensiver Technologien, der technologischen Erneuerung der Industrie, der Vermehrung der Errungenschaften der nationalen Wissenschaft und Technik gelöst werden.

Russland muss einen würdigen Platz unter den weltweit Führenden in der mikroelektronischen und Computerindustrie einnehmen.

Um dies zu erreichen ist es erforderlich,
- die Infrastruktur des einheitlichen Informationsraumes *(im Original: единное информационное пространство, F.P.)* der Russischen Föderation zu entwickeln und zu vervollkommnen;
- die nationale Industrie für Informationsdienstleistungen zu entwickeln und die Effektivität der Nutzung der staatlichen Informationsressourcen zu erhöhen;
- die Produktion konkurrenzfähiger Mittel und Systeme der Informatik, Telekommunikation und Nachrichtenverbindung in der RF zu entwickeln, die Teilnahme Russlands an der internationalen Kooperation von Produzenten dieser Mittel und System zu intensivieren;
- die staatliche Unterstützung nationaler Grundlagenforschung und angewandter Erfindungen und Ausarbeitungen auf dem Gebiet der Informatik, Telekommunikation und Nachrichtenverbindung sicherzustellen.

Der **vierte Bestandteil** der nationalen Interessen der RF auf dem Gebiet der Information beinhaltet den Schutz der Informationsressourcen vor nichtsanktioniertem Zugriff, die Gewährleistung der Sicherheit von Informations- und Telekommunikationssystemen, sowohl der bereits entfalteten als auch der Systeme, die sich auf dem Territorium Russlands befinden.

Zur Erreichung dieser Ziele ist notwendig,
- die Sicherheit der Informationssysteme, einschließlich der Nachrichtennetze und hier in erster Linie die Sicherheit der primären Nachrichtennetze und Informationssysteme der föderalen Macht, der Organe der Staatsmacht und der Subjekte der RF zu erhöhen. Dies betrifft auch das Finanz-, Kredit- und Bankwesen, Bereiche der Wirtschaft und die Informationssysteme und -mittel der Bewaffnung und Militärtechnik, die Führungssysteme der Truppen und Waffen, die ökologisch gefährlichen und ökonomisch wichtigen Produktionsbereiche;
- die Entwicklung einheimischer Produktion von Geräten und Programmen zum Schutz von Informationen und von Methoden zur Kontrolle ihrer Wirksamkeit zu intensivieren;
- den Schutz von Daten, die Staatsgeheimnisse darstellen, zu gewährleisten;
- die internationale Zusammenarbeit der RF auf dem Gebiet der Entwicklung und sicheren Anwendung von Informationsressourcen und der Abwehr der Gefahr der Entstehung von Gegnerschaft in der Informationssphäre auszubauen.

2. Arten der Bedrohung der Informationssicherheit der Russischen Föderation

Nach ihrer allgemeinen Richtung unterscheidet man folgende Arten der Bedrohung der IS der RF:
- die Gefährdung der verfassungsmäßigen Rechte und Freiheiten der Menschen und Bürger auf dem Gebiet des geistigen Lebens und der Informationstätigkeit, des individuellen, Gruppen- und gesellschaftlichen Bewusstseins, der geistigen Wiedergeburt Russlands;

- die Gefährdung der Informationssicherstellung der Staatspolitik der RF;
- die Gefährdung der Entwicklung der nationalen Informationsindustrie, einschließlich der Industrie zur Herstellung von Mitteln der Information, Telekommunikation und Nachrichtenverbindung, sowie die Bedrohung der Befriedigung der Nachfrage des Binnenmarktes nach diesen Produkten und des Zuganges für nationale Informationsprodukte zum Weltmarkt und die Bedrohung der Akkumulation, der Unversehrtheit und effektiven Nutzung der nationalen Informationsressourcen;
- die Gefährdung der Sicherheit der Informations- und Telekommunikationsmittel und Systeme, sowohl der bereits entfalteten als auch der auf dem Territorium Russlands geschaffenen.

Die **Gefährdung der verfassungsmäßigen Rechte und Freiheiten der Menschen und Bürger** auf dem Gebiet des geistigen Lebens und der Informationstätigkeit, des individuellen und kollektiven Bewusstseins, der geistigen Wiedergeburt Russlands kann hervorgerufen werden durch:
- Beschluss normativer juristischer Akte durch föderale Organe der staatlichen Macht oder Organe der staatlichen Macht der Subjekte der RF, die die verfassungsmäßigen Rechte und Freiheiten der Bürger auf dem Gebiet des geistigen Lebens und der Informationstätigkeit verletzen;
- Schaffung von Monopolen zur Formierung, zum Erhalt und zur Verbreitung von Informationen in der RF, unter anderem mit Hilfe von Telekommunikationssystemen;
- Handlungen, auch seitens krimineller Strukturen, die gegen die Verwirklichung der Verfassungsrechte der Bürger auf Wahrung persönlicher und familiärer Geheimnisse, des Geheimnisses des persönlichen Schriftwechsels, von Telefongesprächen und anderen Mitteilungen gerichtet sind;
- unzweckmäßiger, außergewöhnlich begrenzter Zugang zu gesellschaftlich notwendigen Informationen;
- rechtswidrige Anwendung von Spezialmitteln zur Einwirkung auf das individuelle, Gruppen- und gesellschaftliche Bewusstsein;
- Nichterfüllung von Forderungen der föderalen Gesetze, welche die Beziehungen in der Informationssphäre regulieren, durch föderale Organe der staatlichen Macht, durch Organe der staatlichen Macht der Subjekte der RF, durch Organe der örtlichen Selbstverwaltung, durch Organisationen oder Bürger;
- rechtswidrige Begrenzung des Zuganges zu offenen Informationen, zu offenen Archivmaterialien, zu anderen gesellschaftlich wichtigen Informationen durch föderale Organe der staatlichen Macht, durch Organe der staatlichen Macht der Subjekte der RF oder durch Organe der örtlichen Selbstverwaltung;
- Desorganisation und Zerstörung von Systemen zur Sammlung und Lagerung kultureller Werte, einschließlich von Archiven;
- Verletzung der Verfassungsrechte und Freiheiten der Menschen und Bürger auf dem Gebiet der Masseninformation;
- Verdrängung der russischen Nachrichtenagenturen und Mittel der Masseninformation vom Informationsbinnenmarkt und Verstärkung der Abhängigkeit der geistigen, ökonomischen und politischen Sphäre des gesellschaftlichen Lebens Russlands von ausländischen Informationsstrukturen;
- Entwertung der geistigen Schätze, Propaganda einer Massenkultur, die sich auf Gewalt und geistige und moralische Normen stützt, die den Werten der russischen Gesellschaft widersprechen;
- Verringerung des geistigen, sittlichen und schöpferischen Potenzials der Bevölkerung Russlands, was wesentlich die Vorbereitung der produktiven Ressourcen bei der Einführung und Nutzung neuester Technologien, unter anderem der Informationstechnologien, behindert;

- Manipulation von Informationen (Desinformation, Verheimlichung und Verfälschung von Informationen).

Als **Gefährdung der Informationssicherstellung der Staatspolitik der RF** können gelten:
- die Monopolisierung des Informationsmarktes Russlands oder einzelner Bereiche durch einheimische oder ausländische Informationsstrukturen;
- die Blockierung der Tätigkeit der staatlichen Masseninformationsmittel bei der Information des russischen und ausländischen Publikums;
- geringe Effektivität der Informationssicherstellung der Politik der RF infolge eines Mangels an qualifiziertem Personal, dem Fehlen von Systemen der Formierung und Durchsetzung der staatlichen Informationspolitik.

Gefährdungen der Entwicklung der nationalen Informationsindustrie, einschließlich der Industrie zur Herstellung von Mitteln der Information, Telekommunikation und Nachrichtenverbindung, der Sicherstellung der Befriedigung der Nachfrage des Binnenmarktes nach diesen Produkten und des Zuganges für nationale Informationsprodukte zum Weltmarkt und die Bedrohung der Akkumulation, der Unversehrtheit und effektiven Nutzung der nationalen Informationsressourcen können sein:
- die Behinderung des Zugangs der RF zu neuesten Informationstechnologien, der gleichberechtigten und gegenseitig vorteilhaften Teilnahme der russischen Produzenten an der internationalen Arbeitsteilung auf dem Gebiet der Industrien für Informationsdienstleistungen, Mittel der Masseninformation, Telekommunikations- und Nachrichtenverbindungen und anderen Informationsprodukten; weiterhin die Schaffung einer Abhängigkeit Russlands auf dem Gebiet der modernen Informationstechnologien;
- der Kauf ausländischer Informations- und Nachrichtenmittel durch Organe der Staatsmacht, wenn analoge nationale Produkte zur Verfügung stehen, die den ausländischen in ihren Parametern nicht nachstehen;
- die Verdrängung russischer Produzenten von Mitteln der Informationstechnik vom einheimischen Markt;
- die Verstärkung der Abwanderung von Spezialisten und Patentinhabern ins Ausland.

Gefährdungen der Sicherheit der Informations- und Telekommunikationsmittel und Systeme, sowohl der bereits entfalteten als auch der auf dem Territorium Russlands geschaffenen, können sein:
- die rechtswidrige Sammlung und Nutzung von Informationen;
- Verstöße gegen Technologien der Informationsverarbeitung;
- das Einbringen und der Einsatz von Geräten und Programmkomponenten in Produkte, die Funktionen auslösen, welche nicht den technologischen Dokumentationen dieser Produkte entsprechen;
- die Ausarbeitung und Verbreitung von Programmen, die den normalen Betrieb der Informations- und Telekommunikationssysteme, einschließlich der Informationsschutzsysteme, stören;
- die Vernichtung, Beschädigung, radioelektronische Niederhaltung oder Störung von Mitteln und Systemen der Informationsverarbeitung, Telekommunikations- und Nachrichtenverbindungen;
- der Eingriff in Verschlüsselungs- und Passwortschutzeinrichtungen automatisierter Informationsverarbeitungs- und Übertragungssysteme;
- das Sichtbarmachen der Verschlüsselungen und kryptographischen Schutzeinrichtungen von Informationen;
- der unerlaubte Abfluss von Informationen über technische Kanäle;
- das unerlaubte Einbringen elektronischer Komponenten zum Abfangen von

Informationen in technische Mittel der Verarbeitung, Speicherung und Übertragung von Informationen über Nachrichtenkanäle wie auch deren Installation in Diensträumen der Staatsmacht, in Unternehmen, Einrichtungen und Organisationen, gleich welcher Eigentumsform;
- die Vernichtung, Beschädigung, die Beeinträchtigung oder die Entwendung von Informationsverarbeitungsmaschinen oder anderer Datenträger;
- das Abfangen von Informationen in Übertragungsnetzen oder Verbindungslinien, ihre Dechiffrierung und das Einbringen von Falschinformationen;
- die Benutzung nicht zertifizierter einheimischer oder ausländischer Informationstechnologien, Informationsschutzmittel, Mittel der Informatik, Telekommunikation und Nachrichtenverbindung bei der Schaffung der russischen Informationsinfrastruktur;
- der unsanktionierte Zugang zu Informationen in Datenbanken und Datenspeichern;
- die Verletzung gesetzlicher Bestimmungen zur Verbreitung von Informationen.

3. Quellen der Bedrohung der Informationssicherheit der RF

Die Quellen der Bedrohung der IS der RF teilen sich in äußere und innere. Zu den **äußeren Quellen** gehören:
- die Tätigkeit ausländischer politischer, ökonomischer, militärischer, aufklärungs- und nachrichtendienstlicher Strukturen, die sich gegen die Interessen Russlands in der Informationssphäre richten;
- das Streben einer Reihe von Ländern nach eigener Dominanz und nach Verletzung der Interessen Russlands im internationalen Informationsraum sowie zur Verdrängung der RF vom inneren und äußeren Informationsmarkt;
- die Verschärfung der internationalen Konkurrenz beim Kampf um die Beherrschung der Informationstechnologien und Ressourcen;
- die Tätigkeit internationaler Terrororganisationen;
- die Vergrößerung des technologischen Vorsprungs der führenden Mächte der Welt und die Zunahme ihrer Möglichkeiten, der Schaffung konkurrenzfähiger russischer Informationstechnologien entgegenzuwirken;
- die Tätigkeit kosmischer, luft-, see- und landgestützter technischer und anderer Mittel (Arten) der Aufklärung ausländischer Staaten;
- die Ausarbeitung von Informationskriegskonzeptionen durch einige Staaten, die die Schaffung von Mitteln beinhalten, die der Gefährdung und Einwirkung auf die Informationssphäre anderer Staaten dienen;
- die Störung des normalen Funktionierens der Informations- und Telekommunikationssysteme und der Sicherung von Informationsressourcen, sowie der unerlaubte Zugang zu ihnen.

Zu den **inneren Quellen** gehören:
- der kritische Zustand der einheimischen Industriezweige;
- die ungünstige Sicherheitslage, die begleitet wird von Tendenzen des Zusammenwachsens staatlicher und krimineller Strukturen in der Informationssphäre, dem Zugang krimineller Strukturen zu vertraulichen Informationen, dem Anwachsen des Einflusses der organisierten Kriminalität auf das öffentliche Leben, sowie die Verringerung des Schutzes der gesetzlichen Interessen der Bürger, der Gesellschaft und des Staates in der Informationssphäre;
- die ungenügende Koordinierung der Tätigkeit der föderalen Organe der staatlichen Macht und der Organe der Staatsmacht der Subjekte der RF bei der Vorbereitung und Realisierung einer einheitlichen staatlichen Politik auf dem Gebiet der Sicherung der IS der RF;

- die ungenügende Ausarbeitung der normativen rechtlichen Basis, welche die Beziehungen in der Informationssphäre regelt, sowie eine mangelhafte Rechtsanwendung in der Praxis;
- die Unterentwicklung der Institutionen der Bürgergesellschaft und die ungenügende staatliche Kontrolle bei der Entwicklung des russischen Informationsmarktes;
- die mangelhafte Finanzierung von Maßnahmen zur Sicherung der IS der RF;
- die nicht ausreichende wirtschaftliche Macht des Staates;
- die Senkung der Effektivität der Bildungs- und Erziehungssysteme, die ungenügende Zahl qualifizierter Kader auf dem Gebiet der Sicherstellung der IS;
- die mangelhafte Aktivität der föderalen Organe der Staatsmacht sowie der Organe der Subjekte der RF bei der Information der Öffentlichkeit über ihre Arbeit, bei der Erklärung ihrer Beschlüsse, bei der Schaffung offener staatlicher Ressourcen und der Entwicklung von Systemen des Zugangs zu diesen für die Bürger;
- das Zurückbleiben Russlands auf dem Gebiet der Information der föderalen Organe der Staatsmacht, der Organe der Subjekte der RF, der Organe der örtlichen Selbstverwaltung, der Kredit- und Finanzsphäre, der Industrie, der Landwirtschaft, des Gesundheitswesen, des Dienstleistungssektors und des Alltagbereiches der Bürger hinter den führenden Staaten der Welt.

4. Der Zustand der Informationssicherheit der Russischen Föderation und grundlegende Aufgaben ihrer Sicherung

In den letzten Jahren wurde in der RF ein Komplex von Maßnahmen zur Vervollkommnung der Sicherung der IS realisiert.

Begonnen wurde mit der Schaffung der rechtlichen Absicherung der IS. Es wurde das Gesetz der RF „Über das Staatsgeheimnis" beschlossen. Die Grundlagen der Gesetzgebung der RF über den Archivfond der Russischen Föderation und die Archive sowie die föderalen Gesetze „Über Information, Informatik und den Schutz von Informationen", „Über die Teilnahme am internationalen Informationsaustausch" und eine Reihe weiterer Gesetze wurden angenommen.

Aktivitäten zur Schaffung eines Mechanismus der Umsetzung dieser Gesetze, zur Vorbereitung von Gesetzesprojekten, die die öffentlichen Beziehungen in der Informationssphäre regeln, wurden verstärkt.

Es sind Maßnahmen zur Gewährleistung der IS in den föderalen Organen der Staatsmacht, den Organe der Subjekte der RF, in Unternehmen, Einrichtungen und Organisationen, unabhängig von ihrer Eigentumsform, eingeleitet worden. Die Arbeiten zur Schaffung eines geschützten Sonderinformations- und Telekommunikationssystems für Organe des Staates wurden verstärkt.

Die erfolgreiche Lösung der Fragen der Sicherung der IS der FR basiert auf dem staatlichen System des Informationsschutzes, dem System des Schutzes der Staatsgeheimnisse, dem System der Lizenzierung der Arbeiten auf dem Gebiet des Schutzes der Staatsgeheimnisse und dem System der Zertifizierung der Mittel des Informationssicherheit.

In Verbindung damit zeigt die Analyse des Zustandes der IS der RF, dass ihr Niveau nicht in vollem Maße den Erfordernissen der Gesellschaft und des Staates entspricht.

Die gegenwärtigen Bedingungen der politischen und sozialökonomischen Entwicklung des Landes rufen eine Verschärfung der Widersprüche zwischen den Forderungen der

Gesellschaft nach Erweiterung des freien Austausches von Informationen einerseits und der Notwendigkeit der Erhaltung von einzelnen reglementierten Beschränkungen ihrer Verbreitung andererseits hervor.

Die Widersprüchlichkeit und die Unterentwicklung der rechtlichen Regulierung der gesellschaftlichen Beziehungen in der Informationssphäre führen zu ernsthaften negativen Folgen. So erschwert die Unzulänglichkeit der normativen rechtlichen Regulierung hinsichtlich der verfassungskonformen Einschränkung der Freiheit der Masseninformation im Interesse des Schutzes der Verfassungsgrundlagen, der Moral, der Gesundheit, der Rechte und Interessen der Bürger, der Sicherung der Verteidigungsfähigkeit des Landes und der Sicherheit des Staates die notwendige Balance von individuellen, gesellschaftlichen und staatlichen Interessen auf dem Gebiet der Information. Die Unterentwicklung der normativen rechtlichen Regulierung der Beziehungen in der Informationssphäre erschwert die Schaffung konkurrenzfähiger russischer Informationsagenturen und Mittel der Masseninformation in der Russischen Föderation.

Die Nichtgewährung der Rechte der Bürger auf Zugang zu Informationen sowie die Manipulation von Informationen rufen negative Reaktionen bei der Bevölkerung hervor, was in einer Reihe von Fällen zu einer Destabilisierung der sozialpolitischen Lage in der Gesellschaft führt.

Die in der Verfassung der RF garantierte Unverletzlichkeit der Privatsphäre der Bürger, der Schutz der persönlichen und familiären Intimsphäre und des Briefgeheimnisses sind faktisch in rechtlicher, organisatorischer und technischer Hinsicht nicht ausreichend gesichert.

Unbefriedigend ist der Schutz von Informationen, die von föderalen Organen der Staatsmacht, von Organen der Subjekte der RF und Organen der örtlichen Selbstverwaltung über natürliche Personen gesammelt wurden (Personaldaten).

Es existiert keine Klarheit bei der Realisierung der Staatspolitik auf dem Gebiet der Schaffung eines russischen Informationsraumes, der Entwicklung von Masseninformationssystemen, der Organisation des internationalen Informationsaustausches und der Integration des russischen Informationsraumes in den internationalen, was die Voraussetzungen für eine Verdrängung der russischen Informationsagenturen und Masseninformationsmittel vom nationalen Informationsmarkt schafft sowie die Strukturen des internationalen Informationsaustausches deformiert.
Die staatliche Politik zur Unterstützung der russischen Informationsagenturen bei der Platzierung ihrer Produkte auf dem internationalen Informationsmarkt ist unzureichend. Die Situation bei der Wahrung von Nachrichten, die Staatsgeheimnisse darstellen, verschlechtert sich weiter.

Einen ernsthaften Schaden erlitt das Personalpotenzial der wissenschaftlichen- und Produktionskollektive, die sich mit der Schaffung von Informationsmitteln, Mitteln der Telekommunikation und Nachrichtenverbindung beschäftigen, durch die massenhafte Abwanderung der qualifiziertesten Kräfte aus diesen Kollektiven.

Die Rückständigkeit der einheimischen Informationstechnologie zwingt die föderalen Organe der Staatsmacht, die Staatsorgane der Subjekte der RF und Organe der örtlichen Selbstverwaltung bei der Schaffung von Informationssystemen den Weg des Kaufes von Importtechnik und der Einbeziehung von ausländischen Firmen zu gehen.

Daraus resultieren die Möglichkeit des unerlaubten Zugangs zu verarbeiteten Informationen und ein Anwachsen der Abhängigkeit Russlands von ausländischen Herstellern von Computer- und Telekommunikationstechnik und ihren Programmen.

In Verbindung mit der intensiven Einführung von ausländischen Informationstechnologien in persönliche, gesellschaftliche und staatliche Bereiche sowie mit der breiten Anwendung offener Informations- und Telekommunikationssysteme, der Integration von einheimischen mit ausländischen Informationssystemen wuchsen die Gefahren einer „Informationswaffe" gegen die Informationsinfrastruktur Russlands.

Die Arbeiten an einer komplexen adäquaten Abwehr dieser Gefahren werden bei ungenügender Koordinierung mit unzureichender Budgetfinanzierung durchgeführt. Nicht ausreichende Aufmerksamkeit erhält die Entwicklung von Mitteln der kosmischen Aufklärung und des radioelektronischen Kampfes.

Die vorhandene Situation auf dem Gebiet der IS der RF erfordert die **umgehende Lösung solcher Aufgaben**, wie:
- die Ausarbeitung der Hauptrichtungen der Staatspolitik in Bezug auf die sowie Maßnahmen und Mechanismen zur Realisierung dieser Politik;
- die Entwicklung und Vervollkommnung des Systems der Sicherstellung der IS der RF durch die Realisierung einer einheitlichen staatlichen Politik in diesem Bereich;
- dies schließt die Vervollkommnung der Formen, Methoden und Mittel der Feststellung, der Beurteilung und Prognostik der Gefahren für die IS der RF, sowie von Abwehrsystemen gegen diese Gefahren ein;
- die Ausarbeitung von föderalen, zweckgebundenen Programmen zur Gewährleistung der IS der RF;
- die Ausarbeitung von Kriterien und Methoden zur Einschätzung der Effektivität der Systeme und Mittel zur Gewährleistung der IS der RF sowie die Zertifizierung dieser Systeme und Mittel;
- die Vervollkommnung der normativen juristischen Basis der Gewährleistung der IS der RF, einschließlich des Mechanismus der Umsetzung des Bürgerechtes auf Erhalt von Informationen und Zugang zu diesen, der Umsetzung von Rechtsnormen die die Wechselwirkung zwischen Staat und Masseninformationsmedien regeln;
- die Festlegung verantwortlicher juristischer und natürlicher Personen in den föderalen Organen der Staatsmacht, den Staatsorganen der Subjekte der RF und in den Organen der örtlichen Selbstverwaltung für die Durchsetzung der Forderungen der IS;
- die Koordinierung der Tätigkeit der föderalen Organe der Staatsmacht, der Staatsorgane der Subjekte der RF, der Organe der örtlichen Selbstverwaltung, der Unternehmen, Einrichtungen und Organisationen, unabhängig von ihrer Eigentumsformen, bei der Gewährleistung der IS der RF;
- die Entwicklung der wissenschaftlich-praktischen Grundlagen der Gewährleistung der IS der RF unter Beachtung der gegenwärtigen geopolitischen Situation, der Bedingungen der politischen und sozialökonomischen Entwicklung Russlands und der Realitäten der Bedrohung durch „Informationswaffen";
- die Erarbeitung und Schaffung von Mechanismen zur Formierung und Umsetzung einer staatlichen Informationspolitik Russlands;
- die Ausarbeitung von Methoden der Erhöhung der Effektivität der Teilnahme des Staates an der Formierung der Informationspolitik der staatlichen Rundfunk- und Fernsehanstalten und anderer staatlicher Masseninformationsmittel;
- die Sicherstellung der technologischen Unabhängigkeit der RF auf wichtigen Gebieten der Information, Telekommunikation und Nachrichtenverbindung, vor allem in den Bereichen, die ihre Sicherheit bestimmen. Dies betrifft vor allem den

Bereich der Schaffung spezieller Computerausrüstung für Bewaffnung und Militärtechnik;
- die Ausarbeitung moderner Methoden und Mittel zum Schutz von Informationen, die Gewährleistung der Sicherheit der Informationstechnologie, vor allem der in den Führungssystemen der Streitkräfte und Bewaffnung und in ökologisch gefährlichen sowie ökonomisch wichtigen Produktionsbereichen;
- die Entwicklung und Vervollkommnung der staatlichen Systeme des Informationsschutzes und des Schutzes von Staatgeheimnissen;
- die Schaffung und Entwicklung von modernen abgeschirmten technologischen Grundlagen der Führung des Staates in Friedenszeiten, in Ausnahmesituationen und in Kriegszeiten;
- die Verbreiterung der Zusammenarbeit mit internationalen und ausländischen Organen und Organisationen bei der Lösung wissenschaftlich-technischer und rechtlicher Fragen der Gewährleistung der Sicherheit von Informationen, welche über internationale Telekommunikations- und Nachrichtensysteme übertragen werden;
- die Gewährleistung günstiger Bedingungen zur aktiven Entwicklung der russischen Informationsinfrastruktur, der Teilnahme Russlands am Prozess der Schaffung und Nutzung globaler Informationsnetze und -Systeme;
- die Schaffung eines einheitlichen Systems der Vorbereitung von Kadern auf dem Gebiet der Informationssicherheit und Informationstechnologie.

II. Methoden der Gewährleistung der Informationssicherheit der Russischen Föderation

5. Allgemeine Methoden der Gewährleistung der Informationssicherheit der Russischen Föderation

Die allgemeinen Methoden der Sicherstellung der IS der RF unterteilen sich in rechtliche, organisationstechnische und ökonomische.

Zu den **rechtlichen Methoden** der Sicherstellung der IS der RF zählt die Ausarbeitung normativer rechtlicher Akte, welche die Beziehungen in der Informationssphäre regeln, sowie der normativen methodischen Dokumente zu Fragen der Sicherstellung der IS der RF. Die wichtigsten Richtungen dieser Tätigkeit sind:
- die Einarbeitung von Änderungen und Zusätzen in die Gesetzgebung der RF, die die Beziehungen auf dem Gebiet der IS der RF regulieren, mit dem Ziel, ein System der Sicherstellung der IS der RF zu schaffen und zu vervollkommnen. Weiterhin sollen innere Widersprüche der föderalen Gesetzgebung zu internationalen Vereinbarungen, denen Russland beigetreten ist, beseitigt werden. Darüber hinaus gilt es auch, die Widersprüche zu überwinden, die zwischen der föderalen Gesetzgebung und den rechtlichen Akten der Subjekte der RF existieren. Ziel ist es, die Rechtsnormen zu konkretisieren, welche die Verantwortlichkeiten für Rechtsverletzungen auf dem Gebiet der Sicherstellung der IS der RF fixieren;
- die gesetzliche Abgrenzung der Vollmachten auf dem Gebiet der Sicherstellung der IS der RF zwischen den föderalen Organen der staatlichen Macht und den Organen der Staatsmacht der Subjekte der RF sowie die Festlegung von Zielen, Aufgaben und Mechanismen der Teilnahme von gesellschaftlichen Vereinigungen, Organisationen und Bürgern an den Prozessen der Informationssphäre;
- die Ausarbeitung und Annahme von normativen rechtlichen Akten der RF, welche die Verantwortung juristischer und natürlicher Personen für den unerlaubten Zugang zu Informationen, für ihr rechtswidriges Kopieren, Verändern und Nutzen sowie für das

bewusste Verbreiten von Falschinformationen und für die rechtwidrige Offenlegung von Staatsgeheimnissen festlegen. Diese normativen rechtlichen Akte der RF sollen darüber hinaus auch die Nutzung von Dienstinformationen oder Geschäftsgeheimnissen zu kriminellen oder Zwecken der eigennützigen Bereicherung sanktionieren;
- die Präzisierung des Status von ausländischen Informationsagenturen, von Mitteln der Masseninformation und von Journalisten sowie von Investoren bei der Nutzung von internationalem Kapital für die Entwicklung der Informationsinfrastruktur Russlands;
- die rechtliche Fixierung der Priorität der Entwicklung nationaler Nachrichtennetze und nationaler kosmischer Satellitenverbindungen;
- die Definition des Status von Organisationen, die globale Informations- und Telekommunikationsdienstleistungen auf dem Territorium Russlands erbringen, und die rechtliche Regulierung ihrer Tätigkeit;
- die Schaffung einer rechtlichen Grundlage für die Formierung von regionalen Strukturen der Sicherstellung der IS in der RF.

Zu den **organisationstechnischen Methoden** der Sicherstellung der IS der RF zählen:
- die Schaffung und Vervollkommnung eines Systems der Sicherstellung der IS der RF;
- die Verstärkung der Rechtsanwendung der föderalen Organe der Exekutive, der Exekutiven der Subjekte der RF, einschließlich der Vorbeugung und Vereitelung von Rechtverletzungen in der Informationssphäre, sowie das Aufspüren und zur Verantwortung ziehen von Personen, welche Verbrechen und andere Rechtsverletzungen in dieser Sphäre begangen haben;
- die Schaffung, Nutzung und Vervollkommnung von Mitteln des Schutzes von Informationen und Methoden der Kontrolle der Effektivität dieser Mittel sowie die Entwicklung von geschützten Telekommunikationssystemen und die Steigerung der Zuverlässigkeit ihrer speziellen Programme;
- die Schaffung von Systemen und Mitteln zur Verhinderung unerlaubter Zugriffe und Einwirkungen, welche die Störung, Vernichtung oder Veränderung von Informationen hervorrufen, sowie von Eingriffen, die das vorgesehene Arbeitregime von Informationssystemen und -mitteln stören;
- das Aufspüren von technischen Einrichtungen und Programmen, die eine Gefahr für das normale Funktionieren von Informations- und Telekommunikationssystemen darstellen, sowie die Verhinderung des Abfangens von Informationen in technischen Kanälen. Dazu zählt auch die Anwendung von kryptographischen Mitteln zum Schutz von Informationen bei ihrer Speicherung, Verarbeitung oder ihrer Übertragung in den Nachrichtenkanälen sowie die Kontrolle der Einhaltung der speziellen Forderungen zum Schutz der Informationen;
- die Zertifizierung von Mitteln für den Informationsschutz und die Lizenzierung der Tätigkeit auf dem Gebiet des Schutzes von Staatsgeheimnissen sowie die Standardisierung von Methoden und Mitteln des Informationsschutzes;
- die Vervollkommnung des Systems der Zertifizierung von Telekommunikationsausrüstungen und der Programme für automatisierte Systeme der Informationsverarbeitung entsprechend den Anforderungen der Informationssicherheit;
- Kontrolle der Handlungen des Personals der geschützten Informationssysteme, die Vorbereitung von Kadern auf dem Gebiet der Sicherstellung der IS der RF;
- die Schaffung eines Systems des Monitoring von Parametern und Charakteristika der IS der RF in den wichtigsten gesellschaftlichen und staatlichen Bereichen.

Die **ökonomischen Methoden** der Sicherstellung der IS der RF umfassen:
- die Ausarbeitung eines Programms der finanziellen Sicherstellung der IS der RF;
- die Vervollkommnung des Systems der Finanztätigkeit hinsichtlich der Realisierung

der rechtlichen und organisationstechnischen Methoden der Informationsschutzes und der Schaffung eines Systems der Versicherung von Informationsrisiken für natürliche und juristische Personen.

6. Besonderheiten der Gewährleistung der Informationssicherheit der Russischen Föderation in den verschiedenen Sphären des gesellschaftlichen Lebens

Die Informationssicherheit der Russischen Föderation ist ein Bestandteil der nationalen Sicherheit der RF und hat Einfluss auf den Schutz der nationalen Interessen der Russischen Föderation in den verschiedenen Sphären der Gesellschaft und des Staates. Die Gefahren für die Informationssicherheit und die Methoden ihrer Sicherstellung sind in diesen Sphären gleich.

In jeder von ihnen existieren Besonderheiten der Sicherung der IS, die aus der Spezifik der Objekte der Gewährleistung der Sicherheit und dem Grad ihrer Verletzbarkeit resultieren. In jeder Sphäre des gesellschaftlichen und staatlichen Wirkens werden neben allgemeinen Methoden der Sicherstellung der IS der RF auch besondere Methoden und Formen, die aus den spezifischen, auf den Zustand der IS der RF einwirkenden Faktoren resultieren, genutzt.

Im Bereich der Ökonomie:
Der Gewährleistung der IS der RF in der Sphäre der Ökonomie kommt eine Schlüsselposition in der nationalen Sicherheit der RF zu.

Einige Bereiche der Ökonomie sind dabei besonders gefährdet:
- das System der staatlichen Statistik;
- das Kredit- und Finanzsystem
- automatisierte Informations- und Rechensysteme von Einrichtungen der föderalen Organe der Exekutive, die gesellschaftliche und staatliche Aufgaben im Bereich der Ökonomie wahrnehmen;
- Systeme des Rechnungswesens der Unternehmen, Einrichtungen und Organisationen, unabhängig von deren Eigentumsform;
- Systeme der Sammlung, Verarbeitung, Archivierung und Weiterleitung von Finanz-, Rechnungs-, Börsen-, Steuer- und Zollinformationen, sowie von Informationen über die außenwirtschaftliche Tätigkeit des Staates, von Unternehmen Einrichtungen und Organisationen, unabhängig von deren Eigentumsform.

Der Übergang zur Markwirtschaft hat das Erscheinen von Waren und Dienstleistungen einer Vielzahl einheimischer und ausländischer wirtschaftlicher Strukturen, die Produzenten oder Nutzer von Informationen, Informationsmitteln und deren Schutz sind, auf dem russischen Binnenmarkt bewirkt.

Die unkontrollierte Tätigkeit dieser Strukturen bei der Schaffung und Sicherung von Systemen der Sammlung, Verarbeitung, Archivierung und Weitergabe von Statistik-, Finanz-, Börsen-, Steuer- und Zollinformationen schafft für Russland eine reale Gefährdung der Sicherheit.
Analoge Gefahren entstehen bei der unkontrollierten Einbeziehung internationaler Firmen bei der Schaffung solcher Systeme, da sich dabei günstige Bedingungen für den unerlaubten Zugang zu geheimen wirtschaftlichen Informationen und für die Übernahme der Kontrolle über die Prozesse des Informationstransfers und der Informationsverarbeitung durch ausländische Geheimdienste ergeben.

Der kritische Zustand der nationalen Unternehmen, die Informations-, Telekommunikations- und Nachrichtentechnik sowie Mittel zu ihrem Schutz herstellen, führt zu einer breiten Nutzung von entsprechenden Importen. Dies schafft die Gefahr einer technologischen Abhängigkeit Russlands vom Ausland.

Eine ernsthafte Gefahr für das regelmäßige Funktionieren der Wirtschaft im Gesamten stellen Computerverbrechen dar, die gekennzeichnet sind durch das Eindringen krimineller Elemente in Computersysteme und -netze von Banken und anderen Kreditinstituten.

Die unzulängliche normative rechtliche Basis, die die Verantwortlichkeiten wirtschaftlicher Subjekte für die Richtigkeit und den Umfang von Informationen über ihre wirtschaftliche Tätigkeit, über die Eigenschaften ihrer Produkte und Dienstleistungen, über die Ergebnisse ihrer Tätigkeit, über Investitionen usw. regelt, behindert ein normales Funktionieren der Wirtschaft.
Gleichzeitig können die wirtschaftlichen Subjekte entscheidende Verluste in Folge der Offenlegung geschäftlicher Interna erleiden.

Die Systeme der Sammlung, Verarbeitung, Archivierung und Weitergabe von Finanz-, Börsen-, Steuer- und Zollinformationen sind am stärksten der Gefahr von absichtlichen oder versehentlichen Eingriffen ausgesetzt. Dies betrifft auch föderale Organe der Exekutive, die sich mit der Schaffung, der Erstellung und der Verbreitung von Informationen über die außenwirtschaftliche Tätigkeit der Russischen Föderation beschäftigen.

Die hauptsächlichen Maßnahmen zur Gewährleistung der IS der RF in der Sphäre der Ökonomie sind:
- die Organisation und Durchführung der staatlichen Kontrolle über die Schaffung, Entwicklung und den Schutz von Systemen und Mitteln zur Sammlung, Verarbeitung, Speicherung und Übertragung von Finanz-, Börsen-, Steuer- und Zollinformationen;
- die grundlegende Umgestaltung des Systems der staatlichen Erfassung von statistischen Angaben mit dem Ziel, zutreffende, vollständige und gesicherte Informationen zu erhalten. Das wird einerseits erreicht durch eine strenge juristische Verantwortlichkeit der zuständigen Personen für die Aufbereitung der Basisinformationen, für die Analyse und Verarbeitung des statistischen Angabenmaterials und andererseits durch die Begrenzung der Kommerzialisierung dieser Informationen;
- die Schaffung nationaler zertifizierter Mittel für den Informationsschutz und deren Einsatz in den Systemen und Mitteln der Verarbeitung von Finanz-, Börsen-, Steuer- und Zollinformationen;
- die Schaffung und Anwendung nationaler gesicherter Systeme für den elektronischen Zahlungsverkehr auf der Basis intelligenter Karten, elektronischer Zahlungsmittel und des elektronischen Handels sowie die Standardisierung dieser Systeme und die Ausarbeitung einer normativen rechtlichen Grundlage für deren Nutzung;
- die Vervollkommnung der normativen rechtlichen Basis zur Regulierung der Informationsbeziehungen im Bereich der Ökonomie;
- die Vervollkommnung der Methoden der Auswahl und der Vorbereitung des Personals für die Tätigkeit in den Systemen der Sammlung, Verarbeitung, Speicherung und Verbreitung ökonomischer Informationen.

In der Sphäre der Innenpolitik:
Die Hauptobjekte der Gewährleistung der IS der RF im Bereich der Innenpolitik sind:
- die verfassungsmäßigen Rechte und Freiheiten der Menschen und Bürger;

- das Verfassungssystem, der nationale Konsens, die Stabilität der Staatsmacht, die Souveränität und territoriale Integrität der Russischen Föderation;
- die offenen Informationsressourcen der föderalen Organe der Exekutive und die Mittel der Masseninformation.

Die größte Gefahr im Bereich der Innenpolitik stellen folgende Bedrohungen der IS der RF dar:
- die Verletzung der verfassungsmäßigen Rechte der Menschen und Bürger auf dem Gebiet der Information;
- die ungenügende rechtliche Regulierung der Rechte der verschiedenen politischen Kräfte bei der Nutzung der Massenmedien zur Propagierung ihrer Ideen;
- die Verbreitung von Desinformationen über die Politik Russlands, über die Tätigkeit föderaler Exekutivorgane, über Ereignisse im Lande oder im Ausland;
- die Tätigkeit von gesellschaftlichen Vereinigungen, die auf die gewaltsame Veränderung der konstitutionellen Ordnung und die Zerstörung der Einheit Russlands gerichtet ist, sowie das Anfachen von sozialen, rassischen, nationalistischen oder religiösen Feindschaften und die Verbreitung dieser Ideen über die Masseninformationsmittel.

Zu den Hauptmaßnahmen der Gewährleistung der IS der RF in der Sphäre der Innenpolitik gehören:
- die Schaffung eines Systems zur Verhinderung der Monopolisierung der einheimischen und ausländischen Elemente der Informationsinfrastruktur, einschließlich des Marktes der Informationsdienstleistungen und Mittel der Masseninformation;
- die Verstärkung konterpropagandistischer Handlungen zur Verhinderung negativer Folgen der Verbreitung von Desinformationen über die Innenpolitik Russlands.

In der Sphäre der Außenpolitik:

Die Hauptobjekte der Gewährleistung der IS der RF im Bereich der Außenpolitik sind:
- die Informationsressourcen der föderalen exekutiven Organe, die mit der Realisierung der Außenpolitik der RF betraut sind, sowie der russischen Vertretungen und Organisationen im Ausland und bei internationalen Organisationen;
- die Informationsressourcen der föderalen exekutiven Organe, die mit der Realisierung der Außenpolitik der RF betraut sind, auf den Gebieten der Subjekte der RF;
- die Informationsressourcen der russischen Unternehmen, Einrichtungen und Organisationen, von Unterorganisationen föderaler exekutiver Organe, die mit der Realisierung der Außenpolitik der RF betraut sind.

Unter den äußeren Bedrohungen der IS der RF auf außenpolitischen Gebiet sind die folgenden am wesentlichsten:
- die Blockierung der Tätigkeit der russischen Masseninformationsmittel bei der Erläuterung der Ziele und Hauptrichtungen der russischen Außenpolitik, der Darstellung ihrer Meinung zu sozial wichtigen Ereignissen der russischen und internationalen Politik gegenüber der internationalen Öffentlichkeit;
- die informelle Einwirkung ausländischer politischer, wirtschaftlicher, militärischer und Informationsstrukturen auf die Ausarbeitung und Realisierung der Strategie der Außenpolitik der RF;
- die Verbreitung von Desinformationen über die Außenpolitik der RF im Ausland;
- die Verletzung der Rechte russischer Bürger und juristischer Personen in der Informationssphäre im Ausland;
- der Versuch, unerlaubten Zugang zu Informationen zu erlangen und unberechtigt auf Informationsressourcen, auf die Informationsinfrastruktur föderaler außenpolitischer

Exekutivorgane, auf Informationen von Vertretungen der RF im Ausland und bei internationalen Organisationen zuzugreifen.

Unter den inneren Bedrohungen der IS der RF auf außenpolitischem Gebiet sind die folgenden am wesentlichsten:
- die Verletzung des festgelegten Regimes bei der Sammlung, der Verarbeitung, der Speicherung und der Weiterleitung von Informationen durch föderale Exekutivorgane, die mit der Realisierung der Außenpolitik der RF betraut sind, oder durch Strukturen, die ihnen nachgeordnet oder unterstellt sind;
- die Informations- und Propaganda-Tätigkeit von politischen Kräften, gesellschaftlichen Vereinigungen, Masseninformationsmitteln oder einzelnen Personen zur Verfälschung der Strategie und Taktik der außenpolitischen Tätigkeit der RF;
- die ungenügende Information der Bevölkerung über die außenpolitische Tätigkeit der RF.

Grundlegende Maßnahmen zur Gewährleistung der IS der RF auf außenpolitischem Gebiet sind:
- die Ausarbeitung der Hauptrichtungen der Politik des Staates auf dem Gebiet der Vervollkommnung der Informationssicherstellung des außenpolitischen Kurses der RF;
- die Ausarbeitung und Realisierung eines Maßnahmenkomplexes zur Verstärkung der Informationssicherheit der Informationsinfrastruktur der föderalen Exekutivorgane, die mit der Realisierung der Außenpolitik der RF betraut sind, sowie der russischen Vertretungen und Organisationen im Ausland und bei internationalen Organisationen;
- die Schaffung von Bedingungen, die es den russischen Vertretungen und Organisationen im Ausland ermöglichen, dort verbreitete Desinformationen über die russische Außenpolitik zu neutralisieren;
- die Vervollkommnung der Informationssicherstellung bei der Vereitelung von Verletzungen der Rechte und Freiheiten russischer Bürger und juristischer Personen im Ausland;
- die Vervollkommnung der Informationssicherstellung der Subjekte der RF in Fragen der internationalen Tätigkeit im Rahmen ihrer Kompetenz.

Auf dem Gebiet der Wissenschaft und Technik:

Die Hauptobjekte der Gewährleistung der IS der RF im Bereich der Wissenschaft und Technik sind:
- die Ergebnisse der Grundlagenforschung und der angewandten Wissenschaft, die potentiell wichtig für die wissenschaftlich-technische, technologische und sozioökonomische Entwicklung des Landes sind, einschließlich der Erkenntnisse, deren Verlust die Interessen und das Prestige Russlands negativ beeinflusst;
- Erfindungen, unpatentierte Technologien, industrielle Muster, Modelle und experimentelle Ausrüstungen;
- wissenschaftlich-technische Kader und das System ihrer Ausbildung;
- das System der Leitung komplizierter Entwicklungskomplexe (Kernreaktoren, Teilchenbeschleuniger, Plasmageneratoren u.a.).

Zu den grundlegenden äußeren Gefahren der IS der RF auf dem Gebiet der Wissenschaft und Technik zählen:
- das Streben entwickelter ausländischer Staaten nach illegalem Zugang zu den wissenschaftlich-technischen Ressourcen Russlands mit dem Ziel, die durch russische Wissenschaftler gewonnenen Resultate für eigene Interessen zu nutzen;

- die Schaffung von privilegierten Bedingungen für ausländische wissenschaftlich-technische Produkte auf dem russischen Markt und das Streben der entwickelten Länder, parallel dazu die Entwicklung des russischen wissenschaftlich-technischen Potenzials zu behindern (Kauf von Aktien führender Unternehmen und deren anschließende Umprofilierung, das Aufrechterhalten von Export- und Importbeschränkungen und so weiter);
- die Politik der westlichen Länder, den von der UdSSR übernommenen einheitlichen wissenschaftlich-technischen Raum der Staaten der Gemeinschaft der unabhängigen Staaten zu zerstören. Dabei wird versucht, die wissenschaftlich-technischen Beziehungen dieser Staaten und sogar einzelne, besonders zukunftsträchtige Forschungs- und Entwicklungskollektive in Richtung der westlichen Länder umzuorientieren;
- die Aktivierung der Tätigkeit internationaler staatlicher und privater Unternehmen, Einrichtungen und Organisationen auf dem Gebiet der Industriespionage unter Einbeziehung von Aufklärungs- und Spezialdiensten.

Zu den grundlegenden inneren Gefahren der IS der RF auf dem Gebiet der Wissenschaft und Technik zählen:
- die nach wie vor schwierige ökonomische Situation Russlands, welche zu einem starken Rückgang der Finanzierung der wissenschafts-technischen Tätigkeit, zum zeitweiligen Prestigeverlust wissenschaftlich-technischer Bereiche und zum Abfluss von Ideen und Spitzenleistungen ins Ausland geführt hat;
- die Unfähigkeit der einheimischen Wirtschaftszweige der elektronischen Industrie, eine auf der Grundlage neuester Erkenntnisse der Mikroelektronik und der Informationstechnologien basierende konkurrenzfähige wissenschaftsintensive Produktion zu schaffen, die es gestatten würde, eine hinreichende technologische Unabhängigkeit Russlands vom Ausland zu gewährleisten und Russland nicht zwingen würde, bei der Schaffung und Entwicklung der Informationsinfrastruktur im großem Unfang Importtechnik zu nutzen;
- ernsthafte Probleme im Bereich des Patentschutzes der wissenschaftlich-technischen Arbeit der russischen Forscher;
- Schwierigkeiten beim Schutz von Informationen, insbesondere in Aktiengesellschaften, in wissenschaftlich-technischen Einrichtungen und Organisationen.

Ein realistischer Weg, den Gefahren der IS der RF im Bereich der Wissenschaft und Technik zu begegnen, ist die Vervollkommnung der Gesetzgebung der Russischen Föderation zur Regulierung der Verhältnisse auf diesem Gebiet und die Verbesserung des Mechanismus der Realisierung der Gesetzlichkeit. Dazu sollte der Staat ein System der Beurteilung möglicher Gefahren für die IS der RF auf dem Gebiet der Wissenschaft und Technik schaffen.

Dazu sollten gesellschaftliche wissenschaftliche Räte, sowie Organisationen unabhängiger Experten zur Ausarbeitung von Empfehlungen für die föderalen Staatsorgane und die Staatsorgane der Subjekte der RF zur Verhinderung einer ungesetzlichen und uneffektiven Nutzung des intellektuellen Potenzials Russlands hinzugezogen werden.

In der Sphäre des geistigen Lebens:

Die Gewährleistung der IS der RF im Bereich des geistigen Lebens hat das Ziel, die verfassungsmäßigen Rechte und Freiheiten der Menschen und Bürger in Verbindung mit Entwicklung, Formierung und Agieren der Persönlichkeit sowie die Freiheit der Masseninformation, die Nutzung des kulturellen, geistig-sittlichen Erbes, der historischen Traditionen und Normen des gesellschaftliche Lebens zu schützen. Dies geschieht unter Wahrung des kulturellen Gemeingutes aller Völker Russlands, der Verwirklichung der verfassungsgemäßen Begrenzung der Rechte und Freiheiten der Menschen und Bürger im Interesse der Sicherung und Festigung der moralischen Werte der Gesellschaft, der Tradition des Patriotismus und Humanismus, der Gesundheit der Bürger, des kulturellen und wissenschaftlichen Potenzials, der Sicherung der Verteidigungsfähigkeit und Sicherheit des Staates.

Zu den grundlegenden Objekten der Gewährleistung der IS der RF in der Sphäre des geistigen Lebens gehören:
- die Menschenwürde, die Gewissensfreiheit, die Freiheit der Wahl religiöser und anderer Überzeugungen und das Handeln in Übereinstimmung mit diesen. Die Freiheit des Denkens, des Wortes (mit Ausnahme der Propaganda und Agitation , welche sozialen, rassischen, nationalen oder religiösen Hass und Feindschaft schürt) sowie die Freiheit des literarischen, künstlerischen, wissenschaftlichen, technischen und anderen Schöpfertums, die Freiheit der Lehre;
- die Freiheit der Masseninformation;
- die Unantastbarkeit des Privatlebens, des persönlichen und familiären Geheimnisses;
- die russische Sprache als Faktor der geistigen Einigkeit des Vielvölkerstaates Russland, als Sprache der zwischenstaatlichen Kommunikation der Völker der Mitgliedsstaaten der Gemeinschaft Unabhängiger Staaten;
- die Sprachen, die sittlichen Werte und das kulturelle Erbe der Völker und Völkerschaften Russlands;
- die Objekte des intellektuellen Eigentums.

Die größte Gefahr für die Sphäre des geistigen Lebens stellen folgende Gefährdungen der IS der RF dar:
- die Deformation des Systems der Masseninformation sowohl durch Monopolisierung ihrer Mittel als auch auf Grund der unkontrollierten Erweiterung der ausländischen Masseninformationsmittel im einheimischen Informationsraum;
- die Verschlechterung des Zustandes und der kontinuierliche Verfall der Objekte des russischen Kulturerbes, einschließlich der Archive, Museumsbestände, Bibliotheken, Architekturdenkmäler, durch nicht ausreichende Finanzierung entsprechender Programme und Maßnahmen;
- die Möglichkeit der Zerstörung der gesellschaftlichen Stabilität, die Schädigung der Gesundheit und des Lebens der Bürger in Folge der Tätigkeit religiöser Vereinigungen, die religiösen Fundamentalismus verbreiten, oder durch totalitäre Sekten;
- die Nutzung von auf dem Gebiet Russlands tätigen Masseninformationsmitteln durch ausländische Geheimdienste zur Schädigung der Verteidigungsfähigkeit und Sicherheit des Landes, sowie zur Verbreitung von Desinformationen;
- die Unfähigkeit der modernen russischen Zivilgesellschaft, unter der heranwachsenden Generation die Ausbildung von gesellschaftlich wichtigen ethischen Werten, von Patriotismus und staatsbürgerlicher Verantwortung für das Schicksal des Landes zu fördern und diese in der Gesellschaft zu erhalten.

Die Hauptrichtungen der Gewährleistung der IS der RF auf dem Gebiet des geistigen Lebens sind:
- die Entwicklung der Grundlagen einer Bürgergesellschaft in Russland;
- die Schaffung sozial-ökonomischer Grundlagen für die Verwirklichung der schöpferischen Tätigkeit und des Funktionierens der kulturellen Einrichtungen;
- die Ausarbeitung zivilisierter Formen und Möglichkeiten der gesellschaftlichen Kontrolle über die Formierung geistiger Werte, die den nationalen Interessen des Landes, der Erziehung zum Patriotismus und zur staatsbürgerlichen Verantwortung

für das Schicksal des Staates dienen;
- die Vervollkommnung der Gesetzgebung der RF, die die Beziehungen auf dem Gebiet der verfassungsmäßigen Begrenzung der Rechte und Freiheiten der Menschen und Bürger reguliert;
- die staatliche Förderung von Maßnahmen zur Wahrung und Wiedergeburt des kulturellen Erbes der Völker und Völkerschaften der Russischen Föderation;
- die Formierung rechtlicher und organisatorischer Mechanismen zur Sicherung der verfassungsmäßigen Rechte und Freiheiten der Bürger bei der Entwicklung einer Rechtskultur und bei ihrer Befähigung, Verletzungen ihrer Verfassungsrechte in der Sphäre des geistigen Lebens, Widerstand entgegenzusetzen;
- die Ausarbeitung wirksamer organisationsrechtlicher Mechanismen des Zugangs der Bürger zu Masseninformationsmitteln und zu offenen Informationen über die Arbeit föderaler Organe des Staates und gesellschaftlicher Organisationen sowie die Sicherung wahrheitsgetreuer Informationen über sozial bedeutende Ereignisse des öffentlichen Leben in den Masseninformationsmedien;
- die Ausarbeitung spezieller rechtlicher und organisatorischer Mechanismen zur Verhinderung rechtwidriger informationspsychologischer Einwirkungen auf das Massenbewusstsein der Gesellschaft und einer unkontrollierten Kommerzialisierung von Kultur und Kunst sowie die Sicherung der Erhaltung der kulturellen und historischen Werte der Völker und Völkerschaften der RF, bei rationaler Nutzung der durch die Gesellschaft angehäuften, national wertvollen Informationsressourcen;
- die Einführung eines Verbotes der Nutzung von Sendezeiten in den elektronischen Masseninformationsmitteln, um Programme anzubieten, die Gewalt, Grausamkeit und asoziales Verhalten propagieren;
- der Widerstand gegen den negativen Einfluss ausländischer religiöser Organisationen und Missionare.

In den gesamtstaatlichen Informations- und Telekommunikationssystemen:

Die Hauptobjekte der Gewährleistung der IS der RF im Bereich der allgemeinen staatlichen Informations- und Telekommunikationssysteme sind:
- die Informationsressourcen, welche Angaben enthalten, die Staatsgeheimnisse oder vertrauliche Informationen sind;
- die Mittel und Systeme der Informatik (Rechnertechnik, Informations- und Rechnerkomplexe, Informationsnetze und –systeme), der Programmelemente (Operationssysteme, Systeme zu Steuerung von Basiswerten und andere allgemeine oder spezielle Systemprogramme), der automatisierten Führungssysteme, der Nachrichtensysteme und Systeme zur Übermittlung von Daten, welche dem Empfang, der Verarbeitung, der Speicherung und der Übertragung von begrenzt zugänglichen Informationen dienen, und deren materielles Umfeld;
- die technischen Mittel und Systeme, die offene Informationen verarbeiten, sich jedoch in Räumen befinden, in denen auch begrenzt zugängliche Informationen verarbeitet werden, sowie die Einrichtungen selbst, die für die Verarbeitung solcher Informationen genutzt werden;
- die Räume, in denen geheime Verhandlungen oder Verhandlungen, in deren Verlauf man vertrauliche Inhalte berührt, stattfinden.

Zu den grundlegenden Gefahren für die IS der RF auf dem Gebiet der Informations- und Telekommunikationssysteme zählen:
- die Tätigkeit von Geheimdiensten ausländischer Staaten, von kriminellen Vereinigungen, Organisationen und Gruppen und die gesetzwidrigen Aktivitäten von Einzelpersonen zum Erhalt des unerlaubten Zuganges zu Informationen oder zur

Erlangung der Kontrolle über die Funktion von Informations- und Telekommunikationssystemen;
- die durch den objektiven Rückstand der einheimischen Industrie gezwungenermaßen notwendige Nutzung von importierter Soft- und Hardware bei der Schaffung und Entwicklung der Informations- und Telekommunikationssysteme;
- die Störung des festgelegten Regimes der Sammlung, Verarbeitung und Übermittlung von Informationen, vorsätzliche Fehlhandlungen und Vergehen des Personals der Informations- und Telekommunikationssysteme, das Versagen technischer Mittel und Programmfehler in Informations- und Telekommunikationssystemen;
- die Nutzung von - im Hinblick auf Sicherheitsforderungen - nicht zertifizierten Mitteln und Systemen der Informatik und Nachrichtenverbindungen oder von unzertifizierten Mitteln des Informationsschutzes und der Kontrolle deren Wirksamkeit;
- die Hinzuziehung zu Arbeiten zur Schaffung, Entwicklung und zum Schutz von Informations- und Telekommunikationssystemen von Organisationen und Firmen, die nicht im Besitz staatlicher Lizenzen für solche Tätigkeiten sind.

Zu den grundlegenden Richtungen der Gewährleistung der IS der RF in den gesamtstaatlichen Informations- und Telekommunikationssystemen zählen:
- die Vereitelung des Abflusses von Informationen aus Räumen und Objekten sowie von Informationen, die mit Hilfe von technischen Mitteln in Nachrichtenkanälen übermittelt werden;
- das Unterbinden des unerlaubten Zugriffes zu Informationen während ihrer Bearbeitung oder bei ihrer Speicherung in technischen Systemen;
- das Unterbinden von Informationsverlusten in technischen Kanälen bei der Nutzung technischer Mittel zur Informationsbearbeitung, -Speicherung und -Übertragung;
- das Unterbinden spezieller programmtechnischer Einwirkungen, die die Störung, die Vernichtung, die Verfälschung oder den Abbruch der Arbeit der Informationsmittel hervorrufen;
- die Gewährleistung der Informationssicherheit bei der Zuschaltung gesamtstaatlicher Informations- und Telekommunikationssysteme zu den inneren und internationalen Informationsnetzen;
- die Gewährleistung der Sicherheit vertraulicher Informationen beim Zusammenwirken der Informations- und Telekommunikationssysteme unterschiedlicher Schutzstufen;
- das Aufspüren von - in Objekte und technische Mittel eingebrachten - elektronischen Apparaturen, die dem Abfangen von Informationen dienen.

Zu den grundlegenden organisatorisch-technischen Maßnahmen zum Schutz von Informationen in gesamtstaatlichen Informations- und Telekommunikationssystemen zählen:
- die Lizenzierung der Tätigkeit von Organisationen auf dem Gebiet des Schutzes von Informationen;
- die Attestierung von Informationsobjekten hinsichtlich der Erfüllung von Forderungen der Informationssicherheit bei der Durchführung von Arbeiten, bei denen staatliche Geheimnisse genutzt werden;
- die Zertifizierung von Mitteln für den Informationsschutz und zur Effektivitätskontrolle ihrer Nutzung sowie des Schutzes von Informationen vor Verlust in technischen Kanälen und Informatik- und Nachrichtenverbindungssystemen;
- die Einführung von Einschränkungen im Arbeitsregime der schützenswerten technischen Mittel in ihren territorialen, energetischen, räumlichen und zeitlichen Parametern sowie bei der Nutzung von Frequenzen;
- die Schaffung und Nutzung von gesicherten, automatisierten Informations- und Führungssystemen.

In der Sphäre der Verteidigung:

Zu den Objekten der Gewährleistung der IS der RF im Bereich der Verteidigung zählen:
- die Informationsinfrastruktur der zentralen Organe der Militärführung und der Führungsorgane der Teilstreitkräfte und Waffengattungen, der Gruppierungen, Verbände, Truppenteile und Organisationen der Streitkräfte sowie der wissenschaftlichen und Forschungseinrichtungen des Verteidigungsministeriums der RF;
- die Informationsressourcen der Betriebe des Militär-Industrie-Komplexes und die wissenschaftlichen und Forschungseinrichtungen von Unternehmen, die entweder Rüstungsaufgaben erfüllen oder sich mit Verteidigungsaufgaben beschäftigen;
- informations-technische und automatische Mittel automatisierter Führungssysteme von Truppen und Waffen sowie Bewaffnung und Militärtechnik, die mit Informationsmitteln ausgestattet sind;
- die Informationsressourcen, Nachrichtensysteme und Informationsinfrastrukturen anderer Truppen, militärischer Formationen und Organe.

Zu den äußeren Bedrohungen, die die größte Gefahr für die Objekte der Sicherung der IS der RF auf dem Gebiet der Verteidigung darstellen, gehören:
- alle Arten von Aufklärungstätigkeit ausländischer Staaten;
- die informationstechnische Einwirkung (darunter auch der funkelektronische Kampf und das Eindringen in Computersysteme) von Seiten des wahrscheinlichen Gegners;
- die Diversions- und Störtätigkeit von Geheimdiensten ausländischer Staaten mit Methoden der informationspsychologischen Einwirkung;
- die Tätigkeit internationaler politischer, ökonomischer und militärischer Strukturen, die sich gegen die Interessen der russischen Föderation auf dem Gebiet der Verteidigung richten.

Zu den inneren Bedrohungen, die die größte Gefahr für die Objekte der Sicherung der IS der RF auf dem Gebiet der Verteidigung darstellen gehören:
- die Störung des festgelegten Regimes der Sammlung, Verarbeitung, Speicherung und Übertragung von Informationen in den Stäben und Einrichtungen des Verteidigungsministeriums der RF und in den Unternehmen des Militär-Industrie-Komplexes;
- vorsätzliche Handlungen sowie Fehler des Personals von Informations- und Telekommunikationssystemen, die für Spezialaufgaben vorgesehen sind;
- die unzuverlässige Funktion von Informations- und Telekommunikationssystemen, die für Spezialaufgaben vorgesehen sind;
- die mögliche informationspropagandistische Tätigkeit, die das Prestige der Streitkräfte der RF und ihre Gefechtsbereitschaft untergräbt;
- die Ungelöstheit von Fragen des Schutzes des intellektuellen Eigentums der Unternehmen des Militär-Industrie-Komplexes, welche zu einem Abfluss wertvoller staatlicher Informationsressourcen ins Ausland führt;
- die Ungelöstheit von Fragen des sozialen Schutzes von Militärangehörigen und ihrer Familien.

Die aufgeführten inneren Bedrohungen stellen dann eine besondere Gefahr dar, wenn sich die militärpolitische Lage verschärft.

Spezifische Richtungen bei der Vervollkommnung des Systems zur Sicherung der IS der RF auf dem Gebiet der Verteidigung sind:
- das ständige Klarmachen der Bedrohungen und ihrer Quellen, die Strukturierung der Ziele zur Gewährleistung der IS auf dem Gebiet der Verteidigung und die Festlegung entsprechender praktischer Aufgaben;

- die Zertifizierung der allgemeinen und speziellen Programmsicherstellung, von Paketen angewandter Programme und Mittel des Informationsschutzes in bestehenden und zu schaffenden automatisierten militärischen Führungs- und Nachrichtensystemen, die Elemente von Rechentechnik beinhalten;
- die ständige Verbesserung der Mittel des Schutzes vor unerlaubtem Zugriff, die Entwicklung von geschützten Nachrichtensystemen und von Truppen- und Waffenleitsystemen sowie die Erhöhung der Zuverlässigkeit spezieller Programme;
- die Vervollkommnung der Strukturen der Organe des Systems zur Gewährleistung der Informationssicherheit auf dem Gebiet der Verteidigung und die Koordinierung ihrer Zusammenarbeit;
- die Vervollkommnung von Methoden und Arten der strategischen und operativen Tarnung, der Aufklärung und des funkelektronischen Kampfes, der Methoden und Mittel der aktiven Gegenwehr gegen informationspropagandistische und psychologische Operationen des wahrscheinlichen Gegners;
- die Vorbereitung von Spezialisten auf dem Gebiet der Informationssicherheit in der Sphäre der Verteidigung.

Auf dem Gebiet der Rechtssicherung und Gerichtsbarkeit:

Hauptobjekte der Gewährleistung der IS der RF im Bereich der Rechtssicherung und Gerichtsbarkeit sind:
- die Informationsressourcen der föderalen, staatlichen, rechtssichernden, exekutiven Organe, der Gerichte sowie ihre Informations- und Rechenzentren und die wissenschaftlichen und Forschungseinrichtungen und Lehranstalten, die über spezielle und operative Informationen juristischen Charakters verfügen;
- die Informations- und Rechenzentren sowie deren informationstechnische, funktionstechnische und programmtechnische Sicherstellung;
- die Informationsinfrastruktur (Informations- und Rechnernetze, Führungspunkte, -knoten und Verbindungslinien).

Zu den äußeren Bedrohungen, die die größte Gefahr für die Objekte der Sicherung der IS der RF auf dem Gebiet der Rechtsicherung und Gerichtsbarkeit darstellen gehören:
- die Aufklärungstätigkeit von Spezialdiensten ausländischer Staaten, internationaler Verbrechervereinigungen, von Organisationen und Gruppen zur Sammlung von Informationen zur Offenlegung der Aufgaben, Handlungspläne, technischen Ausstattung, Arbeitsmethoden und Dislozierung von Spezialeinheiten und Organen des Innenministeriums der Russischen Föderation;
- die Tätigkeit internationaler staatlicher und privater kommerzieller Strukturen zum unerlaubten Zugriff auf die Informationsressourcen der Organe der Rechtssicherung und Rechtssprechung.

Zu den inneren Bedrohungen, die die größte Gefahr für die Objekte der Sicherung der IS der RF auf dem Gebiet der Rechtsicherung und Gerichtsbarkeit darstellen gehören:
- die Störung des festgelegten Regimes der Sammlung, Verarbeitung, Speicherung und Übertragung von Informationen, die der Verfolgung von Straftaten dienen, in Kartotheken und automatisierten Datenbanken;
- die Unzulänglichkeit der gesetzlichen und normativen Regulierung des Informationsaustausches der Organe der Rechtssicherung und Rechtssprechung;
- das Fehlen einer einheitlichen Methodik der Sammlung, Verarbeitung und Speicherung von Informationen operativ-ermittlerischen, informativen, kriminalistischen und statistischen Charakters;
- der Ausfall technischer Mittel und das Versagen der Programmsicherstellung in

Informations- und Telekommunikationssystemen;
- vorsätzliche Handlungen sowie Fehler des Personals, das unmittelbar mit der Schaffung und Führung von Kartotheken und automatisierten Datenbanken betraut ist.

Neben den in großem Umfang angewandten allgemeinen Methoden und Mitteln des Schutzes von Informationen kommen auch spezifische Methoden und Mittel zur Gewährleistung der IS in der Sphäre der Rechtsicherung und Gerichtsbarkeit zur Anwendung.

Die wesentlichen davon sind:
- die Schaffung eines geschützten mehrkanaligen Systems integrierter Datenbanken operativ-ermittlerischen, informativen, kriminalistischen und statistischen Charakters auf der Grundlage spezifischer Informations- und Telekommunikationsnetze;
- die Erhöhung des Niveaus der fachlichen und speziellen Vorbereitung der Nutzer der Informationssysteme.

Unter den Bedingungen des Ausnahmezustandes:

Die anfälligsten Objekte der Gewährleistung der IS der RF unter Bedingungen des Ausnahmezustandes sind die Systeme der Entschlussfassung für operative Handlungen (Reaktionen), für die Beseitigung der Folgen derartiger Situationen und weiterhin auch das System der Sammlung und Verarbeitung von Informationen über die mögliche Entstehung von Ausnahmesituationen.

Eine besondere Bedeutung für das regelrechte Funktionieren der angeführten Objekte kommt der Gewährleistung der Sicherheit der Informationsinfrastruktur des Landes im Falle von Havarien, Katastrophen und Naturereignissen zu. Die Verheimlichung, die Verzögerung des Bekanntwerdens, die Verfälschung und die Vernichtung von operativen Informationen sowie der unerlaubte Zugriff auf diese von Seiten Einzelner oder durch Gruppen kann menschliche Opfer zur Folge haben. Dies kann aber auch dazu führen, dass verschiedene Schwierigkeiten bei der Liquidierung der Folgen der Ausnahmesituation auftreten. In dieser Situation erfolgt die Informationseinwirkung unter außergewöhnlichen Umständen. Sie wirkt auf eine große Masse Menschen, die psychischem Stress unterliegen und unter denen schnell Panik und Unordnung durch Gerüchte, Lügen und Falschinformationen auftreten und sich verbreiten können.

Zu den Hauptrichtungen der Gewährleistung der IS unter diesen spezifischen Bedingungen zählen:
- die Erstellung eines effektiven Systems der Überwachung besonders gefährdeter Objekte, deren Funktionsstörung zur Entstehung von Ausnahmesituationen führen könnte, sowie die Prognose von Ausnahmesituationen;
- die Vervollkommnung des Systems der Information der Bevölkerung über die Gefahr der Entstehung von Ausnahmesituationen, über die Umstände ihrer Entstehung und Entwicklung;
- die Erhöhung der Zuverlässigkeit der Systeme der Verarbeitung und Übermittlung von Informationen, auf deren Grundlage die Handlungen der föderalen exekutiven Organe des Staates erfolgen;
- die Vorhersage des Verhaltens der Bevölkerung bei der Einwirkung von falschen oder unzuverlässigen Informationen über mögliche Ausnahmesituationen sowie die Erarbeitung von Maßnahmen zur Hilfeleistung für eine große Menschenmasse unter solchen Bedingungen;

- die Erarbeitung spezieller Maßnahmen zum Schutz der Informationssysteme, die der Leitung ökologisch gefährlicher und ökonomisch wichtiger Produktion dienen.

7. Die internationale Zusammenarbeit der Russischen Föderation auf dem Gebiet der Gewährleistung der Informationssicherheit

Die internationale Zusammenarbeit der Russischen Föderation auf dem Gebiet der Informationssicherheit ist ein unabdingbarer Bestandteil der politischen, militärischen, ökonomischen, kulturellen und anderer Elemente der Zusammenarbeit der Staaten der Weltgemeinschaft.

Diese Zusammenarbeit sollte der Steigerung der IS aller Mitglieder der Weltgemeinschaft, einschließlich der RF, dienen.

Die Besonderheit der internationalen Zusammenarbeit der RF auf dem Gebiet der IS besteht darin, dass sie unter Bedingungen stattfindet, die von der Verschärfung der internationalen Konkurrenz um die Beherrschung der technologischen und Informationsressourcen und vom Kampf um die Dominanz auf den Absatzmärkten gekennzeichnet sind. Sie findet statt unter den Bedingungen andauernder Versuche, solche internationale Strukturen zu schaffen, die auf eine einseitige Lösung der Schlüsselprobleme der Weltpolitik bei Schwächung der Rolle Russlands, eines der einflussreichen Zentren der sich formierenden nicht unilateralen Welt, gerichtet sind.

Führende Mächte sind bestrebt, ihren technologischen Vorsprung zu vergrößern und ihre Kräfte zur Schaffung der "Informationswaffe" zu bündeln.

Dies alles kann zu einer neuen Entwicklungsetappe des Wettrüstens auf dem Gebiet der Informatik und zu einem Anwachsen der Gefahr des nachrichtendienstlichen und operativ-technologischen Eindringens internationaler Aufklärungsdienste nach Russland - bei Nutzung globaler Infrastrukturen - führen.

Zu den Hauptrichtungen der internationalen Zusammenarbeit der Russischen Föderation auf dem Gebiet der Gewährleistung der IS der RF gehören:
- das Verbot der Schaffung, Verbreitung und Anwendung der "Informationswaffe";
- die Gewährleistung der Sicherheit des internationalen Informationsaustausches, einschließlich der Unversehrtheit von Informationen bei ihrer Weiterleitung in nationalen Telekommunikations- und Nachrichtenkanälen;
- die Koordinierung der Tätigkeit der Rechtspflegeorgane in den Ländern der Weltgemeinschaft zur Verhinderung von Computerkriminalität;
- die Vereitelung unerlaubten Zugangs zu vertraulichen Informationen in internationalen Telekommunikationsnetzen von Banken, in Systemen der Informationssicherstellung des internationalen Handels sowie zu Informationen der internationaler Sicherheitsorganisationen, die mit dem Kampf gegen die internationale organisierte Kriminalität, den internationalen Terrorismus, die Verbreitung von Rauschgiften und –mitteln, den internationalen Handel mit Waffen und spaltbarem Material sowie den Menschenhandel befasst sind.

Bei der Realisierung der internationalen Zusammenarbeit der RF auf dem Gebiet der Gewährleistung der IS sollte die besondere Aufmerksamkeit den Problemen der Zusammenarbeit der Mitgliedstaaten der Gemeinschaft Unabhängiger Staaten gewidmet werden.

Zur Verwirklichung dieser Zusammenarbeit in den aufgezeigten Richtungen ist es unerlässlich, die aktive Teilnahme Russlands in allen internationalen Organisationen, die im

Bereich der IS – einschließlich im Bereich Standardisierung und Zertifizierung der Mittel der Informatik und des Schutzes von Informationen - tätig sind, zu gewährleisten.

III. Grundzüge der Staatspolitik zur Gewährleistung der Informationssicherheit der Russischen Föderation und erstrangige Maßnahmen zu ihrer Realisierung

8. Grundzüge der Staatspolitik zur Gewährleistung der Informationssicherheit der Russischen Föderation

Die Staatspolitik zur Gewährleistung der IS der RF definiert die Haupt-Tätigkeitsrichtungen der föderalen Organe der Staatsmacht und der Organe der Staatsmacht der Subjekte der RF auf diesem Gebiet sowie die Ordnung der Festigung ihrer Pflichten beim Schutz der Interessen der RF in der Informationssphäre. Dies erfolgt im Rahmen ihrer Tätigkeit und basiert auf der Beachtung der Balance der Interessen von Einzelpersonen, der Gesellschaft und des Staates in diesem Bereich.

Die staatliche Politik zur Sicherung der IS basiert auf folgenden Grundprinzipien:
- Respektierung der Verfassung der RF, der Gesetzgebung der RF, der allgemein anerkannten Prinzipien und Normen des internationalen Rechts bei der Umsetzung der Sicherung der IS der RF;
- Transparenz der Arbeit der Föderalen Organe der Staatsmacht, der Organe der staatlichen Macht der Subjekte der Russischen Föderation und der gesellschaftlichen Vereinigungen bei der Information der Öffentlichkeit über ihre Tätigkeit. Dies geschieht unter Beachtung von Einschränkungen, die durch die Gesetzgebung der Russischen Föderation festgelegt wurden;
- rechtliche Gleichstellung aller am Prozess des Informationsaustausches Beteiligten, unabhängig von ihrem politischen, sozialen und ökonomischen Status, gemäß des Verfassungsrechtes der Bürger auf freie Möglichkeit der Suche, des Erhaltes, der Übertragung, der Schaffung und Verbreitung von Informationen mit Hilfe aller gesetzlich gestatteten Methoden;
- erstrangige Entwicklung einheimischer, moderner Informations- und Telekommunikationstechnologien, inländischer Produktion von Hard- und Software, welche in der Lage ist, die nationalen Telekommunikationsnetze zu entwickeln und diese unter Beachtung lebenswichtiger Interessen Russlands an die weltweiten Informationsnetze anzubinden.

Der Staat realisiert im Prozess seiner Tätigkeit zur Sicherung der IS der RF folgende Aufgaben:
- objektive und allseitige Analyse und Prognose von Bedrohungen der IS der RF und die Erarbeitung von Maßnahmen zu ihrer Gewährleistung;
- Organisation der Tätigkeit der gesetzgebenden (repräsentativen) und exekutiven Organe der Staatsmacht der RF bei der Realisierung von Maßnahmekomplexen, die auf die Verhinderung, die Abwehr und die Neutralisierung von Gefährdungen der IS der RF gerichtet sind;
- Unterstützung der Tätigkeit gesellschaftlicher Vereinigungen, die auf eine objektive Information der Bevölkerung über sozial bedeutende Erscheinungen des öffentlichen Lebens zielen, und Hilfe für diese beim Schutz der Gesellschaft vor entstellten oder unwahren Informationen;
- Verwirklichung der Kontrolle über die Erfindung, Schaffung, Entwicklung, Nutzung, den Export und Import von Mitteln zum Schutz von Informationen durch deren Zertifizierung und die Lizenzierung der Arbeiten auf dem Gebiet des Informationsschutzes;

- Verfolgen einer notwendig protektionistischen Politik gegenüber den Produzenten von Mitteln des Informationsschutzes und des Schutzes von Informationen auf dem Gebiet der RF sowie Ergreifen von Maßnahmen zum Schutz des Binnenmarktes vor dem Endringen von Hard- und Software minderwertiger Qualität;
- Förderung natürlicher und juristischer Personen beim Zugang zu internationalen Informationsressourcen und globalen Informationsnetzen;
- Formulierung und Realisierung der staatliche Informationspolitik Russlands;
- Organisation der Erarbeitung föderaler Programme zur Sicherung der IS der RF und Vereinigung der Anstrengungen staatlicher und nichtstaatlicher Organisationen auf diesem Gebiet;
- Förderung der Internationalisierung globaler Informationsnetze und -systeme sowie der Zugehörigkeit Russlands zur internationalen Informationsgesellschaft unter den Bedingungen gleichberechtigter Partnerschaft.

Die Vervollkommnung der rechtlichen Mechanismen zur Regulierung der gesellschaftlichen Beziehungen in der Informationssphäre ist eine Hauptrichtung der staatlichen Politik auf dem Gebiet der Sicherung der IS der RF.
Dies erfordert:
- die Einschätzung der Wirksamkeit gesetzgebender und anderer normativer rechtlicher Akte in der Informationssphäre und die Ausarbeitung von Programmen zu ihrer Vervollkommnung;
- die Schaffung organisationsrechtlicher Mechanismen zur Gewährleistung der Informationssicherheit;
- die Definition des rechtlichen Status aller Subjekte der Informationssphäre, einschließlich der Nutzer von Informations- und Telekommunikationssystemen, sowie die Bestimmung ihrer Verantwortlichkeit für die Beachtung der Gesetze der Russischen Föderation in dieser Sphäre;
- die Schaffung eines Systems der Erfassung und Analyse von Informationen über die Quellen von Gefährdungen der IS der RF sowie ihrer etwaigen Folgen;
- die Ausarbeitung normativer rechtlicher Akte zur Organisation der Verfolgung und gerichtlichen Klärung widerrechtlicher Handlungen in der Informationssphäre sowie die Bestimmung der Ordnung zur Liquidation der Folgen dieser Handlungen;
- die Ausarbeitung von Verzeichnissen der Rechtsverletzungen unter Beachtung der Besonderheiten strafrechtlicher, zivilrechtlicher, verwaltungsrechtlicher und ordnungsrechtlicher Verantwortlichkeit sowie die Einarbeitung entsprechender rechtlicher Normen in das Straf-, Zivil-, Verwaltungs- und Arbeitsrecht und in die Gesetzgebung der RF über den Staatsdienst;
- die Vervollkommnung des Systems der Ausbildung der Kader, die auf dem Gebiet der IS der RF eingesetzt werden.

Die rechtliche Sicherstellung der IS der RF soll in erster Linie auf der Einhaltung der Prinzipien der Gesetzlichkeit, der Balance der Interessen der Bürger, der Gesellschaft und des Staates in der Informationssphäre basieren.

Die Beachtung des Prinzips der Gesetzlichkeit fordert von den föderalen Organen der Staatsmacht und den Organen der Staatsmacht der Subjekte der RF bei der Lösung der in der Informationssphäre auftretenden Konflikte, sich unbedingt von gesetzgebenden oder anderen normativen rechtlichen Akten, die die Beziehungen in der IS regeln, leiten zu lassen.

Die Beachtung des Prinzips der Balance der Interessen der Bürger, der Gesellschaft und des Staates in der Informationssphäre erfordert die rechtliche Festigung der

Priorität dieser Interessen in den verschiedenen Lebensbereichen der Gesellschaft sowie die Nutzung von Formen der gesellschaftlichen Kontrolle über die Tätigkeit der föderalen Organe der Staatsmacht und der Organe der Staatsmacht der Subjekte der RF. Die Verwirklichung der konstitutionellen Rechte und Freiheiten der Bürger und Menschen in Bezug auf die Tätigkeit in der Informationssphäre ist eine der wichtigsten Aufgaben des Staates im Bereich der Informationssicherheit.

Die Ausarbeitung von Mechanismen der rechtlichen Sicherung der IS der RF schließt Maßnahmen der Informationsentwicklung des gesamten Rechtsbereiches ein.

Zur Klärung und Abstimmung der Interessen der föderalen Organe der Staatsmacht und der Organe der Staatsmacht der Subjekte der RF sowie anderer Subjekte in der Informationssphäre der RF sowie zur Ausarbeitung der dazu notwendigen Entscheidungen unterstützt der Staat die Bildung gesellschaftlicher Räte, Komitees und Kommissionen unter breiter Einbeziehung gesellschaftlicher Vereinigungen und unterstützt deren effektive Arbeit.

9. Erstrangige Maßnahmen zur Realisierung der Staatspolitik zur Gewährleistung der Informationssicherheit der Russischen Föderation

Erstrangige Maßnahmen zur Realisierung der Staatspolitik zur Gewährleistung der Informationssicherheit der Russischen Föderation sind:
- die Ausarbeitung und Umsetzung von Mechanismen zur Realisierung der rechtlichen Normen, die die Verhältnisse in der Informationssphäre regulieren, sowie die Vorbereitung von Konzeptionen zur rechtlichen Absicherung der IS der RF;
- die Ausarbeitung und Realisierung von Mechanismen zur Erhöhung der Effektivität der staatlichen Leitung der Tätigkeit der staatlichen Masseninformationsmittel welche die offizielle Informationspolitik umsetzen;
- die Annahme und Umsetzung von föderalen Programmen zur Formierung gesellschaftlicher Archive von Informationsressourcen der föderalen Organe der Staatsmacht und der Organe der Staatsmacht der Subjekte der RF sowie die Erhöhung der rechtlichen Kultur und der Computerkenntnisse der Bürger, die Entwicklung der Infrastruktur des einheitlichen Informationsraumes Russlands;
die komplexe Gegenwirkung gegen Gefahren eines Informationskrieges;
die Schaffung geschützter Informationstechnologien für Systeme, die bei wichtigen Lebensprozessen der Gesellschaft und des Staates genutzt werden;
die Verhinderung von Computerkriminalität und
die Schaffung von speziellen Informations- und Telekommunikationssystemen für föderalen Organe der Staatsmacht und Organe der Staatsmacht der Subjekte der RF sowie
die Sicherstellung der technologischen Unabhängigkeit des Landes auf dem Gebiet der Schaffung und Nutzung von Informations- und Telekommunikationssystemen für die Verteidigung;
- die Entwicklung eines Systems der Vorbereitung der Kader, die auf dem Gebiet der IS der RF eingesetzt werden;
- die Harmonisierung der inländischen Standards auf dem Gebiet der Informatik und die Gewährleistung der IS der automatisierten Führungssysteme sowie der Informations- und Telekommunikationssysteme allgemeiner und spezieller Verwendung;
- die Vervollkommnung des Systems der Ausbildung der Kader, die auf dem Gebiet der IS der RF eingesetzt werden.

IV. Organisatorische Grundlagen des Systems der Gewährleistung der Informationssicherheit der Russischen Föderation

10. Grundlegende Funktionen des Systems der Gewährleistung der Informationssicherheit der Russischen Föderation

Das System der Gewährleistung der Informationssicherheit der Russischen Föderation dient der Gewährleistung der Umsetzung der staatlichen Politik in dieser Sphäre. Grundlegende Funktionen des Systems der Gewährleistung der Informationssicherheit der Russischen Föderation sind:
- die Schaffung der normativen rechtlichen Basis auf dem Gebiet der Gewährleistung der IS der RF;
- die Schaffung von Voraussetzungen zur Gewährleistung der Rechte der Bürger und gesellschaftlichen Organisationen auf eine gesetzlich sanktionierte Tätigkeit in der Informationssphäre;
- die Bestimmung und Erhaltung der Balance zwischen den Bedürfnissen der Bürger, der Gesellschaft und des Staates nach freiem Austausch von Informationen und der Notwendigkeit der Begrenzung von Informationsverbreitung;
- die Einschätzung des Zustandes der IS der RF, die Bestimmung von Quellen innerer und äußerer Gefährdung der IS und die Festlegung von Hauptrichtungen der Verhütung, Abwehr und Neutralisierung dieser Gefahren;
- die Koordinierung der Tätigkeit der föderalen Organe der Staatsmacht und der Organe der Staatsmacht der Subjekte der RF, der staatlichen und behördlichen Kommissionen, die an der Lösung der Aufgaben zur Gewährleistung der IS der RF beteiligt sind;
- die Verhütung, Aufklärung und Vereitelung von Rechtsverletzungen und Angriffen auf die gesetzlichen Interessen der Bürger, der Gesellschaft und des Staates in der Informationssphäre sowie die Einleitung gerichtlicher Maßnahmen bei Verbrechen auf diesem Gebiet;
- die Entwicklung der einheimischen Informationsinfrastruktur und der Telekommunikations- und Informationsmittel-Industrie sowie die Erhöhung ihrer Konkurrenzfähigkeit auf den inneren und äußeren Märkten;
- die Organisation der Erarbeitung föderaler und regionaler Programme zur Gewährleistung der IS und die Koordinierung der Arbeiten zu ihrer Umsetzung;
- die Verwirklichung einer einheitlichen technischen Politik auf dem Gebiet der Gewährleistung der IS der RF;
- die Organisation von wissenschaftlicher Grundlagen- und angewandter Forschung auf dem Gebiet der Gewährleistung der IS der RF;
- der Schutz der staatlichen Informationsressourcen, vor allem der föderalen Organe der Staatsmacht und der Organe der Staatsmacht der Subjekte der Russischen Föderation und in den Betrieben des Verteidigungskomplexes;
- die Gewährleistung der Kontrolle bei der Schaffung und Nutzung von Mitteln des Informationsschutzes mit Hilfe einer Zwangslizenzierung der Arbeiten in dieser Sphäre und der Zertifizierung der Informationsschutzmittel;
- die Vervollkommnung und Entwicklung eines einheitlichen Systems der Vorbereitung des Personals, das auf dem Gebiet der IS der RF tätig ist;
- die Verwirklichung internationaler Zusammenarbeit in der Sphäre der Sicherung der IS und die Präsentation der Interessen der RF in den entsprechenden internationalen Organisationen.

Die Kompetenzen der föderalen Organe der Staatsmacht und der Organe der Staatsmacht der Subjekte der Russischen Föderation und anderer staatlicher Organe, die zum System der Gewährleistung der IS der RF und zu den entsprechenden Subsystemen gehören, werden durch föderale Gesetze und normative rechtliche Akte des Präsidenten und der Regierung der RF festgelegt.

Die Funktionen der Organe, die die Tätigkeit der föderalen Organe der Staatsmacht, der Subjekte der Russischen Förderation und anderer staatlicher Organe, die zum System der Gewährleistung der IS der RF und zu den entsprechenden Subsystemen gehören, werden durch gesonderte normative rechtliche Akte der Russischen Föderation festgelegt.

11. Hauptelemente der Organisationsgrundlagen des Systems zur Gewährleistung der Informationssicherheit der Russischen Föderation

Das System zur Gewährleistung der IS der RF ist ein Teil des Systems zur Gewährleistung der nationalen Sicherheit des Landes.

Das System zur Gewährleistung der IS der RF gründet sich auf der Begrenzung der Vollmachten der Legislative, der Exekutive und der Jurisdiktion auf diesem Gebiet. Es ist ein Mittel der Lenkung der föderalen Organe der Staatsmacht und der Organe der Staatsmacht der Subjekte der RF.

Die Hauptelemente der Organisationsgrundlage des Systems zur Gewährleistung der IS der RF sind:
der Präsident der RF, der Föderationsrat der Föderationsversammlung der RF, die Staatsduma der Föderationsversammlung der RF, die Regierung der RF, der Sicherheitsrat der RF, die föderalen Organe der Exekutive, vom russischen Präsidenten und der russischen Regierung geschaffene ämterübergreifende und staatliche Kommissionen, die Organe der Exekutive der Subjekte der RF, die Organe der örtlichen Selbstverwaltung, die Organe der Jurisdiktion, gesellschaftliche Vereinigungen und Bürger, die entsprechend der Gesetzgebung der RF an der Lösung von Aufgaben zur Gewährleistung der IS der RF teilnehmen.

<u>Der Präsident der RF</u> leitet im Rahmen seiner konstitutionellen Vollmachten die Organe und Kräfte zur Gewährleistung der IS der RF. Er sanktioniert die Handlungen zur Sicherung der IS der RF. In Übereinstimmung mit der Gesetzgebung der Russischen Föderation formiert, reorganisiert und liquidiert er die ihm unterstellten Organe und Kräfte zur Gewährleistung der IS der RF. Er formuliert in seinen jährlichen Berichten an die Föderale Versammlung die Hauptrichtungen der staatlichen Politik auf dem Gebiet der Gewährleistung der IS der RF sowie Maßnahmen zur Umsetzung der vorliegenden Doktrin.

<u>Die Kammern der Föderalen Versammlung</u> der RF schaffen auf der Grundlage der Verfassung der RF, gemäß den Vorstellungen des Präsidenten und der Regierung der RF die rechtliche Basis zur Gewährleistung der IS der RF.

<u>Die Regierung der RF</u> koordiniert im Rahmen ihrer Vollmachten und unter Beachtung der vom Präsidenten in seinem jährlichen Bericht an die Föderale Versammlung formulierten Hauptrichtungen die Tätigkeit der Exekutivorgane Föderation und der Subjekte der RF auf dem Gebiet der Gewährleistung der IS der RF. Weiterhin koordiniert sie die Organisation des föderalen Budgets für den entsprechenden Zeitraum und die Verteilung der Mittel, die zur Sicherung des föderalen Programms auf diesem Gebiet notwendig sind.

Der Sicherheitsrat der RF ist bei der Erkennung und Einschätzung der Gefahren für die IS der RF tätig. Er bereitet kurzfristig Beschlussvorlagen für den Präsidenten der RF zur Abwehr dieser Gefahren vor und unterbreitet Vorschläge zum Schutz der IS der RF. Weiterhin empfiehlt er Präzisierungen einzelner Passagen der vorliegenden Doktrin und koordiniert die Arbeit der Organe und Kräfte zur Gewährleistung der IS der RF. Darüber hinaus kontrolliert er die Umsetzung der Beschlüsse des Präsidenten der RF auf diesem Gebiet durch die Organe der Exekutive der Föderation und der Subjekte der RF.

Die föderalen Organe der exekutiven Gewalt gewährleisten die Umsetzung der Gesetze der RF, der Beschlüsse des Präsidenten und der Regierung der RF auf dem Gebiet der Gewährleistung der IS. Im Rahmen ihrer Kompetenzen erarbeiten sie normative rechtliche Akte auf diesem Gebiet für den Präsidenten und die Regierung der RF.

Die vom Präsidenten und der Regierung der RF geschaffenen zwischenbehördlichen und staatlichen Kommissionen entscheiden entsprechend den ihnen gewährten Vollmachten über Aufgaben zur Gewährleistung der IS der RF.

Die exekutiven Organe der Subjekte der RF arbeiten in Fragen der Umsetzung der Gesetzgebung und der Beschlüsse des Präsidenten auf dem Gebiet der Gewährleistung der IS der RF und der Umsetzung der entsprechenden föderalen Programme eng mit den föderalen Organen der Exekutive zusammen.
Gemeinsam mit den Organen der örtlichen Selbstverwaltung ergreifen sie Maßnahmen zur Einbeziehung der Bürger, Organisationen und gesellschaftlichen Vereinigungen in den Prozess der Lösung der Probleme der IS der RF.
Sie unterbreiten den föderalen Organen der Exekutive Vorschläge zur Verbesserung der Gewährleistung der IS der RF.

Die Organe der örtlichen Selbstverwaltung sichern die Beachtung der Gesetze der RF auf dem Gebiet der Gewährleistung der IS der RF.
Die Organe der Jurisdiktion sichern die Verfolgung von Vergehen gegen die Interessen von Personen, der Gesellschaft und des Staates in der Informationssphäre.
Sie garantieren den gerichtlichen Schutz der Bürger und gesellschaftlichen Vereinigungen, deren Rechte bei Maßnahmen zur Gewährleistung der Informationssicherheit der Russischen Föderation verletzt wurden.

Zum Bestand des Systems der Gewährleistung der Informationssicherheit der Russischen Föderation können Untersysteme (Systeme) gehören, die auf die Lösung lokaler Aufgaben in der betreffenden Sphäre orientieren.

***

Die Umsetzung der vorrangigen Maßnahmen zur Gewährleistung der IS der RF, die in der vorliegenden Doktrin aufgeführt sind, erfordert die Ausarbeitung entsprechender föderaler Pogramme.

Die Konkretisierung einiger Bestimmungen der vorliegenden Doktrin hinsichtlich einzelner Sphären des Wirkens der Gesellschaft und des Staates kann durch entsprechende, vom Präsidenten der RF bestätigte Dokumente erfolgen.

Marinedoktrin der Russischen Föderation für den Zeitraum bis 2020
Es handelt sich um eine nicht autorisierte Arbeitsübersetzung. Erschienen als DSS-Arbeitspapier Heft 51-7, Dresden 2002.
Quelle des Originaltextes: Nesawisimoje wojennoje obosrenije Nr. 28 (250) vom 03.08.2001.
Übersetzter: Joachim Klopfer, Egbert Lemcke (download: http://sicherheitspolitik-dss.de).

Marinedoktrin der Russischen Föderation für den Zeitraum bis zum Jahre 2020
Bestätigt durch den Präsidenten der Russischen Föderation am 27. Juli 2001

I. Allgemeine Bestimmungen
II. Das Wesen der nationalen Marinepolitik
1. Nationale Interessen der RF auf den Weltmeeren. Ziele und Prinzipien der nationalen Marinepolitik
   - Nationale Interessen der RF auf den Weltmeeren
   - Ziele der nationalen Marinepolitik
   - Prinzipien der nationalen Marinepolitik
2. Aufgaben der nationalen Marinepolitik

III. Der Inhalt der nationalen Marinepolitik
1. Funktionale Richtungen der nationalen Marinepolitik
   - Seetransporte
   - Die Erschließung und Bewahrung der Ressourcen der Weltmeere
     a) Hochseefischerei
     b) Die Erschließung mineralischer und energetischer Ressourcen
   - Die Vervollkommnung der wissenschaftlichen Tätigkeit
   - Die militärischen Marineaktivitäten
2. Regionale Richtungen der nationalen Marinepolitik
   - Die Atlantische Regionalrichtung
   - Die Arktische Regionalrichtung
   - Die Pazifische Regionalrichtung
   - Die Kaspische Regionalrichtung
   - Die Indik-Regionalrichtung

IV. Die Verwirklichung der nationalen Marinepolitik
1. Die Administrierung der maritimen Aktivitäten
2. Die ökonomische Sicherstellung
3. Die Gewährleistung der Sicherheit der maritimen Aktivitäten
4. Die Kadersicherstellung
5. Die Informationssicherstellung

V. Schlussfolgerungen

I. Allgemeine Bestimmungen

Die Erschließung der Räume und Ressourcen der Weltmeere ist eine der hauptsächlichen Entwicklungsrichtungen der Weltzivilisation im dritten Jahrtausend. Das Wesen der nationalen Politik der führenden Seemächte und der Staatenmehrheit der Weltgemeinschaft werden in der absehbaren Zukunft eigenständige Aktivitäten und Zusammenarbeit bei der Erschließung der Weltmeere sowie die unvermeidliche Konkurrenz auf diesem Wege sein.

Historisch ist Russland eine führende Seemacht, geht man von seinen räumlichen und geophysischen Besonderheiten, von Platz und Rolle in den globalen und regionalen internationalen Beziehungen aus. Es erwarb diesen Status dank seiner geografischen

Lage mit Zugängen zu drei Ozeanen und ausgedehnten Seegrenzen sowie dank des gewaltigen Beitrages zur Erforschung der Weltmeere, zur Entwicklung der Seeschifffahrt und dank vieler großer Entdeckungen durch bekannte russische Seefahrer und Forschungsreisende.

Die Marinedoktrin der Russischen Föderation (im Weiteren: Marinedoktrin) ist das grundlegende Dokument, das die Staatspolitik der Russischen Föderation <im Weiteren: RF> auf dem Gebiet der maritimen Aktivitäten - die nationale Marinepolitik der RF (im Weiteren: nationale Marinepolitik) - bestimmt.

Maritime Aktivitäten - das sind die Aktivitäten der Russischen Föderation auf dem Gebiet der Erforschung, Erschließung und Nutzung der Weltmeere im Interesse der Sicherheit sowie stabiler wirtschaftlicher und sozialer Entwicklung des Staates (im Weiteren: maritime Aktivitäten).

Die Rechtsgrundlage der Marinedoktrin bilden die Verfassung der RF, die föderalen Gesetze und andere normative Rechtsakte der RF, die UN-Konvention über das Seerecht von 1982, die internationalen Verträge auf dem Gebiet der maritimen Aktivitäten sowie der Nutzung der Ressourcen und Räume der Weltmeere.

Die Marinedoktrin erweitert die Bestimmungen der Konzeption der nationalen Sicherheit der RF, der Konzeption der Außenpolitik der RF, der Militärdoktrin der RF, der Konzeption Seefahrtpolitik der RF, der Grundlagen der Politik der RF auf dem Gebiet der militärisch-maritimen Tätigkeit für die Periode bis zum Jahre 2010 und weiterer normativer Rechtsakte der RF bezüglich der maritimen Aktivitäten.

Die Gesamtheit der Kräfte und Mittel des Staates und ihrer Nutzungsmöglichkeiten zur Verwirklichung der nationalen Marinepolitik bildet das Marinepotenzial der RF. Grundlage des Marinepotenzials der RF sind: die Seekriegsflotte, die Organe des Föderalen Grenzdienstes für den Schutz der Seegrenzen, die zivile Meeresflotte (im weiteren: russische Flotte) sowie die Infrastruktur für deren Funktion und Entwicklung, für die maritime Wirtschaft und für die militärischen maritimen Aktivitäten des Staates.

Die Verwirklichung der Marinedoktrin muss zur weiteren Festigung der Position Russlands als führende Seemacht und zur Schaffung günstiger Bedingungen für das Erreichen der Ziele und die Erfüllung der Aufgaben der nationalen Marinepolitik beitragen.

II. Das Wesen der nationalen Marinepolitik

Die nationale Marinepolitik - das ist die Bestimmung der Ziele, Aufgaben, Richtungen und Verfahren zur Wahrung der nationalen Interessen der RF an der Meeresküste, in Binnenmeeren, auf den Territorialgewässern, in der exklusiven Wirtschaftszone, auf dem Kontinentalschelf der RF und auf dem offenen Meer durch den Staat und die Gesellschaft.

Als Subjekte der nationalen Marinepolitik treten der Staat und die Gesellschaft auf. Der Staat verwirklicht die nationale Marinepolitik über die Organe der Staatsmacht der RF und die staatlichen Machtorgane der Subjekte der RF.

Die Gesellschaft nimmt über die gewählten Organe der RF, die Organe der örtlichen Selbstverwaltung und die auf der Grundlage der Verfassung und der Gesetze tätigen Vereinigungen an der Formierung und Verwirklichung der nationalen Marinepolitik teil.

Die grundlegenden Tätigkeitsverfahren der Subjekte der nationalen Marinepolitik sind:
- die Bestimmung der Prioritäten der nationalen Marinepolitik für die nächste und langfristige Perspektive;
- die Bestimmung des Inhaltes der nationalen Marinepolitik;
- die Führung der Komponenten des Marinepotenzials des Staates, der Wirtschafts- und Wissenschaftszweige, die mit maritimen Aktivitäten verbunden sind;
- die Schaffung eines günstigen Rechtsregimes und die wirtschaftliche, wissenschaftliche, kadermäßige und andere Sicherstellung der nationalen Marinepolitik;
- die Bewertung der Wirksamkeit der nationalen Marinepolitik und deren rechtzeitige Korrektur.

1. Nationale Interessen der RF auf den Weltmeeren. Ziele und Prinzipien der nationalen Marinepolitik

Nationale Interessen der RF auf den Weltmeeren

Die nationalen Interessen der RF auf den Weltmeeren - das ist die Gesamtheit der harmonisierten Interessen der Person, der Gesellschaft und des Staates im Bereich der maritimen Aktivitäten; sie werden auf der Grundlage des Marinepotenzials des Staates verwirklicht.

Zu den nationalen Interessen der RF auf den Weltmeeren zählen:
- die Unerschütterlichkeit der Souveränität der RF über ihre Inneren Seegewässer, die Territorialgewässer sowie über den Luftraum über ihnen, über Grund und Untergrund;
- die Gewährleistung der souveränen Rechte und der Rechtsprechung der RF bezüglich der exklusiven Wirtschaftszone und des Kontinentalschelfs der RF mit dem Ziel, die Naturressourcen zu erkunden und abzubauen bzw. zu bewahren, sowohl die lebenden als auch die nicht lebenden, die sich auf dem Grund und im Untergrund sowie in den Gewässern über diesen befinden; diese Ressourcen zu verwalten, durch Nutzung des Wassers, der Strömungen und des Windes Energie zu erzeugen, künstliche Inseln, Anlagen und Bauten zu errichten und zu benutzen, die wissenschaftliche Erforschung des Meeres zu betreiben sowie die Meeresumwelt zu schützen und zu bewahren;
- die Freiheit des offenen Meeres, eingeschlossen die Freiheit der Schifffahrt, der Flüge, des Fischfangs, der wissenschaftlichen Forschungen sowie die Freiheit, Unterwasserkabel- und -rohrleitungen zu verlegen;
- der Schutz des menschlichen Lebens auf See, die Verhütung von Seesperren, die Gewährleistung der Funktionskontrolle lebenswichtiger Meereskommunikationen, die Herstellung von Bedingungen, die den Gewinn aus maritimer Wirtschaftstätigkeit der Bevölkerung der RF fördern.

Ziele der nationalen Marinepolitik

Die Ziele der nationalen Marinepolitik bestehen in der Verwirklichung und im Schutz der Interessen der RF auf den Weltmeeren sowie in der Festigung der Stellung der RF unter den führenden Seemächten.

Als grundlegende Ziele der nationalen Marinepolitik treten hervor:
- die Bewahrung der Souveränität über die Inneren Seegewässer, die Territorialgewässer sowie den Luftraum über ihnen, auf dem Grund und im Untergrund;
- die Verwirklichung der Rechtsprechung und der Schutz der souveränen Rechte in der exklusiven Wirtschaftszone bezüglich der Erkundung und Ausbeutung bzw. Bewahrung der lebenden und nicht lebenden/mineralischen Naturressourcen auf dem Grund, im Untergrund und in den Gewässern über diesen, die Verwaltung dieser

Ressourcen, die Energieerzeugung durch Nutzung des Wassers, von Strömungen und des Windes, das Errichten und Nutzen künstlicher Inseln, Anlagen und Bauten, die wissenschaftliche Erforschung des Meeres und die Bewahrung der Meeresumwelt;
- die Verwirklichung und der Schutz der souveränen Rechte auf dem Kontinentalschelf der RF zur Erkundung und Ausbeutung seiner Ressourcen;
- die Verwirklichung und der Schutz der Freiheit des offenen Meeres, eingeschlossen die Freiheit der Schifffahrt, der Flüge, des Fischfangs, der wissenschaftlichen Erforschung sowie die Freiheit, Unterwasserkabel und -rohrleitungen zu verlegen;
- die Verteidigung des Territoriums der RF in den Meeresrichtungen, die Verteidigung und der Schutz der Staatsgrenze der RF auf dem Meer und im Luftraum über ihm.

Prinzipien der nationalen Marinepolitik
Zu den Prinzipien der nationalen Marinepolitik zählen die allgemeinen Grundbestimmungen, von denen sich die Subjekte der nationalen Marinepolitik im Verlauf deren Formierung und Verwirklichung leiten lassen.

Prinzipien der nationalen Marinepolitik sind:
- die Beachtung der allgemeingültigen Normen des Völkerrechts und der internationalen Verträge der RF bei den maritimen Aktivitäten;
- die Priorität politisch-diplomatischer, wirtschaftlicher, informationeller und anderer nichtmilitärischer Mittel bei der Lösung von Widersprüchen auf den Weltmeeren und bei der Beseitigung von Bedrohungen der Sicherheit der RF aus ozeanischen und Meeresrichtungen;
- der Besitz des notwendigen Seekriegspotenzials und bei Notwendigkeit dessen effektive Nutzung zur militärischen Unterstützung maritimer Aktivitäten des Staates;
- das integrierende Herangehen an maritime Aktivitäten im Ganzen und ihre Differenzierung nach einzelnen Richtungen unter Berücksichtigung ihrer Prioritätsänderungen in Abhängigkeit von der geopolitischen Situation;
- die Aufrechterhaltung der Komponenten des Marinepotenzials der RF auf einem Niveau, das den nationalen Interessen Russlands entspricht, darunter die Sicherstellung der Präsenz der russischen Flotte in fernen Gebieten der Weltmeere und russischer Forscher auf dem Antarktischen Kontinent;
- das Zusammenwirken und die Koordinierung der Anstrengungen der staatlichen Machtorgane der RF, der staatlichen Machtorgane der Subjekte der RF, der örtlichen Selbstverwaltungsorgane <und> der interessierten gesellschaftlichen Vereinigungen, die auf der Grundlage der Verfassung der RF und der Gesetze der RF tätig sind;
- die Vereinigung der Anstrengungen und die Koordinierung der wissenschaftlichen Forschung zu den Problemen der Formierung und der Verwirklichung der maritimen Marinepolitik;
- die staatliche Kontrolle über die unter der Staatsflagge der RF fahrenden Schiffe, die staatliche Hafenkontrolle, die Kontrolle über Zustand und Verwendung der Naturressourcen der Inneren Seegewässer, des Territorialmeeres, der exklusiven Wirtschaftszone und des Kontinentalschelfs der RF;
- die Konzentration der Anstrengungen auf den Aufbau und die Entwicklung der Infrastruktur der russischen Flotte auf den Territorien der traditionell mit der Schifffahrt verbundenen Subjekte der RF und die Unifizierung dieser Infrastruktur für den militärischen und wirtschaftlichen Bedarf;
- die Aufrechterhaltung der Bereitschaft der russischen Flotte zur Erfüllung der vor ihnen stehenden Aufgaben sowie die Mobilmachungsbereitschaft der Handels-, Fischerei-, Forschungs- und anderen spezialisierten Flotten;
- die Konzentration der Mittel und Ressourcen des Zentrums und der Regionen für die Entwicklung der Kommunikationen zwischen den zentralen und den Küstenteilen

Russlands, besonders ihrer fernöstlichen und nördlichen Grenzgebiete, im Interesse ihrer weiteren Erschließung;
- die Durchführung komplexer maritimer wissenschaftlicher Forschung im Interesse der RF und die Entwicklung eines Beobachtungssystems über den Umweltzustand des Meeres und der Küstenterritorien;
- der Erhalt und die Vervollkommnung des Ausbildungssystems der Kader, der Unterrichtung und Erziehung der Jugend;
- die effektive Propaganda für die Ziele der nationalen Marinepolitik.

2. Aufgaben der nationalen Marinepolitik

Die Aufgaben der nationalen Marinepolitik werden entsprechend dem Inhalt und auf der Grundlage der Prinzipien der nationalen Marinepolitik formiert und sind auf die Erreichung ihrer Ziele gerichtet.

Die Formierung und das Stellen der Aufgaben der nationalen Marinepolitik verwirklichen in den Grenzen ihrer Kompetenz der Präsident der RF, die Föderationsversammlung der RF und die Regierung der RF.

Die Aufgaben der nationalen Marinepolitik haben kurz- und langfristigen Charakter. Die kurzfristigen Aufgaben werden bestimmt in Abhängigkeit von der Entwicklung
- der geopolitischen Bedingungen und der militärpolitischen Lage in der Welt;
- der sozial-wirtschaftlichen Situation in der RF und in ihren einzelnen Regionen;
- der wirtschaftlichen Konjunktur auf dem Weltmarkt der maritimen Transportleistungen, der Meeresprodukte, der Kohlenwasserstoff- und anderer Vorkommen auf und aus dem Meeresboden;
- der Errungenschaften des wissenschaftlich-technischen Fortschritts;
- der Effektivität der maritimen Aktivitäten.

Dabei werden die Ergebnisse des föderalen Zielprogramms „Weltmeere" berücksichtigt, das durchgeführt wird auf der Grundlage ständiger Analyse des Zustandes und der Entwicklungstendenzen der maritimen Aktivitäten der RF und der Welt im Ganzen sowie von Systemuntersuchungen zu Fragen der Gewährleistung der nationalen Sicherheit der RF in der Sphäre der Erforschung, Erschließung und Nutzung der Weltmeere.

Die langfristigen Aufgaben umfassen den Inhalt der nationalen Marinepolitik in funktionaler und regionaler Richtung; sie sind durch die vorliegende Marinedoktrin bestimmt.

Die Aufgaben der nationalen Marinepolitik werden durch die föderalen exekutiven Machtorgane, die exekutiven Machtorgane der Subjekte der RF, die örtlichen Selbstverwaltungsorgane über Organisationen gelöst, die sich unter ihrer Führung und in ihrem Handlungsbereich befinden, sowie durch interessierte gesellschaftliche Vereinigungen auf der Grundlage der Verfassung der RF und der Gesetze der RF.

III. Der Inhalt der nationalen Marinepolitik

Die Russische Föderation verwirklicht eine konsequente und kontinuierliche nationale Marinepolitik durch die Erfüllung der nach funktionalen und regionalen Richtungen abgestimmten kurz- und langfristigen Aufgaben.

1. Funktionale Richtungen der nationalen Marinepolitik

<Funktionale Richtungen der nationalen Marinepolitik> - das sind Bereiche der maritimen Aktivitäten entsprechend ihrer funktionellen Bestimmung, wie die Aktivitäten des Staates und der Gesellschaft auf dem Gebiet des Seetransports, der Erschließung und der Bewahrung der Ressourcen und der Räume der Weltmeere, der Meereswissenschaften, der Seekriegshandlungen und in anderen Bereichen.

Seetransporte

Für die Russische Föderation hat der Seetransport eine sehr große Bedeutung – sowohl bei der Gewährleistung der innerstaatlichen Transporte, besonders nach Regionen, zu denen der Seetransport als Transportart alternativlos ist, als auch in den außenwirtschaftlichen Aktivitäten. Entscheidend bleibt die Rolle des Seetransport für die Lebenssicherstellung der Gebiete des Hohen Nordens und des Fernen Ostens.

Die nationale maritime Politik auf dem Gebiet der Seetransporte besteht in der Verwirklichung der Bestimmungen der Konzeption Seefahrtpolitik der RF, deren grundlegende Ziele darin bestehen,
- die Flotte und die Küsten-Hafen-Infrastruktur auf einem Niveau zu halten, das die wirtschaftliche Unabhängigkeit und die nationale Sicherheit des Staates garantiert,
- die Transportkosten zu senken und
- den Umfang der Binnenhandels- und Transit-Transporte über das Territorium des Landes zu erhöhen.

Dafür werden folgende langfristige Aufgaben gelöst:
- die Formierung einer normativen Rechtsbasis der maritimen Aktivitäten, die den Normen des Völkerrechts und den Interessen der RF entspricht;
- die Gewährleistung der Konkurrenzfähigkeit des Seetransports und die Schaffung von Bedingungen für das Anwerben von Investitionen und die Reproduktion der Grundfonds;
- die Schaffung der Voraussetzungen für eine stetige Erweiterung der durch russische Schifffahrtgesellschaften kontrollierten und in den Schiffsregistern der RF registrierten Flotte;
- die Erhöhung des Anteiles der Flotte russischer Schifffahrtgesellschaften am Gesamtumfang der Transporte nationaler Außenhandels- und Transitlasten;
- die Modernisierung der Flotte, die Reduzierung des mittleren Lebensalters der von russischen Schifffahrtgesellschaften kontrollierten Schiffe und der Bau neuer Schiffe, die den internationalen Standards entsprechen;
- das übertragen der Aufgaben des Flottenaufbaus auf die Liste der Vorrang-Aufgaben des Staates und die Schaffung von Bedingungen zur Stimulierung des Aufbaus der Flotte in einheimischen Betrieben;
- die Vervollständigung der Transportflotte durch Schiffe der Grundklassen, darunter für Container- und Speziallasten, bis zu einem Niveau, auf dem sie vollständig die Erfordernisse des Landes sicherstellen könnte, auch wenn in einer Mobilmachungsperiode ein Teil der Schiffe in den Bestand der Seekriegsflotte zu übergeben wäre;
- die optimale Nutzung der Transportflotte für die Nordroute auf der Grundlage der Prognose und Beachtung navigatorisch-hydrografischer, hydrometeorologischer und anderer Bedingungen;

- die Erhaltung und Bewahrung der Weltführerschaft beim Bau und beim Betrieb von Atom-Eisbrechern;
- die Entwicklung der Küsten- und Hafeninfrastruktur mit Berücksichtigung des gegenwärtigen und perspektivischen Transportumfangs, des Zustandes der Lastendepots und der Transit-Transportströme sowie die Erhöhung des Anteils russischer Häfen beim Umschlag dieser Lasten;
- die Erhöhung des Dienstleistungsexports einheimischer Schifffahrtgesellschaften und Seehäfen;
- die Entwicklung der kombinierten Lastenbeförderung unter Einbeziehung des Seetransports und anderer Transportarten auf der Basis moderner Transportlogistik-Technologien;
- die Erhöhung der Sicherheit der Seebeförderung, des Arbeitsschutzes, des Schutzes der Umwelt vor möglichen negativen Folgen maritimer Aktivitäten, u.a. durch Festlegung spezieller Lizenzbedingungen und Anforderungen;
- die Reglementierung der Einberufungsordnung für Schiffe russischer Schifffahrtgesellschaften zur Sicherstellung von Mobilmachungserfordernissen des Staates durch Vervollkommnung der normativen Rechtsbasis.

Die Erschließung und Bewahrung der Ressourcen der Weltmeere
Die Erschließung und Bewahrung der Ressourcen der Weltmeere ist verpflichtende und notwendige Bedingung für den Erhalt und die Erweiterung der Rohstoffbasis der RF, für die Gewährleistung der wirtschaftlichen und Nahrungsmittel-Unabhängigkeit.

a) Hochseefischerei
Die Russische Föderation ist eine der führenden Fischereistaaten der Welt. Die Fischwirtschaft spielt eine bedeutende Rolle im Nahrungsmittelkomplex des Landes und ist eine der Einnahmequellen der Bevölkerung in der Mehrzahl der Küstenregionen. In nächster Perspektive werden die biologischen Ressourcen der exklusiven Wirtschaftszone der RF den grundlegenden Teil der Fischvorkommen ausmachen.

Für die effektive Erschließung der biologischen Meeresressourcen durch die RF und für die Bewahrung ihrer Position in der Reihe der führenden Seemächte werden auf dem Gebiet des industriellen Fischfangs folgende langfristige Aufgaben gelöst:
- die Durchführung spezialisierter Erkundung und Beobachtung der biologischen Ressourcen der Weltmeere;
- die Optimierung des Fischfangs in der exklusiven Wirtschaftszone der RF und die Verstärkung der staatlichen Kontrolle des Fischfangs und der rationellen Nutzung der Fischfangflotte, u.a. über ein Beobachtungssystem auf der Grundlage moderner Verbindungs-, Beobachtungs- und Informationsverarbeitungsmittel;
- die Optimierung der Führung der Fischereiflotte auf der Basis einer effektiven Prognose der räumlichen und zeitlichen Verteilung der biologischen Ressourcen in den für den Fischfang zugänglichen Aquatorien der Meere und Ozeane;
- die Entwicklung einer Marinekultur;
- die Erhaltung und Vergrößerung des traditionellen Abbauvolumens biologischer Ressourcen in den exklusiven Wirtschaftszonen ausländischer Staaten;
- die Erweiterung der Maßstäbe der Erkundungen und die Rückkehr zum Fischfang in offenen Teilen der Weltmeere mit komplexer ressourcenschonender Fischverarbeitung am Fangort;
- die Gestaltung neuer technologischer Prozesse und einer Ausrüstung für abfallfreie Produktion;
- die Überprüfung der Ordnung zum Thema der Nutzungsbegrenzung russischer Wasser-Bioressourcen auf kostenloser Grundlage;

- die Schaffung von Bedingungen für die vorrangige Auftragsvergabe zum Bau von Fischfangschiffen an russische Werften und an Werften jener Länder, in deren exklusiven Wirtschaftszonen die russische Fischereiflotte tätig ist;
- die Einführung der Praxis, Schulden gegenüber der RF durch Ankauf von Waren und Dienstleistungen bei den Schuldnerstaaten zu tilgen, die den russischen Fischern die Lizenz zum Fischfang in ihren exklusiven Wirtschaftszonen gewähren;
- der Erhalt und die Entwicklung der staatlichen Lizenzierung des Baus neuer und des Verkaufs gebrauchter Schiffe, um ein optimales Verhältnis zwischen der Anzahl der Schiffe und der Größe der zulässigen Fangmenge einzuhalten sowie die systematische rationelle Erneuerung der Fischfangflotte;
- die Aktivierung der Teilnahme der RF an der Tätigkeit internationaler Fischwirtschaftsorganisationen in Verbindung mit der weiteren Entwicklung der Prozesse der internationalen Kooperation, der zwischenstaatlichen rechtlichen Regulierung des Fischfangs und die Erhöhung der Forderungen zum Schutz und zur Bewahrung der Meeresumwelt;
- die Wahrung der Interessen der RF bei der Verwertung der Fischressourcen und deren Erhalt in den fernen Gebieten der Weltmeere sowie die Annahme und Gewährleistung einer strengen Einhaltung der mit den Küstenanliegerländern vereinbarten Maßnahmen zum Erhalt der Population wertvoller Fischgattungen und anderer Bioressourcen im Kaspischen und im Asowschen Meer.

b) Die Erschließung mineralischer und energetischer Ressourcen
Die Perspektive der Erschöpfung der Vorräte an Kohlenwasser-Rohstoffen und anderer mineralischer Ressourcen auf dem Kontinentalteil prädestiniert eine Umorientierung der Erkundung und Ausbeutung der nutzbaren fossilen Ressourcen auf den Kontinentalschelf und in der Perspektive auch auf die Kontinentalabhänge und den Meeresboden.

Im Interesse des Erhalts und der weiteren Verbreiterung der Fischbasis, der Schaffung strategischer Reservevorräte und der Gewährleistung der Erschließungsperspektive mineralischer und energetischer Ressourcen in den Weltmeeren werden folgende langfristige Aufgaben gelöst:
- die Erkundung des geologischen Aufbaus und die Bestimmung des Ressourcenpotenzials des Kontinentalschelfs der RF durch staatliche Beobachtung des geologischen Mediums sowie durch Messen des physikalischen Feldes über dem Meeresgrund, kartografische Erfassung, Bohrung und Entnahme von Bodenproben;
- die Erschließung der mineralischen und energetischen Ressourcen der Weltmeere;
- die staatliche Kontrolle und Regulierung der Aufklärung und Überwachung der (fossilen) Bodenschätze und mineralischen Ressourcen in den Weltmeeren unter Beachtung der Verteidigungsinteressen des Staates;
- die Ausbeutung der bekannten Lagerstätten und die intensive Erkundung von Erdöl und Naturgas auf dem Kontinentalschelf der RF;
- der Erhalt der auf dem Kontinentalschelf der RF aufgeklärten mineralischen Ressourcenvorräte als strategische Reserve;
- die Schaffung der Bedingungen und der Möglichkeiten für die Aufklärung und den Abbau der Ressourcen in tiefen Gewässern der Weltmeere (auf dem Grund und im Untergrund), die Festigung der Rechte der RF im Rahmen der Vollmachten der Internationalen Meeresbodenbehörde zur Aufklärung und Gewinnung der Ressourcen des Meeresbodens außerhalb der Grenzen der Jurisdiktion der Küstenstaaten;
- die Erschließung der Technologie der Energieerzeugung unter Nutzung der Gezeiten, des Küstenwindantriebs und der Windwellen, des Wasser-Temperaturgradienten, der Thermalenergie und von Strömungen sowie des Wärme-Kaloriengehalts der Biomasse von Meerespflanzen;

- die Entwicklung neuer technischer Mittel und fortschrittlicher Technologien für die Erkundung und Erschließung der mineralischen Ressourcen der Weltmeere und die Weiterführung der Arbeiten auf dem Gebiet des Spezialschiffbaus.

Die Vervollkommnung der wissenschaftlichen Tätigkeit
Die Verwirklichung und der Schutz der nationalen Interessen der RF auf dem Gebiet der maritimen Aktivitäten werden durch die Errungenschaften der einheimischen Meereswissenschaft sowie durch angewandte und Grundlagenforschung und -entwicklung zu maritimen Aktivitäten in den Weltmeeren gewährleistet.

Langfristige Aufgaben in dieser Richtung sind der Erhalt und die Entwicklung des Wissenschaftskomplexes, der den russischen Schiffbau, die Erforschung der Meeresumwelt, der Ressourcen und Räume der Weltmeere sicherstellt, die Entwicklung der Wissenschafts- und Forschungs- sowie der Lotsenflotten, die Schaffung von Meeresnavigations-, geophysikalischen, Fischerei- und anderen Spezialkarten und Handbüchern für die Seefahrt in beliebigen Gebieten der Weltmeere, die Einrichtung eines föderalen kartografischen Fonds und einer elektronischen Meereskartenbank, die Wiederherstellung der einheimischen Produktionsbasis für ozeanografische und hydrometeorologische Geräte.

Die Lösung der genannten Aufgaben wird sichergestellt durch die Weiterführung wissenschaftlicher Erforschungen
- des Kontinentalschelfs, der exklusiven Wirtschaftszone, der Territorialgewässer und der Inneren Seegewässer der RF;
- der biologischen Meeresressourcen und der Dynamik des Ökosystems der Weltmeere und der Inneren Seegewässer der RF;
- der Probleme der hydrometeorologischen, der navigatorisch-hydrografischen, der Havarie- und Rettungs- und der informationellen Sicherstellung der Aktivitäten der russischen Flotte;
- der hydrometeorologischen Erscheinungen in den Küstengewässern der RF und in fernen Gebieten der Weltmeere;
- des Einflusses der Weltmeere auf das Ökosystem des Planeten;
- der Umwelt und der globalen Prozesse, die auf die Weltmeere und die angrenzenden Sphären einwirken;
- des Aufbaus der kontinentalen Untiefen, Abhänge, der Unterwasser-Grabenbrüche, der Berge, Rifftäler und Tiefseebecken;
- der Probleme des Boots- und Schiffbaus, des Schiffsgerätebaus und der Entwicklung der Infrastruktur der russischen Flotte;
- der wirtschaftlichen, politischen und Rechtsprobleme bei der Nutzung der Räume und Ressourcen der Weltmeere;
- der Probleme des Aufbaus, der Entwicklung und Verwendung der Seekriegsflotte und anderer Gebiete der Seekriegswissenschaft;
- der Prinzipien und Methoden zur Reduzierung der ökologischen Belastung des Aquatoriums der Weltmeere und der Inneren Seegewässer der RF.

Die militärischen Marineaktivitäten
Militärische Marineaktivitäten - das sind die Aktivitäten des Staates zum Studium, zur Erschließung und zur Nutzung der Weltmeere im Interesse der Verteidigung und der Sicherheit des Landes unter Einbeziehung der Militärkomponente seines Marinepotenzials (Seekriegsflotte und Marineorgane des Grenzdienstes der RF).

Die Hauptziele, Prinzipien und Vorrangrichtungen der militärischen Marineaktivitäten der RF sind in den vom Präsidenten der RF bestätigten Grundlagen der Politik der RF auf dem Gebiet der militärisch-maritimen Tätigkeit in der Periode bis zum Jahr 2010 ausgeführt.

Die militärischen Marineaktivitäten zur Verteidigung und zur Gewährleistung der nationalen Interessen der RF und ihrer Verbündeten auf den Weltmeeren gehören zur Kategorie höchster staatlicher Prioritäten.

Die Lösung der Aufgaben des Parierens von Bedrohungen und der garantierten Gewährleistung/Wahrung der nationalen Interessen und der Sicherheit der RF und ihrer Verbündeten auf den Weltmeeren basiert auf der Aufrechterhaltung eines hinreichenden Seekriegspotenzials der RF.

Die Seekriegsflotte ist die Hauptkomponente und Grundlage des Marinepotenzials der RF und eines der Instrumente der Außenpolitik des Staates; sie ist bestimmt zur Gewährleistung des Schutzes der Interessen der RF und ihrer Verbündeten in den Weltmeeren durch militärische Methoden, zur Wahrung der militärpolitischen Stabilität in ihren Küstengewässern und der militärischen Sicherheit in Richtung der Meere und Ozeane.

Die Seekriegsflotte verwirklicht die Abschreckung gegen die Anwendung militärischer Gewalt oder ihre Androhung in Bezug auf die RF, die Verteidigung der Souveränität der RF außerhalb ihrer Festlandgrenzen auf Binnenmeeren und in den Territorialgewässern, der souveränen Rechte in der exklusiven Wirtschaftszone und auf dem Kontinentalschelf sowie der Freiheit des offenen Meeres. Außerdem schafft die Seekriegsflotte die Bedingungen für die Gewährleistung der Sicherheit der seewirtschaftlichen Aktivitäten der RF auf den Weltmeeren und hält sie aufrecht, sie gewährleistet die Militär-Marinepräsenz der RF auf den Weltmeeren, das Zeigen der Flagge und der militärischen Macht, Visiten der Schiffe und Boote der Seekriegsflotte, die Teilnahme an militärischen, friedenschaffenden und humanitären Aktionen der Weltgemeinschaft, die den Interessen der RF entsprechen.

Die regional dislozierten operativ-strategischen Vereinigungen der Seekriegsflotte - die Nordflotte, die Pazifikflotte, die Baltische Flotte und die Schwarzmeerflotte sowie die Kaspische Flottille - sind die Kräftebasis für die Lösung der Aufgaben der nationalen Marinepolitik in den entsprechenden Richtungen.

Der quantitative und qualitative Bestand der Flotten und der Flottille wird auf einem Niveau aufrecht erhalten, das den Bedrohungen der Sicherheit der RF in der konkreten regionalen Richtung entspricht, und wird durch eigenständige Infrastrukturen der Basierung, des Schiffbaus und der Schiffsreparatur sichergestellt.

Bei der Lösung der Aufgaben der Verteidigung und des Schutzes der Staatsgrenze der RF auf dem Meer werden vorgesehen:
- die Gewährleistung der Einhaltung der Regime der Staatsgrenze und des Grenzregimes durch natürliche und juristische Personen;
- der Schutz der Inneren Seegewässer, der Territorialgewässer, der exklusiven Wirtschaftszone und des Kontinentalschelfs der RF und ihrer Naturressourcen;
- die Erfüllung der Aufgaben des Grenzdienstes der RF zur Koordinierung der Tätigkeit der föderalen exekutiven Machtorgane, die den Schutz der Inneren Seegewässer, der Territorialgewässer, der exklusiven Wirtschaftszone und des Kontinentalschelfs der RF und ihrer Naturressourcen verwirklichen;
- die Kontrolle der Schiffsaktivitäten ausländischer Staaten in den Inneren See-

gewässern, in den Territorialgewässern, der exklusiven Wirtschaftszone und über dem Kontinentalschelf der RF;
- die Verwirklichung der erreichten zweiseitigen und mehrseitigen Vereinbarungen zwischen den Staaten zur Erweiterung der Maßnahmen des Vertrauens im Grenzgebiet, des Informationsaustauschs über illegale Migration und grenzüberschreitenden Schmuggel von Waffen, Sprengstoff und Drogen.

2. Regionale Richtungen der nationalen Marinepolitik

<Regionale Richtungen der nationalen Marinepolitik -> das sind die Sphären der maritimen Aktivitäten, die mit den Besonderheiten der einzelnen Regionen der RF und der Welt verbunden sind, unter denen die Gesamtheit der für die RF bedeutendsten Territorien und Aquatorien verstanden wird. Sie sind jeweils durch gemeinsame physisch-geografische, ökonomisch-geografische oder militärisch-geografische Charakteristiken vereinigt.

Als Hauptregionalrichtungen der nationalen Marinepolitik der RF werden unterschieden: die Atlantische, die Arktische, die Pazifische, die Kaspische und die Indik-Richtung. Die nationale Marinepolitik wird ausgehend von deren spezifischen Besonderheiten gestaltet.

Die Atlantische Regionalrichtung

Die nationale Marinepolitik in der Atlantischen Regionalrichtung wird bestimmt durch den verstärkten wirtschaftlichen, politischen und militärischen Druck der Länder des NATO-Blocks, durch seine Osterweiterung und durch die einschneidende Reduzierung der Möglichkeiten der RF zur Verwirklichung maritimer Aktivitäten.

Die Grundlage der nationalen Marinepolitik in dieser Richtung besteht in der Lösung langfristiger Aufgaben auf dem Baltischen, dem Schwarzen und dem Asowschen Meer sowie im Atlantik und im Mittelmeer. Das sind
auf dem Baltischen Meer:
- der Ausbau der Küsten-Hafen-Infrastruktur und die Erneuerung der Hochsee- und der Hybrid- (Fluss-Meer-) Schiffe;
- die Herstellung der Bedingungen für eine stabile wirtschaftliche Zusammenarbeit mit den Ländern der Baltischen Region, für eine rationelle gemeinsame Nutzung der Meeres-Naturressourcen, die Einleitung von allumfassenden Maßnahmen des Vertrauens in allen Bereichen maritimer Aktivitäten;
- die Lösung aller Fragen im Zusammenhang mit der Abgrenzung der Meeresräume und des Kontinentalschelfs zwischen der RF, den anliegenden und den gegenüberliegenden Staaten;
- die Gewährleistung der wirtschaftlichen und militärischen Sicherheit des Gebietes Kaliningrad der RF und der Ausbau der Meereskommunikationen;
- die Herstellung der Bedingungen, auch durch Einbeziehung der regionalen Möglichkeiten, für die Basierung und Nutzung der Komponenten des Marinepotenzials, die die Verteidigung der Souveränität, der souveränen und internationalen Rechte der RF auf dem Baltischen Meer gewährleisten;
auf dem Schwarzen und auf dem Asowschen Meer:
- die Erneuerung der Handelsschiffe für den Hochsee- und den gemischten (Fluss-Meer-)Einsatz, die Modernisierung und der Ausbau der Küsten-Hafen-Infrastruktur;
- die Vervollkommnung der Rechtsbasis für das Funktionieren der Schwarzmeerflotte der RF auf dem Territorium der Ukraine und der Erhalt der Stadt Sewastopol als ihre Hauptbasis;
- die Herstellung der Bedingungen, auch durch Einbeziehung der regionalen

Möglichkeiten, für die Basierung und Nutzung der Komponenten des Marinepotenzials, die die Verteidigung der Souveränität, der souveränen und internationalen Rechte der RF auf dem Schwarzen und dem Asowschen Meer gewährleisten;
- die Entwicklung des Passagiertransports aus den Häfen der Region Krasnodar in die Mittelmeerländer sowie des Fährverkehrs auf dem Schwarzen Meer;

auf dem Mittelmeer:
- die Durchführung eines zielgerichteten Kurses zu seiner Umgestaltung in eine Zone militärpolitischer Stabilität und guter Nachbarschaft;
- die Gewährleistung einer hinreichenden Militär-Marinepräsenz der RF in der Region;

auf dem Atlantischen Ozean – die Entwicklung und Verstärkung des Umfangs der Fischerei, des Seetransports sowie der wissenschaftlichen Forschungen und der Überwachung der Meeresumwelt.

Die nationale Marinepolitik in der Atlantischen Regionalrichtung wird wesentlich vervollständigt durch die nationale Marinepolitik in der Arktischen Regionalrichtung.

Die Arktische Regionalrichtung

Die nationale Marinepolitik in der Arktischen Regionalrichtung wird durch die besondere Bedeutung des freien Zugangs der russischen Flotte zum Atlantik, durch die Reichtümer der exklusiven Wirtschaftszone und des Kontinentalschelfs der RF, durch die entscheidende Rolle der Nordflotte für die Verteidigung des Staates in Meeres- und Ozeanrichtungen sowie durch die erhöhte Bedeutung der Nordmeerroute für die stabile Entwicklung der RF bestimmt.

Grundlage der nationalen Marinepolitik in dieser Richtung ist die Herstellung der Bedingungen für Aktivitäten der russischen Flotte in der Barentssee, im Weißen Meer und in den anderen arktischen Meeren, auf der Trasse der Nordmeerroute sowie im südlichen Teil des Atlantik.

Dabei werden folgende langfristige Aufgaben gelöst:
- die Erforschung und Erschließung der Arktis mit Orientierung auf die Exportzweige der Wirtschaft und die erstrangige Lösung sozialer Probleme;
- die Verteidigung der Interessen der RF in der Arktis;
- der Bau von Eisbrechern für den Seetransport, von Spezialschiffen für die Fischerei-, Forschungs- und anderen Spezialflotten;
- die Berücksichtigung der Verteidigungsinteressen des Staates bei der Erkundung und beim Abbau der Vorräte an Bioressourcen und mineralischen Bodenschätzen in der exklusiven Wirtschaftszone und auf dem Kontinentalschelf der RF;
- die Herstellung der Bedingungen, auch durch Einbeziehung der regionalen Möglichkeiten, für die Basierung und Nutzung der Komponenten des Marinepotenzials, die die Verteidigung der Souveränität, der souveränen und internationalen Rechte der RF in der Arktischen Regionalrichtung gewährleisten;
- die Begrenzung der ausländischen militärischen Marineaktivitäten in vereinbarten Gebieten und Zonen auf der Grundlage zwei- und mehrseitiger Abkommen mit den führenden Seemächten;
- die Gewährleistung der nationalen Interessen der RF bezüglich der Nordmeerroute, die zentrale staatliche Führung dieses Transportsystems, die Betreuung durch Eisbrecher und die Gewährung des gleichberechtigten Zugangs für die interessierten Transporteure, darunter ausländische;
- die Erneuerung und der gefahrfreie Betrieb der Atomeisbrecherflotte;
- die Beachtung der Interessen der RF bei der Abgrenzung der Meeresräume und des Meeresbodens des Nördlichen Eismeeres zu den Arktis-Anliegerstaaten;
- die Konsolidierung der Anstrengungen und der Ressourcen des föderalen Zentrums

und der Subjekte der RF für die Entwicklung der Arktis-Schifffahrt, der Meeres- und Flussmündungshäfen und für die Nordzufuhr sowie der diese Tätigkeiten sicherstellenden Informationssysteme.

Die Pazifische Regionalrichtung
Die Bedeutung der Pazifikküste ist für die RF sehr groß, und sie wächst weiter. Der Russische Ferne Osten besitzt kolossale Ressourcen, vor allem in der exklusiven Wirtschaftszone und auf dem Kontinentalschelf; dabei ist er wenig besiedelt und von den wirtschaftlich entwickelten Regionen der RF relativ isoliert. Diese Widersprüche werden durch eine intensive wirtschaftliche und militärische Entwicklung der Nachbarstaaten in der Asiatisch-Pazifischen Region vertieft, die wesentlichen Einfluss auf die wirtschaftlichen, demografischen und anderen Prozesse in der Region haben.

Die Grundlage der nationalen Marinepolitik in der Pazifischen Regionalrichtung bildet die Lösung der langfristigen Aufgaben im Japanischen, im Ochotskischen und im Beringmeer, im nordwestlichen Teil des Pazifiks und im östlichen Teil der Arktis auf der Nordmeerroute:
- die Beschleunigung der sozial-wirtschaftlichen Entwicklung des russischen Fernen Ostens auf der Grundlage der Intensivierung der maritimen Aktivitäten der RF;
- die Aktivierung der Seetransporte in Verbindung mit der wachsenden Teilnahme des russischen Fernen Ostens an der Arbeitsteilung in der Asiatisch-Pazifischen Region;
- die Intensivierung der Erkundung und Erschließung der biologischen Meeresressourcen und der mineralischen Rohstoffe in der exklusiven Wirtschaftszone und auf dem Festlandsockel der RF sowie - auf der Basis abgeschlossener Vereinbarungen - in den exklusiven Wirtschaftszonen und auf den Kontinentalschelfs der Staaten Südostasiens;
- die Herstellung der Bedingungen, auch unter Einbeziehung der regionalen Möglichkeiten, für die Basierung und Nutzung der Komponenten des Marinepotenzials, die die Verteidigung der Souveränität und der souveränen und internationalen Rechte der RF in der Pazifischen Regionalrichtung gewährleisten;
- der Ausbau der Küsten-Hafen-Infrastruktur und der russischen Flotte im Fernen Osten, besonders auf Sachalin und den Kurilen;
- der Abschluss internationaler Abkommen über die Begrenzung militärischer Marineaktivitäten in vereinbarten Gebieten und Zonen;
- die Aktivierung der Zusammenarbeit mit den Ländern der Asiatisch-Pazifischen Region zur Gewährleistung der Sicherheit der Seefahrt, zum Kampf gegen Piratentum, Drogenhandel und Schmuggel, zur Hilfeleistung für Schiffe in Notlagen und zur Lebensrettung auf See;
- die Erhöhung der Nutzungswirksamkeit der vorhandenen Transport-Infrastruktur der Region für die Einbeziehung in die Transsibirische Magistrale von Transitfrachten aus Südostasien und den USA nach Europa und anderen Ländern, die Verwirklichung von Maßnahmen zur maximalen Erschließung der nationalen Frachtbasis dieser Region.

Die Kaspische Regionalrichtung
Die Kaspische Region besitzt nach Umfang und Qualität einmalige mineralische und biologische Ressourcen.

In dieser Regionalrichtung werden folgende langfristige Aufgaben gelöst:
- die Bestimmung eines Völkerrechtsregimes des Kaspischen Meeres und einer Verwertungsordnung der Fischreserven, der Erdöl- und Gaslagerstätten, die für die RF günstig sind;

- gemeinsame Aktivitäten mit den Küstenanliegerstaaten für den Erhalt der Meeresumwelt;
- die Herstellung von Bedingungen, auch unter Einbeziehung der Möglichkeiten der Subjekte der RF, für die Basierung und Nutzung aller Komponenten des Marinepotenzials;
- die Erneuerung der Handelsschiffe für den Einsatz auf dem Meer und gemischt (Fluss-Meer) sowie der Fischereiflotte;
- das Verhindern der Verdrängung der russischen Flotte vom Markt der maritimen Transportdienstleistungen;
- die Organisation einer Fährverbindung als Teil intermodaler Transporte mit Zugang zum Mittelmeer und zum Baltischen Meer;
- der Ausbau, die Rekonstruktion und die Spezialisierung der existierenden Häfen.

Die Indik-Regionalrichtung
Die nationale Marinepolitik in der Indik-Regionalrichtung sieht die Lösung folgender langfristiger Aufgaben vor:
- die Erweiterung der russischen Transport- und Fischerei-Schifffahrt und gemeinsame Handlungen mit anderen Staaten zum Schutz vor Piraterie;
- die Durchführung wissenschaftlicher Erkundungen in der Antarktis als Hauptelement der auf die Bewahrung und Festigung der Position Russlands gerichteten Staatspolitik in dieser Region;
- die Durchführung eines zielgerichteten Kurses auf die Umwandlung des Indischen Ozeans in eine Zone des Friedens, der Stabilität und guter Nachbarschaft, die Gewährleistung der periodischen Militär-Marinepräsenz der RF im Indischen Ozean.

IV. Die Verwirklichung der nationalen Marinepolitik

1. Die Administrierung der maritimen Aktivitäten

Die Administrierung auf dem Gebiet der Formierung und der Verwirklichung der nationalen Marinepolitik besteht im Bestimmen der Vorrangaufgaben und des Inhaltes der nationalen Marinepolitik für die nächste und die langfristige Perspektive durch die Organe der Staatsmacht der RF und die Staatsorgane der Subjekte der RF, in der Führung der Komponenten des Marinepotenzials des Staates, der Wirtschafts- und Wissenschaftszweige mit Verbindungen zu maritimen Aktivitäten, in der perspektivischen Planung der maritimen Aktivitäten und des Aufbaus der russischen Flotte.

Der Präsident der RF bestimmt die Vorrangaufgaben und den Inhalt der nationalen Marinepolitik für die nächste und die langfristige Perspektive, er ergreift entsprechend seinen verfassungsmäßigen Vollmachten Maßnahmen zur Gewährleistung der Souveränität der RF auf den Weltmeeren, zum Schutz der Interessen des Individuums, der Gesellschaft und des Staates in der Sphäre maritimer Aktivitäten, er führt die nationale Marinepolitik.

Die Föderationsversammlung der RF verwirklicht im Rahmen ihrer verfassungsmäßigen Vollmachten die gesetzgeberische Tätigkeit zur Verwirklichung der nationalen Marinepolitik.

Die Regierung der RF führt über die föderalen exekutiven Machtorgane und über das Marinekollegium die Verwirklichung der Aufgaben der nationalen Marinepolitik.

Der Sicherheitsrat der RF als Verfassungsorgan beim Präsidenten der RF enthüllt die Bedrohungen, bestimmt die lebenswichtigen Interessen der Gesellschaft und des

Staates, erarbeitet die strategischen Grundrichtungen zur Gewährleistung der Sicherheit der RF und der Weltmeere.

Die föderalen Exekutivorgane verwirklichen in den Grenzen ihrer Kompetenz die Führung der maritimen Aktivitäten der RF, wobei sie untereinander zusammenwirken.

2. Die ökonomische Sicherstellung

Für die erfolgreiche Verwirklichung der nationalen Marinepolitik hat die ökonomische Sicherstellung der nationalen Aktivitäten entscheidende Bedeutung. Sie umfasst:
- die komplexe Nutzung der Möglichkeiten ökonomischer Führung: Regulierung der Kredit-Finanz-Beziehungen, Abschluss von Staatsverträgen, Optimierung des Steuer-, des Antimonopol- und des Zollregimes, differenzierte staatliche Hilfe;
- die Gestaltung günstiger Bedingungen für die Einbeziehung nichtstaatlicher Finanzierung, darunter ausländischer Investoren, auf Basis der Vervollkommnung der normativen Rechtsbasis und gezielter staatlicher Förderung von Investitionsprojekten;
- die Herstellung der Bedingungen für die Umorientierung der Lieferungen der Fischproduktion auf den Binnenmarkt;
- die rationelle Entwicklung und Verteilung der Komponenten des Marinepotenzials der RF in den Regionalrichtungen;
- die Verwendung der Mittel des Föderationsbudgets und der Budgets der Subjekte der RF, auf deren Territorien die russische Flotte disloziert ist, nach Prioritäten, die ihre effektive Verwendung gewährleisten;
- die Gestaltung von Bedingungen für die Einbeziehung der Arbeitskräfte in den Küstenregionen der RF mit ungünstigen natürlichen und klimatischen Verhältnissen;
- die Reorganisation strategisch wichtiger, aber uneffektiv arbeitender Schiffbaugesellschaften und Flottenorganisationen;
- die Begrenzung des ausländischen Kapitalzugangs bei einzelnen Arten maritimer Aktivitäten, die die nationale Sicherheit der RF beeinflussen;
- die Förderung wissenschaftsintensiver, energiesparender und ressourcenschonender Technologien bei der Erkundung, Erschließung und Nutzung der Räume und Ressourcen der Weltmeere;
- die garantierte Zuteilung der notwendigen Finanzmittel für die Erfüllung der staatlichen Programme auf dem Gebiet des Aufbaus und der Entwicklung der Militärkomponente des Marinepotenzials der RF;
- die Herstellung der Bedingungen zur Erhöhung der Konkurrenzfähigkeit der russischen Flotte, der Häfen und der Industriezweige, die deren Funktion sicherstellen;
- die staatliche Förderung der Marine-Lehreinrichtungen und -organisationen, deren Tätigkeit mit der Erfüllung internationaler Verpflichtungen der RF auf dem Gebiet der Kadervorbereitung und der Sicherheit der Seeschifffahrt verbunden ist;
- die staatliche Förderung einzelner Transportsysteme, die staatliche Finanzierung der Ausgaben für die Instandhaltung, den Bau und den Betrieb der Eisbrecher und der Transportschiffe der Eismeerklasse, in erster Linie mit Atomenergieantrieb, die Schaffung eines speziellen Basierungssystems für diese;
- die staatliche Förderung für wissenschaftliche Forschungen auf dem offenen Teil der Weltmeere und auf den Meeren Russlands, für die Schaffung eines einheitlichen Informationssystems über die Lage auf den Weltmeeren, für neue technologische Prozesse und Ausrüstung für abfallfreie Produktion;
- die Aufrechterhaltung und Entwicklung der einheimischen Orbitalgruppierung kosmischer Apparate für die Fernerkundung der Erde, für Navigation, Verbindung und Beobachtung, der Überwachungssysteme gegen die Verunreinigung der Meere Russlands sowie der Boden-Empfangszentren für Sputnikinformationen;

- die Sicherstellung der Entwicklung traditioneller maritimer Wirtschaftszweige kleiner Völker und bewohnter Küstenregionen sowie die Schaffung eines stabilen Versorgungssystems für Nahrungsmittel und Gebrauchsgüter.

3. Die Gewährleistung der Sicherheit der maritimen Aktivitäten

Maritime Aktivitäten werden verwirklicht mit einem notwendigen Komplex konkreter, auf die Besonderheiten der Elementarkraft des Meeres orientierter Maßnahmen zur Gewährleistung ihrer Sicherheit.

Die Sicherheit der maritimen Aktivitäten schließt ein die Sicherheit der Schifffahrt, die Suche und Rettung auf dem Meer, den Schutz und den Erhalt der Meeresumwelt.

Die Sicherheit der Schifffahrt wird gewährleistet durch
- die strikte Beachtung der entsprechenden Normen des internationalen Rechts und der russischen Gesetze;
- die Aufrechterhaltung, Vervollkommnung und Entwicklung der Mittel der navigatorisch-hydrografischen und hydrometeorologischen Sicherstellung, die Schaffung eines einheitlichen staatlichen hydrografischen Dienstes in der RF;
- die staatliche Kontrolle über die Erfüllung der Klassifizierungsanforderungen an den technischen Zustand und die Tauglichkeit der Schiffe, ihre allseitige Ausrüstung und Sicherstellung, über die Vorbereitung und die Zertifikate der Schiffsbesatzungen;
- die operative Bereitstellung der notwendigen Information bis zum Schiffer.

Für die Gewährleistung der Suche und Rettung auf dem Meer ist es notwendig,
- das existierende Such- und Rettungssystem für Personen auf dem Meer, das sich auf das Zusammenwirken der föderalen exekutiven Machtorgane mit Rettungskräften und -mitteln gründet, zu vervollkommnen und die staatliche Unterstützung für den Ausbau und das Funktionieren dieses Systems zu gewährleisten;
- die internationale Zusammenarbeit bei der Suche und Rettung von Personen auf dem Meer zu entwickeln;
- die Schaffung und das Funktionieren eines einheitlichen staatlichen globalen automatisierten überwachungs- und Kontrollsystems zum Standort der russischen Schiffe und eines Beobachtungssystems der Lage in den Weltmeeren zu gewährleisten.

Der Schutz und die Erhaltung der Meeresumwelt werden erreicht durch
- die Überwachung des Zustandes der Meeresumwelt und komplexe Maßnahmen zur Verhütung und zur Beseitigung der Folgen ihrer Verschmutzung, die Verwirklichung von Maßnahmen zur Verhinderung des Austretens von Erdöl bei der Erkundung, Gewinnung und beim Transport, den Bau und die Rekonstruktion von Annahmestellen in den Häfen für das Sammeln und die Entsorgung von Abfällen;
- die Stimulierung der Schaffung und des Kaufs einheimischer Ausrüstungen für die Verhinderung von Verschmutzungen und die Beseitigung der Folgen von Verschmutzungen der Meeresumwelt sowie die Vervollständigung der russischen Flotte mit Spezialschiffen für Naturschutz;
- die Entwicklung der Infrastruktur der einheimischen Atomflotte, deren gefahrlosen Betrieb und die Vervollkommnung der Entsorgungstechnologie für Atomschiffe;
- die Erfüllung aller ihrer internationalen Verpflichtungen auf diesem Gebiet, darunter auch mit Berücksichtigung der internationalen Kooperationsmöglichkeiten;
- die Lösung der Widersprüche zwischen der Erhöhung des Volumens und der Intensivierung des Abbaus von Kohlenwasser-Rohstoffen und anderer Ressourcen vom Meeresboden und der Notwendigkeit des Erhalts, der Reproduktion und der Gewinnung der Bioressourcen der Weltmeere.

4. Die Kadersicherstellung

Die Sicherstellung aller Arten maritimer Aktivitäten mit Kadern hat erstrangige Bedeutung und sieht vor:
- die Herstellung der Bedingungen für den Erhalt und die Heranziehung qualifizierter Kader in den Schiffereibestand und in die Sphäre der Führung maritimer Aktivitäten;
- den Erhalt und die Entwicklung von Bildungsstrukturen mit Spezialisierungen für alle Arten maritimer Aktivitäten;
- die Schaffung eines Ausbildungssystems leitender Kader der staatlichen Machtorgane der RF und der Organe der Staatsmacht der Subjekte der RF auf dem Gebiet der maritimen Aktivitäten;
- die Festigung der russischen Marinetraditionen, die Erweiterung des Netzes von Marine-Kinderschulen, von Klubs junger Seeleute und Flussschiffer, wobei die Erziehung in ihnen als Anfangsstufe der Vorbereitung auf den Dienst und die Arbeit in der russischen Flotte zu betrachten ist;
- die Gewährleistung der staatlichen Unterstützung für den Unterhalt und den Betrieb von Schulschiffen und materiell-technischer Basen von Bildungseinrichtungen mit Marineprofil.

5. Die Informationssicherstellung

Die Informationssicherstellung der maritimen Aktivitäten sieht in erster Linie die Aufrechterhaltung und die Entwicklung globaler Informationssysteme zur Sicherstellung maritimer Aktivitäten Russlands vor, darunter von Systemen der navigatorisch-hydrografischen, hydrometeorologischen und anderer Arten der Sicherstellung, eines einheitlichen Informationssystems über die Lage auf den Weltmeeren, eines einheitlichen staatlichen Darstellungssystems der überwasser- und der Unterwasserlage. Sie sind auf der Basis der Kräfte und Mittel des Verteidigungsministeriums der RF, des Föderalen Dienstes Russlands für Hydrometeorologie und Umweltüberwachung und anderer interessierter föderaler exekutiver Machtorgane der RF zu schaffen und haben das Ziel, die Systeme, Komplexe und Mittel der verschiedenen Behördenebenen zu integrieren und rationell zu nutzen. Die Informationssicherstellung dient als Grundlage für die Entschlussfassung auf dem Gebiet maritimer Aktivitäten auf allen Ebenen.

V. Schlussfolgerungen

Die Verwirklichung der Bestimmungen der Marinedoktrin der RF wird dazu beitragen, eine hohe Effektivität der maritimen Aktivitäten zu erreichen, den Staat stabil zu entwickeln, die Verteidigung und die Wahrung der nationalen Interessen und der Sicherheit der RF auf den Weltmeeren zu gewährleisten und die internationale Autorität Russlands zu festigen.

Verallgemeinerte Effektivitätskriterien der nationalen Marinepolitik sind:
- der Realisierungsgrad der kurzfristigen und der langfristigen Aufgaben der nationalen Marinepolitik;
- der Realisierungsgrad der souveränen Rechte der RF in ihrer exklusiven Wirtschaftszone und auf dem Kontinentalschelf sowie der Freiheit des Offenen Meeres durch die Handels-, Industrie-, Wissenschafts- und Forschungs- und der anderen Spezialflotten der RF;
- die Fähigkeit der Militärkomponente des Marinepotenzials Russlands, im Zusammenwirken mit den Teilstreitkräften der RF sowie mit anderen Truppen und militärischen Formationen die Interessen und die Sicherheit der RF zu schützen.

Die RF erklärt ihre nationale Marinepolitik in der Absicht, ihre Position unter den führenden Seemächten entschlossen und unerschütterlich zu festigen.

<*> *Hier und im Weiteren: Einfügungen und Anmerkungen in spitzen Klammern sind Ergänzungen der Übersetzer.*

Biografien

Aleschin, Boris Sergejewitsch
Geboren am 3. März 1955 in Moskau, Prof. Dr.,
Absolvierte 1978 das Moskauer Physikalisch-technische Institut.

Von 1978 bis 2000 Mitarbeiter des staatlichen Forschungsinstitutes für Flugzeugsysteme. Er arbeitete u.a. an Projekten der Kampfflugzeuge MIG-29 und SU-27.
2000 bis 2001 Erster Stellvertreter des Ministers für Industrie, Wissenschaft und Technologie der RF.
Ab November 2001 Vorsitzender des Staatskomitees für Standardisierung und Metrologie. Ab 24. April 2003 Stellvertreter des Premiers. Verantwortlich für den Industriesektor, einschließlich MIK.

Ananjew, Jewgeni Nikolajewitsch
1948 in Moskau geboren.
Absolvent des Moskauer Ingenieurbauinstitutes und der Finanzakademie der Regierung der RF.

1991-1992 Generaldirektor der Außenhandelsgesellschaft „BEAM".
1992-1993 Berater des Generaldirektors der Moskauer Flugzeugbauvereinigung.
1993-1997 Mitglied im Vorstand und Chef einer Bank (MAPO)
Ab 21. August 1997 Generaldirektor von „ROSWOORUSCHENIJE".

Arbatow, Alexej Georgijewitsch
Am 17.01.1951 in Moskau geboren. Dr. jur.
Absolvent des Moskauer Institutes für Internationale Beziehungen.

1973-1994 wissenschaftliche Tätigkeit in der Akademie der Wissenschaften. Seit 1994 Abgeordneter der Staatsduma.
Aktiv in verschiedenen Arbeitsgruppen und Komitees, die sich mit militärischen und militärwirtschaftlichen Problemen befassen.

Bendukidse, Kacha Awtantilowitsch
Am 20. April 1956 in Tbilissi geboren.
Absolvent der biologischen Fakultät der Universität Tbilissi.

1981-1990 wissenschaftliche Arbeit in Laboratorien und Forschungsinstituten.
1990-1993 Mitglied der Firmenleitung und Chef einer Ölgesellschaft. Ab 1995 im Vorstand und 1996 Vorstandsvorsitzender der AOI „Uralmasch". Ab 26. Juli 2000 Generaldirektor der OAO „Uralmasch". Im Oktober 2000 Mitglied des Büros des Russischen Unternehmerverbandes.

Beresowski, Boris Abramowitsch
Am 23.01.1946 in Moskau geboren.
Unter anderem Absolvent der Moskauer Universität „Lomonossow". Dr. habil. 1991 korrespondierendes Mitglied der Akademie der Wissenschaften der RF. Autor einer Vielzahl wissenschaftlicher Arbeiten.

1996-1991 wissenschaftlich-technische und Forschungsarbeit in verschiedenen Betrieben und Instituten.
Im Mai 1994 Vorsitzender des Direktoriums der AO „LogoWas".
Ab Januar 1995 in der Leitung der Medienanstalt ORT. Am 26. Oktober 1995 Mitglied der Direktion des Ölkonzerns „Sibneft"
05.11.1995 Stellvertreter des Sekretärs des Sicherheitsrates der RF. 1997 Exekutivsekretär der GUS. Am 04. März 1998 Entbindung von dieser Funktion.
Ab 04.12.1999 Abgeordneter der Duma. Im Oktober 2000 Niederlegung des Mandates. Verschiedene Funktionen und Aktivitäten in der Wirtschaft.
Im Mai 2001 erklärt B. die Absicht, den Abgeordneten Juschenkow bei der Formierung einer demokratischen Opposition zu unterstützen.
30.03.2002 Kovorsitzender der Partei „Liberales Russland".
B. Beresowski hält sich meist im Ausland (London) auf. Er ist Multimillionär. Geschätztes Vermögen über 500 Millionen US-Dollar.
Russische Quellen behaupten mit Hinweis auf die israelische Zeitung „Jerusalem Post", Boris Beresowski und seine Familie besitze bereits seit November 1993 die Staatsbürgerschaft Israels.

Chodokowski, Michail Borisowitsch
Am 26. Juni 1963 in Moskau geboren.
Absolvierte das chemische Institut „Mendelejew" (1986) und das Plechanowinstitut (1988).

1986-1987 Stellvertretender Sekretär des Jugendverbandes Komsomol im Frunsebezirk Moskaus.
1990-1991 Generaldirektor der Bank „MENATEP". 1992 Leiter eines Fonds im Range eines stellvertretenden Ministers und im März 1993 Minister für Energie und Brennstoffe. In dieser Funktion mitverantwortlich für die Privatisierung des Energiesektors Russlands.
Ab April 1993 intensive Tätigkeit zur Gründung mehrerer Finanzinstitute. Nebenher noch eine Veilzahl von Funktionen in der Wirtschaft. 1995 Vorsitzender des Vorstandes von „ROSPROM". Ab 1998 Chef des Erdölunternehmens „Jukos".
März 2002 vom Unternehmerverband der RF zum „Besten Manager" Russlands gekürt. Nach Angaben von Forbes der reichste Mann Russlands. Geschätztes Vermögen - 8 Milliarden US-Dollar.
Am 25. Oktober 2003 verhaftet und der Bestechlichkeit, der Steuerhinterziehung und anderer Vergehen beschuldigt.

Gaidar, Jegor Timurowitsch
Am 19.03.1956 in Moskau geboren. Dr. ök.
Absolvent der Wirtschaftsfakultät der Moskauer Staatlichen Universität (1978)

1978-1987 wissenschaftliche Arbeit. 1987-1990 in der Redaktion der Zeitschrift „Kommunist" und der „Prawda".
Im November 1991 Stellvertretender Vorsitzender der Regierung der RF für Ökonomie und gleichzeitig Finanz- und Wirtschaftsminister.
Am 18. September 1993 zum Ersten Stellvertreter des Vorsitzenden des Ministerrates der

RF ernannt. Januar 1994 Rücktritt von den Ämtern. 1997-1999 Führer der Bewegung „Demokratische Wahl Russlands". Im Januar 2001 aktiv in der Partei „Union der rechten Kräfte" SPS.

Im September 2003 melden russische Medien, Gaidar habe von den USA eine Einladung erhalten, in Irak Wirtschaftsreformen vorzubereiten und durchzuführen.
Er ist Leiter des „Institutes für Wirtschaft der Übergangsperiode".

Gratschow, Pawel Sergejewitsch
Am 01. Januar 1948 im Dorf Rwy (Tulaer Gebiet) geboren.
Absolvierte die Rjasaner Offiziersschule der Luftlandetruppen und 1981 die Militärakademie „Frunse" sowie die Generalstabsakademie (1990).

Seit 1965 in den Luftlandetruppen in verschiedenen Kommandeursdienststellungen. Dienst in Afghanistan (1981-1983).
Ab 1991 Kommandierender der Luftlandetruppen und 1992 Stellvertreter und ab 7. Mai 1992 Minister für Verteidigung der RF (bis 1996). Generaloberst.
1997 Hauptberater des Vorsitzenden von „ROSWOORUSCHENIJE". Ab April 2000 in verschiedenen Fonds und gesellschaftlichen Organisationen tätig.

Gusinski, Wladimir Alexandrowitsch
Am 06. Oktober 1952 geboren.
Absolvent des Instituts für Öl- und Gasindustrie „Gubkin" und des staatlichen Institutes für Theaterkunst „Lunatscharski", Fachrichtung Regie (1980).

Arbeitete nach dem Studium einige Zeit als Regisseur in der Provinz, so in Tula.
Anfang der achtziger Jahre Übersiedlung nach Moskau. Verdient den Lebensunterhalt mit Transportarbeiten. 1986 erste Firmengründungen (u.a. Handelsgeschäfte, Baudienstleistungen)
1988 Gründung der Firma „Infex", die sich mit Finanz- und Rechtsberatung und wirtschaftlichen Analysen beschäftigt. Es folgen gemeinsame Firmen mit amerikanischen Unternehmen, beispielsweise „Most".
Im Oktober 1989 Gründung der „Mostbank". Gusinski wird deren Präsident.
Bis 1996 eine Vielzahl wirtschaftlicher und politischer Aktivitäten, seit Oktober 1996 Mitglied des Rates für Bankfragen bei der Regierung der RF.
1997 Niederlegung des Amtes bei der „Mostbank" und Chef der Holding SAO „Mediamost". Diese umfasst die Fernsehanstalten „NTW", „NTW+" und „TNT", die Zeitung „Sewodja", die Zeitschriften „Itogi", „Sem Dnej", Karawan Istorij", den Rundfunksender „Echo Moskwy" u.a.
Am 27. Januar 2000 zum Vizepräsidenten des Jüdischen Weltkongresses gewählt.
Am 13 Juni 2000 wurde Gusinski auf Veranlassung der Generalstaatsanwaltschaft verhaftet und am 16. Juni, nachdem er sich schriftlich verpflichtet hatte, das Land nicht zu verlassen, wieder auf freien Fuß gesetzt.
Am 27. Juni wurde das Verfahren eingestellt, und Gusinski reiste nach Spanien. Der Aufforderung der Justiz, die gegen ihn im Herbst 2000 wegen Bestechung erneut ermittelte, zur Vernehmung zu erscheinen, folgte Gusinski nicht.
Auf Bitte der russischen Regierung in Spanien zeitweilig inhaftiert, wurde er gegen Zahlung einer Kaution von 5,5 Millionen Euro aus der Haft entlassen. Ende Februar 2001 legte er sein Amt als Vorsitzender des Russischen Jüdischen Kongresses nieder.
In Spanien verhandelte Gusinski u.a. mit Ted Turner und George Soros über den Verkauf eines Teils seiner Aktienanteile an russischen Medienunternehmen (geschätzter Verhandlungswert 225 Millionen US-Dollar).
Am 18. April 2002 lehnte die spanische Justiz schließlich die Auslieferung Gusinskis an

Russland ab. Die russische Sektion von Interpol hat ihn danach erneut zur internationalen Fahndung ausgeschrieben. Begründung: Geldwäsche.
Geschätztes Vermögen – 300-400 Millionen US-Dollar.

Iwanow, Sergej Borisowitsch
Am 31 Januar 1953 in Leningrad geboren.
Absolvent der Dolmetschersektion der philologischen Fakultät der Leningrader Staatlichen Universität (1975) und der „Höheren Kurse" des KGB der UdSSR in Minsk (1976). 1981 absolvierte er die damalige „101. Schule" der Ersten Hauptverwaltung des KGB in Moskau (heute „Krasnosnamenskij Institut imeni Andropowa").

S. Iwanow war 18 Jahre in der Auslandsaufklärung tätig. Bis August 1998 leitete er das Department für Analyse, Prognose und strategische Planung des FSB.
August 1998 bis November 1999 Stellvertreter des Direktors des FSB.
November 1999 bis März 2001 Sekretär des Sicherheitsrates der RF.
Ab 28. März 2001 Minister für Verteidigung der Russischen Föderation. Dienstgrad Generalleutnant.

Jawlinski, Grigori Alexejewitsch
Geboren am 10. April 1952 in Lwow.
Absolvent des Moskauer Plechanowinstitutes (1973), Dr. oec.

1976-1985 in verschiedenen Forschungseinrichtungen wissenschaftlich tätig.
1985-1988 in der Abteilung „Vervollkommnung der Leitung" des Staatskomitees für Arbeit und Soziale Fragen der UdSSR.
1989 auf Veranlassung Leonid Abalkins in die Kommission für wirtschaftliche Reformen berufen.
1990 Koautor des „Programms der 400 Tage", in dem die schnelle Einführung der Marktwirtschaft vorgeschlagen wurde.
1991 Berater der Regierung der RF, am 22. Juni 1992 Gründungsmitglied des Rates für Außen- und Verteidigungspolitik Russlands.
1993 bis 1996 vielfältige politische Aktivitäten u.a. 1996 Präsidentschaftskandidat.
Seit 1993 Dumaabgeordneter, Führer der Bewegung „Jabloko".
Bei der erneuten Kandidatur zum Präsidentenamt 2000 auf dem dritten Platz (5,8 %).
Vertreter gemäßigter neoliberaler Auffassungen.

Juschenkow, Sergej Nikolajewitsch
Am 27. Juni 1950 im Dorf Medwedkowo (Gebiet Kalinin) geboren. Am 17. April 2003 in Moskau ermordet. Dr.phil. Oberst a.D.
Absolvent der Nowosibirsker Militär-politischen Offiziershochschule (1974), und der Militärpolitischen Akademie (MPA) „W.I.Lenin" Moskau (1984).

1987-1990 Lehrer im Lehrstuhl marxistisch-leninistische Philosophie an der MPA.
1990 Abgeordneter des Obersten Sowjets der RSFSR. Im August 1991 einer der Hauptorganisatoren des Widerstandes gegen den Putschversuch des Ausnahmekomitees.
1992 in der „Koalition für Reformen" und einer der Gründer des Blocks „Demokratische Wahl". 1993 stellvertretender Vorsitzender des Föderalen Informationszentrums.
Ab 1993 bis zu seinem Tod Abgeordneter der Staatsduma. 1994-1995 Vorsitzender des Komitees für Verteidigung der Duma. 1999 Vorsitzender des Koordinationszentrums und Mitglied der Partei „Union der rechten Kräfte" (SPS). Seit 2000 Kovorsitzender der Bewegung „Liberales Russland". Im Oktober 2002 Spaltung der Bewegung und Trennung Juschenkows von Beresowski.

Juschenkow setzte sich am 08. Februar 2003 mit der Idee der Schaffung eines „einheitlichen demokratischen Blocks" als neue politische Kraft im Zentralrat der Bewegung „Liberales Russland" durch und war deren designierter Führer.
Am 17. April 2003, am Tag der offiziellen Zulassung und Registrierung der neuen politischen Partei „Liberales Russland" wird, Sergej Juschenkow, von einem Auftragsmörder erschossen.
Bis zu seinem Tod war er stellvertretender Vorsitzender des Komitees für Verteidigung der Staatsduma.

Kasjanow, Michail Michailowitsch
Am 08. Dezember 1957 in Solnzewo bei Moskau geboren.
Absolvent des Moskauer Fahrzeug- und Verkehrsinstitutes.

Nach dem Armeedienst Arbeit in einem Forschungsinstitut. 1981-1990 bei der zentralen Planbehörde GOSPLAN. 1992-1993 als Unterabteilungsleiter im Wirtschaftsministerium der RF:
1993-1995 Chef des Departments „Internationale Kredite und Außenverschuldung".
1995 Erster Stellvertreter des Finanzministers und ab 25. Mai 1999 Finanzminister der RF.
Ab 17. Mai 2000 Premierminister der Russischen Föderation.

Klebanow, Ilja, Iosifowitsch
Am 7. Mai 1951 in Sankt Petersburg geboren.
Absolvent des Leningrader Polytechnischen Instituts (1974).

Nach dem Studium Arbeit als Ingenieur im Betrieb „Elektron". 1977-1989 Tätigkeit in verschiedenen Funktionen, zuletzt als Hauptingenieur der Leningrader Optisch-elektronischen Vereinigung (LOMO).
1992-1997 Generaldirektor von LOMO. Im Dezember 1997 Erster Vizegouverneur Sankt Petersburgs.
Am 18. Mai 2000 zum Vizepremier der RF ernannt. Verschiedene Funktionen in der Wirtschaft, so z.B. ab August 2000 Chef des Direktorenrates der OAO KamAS. Im gleichen Monat Leiter der Untersuchungskommission zum Untergang der „Kursk".
Im Januar 2000 Vorsitzender der Kommission zur Exportkontrolle. Am 17. Oktober 2001 zum Stellvertreter des Vorsitzenden der Regierung und Minister für Industrie, Wissenschaft und Technologie ernannt.
Ab 18. Februar 2002 nur noch Minister des Ministeriums für Industrie, Wissenschaft und Technologie.
Am 01. November 2003 mit Präsidentenerlass zum Bevollmächtigten des Präsidenten der RF für den Nordwestlichen Föderalen Bezirk ernannt.

Kokoschin, Andrej Afanasjewitsch
Am 26. Oktober 1945 in Moskau geboren. Dr.
Absolvent der Baumannhochschule (1969). Aspirant am Institut USA und Kanada der AdW der UdSSR (1972).

Nach dem Studium mit Fragen der Konversion beschäftig. Ab 1973 am Institut USA und Kanada der AdW der UdSSR, ab 1984 als Stellvertreter des Leiters Georgi Arbatow.
Er beschäftigte sich mit der strategischen Stabilität, der Raketenabwehr und der Weltraumrüstung.
Im Mai 1992 zum Ersten Stellvertreter des Verteidigungsministers der RF ernannt. Initiator der Projekte „Glonass", „Topol-M" und „SU-34". Erbitterter Gegner der NATO-Osterweiterung und Befürworter der Verbindung Russland - Indien - VR China.

1997-1998 Sekretär des Sicherheitsrates der RF und Militärinspektor Russlands. Ende 1998 Vizepräsident der Russischen Akademie der Wissenschaften.
Seit Dezember 1999 Dumaabgeordneter und Stellvertreter des Vorsitzenden des Komitees für Industrie der Staatsduma.

Koptew, Juri Nikolajewitsch
Am 13. März 1994o in Stawropol geboren. Dr.habil.
Absolvent der Rigaer Fliegertechnischen Offiziershochschule (1960) und der Baumannhochschule (1965). Ordentliches Mitglied der Akademie für Raumfahrtwissenschaft „Ziolkowski".

1965-1969 Arbeit als Ingenieur und Entwickler in der Rüstungsindustrie. 1969-1991 im Ministerium für allgemeinen Maschinenbau der UdSSR, zuletzt als Chef einer Hauptverwaltung, Mitglied des Kollegiums und Stellvertreter des Ministers.
1991-1992 Vizepräsident des Unternehmens „Rosobschtschemasch".
Seit 1992 Generaldirektor der Russischen Kosmischen Agentur (RKA).
Ab 1999 Generaldirektor der Luftfahrt- Kosmischen Agentur (RAKA).
1999 Vorsitzender der Direktorenkonferenz der OAO „Tupolew".

Korschakow, Alexander Wassiljewitsch
Am 31. Januar 1950 in Moskau geboren.
Absolvent des „Juristischen Allunions-Fernstudieninstitutes".

1967-1968 Schlosser. 1967-1970 Wehrdienst im „Kremlregiment".
1970-1989 in der 9. Hauptverwaltung des KGB der UdSSR.
1985 einer der drei Leibwächter des 1. Sekretärs des Moskauer Parteikomitees der KPdSU, Boris Jelzin.
1989 Entlassung aus dem KGB aus „Alters- und Gesundheitsgründen".
1990 Chef der Sicherheitsabteilung beim Vorsitzenden des Obersten Sowjets der RSFSR, Jelzin. 1991 bis 1992 Erster Stellvertreter des Chefs der Hauptverwaltung Wachdienste der RF.
1992 Ernennung zum General und Chef des Sicherheitsdienstes des Präsidenten Jelzin. Am 20. Juni 1996 durch den Präsidenten von allen Ämtern entbunden und im September 1998 im Range eins Generalleutnants aus den Streitkräften entlassen.
Ab Dezember 1999 Dumaabgeordneter (Wahlkreis Tula) und ab Januar 2000 Stellvertreter des Vorsitzenden des Dumaausschusses für Verteidigung.

Koslow, Gennadi Wiktorowitsch
Am 25. Februar 1944 geboren. Prof. Dr.
Absolvent der Moskauer Staatlichen Universität (1968)

1962-1968 wissenschaftliche Arbeit an der mathematisch-physikalischen Fakultät der Moskauer Universität.
1968-1993 in Forschungseinrichtungen der Akademie der Wissenschaften der UdSSR und der RF, zuletzt als Abteilungsleiter für allgemeine Physik der ADW.
1993-1996 Staatssekretär und Stellvertreter des Ministers für Wissenschaft und Technik der RF.
1996-1997 Staatssekretär und Stellvertreter des Vorsitzenden des Staatskomitees der RF für Technik und Technologie.
1997-2000 Staatssekretär und Stellvertreter des Ministers für Wissenschaft und Technologie der RF.

Von Februar bis Mai 2000 Erster Stellvertreter des Ministers für Industrie, Wissenschaft und Technologie der RF.
Ab 19.12.2002 Generaldirektor der Agentur Führungssysteme (RASU)

Kotelkin, Alexander Iwanowitsch
Am 19. November 1954 geboren. Generalmajor.
Absolvent der Kiewer Ingenieurtechnischen Offiziershochschule (1976) und der militärdiplomatischen Akademie (1987).

Nach der Offiziersschule Dienst in den Streitkräften. Letzte Dienststellung in der Armee – Hauptingenieur des fliegertechnischen Dienstes des Kiewer Militärbezirkes.
1987-1988 im Außenministerium der UdSSR und 1988-1991 in der sowjetischen UNO-Vertretung in New York.
1991-1993 im Außenhandelministerium verantwortlich für Konversion und Kontrolle von Raketentechnologie.
April 1993-November 1994 Chef der Hauptverwaltung für militärtechnische Zusammenarbeit mit dem Ausland im Außenhandelsministerium.
November 1994-August 1997 Generaldirektor von „ROSWOORUSCHENIJE".

Lobow, Oleg Iwanowitsch
Am 07. September 1937 in Kiew geboren.
Absolvent des Rostower Eisenbahn-Ingenieur-Institutes (1960).

1960-1972 Arbeit als Ingenieur, Hauptkonstrukteur und Stellvertreter des Leiters eines Forschungsinstitutes im Ural.
1972-1976 stellvertretender Abteilungsleiter für Bauwesen im Swerdlowsker Gebietskomitee der KPdSU.
1976-1982 leitender Mitarbeiter des Ministeriums für Bauwesen der Schwerindustrie der UdSSR.
1982-1989 verschiedene hohe Parteifunktionen. 1989-1991 Zweiter Sekretär des ZK der KP Armeniens. Von 1990 bis 1991 Mitglied des ZK der KPdSU.
1992-1993 Berater der Regierung der RSFSR und 1993 kurzzeitig Wirtschaftsminister der RF.
Von September 1993 bis Juni 1996 Sekretär des Sicherheitsrates der RF und ab August 1995 bevollmächtigter Vertreter des Präsidenten der RF in der Tschetschenischen Republik.
Juni 1996 bis März 1997 stellvertretender Vorsitzender der Regierung der Russischen Föderation.

Masljukow, Juri Dimitrijewitsch
Am 30. September 1937 in Leninabad (Tadschikistan) geboren.
Absolvent des Leningrader mechanischen Institutes (1962) und der Leningrader Artillerie-Ingenieur Offiziershochschule.

1962-1970 Im Ischewsker Forschungsinstitut des Verteidigungsministeriums (VM) der UdSSR.
1974-1979 Chef der technischen Verwaltung des VM und danach bis 1982 Stellvertreter des Ministers für Verteidigungsindustrie der UdSSR.
1982-1985 Erster Stellvertreter des Vorsitzenden von GOSPLAN und 1985-1988 Stellvertreter des Vorsitzenden des Ministerrates der UdSSR. Seit 1986 Mitglied des ZK der KPdSU und seit 1989 Kandidat und Mitglied des Politbüros.

1988 u.a. Chef von GOSPLAN. 1995 Abgeordneter der Staatsduma (KPRF), am 30. Januar zum Vorsitzenden des Dumakomitees für Wirtschaftspolitik gewählt.
Juli 1998 bis September 1998 Minister für Industrie und Handel der RF.
1998-1999 Erster Stellvertreter des Vorsitzenden der Regierung der RF.
1999 erneute Bewerbung als unabhängiger Kandidat für die Duma. Bündnis mit Bewegung „Unser Vaterland-ganz Russland".

Nikolajew, Andrej Iwanowitsch
Am 21. April 1949 in Moskau geboren.
Absolvent der Moskauer Offiziershochschule „Oberster Sowjet der UdSSR" (1971), der Militärakademie „"Frunse" (1976) und der Akademie des Generalstabes der Streitkräfte der UdSSR (1988).

1971-1992 Dienst in Truppen- und Stabverwendungen in der Sowjetarmee.
Dezember 1992 Erster Stellvertreter des Generalstabschefs und ab August 1993 Stellvertreter des Ministers für Sicherheit der RF und Kommandierender der Grenztruppen. Ab 3. Dezember 1994 Direktor des Föderalen Grenzdienstes.
1995 von Jelzin zum Armeegeneral befördert. 1997 freiwilliger Rücktritt und Entlassung aus den Streitkräften.
Ab April 1998 Dumaabgeordneter und Vorsitzender der Bewegung „Union der Arbeit und der Volksmacht".
1999 erneut in die Duma und im April 2000 zum Vorsitzenden des Verteidigungskomitees des Parlaments gewählt

---

Nosdratschew, Alexander Wasiljewitsch
1946 in Rybinsk geboren. Dr. Ing.
Absolvent des Polytechnischen Institutes in Pensa.

Begann sein Berufsleben als Arbeiter in Betrieben der Rüstungsindustrie.
Von 1972-1975 Zweiter und dann Erster Sekretär des Pensaer Gebietskomitees des Komsomol und danach Erster Stellvertreter des Vorsitzenden des Stadtsowjets Pensa.
1987-1992 Abteilungsleiter, Stellvertreter des Generaldirektors und von 1993 bis 1998 Generaldirektor des Werkes „Sawod imeni Frunse" in Pensa.
1998 Stellvertreter des Chefs der Regionalregierung des Gebietes Pensa.
Ab 1999 Generaldirektor der Agentur für konventionelle Bewaffnung (RAW).

Pak, Sinowi Petrowitsch
Am 29. März 1939 in der Siedlung Lany Sokolowskije (Westukraine) geboren.
Absolvent der Fakultät für Chemie der Lwower staatlichen Universität „Iwan Franko" (1961).

1961-1988 als Ingenieur im Unternehmen „Sojus", einem Produzenten von Chemiewaffen, in Ljuberetzk tätig.
1988 wird er Chef des Betriebes und 1995 Generaldirektor des auf der Basis des Unternehmens gegründeten „Föderalen Zentrums für duale Technologie ‚Sojus'".
Mai 1996 bis März 1997 Minister für Verteidigungsindustrie der RF. 1997 zuerst Stellvertreter des Wirtschaftsministers
Danach bis April 2003 Generaldirektor der Agentur Munition und Spezialchemie (Rosbojepripasy).

Pogosjan, Michail Aslanowitsch
1956 in Moskau geboren.
Absolvent des Moskauer Luftfahrtinstitutes.

Arbeitete nach dem Studium im Konstruktionsbüro (OKB) „Suchoj" u.a. als Abteilungsleiter, Stellvertreter des Hauptkonstrukteurs und stellvertretender Generalkonstrukteur sowie als Vorsitzender des Direktorenrates.
Seit März 1998 Generaldirektor des AWPK „Suchoj", zu dem auch das gleichnamige OKB gehört, zu dessen Generaldirektor er im Juni 2000 wieder gewählt wurde.

Pospelow, Wladimir Jakowlewitsch
Am 21. Juli 1954 in Sewerodwinsk geboren.
Absolvent der Hochschule von „Sewmasch" (1980) und des Leningrader Schiffsbauinstitutes (1993), Dr. Ing.

1972-1974 Grundwehrdienst.
1975-1993 Arbeit u.a. als Elektromonteur, Meister und Ingenieur, Stellvertreter des Hauptingenieurs und stellvertretender Generaldirektor im Schiffsbaubetrieb „Arktika" in Sewerodwinsk.
1993-1999 Generaldirektor von „Arktika".
Mit Regierungsbeschluss v. 15. Juni 1999 zum Generaldirektor der Russischen Agentur für Schiffsbau (ROSSUDOSTROJENIJE) ernannt.

Potanin, Wladimir Olegowitsch
Am 03. Januar 1961 in Moskau geboren.
Absolvent des Moskauer Staatlichen Institutes für Internationale Beziehungen (MGIMO) Fachrichtung Außenhandel (1983).

1983-1990 Mitarbeiter der Vereinigung „Sojuchimexport".
1990-1991 in der „Internationalen Bank für Zusammenarbeit"
Seit 1991 Präsident der Finanzgruppe „Interros".
1992-1993 Vizepräsident und Präsident der Bank „Internationale Finanzgruppe" und 1993-1996 Präsident der „Oneksimbank".
Ab 13. April 1996 per Regierungsbeschluss in der Direktion der AO „Norilskij Nikel".
1996-1997 Stellvertreter des Vorsitzenden der Regierung der RF. Ab Mai 1997 erneut Präsident der „Oneksimbank", gleichzeitig Direktionsvorsitzender der Bank „MFK Renaissance".
1998 vom Journal „Forbes" als reichster und klügster Geschäftsmann Russlands bezeichnet. Potanin erklärte im Juli 2000, dass sich die Wirtschaft im Fahrwasser der Politik bewegen sollte.
Geschätztes Vermögen - 1,8 Milliarden US-Dollar.

Primakow, Jewgeni Maximowitsch
Geboren am 29. Oktober 1929 in Kiew. Dr. phil.
Absolvent des Moskauer Institutes für Ostwissenschaften (1953), Aspirantur an der Moskauer Staatlichen Universität (MGU) (1956).

1953-1956 Korrespondent des Staatlichen Rundfunks der UdSSR.
1956-1960 Redakteur und Chefredakteur des Rundfunks der UdSSR.
1962-1970 in verschiedenen Funktionen der Parteizeitung „Prawda".

1970-1985 in verantwortlichen Funktionen in wissenschaftlichen Einrichtungen, zuletzt als Direktor des „Institutes für Weltwirtschaft und internationale Beziehungen"
1986-1990 Kandidat bzw. Mitglied des ZK der KPdSU.
1991 Stellvertretender Vorsitzender des KGB der UdSSR und Chef der ersten Hauptverwaltung.
1991-1996 Chef der Auslandsaufklärung der RF und 1996-1998 Außenminister.
1998-1999 Vorsitzender der Regierung der RF.
Am 19. Dezember 1999 zum Abgeordneten der Duma gewählt, gab er am 21. September 2001 den Posten des Führers der Bewegung "Unser Vaterland-ganz Russland" auf und wurde am 14. Dezember 2001 Präsident der „Industrie- und Handelskammer der RF".

Putin, Wladimir Wladimirowitsch
Geboren am 07. Oktober 1952 in Leningrad.
1975 Absolvent der Juristischen Fakultät der Leningrader Staatlichen Universität (LGU).

1975-1990 in der Auslandsaufklärung des KGB. Längere Dienstzeit in der DDR (Dresden).
1990 Berater des Vorsitzenden der Leningrader Stadtverwaltung.
1991-1996 in der Stankt Petersburger Verwaltung u.a. als Erster Stellvertreter des Verwaltungschefs und als Vorsitzender des Komitees für internationale Beziehungen.
1996-1997 Stellvertreter des Leiters der Administration des Präsidenten der RF.
Im Mai 1998 Erster Stellvertreter des Chefs der Präsidentenadministration und ab 25. Juli des gleichen Jahres Direktor des Geheimdienstes FSB.
Im März 1999 Sekretär des Sicherheitsrates der RF und ab 09. August 1999 Erster Stellvertreter des Vorsitzenden und ab 16. August 1999 Vorsitzender der Regierung der RF.
Am 31. Dezember 1999, mit den Rücktritt Präsident Jelzins, zum Interimspräsidenten der RF ernannt.
Am 26. März 2000 bei der Direktwahl des Präsidenten mit 52,52 % der Stimmen im ersten Wahlgang zum Staatsoberhaupt Russlands gewählt und am 7. Mai 2000 vereidigt.

Rodionow, Igor Nikolajewitsch
Am 01. Dezember 1936 in der Siedlung Kurakino (Gebiet Pensa) geboren.
Absolvent der Orlowsker Offiziersschule der Panzertruppen (1957), der Militärakademie der Panzertruppen (1970) und der Generalstabsakademie (1980)

1957-1967 Truppendienst, u.a. von 1957-1963 in der Gruppe der Sowjetischen Streitkräfte in Deutschland.
1970-1978 verschiedene Dienststellungen in der Sowjetarmee, u.a. als Kommandeur der 24. „Eisernen" Division
1980-1983 Kommandeur eines Armeekorps in der ÈSSR.
1983-1985 Kommandeur einer Armee im Fernostmilitärbezirk.
1985-1986 Kommandeur der 40. Armee in Afghanistan.
1986-1988 Stellvertreter des Kommandierenden des Moskauer Militärbezirkes (MB).
1988-1989 Kommandierender des Kaukasischen Militärbezirkes und danach Chef der Akademie des Generalstabes der Streitkräfte der RF.
Vom 17. Juli 1996 bis 22. Mai 1997 Verteidigungsminister der Russischen Föderation. Armeegeneral.

Schaposchnikow, Jewgeni Iwanowitsch
Am 03. Februar 1942 im Chutor Bolschoi Log (Gebiet Rostow am Don) geboren
Absolvent der Charkower Offiziershochschule der Luftstreitkräfte (1963), der Akademie der Luftstreitkräfte „Gagarin" (1969) und der Generalstabsakademie (1998)4)

1963-1971 Dienst als Flugzeugführer, Kettenkommandeur und Staffelkommandeur.
1975-1979 Stellvertreter des Kommandeurs und Kommandeur einer Jagdfliegerdivision.
1984 Stellvertreter des Kommandieren und 1985 Kommandierender der Luftstreitkräfte des Odessaer MB.

1987 Kommandeur der Luftstreitkräfte der Westgruppe der Streitkräfte (DDR) und 1988 Stellvertreter des Oberkommandierenden und 1990 Oberkommandierender der Luftstreitkräfte der UdSSR. August 1991 Verteidigungsminister der UdSSR und 1992 Oberkommandierende der Streitkräfte der Gemeinschaft Unabhängiger Staaten (GUS).
1993 Sekretär des Sicherheitsrates der RF.
Ging im Januar 1994 auf Anweisung der Regierung zu „ROSWOORUSCHENIJE".
Oktober 1995 bis März 19997 Generaldirektor von „Aeroflot".
Ab März 1997 Gehilfe des Präsidenten für Fragen der Entwicklung von Raum- und Luftfahrt. Marschall der Luftstreitkräfte.

Schoigu, Sergej Kuschugetowitsch
Geboren am 21. Mai 1955 in Tschadan (Tuwinien).
Absolvent des Krasnojarsker Polytechnischen Institutes (1977)

1977-1988 Arbeit in verschiedenen Bauunternehmen im Krasnojarsker Gebiet.
1988-1989 Zweiter Sekretär des Stadtkomitees des Komsomol in Abakan und 1989-1990 Inspekteur des Krasnojarsker Gebietskomitees des Komsomol.
1990 Stellvertreter des Vorsitzenden des Staatskomitees für Architektur und Bau der UdSSR.
1991 Vorsitzender des Staatskomitees für Zivilverteidigung, Ausnahmesituationen und Katastrophenbekämpfung.
Ab 1994 Minister der RF für Zivilverteidigung, Ausnahmesituationen und Katastrophenbekämpfung.
seit 1999 Führer der politischen Bewegung „Jedinstwo" (Einheit).
Ab 10. Januar 2000 Vizepremier der Russischen Föderation.
Am 01. Dezember 2001 zum Kovorsitzenden der Partei „Jedinstwo in Otetschestwo" (Einheit und Vaterland) gewählt.

Simonow, Michail Petrowitsch
1929 in Rostow am Don geboren.
Absolvent des Kasaner Luftfahrtinstitutes (1954)

1954-1969 Flugzeugkonstrukteur. Schuf die erste sowjetische Serie von Sportflugzeugen (KAI-Serie).
1969-1976 Stellvertreter des Hauptkonstrukteurs und Hauptkonstruktur sowie erster Stellvertreter des Generalkonstrukteurs des OKB „Suchoj".
1979-1983 Stellvertreter des Ministers für Flugzeugindustrie der UdSSR.
1983-1999 Generaldirektor des OKB „Suchoj."

Tschernomyrdin, Wiktor Stepanowitsch
Am 09. April 1938 in der Siedlung Tscherny Ostrog (Gebiet Orenburg) geboren.
Absolvent des Kuibyschewer Polytechnischen Institutes (1966)

1967-1973 Komsomol- und Parteifunktionär.
1973-1978 Direktor des Orenburger Gasverarbeitungswerkes.
1978-1982 Mitarbeiter des ZK der KPdSU.
1982-1989 Stellvertreter des Ministers und Minister für Gasindustrie der UdSSR.
1986-1992 Mitglied des ZK der KPdSU.

1989-1992 Vorstandsvorsitzender des Staatskonzerns „Gasprom".
1992-1998 Vorsitzender des Ministerrates der RF bzw. Vorsitzender der Regierung der RF.
Ab 1995 Dumaabgeordneter.
1999 Vorsitzender des Direktorenrates von „Gasprom".
Am 10. Mai 2001 zum Botschafter der RF in der Ukraine und zum Sonderbevollmächtigten des Präsidenten für die Entwicklung der russisch-ukrainischen Beziehungen ernannt.
Geschätztes Vermögen – über 1,3 Milliarden US-Dollar.

Tschubais, Anatoli Borisowitsch
Am 16. Juni 1955 in Borissow (Belorussland) geboren.
Absolvent des Ingenieur-ökonomischen Institutes Leningrad (1977)

1977-1990 Mitarbeiter des Ingenieur-ökonomischen Institutes Leningrad, zuletzt als Dozent.
1990 Stellvertreter des Vorsitzenden des Exekutivkomitees der Stadt Leningrad.
1991 Hauptberater für Wirtschaftsfragen des Bürgermeisters von Leningrad.
Ab 15. November 1991 Vorsitzender der Staatskomitees für Staatseigentum der RF im Ministerrang.
1992 Vizepremier unter Tschernomyrdin. Seit Oktober 1993 in der Kommission für Privatisierung und strukturelle Veränderung der RF. Ab 1993 Dumaabgeordneter. 1994-1996 Vizepremier, verantwortlich für Privatisierung und Antimonopolpolitik.
15. Juli 1996 Chef der Präsidentenadministration.
Seit 1998 Vorsitzender der Leitung der AO „Energieunion Russlands". Verfechter einer schnellen Privatisierung der Energieversorger.
2002 zum Präsidenten des Energierates der GUS-Staaten gewählt.
Führer der Partei „Sojus Prawych Sil" (SPS). Mehrfach gegen die Politik des Präsidenten aufgetreten.

Urinson, Jakob Moisejewitsch
Am 12. September 1944 in Moskau geboren. Dr. habil
Absolvent des Wirtschaftsinstitutes „Plechanow" (1966)

1972-1991 bei GOSPLAN tätig.
1991-1994 Leiter des Zentrums für wirtschaftliche Konjunktur und Prognose bei der Regierung der RF.
1994-1997 Erster Stellvertreter des Wirtschaftsministers und vom März 1997 bis September 1998 Wirtschaftsminister der RF.
Seit Dezember 1998 Vorsitzender des Direktorenrates der AO „Permenergo" und seit Januar 1999 Hauptberater des Chefs der AO „Energieunion Russlands" (Tschubais).
Seit 12. April Vorsitzender des nichtstaatlichen Pensionsfonds der Elektroenergiewirtschaft.
Seit 2001 darüber hinaus Vorsitzender des Direktorenrates der OAO „Kostromskaja GRES", eines regionalen Energieversorgers.

Auswahl von Internetadressen zum Thema

Agentur Führungssysteme (RASU)
http://www.pacy.ru/
Agentur für Munition und Spezialchemie (Rosbojepripasy)
http://www.munition.ru/index.html
Agentur Schiffsbau (Rossudostrojenije)
http://www.rossud.ru/struk_podr.htm
Archiv russischer Museen und Bibliotheken
http://www.rusarchives.ru/
Dresdener Studiengemeinschaft Sicherheitspolitik – DSS e.V.
http://www.sicherheitspolitik-dss.de/
Föderales Analytisches Zentrum der Verteidigungsindustrie der RF
http://www.vimi.ru/
Holding „ Neue Programme und Konzepte"
http://www.npc-m.ru/
Institut für strategische Stabilität des Ministeriums für Atomindustrie Russlands MINATOM
http://www.iss.niiit.ru/
Internationale Marinemesse (IMDS) Sankt Petersburg
http://www.navalshow.ru
Moskauer Luft- und Raumfahrtsalon (MAKS)
http://aviashow.avia.ru
Politisches Informationsnetz der Regierung
http://www.kreml.org/
Regierung der RF
http://www.gov.ru/
ROSOBORONOEXPORT
http://www.roe.ru/
Russische Raumfahrtagentur (Rosawiakosmos)
http://www.rosaviakosmos.ru/
Staatsduma der RF
http://www.duma.gov.ru/
Staatskomitee der RF für Statistik
http://www.gks.ru/
Überregionaler Fonds der Informationstechnologie
http://www.mfit.ru/
Verteidigungsministeriums der RF
http://www.mil.ru/
Zeitung „Krasnaja Swesda"
http://www.redstar.ru/
Zeitung „Nesawisimoje Wojennoje Obosrenije" (NWO)
http://nvo.ng.ru/
Zentrum „Analyse von Strategie und Technologie"
http://www.cast.ru/russian/
Zentrum für Militär – und Friedensjournalismus
http://www.cwpj.org/
Zentrum für strategische Konzepte
http://www.csr.ru/

Struktur des MIK (2002)

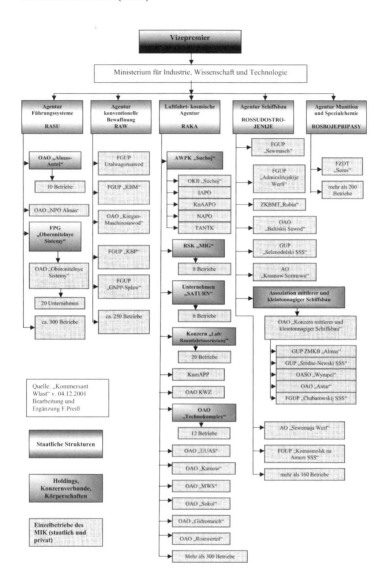

Angaben zu ausgewählten Unternehmen des MIK Russlands (2002)
Quelle: http://www.lcard.ru/~a_lapin/v.pk/index.htm (Auswahl und Bearbeitung F.Preiß)

Unternehmen (Branche/Produkt-Sitz)	Umsatz Mio. US-Dollar	Gewinn Mio. US-Dollar	Anteil Export an Gesamtumsatz	Anteil militärischer Produktion	Beschäftigte
OAO AWPK „Suchoj" (Luftfahrtindustrie - Moskau)	1.522	?	≈ 90 %	≈ 90 %	30.000
OAO KnAAPO (Luftfahrtindustrie - Komsomolsk am Amur)	1.267	?	≈ 90 %	≈ 90 %	18.000
OAO OKB „Suchoj" (Luftfahrtindustrie - Moskau)	205,5	?	≈ 90 %	≈ 90 %	5.000
FGUP „Ural-Wagonsawod" (konventionelle Waffen/Panzer Nishne-Tagilsk	273,4	29,5	49,5 %	?	≈ 25.000
FPG „Oboronitelnye Sistemy" (Elektronik- Moskau)	259,2	8,9	?	?	≈ 22.000
OAO „IAPO" (Luftfahrtindustrie - Irkutsk)	230,7	55,5	≈93 %	99 %	≈15.000
OAO „KWS" (Luftfahrtindustrie - Kasan)	219,2	27,4	≈93 %	?	8.000
OAO „Konzern Almas-Antej" (Funktechnische Industrie - Moskau)	184,3	?	≈97 %	≈90 %	48.000
OAO „Baltiskij Sawod" (Schiffsbau - Sankt Petersburg)	179,6	1,7	≈92 %	≈93 %	≈6.500
FGUP „Sewmasch" (Schiffsbau - Sewerodwinsk)	155,4	3,25	?	≈80 %	27.221
OAO Rostwertol (Luftfahrtindustrie - Rostow a. Don)	≈130	19,2	87 %	96 %	7.000
OAO „UUAS" (Luftfahrtindustrie - Ulan-Ude)	83,56	30,5	77,13 %	?	≈5.000
OAO „Sawod Degtjarew" (konventionelle Bewaffnung - Kowrow)	84,3	15,7	?	?	15.400
FGPU „Uralskij Optiko-mechanitscheskij Sawod" (konventionelle Bewaffnung - Jekaterinburg)	82,2	25	70,7 %	?	≈5.500
FGUP „Ischewskij Maschinostroitjelnij Sawod"(Ischmasch) (konventionelle Bewaffnung – Ischewsk)	57,7	6,5	35,5 %	?	≈15.000
OAO „Kowrowskij Mechanitscheskij Sawod" (konventionelle Bewaffnung – Kowrow)	22,2	3,8	50 %	80 %	4.000
OAO „Moskowskij Wertoljetnij Sawod- MIL" (Luftfahrtindustrie - Moskau)	17,1	?	15 %	50 %	2.000

Ranking einiger russischer Unternehmen im internationalen Waffenhandel (2002)
(Quelle: http://www.lcard.ru/~a_lapin/v.pk/index.htm)

Diese Reihenfolge basiert auf den Standards des Stockholmer Friedensforschungsinstitutes (SIPRI). Danach belegte Russland, wie bereits ein Jahr zuvor, den zweiten Platz nach den USA, gefolgt von Frankreich, Großbritannien und der BRD. Auf den weiteren Plätzen folgten die Niederlande und die Ukraine.
Die Position einiger russischer Unternehmen sah wie folgt aus:

Unternehmen	Standort	Exportumsatz in Mrd. US-Dollar	Internationaler Rang (Unternehmensposition)
FGUP „ROSOBORONOEXPORT"	Moskau	4,2	10. Platz
OAO AWPK „Suchoj"	Moskau	1,52	24. Platz
FGUP „Uralwagonsawod"	Nishne-Tagilsk	0,273	88. Platz
FPG „Oboronitelnije Sistemy "	Moskau	0,259	89. Platz
OAO KWS	Kasan	0,21	94. Platz
OAO „Ischmasch"	Ischewsk	0,199	97. Platz

Die zehn führenden Einzelunternehmen des MIK der Russischen Föderation (2002)

(Quelle http://www.cast.ru/russian/publications/pukhov vremyaN110603.html, Bearbeitung F.P.)

Nr.	Unternehmen	Sektor	Umsatz (Mio. US-Dollar)	Anteil Zivilprodukti on	militärische Produktion (in Mio. US-Dollar)
1	OAO „AWPK SUCHOJ"	Flugzeugbau	1.040	5 %	988
2	OAO „NPK Irkut"	Flugzeugbau	562	unter 10 %	505,8
3	OAO „Ufimskoje MPO" (UMPO)	Triebwerk- und Motorenfertigung	341	unter 5 %	ca. 325
4	FGUP „Uralwagonsawod"	Panzertechnik	474,7	42,7 %	271
5	FGUP „RSK MIG"	Flugzeugbau	281,3	etwa 5 %	267
6	OAO „KWS"	Hubschrauberbau	188	0 %	188
7	FPG „Oboronitelnije Sistemy"	Elektrotechnik/Elektronik	231	30 %	161,7
8	OAO „U-UAS"	Hubschrauberbau	100,4	0 %	100,4
9	FGUP „UOMS"	Elektrotechnik/Elektronik	79,7	17 %	66,2
10	OAO „Rostwertol"	Hubschrauberbau	60,1	0 %	60,1

Angaben zu ausgewählten aktuellen militärischen Schiffsbauprojekten der RF

(Zusammenstellung Lemcke/Preiß)

	Typ	Westliche Klassifizierung	Name (russische Chiffre)	Projekt	Hersteller	Bemerkung
1.	Mehrzweck-Atom- U-Schiff	„Akula-II"	„Gepard" (Schtschuka-B)	971	„Sewmasch" Sewerodwinsk	ab 04.12.01 im Dienst (250. Atom-U-Boot UdSSR/Russlands)
2.	Strategisches Atom-U-Schiff	„Borey"	«Juri Dolgoruki» (Borej)	955	„Sewmasch" Sewerodwinsk	Serienbau geplant
3.	Mehrzweck-Atom-U-Schiff	„Granay"	„Sewero-dwinsk" (Jasen)	885	„Sewmasch" Sewerodwinsk	zur Zeit im Bau, Fertigstellungstermin unbekannt
4.	Korvette	?	Stereguschtsch i	20380	„Sewernaja Werf" Sankt Petersburg	Kiellegung 2. Schiff im ersten Halbjahr 2003
5.	Dieselelektrisches U-Boot	„Lada"	„St. Petersburg" (Lada)	677	„Admiralitejskije Werfi" St. Petersburg	Stapellauf auf Herbst 2003 verschoben
6.	Dieselelektrisches U-Boot	„Amur"	„Amur"	1650	„Admiralitejskije Werfi" St. Petersburg	Für Export nach Indien geplant
7.	U-Boot	„Kilo-I"	„Kilo"	877 EKM 877 W	„Admiralitejskije Werfi" St. Petersburg und „Komsomolsk na Amure Schiffsbau Betrieb"	Export Indien (877 W - mit Wasserstrahlantrieb)
8.	Zerstörer	„Sowremennyj"	„Sowremennyj"	956E 956ME	„Sewernaja Werf" St. Petersburg	2x Export VR China und Folgeauftrag 2x Projekt 956ME
9.	Fregatte	Krivak-III-Mod.	„Talwar" „Trishul" „Tabar"	11356	OAO „Baltiskij Sawod" St. Petersburg	3x Export Indien evtl. 3 Folgeaufträge
10.	Raketenschiff	?	„Molnja"	12421	„Wympel" Rybinsk	Export
11.	Raketenschiff	?	„Skorpion"	12300	„Wympel" Rybinsk	Export
12.	Flugdeckschiff schwerer Flugzeugträger	„Admiral Flota Sowjetskowo Sojusa Gorschkow"	"Admiral Gorschkow"	11434	„Sewmasch" Sewerodwinsk	Export Indien
13.	Luftkissen-Landungsboot	„Pomornik"	„Subr"	1232.2	„Sudostroitelnaja Firma Almas" Sankt Petersburg	Export Griechenland
14.	Wachschiff	„Gepard-2"	„Dagestan" „Tatarstan"	11661		„Tatarstan" 2002 in Dienst, Auftrag für „Dagestan" erteilt (für Kaspiflottille)
15.	Wachschiff	„Swetljak"	„Swetljak"	10410	Schiffsbaubetriebe Wladiwostok, Jaroslawl, Petrowsk	für Grenztruppen

Gebäude der Staatsduma im Zentrum Moskaus. Der direkte Einfluss des Parlaments auf den Militärindustriekomplex ist noch relativ gering. Regierung und Präsident suchen aber zunehmend die Unterstützung der Volksvertreter für ihre Politik.

*Viele aktive und bekannte Politiker stammen aus den Reihen des Militärs. Dazu zählten die Abgeordneten der Staatsduma der Wahlperiode 1999-2003 Generaloberst a.D. E. Worobjew (Mitte) ebenso wie Oberst a.D. S. Juschenkow (rechts).
Links der Autor während eines Besuches der Staatsduma im Mai 2001.*

Die vor einigen Jahren originalgetreu wieder aufgebaute Christus-Erlöser-Kirche erinnert nicht nur an den in den dreißiger Jahren gesprengten Vorgängerbau. Sie symbolisiert auch die Identitätssuche Russlands.

Das Grab Nikita Chruschtschows auf dem Nowodewitschi-Friedhof. Russlands zwiespältiges Erbe aus Licht und Schatten lässt sich kaum bildhafter darstellen.

Zerstörer Projekt 956 „Sowremennyj", auf dem Foto "Bespokojnyj" mit der Bordnummer 620
Marinesalon IMDS-2003 in Sankt Petersburg

Modell des Flugzeugträgers "Admiral Gorschkow" (Projekt 1143), der an Indien geliefert werden soll.
Marinesalon IMDS-2003 in Sankt Petersburg

Luftkissenlandungsboote „Subr" (Projekt 1232.2) wurden bereits nach Griechenland geliefert. Russland verspricht sich weitere Exportaufträge, u.a. nach Indien. Marinesalon IMDS-2003 in Sankt Petersburg

Der Abfangjäger MIG-31 das vorerst letzte Serienkampfflugzeug von MIG. Der zweisitzige Kampfjet ist nach russischen Auffassungen der erste Typ der sogenannten „vierten Generation". Er wurde bisher in den Versionen M und E (Export) in wenigen Exemplaren gebaut. Das Foto zeigt die Exportvariante während einer Vorführung anlässlich der Moskauer Luft- und Raumfahrtausstellung (MAKS) 2001. In russischen Fachkreisen wird schon seit einigen Jahren von der Entwicklung eines Nachfolgers berichtet. Dieser soll die Bezeichnung MIG-39 erhalten. Bisher sind unter der Projektbezeichnung 1.44 bzw. 1.42 allerdings nur wenige Informationen an die Öffentlichkeit gelangt. Eigentlich sollte der Erstflug schon 1999/2000 stattfinden. Ob es allerdings das ersehnte Flugzeug der „fünften Generation" wird, bleibt abzuwarten. Noch geheimnisvoller ist das Schicksal des Projektes 701, eines „multifunktionalen Abfangjägers großer Reichweite". Laut Planung sollte das Flugzeug maximal 11.000 km weit fliegen können. Die Entwicklung wurde jedoch offenbar bereits 1991 gestoppt und seither nicht wieder aufgenommen.

Passagierflugzeug TU-334, hier während eines Erprobungsfluges. Das für 102 Passagiere konzipierte Flugzeug soll mittlere Reiseentfernungen bis 3.100 km bedienen. Es ist mit zwei BMW-Rolls-Royce Triebwerken D-436T1 ausgerüstet. Neben der Grundvariante ist eine verlängerte Ausführung für 120 Passagiere und ein Transportflugzeug des gleichen Typs geplant.
Gegenwärtig entwickelt MIG das kombinierte Passagier-Transportflugzeug MIG-110. Für 48 Passagiere oder 6 Tonnen Nutzlast konzipiert, soll das Flugzeug eine Reichweite von über 3.000 km haben. Russland benötigt dringend eine solche Maschine, um die Flugverbindungen im Lande aufrechtzuerhalten. Die MIG-110 soll preiswert, robust und auch unter schwierigen klimatischen Bedingungen verwendbar sein. Diese Eigenschaften, so meinen viele russische Experten, fehlten den westeuropäischen und nordamerikanischen Angeboten.

Das Trägerflugzeug MIG-29K in der Version K4w beim Landeanflug. Die MIG-29K wird mit dem Flugzeugträger „Admiral Gorschkow" (Projekt 11434) an Indien verkauft. Bisher ist bekannt geworden, dass bis 2015 mindestens 36 derartige Maschinen an Indien geliefert werden sollen.

Der Flugtrainingsjet MIG-AT, hier in der „Schul-Gefechts-Version" bei einem Übungsflug, absolvierte seinen Erstflug am 21. März 1996 und entstand in Zusammenarbeit mit Frankreich. Mit diesem Flugzeug hofft der Hersteller, den Konkurrenten Jakowlew (JAK-130) zu schlagen.

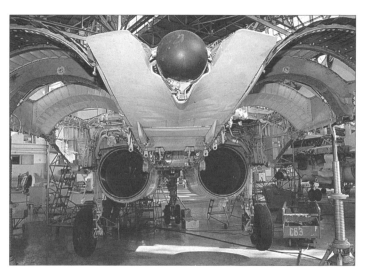

Die russische Flugzeugindustrie setzt große Hoffnungen in den technischen Service für den nationalen und internationalen Flugzeugpark. Auf dem Foto die Wartung einer MIG-29 der russischen Streitkräfte.

Die Luftstreitkräfte Russlands habe die Aufgabe, die wichtigsten politischen und wirtschaftlichen Zentren des Riesenlandes zu sichern. In den 1990er Jahren wurde das einst dichte Netz der Luftverteidigung immer löchriger. Auf dem Foto eine MIG-29 über dem Wolgagebiet in Zentralrussland.

Das Amphibienflugzeug BE-200, auf dem Foto eine Version für das russische Ministerium für Ausnahmesituationen, wird auch in die USA exportiert.

Über die SU-37 „Berkut" ist bisher relativ wenig bekannt.

Selbstfahrlafette 2S19 „Msta-S", Kaliber 152 mm

Der Kampfhubschrauber Ka-52 „Alligator" ist offenbar bereits in Tschetschenien zum Einsatz gekommen und wird von den russischen Militärs hoch gelobt.

Der Kampfhubschrauber Ka-50 von Kamow mit dem martialischen Namen „Schwarzer Hai" wurde bisher nur in geringer Stückzahl produziert.

Die nach China exportierte SU-30 MKK ist in der Lage eine große Waffenlast aufzunehmen und wird von russischen Experten als äußerst robust beschrieben.

Transportflugzeug AN-70. Das gemeinsame ukrainisch-russische Projekt weckte bei der Rüstungsindustrie Russlands große Hoffnungen.

Der legendäre Panzer T-34 trug entscheidend zum Sieg der Roten Armee über Hitlerdeutschland und dessen Vasallen bei.

Ein Beispiel für die Leistungsfähigkeit der sowjetischen Rüstung während des Zweiten Weltkrieges war die JAK-3. Die sowjetische Rüstungsindustrie baute während des Krieges 4.848 Exemplare dieses Jagdflugzeuges.

Der strategische Bomber TU-160 (NATO Code „Black Jack") ist das modernste Flugzeug der atomaren Luftflotte der Russischen Föderation.

Luftabwehrraketensystem TOR M1

386

PERSONENREGISTER

Abramowitsch, Roman . . . 223, 360
Albright, Madeleine 150
Aleschin, Boris . . 217, 222, 228, 359
Ananjew, Jewgeni N. . . . 62, 64, 359
Arbatow, Alexej G. 91, 97, 359

Balujewski, Juri 141, 215, 234
Baranowski, Wladimir 191
Baskakow, Wjatscheslaw 252
Bendukidse, Kachi A. 59,
         63, 67, 359
Beresowski, Boris A. . . 49, 360, 362
Bregman, Boris 247
Breschnew, Leonid I. 35
Brussilow, Aleksej A. 30
Brzezinski, Zbiegniew 43, 170

Chischa, Georgi 56, 57
Chodorkowski, Michail B. 49,
       64, 66, 222, 223, 224
Chomsky, Noam 170
Chruschtschow, Nikita S. . . 38, 376

Djatschenko, Tatjana 62
Dmitrew, Michail 147, 217
Dubinin, Wiktor 124

Eisenhower, Dwight D. 23

Fedorow, Alexej 63
Fedorow, Nikolaj 103
Fukuyama, Francis 170

Gaidar, Jegor T. 48, 360, 361
Gluchin, Wiktor 60
Goethe, Johann Wolfgang 17
Gorbatschow, Michail S. 40,
         41, 42, 54, 189
Gratschow, Pawel S. 124, 361
Gusinski, Wladimir A. 49, 361

Habermas, Jürgen 170
Hegel, Georg Wilhelm 17
Hitler, Adolf 32
Hoffman, Bruce 175
Huntington, Samuel 170
Hussein, Saddam 155, 202, 203
Inosemzew, Wladislaw 200

Ischajew, Wiktor 103
Iwanow, Igor 217
Iwanow, Sergej B. 92,
  141, 181, 185, 186, 187, 217, 218,
           251, 362

Jawlinski, Grigori A. 48, 362
Jelzin, Boris N. 57,
  58, 60, 61, 62, 67, 99, 120, 147, 218,
     224, 248, 364, 366, 368
Jemeljanow, W. P. 177
Jewremow, Wenjamin 59
Johnson, Chalmers 170
Juschenkow, Sergej N. 11,
     12, 221, 360, 362, 363, 375

Kasjanow, Michail 90,
        172, 217, 231, 363
Kennedy, Paul 170, 171
Klebanow, Ilja I. 65,
  66, 67, 85, 86, 89, 146, 218, 222, 363
Klimow, Igor 221
Kohl, Helmut 40
Kokoschin, Andrej A. 55,
         56, 142, 363
Koltschak, Alexander W. 31
Komissarow, W.S. 177
Koptew, Juri N. 86, 250, 364
Korschakow, Alexander W. 58,
             364
Koslow, Gennadi W. . . . 86, 230, 364
Kotelkin, Alexander I. 58,
        62, 63, 66, 365

387

Krasilnikow, Wladimir *188,*
194, 195
Kraskowski, Wolter *248, 249*
Kremenjuk, Wiktor *196*
Kruglow, Oleg *196*
Kudrina, N. N. *177*
Kurojedow, Wladimir *239, 241*
Kusik, Boris *63*
Kwaschnin, Anatoli *215*

Lebedjew, Sergej *217*
Lenin, Wladimir I. *24,*
117, 233, 362,
Lobow, Oleg I. *57, 365*

Malej, Michail *55*
Mao Tse-tung *163*
Masljukow, Juri *64, 65, 365*
Medwedjew, Dimitri *217*
Menschtschikow, Wladislaw ... *221*
Michailow, Wladimir *135,*
243, 244
Mills, Charles W. *23*
Moskowski, Alexej *89,*
125, 234, 251
Muchin, Wladimir *45,*
186, 196, 233

Nasarbajew, Nursultan *197*
Nikitin, Nikolai *65, 66, 246*
Nikolajew, Andrej I. .. *91, 234, 366*
Nosdratschew, Alexander W. *87,*
124, 366

Oserow, Wiktor A. *233*

Pak, Sinowi P. *60, 88, 103, 366*
Patruschew, Nikolai *140, 217*
Perminow, Anatoli *143*
Piskunow, Alexander *218, 219*
Pogosjan, Michail A. *63,*
64, 243, 367
Porowoi, Konstantin *53*

Pospelow, Wladimir J. *87,*
138, 140, 367
Potanin, Wladimir *61, 367*
Prichodko, Sergej *217*
Primakow, Jewgeni M. ... *64, 65, 367*
Puchow, Ruslan *195*
Puschkin, Alexander S. *17, 44*
Putin, Wladimir W. *52,*
65, 66, 67, 70, 71, 78, 80, 84, 85, 90,
92, 97, 98, 101, 102, 138, 139, 144,
147, 155, 172, 182, 183, 186, 212,
213, 214, 215, 217, 218, 219, 221,
222, 224, 225, 226, 227, 228, 235,
239, 242, 243, 244, 252, 368

Rapota, Grigorij *64*
Rastopschin, Michail *237, 239*
Rebrikow, Wladimir *236*
Robertson, Lord George *176,*
181, 197
Rodionow, Igor *196, 216, 368*
Romaschkin, Pjotr *195*
Rublewa, Tatjana *196*
Rumsfeld, Donald *191*
Ruschailo, Wladimir *217*

Safronow, Leonid *229*
Schaposchnikow, Jewgeni I. ... *58,*
368
Schewardnadse, Eduard A. *42*
Schoigu, Sergej K. *51, 369*
Schtschitko, Sergej *221*
Selesnow, Gennadi *215*
Sergejew, Iwan P. *35*
Shelton, Henry H. *193*
Silajew, Iwan *53, 111*
Simonow, Michail P. *56,*
60, 64, 369
Sliptschenko, Wladimir *50, 205*
Solowzow, Nikolai *141*
Stalin, Jossif W. *27,*
32, 35, 38, 213, 217
Stolypin, Pjotr A. *29*

Swirin, Juri 59, 221

Teplow, A.G. 128, 237
Todd, Emmanuel 170
Troschew, Gennadi 245
Tschelzow, Boris 250
Tschemezow, Sergej 66
Tschernomyrdin, Wiktor S. 49,
56, 62, 369, 370

Tschubais, Anatoli B. 48, 49, 370
Urinson, Jakob M. 60, 370
Ustinow, Dmitri F. 35
Utkin, Wladimir 53

Woit, Ernst 180, 253
Woloschin, Alexander 218

SACHREGISTER

A-135
(Raketenabwehrsystem) .. 143, 251
Afghanistan 87,
147, 161, 189, 195, 201, 210, 242,
310, 361, 368
Afghanistankrieg 157, 238
Ägypten 61, 109, 136
Airbus A-400 M
(Transportflugzeug) 133, 151
Algerien 152
Almas St. Petersburg (Schiffsbaubetrieb) 59, 71, 89, 106, 243
Almas-Antej
(Rüstungsunternehmen) .. 221, 229
Alpha-Bank 100
AN-24 (Transportflugzeug) 132, 133
AN-26 (Transportflugzeug) 132, 133
AN-70 (Transportflugzeug) ... 109,
132, 133, 151, 222, 384
Angola 28
ARENA (aktives Schutzsystem für
Panzertechnik) .. 128, 129, 237, 238
Artillerie 31,
33, 130, 167, 185, 207, 238, 239, 279
Artilleriesystem 12,
33, 45, 126, 127, 130, 158, 216, 237

Aserbaidschan 95, 195
Äthiopien 28, 146
Augustputsch 1991 41
AWACS (airborne early warning
and control system) 196, 197
Awtobank 100
Balkankrieg 75, 202, 207, 251
Baltijskij Sawod
(Schiffsbaubetrieb) 60, 63, 105
Bangladesh 151
Bank Moskwy 105
BE-200 (Amphibienflugzeug) 150, 231, 381
Belorussland/Weißrussland 66,
86, 95, 182, 370
BIP (Bruttoinlandsprodukt) ... 39,
97-99, 156, 172, 219, 235
BM-21 „Katjuscha" 46
BMD-3 (Luftlandegefechtsfahrzeug) 129
BMP-2, BMP-3 (Schützenpanzer) 45, 128, 149
BMPT (Begleit- und
Unterstützungspanzer) 129
Bolschewiki 30
Bomber 34,
125, 134, 161, 162, 164, 166, 185,
243-246, 386

389

BRAHMOS (Antischiffsrakete) *120, 161*
Brussilowoffensive *30*
BTR-80, BTR-90 (Schützenpanzerwagen) *45, 149*
BUK (Luftabwehrraketensystem) *153, 195, 221*
Bürgerkrieg *30, 200, 204, 290*
Chemischer Kampfstoff
(Mittel) *46, 103, 206, 267*
China ... *43, 52, 60, 61, 93, 133, 148,
150, 153-157, 160, 162-167, 172, 181,
190, 194-196, 241, 309, 363, 384*
DDR *24, 34, 66, 130, 368, 369*
Deutschland / Bundesrepublik
Deutschland (BRD) *12-15,
32, 35, 37, 45, 120, 151, 152, 161,
163, 184, 212, 308, 368, 373, 385*
Doktrin über die Informationssicherheit *71, 76, 312*
Dual-Use-Produkte ... *27, 135, 268*
Duma / Staatsduma *11, 17,
64, 91, 131, 142, 173, 196, 215, 216,
221, 223, 226, 234, 311, 340, 359,
360, 362-364, 366, 368, 370, 371, 375*
Eisenbahntruppen *121*
Eritrea *146, 152*
Ersteinsatz von Kernwaffen *73*
Finnland *35, 134, 153, 182, 189*
Flugdeckschiff / Flugzeugträger *161,
166, 206, 241, 247, 277, 377, 379*
Föderale Agentur der Nachrichtensysteme und Verbindungen der
Regierung (FAPSI) *121*
Föderale Zielprogramme
(FZP) *79, 84, 228, 346*
Föderaler Grenzdienst *121,
274, 343, 366*
Föderaler Sicherungsdienst ... *121*
FPG
(Finanz-Industrie-Gruppe) *64,
66, 219, 231, 232*

Frankreich *51,
120, 151, 161, 184, 242, 247, 308,
373, 380*
Geheimdienst *28,
58, 70, 121, 221, 222, 324, 329, 330,
332, 368*
Gemeinschaft Unabhängiger
Staaten (GUS) *21,
95, 146, 158, 257, 260, 262, 265-269,
283, 294, 295, 298, 306, 307, 310,
329, 335, 360, 369, 370*
Generalstab *42,
44, 122, 124, 141, 205, 215, 216, 234,
288, 296, 366, 368*
Genfer Konvention *180*
Gewerkschaft *55*
Glasnost *29, 39*
Globales Navigationssystem ... *83,
130, 162, 206, 250*
GOSKOMOBORONPROM
(Staatskomitee für Rüstungsindustrie) *60*
GOSOBORONOSAKAS /
GOS *93,
101-105, 108, 113, 117, 120, 121, 125,
126, 141, 147, 218, 232-234, 247, 363,
365, 366, 370*
Griechenland ... *149, 150, 153, 154*
Großbritannien *51,
149, 161, 184, 194, 201, 204, 308, 373*
Großer Vaterländischer
Krieg *12, 15*
Grusinien *95, 195, 197*
Hauptverwaltung für Spezialprogramme beim Präsidenten der
RF *122*
Holding *56,
59, 63, 85, 86, 89, 91, 151, 221, 228,
229, 230, 232, 233, 243, 245, 247,
361, 371*
HTI (High Temperature
Incendiary) *214*

390

Hubschrauber /
Helikopter 45,
  46, 59, 61, 63, 67, 96, 107, 108, 112,
  125, 131, 132, 135, 150, 152, 153,
  161, 216, 231, 233, 244, 247, 248,
          277, 383
IAPO (Irkutsker Flugzeugbau-
  vereinigung) 58,
  61, 62, 64, 66, 105, 106, 150, 230
IGLA (Fliegerabwehr-Rakete) 46,
          59, 130, 150, 153
IL-214 (Passagier- und Transport-
  flugzeug) 105, 109, 120
IL-76 (Transportflugzeug) 132,
          133, 231
IMDS 2003 Sankt Petersburg
  (Marineausstellung) 145,
          242, 371, 377, 378
Indien 52,
  61, 63, 93, 95, 109, 119, 133, 148-150,
  152, 155-158, 160-163, 231, 241, 309,
          363, 377, 379
Innere Truppen 121
Irak 43,
  88, 128, 136, 146, 147, 149, 155, 167,
  194, 195, 201-204, 210-212, 237, 249,
          361
Iran 43, 146, 155, 212, 310
IRKUT (Holding) ... 160, 229-231
ISKANDER (Operativ-taktische
  Rakete) 131, 162
Iwanowdoktrin 182, 185, 187
Jagdflugzeug (Jäger) 34,
  136, 151, 154, 161, 162, 164, 165,
          244, 246, 378, 385
JAK 33, 136, 246, 247, 380, 385
JAK-130 (Schulflugzeug) 136,
          246, 380
JAK-141 (Senkrechtsstarter) .. 247
Jemen 151, 152
Joint Vision 2020 193
JSF (Joint Strike Fighter) 247

Jugoslawien / Bundesrepublik
  Jugoslawien 50,
  51, 65, 119, 136, 147, 195, 201, 204,
  208, 209, 210, 211, 237, 249, 309
Jugoslawienkrieg 14,
          52, 73, 87, 149, 195, 205
K-159 .... 138, 236
Ka-50 „Schwarzer Hai"
  (Kampfhubschrauber) 135,
          152, 383
Ka-52 „Alligator"
  (Kampfhubschrauber) 135,
          152, 244, 383
Ka-60 (Transport-
  hubschrauber) 244
Kalter Krieg 13,
  15, 38, 41, 42, 43, 74, 126, 155, 169,
          170, 175, 187, 196, 300
Kamow (Hubschrauberproduzent)
          61, 152, 161, 233, 248, 383
Kampfflugzeug 45,
  60, 108, 119, 131, 135, 150-153, 208,
          222, 246, 247, 359, 378
Kasachstan 57,
          95, 146, 195-197, 309
Kernwaffen 26,
  46, 50, 73, 74, 88, 125, 128, 142, 154,
  156, 157, 188, 190, 192, 193, 195,
  198, 204, 242, 248, 267-269, 275, 277,
  278, 281-284, 289, 291, 293, 300, 304,
          308, 309
Kirgisien 95, 195
Klab-S (Raketensystem) 166
KnAAPO (Flugzeugbauvereini-
  gung Komsomolsk am Amur) .. 61,
          150, 151, 247
Kolumbien 153
Komitee für Militär-Technische
  Zusammenarbeit 58, 147
Kommunistische Partei der
  Sowjetunion (KPdSU) / der RF
  (KPRF) 25,
          41, 64, 364-366, 368, 369

391

Konversion 39, 40,
53, 55, 93, 95, 104, 106, 269, 363, 365
Konzeption der nationalen Sicherheit / Nationale Sicherheitskonzeption 71-74, 172,
174, 255, 270-272, 280, 299, 312, 343
Korea 28,
43, 149, 152, 155, 195, 212, 310
Kosmostruppen 122,
126, 140, 143, 144
Krasnoje Sormowo (Rüstungsunternehmen) 59, 63, 67
Kuba 43, 155, 212
Kurganmasch, Kurganmaschsawod (Kurganer Maschinenwerk) ... 64,
66, 149
Kursk (Atom-U-Kreuzer) 13,
14, 17, 137, 213, 239, 363
Kuwait 149, 201-203
KWS (Kasaner Hubschrauberwerk) 108, 112
KWTS (Kommission für Fragen der militärtechnischen Zusammenarbeit mit ausländischen Staaten)
217, 218
L-39 (Schulflugzeug) 46,
132, 231, 246
Landstreitkräfte (LaSK) 88,
122, 123, 125-131, 149, 153, 167, 206,
236, 237
Landungsschiff 154, 277
Lend-Lease-Vertrag 36
Libyen 146, 155
LOMO (Leningrader Optisch-Mechanische Vereinigung) 65, 106, 363,
Luftabwehrmittel / -system 39,
46, 59, 61, 88, 106, 130, 153, 158,
165, 185, 195, 208, 221, 248, 386
Luftlandetruppen 122, 126, 129, 361
Luftstreitkräfte (LSK) 33-35,
122, 123, 131, 132, 134, 135, 140,
151, 164, 165, 197, 202, 207, 243,
244, 246, 250, 368, 369, 381

Luftverteidigung (LV) ... 122, 123,
131, 165, 166, 211, 243, 248-250, 293,
381
M-55 (Höhenflugzeug) ... 134, 135
MAKS 2003 Moskau (Luft- und Raumfahrtausstellung) 145,
243, 245, 371, 378
Malaysia 151, 231
MAPO (Moskauer Flugzeugbauvereinigung) 58,
60, 66, 359
MAPO-Bank 62
Marinedoktrin 71,
77, 275, 342, 343, 346, 358
Maschinengewehr (MG) 31,
33, 46, 127, 129, 199, 239
Massenvernichtungswaffen 46,
106, 178, 204, 212, 255, 256, 260,
262, 267, 268, 281, 284, 289, 290,
292, 301, 304, 309
MI-17 (Hubschrauber) 153
MI-171 (Hubschrauber) ... 96, 153
MI-24 (Kampfhubschrauber) 112, 132, 135, 244,
MI-28 (Kampfhubschrauber) 135, 244
MI-35 (Hubschrauber) 153
MI-38 (Hubschrauber) 96
MIG (Flugzeughersteller) 33,
61, 66, 109, 151, 229, 230, 233, 246,
378, 379
MIG-17 (Kampfflugzeug) 164
MIG-19 (Kampfflugzeug) 164
MIG-21 (Kampfflugzeug) 136,
164, 208
MIG-25 (Kampfflugzeug) 135
MIG-29 (Kampfflugzeug) 132,
135, 151, 152, 162, 208, 222, 246,
359, 379-381
MIG-31 (Kampfflugzeug) 132,
135, 246, 378
MIG-AT (Schulflugzeug) 380

Militärbezirk (MB) 122-124,
196, 289, 365, 368, 369
Militärdoktrin 71,
73-75, 77, 172, 174, 182, 183, 185-
188, 272, 279-281, 284, 293, 298, 343
Militär-Industrie-Börse 53
Militär-Industrie-Komplex (MIK)
11, 17, 18, 21-27, 29, 33-40, 42-44,
48-63, 65-67, 69-71, 73, 75-80, 83-93,
95, 97, 99-107, 109, 111-114, 117,
118, 120, 121, 124-127, 130, 138,
144-149, 152-154, 157-160, 162, 169,
170, 172-174, 176, 183, 185, 190,
213-215, 218-224, 228-233, 235, 238,
239, 242, 243, 247, 250, 252, 253,
332, 359, 372-374
Militarisierung 21, 23-25, 36
Militärtechnische Zusammenarbeit
25, 32, 80, 146, 147, 157, 161, 280,
287, 297, 298, 310, 365
MINATOM (Ministerium für
Atomindustrie) 26, 88, 371
Mini-Nukes (Mini-Nuclear
Weapons) 193
Ministerium für Ausnahme-
situationen 121
Ministerium für Industrie, Wissenschaft und Technologie
(MINPROMNAUKI) 26,
51, 60, 85, 86, 88, 92, 218, 229, 359,
363-365
Munition 35,
65, 87, 88, 102, 103, 130, 167, 206,
207, 210, 236, 238, 239, 267, 282,
283, 366, 371
MWS (Moskauer Hubschrauber-
werk „Mil") 59, 63, 64
Myanmar 151, 152
Nachfolgestaaten der UdSSR .. 45,
47, 70, 145, 184
Nahostkrieg 28, 136
NAPO (Nowosibirsker Flugzeugbauvereinigung) 61, 150, 151

NATO 14,
39, 43, 50, 53, 65, 119, 128, 132, 138,
141, 145-147, 150-154, 167, 180-184,
186-188, 190, 191, 196, 197, 201, 204,
206, 208, 209, 234, 251, 260, 308,
352, 386
NATO-Osterweiterung 73,
183, 184, 363
Nigeria 153
Norwegen 242
Nuclear Posture Review .. 147, 193
Oberster Sowjet Russlands 55,
362, 364
Oboronitelnije Sistemy (FGP /
OAO) 61, 66, 86
Ökonomische Sicherstellung der
Landesverteidigung (ÖSLV) 19, 24
Oligarchen / Oligarchie 49,
104, 220, 222-227
Oneksimbank 60, 63, 367
Oppenheimer Corp. 59, 64
Organisierte Kriminalität 49,
174, 175, 222, 258, 259, 261, 265,
269, 282, 283, 302, 305, 318, 335
Österreich 152
OSZE 260, 281, 294, 307
Pakistan 96, 153, 156, 157, 309
Panzer 12,
28, 33, 39, 45, 66, 88, 92, 95, 107,
119, 126-129, 149, 154, 161, 167, 181,
185, 206, 216, 236, 237, 238, 385
Panzerabwehrkanone 33
Panzerabwehrlenkrakete 129,
149, 150, 238
Panzerabwehrmittel 45, 88
Panzir (Luftabwehr-
komplex) 137, 150
Perestroika 12, 29, 39
Polen 152, 161, 184, 195
Pratt & Whitney 107, 108
Präventivkrieg /
Präventivschlag 185-187

Quadrat (Luftabwehr-
Raketenkomplex) 136, 208
RAKA (Luftfahrt-Kosmische
Agentur) 65, 86, 364
Raketen-Kosmische-
Streitkräfte 248, 252
RASU (Agentur für Führungssysteme) 65, 86, 127, 230, 365, 371
RAW (Agentur für konventionelle
Bewaffnung) 65, 87, 127, 366
Revolutionärer Militärsowjet .. 32
Romanow-Dynastie 29
ROSAWIAKOSMOS (Russische
Kosmosagentur) 250, 371
ROSBOJEPRIPASY (Agentur für
Munition und Spezialchemie) .. 65,
88, 366, 371
ROSOBORONOEXPORT ... 67,
86, 148, 218, 371
ROSPROM (Finanz-Industrie-
Gruppe) 64, 66, 360
Rossiskij Kredit (Bank) 63, 64
ROSSUDOSTROJENIJE (Agentur für Schiffsbau) 65, 87, 367, 371
ROSTWERTOL (Hubschrauberhersteller) 63, 67, 112
ROSWOORUSCHENIJE 57,
58, 60, 62, 64, 66, 67, 359, 361, 365,
369
Rote Arbeiter und Bauernarmee /
Rote Armee 30-33, 37, 385
RS-12 „Topol" / SS-25 (Interkontinentalrakete) 141,
142, 194, 195, 251, 363
RS-18 / SS-19 (Interkontinentalrakete) 186, 194, 251
RS-20 / SS-18 „Satan" (Interkontinentalrakete) 141, 194, 251
RS-22 / SS-24 „Skalpell"
(Interkontinentalrakete) 194
RUBIN (Konstruktionsbüro) 33, 154

Russische Föderation (RF) 11,
13, 17-19, 21-23, 25, 27, 37, 40, 50,
51, 58, 64, 66, 69-72, 75-79, 91, 98,
100, 103, 114, 120-122, 124, 141, 148,
161, 165, 170, 185, 186, 188, 191-193,
201, 202, 212, 213, 217, 240, 246,
250, 252, 253, 255, 256, 258-272, 274,
275, 279, 280, 283, 298, 299, 303,
304, 312-315, 319, 320, 322, 324, 326,
328, 330, 332, 333, 335-343, 346-348,
362, 363, 365, 368, 374, 386
Russische Sozialistische Föderale
Sowjetrepublik (RSFSR) 40,
54, 60, 362, 364, 365
Russische Waren- und
Rohstoffbörse 53
Russisch-Japanischer Krieg 1904-
1905 30
Rüstungsexport / Waffenexport 44, 58, 64, 119, 144, 148
S-125 (Luftabwehrkomplex) .. 136
S-300 (Luftabwehrsystem) 61,
136, 150, 153, 157, 165, 185, 195,
221, 248
S-400 (Luftabwehrsystem) ... 136,
153, 249
Sberbank Rossij 100
Schattenwirtschaft 49
SCHUK (Radarsystem) .. 151, 164
Schützenpanzer (SPz) 33,
39, 45, 66, 128, 149,
Schützenpanzerwagen (SPW) .. 45,
128, 149
Schwarzer Adler
(Kampfpanzer) 92, 129, 238
Schweden 182
Seekriegsflotte (SKF) 101,
122, 137, 138, 239, 240, 268, 272,
274, 275, 276, 277, 278, 279, 343,
347, 350, 351
Seestreitkräfte (SK) 34,
63, 123, 137, 154, 165, 235, 273, 278,
307

394

Selbstfahrlafette (SLF) *130,*
238, 382
Sewernaja Werf (Schiffsbau-
betrieb) *60,*
62, 63, 105, 118, 154, 243
Sewmasch (Schiffsbau-
betrieb) *241, 243, 367*
SMERTSCH (reaktives Artillerie-
system) *130, 161, 167, 238*
Somalia *43*
SORT Vertrag (Strategic Offensive
Reduction Treaty) *147, 193*
Sowjetarmee *12,*
42, 44, 45, 46, 124, 126, 127, 130,
132, 146, 197, 366, 368
SPLAW (Rüstungs-
komplex) *167, 229*
SPS (Union der Rechten
Kräfte) *223,*
282, 330, 332, 361, 362, 367
Strategische Fliegerkräfte *124*
Strategische Raketen-
truppen *122, 140*
Sturmgewehr *46, 129*
SU-24 (Kampfflugzeug) *132,*
135, 150, 152, 243, 244, 246
SU-25 (Kampfflugzeug) *132,*
135, 245, 246
SU-27 (Kampfflugzeug) *60,*
132, 135, 148, 164, 165, 222, 231,
244, 245, 246, 247, 359
SU-30 (Kampfflugzeug) *93,*
150, 151, 159, 160, 161, 164, 231, 384
SU-33 (bordgestütztes
Kampfflugzeug) *247*
SU-34 (Kampfflugzeug) *150,*
243, 363
SU-37 „Berkut" (Kampf-
flugzeug) *63, 382*
SU-39 (Kampfflugzeug) *245*
SUCHOJ, AWPK (Flugzeugbau-
Komplex) *61,*
63, 150, 151, 230, 233, 367

SUCHOJ, Holding (Flugzeughersteller) *56,*
61, 64, 65, 91, 133, 135, 151, 229,
243, 244, 245, 247,
SUCHOJ, OKB (Konstruktions-
büro) *56, 60, 150, 367, 369*
Sudan *152*
Südkorea *149, 152*
Syrien *146, 155, 212*
T-72 (Kampfpanzer) *45,*
119, 128, 129, 161, 185, 237
T-80 (Kampfpanzer) *92,*
128, 149, 237, 238
T-90 (Kampfpanzer) *92,*
95, 149, 161, 237
Tadschikistan *95,*
143, 195, 197, 309, 365
Taliban *210*
TANTK (Taganroger Flugzeugbau-
unternehmen „Berijew") .. *61, 150,*
Terror / Terrorismus *35,*
72, 174, 175, 176, 177, 178, 179, 180,
181, 182, 183, 187, 193, 204, 210,
211, 212, 256, 257, 258, 259, 260,
261, 265, 266, 268, 282, 283, 292,
293, 294, 302, 304, 305, 307, 310, 335
TOR (Fliegerabwehr-
Rakete) *386*
Transformation *19,*
41, 51, 75, 137, 146, 225, 280, 300
Transmasch (Panzerproduzent in
Omsk) .. *92, 102, 119, 129, 149, 238*
Transportflugzeug *46,*
105, 109, 120, 132, 162, 231, 379, 384
Tschechien *153*
Tschetschenien *45,*
131, 179, 195, 197, 211, 236, 239,
245, 383
Tschetschenienkrieg *61,*
69, 125, 202
TU-160 (strategischer
Bomber) *132,*
134, 194, 244, 245, 386

395

TU-204 (Passagierflugzeug) 96, 109
TU-22 (strategischer
Bomber) 132, 162, 244, 245
TU-234 (TU-204-300 -Passagier-
flugzeug) 109
TU-330 (Transportflugzeug) .. 109,
132, 133
TU-334 (Kurzstreckenpassagier-
flugzeug) 65, 109, 379
TU-95 (strategischer
Bomber) ... 132, 134, 194, 244, 245
Tunguska (Luftabwehr-
system) 150, 195
Türkei 152, 195, 197
Turkmenistan 146
UCK 204
Ukraine 109,
124, 132, 151, 172, 175, 182, 195,
277, 352, 370, 373
Ungarn 152
Union der Sozialistischen
Sowjetrepubliken (UdSSR) /
Sowjetunion 11,
13, 19, 20, 21, 25, 27, 28, 29, 32, 33,
35, 36, 37, 38, 39, 40, 41, 42, 44, 45,
46, 47, 52, 54, 55, 58, 70, 75, 80, 86,
87, 108, 117, 119, 124, 126, 132, 136,
139, 143, 145, 153, 155, 156, 163,
171, 175, 184, 187, 188, 189, 192,
194, 216, 245, 248, 250, 328, 362,
363, 364, 365, 366, 367, 368, 369
UNO 155,
201, 214, 260 , 281, 286, 294, 303,
304, 365
UR-100 NU (Interkontinentalrakete) 186, 251
Uralwagonsawod (Panzerproduzent in Nishne Tagilsk) 92,
95, 113, 129, 149, 237
USA 22,
30, 32, 36, 38, 39, 42, 43, 46, 50, 51,
53 ,55, 83, 109, 112, 128, 141, 142,
146, 147, 149, 153, 156, 157, 161,
163, 170, 176, 178, 181, 182, 183,
184, 185, 186, 187, 188, 189, 190,
191, 192, 193, 194, 195, 196, 197,
200, 201, 202, 203, 204, 205, 206,
207, 208, 209, 210, 211, 212, 247,
249, 255, 284, 300, 303, 309, 354,
361, 363, 373, 381
Usbekistan 95, 195
Vereinigte Arabische
Emirate 149, 150
Versailler Vertrag 32
Verteidigungs-Industrie-Komplex
(VIK) .. 27, 78, 80 ,85, 228, 276, 297
Verteidigungsministerium 92,
100, 101, 122, 124, 132, 173, 176,
178, 185, 235, 276, 288, 296, 332,
358, 365, 371
Vertrag über kollektive
Sicherheit 306
Vietnam 28, 39, 136, 154, 164
Warenbörse „Konversion" 53
Warschauer Vertrag 24,
25, 39, 45, 124, 145, 151, 153 ,189
Weltraumtechnik 28, 105
Winterkrieg 189
Wissenschaftliche Erprobungs-,
Forschungs-. und Entwicklungs-
arbeiten (NIOKR) 52, 235
Wneschtorgbank 100
Wympel (Schiffsbaubetrieb) .. 144,
154, 243
WYSOKOTOTSCHNOJE ORU-
SCHIJE (Holding) 229, 233
Zypern 149

„Der andere könnte Recht haben"
Hans-Georg Gadamar

Wenn Sie sich eine unabhängige Meinung bilden wollen, so brauchen Sie auch die kritischen Stimmen. Innovationen und Denkanstöße kommen bekanntlich aus den Randzonen. In den Sammelbänden der „*EDITION ZEITGESCHICHTE*" diskutieren kritische Autoren aus Ost und West kompetent zu den Grundfragen unserer Zeit: Krieg, Terror, Abrechnung.

Edition Zeitgeschichte Band 1
DIE WELT IN KURZFASSUNG
Gerhard Branstner

Diese Gegenschrift zur sogenannten „Mao-Bibel" eröffnet die Welt der globalen Zusammenhänge zwischen Politik, Ökonomie und Umwelt. Branstner ist ein Meister der Kurzfassung. Er macht die existenziellen Probleme unserer Welt in überzeugender Form dingfest. Branstner erklärt, woran die erste Welle des Sozialismus wirklich gescheitert ist und unter welchen Voraussetzungen der zweite Anlauf gelingen kann.

ISBN 3-89706-895-8, 120 Seiten, 6,50 EUR

Edition Zeitgeschichte Band 2
KRENZFÄLLE – Die Grenzen der Justiz
Herausgeber: Reginald Rudorf

Krenz, Nein Danke. So beginnt Reginald Rudorf sein Buch über Egon Krenz, den letzten DDR-Chef, den, unter dem die Mauer auf ging. Beleuchtet werden die beiden Prozesse Krenz' - Berliner Landgericht, EuGH. Krenz wurde verurteilt, zu 6 Jahren und 6 Monaten Haft. Diese sitzt er derzeit in Plötzensee ab, als Freigänger, nur zum Arbeiten darf er raus. Rudorf, ehemals DDR, 1957 Zuchthaus in Waldheim, 1959 nach Haftentlassung ab in den Westen, schrieb jahrzehntelang für *BILD, WELT, FAZ, Frankfurter Rundschau* uvm. und einige Bücher, wie „Nie wieder links". Rudorf ist kein Linker. Und doch ist „Krenzfälle" ein Plädoyer gegen die Verurteilung Krenz`. „Krenzfälle" zeigt wie dieses Urteil gegen Krenz zuwege gekommen ist. Man hat kurzerhand das DDR-Recht für Unrecht erklärt und 50 Jahre drüben das Recht von hüben übergestülpt. Und der EuGH hat es umgekehrt gemacht. Er hat das DDR-Recht so interpretiert, dass man gar kein Westrecht überstülpen musste. Egal wie: Es war wie schon abgemacht, Krenz musste hinter Gitter. Es war bis auf Krenz keiner mehr übrig. Und den haben die Hunde gebissen. Das Buch liest sich wie ein Krimi.

Prominente Autoren aus Ost und West wie Erich Buchholz, Siegfried Prokop und Uwe Wesel, Helmut Walther betrachten die unterschiedlichsten Aspekte dieses Themas.

ISBN 3-89706-893-9, 230 S., gebunden, 18 EUR

Edition Zeitgeschichte Band 3
DAS SCHWEIGEKARTELL
– Fragen & Widersprüche zum 11. September
Herausgeber Arnold Schölzel

11. September 2001: Zwei Flugzeuge rasen in die Twin Towers in New York, eines in das Pentagon, eines stürzt ab. Die Welt ist schockiert.

Die Menschen weinen, trauern, schreien, können das Unbegreifbare nicht begreifen.

11. September 2001: Präsident Bush ging merkwürdig ungerührt seinen Geschäften nach.

General Richard Myers (CJCS) frühstückte mit einem Senator und redete auch nach dem Attentat gemütlich weiter.

Für Präsident und General bestand offensichtlich kein besonderer Grund zur Eile.

6. September 2001: Von diesem Tag an stiegen die Put-Optionen auf Aktien der Firmen, für die der 11.September ein Desaster werden sollte, bis auf das 25fache des üblichen Volumens an. Die Insider verdienten Millionen.

Die Luftabwehr (NORAD) der größten Militärmacht der Welt versagte völlig.

Die 19 Hijacker kommen unbehelligt durch alle Sicherheitssysteme an Bord der Maschinen.

Die Welt lernt das Staunen: arabische Hobbypiloten mit wenigen Flugstunden sind in der Lage, Jumbos punktgenau auf ein kleines Ziel zu steuern.

Trotz Warnungen aus der gesamten Welt, waren die teuersten Geheimdienste der Geschichte völlig ahnungslos.

11. September 2001, 21.30 Uhr im Atombunker des Weißen Hauses, inmitten einer hysterischen Euphorie: Bush, Cheney, Powell, Rumsfeld, Rice,

Tenet in einer Lagebesprechung: „Intelligence was by now almost conclusive that Osama bin Laden and his al Qaeda network, based in Afghanistan, had carried out the attacks." Die Geheimdienste waren sich zu diesem Zeitpunkt also „nahezu schlüssig", dass bin Laden und al Qaida unterstützt durch Afghanistan die Anschläge ausgeführt hatten.

Am 7 Oktober 2001: das Bombardement Afghanistans beginnt. Seitdem befindet sich die Welt im Krieg.

19. September 2001: In der WELT meldete der Bundeswehr-Professor August Pradetto Zweifel an der maßgeblichen Täterschaft von bin Laden an.

Seitdem tauchen immer neue Fragen auf. Aber die Fragesteller finden in den Medien kein Gehör oder werden als „Verschwörungstheoretiker" lächerlich gemacht.

Für den unbefangenen Beobachter entsteht der Eindruck: Es gibt hier ein Schweigekartell. Journalisten, ansonsten auf scharfes Nachfragen trainiert, übernehmen in seltener Einmütigkeit die offiziellen Sprachregelungen der Geheimdienste.

Arglosigkeit oder Absicht? Müssen oder wollen die Medien in Kriegszeiten Staatsräson bewahren?

Bush am 11. September 2001 aus der Air Force One: **„Wer immer das getan hat, wir werden ihnen in die Ärsche treten."**

Wir brechen das Schweigen. Autoren aus Ost und West, unterschiedlicher Profession und Biografie fragen nach und zeigen, dass die kritische Öffentlichkeit nicht verstummt ist.

Februar 2003, 2. aktualisierte Auflage
ISBN 3-89706-892-3, 320 S., gebunden, 18 EUR

Edition Zeitgeschichte Band 4
ICH HABE „NEIN!"
GESAGT. Über Zivilcourage in der DDR.
Marco Hecht, Gerald Praschl mit einem Geleitwort von Bundestagspräsident Wolfgang Thierse

„Ihr ganzer Geheim-Krimskrams interessiert mich nicht. Nein, ich unterschreibe nicht!"

Die Postbotin Dolores Schwarz aus Markgrafenheide 1985 zu einem Stasi-Offizier, der von ihr eine Verpflichtung als Spitzel forderte

„Ich war hin und her gerissen. Das Tonband lief weiter. Mir war völlig klar: Wenn ich jetzt Nein sage, kann es mit mir beruflich und privat nur noch bergab gehen. Doch ich sagte Nein, erst einmal etwas zögerlich, und dann ein weiteres Mal deutlich und bestimmt (....) Am 15. August 1973, morgens um 6 Uhr, kamen sie und haben mich verhaftet."

Der Leipziger Kellner Dieter Veit über einen Anwerbungsversuch der Stasi 1973. Und den Beginn seines Leidenswegs im DDR-Gefängnis

Thierse über dieses Buch:
„'Ich habe Nein! gesagt' ist ein Plädoyer für Zivilcourage. Die Entscheidungssituationen sind heute anderer Art, aber an Aktualität hat dieses Plädoyer auch im zweiten Jahrzehnt der deutschen Einheit nicht verloren. Dieses Buch verdient viele Leser!"

ISBN 3-89706-891-5, 200 S., Paperback, 9,90 EUR

Edition Zeitgeschichte Band 5
DAS WAR UNSER KESSEL BUNTES.
Ein Textbildband zum Erinnern und Verschenken.
Hans-Ulrich Brandt, Angela Kaiser, Evelin Matt, Günter Steinbacher mit einem Geleitwort von Walter Plathe

Das war DIE Show.
Damals im DDR-Fernsehen.
Sechsmal im Jahr war samstags Kessel-Zeit. Jung und alt guckte fern.
Sah sich die großen Stars im Fernsehen an. Bis 1993. Dann war Schluß.
Geblieben sind tausende von Bildern und viele Erinnerungen der „Macher" von damals. Wir haben die schönsten Fotos ausgewählt, gepaart mit so manch' Hintergründigem, auch zum Schmunzeln und zum Erinnern.
Damals war's: DIE Show.
Das war unser Kessel Buntes!

Aus dem Inhalt:
„EIGENARTIGE HONORARE

Das Thema mit den Berühmtheiten in unserer großen Samstagabendshow hatten wir schon beleuchtet. Es ist aber allgemein bekannt, alles was gut ist, ist meistens teuer.

Ebenfalls bekannt ist, das die Valutakontingente in unserem kleinen Land sehr begrenzt waren.
So kam man dann auf eine Idee, deren Ausführung sehr stark an die Tauschgeschäfte auf dem schwarzen Markt der Nachkriegszeit erinnerte. Bei uns traf zwar die Farbe schwarz nicht zu, aber ganz schön dunkel war es trotzdem.

Da wollte die Diva aus Italien schon immer einen nagelneuen Konzertflügel haben und Förster ist für seine Qualität weltbekannt. Andere Stars aus Griechenland, Frankreich oder der Deutschen Bundesrepublik deckten sich mit Konzertgitarren, anderen wertvollen Instrumenten, oder gar - O Frevel - mit Antiquitäten und Meißner Porzellan ein. Es gab sogar kluge Sänger, die sich Orchesterbearbeitungen von unseren Arrangeuren anfertigen ließen.

Den Vogel aber schoss ein Kollege ab, der sich in Norddeutschland ein Haus baute und bis zum letzten Nagel alles über die innerdeutsche Grenze transportieren ließ.

Alles legal! Es war einmal!"

ISBN 3-89706-890-3, 240 S., gebunden, ca. 300 Abb., 20 EUR

Edition Zeitgeschichte Band 6
ANTHRAX
und das Versagen der Geheimdienste
Erhard Geißler

Einfach unglaublich. Die Geheimdienste waren entweder desinformiert oder wussten schlechtweg gar nichts. Aber die Biowaffen wurden trotzdem entwickelt, Kriege geführt, gedroht und gewarnt. Und immer wieder vertraut man den Fehlinformationen der Geheimdienste, wie zuletzt auch Colin Powell vor der UN Februar 2003.

ISBN 3-89706-889-3, 418 S., gebunden, 22 EUR

Edition Zeitgeschichte Band 7
BOMBEN AUF BAGDAD.
– Ein Sammelband zum aktuellen Krieg.
Herausgeber Rüdiger Göbel

„Das hier ist anders als der Golfkrieg, und zwar in dem Sinne, dass es niemals zu Ende geht - zumindest nicht, solange wir leben."
Dick Cheney – US-Vizepräsident.

Jeder Krieg ist ungerecht - das war bis vor 10 Jahren noch Konsens deutscher Außenpolitik. Nach dem 11. September soll nun alles anders sein. Deshalb muss sich Deutschland am Irak-Krieg beteiligen.

Seit 1990, dem Zusammenbruch des real existierenden Sozialismus ist es Ziel der einzig verbliebenen Weltmacht USA, den „Krieg als Mittel der Politik" wieder salonfähig zu machen. Beim Irak-Krieg wird diese Politik eskalieren. Deshalb ist er von exemplarischer Bedeutung für alle weiteren Kriege. „Das Geheimnis zu enthüllen, in dem Kriege geboren werden", ist die Aufgabe jeder wirklichen Analyse.

Es geht darum, dass dieser Krieg gegen die Interessen der Mehrheit der Weltbevölkerung vorbereitet und durchgesetzt werden soll, nicht nur um den Irak abzustrafen, sondern um auch allen anderen klar zu zeigen: wir, die USA, dürfen und können das, an jedem Ort, zu jeder Zeit...

Abschließend werden die geostrategischen und regionalen Folgen des Krieges betrachtet.

ISBN 3-89706-888-5, 418 S., gebunden, 19 EUR

Edition Zeitgeschichte Band 9
SIEGERJUSTIZ?
Die politische Strafverfolgung infolge der Deutschen Einheit
GRH e.V. (Hg.)

Geleitwort: Hans Modrow, Einleitung: Dr. Arnold Schölzel, Chefredakteur, Nachwort: Prof. Siegfried Mechler, Beiträge von: Hans Bauer (Rechtsanwalt), Eleonore Heyer (Juristin), Dr. jur. Günther Sarge, Prof. Dr. sc. jur. Horst Bischoff, Dr. jur. Karli Coburger, Prof Dr. jur. habil. Erich Buchholz (Rechtsanwalt)

Mauerschützenprozesse, Rechtsbeugung, Auftragsmorde: Es sollte „zusammenwachsen was zusammengehört". 12 Jahre ist dies nun her. Für Millionen von Menschen der ehemaligen DDR war die Einheit Deutschlands mit bitteren Konsequenzen verbunden: der eine verlor seine Arbeit, der andere seine angestammte Wohnung, viele wurden vorzeitig in den Ruhestand geschickt. Unsere Autoren haben in aller Sachlichkeit mit viel Sachkenntnis ein besonderes Kapitel — das Kapitel der Strafverfolgung ehemaliger DDR-Bürger untersucht, analysiert, ausgewertet und aufgeschrieben. Ein Stückchen Zeitgeschichte ist entstanden, ein bitteres noch dazu.

ISBN 3-89706-887-7, 734 S., gebunden, 34 EUR

Edition Zeitgeschichte Band 10
AMERICAN EMPIRE
No Thank You!
Andere Stimmen aus Amerika.

Max Böhnel und Volker Lehmann; mit Beiträgen von Chomsky, Sharabi, Hardt, Zinn, Hartung, Fox Piven, Susskind, Williams, u.a.

Stehen Rumsfeld, Wolfowitz, Cheney oder Bush für ganz (Nord)Amerika? Was denken Chomsky, Michael Hardt, Yifat Susskind, Fox Piven, Howard Zinn über sich, die USA und den Rest der Welt, insbesondere das alte Europa? Herausgekommen ist ein Kaleidoskop von Meinungen und Anschauungen, herausragend ist Chomsky, lesenswert sind alle. Aufgeschrieben und kommentiert von Max Böhnel & Volker Lehmann, beide New York.

ISBN 3-89706-885-0, 288 S., gebunden, 18 EUR

Reiseziele einer Region Band 4
DIE 68ER IN BERLIN. SCHAUPLÄTZE UND EREIGNISSE
Christopher Görlich

„*Immer drängender taucht die bange Frage auf: Ist Springer bereits enteignet? Es wäre ein nicht wegzudenkender Verlust.*"

Dieter Hildebrandt

Vorliegender Band führt zurück an die Schauplätze jener Zeit, in der die so bewegten Studenten die Stadt ein ums andere Mal „durcheinander" brachten. Die heute so benannte 68er Bewegung war damals die erste Generation, die nach dem Krieg in der Bundesrepublik aufwuchs. Geprägt durch das „Wirtschaftswunder", konfrontiert mit den sehr engen Moralvorstellungen jener Zeit, erschüttert durch die *SPIEGEL*-Affäre, entwickelte sich in den 60er Jahren vorwiegend unter den Studenten latent ein Protestpotential, welches nur irgendeines Anlasses bedurfte.
Die Protagonisten auf beiden Seiten sind schnell benannt, hier Rudi Dutschke dort Axel Cäsar Springer. Dann waren da noch die Jubelperser und Benno Ohnesorg. Einer hetzte und die anderen demonstrierten. So gab es die berüchtigten Pro-Amerika-Demonstrationen einerseits und die gegen den Vietnamkrieg andererseits. Es schrieb der Tagesspiegel am 6. Februar 1966 „Viele Berliner lachten vom Straßenrand her die Demonstranten aus oder tippten sich bezeichnend an die Stirn".
Und der Regierende Bürgermeister entschuldigte sich beim amerikanischen Stadtkommandanten John F. Franklin. Der Regierende war damals Willy Brandt.

Der junge Autor Christopher Görlich, Jahrgang 78, beschreibt sehr anschaulich die Zustände und Ereignisse in dieser Stadt in den Jahren 1965 bis 1968 aus der Sicht des „Danachgeborenen". Man wird bei ihm daher den unverstellten Blick finden, dessen, der später erst diesem Faszinosum „68er" erlegen war, der kritisch hinterfragt und analysiert. So ist es ein ganz anderes Buch über jene Jahre in Berlin geworden.

ISBN 3-89706-904-0, 380 S., gebunden, 200 Abb., 18 EUR

Edition Zeitgeschichte Band 11
KRIEGSLÜGEN
Vom Kosovokonflikt zum Milosevic-Prozess
Jürgen Elsässer

„Als Autor eines Buches zum Kosovo-Konflikt war ich gewöhnt, auf Unglaubliches zu stoßen. Doch J. Elsässers Tribunal versetzte mich wieder in die Stimmung ‚Das kann doch nicht wahr sein? Stimmt das denn wirklich?' Man reibt sich die Augen. Eine weitere Emotion war die Hochachtung. Mit welcher Akribie sind hier Informationen zusammengetragen, wurden Spuren verfolgt, wird kritisch nachgefaßt! Es ist schon eine kriminalwissenschaftliche Vorgehensweise; denn die Regierungsakten werden ja nur für die Hofberichterstattung freigegeben."

(Heinz Loquai, ehem Brigadegeneral und deutscher Militärattaché bei der OSZE in Wien)

„Auf seiner Suche nach den ‚Killing Fields' erschloß er sich Recherche-Quellen, die von vertraulichen Akten des Auswärtigen Amtes bis hin zu Autopsie-Protokollen über Kriegs-opfer reichen ... Angesichts dieser Auswirkungen westlicher Politik hat Jürgen Elsässer den Satz geprägt: ‚Die Deutschen sind die Brandstifter, und die Amis löschen mit Benzin.'
(Südwestpresse, Horb)

„Eine Fülle gut recherchierten Materials - ein zutiefst erschreckendes Ergebnis. Es sieht so aus, als wären wir tatsächlich in einem unvorstellbaren Ausmaß belogen worden. Wenn Joschka Fischer zurücktreten muß, dann hoffentlich deswegen!"
(Die Presse, Wien)

„Elsässer zeigt auf, daß die deutsche Balkanpolitik sich dort fortgesetzt hat, wo sie 1945 gestoppt wurde."
(Slobodan Milosevic in Den Haag)

ISBN 3-89706-884-2, 336 S., gebunden, 18 EUR

Übrigens, Sie können auch direkt beim Verlag bestellen. Unter Kai Homilius Verlag, Christburger Str. 4, 10405 Berlin, FAX 030-44342597, Email: home@kai-berlin.de
Ab 30 EUR versandkostenfrei.
Alles Gute aus dem Osten.